JN484947

Neurological Foundations of Cognitive Neuroscience

인지신경과학의 신경학적 기저

Mark D'Esposito 편저 | 김남균 · 김지애 공역

학지사

Neurological Foundations of Cognitive Neuroscience
by Mark D' Esposito

Copyright © 2003 by Massachusetts Institute of Technology
Authorized translation from the English language edition published by
Massachusetts Institute of Technology

Korean Translation Copyright © 2013 by Hakjisa Publisher, Inc.
Published by arrangement with Massachusetts Institute of Technology
through KCC(Korea Copyright Center Inc.), Seoul.

All rights reserved.

이 책은 (주)한국저작권센터(KCC)를 통한
저작권자와의 독점계약으로 (주)학지사에서 출간되었습니다.
저작권법에 의해 한국 내에서 보호를 받는 저작물이므로
무단전재와 복제를 금합니다.

역자 서문

최근 뇌기능에 관한 관심의 증가와 인지신경과학의 발전에 힘입어, 국내에도 인지신경심리 분야의 교재들이 번역 · 소개되고 있다. 대부분의 교재는 다양한 인지 기능들(지각, 기억, 정서, 발달, 주의, 운동 등)을 개관하고 있기 때문에 심리학 기초 과정 수업 진행에는 큰 어려움은 없다. 하지만 이러한 교재들은 이론적인 접근에 치중하기 때문에 뇌 기능에 대한 피상적인 이해에 머물게 하는 한계를 가지고 있다. 학생들을 가르치는 입장에서 인지신경과학의 근본에 대한 보다 깊이 있는 통찰력을 제공할 훌륭한 교재의 필요성을 절실히 느끼던 중, 이 책이 그런 필요성을 채워 줄 것으로 기대되었다.

이 책은 신경과 의사들이 인지 장애 환자들을 직접 치료하는 과정에서 구축된 임상 경험을 기술한 원고들을 모아 편집한 것이다. 이 책의 편저자인 UC Berkeley의 Mark D' Esposito 교수가 서문에서 언급하였듯이, 최근 뇌영상 연구의 폭발적인 팽창은 한편으로 뇌 손상 환자들을 통해서 정상인의 뇌 기능을 규명해 온 인지신경과학의 근본을 망각시키는 역효과를 가져왔다. 이런 문제점을 지시한 D' Esposito 교수는 이 책에 소개된 특징한 신경 행동적 증후군을 서술한 저자들과 더불어 신경학적, 정신병리학적 장애 환자들의 증상에 대한 임상적 관찰의 제공할 뿐 아니라 신경심리학적 연구를 통해 그동안 발견된 사실들을 기술하여 그 역사적 배경을 제공하고 있다.

이 책의 저자들은 각 분야에서 최고의 권위를 인정받고 있는 신경과 의사(MD)들이자 신경과학 연구자들이다. 이런 저자들의 임상 및 연구 경험을 직접 접할 수 있는 계기를 이 책이 제공하고 있다. 특히 비의학도로서 의학적 지식을 직접 경험한다는 것이 우리 사회에서는 지극히 어려운 사실을 고려할 때, 이와 같은 경험을 직접 기술한 글들의 모음을 보다 유용하게 활용할 수 있기를 바라는 바다. 이런 취지에서 시작된 이 책의 번역은 저자들의 독자적인 문체와 전문적인 지식, 특히 다양하면서도 미세한 뇌 영역들에 대한 언급 등으로 인해 용이하지 않았다. 이런 점에서 역자들의 고충과 실수를 너그러이 이해해 주기를 바란다.

얼마 전(2013년 4월 2일) 오바마 미국 대통령이 BRAIN(Brain Research through Advancing Innovative Neurotechnologies) Initiative를 선포하였다는 소식을 접하게 되었다. 인간의 뇌는 적어도 1,000억 개 이상의 뉴런으로 형성되어 있을 뿐 아니라, 각 뉴런은 다시 인접 뉴런들과 평균 7,000개의 시냅스를 형성하고 있다. 이런 측면에서 인간의 뇌는 아마 우주 전체에서 가장 복잡한 조직일 것이다. 이 복잡성으로 인하여 오바마 대통령은 우리 인류가 아직 "두 귀 사이 3파운드짜리 두뇌의 미스터리"를 풀지 못하고 있다고 지적하였다.

뇌의 복잡성을 이해하고자 시도된 이 프로젝트를 통해 오바마 대통령은 향후 10년 동안 1억 달러(1,100억 원)의 연구자금을 인간 마음에 관한 이해에 혁신을 가져올 연구 방법들의 규명에 투자할 것이라고 선포하였다. 엄청난 규모의 투자는 미국 신경과학계를 한 단계 더 도약시키는 발판으로 작용할 것이 분명하다.

우리 인지신경과학계가 이런 시대적 관심사에 대한 앞서가는 선진 지식을 흡수하는 데 이 책이 조금이나마 일조하기를 기대한다.

역자 일동

편저자 서문

최근 인지신경과학이 눈부시게 발전하고 있다. 특히 지난 10년 동안, 우리는 인지 처리 과정의 근간을 이루는 신경 기제에 대한 정확한 검정을 가능하게 해 주는 방법론의 폭발적인 발달과 진전을 목격하였다. 예를 들어, 기능성 자기공명영상(fMRI)은 뇌 구조와 기능에 대한 시공간적 정보를 현저히 향상된 해상도로 제공하였으며, 그런 우수한 해상도는 새로운 의문에 해답을 제공하였을 뿐 아니라, 오랜 의문을 재검정할 수 있도록 해 주었다.

하지만 어떤 면에서 기능성 뇌영상 기법들의 폭발적인 성공은 인지신경과학자들로 하여금 뇌손상 환자들을 이용하여 정상인의 뇌 기능을 연구하던 기존의 연구 방법을 포기하도록 하는 계기가 되었다. 따라서 본 편저자는 이런 괴리를 감소시키고자 하는 의도에서 인지 손상 환자에 대한 연구와 정상인을 대상으로 시도된 인지 연구를 연결시켜 줄 수 있는 연구자들의 저술들을 모아서 제공하고자 했다.

각 연구자의 저술을 통해서, 본인은 비정상적인 뇌 연구가 정상적인 뇌 기능의 이해를 목표로 한 연구에 방향을 제시할 수 있다는 것을 인지신경과학도들에게 주지시키고 싶다. 신경학적, 정신병리학적 장애 환자들의 증상을 통해 인지신경과학의 근본에 대한 보다 깊이 있는 통찰력을 제공할 것이며, 이것은 또한 미래 연구에 있어서 여전히 중요한 방법론적 도구가 될 것으로 기대한다.

이 책을 구성하는 각 장은 인지신경과학 연구를 병행하고 있는 신경과 의사들에 의해 저술되었다. 각 장은 대부분 저자가 직접 치료한 환자들에 대한 증상을 기술하는 사례 보고 형식으로 시작되며, 증상 기술을 통해 연구 대상인 인지 처리 과정에 대한 기초를 제공한다. 임상 상태를 기술한 뒤, 각 저자는 특정한 신경 행동적 증후군에 대한 임상적 관찰과 신경심리학적 연구를 통해 그동안 발견된 사실들을 기술하고 역사적 배경을 제공한다. 그다음, 각 장은 특정한 임상적 증후군에 영향을 미치는 인지 기능의 근간이 되는 신경 기제를 이해하기 위한 목적으로 실시된 다양한 연구 방법, 즉 깨어 있는 원숭이를 이용한 단일 세포 전기신호기록, 정상인을 대상으로 한 행동관찰 연구, 정상인과 신경 장애 환자들을 대상으로 한 사건관련전위(ERP) 연구와 기능성 신경영상 연구 등을 개관할 것이다. 여러 연구자들의 저술을 편집한 관계로, 각자 상이한 방법으로 도출한 연구 결과들이 서로 상충하는 문제점들이 제기되기도 했는데, 이때 연구자들은 서로 상충된 결과를 중재하기 위해 노력했다. 이런 중재 노력은 그 상이한 결과들을 수렴하는 결과를 낳았으며, 결과적으로 인지 기제에 대한 이해를 더욱 명확히 하게 되었다.

이 책을 펴낸 목적은 신경행동학적 증후군들에 대한 단순한 임상적 기술이 아니라는 사실을 주지시키고 싶다. 그런 주제를 다루는 우수한 행동 및 인지 신경학 교재들은 쉽게 발견할 수 있다. 인지신경과학의 입문서를 제공하는 것 또한 이 저술의 목적은 아니었다. 이 책의 목적은 인지 기능이 손상된 환자들을 통해서 정상적인 인지 처리 과정을 이해하는 것이다. 이 책에서 소개되는 각 각의 임상 증상들은 이질적일 뿐 아니라, 증상의 범위 또한 환자들 간에 매우 다양하다. Anjan Chatterjee는 자신이 저술한 제1장에서 이 점을 분명히 하고 있다. "만약 무시 연구가 이 임상적 증후군에 대한 단일화되고, 개괄적인 이론의 정립에 그 목적을 둔다면 이 증상이 보여 주는 이질성은 큰 문제점으로 작용할 것이다. 하지만 무시가 공간적 주의와 표상의 조직화에 대한 이해를 위해 사용될 때, 행동상으로 관찰되는 그 이질성은 탐색적 도구로서 핵심적인 역할을 할 것이다." 이 책을 펴낸 의도의 정곡을 찌르는 문구다.

수련이나 실제 실습 과정에서 많은 신경과 의사들은 비교적 인지신경과학에 노출되지 않았다. 동일한 맥락에서 새롭게 양성된 인지신경과학자들은 신경 장애 환자들로부터 도출된, 뇌와 행동의 관계를 다룬 다양한 연구 결과에 대한 지식이 취약하다. 이 책이 두 연구 집단 모두에게 많은 도움을 줄 것이라고 본인은 기대한다. 인간 마음의 물질적 근거에 관한 독자적인 관점을 제시한 이 책에 자신의 연구 결과를 제공해 준 신경과 의사들과 인지신경과학자들에게 감사를 표한다.

Mark D' Esposito

차례

chapter 01

무시: 공간 주의 장애

* Anjan Chatterjee

단측 공간 무시(unilateral spatial neglect)는 환자들이 자신의 뇌 병변 반대쪽 공간 전체를 의식하지 못하는 흥미로운 임상적 증후군이다. 이 환자들은 자신의 신체 일부분, 환경의 일부분, 그리고 자신들의 상상 속 장면 일부분까지 무시한다. 이 임상적 증후군은 공간적 주의와 표상의 편재화된 단절에 의해 발생하며, 인지신경학자들에게 흥미로운 여러 가지 의문을 불러일으킨다. 사람들은 공간을 어떻게 표상할까? 사람들은 어떻게 공간 주의(spatial attention)를 통제하는가? 주의는 지각과 어떻게 연관되어 있는가? 주의는 행동과 어떻게 연관되어 있는가?

공간 주의와 표상은 인간을 대상으로 한 기능성 신경영상 기법을 사용하거나, 아니면 동물을 대상으로 한 뇌 병변 연구나 단일-세포(single-cell)에 대한 신경생리학적 연구로 탐구될 수 있다. 이렇게 상이한 학문적 접근법과 특이한 방법론에도 불구하고, 뇌가 어떻게 구성되어 있으며 공간을 어떻게 표상하는지에 대한 이해에 있어서 상당한 의견 수렴이 이루어지고 있다. 이 장에서 필자는 무시(neglect)의 임상적 증후군을 우선 기술하는 것으로 시작할 것이다. 그다음, 주요한 이론적 접근법들과 이 임상적 현상의 생물학적 기제에 대해 개관할 것이다. 그 후, 최근의 무시 연구에 있어서 핵심적인 주제와 인간을 대상으로 한 기능성 신경영상 연구와 동물 연구에서 도출된 자료들을 기술할 것이다. 마지막으로 향후 고려되어야 할 여러 가지 주제들을 짚어 보는 것으로 이 장을 마칠 것이다.

서두에서, 무시는 이질적인 장애라는 것을 강조하고자 한다. 무시는 환자들 간에 다양한 양상으로 표출된다(Chatterjee, 1998; Halligan & Marshall, 1992, 1998). 만약 무시 연구가 이 임상적 증후군에 대한 단일화되고, 개괄적인 이론의 정립에 그 목적을 둔다면 이 증상이 보여 주는 이질성은 큰 문제점으로 작용할 것이다. 하지만 무시가 공간적 주의와 표상의 조직화에 대한 이해를 위해 사용될 때, 행동상으로 관찰되는 그 이질성은 탐색적 도구로서 핵심적인 역할을 할 것이다.

분산 신경망 모형은 공간 주의, 표상, 그리고 운동 통제를 매개한다. 이 신경망이 국부적으로 손상되었을 경우 복합적인 기능에서 장애가 발생하며, 그때 발생하는 장애들은 아주 미약하지만 상이한 증상을 유발할 수 있다. 이렇게 미세한 상이성 그 자체가 흥미를 유발시킨다. 무시 증후군을 이용한 공간적 주의와 표상에 대한 연구는 무시가 이질적인 현상이기 때문에 가능해지는 것이다(Chatterjee, 1998).

사례 보고

무시는 좌뇌 손상보다 우뇌 손상의 경우에 더 보편적이며 심각하다. 때로는 좌뇌 손상에 있어서도 비슷한 결손을 보이는 경우가 있지만, 본 장에서의 기술은 대부분 우뇌 손상으로 발생하는 좌측 무시에 국한할 것이다.

한 65세의 여성이 좌반구 위축증으로 인해 병원에 나타났다. 그녀는 입원 후 이틀 동안 혼수상태에 빠졌다. 그녀는 침대에서 자신의 우편 모서리 쪽으로 누우려는 경향이 있었고, 자신의 좌측 신체를 무시했다. 그녀는 자신의 왼손이 눈앞에 있을 때에도 그 손이 검사자의 것이라고 주장했다. 그녀의 각성 수준이 향상된 뒤, 그녀의 좌측으로 접근하고 그녀의 좌측에서 말을 걸어도, 그녀는 계속해서 우측을 향하고 있었다. 그녀는 병원 식기의 우측에 놓인 음식만 먹었으며, 음식은 때때로 그녀의 입안 좌측에 모이는 경향이 있었다.

그녀의 말은 약간 어눌했다. 그녀는 질문에 정확하게 답했지만 단조로운 음색이었다. 그녀의 대화는 표면적으로는 적절했지만 그녀는 자신의 상태에 대해 무관심했으며, 자신이 병원에 있다는 것조차 개의치 않았다. 왜 병원에 있느냐고 질문했을 때, 그녀는 일반적으로 쇠약해진 것 같다고 보고했지만 특별한 문제에 대해서는 부인했다. 전반적으로 쇠약해진 상태에 대해 언급할 때, 그녀는 자신의 오른팔을 보았고 들어 올렸다. 며칠 후에 물리치료사는 그녀에게 뇌졸중이 일어났었다고 말했다. 그녀는 이 말을 들은 후 물리치료사가 반복적으로 좌측으로 움직이도록 요구했을 때 자신의 좌측이 위축되었음을 인지하게 되었다. 그러나 장애로 인해 발생한 실재적인 위축 상태를 제한적으로만 인식하였다. 그녀의 치료사들은 그녀가 단기간은 즐겁게, 기꺼이 참여하지만, 치료 상황 동안 충분한 동기를 갖지 못하였을 뿐 아니라 쉽게 피로해진다는 것에 주목했다.

초기 뇌출혈 3개월 후, 좌측 무시에 대한 상태가 확연히 감소했다. 또한 그

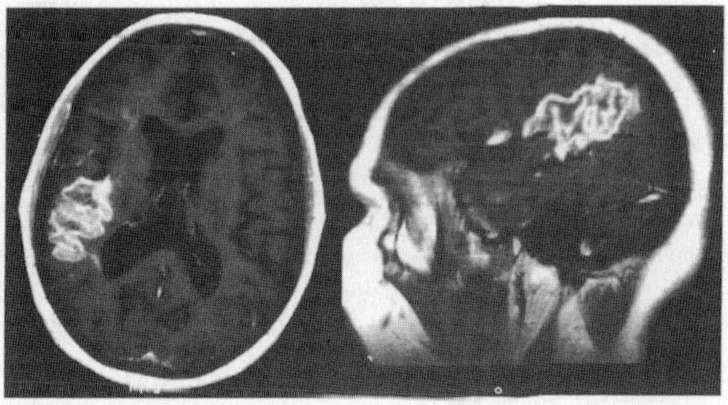

[그림 1-1] 하두정엽과 후부 상측두 구를 포함한 우반구 내측 대뇌 혈관의 뒷부분의 병변을 보여 주고 있는 대조-강화 MRI

녀의 좌측 쇠약도 향상되었다. 그녀는 신체감각 민감도가 조금 둔감해졌고, 6개월 후 그녀는 자신의 좌측 팔의 피부와 내부로부터 불편감을 느낀다고 호소했다. 그녀는 쉽게 피로감을 느꼈고, 많은 시간을 집에 머물러 있었다. MRI 촬영 결과, 우측 중앙 대뇌 피질의 후부에 국부적인 뇌출혈이 발생한 사실이 드러났다([그림 1-1]). 그녀의 병변은 후부 상두정엽, 브로드만 영역(BA) 39, 40과 상측두 회 후부(BA) 22에 걸쳐 나타났다.

무시의 임상적 검사

뇌병변으로 인한 자기 신체의 대측 무시(대인 무시), 신체 밖 대측 공간 무시(개인 외 무시), 그리고 동측 자극과 동시에 대측에도 자극이 경쟁적으로 제시될 경우의 대측 자극 무시(소거) 등에 대한 환자의 의식 정도를 측정하기 위해 무시를 위한 입원 검사(bedside test)가 설계되었다.

대인 무시

대인 무시는 병변이 발생한 영역에서 볼 때 신체의 대측 부분에 대한 무시를 일컫는다. 환자가 병변 대측의 신체 부위만 부위만 손질하는지 관찰하는 것은 대인 무시를 대략적으로 확인할 수 있도록 해 준다. 자신의 좌측 신체를 무시하는 환자들은 자신의 얼굴 좌측에 대해 빗질을 하지 않고, 화장도 하지 않을 뿐 아니라, 면도도 하지 않는다(Beschin & Robertson, 1997). 대인 무시를 측정하기 위해, 환자들의 왼팔을 그들의 눈앞으로 가져간 후 환자의 팔에 대해 물으면, 좌측 대인 무시 환자들은 팔이 자신의 것이라는 것을 인정하지 않는다. 그들의 오른손으로 왼팔을 만지라고 요구했을 때, 이 환자들은 자신의 왼팔을 만지지 못한다(Bisiach, Perani, Vallar, & Berti, 1986).

반신마비로 인한 실인증이라 부르는 현상 또한 대인 자각 장애로 생각할 수 있다. 이런 조건의 환자들은 자신의 대측 사지를 의식은 하고 있지만, 그 사지가 마비되었다는 사실을 자각하지 못한다(Bisiach, 1993). 반신마비로 인한 실인증은 실무율적인 현상이 아니기 때문에 환자들은 부분적으로나마 자신들의 반측 쇠약을 자각하기도 한다(Chatterjee & Mennemeier, 1996). 혐오증(misplegia)은 드물게 발생하는 장애로 자신의 사지를 자각은 하지만 그 사지에 대한 극도의 혐오감을 보이는 증상이다(Critchley, 1974).

개인 외 무시

개인 외 무시는 선 분할 과제, 소거, 그리기, 읽기와 같은 입원 검사 과제들을 사용하여 측정할 수 있다. 선 분할 과제는 단순 자극의 중심을 추정하는 능력을 측정한다. 환자들은 선의 중심(일반적으로 수평선)을 표시하도록 요구받는다. 이 과제는 일반적으로 머리나 눈 움직임의 제한, 시간제한 없이 시행된다. 좌측 무시 환자들은 전형적으로 진짜 중심점의 오른쪽을 중심으로 표시한다(Schenkenberg, Bradford, & Ajax, 1980). 선분의 길이가 길어질수록 실수 또한 커진다(Chatterjee, Dajani, & Gage, 1994a). 자극이 병변의 대측 공간에 있을 경우, 오류의 크기는 더욱 증가한다(Heilman & Valenstein, 1979). 따라서 환자 신체의 좌측에 긴 선분(일반적으로 20cm 이상)을 제시하여 선 분할 과제를 사용한 개인 외 무시 탐지의 민감도를 증가시킨다.

소거 과제는 환자들이 개인 외 공간([그림 1-2])의 대측 면을 얼마나 잘 탐지할 수 있는지 측정한다. 환자들에게 정렬된 표적을 제시하고, 그것들을 '소거하라' 고 요구하는 것이다. 소거 과제 또한 머리나 눈 움직임의 제한, 시간제한 없이 시행된다. 환자들은 전형적으로 화면의 우측 상부에서 시작하여, 상하로 움직이며 탐색한다(Chatterjee, Mennemeier, & Heilman, 1992a). 환자들은 종종 좌측에 있는 표적과 자신의 신체 가까운 곳에 위치한 표적을 무시하기 때문에(Albert, 1973), 좌측 하부에 있는 표적을 가장 빈번히 무시한다(Chatterjee, Thompson, & Ricci, 1999; Mark & Heilman, 1997). 때로 환자들은 우측 표적들을 반복해서 소거하기도 한다. 적은 수의 표적을 사용할 경우 발견되지 않는 무시 증상이 표적의 수를 증가시킬 경우 발견되기도 한다(Chatterjee, Mennemeier, & Heilman, 1992b; Chatterjee et al., 1999). 방해자극과 구별하기 어려운 표적배열을 사용하는 방법(Rapcsak, Verfaellie, Fleet, & Heilman, 1989)은 소거 과제의 민감도를 증가시킨다. 따라서 많은 수(일반적으로 50개 이상)의 자극이 표적과 구별하기 어려운 방해자극과 함께 제시된 배열은 개인 외 무시 탐지를 위한 소거 과제의 민감도를 증가시킨다.

그리기 과제에서는, 환자들에게 제시된 것을 따라 그리라고 하거나 기억 속의 물체나 장면을 그리라고 요구한다([그림 1-3]과 [1-4]). 여러 물체나 여러 부분으로 된 복잡한 물체를 따라 그리라고 요구했을 때, 배열에서 그것들이 어디에 있는지와 상관없이, 환자들은 배열의 좌측에 위치한 물체를 빠뜨리거나 개별 물체의 좌측을 빠뜨리고 그린다(Marshall & Halligan, 1993; Seki & Ishiai, 1996). 때로 환자들은 표적 물체의 좌측 특징을 덜 자세하게 그리거나, 좌측 부분들을 자신들이 그린 그림의 우측으로 잘못 배치하기도 한다(Halligan, Marshall, & Wade, 1992).

읽기 과제에서 환자들은 책을 읽거나 한 단어를 읽으라고 요구받는다. 좌측 무

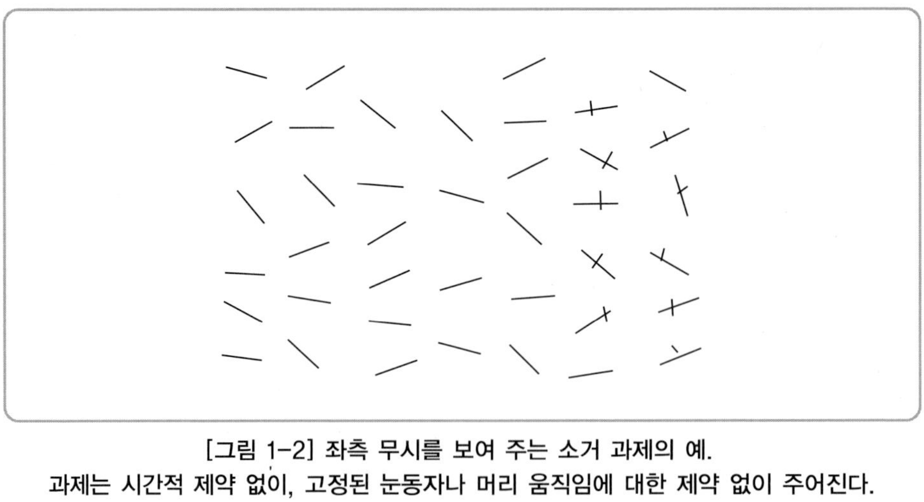

[그림 1-2] 좌측 무시를 보여 주는 소거 과제의 예.
과제는 시간적 제약 없이, 고정된 눈동자나 머리 움직임에 대한 제약 없이 주어진다.

시 환자들은 책을 읽을 때, 페이지의 좌측 끝으로 자신들의 시선을 옮기는 데 어려움을 보인다. 그 결과 그들은 페이지의 중간에서 시작해서 줄을 읽기 때문에, 단어나 문장의 순서는 의미를 갖지 못한다. 한 단어를 읽을 때, 그들은 좌측에 있는 철자를 빠뜨리거나 빠뜨린 철자를 지어 내어 읽는다(Chatterjee, 1995). 따라서 'walnut' 이라는 단어를 'nut' 나 'peanut' 으로 읽을 수 있다. 이런 읽기 장애는 '무시 난독증(neglect dyalexia)' 이라고 불린다(Kinsbourne & Warrington, 1962).

2개의 동시 자극에 대한 소거

좌측 자극과 동시에 우측에 자극이 제시되면, 좌측의 단일 자극을 의식할 수 있는 환자도 이 자극을 무시하거나 소거한다(Bender & Furlow, 1945). 소거는 시각적, 청각적 또는 촉각적 자극에서 일어날 수 있다(Heilman, Pandya, & Geschwind, 1970). 시각적 소거는 단일 시야장과 비교해서 양쪽 시야장에 제시된 손가락을 세어 보라고 하거나, 손가락 움직임을 보고하라고 요구하여 측정할 수 있다. 청각적 소거는 손가락 '딱' 소리를 양쪽 귀에 들려주거나 동전 부비는 소음을 한쪽 귀 혹은 양쪽 귀에 들려준 후, 어느 쪽 귀로 들었는지 보고하라고 요구하여 측정할 수 있다. 촉각 소거는 환자를 한쪽 또는 양쪽을 가볍게 건드리고, 환자에게 어느 쪽을 건드렸는지 보고하도록 하여 측정할 수 있다. 촉각 소거를 측정할 때, 환자의 시선이 소거를 감지할 수 있기 때문에, 환자는 눈을 감아야 한다(Vaishnavi, Calhoun, & Chatterjee, 1999).

소거는 환자의 양손에 물체를 동시에 올려 둔 뒤 물체의 상대적인 무게를 판단하게 함으로써 유도할 수 있다(Chatterjee & Thompson, 1998). 소거 장애 환자들은 우측과 같은 무게임에도 불구하고 좌측 무게를 극단적으로 과소평가한다. 마지막으로 소거는 병변과 동측 공간에 제시된 다수의 자극으로도 관찰할 수 있다(Feinberg, Haber, & Stacy, 1990; Rapcsak, Watson, & Heilman, 1987).

[그림 1-3] 좌측 무시 환자의 자발적인 그리기의 예

[그림 1-4] 좌측 무시 환자의 따라 그리기의 예

무시에 대한 일반 이론들

일반 이론들은 무시 환자들의 공통적인 행동을 강조하며, 임상적 증후군들을 유발하는 핵심적인 손상을 구별해 내려고 애쓴다. 이러한 이론들에는 주의 이론과 표상 이론이 포함된다.

주의 이론

주의 이론은 무시는 공간 주의 장애라는 개념에 근거를 두고 있다. 공간 주의는 다른 위치에 있는 여러 물체들을 배제하고 특정한 위치에 놓여 있는 물체가 정보 처리를 위해 선택되는 과정이다. 이런 정보 처리에는 지각이나 운동 수행을 위한 선택이 포함된다. 공간에 위치하는 물체가 행동을 위해 선택된다는 점에 근거하여 '의도적 무시(intentional neglect)' 라는 개념이 제안되었다. 이런 환자들은 대측 공간 내에서, 아니면 대측 공간을 향하여 움직이고자 하는 의도가 극히 저조하다(의도적 무시는 이 장 뒤편[역자 주: 무시에 대한 실험적 연구]에서 좀 더 자세히 다룰 것이다).

주의는 일반적으로 노력을 요구하며 순차적으로 처리되는 것으로 생각되어 왔다. 신경계는 시각적 정보를 단계적으로 처리한다. 색깔, 움직임, 형태와 같은 시각적 요소들은 주어진 장면으로부터 초기 단계에 추출된다. 이 요소들은 주의가 작동하기 전에 장면을 분석하기 위해 전주의적으로(preattentively) 함께 통합되거나 집단화된다. 전주의적 처리는 보통 자동적으로 처리되며, 다른 공간적 위치에서 병렬로 처리된다. 공간 주의는 비교적 정상적으로 작동할지라도 뇌손상은 전주의적 단계에 선택적인 결함을 발생시킬 수 있다(Ricci, Vaishnavi, & Chatterjee, 1999; Vecera & Behrmann, 1997). 반면, 무시 환자들은 전경-배경 분리 능력이나 착시에 민감하다는 사실에 근거해 볼 때 상대적으로 전주의 시각은 보존되는 것으로 간주된다(Driver, Baylis, & Rafal, 1992; Mattingley, Davis, & Driver, 1997; Ricci, Calhoun, & Chatterjee, 2000; Vallar, Daini, & Antonucci, 2000).

무시에서, 주의는 동측으로만 향하기 때문에 환자들은 이 공간상에 위치하는 자극만 의식한다. 일반적인 주의 이론들의 주요 관심은 왜 좌뇌 손상보다 우뇌 손상 후에 무시 증상이 더 보편적이고 더 심각한지 이해하는 것이다. Kinsbourne은 각 반구가 대측 공간을 향하여 공간 주의 벡터들(vectors)을 생성하며, 이 주의 벡터들은 반대쪽 반구에 의해 억제된다고 추정한다(Kinsbourne, 1970, 1987). 더 나아가 좌반구에서 생성된 벡터는 강하게 편향된 반면, 우반구는 편향이 약한 벡터를 생성한다고 주장한다. 따라서 우뇌 손상 후 좌반구의 억압되지 않은 주의 벡터들은 강하게 우측으로 쏠리게 된다. 반면에 우반구 주의 벡터는 좌반구 손상 후에도 약하게만 쏠리기 때문에 좌측을 향한 방향 편향이 동일하게 나타나지 않는다. 따라서 우측 무시는 좌측 무시보다 덜 보편적이다.

Heilman과 동료들은 Kinsbourne의 주장과는 반대로, 우반구가 각성과 공간 주의에서 더 우세하다고 제안한다(Heilman, 1979; Heilman & Van Den Abell, 1980). 우뇌 손상을 입은 환자들은 좌뇌 손상을 입은 환자들보다 EEG(뇌파기록)가 더 느리게 나타났다. 그들은 또한 우뇌 손상 환자들은 정상적인 사람이나 좌뇌 손상 환자들과 비교했을 때, 피부 전기 반응이 더 감소된다는 결과를 보여 주었다(Heilman, Schwartz, & Watson, 1978). 이 저하된 각성은 주의를 기울이는 데 있어서, 반구 편향성과 상호작용하게 된다. 즉, 우반구는 좌우측 모든 방향으로 주의를 기울이는 능력이 있는 반면, 좌반구는 대측 공간으로만 주의를 기울일 것이라는 생각이다. 따라서 우뇌가 손상되었을 경우, 좌반구는 좌측 공간으로 주의를 기울이는 능력을 갖추고 있지 않은 반면, 우반구는 양쪽 공간 모두로 주의를 기울일 수 있기 때문에, 좌뇌 손상이 발생하더라도 무시의 증상이 우반구 손상 후와 같이 심각한 정도로 발생하지 않는다. 공간 주의에 기여하는 신경망의 분산적인 특성을 강조한 Mesulam(1981, 1990) 또한 공간 주의에 있어서 양반구가 유사한 구조로 조직화되었다고 제안한다.

Posner와 동료들은 몰두하기(engaging), 철수하기(disengaging), 이동하기(shifting)와 같은 기본적인 작동으로 구성된 공간 주의 모형을 제안했다(Posner, Walker, Friedrich, & Rafal, 1984; Posner & Dehaene, 1994). 우측 상두정엽(superior parietal lobe)에 손상을 입은 환자들은 좌측 편에 제시된 자극으로 주의를 이동하고 몰두하기 전에, 우측 편에 제시된 자극으로부터 주의를 철수하는 데 선택적으로 손상을 보인다고 보고했다. 주의 철수 능력의 손상은 시각적 소거의 특정 증상들도 설명할 수 있다. 이 이론의 최근 수정 내용에 따르면, Posner와 동료들은 후측과 전측 주의 연결망 모형을 제안하고 있으며, 이 이론은 Heilman의 이론과 Mesulam의 분산 연결망 이론과 상당한 유사성을 갖는다. 이 연결망의 특정 부분들은 공간에서 자극을 선택하는 데 있어서 지각을 위한 선호성을 나타내며, 나머지는 행동을 위해 공간에서 자극을 선택하는 데 선호성을 나타낸다.

표상 이론

표상 이론들은 대측 공간에 대한 적절한 심적 표상 형성 능력의 장애가 무시에서 나타나는 임상적 증상의 기저를 형성한다고 제안한다(Bisiach, 1993). 이 이론의 고전적 연구인 Bisiach와 Luzzatti(1978)의 연구에서, 이 연구자들은 두 명의 환자에게 이탈리아 밀라노의 대성당이 있는 광장을, 광장에서 대성당을 향하여 보는 것과 대성당으로부터 광장 쪽을 향하여 보는 두 관점에서 상상해 보라고 요청하였다. 각 조건에서, 환자들은 광장에서 그들이 상상한 위치의 오른쪽에 있는 지표(landmark)만 보고하였다. 기억으로부터 회상한 상(image)에 대한 무시는 개인 외 공간에 있는 자극에 대한 무시와 분리되어 고려될 수도 있다(Anderson, 1993; Coslett, 1997). 기억으로부터 대측 표상을 불러일으키는 데 겪는 어려움에 덧붙여, 무시 환자들은 새로운 대측 표상을 형성하는 데도 손상을 보인다(Bisiach, Luzzatti, & Perani, 1979). 수면 시, 무시 환자들은 빠른 눈 움직임(REM, rapid eye movement)이 동측으로만 제한되어 나타나는데(Doricchi, Guariglia, Paolucci, & Pizzamiglio, 1993), 이런 사실은 이 환자들의 꿈도 공간적으로 제한되었을 것이라는 흥미로운 가능성을 제시한다.

[그림 1-5] 이탈리아 밀라노에 있는 대성당 광장의 두 조망

주의 이론 VS 표상 이론

표상 이론이 때로는 주의 이론과 대립되지만, 무시에 있어서 이 두 이론이 실제로 상충되는지는 명백하지 않다(관련된 논의가 궁금하면 Halligan & Marshall, 1994를 참조할 것). 감각-주의 이론과 표상 이론은 같은 현상의 다른 측면을 기술하고 있는 것으로 보인다. 외부 자극에 대한 의식은 세상에 있는 대상들을 심적으로 재구성함으로써 발생한다. 그러므로 주의가 외부 공간을 향하고 있다는 사실이 심적 표상 자체에 대한 필요성을 배제하는지는 분명하지 않다. 비슷한 취지에서, 심적 표상을 내적으로 불러일으켰다 할지라도 그것은 선택적으로 생성되고 유지된

다. 공간적으로 선택된 표상을 기술하기 위해 공간 주의를 고려할 필요가 없는 것인지는 명백하지 않다. 주의 이론들은 심적 표상을 지지하는 처리 과정과 역동을 논하고 있는 반면, 표상 이론들은 손상된 기제의 구조적 속성을 논한다. 각 이론적 접근법들은 서로 얽혀서 연결되어 있는 것 같다.

무시의 생물학적 상관들

무시는 여러 피질과 피질하 구조가 포함된 다양한 병변에서 나타난다. 아울러 특정 신경전달 물질 기제 조절의 오작동과도 연관되어 있다.

피질 병변

무시는 좌반구보다 우반구 손상의 경우가 더 일반적이고 더 심각하다(Gainotti, Messerli, & Tissot, 1972). 특히 우측 하두정엽과 BA(Brodmann areas) 39, 40의 병변으로 특징지을 수 있다(Heilman, Watson, & Valenstein, 1994). 최근 연구에서 Karnath와 동료들(Karnath, Ferber, & Himmelbach, 2001)은 우측 하측두 회 병변이 시야장에 손상이 없더라도 개인 외 무시와 가장 보편적으로 연관되어 있다고 제안했다. 무시는 또한 배측 전전두엽 병변(Heilman & Valenstein, 1972; Husain & Kennard, 1996; Maeshima, Funahashi, Ogura, Itakura, & Komai, 1994)과 대상 회 병변 후에도 관찰된다(Watson, Heilman, Cauthen, & King, 1973). 이 피질 영역에 덧붙여, 후부 하종단 신경다발과 상전두엽 신경다발이 손상되는 경우 무시의 증상이 좀 더 심각하게 나타날 가능성도 있다(Leibovitch et al., 1998).

무시와 연합되어 있는 피질 영역들은 단일 양식(unimodal) 연합 피질로부터 투사받는 다중 양식(supramodal 또는 polymodal) 연합 영역이다(Mesulam, 1981). 이런 결과는 무시가 일차 감각 치리 장애(시야장의 손상과 같은)가 아니라 공간 장애라는 주장을 지지한다. 다중 양식 손상의 본질은 무시가 하나의 양식(modality)에만 제한되지 않고, 다른 감각 기제와 운동 기제가 관련되었을 가능성을 명백하게 해 준다.

피질하 병변

시상, 기저 핵, 그리고 중뇌에서의 피질하 병변 또한 무시를 유발할 수 있다. 인간에게 있어서 무시는 각성 상태를 감소시킨다(Heilman et al., 1978). 상승하는 모노아민 또는 콜린 투사가 단절될 경우 부분적으로 이런 임상적 상태를 발생시킨다(Watson, Heilman, Miller, & King, 1974).

망상체에서 시상으로의 연장은 '핵 망상체(nucleus reticularis)'라 불리는 시상의 대부분을 감싸고 있는 뉴런의 외피로 이루어진다. 이 핵 망상체 뉴런들은 시상에서 피질로의 감각 정보 연결을 억제한다. 그에 반해, 다중 양식(polymodal) 연합 피질로부터 하강하는 투사는 핵 망상체를 억제한다. 따라서 이들 기제가 손상될 경우 핵 망상체의 시상 연결 핵에 대한 억제 활동이 풀려 버려서 병변 대측의 감각 처리 과정에 손상을 유발시킨다(Watson, Valenstein, & Heilman, 1981). 후두정엽과 상호연결된, 시상 뒤쪽에 위치하고 있는 커다란 신경핵인 시상침(pulvinar)의 손상도 무시 증상을 생성한다. 전전두엽과 대상 피질과 밀접하게 연결되어 있는 기저 핵의 병변 또한 무시를 유발할 수 있다(Hier, Davis, Richardson, & Mohr, 1977).

분산 신경망

전혀 공통점이 없는 피질과 피질하 구조의 병변이 무시 증상을 유발한다는 임상 자료에 근거하여 Heilman과 동료들은 공간 주의가 분산 신경망에 의해서 규제된다고 제안하였다(Heilman, 1979; Watson et al., 1981). 전측 대상 피질로 연결된 변연계는 무시 환자들에게서 관찰되는 병변 대측에 위치하고 있는 자극에 대한 낮은 자각(Watson et al., 1973), 또는 낮은 동기(Mesulam, 1990)를 설명하는 해부학적 근거를 제공한다.

단일-시냅스로 상호연결된 상이한 뇌영역들과 무시 증상의 연관성을 강조한 Mesulam(1981, 1990)은 대규모 신경망 내의 다른 영역들이 공간 환경과 개인 간 상호작용의 다양한 양식을 통제한다는 유사한 모형을 제안했다. 그는 배측 전전두엽 손상이 병변 대측 환경의 탐색 행동 능력에 있어서 장애를 유발하며, 후두정엽 손상은 무시에서 나타나는 지각 능력의 장애를 유발한다고 제안한다.

이 분산 신경망 내의 다른 위치에 발생한 병변이 무시에서 발견되는 상이한 행동적 발현과 연관이 있다는 단순하면서도 매력적인 이론에 대한 증거는 아직 발견되지 않았다(Chatterjee, 1998). 가장 보편적으로 인용되는 연관성은 두정엽 병변이 무시의 지각적 특징들을 유발하며, 전두엽 병변은 무시의 반응이나 운동 특징들을 유발한다는 것이다. 몇몇 연구 결과에서는 이와 같은 연관성을 보고하고 있지만 다른 연구 결과는 그런 결과를 부정한다(Binder, Marshall, Lazar, Benjamin, & Mohr, 1992; Coslett, Bowers, Fitzpatrick, Haws, & Heilman, 1990; McGlinchey-Berroth et al., 1996). 대규모 환자를 대상으로 실시한 한 연구에서는 심지어 두정엽 병변이 동측으로 반응하는 편향과도 관련되어 있다고 보고하였다(Bisiach, Ricci, Lualdi, & Colombo, 1998a).

무시의 신경화학적 근거

분산 신경망은 일반적으로 해부학적 연결 개념으로 생각할 수 있다. 하지만 신경전달 물질 체제 또한 효과를 좀 더 확산시키려고 분산 신경망을 형성한다. 이 확산 체제들은 제한된 인지 영역에 영향을 미치기보다는 많은 영역에 걸쳐 뇌 기능 상태에 영향을 미치는 것처럼 보인다. 도파민(dopamin) 기제들은 무시에서 핵심적인 중요성을 갖는다. 쥐에게 있어서, 도파민 상승 경로의 병변은 무시 증상과 유사한 이상 행동을 유발하며(Marshall, & Gotthelf, 1979), 도파민 효능제인 아포모르핀(apomorphin)은 이 손상들을 개선시킨다. 이렇게 개선된 상태는 도파민 수용기 차단제인 스피로페리돌(spiroperidol)의 사전 처치에 의해 다시 차단될 수 있다(Corwin et al., 1986).

이런 결과에 근거하여 무시 증상을 보이는 두 환자에게 도파민 길항제인 브로모크립틴(bromocriptine, 역자 주: 프로락틴 과잉분비 억제제)을 사용하여 치료를 시도해 보았다(Fleet, Valenstein, Watson, & Heilman, 1987). 입원 측정으로 평가해 보았을 때, 두 환자의 수행 능력은 향상된 것으로 나타났다. 한 환자의 남편은 아내의 일상 활동이 더 향상된 것으로 보고했다. 최근 보고에 따르면 브로모크립틴이 메틸페니데이트(methylphenidate)보다 더 효과적일 뿐 아니라(Hurford, Stringer, & Jann, 1998), 무시 행동에서 엄밀하게 지각적인 양식보다 운동 양식의 치료에 더 효과적이라고 보고했다(Geminiani, Bottini, & Sterzi, 1998). 무시 증후군에 있어서 약물치료의 효능성에 대해서는 대규모 연구에서 체계적으로 연구되지는 못했다.

무시에 대한 실험적 연구

무시는 인지신경과학에서 탐구해야 할 여러 핵심 주제들의 중요한 탐지 과제가 되었다. 다음 기술할 주제는 비록 다루는 문제들이 상당히 이질적이라 할지라도 모두 무시 증상과 그와 관련된 장애를 공통적으로 취급하고 있다.

공간 표상에 내재하는 의도

의도(intention) 체제들은 행동하기 위해 많은 위치들 가운데서 어느 것을 선택한다. 이 체제는 처리해야 할 자극을 선택하는 주의 체제와 결합되어 있다. 지각의 기능은 행동을 돕는 역할을 수행하는 것이라는 주장이 최근 공감을 받고 있다(Milner & Goodale, 1995). 몇 년 전, Watson과 동료들은 무시 환자들의 증상을 전운동 의도 결손, 즉 움직임 개시, 대측 공간 내에서 움직이기, 또는 대측 공간을 향하여 움직이기와 같은 의도의 감소로 간주하였다(Watson, Valenstein, & Heilman,

1978). 같은 맥락에서, Rizzolatti와 동료들은 주의는 운동 준비에 관여하는 회로를 활성화함으로써 지각을 촉진한다고 주장했다(Rizzolatti, Matelli, & Pavesi, 1983).

대부분의 상황에서, 주의는 보통 행동의 목표가 되는 물체로 향하기 때문에 주의와 의도는 얽혀서 연결되어 있다. 카메라, 도르래, 거울 등을 사용하여 의도로부터 주의를 분리하려고 시도한 몇 개의 재치 있는 실험이 있다(Bisiach, Geminiani, Berti, & Rusconi, 1990; Bisiach, et al., 1995; Coslett et al., 1990; Milner, Harvey, Roberts, & Forster, 1993; Na et al., 1998; Tegner & Levander, 1991). 이 연구들이 채택한 공통적인 전략은 자신의 사지를 움직이려는 곳과 자신이 보는 곳을 분리하는 것이다. 이렇게 2개의 상충하는 조건을 수행하는 과제에서, 어떤 환자들은 자신이 보는 곳에서 무시 증상이 표출되며, 어떤 환자들의 경우 자신이 행동하는 곳에 의해서 결정되었다. 또 다른 환자들의 경우에서는 두 유형의 무시가 복합된 것처럼 나타난다.

사지 움직임에 있어서 동측 편향 무시는 때로 전두엽 병변과 연결되어 있다(Binder et al., 1992; Coslett et al., 1990; Tegner & Levander, 1991). 그러나 후두정엽에 한정된 병변을 가진 환자들은 의도 무시를 나타낸다(Mattingley, Husain, Rorden, Kennard, & Driver, 1998; Triggs, Gold, Gerstle, Adair, & Heilman, 1994). Mattingley와 동료들(Mattingley, Bradshaw, & Phillips, 1992)은 좌측으로 움직이는 동작 개시가 느려지는 것은 우측 후부의 병변과 연관이 있는 반면, 좌측으로 움직이는 동작 실행이 느려지는 것은 우측 전부와 피질하 병변과 연관되어 있다고 보고했다. 대부분의 무시 환자들은 아마도 주의 무시와 의도 무시의 혼합된 양상을 나타내며(Adair, Na, Schwartz, & Heilman, 1998b), 이렇게 혼합된 양상은 매우 복잡한 방식으로 연결되어 있는 것 같다.

이 연구 결과들을 해석하는 데 있어서 한 가지 문제점은 주의와 의도를 실제적으로 구별하는 것이 어렵다는 점이다. 더구나 주의 실험 조건은 주의가 눈 움직임과 연결된 상황을 반영하고, 의도 실험 조건은 주의가 사지 움직임과 연결된 상황을 반영한다(Bisiach et al., 1995; Chatterjee, 1998). 실제로 적절한 구별은 지각-운동 기제 간에 있는데, 하나는 응시의 방향에 의해, 다른 하나는 사지 움직임의 방향에 의해 나타난다. 그런 해석은 후두정엽에 위치하는 주의 뉴런들이 눈 움직임 또는 사지 움직임과 선택적으로 연결되어 있다는 원숭이로부터 도출된 단일-세포 신경생리학적 연구 결과와 일치한다(Colby, 1998).

3차원에서의 공간 주의

무시는 보통 수평축(좌-우)을 따라서만 고려되어 왔다. 그러나 우리의 공간 환경에는 방사축(원-근), 수직축(상-하)도 포함되어 있다. 무시 증상은 이런 좌표상에서도 발현된다. 좌측 무시 환자들은 가까운 공간에서 좀 더 미묘한 무시 증상을 보인다. 소거 과제에서 이 환자들은 좌측과 근거리 무시가 결합된 좌측 하사분면에 있는 표적을 놓치는 경우가 빈번하다(Chatterjee et al., 1999; Mark & Heilman, 1997). 양측에 병변이 있는 환자들은 수직과 방사선 방향으로 극단적인 무시 증상을 보인다(Butter, Evans, Kirsch, & Kewman, 1989; Mennemeier, Wertman, & Heilman, 1992; Rapcsak, Fleet, Verfaellie, & Heilman, 1988). 측두-두정 영역의 양측 병변은 하부와 근거리의 개인 주변 공간의 무시를 유발하는 반면, 복측 측두 구조의 양측 병변은 상부와 개인 주변을 벗어난 개인 외 공간의 무시와 연관되어 있다. 수직축에서의 무시는 공간 주의에 영향을 미치는 시각과 전정기관 간에 복잡한 상호작용을 나타낸다(Mennemeier, Chatterjee, & Heilman, 1994).

좌측 무시는 자극이 개인 주변 공간에 가까이 위치하고 있는지, 아니면 주변에서 벗어난 개인 외 공간에 위치하고 있는지에 따라 나타나는 증상이 달라진다. 이런 결과는 개인 주변 공간에서의 공간 조직화가 주변에서 떨어진 개인 외 공간에서의 공간 조직화와 구별될 수 있다는 가능성을 시사한다(Previc, 1998). 신체의 몸통을 축으로 공간이 동심원적인 외이(shell)로 구성된다는 개념은 Brain(1941)에 의해 처음으로 제기되었는데, 그는 개인 주변 공간은 자신의 사지가 닿을 수 있는 곳으로 정의되는 구별된 공간 구성이라고 제안했다.

공간적 좌표

개인 외 공간에 있는 물체들은 각기 다른 공간 좌표에 고정되어 있다. 이 좌표들은 보통 관찰자(viewer-), 물체(object-), 환경(environment-) 중심 좌표로 나누어진다. 예를 들어, 우리는 이 좌표 각각에 따라 방에 있는 의자를 위치시킬 수 있다. 관찰자-중심 좌표에서는 관찰자의 좌우에 의자를 두게 된다. 이 좌표 또한 망막-중심, 머리-중심 또는 신체-중심 좌표로 나누어진다. 물체-중심 좌표는 상하 또는 좌우와 같이 물체 자체의 내적 공간 좌표를 일컫는다. 이 좌표는 관찰자의 위치가 바뀐다 하더라도 따라 바뀌지 않는다. 의자의 윗부분은 관찰자의 위치가 어디든 관계없이 윗부분으로 남아 있다.

환경-중심 좌표는 환경과의 관계에 있어서 물체의 위치를 일컫는다. 의자는 방에 있는 다른 물체들과 연관되어 있는지, 그리고 의자가 중력 좌표와 어떻게 연관되어 있는지에 따라 부호화된다. 이때 전정기관은 이석기관을 통해, 환경에서의 수직축에 관련된 물체의 방향을 정립하는 데 중요한 역할을 할 것이다(Mennemeier et al., 1994; Pizzamiglio, Vallar, & Doricchi, 1997). 무시는 이 좌표 어디서나 발생할 수 있다고 여러 연구에서 보여 주고 있다(Behrmann, Moscovitch, Black, & Mozer, 1994; Chatterjee, 1994; Driver & Halligan, 1991; Farah, Brun, Wong, Wallace, & Carpenter, 1990; Hillis & Caramazza, 1995; Ladavas, 1987). 이와 같은 결과는 공간 주의가 여러 좌표에 걸쳐 작용할 것이란 사실을 암시한다.

공간의 감각 통합과 감각 운동 통합

인간은 자신이 대상을 지각하고 행동하는 공간을 일관성 있게 감지할 수 있는 능력을 보유하고 있다(Driver & Spence, 1998). 무시 연구 결과는 공간 표상이 다중적으로 이런 공간 감지 능력 속에 내재되어 있을 것이란 가능성을 시사한다. 아마도 다양한 감각 양식들이 복합적으로 상호작용하여 이런 다중 공간 표상을 생성해 냈을 것이다.

Rubens와 동료들(Rubens, 1985)은 좌측 전정기관을 자극할 경우 개인 외 공간에서의 무시 증상을 증가시킨다고 설명했다. 아마도 전정기관으로 입력된 정보가 시각과 공간 주의에 복합적인 방식으로 영향을 미치기 때문일 것이다. 전정기관의 자극은 병변 대측의 신체감각에 대한 각성을 향상시킬 뿐 아니라(Vallar, Bottini, Rusconi, & Sterzi, 1993), 병식 실인증(anosognosia)도 일시적으로 향상시킨다(Cappa, Sterzi, Guiseppe, & Bisiach, 1987). 공간 주의는 자세 변화에 의해서도 영향을 받게 되는데, 그 이유는 공간 주의가 전정기관 내의 이석에서 보내는 정보에 의해 조율되기 때문일 것이다(Mennemeier et al., 1994). 동일한 맥락에서, 목 근육에서 보내오는 자기수용감각 입력 정보들 또한 공간 주의(Karnath, Sievering, & Fetter, 1994; Karnath, Schenkel, & Fischer, 1991)에 영향을 미칠 수 있으며, 이 정보는 각 개인의 몸통에 관찰자-중심 좌표를 고정시키는 역할을 한다.

촉각 소거 환자를 대상으로 한 최근 연구들은 감각 통합 요소들이 의식에 미치는 영향에 그 초점을 맞추고 있다. 촉각 자극 부위 근처에 제시된 시각 정보가 대측 병변의 촉각 자각을 향상시켰다(Di Pellegrino, Basso, & Frassinetti, 1998; Ladavas, Di Pellegrino, Farne, & Zeloni, 1998; Vaishnavi et al., 1999). 유사하게, 움직이려는 의도 또한 대측 병변의 촉각 자각을 향상시켰다(Vaishnavi et al., 1999). 무시 환자들은 개인 내 무시를 나타내거나(Bisiach et al., 1986), 자신의 신체 도식에도 손상을 보이기 때문에(Coslett, 1998), 신체 공간이 개인 외 공간과 어떻게 통합되는지에 대한 의문을 유발한다. 촉각 감각은 개인 주변 공간의 한 양식인 신체에 물체가 접촉할 때 경험될 수 있다. 시각 감각은 신체로부터 어느 정도 떨어진 물체, 즉 개인 외 공간에서 일어나는 사건에 의해 경험하게 된다. 촉각과 시각 자극의 통합은 개인 외 공간과 개인 주변 공간 사이의 협응을 가능하게 하는 것 같다(Vaishnavi, Calhoun, & Chatterjee, 2001).

시각으로 움직임을 인도하기 위해서는 시각 신호를 움직임에 통합시켜야 한다. 만약 피험자가 자극을 자신의 시야장의 좌측 또는 우측으로 이동시키는 프리즘을 착용하게 되면, 이때 시각과 운동의 대응이 어긋나 버린다. 최근 연구 결과에 따르면 시각 자극을 우측으로 이동시키는 프리즘을 착용한 무시 환자들은 좌측 탐도(ballistic) 움직임을 재대응시키며, 이런 재대응이 도리어 환자들의 재활에 유용하게 작용한다고 보고하였다(Rossetti et al., 1998).

무시에 있어서 정신물리학, 주의, 그리고 지각

자극의 크기와 이 자극에 대한 환자 표상의 크기 간에 관계는 무엇일까? 이 질문은 19세기 정신물리학을 집대성한 Gustav Fechner 이래로 정신물리학에서는 매우 중요한 문제다(Fechner, 1899). 무시 환자들의 지각에서 나타나는 공간 왜곡의 양상(Anderson, 1996; Karnath & Ferber, 1999; Milner & Harvey, 1995)과 불균형성(Bisiach, Ricci, & Modona, 1998b)을 어떻게 이해할 수 있을까? 달리 말하면, 무시 환자들이 공간을 항상 같은 비율(혹은 크기)로 의식하는 것 같지 않다는 점이다. 그뿐 아니라, 환자들은 항상 양으로만 자극을 지각하지도 않는 것 같다. 오히려 그들이 의식하는 것은 제시된 자극의 양에 체계적으로 관련되어 있는 것 같다(Chatterjee et al., 1992b).

무시 환자들은 자신들이 직면한 자극의 크기에 체계적으로 영향을 받는다는 증거는 선 분할 과제를 이용한 대부분의 연구에서 제시하였다(Bisiach, Bulgarelli, Sterzi, & Vallar, 1983). 선분의 길이가 길어질수록 환자들의 실수가 증가했다. Marshall과 Halligan은 이와 같은 수행 결과의 본질을 정신물리학 법칙에 따라 체계적으로 기술할 수 있다는 것을 보여 주었다(Marshall & Halligan, 1990). 이러한 논리에 따라, Chatterjee는 선 분할, 제거, 단일-단어 읽기 과제, 무게 판단 과제들에서 보여 준 무시 환자들의 수행 결과가 지수함수(power function)로 기술될 수 있다는 것을 보여 주었다(Chatterjee, 1995, 1998; Chatterjee et al., 1994a; 1992b; Chatterjee, Mennemeier, & Heilman, 1994b). 그 함수를 $\Psi=K\phi^{\beta}$로 표시하였을 때, ϕ는 자극의 객관적 크기, Ψ는 환자의 주관적 자각을 나타내며, 상수 K와 지수 β는 경험적으로 도출되었다.

지수함수 관계는 다양한 감각 자극을 활용하여 정상인을 대상으로 실시한 정신물리학적 크기 판단 실험에서 광범위하게 관찰되었다(Stevens, 1970). 지수 1은 자극 범위 내에서 심적 표상이 물리적 범위에 비례한다는 것을 시사한다. 정상인을 대상으로 한 휘도(luminance) 크기 판단에서 관찰되는 1보다 작은 지수는 심적 표상이 물리적 자극의 범위보다 압축되었다는 것을 시사한다. 통증 강도 판단에서 관찰되는 1보다 큰 지수는 심적 표상이 물리적 자극의 범위보다 확장되었다는 것을 시사한다.

Chatterjee와 동료들은 무시 환자들이 다양한 과제에서 정상인으로부터 추출된 지수보다 더 낮은 지수의 지수함수를 나타낸다는 사실을 보여 주었다. 이런 관찰은 환자들이 감각 크기의 변화에는 민감하게 반응하지만, 이 변화의 크기에 대한 자각은 둔감하다는 것을 시사한다. 예를 들어, 선분 길이에 대한 정상인의 판단은 지수 1에 매우 근접한다. 그에 비해, 무시 환자들의 지수는 1보다 작으며, 이런 결과는 무시 환자들이 정상인과는 다르게 선의 길이가 길어질수록 증가에 비례하여 더 길게 판단한다는 것을 암시한다. 아울러 이런 결과는 감각 크기에서 심적 표상으로의 변형이 비선형적이며, 따라서 이런 비선형적 변형은 Stevens (1972)가 암시한 것처럼 단순히 감각수용기 차원에서 발생하는 것이 아니라 중추신경계에서 발생한다는 것을 의미한다.

무시에서의 교차 현상

Halligan과 Marshall(Halligan & Marshall, 1988; Marshall & Halligan, 1989)은 무시 환자들이 짧은 선분을 분할할 때 중심의 좌측으로 편향되어 동측 무시 경향을 보인다는 것을 발견했다. 이렇게 교차된 행동 양상이 무시 환자 대부분에서 발견되며(Chatterjee et al., 1994a), 이런 결과는 대부분의 무시 이론들에 의해서 쉽게 설명되지 못하고 있다. 이런 현실이 무시 이론가들을 조급해지게 만든다고 Bisiach는 말한다. 단일-단어 읽기 과제를 사용하여 Chatterjee(1995)는 무시 환자들이 때로는 짧은 단어의 좌측에 철자를 만들어 넣어 그 단어의 실제 길이보다 더 길게 해서 읽는다는 것을 보여 주었다. 이런 교차 행동은 병변 대측의 심적 표상을 해방시킨 것이라고 주장했다. 이런 주장을 형식적 계산 모형으로 검정할 때

타당성이 있는 것으로 나타났다(Monaghan & Shillcock, 1998).

선 분할 과제에서의 교차 현상은 선분들이 제시되는 맥락에 의해서도 영향을 받는다. 즉, 긴 선분을 분할한 뒤 짧은 선분을 분할할 때, 환자들은 중심의 좌측을 분할하는 교차 현상을 보인다(Marshall, Lazar, Krakauer, & Sharma, 1998). Chatterjee와 동료들(Chatterjee, Ricci, & Calhoun, 2000; Chatterjee & Thompson, 1998)이 실시한 최근 연구에서는 무게 판단 과제에서도 비슷한 교차 현상이 발생한다는 것을 보여 주었다. 일반적으로 환자들은 좌측 무게보다 우측 무게가 더 무거운 것으로 판단한다. 그러나 좀 더 가벼운 무게 쌍에서는 이런 편향이 교차되어 우측보다 좌측의 무게를 더 무겁다고 판단하는 쪽으로 반전한다. 이 결과들은 교차 현상이 일반적인 지각적 현상이지 시각 체제에만 제한된 현상이 아니라는 사실을 나타낸다.

무시에서의 암묵적 처리

시각과 공간 처리의 위계적 특성에 관한 일반적인 견해는 주의 체제가 작동하기 전, 즉 전주의 단계에서 시각 정보가 처리된다는 것이다. 만약 무시가 주의 장애라면 어떤 정보들은 전주의적으로 여전히 처리되어야 한다. 전경-배경 분리 능력이나 착시에 대한 민감성을 증거로 볼 때, 무시 환자들은 병변의 대측 자극을 전주의적으로 처리하는 것처럼 보인다(Driver et al., 1992; Mattingley et al., 1997; Ricci et al., 2000).

의식이 없는 상태에서 얼마나 많은 자극이 처리될 수 있을까? 소거 환자들에게 동시에 그림들을 제시한 뒤, 두 그림이 같은지 다른지를 판단하게 하였을 때 단순 추측 수준 이상으로 판단할 수 있었다고 Volpe와 동료들(Volpe, Ledoux, & Gazzaniga, 1979)은 보고했다. 다른 연구자들이 실시한 후속 연구는 좌측에 위치한 무시된 그림이 동물처럼 그림과 단어가 동일한 의미 범주에 속할 경우, 중심에 위치한(무시되지 않는) 단어의 처리를 촉진할 수 있다고 보고했다(McGlinchey-Berroth, Milberg, Verfaellie, Alexander, & Kilduff, 1993). 유사한 연구 결과로, 동측 단어에 대한 어휘 판단이 대측에 제시되어 무시된 단어들에 의해 촉진된 사례도 보고되었다(Ladavas, Paladini, & Cubelli, 1993). 하지만 무시된 자극이 상위 수준의 의미 지식에 의해 처리되었지만 환자의 의식으로부터는 감추어졌을 가능성 또한 배제할 수 없다(Bisiach & Rusconi, 1990; Marshall & Halligan, 1988).

공간 주의와 표상에 대한 기능성 신경영상 연구들

양전자방출단층촬영술(PET)과 기능성 자기공명영상(fMRI) 연구들은 특정한 인지 과제를 수행하는 동안 발생하는 신경생리학적 변화에 대한 통찰을 제공한다. 기능성 뇌영상 기법들은 정상인들을 대상으로 실시할 수 있다는 점에서 유용하다. 이 방법은 무시와 관련된 다양한 문제들을 취급할 수 있게 해 준다.

반구 비대칭성

Mesulam(1981)뿐 아니라 Heilman과 동료들(Heilman & Van Den Abell, 1980)도 우반구는 공간의 좌우에 분산해서 주의를 보낼 수 있지만, 좌반구는 주의를 병변의 대측 공간에만 국한해서 보낸다고 추측한다. 이와 같은 공간 주의의 반구형 조직화로 인하여 주의가 이동할 때 좌반구보다 우반구가 상대적으로 더 활성화될 것이라고 예측할 수 있다. 그와 반면에 좌반구는 주의가 우측으로 향할 때 선택적으로 더 활성화될 것이다.

정상인들은 좌우측 공간 어느 방향으로든 주의를 이동할 때 우반구 활성화가 더 크게 나타나며, 우측으로 이동할 때는 좌반구 활성화가 더 크게 나타난다(Corbetta, Miezen, Shulman, & Peterson, 1993; Gitelman et al., 1999; Kim et al., 1999). 의도 무시는 우뇌 손상으로 발생하기 때문에, 움직이는 행동에 대해서도 유사한 결과를 예측할 수 있다. 우측 공간으로 향하고 시도된 탐색 운동에서도 우반구가 활성화된다는 것을 볼 수 있다(Gitelman et al., 1996). 이런 비대칭성에도 불구하고, 이 과제에서 양반구의 동일한 영역이 종종 활성화되는 것은 좌반구 활성화의 기능적 중요성에 대한 의문을 불러일으킨다.

전두-두정엽 연결망

시각과 공간 주의에 대한 대부분의 기능성 뇌영상 연구들은 두정내 구(intraparietal sulcus; BA 7의 융기부분, BA 19)와 인접 영역, 특히 상두정엽(BA 7)에서의 활성화를 보고한다. Corbetta와 동료들(Corbetta et al., 1993)은 PET을 사용하여 그 밖의 위치에 내인성(내부에서 발생하는) 단서를 제시하였을 때 피험자들의 우측 상두정엽(BA 7)과 배측 전전두 피질(BA 6)에서 혈류의 흐름이 가장 많이 증가한다는 것을 발견했다. 그들은 양반구에서 활성화를 발견했지만, 주의가 주어진 표적의 대측 뇌가 더 활성화된다는 것을 발견했다. 우뇌의 하두정엽(BA 40), 상측두엽(BA 22), 전측 대상 회 또한 활성화되지만 일관된 패턴은 보이지 않았다.

PET을 사용한 Nobre와 동료들(Nobre, Sebestyen, Gitelman, & Mesulam, 1997) 역시 주의에서 외인성 단서로 인한 주의 이동이 두정 구 주변의 활성화와 연관되어 있다는 것을 발견했다. fMRI의 더 높은 해상도를 활용하여 Corbetta와 동료들(Corbetta et al., 1993)은 후측 중심 구와 전측 중심 구뿐 아니라, 두정 구 주변의 활성화가 주의 이동으로 인하여 활성화된다는 것을 확인했다. 운동 반응이 외현적으로 나타나지 않는 조건에서도 활성화가 발견되었으며, 이런 결과는 운동 반응을 준비하지 않을 때에도 이 영역들이 주의에 의해서 작동할 수 있다는 것을 뜻한다. 이와 아울러 이 연구자들은 망막 주변 위치로 이동할 때보다, 주변부에서 주의를 유지할 때, 우측 두정 구와 전중심 피질에 비슷한 혈류 증가를 발견했다.

많은 연구에서 시각 주의가 다른 위치로 이동할 때 배측 전전두엽이 활성화된다고 보고한다. 이 활성화는 전두 시야장(BA 6, 8)과 인접 영역 주변을 중심으로 발생하는 것 같다. 작업기억 또는 눈 움직임 억제가 배측 전전두엽 활성화와 연관되어 있는 것 같다. Gitelman과 동료들(Gitelman et al., 1999)은 주의 과제에서 이 영역의 활성화는 어쩌면 이런 처리 과정으로 인해 발생하는 것이 아닐지도 모른다는 결과를 보여 주었다. 그러나 그 연구들은 이 활성화에 영향을 미칠 수 있는 눈 움직임을 완전히 통제하지 못했다. 어쨌든 배측 전전두엽 병변이 주의 장애를 유발한다는 점을 고려할 때, 이들 영역이 공간 주의를 규제하는 후측 두정엽 영역과 연결되어 있을 가능성은 크다.

초감각, 공간-기반 주의와 대상-기반 주의

주의의 조직화에 관한 의문 중 가장 오래된 것 중 하나는 주의가 다목적용의 초감각적 기제인지, 아니면 각 감각 기제와 운동 기제를 연결하는 상이한 기제들의 집합인지에 관한 것이다. 이 질문에 대한 답을 구하기 위해서 Wojciulik와 Kanwisher(1999)는 세 가지 상이한 과제를 수행하게 한 뒤 fMRI를 사용하여 시각 주의를 검정했다. 이 과제들은 주의 이동, 다른 위치에 있는 대상 맞추기, 특정 위치에 있는 물체의 시각적 요소 결합하기들로 구성되었다. 그들은 두정내 구가 이들 세 가지 과제 모두에 활성화된다는 사실을 발견했다. 그렇다고 하여 두정내 구가 모든 주의 과제에 활성화된다는 영가설을 증명할 수는 없지만, 이 영역이 일반적인 주의와 선택 기제를 조율할 것이라고 제안했다. Coull과 Frith(1998) 또한 PET을 사용하여 상두정엽이 비공간 주의보다 공간 주의에 좀 더 반응하지만, 두정내 구는 두 양식 모두에 반응한다는 비슷한 결과를 발견했다.

무시 증후군에서 가장 놀라운 특징은 환자들이 병변 대측 공간과 그 공간에 위치하는 물체를 의식하지 못한다는 것이다. 시각신경과학의 핵심 중 하나는 시각 정보가 배측 '어디(where)' 경로와 복측 '무엇(what)' 경로로 상대적으로 분리되어 처리된다는 것이다(Ungerleider & Mishkin, 1982). 배측 경로는 대상의 공간 내 위치를 처리하는 반면, 복측 경로는 그 대상을 인식하는 데 필수적인 요소들을 처리한다. 어떤 식으로든 인간은 대상의 '어디' 정보와 '무엇' 정보를 의식하기 위해서 두 경로의 정보를 통합하게 된다.

주의는 대상 인식 처리에 전념하는 복측 경로에 있는 신경 구조들의 활동을 조율한다. 전전두엽 손상이 있는 환자들은 병변 대측에 제시된 표적을 구별하는 능력이 손상되어 있다. 이런 손상은 125ms 후 발생하여 500ms 동안 지속되는 약화된 사건관련전위(ERP) 신호와 연관이 있다(Barcelo, Suwazono, & Knight, 2000). 이 사건관련전위들은 공간 및 특질 선택뿐 아니라 선택 후 대상 분석과 관련되어 있는 선조 외 피질에서의 정보 처리와 연결되어 있다.

시각 정보 처리 과정에서 주의 조절이 어디에서 처음 시작하는지는 분명하지 않다. 여러 연구들은 일차 시각 피질이 주의에 의해 조절된다고 제안했다(Brefczynski, De Yoe, 1999; Gandhi, Heeger, & Boynton, 1999; Sommer, Dale, Seiffert, & Tootell, 1999). 하지만 Martinez와 동료들(Martinez et al., 1999)은 ERP 자료에 근거하여 시각 기제에서의 주의 조절이 자극이 제시된 후 70~75ms가 지난 뒤 분명하게 나타난다고 지적했다. 감각 정보가 일차 시각 피질에 도달하는 데 약 50~55ms 정도가 경과되기 때문에, 일차 시각 피질의 활성화는 주의 조절로 발생했다기보다는 피드백 반응으로 인한 것 같다고 그들은 제안했다. 이들이 주장한 바대로 관찰된 활성화가 피드백으로 인해 발생하였다면, 이 피드백이 인간의 행동에 어떤 역할을 하는지는 아직 밝혀지지 않았다고 볼 수 있다.

복측 경로를 따라 위치한 신경 구조들의 활동은 분명히 주의에 의해 조율된다. 인지적인 부하가 요구되는 과제들은 비록 움직이는 자극들이 현재 수행되고 있는 인지 과제와 전혀 관련되지 않았다 할지라도 운동 정보 처리 영역의 활동을 억제할 수 있다(Rees, Frith, & Lavie, 1997). 이 초기 시각 처리 영역의 활동 기저선 또한 주의에 의해 조정될 수 있다. 일반적으로, 자극은 근접한 위치의 다른 자극의 처리를 억제한다. 유사하게, 피험자에게 색채에 주의를 주라고 지시하면, 색채 영역(V4)에서 증가한 활동이 나타나고, 움직임에 주의를 기울이라고 지시하면, 움직임 영역(V5)에서 증가한 활동이 나타나는데, 이때 자극 자체는 색채나 움직임이 아닐 경우에도 이와 같은 반응이 발견된다(Chawla, Rees, & Friston, 1999). Kastner와 동료들(Kastner, De Weerd, Desimone, & Ungerleider, 1998)은 후두-측두엽 영역 내에서 fMRI 활성화 영역은 이런 경쟁적인 억제와 관련되어 있다는 것을 보여 주었다. 하지만 공간 주의가 두 자극을 포함하고 있는 위치로 향할 때 이 억제 현상은 감소되었으며, 이런 결과는 이 영역에서의 자극 처리 능력이 전반적으로 증가됨을 시사한다.

적절한 실험적인 틀과 공간 주의의 기능성 뇌영상 연구에서 도출된 자료 분석 방법은 지속적으로 향상되어 가고 있다. 이렇게 초기 단계에서 발견된 결과들은 때로는 다른 결과들과 상충될 때도 있다. 그 한 가지 예로, 두정엽은 공간에서의 주의를 조절하는 반면, 후두엽과 측두엽은 속성과 대상에 대해 주의를 조절한다고 추정할 수 있다. 그러나 Fink와 동료들(Fink, Dolan, Halligan, Marshall, & Frith, 1997)은 PET을 사용한 연구에서 이 해부학적 구조들의 기능적 분리를 발견하지 못했다. 그들은 공간 주의가 우측 전전두엽(BA 9)과 하측두-후두(BA 20) 피질에서 활성화되는 반면, 대상 주의는 좌측 선조 피질과 선조 주변 피질(BA 17/18)에서 활성화된다는 것을 발견했다. 아울러 두 유형의 주의 모두에서 좌우 내측 상두정엽 피질(BA 7/19), 좌측의 외측 하두정엽 피질(BA 40/7), 좌측 전전두 피질(BA 9), 그리고 소뇌 충부가 활성화되었다.

동물을 이용한 공간 주의와 표상 연구

인간을 대상으로 실시한 연구에서는 쉽게 얻을 수 없는 공간 주의의 기제에 대한 이해를 동물을 대상으로 실시한 연구에서 얻을 수 있다. 기능적 혹은 피질 해부학에 근거하기보다 보통(뇌출혈과 같이) 혈관 해부에 의해 결정되는 인간과는 달리, 동물을 대상으로 실험을 할 경우 병변을 상당히 정확하게 구현해 낼 수 있다. 인간의 기능성 신경영상 연구들과는 달리 동물을 이용한 신경생리학적 연구들은 단일-뉴런의 활동과 반응도 살펴볼 수 있으며, 이런 연구 결과는 신경망에서의 신경생리학적 이해를 도모한다.

병변 연구들

동물의 병변 연구 결과는 두정엽과 전두엽을 포함한 분산 신경망이 공간 주의와 각성을 중재한다는 주장을 확고히 해 주고 있다. 설치류를 이용한 실험에서 후두정엽, 전두엽(특히 내측 무과립 피질, medial agranular cortex), 또는 배측 선조체에 병변을 유도하였을 때 무시와 비슷한 증상들이 나타난다(Burcham, Corwin, Stoll, & Reep, 1997; Corwin & Reep, 1998). 이 설치류들은 시각, 촉각, 청각 자극에 있어서 병변의 대측보다는 동측으로 향하는 경향이 높아진다. 이런 방향 편향성은 수일에서 몇 주에 걸쳐서 대부분 정상화된다. 도파민 길항제는 즉각적인 회복을 방해하며(Corwin et al., 1986), 도파민 효능제는 회복을 촉진시키는데(Vargo, Richard-Smith, & Corwin, 1989), 이는 아마 도파민이 선조체 기능에 영향을 미치기 때문일 것이다.

짧은꼬리원숭이를 이용한 실험에서, 전두엽 뇌궁 영역과 하두정엽 주변의 병변은 적어도 일시적일지라도 무시 증상을 유발시켰다(Duel, 1987; Milner, 1987). 이 원숭이들은 동측 공간에 제시된 자극을 향하거나 그 자극과 관련하여 행동할 가능성이 커진다. 두정내 구 주변과 전전두엽(나중에 살펴볼) 뉴런들로부터 도출한 단일-세포 기록들은 이 영역들이 공간 표상의 유지와 특정 위치를 향한 행동 준비에 있어서 가장 핵심적인 곳이라고 제안한다. 이런 결과에 근거하여, 이 영역들에 병변이 유도되었을 때 동물에게 심각한 무시가 유발될 것으로 예측할 수 있다. 하지만 이 피질 영역의 병변은 경도의 무시를 일시적으로만 유발시킬 뿐이다(Milner, 1987). 단지 눈여겨볼 점은, 피질 앞쪽에 병변이 유도되었을 때 편향된 행동이 좀 더 명확히 나타난다는 점이다. 이런 결과는 피질의 후측 영역이 더 빈번한 무시 증상을 유발시키는 인간 병변의 연구 결과와 상충된다.

원숭이들의 경우에 있어서, 병변으로부터 벗어난 곳에서 신진 대사 장애를 유발하는 피질 병변이 무시와 연관되어 있는 것 같다(Duel, 1987). 무시를 유발하는 전두엽 병변은 미상 핵과 복측 후부, 그리고 배측 내시상 핵소체의 감소한 포도당 소비와 관련되어 있다. 무시를 유발하는 두정엽 병변은 시상침(pulvinar)과 측후 시상의 핵소체, 그리고 상구체의 깊은 층에서 감소된 포도당 대사와 연관되어 있다. 이 동물들의 회복은 또한 병변에서 벗어난 영역에서의 이상 신진 대사 증상의 회복과 연관되어 있다는 점이 매우 흥미롭다. 이상 조건의 분산성이 무시를 유발하기 위해 필요하다는 생각은 Gaffan과 Hornak(1997)의 최근 연구에서 재확인되었다. 그들은 원숭이의 후두정엽 피질 아래쪽에 위치하는 백질 경로의 절개가 지속적인 무시 증상을 유발하는 데 중요한 역할을 한다는 사실을 발견했다.

Watson과 동료들(Watson, Valenstein, Day, & Heilman, 1994)은 원숭이의 상측두 구의 손상이 하두정엽 손상보다 좀 더 심각한 무시를 유발한다고 보고했다. 그들은 원숭이의 상측두 구는 대상의 '어디'와 '무엇' 정보를 통합하는 배측과 복측 시각 경로가 수렴되는 영역으로 작동한다고 제안했다. 따라서 상측두 구가 손상될 경우 병변 대측에 제시된 대상의 '어디'와 '무엇' 정보가 아직 결합되지 않은 상태이기 때문에 더 심각한 정도의 병변 대측 무시 증상을 유발시킬 수 있다. 이 연구는 원숭이와 인간의 후측 측두-두정 피질 간의 적절한 대등 관계 수립이 어렵다는 점을 강조한다. 인간에게서 나타나는 무시는 일반적으로 BA 39와 40, 즉 후측 하두정엽과 연관되어 있다고 알려져 있지만, 원숭이에서도 무시 증상이 나타날 경우 그것이 어떤 영역과 관련된 것인지는 명백하지 않다.

마지막으로, Gaffan과 Hornak(1997)은 원숭이에게 나타나는 명백한 무시의 발현에서 기억의 중요성을 강조했다. 무시는 완전히 단절된 교련과 시각 경로 병변과 연관되어 있지만, 시각 경로, 두정엽, 또는 전두엽의 고립된 영역이 손상되었을 때는 무시와 연관이 없다는 것을 발견했다. 그들은 이 발견을 다음과 같이 해석했다. "시각 경로를 절단할 경우 시각 정보로부터 한쪽 반구를 단절시킬 것이다. 이 반구는 반구 간에 연결된 교련을 통해 다른 반구로부터 시각 정보를 획득한다. 만약 각 반구가 대측 공간의 표상을 유지한다면, 대측 공간에 대한 정보가 단절된 원숭이들은 마치 이 공간이 없는 것처럼 행동할 것이다." 시각 경로의 고립된 영역에 병변이 발생할 경우, 병변의 대측 공간에 관한 정보는 병변이 없는 공간을 통해 획득하게 되는데, 그 이유는 여러 방향에 시각을 고정시킴으로써 병변 대측 공간의 대상들도 이전에 시각이 고정되었던 동측 면에 놓이기도 하기 때문이다. 병변 대측에 제시된 자극의 단기기억이 공간에서의 행동에 영향을 미칠 것이란 생각은 과거의 동물 모형에서는 고려되지 않았다.

단일-세포 신경생리학 연구

단일-세포 신경생리학 연구들은 대부분 원숭이들을 다양한 지각, 운동, 인지적 과제에 몰두하게 한 뒤 신경 세포의 활동을 기록한다. 이 연구 결과들은 두정엽과 전두엽 연합 피질에 있는 뉴런들이 공간 주의와 표상을 중재한다는 주장을 지지한다. 이 뉴런들은 분산 신경망을 형성하고 있으며, 주의, 공간 위치를 향한 의도, 공간 위치 기억, 그리고 여러 위치에 있는 대상의 지각 촉진과 같은 다양한 공간 내에서의 행동에 기여한다.

두정엽 뉴런들

1970년대에 Mountcastle과 동료들은 원숭이가 중앙 위치에 시선을 두고 있음에도 불구하고, 주변시에 제시된 빛에 주의를 기울일 때 그 동물의 두정엽에 있는 뉴런들이 반응하는 것을 발견했다(Mountcastle, Lynch, Georgopolous, Sakata, & Acuna, 1975). 그들은 후두정엽에 있는 뉴런들이 시선고정, 추적안구 운동, 단속안구 운동, 손 뻗기 같은 다양한 공간 내 행위에 반응한다는 것을 발견했다(Mountcastle, 1976). 후두정내 구와 BA 5, 7a, 7b 같은 주변의 다른 영역들(복측, 내측, 후측)에 있는 뉴런들은 공간 주의를 매개하는 데 결정적인 역할을 하는 것처럼 보인다. 이 뉴런들은 다른 감각과 운동 체제와 복잡하게 연결되어 있다. 예를 들어, 후두정내(LIP) 뉴런들은 복측 두정내(VIP) 뉴런들에 비해 촉각 자극이나 특정 방향으로 움직이는 시각 자극에 대한 반응의 민감성이 떨어진다(Duhamel, Colby, & Goldberg, 1998).

두정엽 뒤부분과 앞부분의 많은 뉴런들은 시각과 촉각이 결합된 자극에 반응한다(Colby & Duhamel, 1991). 복측 두정내 뉴런들은 자극이 특정한 방향으로 움직일 때, 시각과 촉각의 수용장이 정렬될 경우 반응한다. 두정내(MIP) 뉴런들은 특히 관절의 회전과 팔 움직임에 반응한다. 7a 영역의 다른 뉴런들은 시각과 전정기관으로부터 오는 정보를 통합하며, 측 두정내 뉴런들은 시각과 목 근육으로부터 들어오는 자기수용감각 입력 정보를 통합한다(Andersen, 1995b; Snyder, Grieve, Brotchie, & Andersen, 1998).

일반적으로 후두정엽의 뉴런들은 특별한 감각들을 다른 운동기제로 연결하지만, 두정내(LIP) 구에 있는 이 뉴런들이 순수하게 주의에만 관련되어 있는지 아니면 눈 움직임에 필연적으로 관련되어 있는 것인지에 대한 의견 일치는 없다(Andersen, Bracewell, Barash, Gnadt, & Fogassi, 1990; Colby & Goldberg, 1999).

좌표

후두정엽에서 이루어지는 다른 감각 정보 통합은 아마도 여러 종류의 좌표를 구축함으로써 이루어지는 것 같다(Brotchie, Anderson, Snyder, & Goodman, 1995). 무시 환자 연구는 관찰자-중심 좌표가 망막-중심, 머리-중심 또는 신체-중심 좌표로 설정될 수 있다는 것을 보여 준다. 동물 연구로부터 나온 증거에 의해, 망막과 머리 중심 좌표가 상이한 뉴런의 군집으로 부호화될 가능성은 극히 적을 것이라는 것을 알게 되었다. Andersen과 동료들은 머리-중심 좌표가 망막과 눈 위치 신호의 상호작용으로부터 추출될 것이라고 제안한다. 특정 망막 위치가 자극을 받았을 때 그에 대한 뉴런의 반응 강도는 눈 위치에 의해 조절된다. 7a 영역 내의 뉴런들은 이 상호작용으로부터 머리-중심 좌표로 자극의 위치를 계산해 낸다(Andersen, Essick, & Siegel, 1985). Andersen 등은 후측 두정내 구, V3, 시상침, 핵 그리고 전운동 영역과 전전두 피질의 일부분들을 포함한 다른 영역들은 비슷한 방식으로 다른 공간 좌표를 부호화한다고 제안했다(Andersen, 1995a). Pouget과 Sejnowski(1997)는 기저함수(basis function)를 사용하여 같이 배열된 뉴런들에 부호화된 서로 상이한 좌표들을 매개하는 방법을 계산 모형에 근거하여 찾는다.

관찰자-중심 좌표를 따라 분리된 좌표에 덧붙여, 공간은 신체의 몸통을 축으로 동심원적으로 구분될 수 있으며, 이때 개인 주변 공간과 개인 주변 밖 공간은 서로 상이한 양식으로 부호화된다(Previc, 1998). 원숭이에게 있어서, 이렇게 분리된 공간은 주의 뉴런들과 다양한 운동 체제 간의 연결 구조를 통해 조절되는 것 같다(Snyder, Batista, & Andersen, 1997). 한 걸음 더 나아가 Rizzolatti는 모든 주의 회로들은 움직임을 공간의 특정 영역으로 조직한다고 주장한다. 그는 주의에 의한 지각의 촉진은 움직이는 것을 준비하기 위해서 활성화된 회로의 결과라고 주장했다(Rizzolatti & Berti, 1993; Rizzolatti et al., 1988).

원숭이의 두정내 구에 있는 뉴런들은 입, 눈, 또는 손과 같이 다른 운동 체제들을 활용하여 만들어지는 행동에 참여한다. 이 뉴런들은 뇌에서 전두엽 영역으로의 연결 구조들과 결합하여 특정 신체 부위의 촉각장과 이 부위의 행동을 시야장과 통합한다(Gross & Graziano, 1995). 두정엽과 전두엽 간의 상호연결망은 복측에서 배측으로의 축을 따라 분리되어 있나(Petrides & Pandya, 1984). 복측 두정(VIP) 구의 뉴런들은 원숭이 얼굴의 5cm 이내에 제시된 시각 자극에 반응한다(Colby, Duhamel, & Goldberg, 1993). 이 뉴런들은 머리와 입 움직임(Fogassi et al., 1996; Graziano, Yap, & Gross, 1994)에 관여하는 전운동 피질 BA 6의 F4 영역으로 신호를 투사하며, 개인 주변 공간 구축을 조절하는 것 같다. 두정내(MIP) 구의 뉴런들은 손을 뻗어 닿을 거리 내에 있는 시각 자극에 반응한다(Graziano & Gross, 1995). 이 뉴런들은 시각으로 인도되는 팔 운동을 조절하는 복측 전 운동 피질로 신호를 투사하며(Caminiti, Ferraina, & Johnson, 1996; Gentilucci et al., 1988), 망막 중심 좌표보다 팔-중심 좌표로 부호화된 자극에 민감하게 반응한다(Graziano et al., 1994). 이 영역은 피각(putamen)에 직접 연결되어 있는데, 피각 역시 팔-중심 좌표 뉴런들로 이루어져 있다(Graziano et al., 1994). 이 피각 뉴런들은 어떤 움직임이 선택되어야 하는지를 결정하는 데 관여하는 것 같다(Merchant, Zainos, Hernandez, Salinas, & Romo, 1997).

원숭이의 두정내(MIP) 구의 뉴런들(Duhamel, Colby, & Goldberg, 1992)은 앞쪽 시야장의 단속안구 움직임 기제와 상구와 연결되어 있는 것 같다(Wurtz & Goldberg, 1972; Wurtz & Munoz, 1995). 이 연결망은 시각감과 눈 움직임을 연결하며, 개인 바깥의 먼 공간의 표상을 구축하는 것 같다.

공간에 기초한, 혹은 대상에 기초한 주의

인간의 뇌영상 연구들은 시각 혹은 공간 주의가 복측 경로에서의 대상 처리에 영향을 미칠 수 있음을 보여 주었다. 이때 대상의 '무엇' 과 '어디' 를 결합하는 데 영향을 줄 것이다. 원숭이의 단일-세포에 대한 신경생리학적 연구 결과 또한 이와 같은 주의의 조율 역할을 지지한다. V4 영역의 뉴런들은 이 뉴런들의 수용장 내에 위치하는 특정 자극들에 민감하게 반응한다(Moran & Desimone, 1985). 원숭이가 그 위치로 주의를 줄 때, 뉴런의 발화는 증가한다. 주의가 주어졌을 때 이미 조율된 자극에 더 강한 반응이 나타나는 것은 주의가 이 대상의 위치로 주어졌을 때 대상의 강화된 지각의 생리학적 결과임을 시사한다.

결론과 미래 방향

수렴

어떤 개념들은 전혀 다른 전통과 방법론으로 축적된 여러 학문 분야에 걸쳐 확연하게 수렴되고 있다. 공간 주의와 표상에 관한 4개의 연관된 개념들을 여기 요약했다.

분산 신경망

인접하지 않은 다른 뇌영역들로 이루어진 신경망들은 공간 주의를 조절한다. 공간 주의는 뇌의 특정 위치에 국한되어 있기보다, 기저 핵, 시상, 상구체뿐 아니라 두정엽, 전두엽, 어쩌면 대상 회 피질에 의해 조절된다.

다중 공간 표상

하나의 균등한 매체로서의 공간에 대한 직관에도 불구하고, 뇌는 공간에 대한 다양한 표상들을 구축한다. 이 표상들은 신체와 다양한 종류의 개인 외적 공간을 포함하고 있다. 개인 외적 공간은 신체의 몸통을 축으로 한 동심원, 몸통에 가까운 영역, 손발이 닫는 영역, 그리고 신체에서 멀리 벗어난 영역으로 나누어 생각해 볼 수 있다. 개인 외적 공간은 또한 관찰자를 중심으로 하여 망막-중심, 머리-중심, 몸통-중심 좌표로 구분해 생각해 볼 수 있다. 관찰자와 독립된 좌표는 대상이나 환경에 내재된 축에 의해 설정된다.

주의와 의도

주의와 의도는 서로 긴밀히 연결되어 있다. 지각과 행동이 조화를 이루며 공간 표상을 형성하고 유지하는 양상은 놀라울 정도다. 그것이 공간에서 눈 움직임이든, 머리 움직임 또는 사지 움직임이든, 행동은 다양한 유형의 좌표와도 연관되어 있다.

주의와 지각

주의와 지각은 생각하는 것만큼 그렇게 상이하지 않을 수도 있다. 이 둘 사이의 정확한 경계에 대한 규명은 분명하지 않지만, 지각 처리에 있어서 상대적으로 초기 단계는 주의에 의해 조절되는 것처럼 보인다.

풀리지 않은 문제들

많은 개념들이 수렴되고 있음에도 불구하고, 여러 문제들이 아직도 완전히 규명되지 않고 있다. 어떤 문제들은 무시 연구에 직접적으로 관련되어 있는 반면, 어떤 것들은 무시에서 발견된 결과들과 다른 접근법들 간의 맥락 속에서 고려되어야 한다.

무시에서 발견되는 병변 대측으로의 과다 지향성

왜 우뇌가 손상된 환자들은 때때로 병변 대측 공간을 무시하기보다 오히려 병변 대측 공간으로 '과다하게 지향' 하는 경향을 보이는가? 그동안 무시는 동측 공간으로 향하려는 경향성 또는 동측 공간 내에서 행동하려는 경향성이라고 생각되어 왔다. 하지만 어떤 환자들은 대측 방향으로 이끌리는 것 같다. 이런 대측 방향으로 향하는 행동이 표출되는 가장 명확한 경우는 교차 현상에서 발견되는데, 환자들은 짧은 선(일반적으로 4cm 미만)을 분할하는 과제에서 선의 실제 중심 왼쪽에서 양분한다. 그 외에도 병변 대측 과다 지향성이 나타나는 예들은 많다(Chatterjee, 1998). 어떤 환자들은 병변 대측 공간에서 긴 선분을 양분한다(Adair, Chatterjee, Schwartz, & Heilman, 1998a; Kwon & Heilman, 1991). 어떤 환자들은 환경 내에서 중심선을 가리키라고 요구받으면, 병변 대측 공간을 가리키기도 한다(Chokron & Bartolomeo, 1998). 이런 역설적인 행동은 좌측 표상에 문제가 있어서일까 아니면 운동 체제가 대측으로 향하기 때문일까?

기억, 주의, 그리고 표상

기억은 무시에서 자극의 실시간 처리에 영향을 미치는 주의와 어떻게 상호작용할까? 기능성 뇌영상 연구와 신경생리학적 연구들은 공간 주의에 관여하는 회로와 공간 작업기억에 관여하는 회로 간에 상당한 중첩이 있다는 것을 보여 준다. 원숭이 병변 연구들은 실시간 정보 처리에서 공간 기억이 중요한 역할을 한다는 사실을 보여 준다(Gaffan & Hornak, 1997). 최근 본 필자의 연구에서는 병변 대측에 제시된 자극의 기억 흔적이 무시 환자의 실시간 표상에 불균형적으로 영향을 미친다는 것을 보여 주었다(Chatterjee et al., 2000). 공간 기억과 주의를 연관시켜 실시간 지각에 영향을 미치는 개념적인 틀은 아직 제시되지 않고 있다.

전두엽과 두정엽의 차이

공간 주의에서 전두엽과 두정엽의 역할은 어떻게 다른가? 두정엽 무시 증상은 주의로 표출되며 전두엽 무시 증상은 의도로 표출된다는 주장이 호소력을 지닌다. 불행하게도 이런 명백한 양분법에 대한 실험적 증거는 분명하지 않다. 사실 '주의 무시' 라는 개념이 눈 움직임에 근거하고, '의도 무시' 는 사지 움직임에 근거한다는 점을 고려할 때, 이런 구분이 개념적으로 의미가 있는지조차 분명하지 않다. 단일-세포 신경생리학적 연구들은 두정엽과 전두엽 내에 있는 뉴런들은 공간에서의 행동을 조절한다고 제안했다. 행동 통제는 두정엽보다 전두엽에 좀 더 명백하게 집중되어 있는 것 같다. 그렇다고 하여 행동이 전두엽과 두정엽 병변으로부터 명백히 분리될 것으로 기대하기는 어렵다.

Andersen과 동료들(Andersen, 1995a), 그리고 Pouget과 Sejnowski(1997)가 시각 좌표의 부호화에 대해 제안한 것과 같이 눈 움직임과 사지 움직임은 같이 배열된 뉴런들에 의해 부호화될 가능성이 있다. 만약 그런 주장이 타당하다고 하더라도, 병변이 어떻게 행동을 편향시켜 다른 유형의 무시로 표출되게 하는지는 명백하지 않다. 더구나 상호연결망을 바탕으로 한 전두엽과 두정엽 간의 상호작용 방식은 아직 충분히 이해되지 못하고 있다. 인간에게 있어서 후측 상종단 속(longitudinal fasciculus)과 하전두엽 속의 손상은 좀 더 심각하고 장기적인 무시 증상을 유발시킨다. 원숭이도 두정엽 아래의 백질을 절단할 경우 마찬가지로 훨씬 더 심각한 무시가 나타난다.

두정엽 내에서의 구별

후측 두정-측두엽 내에서 다른 영역들의 역할은 무엇인가? 인간 병변 연구들은 하두정엽이나 상측두 구의 손상이 가장 일관적이고 심각한 공간 주의와 표상의 장애를 유발한다고 제안한다. 그에 반해, 기능성 뇌영상 연구는 측두내 구의 배측 영역과 상두정 구를 가장 일관되게 그리고 더 많이 활성화시켰다. 왜 이런 불일치가 생기는가? 시각 주의의 이동을 강조하는 연구 설계로 인하여 기능성 뇌영상 연구는 배측 영역과 더 밀접하게 관련되는 것 같다. 어쩌면 '무엇' 과 '어디' 정보 간의 통합을 강조하는 실험에서는 하두정엽이 더 많이 관련될 수도 있을 것이다. 최근의 기능성 뇌영상 연구 결과는 피험자가 단순히 위치에 주의를 기울일 때보다 표적을 탐지할 때 측두-두정 연합 영역이 더 선호되어 활성화된다고 보고한다(Corbetta et al., 2000). 그렇다고 해도 원숭이 병변 연구가 이렇게 상충되는 연구 결과들을 해결하는 데 도움이 되지는 못할 것이다. 두 가지 이유를 들 수 있다. 아래서 언급하겠지만, 원숭이-인간의 일치된 해부학적 상동은 분명하지 않을 뿐 아니라, 유사한 무시 증상들이 원숭이에게는 두정엽 병변을 유도한 뒤 일시적으로 발생하기 때문이다.

원숭이와 사람의 상동 구조

인간과 원숭이 간에 적절한 해부학적 상동 구조는 무엇일까? 인간 병변 연구들은 하측두엽에 초점을 둔다. 원숭이에게서 그에 대응하는 유사한 구조가 존재하는지는 명백하지 않다(Watson et al., 1994). 인간을 대상으로 한 기능성 뇌영상 연구와 원숭이를 대상으로 한 신경생리학 연구들은 두정내 구의 역할을 강조한다. 그렇다고 하여 두 구조가 종을 초월하여 상동적인지는 분명하지 않다.

요약하면, 우리는 공간 주의와 표상에 대해 대단히 많은 것을 알고 있다. 많은 학문들에 걸쳐 제기된 다양한 질문들과 밝혀진 다양한 해결책들에는 놀라울 정도의 의견 수렴이 있다. 그러나 여전히 많은 의문들이 남아 있다. 공간 주의와 표상에 대한 포괄적이고, 일관성 있는 이해는 다양한 방법론을 활용해서 축적된 통찰을 인식함으로써 가능해질 것이다.

참 | 고 | 문 | 헌

Adair, J., Chatterjee, A., Schwartz, R., & Heilman, K. (1998a). Ipsilateral neglect: Reversal of bias or exaggerated cross-over phenomenon? *Cortex, 34*, 147-153.

Adair, J. C., Na, D. L., Schwartz, R. L., & Heilman, K. M. (1998b). Analysis of primary and secondary influences on spatial neglect. *Brain and Cognition, 37*, 351-367.

Albert, M. L. (1973). A simple test of visual neglect. *Neurology, 23*, 658-664.

Andersen, R. A. (1995a). Coordinate transformation and motor planning in parietal cortex. In M. S. Gazzaniga (Ed.), *The cognitive neurosciences* (pp. 519-532). Cambridge, MA: MIT Press.

Andersen, R. A. (1995b). Encoding of intention and spatial location in the posterior parietal cortex. *Cerebral Cortex, 5*, 457-469.

Andersen, R. A., Bracewell, R. M., Barash, S., Gnadt, J. W., & Fogassi, L. (1990). Eye position effects on visual, memory, and saccade-related activity in areas LIP and 7a of macaque. *Journal of Neuroscience, 10*, 1176-1196.

Andersen, R. A., Essick, G. K., & Siegel, R. M. (1985). Encoding of spatial locations by posterior parietal neurons. *Science, 230*, 456-458.

Anderson, B. (1993). Spared awareness for the left side of internal visual images in patients with left-sided extra-personal neglect. *Neurology, 43*, 213-216.

Anderson, B. (1996). A mathematical model of line bisection behaviour in neglect. *Brain, 119*, 841-850.

Barcelo, F., Suwazono, S., & Knight, R. (2000). Prefrontal modulation of visual processing in humans. *Nature Neuroscience, 3*, 399-403.

Behrmann, M., Moscovitch, M., Black, S. E., & Mozer, M. (1994). Object-centered neglect in patients with uni-lateral neglect: Effects of left-right coordinates of objects. *Journal of Cognitive Neuroscience, 6*, 1-16.

Bender, M. B., & Furlow, C. T. (1945). Phenomenon of visual extinction and homonomous fields and psycho-logical principles involved. *Archives of Neurology and Psychiatry, 53*, 29-33.

Beschin, N., & Robertson, I. H. (1997). Personal versus extrapersonal neglect: A group study of their dissociation using a reliable clinical test. *Cortex, 33*, 379-384.

Binder, J., Marshall, R., Lazar, R., Benjamin, J., & Mohr, J. (1992). Distinct syndromes of hemineglect. *Archives of Neurology, 49*, 1187-1194.

Bisiach, E. (1993). Mental representation in unilateral neglect and related disorders: The twentieth Bartlett Memorial lecture. *Quarterly Journal of Experimental Psychology, 46A*, 435-461.

Bisiach, E., Bulgarelli, C., Sterzi, R., & Vallar, G. (1983). Line bisection and cognitive plasticity of unilateral neglect of space. *Brain and Cognition, 2*, 32-38.

Bisiach, E., Geminiani, G., Berti, A., & Rusconi, M. L. (1990). Perceptual and premotor factors of unilateral neglect. *Neurology, 40*, 1278-1281.

Bisiach, E., & Luzzatti, C. (1978). Unilateral neglect of representational space. *Cortex, 14*, 129-133.

Bisiach, E., Luzzatti, C., & Perani, D. (1979). Unilateral neglect, representational schema and consciousness. *Brain, 102*, 609-618.

Bisiach, E., Perani, D., Vallar, G., & Berti, A. (1986). Unilateral neglect: Personal and extrapersonal. *Neuropsychologia, 24*, 759-767.

Bisiach, E., Ricci, R., Lualdi, M., & Colombo, M. R. (1998a). Perceptual and response bias in unilateral neglect: Two modified versions of the Milner landmark task. *Brain and Cognition, 37,* 369–386.

Bisiach, E., Ricci, R., & Modona, M. N. (1998b). Visual awareness and anisometry of space representation in unilateral neglect: A panoramic investigation by means of a line extension task. *Consciousness and Cognition, 7,* 327–355.

Bisiach, E., & Rusconi, M. L. (1990). Breakdown of perceptual awareness in unilateral neglect. *Cortex, 26,* 643–649.

Bisiach, E., Tegnér, R., Làdavas, E., Rusconi, M. L., Mijovic, D., & Hjaltason, H. (1995). Dissociation of ophthalmokinetic and melokinetic attention in unilateral neglect. *Cerebral Cortex, 5,* 439–447.

Brain, W. R. (1941). Visual disorientation with special reference to lesions of the right hemisphere. *Brain, 64,* 224–272.

Brefczynski, J. A., & DeYoe, E. A. (1999). A physiologi-cal correlate of the "spotlight" of visual attention. *Nature Neuroscience, 2,* 370–374.

Brotchie, P. R., Anderson, R. A., Snyder, L. H., & Goodman, S. J. (1995). Head position signals used by parietal neurons to encode locations of visual stimuli. *Nature, 375,* 232–235.

Burcham, K. J., Corwin, J. V., Stoll, M. L., & Reep, R. L. (1997). Disconnection of medial agranular and posterior patietal cortex produces multimodal neglect in rats. *Behavioral Brain Research, 90,* 187–197.

Butter, C. M., Evans, J., Kirsch, N., & Kewman, D. (1989). Altitudinal neglect following traumatic brain injury. *Cortex, 25,* 135–146.

Caminiti, R., Ferraina, S., & Johnson, P. (1996). The source of visual information to the primate frontal lobe: A novel role for the superior parietal lobule. *Cerebral Cortex, 6,* 319–328.

Cappa, S., Sterzi, R., Guiseppe, V., & Bisiach, E. (1987). Remission of hemineglect and anosagnosia during vestibular stimulation. *Neuropsychologia, 25,* 775–782.

Chatterjee, A. (1994). Picturing unilateral spatial neglect: Viewer versus object centred reference frames. *Journal of Neurology, Neurosurgery and Psychiatry, 57,* 1236–1240.

Chatterjee, A. (1995). Cross over, completion and confab-ulation in unilateral spatial neglect. *Brain, 118,* 455–465.

Chatterjee, A. (1998). Motor minds and mental models in neglect. *Brain and Cognition, 37*, 339-349.

Chatterjee, A., Dajani, B. M., & Gage, R. J. (1994a). Psychophysical constraints on behavior in unilateral spatial neglect. *Neuropsychiatry, Neuropsychology and Behavioral Neurology, 7*, 267-274.

Chatterjee, A., & Mennemeier, M. (1996). Anosognosia for hemiplegia: Patient retrospection. *Cognitive Neuro-psychiatry, 1*, 221-237.

Chatterjee, A., Mennemeier, M., & Heilman, K. M. (1992a). Search patterns and neglect: A case study. *Neuropsychologia, 30*, 657-672.

Chatterjee, A., Mennemeier, M., & Heilman, K. M. (1992b). A stimulus-response relationship in unilateral neglect: The power function. *Neuropsychologia, 30*, 1101-1108.

Chatterjee, A., Mennemeier, M., & Heilman, K. M. (1994b). The psychophysical power law and unilateral spatial neglect. *Brain and Cognition, 25*, 92-107.

Chatterjee, A., Ricci, R., & Calhoun, J. (2000). Weighing the evidence for cross over in neglect. *Neuropsychologia, 38*, 1390-1397.

Chatterjee, A., & Thompson, K. A. (1998). Weigh(t)ing for awareness. *Brain and Cognition, 37*, 477-490.

Chatterjee, A., Thompson, K. A., & Ricci, R. (1999). Quantitative analysis of cancellation tasks in neglect. *Cortex, 35*, 253-262.

Chawla, D., Rees, G., & Friston, K. (1999). The physio-logical basis of attentional modulation in extrastriate visual areas. *Nature Neuroscience, 2*, 671-676.

Chokron, S., & Bartolomeo, P. (1998). Position of the egocentric reference and directional movements in right brain-damaged patients. *Brain and Cognition, 46*, 34-38.

Colby, C. L. (1998). Action-oriented spatial reference frames in cortex. *Neuron, 20*, 15-24.

Colby, C., & Duhamel, J.-R. (1991). Heterogeneity of extrastriate visual areas and multiple parietal areas in the macaque monkey. *Neuropsychologia, 29*, 497-515.

Colby, C. L., Duhamel, J.-R., & Goldberg, M. E. (1993). Ventral intraparietal area of the macaque: Anatomic location and visual response properties. *Journal of Neurophysiology, 69*, 902-914.

Colby, C. L., & Goldberg, G. E. (1999). Space and attention in parietal cortex. *Annual Review of Neuroscience, 23*, 319-349.

Corbetta, M. (1998). Frontoparietal cortical networks for directing attention and the eye to visual locations: Identical, independent, or overlapping neural systems. *Proceedings of the National Academy of Sciences U.S.A.*, *95*, 831-838.

Corbetta, M., Kincade, J. M., Ollinger, J. M., McAvoy, M. P., & Shulman, G. M. (2000). Voluntary orienting is dis-sociated from target detection in human posterior parietal cortex. *Nature Neuroscience, 3*, 292-296.

Corbetta, M., Miezen, F. M., Shulman, G. L., & Peterson, S. E. (1993). A PET study of visuospatial attention. *Journal of Neuroscience, 11*, 1202-1226.

Corwin, J. V., Kanter, S., Watson, R. T., Heilman, K. M., Valenstein, E., & Hashimoto, A. (1986). Apomorphine has a therapeutic effect on neglect produced by unilateral dorsomedial prefrontal cortex lesions in rats. *Experimental Neurology, 36*, 683-698.

Corwin, J. V., & Reep, R. L. (1998). Rodent posterior parietal cortex as a component of a cortical mediating directed spatial attention. *Psychobiology, 26*, 87-102.

Coslett, H. B. (1997). Neglect in vision and visual imagery: A double dissociation. *Brain, 120*, 1163-1171.

Coslett, H. B. (1998). Evidence for a disturbance of the body schema in neglect. *Brain and Cognition, 37*, 529-544.

Coslett, H. B., Bowers, D., Fitzpatrick, E., Haws, B., & Heilman, K. M. (1990). Directional hypokinesia and hemispatial inattention in neglect. *Brain, 113*, 475-486.

Coull, J. T., & Frith, C. D. (1998). Differential activation of right superior parietal cortex and intraparietal sulcus by spatial and nonspatial attention. *Neuroimage, 8*, 176-187.

Critchley, M. (1974). Misoplegia or hatred of hemiplegia. *Mt. Sinai. Journal of Medicine, 41*, 82-87.

di Pellegrino, G., Basso, G., & Frassinetti, F. (1998). Visual extinction as a spatio-temporal disorder of selective attention. *Neuroreport, 9*, 835-839.

Doricchi, F., Guariglia, C., Paolucci, S., & Pizzamiglio, L. (1993). Disturbance of the rapid eye movements (REM) of REM sleep in patients with unilateral attentional neglect: Clue for the understanding of the functional meaning of REMs. *Electroencephalography and Clinical Neurophysiolog, 87*, 105-116.

Driver, J., Baylis, G., & Rafal, R. (1992). Preserved figure-ground segregation and symmetry perception in visual neglect. *Nature, 360*, 73-75.

Driver, J., & Halligan, P. W. (1991). Can visual neglect operate in object-centered coordinates? An affirmative single-case study. *Cognitive Neuropsychology, 8*, 475-496.

Driver, J., & Spence, C. (1998). Cross-modal links in spatial attention. *Philosophical Transactions of the Royal Society of London, Sen. B, 353*, 1319-1331.

Duel, R. (1987). Neural dysfunction during hemineglect after cortical damage in two monkey models. In M. Jeannerod (Ed.), *Neurophysiological and neuropsychological aspects of spatial neglect* (pp. 315-334). Amsterdam: Elsevier.

Duhamel, J., Colby, C. L., & Goldberg, M. E. (1992). The updating of representation of visual space in parietal cortex by intended eye movements. *Science, 255*, 90-92.

Duhamel, J.-R., Colby, C. L., & Goldberg, M. E. (1998). Ventral intraparietal area of the macaque: Confluent visual and somatic response properties. *Journal of Neurophysiology, 79*, 126-136.

Farah, M. J., Brun, J. L., Wong, A. B., Wallace, M. A., & Carpenter, P. A. (1990). Frames of reference for allocating attention to space: Evidence from the neglect syndrome. *Neuropsychologia, 28*, 335-347.

Fechner, G. T. (1899). *Elemente der Psychophysik, Vol. II.* (H. E. Leipzig: Breitkopfund Hartel.

Feinberg, T., Haber, L., & Stacy, C. (1990). Ipsilateral extinction in the hemineglect syndrome. *Archives of Neurology, 47*, 802-804.

Fink, G. R., Dolan, R. J., Halligan, P. W., Marshall, J. C., & Frith, C. D. (1997). Space-based and object-based visual attention: Shared and specific neural domains. *Brain, 120*, 2013-2028.

Fleet, W. S., Valenstein, E., Watson, R. T., & Heilman, K. M. (1987). Dopamine agonist therapy for neglect in humans. *Neurology, 37*, 1765-1770.

Fogassi, L., Gallese, L., Fadiga, L., Luppino, G., Matelli, M., & Rizzolatti, G. (1996). Coding of peripersonal space in inferior premotor cortex (area F4). *Journal of Neurophysiology, 76*, 141-157.

Gaffan, D., & Hornak, J. (1997). Visual neglect in the monkey: Representation and disconnection. *Brain, 120*, 1647-1657.

Gainotti, G., Messerli, P., & Tissot, R. (1972). Qualitative analysis of unilateral and spatial neglect in relation to laterality of cerebral lesions. *Journal of Neurology, Neurosurgery and Psychiatry, 35*, 545-550.

Gandhi, S. P., Heeger, D. J., & Boynton, G. M. (1999). Spatial attention affects brain activity in human primary visual cortex. *Proceedings of the National Academy of Sciences U.S.A.*, *96*, 3314-3319.

Geminiani, G., Bottini, G., & Sterzi, R. (1998). Dopamin-ergic stimulation in unilateral neglect. *Journal of Neurology, Neurosurgery and Psychiatry*, *65*, 344-347.

Gentilucci, M., Fogassi, L., Luppino, G., Matelli, M., Camarda, R., & Rizzolatti, G. (1988). Functional organization of inferior area 6 in the macaque monkey: I. Somatotopy and the control of proximal movements. *Experimental Brain Research*, *71*, 475-490.

Gitelman, D. R., Alpert, N. M., Kosslyn, S., Daffner, K., Scinto, L., Thompson, W., & Mesulam, M.-M. (1996). Functional imaging of human right hemispheric activation for exploratory movements. *Annals of Neurology*, *39*, 174-179.

Gitelman, D., Nobre, A., Parish, T., LaBar, K., Kim, Y.-H., Meyer, J., & Mesulam, M.-M. (1999). Large-scale distributed network for covert spatial attention: Further anatomical delineation based on stringent behavioral and cognitive controls. *Brain*, *122*, 1093-1106.

Graziano, M. S. A., & Gross, C. G. (1995). The representation of extrapersonal space: A possible role for bimodal, visual-tactile neurons. In M. S. Gazzaniga (Ed.), *The cog-nitive neurosciences* (pp. 1021-1034). Cambridge, MA: MIT Press.

Graziano, M. S. A., Yap, G. S., & Gross, C. G. (1994). Coding of visual space by premotor neurons. *Science*, *266*, 1054-1056.

Gross, C. G., & Graziano, M. S. A. (1995). Multiple representations of space in the brain. *Neuroscientist*, *1*, 43-50.

Halligan, P. W., & Marshall, J. C. (1988). How long is a piece of string? A study of line bisection in a case of visual neglect. *Cortex*, *24*, 321-328.

Halligan, P. W., & Marshall, J. C. (1992). Left visuo-spatial neglect: A meaningless entity? *Cortex*, *28*, 525-535.

Halligan, P. W., & Marshall, J. C. (1994). *Spatial neglect: Position papers on theory and practice*. Hillsdale, NJ: Lawrence Erlbaum Associates.

Halligan, P. W., & Marshall, J. C. (1998). Visuo-spatial neglect: The ultimate deconstruction. *Brain and Cognition*, *37*, 419-438.

Halligan, P. W., Marshall, J. C., & Wade, D. T. (1992). Left on the right: Allochiria in a case of left visuo-spatial neglect. *Journal of Neurology, Neurosurgery and Psychiatry*, *55*, 717-719.

Heilman, K. M. (1979). Neglect and related disorders. In K. M. H. a. E. Valenstein (Ed.), *Clinical neuropsychology* (pp. 268-307). New York: Oxford University Press.

Heilman, K. M., Pandya, D. N., & Geschwind, N. (1970). Trimodal inattention following parietal lobe ablations. *Transactimes of the American Neurological Association, 95*, 259-261.

Heilman, K. M., Schwartz, H. D., & Watson, R. T. (1978). Hypoarousal in patients with the neglect syndrome and emotional indifference. *Neurology, 28*, 229-232.

Heilman, K. M., & Valenstein, E. (1972). Frontal lobe neglect in man. *Neurology, 22*, 660-664.

Heilman, K. M., & Valenstein, E. (1979). Mechanisms underlying hemispatial neglect. *Annals of Neurology, 5*, 166-170.

Heilman, K. M., & Van Den Abell, T. (1980). Right hemi-sphere dominance for attention: The mechanisms under-lying hemispheric assymmetries of inattention (neglect). *Neurology, 30*, 327-330.

Heilman, K. M., Watson, R. T., & Valenstein, E. (1994). Localization of lesions in neglect and related disorders. In A. Kertesz (Ed.), *Localization and neuroimaging in neuropsychology* (pp. 495-524). New York: Academic Press.

Hier, D. B., Davis, K. R., Richardson, E. P., & Mohr, J. P. (1977). Hypertensive putaminal hemorrhage. *Annals of Neurology, 1*, 152-159.

Hillis, A. E., & Caramazza, A. (1995). A framework for interpreting distinctive patterns of hemispatial neglect. *Neurocase, 1*, 189-207.

Hurford, P., Stringer, A., & Jann, B. (1998). Neuropharmacologic treatment of hemineglect: A case report com-paring bromocriptine and methylphenidate. *Archives of Physical Medicine and Rehabilitation, 79*, 346-349.

Husain, M., & Kennard, C. (1996). Visual neglect associ-ated with frontal lobe infarction. *Journal of Neurology, 243*, 652-657.

Karnath, H.-O., & Ferber, S. (1999). Is space representation distorted in neglect? *Neuropsychologia, 37*, 7-15.

Karnath, H.-O., Ferber, S., & Himmelbach, M. (2001). Spatial awareness is a function of the temporal not the posterior parietal lobe. *Nature, 411*, 950-953.

Karnath, H.-O., Sievering, D., & Fetter, M. (1994). Theihteractive contribution of neck muscle proprioception and vestibular stimulation to subjective "straight ahead" orientation in man. *Experimental Brain Research, 101*, 140-146.

Karnath, H. O., Schenkel, P., & Fischer, B. (1991). Trunk orientation as the determining factor of the "contralateral" deficit in the neglect syndrome and as the physical anchor of the internal representation of body orientation in space. *Brain, 114*, 1997–2014.

Kastner, S., De Weerd, P., Desimone, R., & Ungerleider, L. G. (1998). Mechanisms of directed attention in the human extrastriate cortex as revealed by functional MRI. *Science, 282*, 108–111.

Kim, Y.-H., Gitelman, D. R., Nobre, A. C., Parrish, T. B., LaBar, K. S., & Mesulam, M.-M. (1999). The large-scale neural network for spatial attention displays multifunctional overlap but differential asymmetry. *Neuroimage, 9*, 269–277.

Kinsbourne, M. (1970). A model for the mechanisms of unilateral neglect of space. *Transactions of the American Neurological Association, 95*, 143–147.

Kinsbourne, M. (1987). Mechanisms of unilateral neglect. In M. Jeannerod (Ed.), *Neurophysiological and neuropsychological aspects of spatial neglect* (pp. 69–86). New York: North-Holland.

Kinsbourne, M., & Warrington, E. K. (1962). Variety of reading disability associated with right hemisphere lesions. *Journal of Neurology, Neurosurgery and Psychiatry, 25*, 339–344.

Kwon, S. E., & Heilman, K. M. (1991). Ipsilateral neglect in a patient following a unilateral frontal lesion. *Neurology, 41*, 2001–2004.

Ladavas, E. (1987). Is the hemispatial damage produced by right parietal lobe damage associated with retinal or gravitational coordinates. *Brain, 110*, 167–180.

Ladavas, E., Di Pellegrino, G., Farne, A., & Zeloni, G. (1998). Neuropsychological evidence of an integrated visuotactile representation of peripersonal space in humans. *Journal of Cognitive Neuroscience, 10*, 581–589.

Ladavas, E., Paladini, R., & Cubelli, R. (1993). Implicit associative priming in a patient with left visual neglect. *Neuropsychologia, 31*, 1307–1320.

Leibovitch, F. S., Black, S. E., Caldwell, C. B., Ebert, P. L., Ehrlich, L. E., & Szalai, J. P. (1998). Brain-behavior correlations in hemispatial neglect using CT and SPECT. *Neurology, 50*, 901–908.

Maeshima, S., Funahashi, K., Ogura, M., Itakura, T., & Komai, N. (1994). Unilateral spatial neglect due to right frontal lobe haematoma. *Journal of Neurology, Neurosurgery and Psychiatry, 57*, 89–93.

Mark, V. W., & Heilman, K. M. (1997). Diagonal neglect on cancellation. *Neuropsychologia, 35*, 1425-1436.

Marshall, J. C., & Halligan, P. W. (1988). Blindsight and insight in visuospatial neglect. *Nature, 336*, 766-767.

Marshall, J. C., & Halligan, P. W. (1989). When right goes left: An investigation of line bisection in a case of visual neglect. *Cortex, 25*, 503-515.

Marshall, J. C., & Halligan, P. W. (1990). Line bisection in a case of visual neglect: Psychophysical studies with implications for theory. *Cognitive Neuropsychology, 7*, 107-130.

Marshall, J. C., & Halligan, P. W. (1993). Visuo-spatial neglect: A new copying test to assess perceptual parsing. *Journal of Neurology, 240*, 37-40.

Marshall, J. F., & Gotthelf, T. (1979). Sensory inattention in rats with 6-hydroxydopamine-induced degeneration of ascending dopaminergic neurons: Apomorphine-induced reversal of deficits. *Experimental Neurology, 65*(2), 398-411.

Marshall, R. S., Lazar, R. M., Krakauer, J. W., & Sharma, R. (1998). Stimulus context in hemineglect. *Brain, 121*, 2003-2010.

Martinez, A., Anllo-Vento, L., Sereno, M. I., Frank, L. R., Buxton, R. B., Dubowitz, D. J., Wong, E. C., Hinrichs, H. J., & Hillyard, S. A. (1999). Involvement of striate and extrastriate visual cortical areas in spatial attention. *Nature Neuroscience, 2*, 364-369.

Mattingley, J. B., Bradshaw, J. L., & Phillips, J. G. (1992). Impairments of movement initiation and execution in unilateral neglect. *Brain, 115*, 1849-1874.

Mattingley, J. B., Davis, G., & Driver, J. (1997). Preattentive filling-in of visual surfaces in parietal extinction. *Science, 275*, 671-674.

Mattingley, J. B., Husain, M., Rorden, C., Kennard, C., & Driver, J. (1998). Motor role of the human inferior parietal lobe in unilateral neglect patients. *Nature, 392*, 179-182.

McGlinchey-Berroth, R., Bullis, D. P., Milberg, W. P., Verfaellie, M., Alexander, M., & D' Esposito, M. (1996). Assessment of neglect reveals dissociable behavioral but not neuroanatomic subtypes. *Journal of the International Neuropsychological Society, 2*, 441-451.

McGlinchey-Berroth, R., Milberg, W. P., Verfaellie, M., Alexander, M., & Kilduff, P. T. (1993). Semantic processing in the neglected visual field: Evidence from a lexical decision task. *Cognitive Neuropsychology, 10*, 79-108.

Mennemeier, M., Chatterjee, A., & Heilman, K. M. (1994). A comparison of the influences of body and environment-centred references on neglect. *Brain, 117*, 1013-1021.

Mennemeier, M., Wertman, E., & Heilman, K. M. (1992). Neglect of near peripersonal space: Evidence for multi-directional attentional systems in humans. *Brain, 115*, 37-50.

Merchant, H., Zainos, A., Hernandez, A., Salinas, E., & Romo, R. (1997). Functional properties of primate putamen neurons during the categorization of tactile stimuli. *Journal of Neurophysiology, 77*, 1132-1154.

Mesulam, M.-M. (1981). A cortical network for directed attention and unilateral neglect. *Annals of Neurology, 10*, 309-325.

Mesulam, M.-M. (1990). Large-scale neurocognitive net-works and distributed processing for attention, language and memory. *Annals of Neurology, 28*, 597-613.

Milner, A. D., & Goodale, M. (1995). *The visual brain in action*. New York: Oxford University Press.

Milner, A. D., & Harvey, M. (1995). Distortion of size perception in visuospatial neglect. *Current Biology, 5*, 85-89.

Milner, A. D., Harvey, M., Roberts, R. C., & Forster, S. V. (1993). Line bisection error in visual neglect: Misguided action or size distortion? *Neuropsychologia, 31*, 39-49.

Milner, A. D. (1987). Animal models of neglect. In M. Jeannerod (Ed.), *Neurophysiological and neuropsychological aspects of spatial neglect* (pp. 259-288). Amsterdam: Elsevier.

Monaghan, P., & Shillcock, R. (1998). The cross-over effect in unilateral neglect. Modelling detailed data in the line-bisection task. *Brain, 121*, 907-921.

Moran, J., & Desimone, R. (1985). Selective attention gates visual processing in extrastriate cortex. *Science, 229*, 782-784.

Mountcastle, V. B. (1976). The world around us: Neural command functions for selective attention. *Neurosciences Research Program Bulletin, 14*, 1-47.

Mountcastle, V. B., Lynch, J. C., Georgopolous, A., Sakata, H., & Acuna, C. (1975). The influence of attentive fixation upon the excitability of the light-sensitive neurons of the posterior parietal cortex. *Journal of Neuroscience, 1*, 1218-1245.

Na, D. L., Adair, J. D., Williamson, D. J. G., Schwartz, R. L., Haws, B., & Heilman, K. M. (1998). Dissociation of sensory-attentional from motor-intentional neglect. *Journal of Neurology, Neurosurgery, and Psychiatry, 64*, 331-338.

Nobre, A. C., Sebestyen, G. N., Gitelman, D. R., & Mesulam, M.-M. (1997). Functional localization of the system for visuospatial attention using positron emission tomography. *Brain, 120*, 5151-5533.

Petrides, M., & Pandya, D. N. (1984). Projections to the frontal cortex from the posterior parietal region in the rhesus monkey. *Journal of Comparative Neurology, 288*, 105-116.

Pizzamiglio, L., Vallar, G., & Doricchi, E. (1997). Gravitational inputs modulate visuospatial neglect. *Experimental Brain Research, 117*, 341-345.

Posner, M. I., & Dehaene, S. (1994). Attentional networks. *Trends in Neuroscience, 17*, 75-79.

Posner, M., Walker, J., Friedrich, F., & Rafal, R. (1984). Effects of parietal injury on covert orienting of attention. *Journal of Neuroscience, 4*, 1863-1874.

Pouget, A., & Sejnowski, T. J. (1997). Lesion in a basis function model of parietal cortex: Comparison with hem-ineglect. In P. Thier & H.-O. Kamath (Eds.), *Parietallobecontributions to Orientation in 3D Space* (pp. 521-538). Heidelberg: Springer-Verlag.

Previc, F. H. (1998). The neuropsychology of 3-D space. *Psychological Bulletin, 124*, 123-163.

Rapcsak, S. Z., Fleet, W. S., Verfaellie, M., & Heilman, K. M. (1988). Altitudinal neglect. *Neurology, 38*, 277-281.

Rapcsak, S., Verfaellie, M., Fleet, W., & Heilman, K. M. (1989). Selective attention in hemispatial neglect. *Archives of Neurology, 46*, 172-178.

Rapcsak, S. Z., Watson, R. T., & Heilman, K. M. (1987). Hemispace-visual field interactions in visual extinction. *Journal of Neurology, Neurosurgery and Psychiatry, 50*, 1117-1124.

Rees, G., Frith, C., & Lavie, N. (1997). Modulating irrelevant motion perception by varying attentional load in an unrelated task. *Science, 278*, 1616-1619.

Ricci, R., Calhoun, J., & Chatterjee, A. (2000). Orientation bias in unilateral neglect: Representational contributions. *Cortex, 36*, 671-677.

Ricci, R., Vaishnavi, S., & Chatterjee, A. (1999). A deficit of preattentive vision: Experimental observations and theoretical implications. *Neurocase, 5*, 1-12.

Rizzolatti, G., & Berti, A. (1993). Neural mechanisms in spatial neglect. In I. H. Robertson & J. C. Marshall (Eds.), *Unilateral neglect: Clinical and experimental studies* (pp.

87–105). Hillsdale, NJ: Lawrence Erlbaum Associates.

Rizzolatti, G., Camarda, R., Fogassi, L., Gentilucci, M., Luppino, G., & Matelli, M. (1988). Functional organization of inferior area 6 in the macaque monkey: II. Area F5 and the control of distal movements. *Experimental Brain Research*, *71*, 491–507.

Rizzolatti, G., Matelli, M., & Pavesi, G. (1983). Deficits in attention and movement following the removal of postarcuate (area 6) and prearcuate (area 8) cortex in macaque monkeys. *Brain*, *106*, 655–673.

Rossetti, Y., G, R., Pisella, L., Fame, A., Li, L., Boisson, D., & Perenin, M. (1998). Prism adaptation to a rightward optical deviation rehabilitates left spatial neglect. *Nature*, *395*, 166–169.

Rubens, A. (1985). Caloric stimulation and unilateral neglect. *Neurology*, *35*, 1019–1024.

Schenkenberg, T., Bradford, D. C., & Ajax, E. T. (1980). Line bisection and unilateral visual neglect in patients with neurologic impairment. *Neurology*, *30*, 509–517.

Seki, K., & Ishiai, S. (1996). Diverse patterns of perform-ance in copying and severity of unilateral spatial neglect. *Journal of Neurology*, *243*, 1–8.

Snyder, L. H., Batista, A. P., & Andersen, R. A. (1997). Coding of intention in the posterior parietal cortex. *Nature*, *386*, 167–170.

Snyder, L. H., Grieve, K. L., Brotchie, P., & Andersen, R. A. (1998). Separate body and world-referenced representations of visual space in parietal cortex. *Nature*, *394*, 887–891.

Sommers, D. C., Dale, A. M., Seiffert, A. E., & Tootell, R. B. H. (1999). Functional MRI reveals spatially specific attentional modulation in human primary visual cortex. *Proceedings of the National Academy of Sciences U.S.A.*, *96*, 1663–1668.

Stevens, S. S. (1970). Neural events and the psychophysical power law. *Science*, *170*, 1043–1050.

Stevens, S. S. (1972). A neural quantum in sensory discrimination. *Science*, *177*, 749–762.

Tegner, R., & Levander, M. (1991). Through the looking glass. A new technique to demonstrate directional hypokinesia in unilateral neglect. *Brain*, *114*, 1943–1951.

Triggs, W. J., Gold, M., Gerstle, G., Adair, J., & Heilman, K. M. (1994). Motor neglect associated with a discrete parietal lesion. *Neurology*, *44*, 1164–1166.

Ungerleider, L. G., & Mishkin, M. (1982). Two cortical visual systems. In D. J. Ingle, M. A. Goodale, & R. J. W. Mansfield (Eds.), *Analysis of visual behavior* (pp. 549–586). Cambridge, MA: MIT Press.

Vaishnavi, S., Calhoun, J., & Chatterjee, A. (1999). Cross-modal and sensorimotor integration in tactile awareness. *Neurology, 53*, 1596-1598.

Vaishnavi, S., Calhoun, J., & Chatterjee, A. (2001). Binding personal and peripersonal space: Evidence from tactile extinction. *Journal of Cognitive Neuroscience, 13*, 181-189.

Vallar, G., Bottini, G., Rusconi, M. L., & Sterzi, R. (1993). Exploring somatosensory hemineglect by vestibular stimulation. *Brain, 116*, 71-86.

Vallar, G., Daini, R., & Antonucci, G. (2000). Processing of illusion of length in spatial hemineglect: A study of line bisection. *Neuropsychologia, 38*, 1087-1097.

Vargo, J. M., Richard-Smith, M., & Corwin, J. V. (1989). Spiroperidol reinstates asymmetries in neglect in rats recovered from left or right dorsomedial prefrontal cortex lesions. *Behavioral Neuroscience, 103*, 1017-1027.

Vecera, S., & Behrmann, M. (1997). Spatial attention does not require preattentive grouping. *Neuropsychology, 11*, 30-43.

Volpe, B. T., Ledoux, J. E., & Gazzaniga, M. S. (1979). Information processing of visual stimuli in an "extin-guished" field. *Nature, 282*, 722-724.

Watson, R. T., Heilman, K. M., Cauthen, J. C., & King, F. A. (1973). Neglect after cingulectomy. *Neurology, 23*, 1003-1007.

Watson, R. T., Heilman, K. M., Miller, B. D., & King, F. A. (1974). Neglect after mesencephalic reticular formation lesions. *Neurology, 24*, 294-298.

Watson, R. T., Valenstein, E., Day, A., & Heilman, K. M. (1994). Posterior neocortical systems subserving awareness and neglect: Neglect associated with superior temporal sulcus but not area 7 lesions. *Archives of Neurology, 51*, 1014-1021.

Watson, R. T., Valenstein, E., & Heilman, K. M. (1978). Nonsensory neglect. *Annals of Neurology, 3*, 505-508.

Watson, R. T., Valenstein, E., & Heilman, K. M. (1981). Thalamic neglect. *Archives of Neurology, 38*, 501-506.

Wojciulik, E., & Kanwisher, N. (1999). The generality of parietal involvement in visual attention. *Neuron, 23*, 747-764.

Wurtz, R. H., & Goldberg, M. E. (1972). Activity of superior colliculus in behaving monkey: HI. Cells discharging before eye movements. *Journal of Neurophysiology, 35*, 575-586.

Wurtz, R. H., & Munoz, D. P. (1995). Role of monkey superior colliculus in control of saccades and fixation. In M. S. Gazzaniga (Ed.), *The cognitive neurosciences* (pp. 533–548). Cambridge, MA: MIT Press.

chapter 02

발린트 증후군: 시각 실인증

* Robert Rafal

사례 보고

R.M.은 고혈압으로 유발된 색전증으로 인하여 두 번의 뇌졸중을 겪었다. 뇌졸중은 그의 나이 54세였던 1991년 6월에 처음 발병하여 우측 두정엽 경색과 우측 소뇌에 작은 병변을 남겼다. 그는 일시적인 좌측 마비와 좌측 공간 무시를 겪었지만 곧 회복되었다. 1992년 3월 좌측 두정엽에서 발생한 2차 뇌졸중은 그를 기능적인 맹인으로 만들었다. 2차 뇌졸중 발병으로부터 5개월 후, 그는 심한 두통으로 신경과 의사에게 의뢰되었다. 그때 실시한 신경과 검사에서 그는 인지, 운동, 감각 기능 장애는 없었지만 고전적인 발린트 증후군을 겪고 있는 것으로 진단되었다.

환자는 정상적인 시력을 유지했다. 즉, 색채, 형체, 물체, 얼굴을 인식할 수 있었으며 단어를 읽을 수도 있었다. 그러나 심각할 정도로 방향감각을 상실했으며, 자기 집 외에는 어디서나 쉽게 길을 잃었다. 아울러 일상적인 모든 활동을 혼자 할 수 있었지만, 스스로 가사를 돌볼 수는 없었기 때문에, 가족이 돌보아 주어야만 했다. 병원도 누군가가 데리고 와야만 했다. 그는 2개의 물체를 보여 주면, 종종 1개만 보았다. 2개 모두 보고할 때는, 매우 천천히 그리고 마치 그것들을 순차적으로 보는 것 같았다. 깊이 지각은 심각하게 손상됐으며, 그로 인해 자신으로부터 물체까지의 거리를 판단할 수 없었고, 2개의 물체 중 어느 것이 자신에게 더 가까이 있는지 판단하지도 못했다. 시각 실조증(optic ataxia) 증상 또한 심각하여 그는 물체를 향해 정확하게 팔을 내밀지 못했고, 연필로 원 안에 표시하는 것조차 불가능했다. 그는 대상을 향해 정확하게 안구의 순간적 이동(단속안구 운동)을 할 수 없었고, 아주 천천히 움직이는 물체를 따라 눈 움직임(추적안구 운동)도 하지 못했다. 시력은 양 눈 20/15(역자 주: 시력 1.33)였으며, 초기 신경 검사를 할 당시 시야측정에서, 하반부 수평시야 손상을 보였으나 2년 후 시야는 회복되었다. 대비민감도와 색채지각은 정상이었다. 그는 무선 점으로 제작된 입체사진에서 3차원 물체의 형태를 경험할 수 있었으며, 명암으로부터 깊이 또한 지각할 수 있었다.

두통을 치료하기 위해 아미트립타일린(amitriptyline)을 처방하였으며, 추가적인 뇌출혈을 방지하기 위해서 와파린(warfarin)이 투여되었다. 1995년 6월까지 환자는 조카의 옆집에서 독립적으로 살아갈 수 있었고, 일상 활동에서 간헐적인 도움만 필요로 했다. 그는 도움 없이 자신의 집 근처로 산책을 나간 뒤 다시 집을 찾아오는 데 큰 문제를 겪지 않았으며, TV를 보고 스스로 먹고 옷을 입었으며, 일상생활의 많은 활동들을 수행할 수 있었다. 이런 활동을 수행하는 것이 정상이었을 때보다는 느렸지만 어느 정도 독립적인 생활을 유지할 수 있을 정도가 되었다.

1994년 MRI 촬영에 근거하여 뇌를 3차원으로 재구성한 결과, 양반구 두정-후두 부분에 거의 대칭에 가까운 병변이 있는 것으로 나타났다(Friedman-Hill, Robertson, & Treisman, 1995). 병변은 BA(Brodmann areas) 7, 39에 거의 집중되어 있었고, BA 5와 19의 일부가 포함되어 있었다. 우반구 BA 6 영역의 작은 (부피가 0.3cm^3 미만) 병변과, 소뇌에 비대칭적인 병변이 발견되었다(좌뇌-

부피 = 0.3cm³, 우뇌-부피 = 6.0cm³). 일차 시각 피질과 측두엽은 거의 완전한 상태를 유지하고 있었으며, 연상 회 역시 양반구 모두 손상이 없었고, 체성감각과 운동 피질도 온전했다.

이 환자가 보이는 증후군은 헝가리 신경학자 Rezsö Bálint에 의해 처음 기술되었다(Bálint, 1909; Harvey, 1995; Harvey & Milner, 1995; Husain & Stein, 1988). 정상적인 시력을 유지하고 있었기 때문에, 환자들은 자신의 눈앞에 있는 물체들을 인지할 수 있었던 반면, 주변 환경과 상호작용할 수도 없었고, 그 의미조차 알아차리지 못했다. 그들은 공간을 상실한 것이다. 그들은 순간적으로 지나가는 대상들을 알아차릴 수는 있었지만, 나타났다가 사라졌다가 해서 위치를 찾지도 못하고, 움켜잡지도 못했다. 대상의 특징들은 서로 마구 섞여 있다. 이 환자들은 시각적인 혼돈의 세계에 무력하게 남겨져 있다.

Holmes와 Horax(1919)는 공통적으로 남아 있는 이 증후군에 대해 자세한 분석을 제시하였다. 특히 그들은 이 증후군의 두 가지 주요 증상을 강조했다. (1) 동시 실인증(simultanagnosia)—시야장이 아닌 시각 주의의 협착으로 인하여 환자의 의식은 한 번에 단 하나의 대상만 가능하도록 제한된다. (2) 공간 지남력 상실—모든 공간적 지표와 기억의 상실은 환자가 세상을 상실한 상태가 되도록 하고, 대상을 볼 수도 없고(Bálint는 '시선의 정신적 마비' 라고 하였다.), 손을 뻗어 잡지도 못한다(Bálint는 '시각 실인증' 이라고 하였다).

이 장에서는 이렇게 난해한 증후군의 임상적, 신경심리학적 특징을 살펴보고, 이 증후군의 해부학적 토대와 이 증후군을 유발시키는 질병들을 살펴보기로 한다. 그 뒤 발린트 증후군의 독립된 증상들을 자세히 살펴볼 것이다. 마지막으로 발린트 증후군을 통해 지각과 행동에서 주의와 공간 표상의 역할을 요약한 후, 종합적인 결론을 내릴 것이다.

발린트 증후군의 해부학과 병인론

발린트 증후군은 양측 두정-후두 연결부위의 병변으로 발생한다. 이 병변은 배외측 후두엽(BA 19)에 발생한다는 특징이 있으며, 종종 각 회(Karnath, Ferber, Rorden, & Driver, 2000)에도 나타나지만, 연상 회와 상측두 회는 보존되는 것 같다. [그림 2-1]은 1909년 Bálint가 보고했던 환자의 병변을 그린 것이다(Husain & Stein, 1988). 우반구 연상 회와 상측두 회의 뒷부분이 영향을 받았지만, 그에 상응하는 좌반구 영역들은 보존되었다는 것을 보여 준다. 상두정엽은 양반구 모두 아주 미약하게 손상된 것으로 보인다. [그림 2-2](Friedman-Hill, Robertson, & Treisman, 1995)는 앞 사례 보고에서 기술한 발린트 증후군을 보이는 환자(R.M.)의 MRI 촬영 결과를 재구성하여 보여 주고 있다. 병변은 두정-후두 연결부위와 양반구 각 회의 일부를 포함하고 있지만 측두엽과 연상 회는 보존되었다. 발린트 증후군에 대한 최근 사례들을 개관한 결과도 이 증후군을 유발하는 핵심 부위가 후두정엽과 두정-후두 연결부위라는 점을 강조한다(Coslett & Saffran, 1991; Pierrot-Deseillgny, Gray, & Brunet, 1986; Verfaellie, Rapcsak, & Heilman, 1990).

따라서 발린트 증후군은 두정-후두 연결부위의 대칭적인 병변으로 발생하는 질병으로 간주할 수 있겠다. 예를 들어, Luria(1959), Holmes와 Horax(1919)는 측면으로부터 진입하여 관상면을 가로질러 두정-후두 영역을 관통한 투사물로 부상을 입은 환자에게 이 증상이 발생했다고 보고했다. 뇌졸중으로 인하여 양반구의 중대뇌동맥의 후두정엽 분지들이 연속적으로 손상되었을 때, 또한 이 증후군을 유발시키는 공통적인 요인이 된다(Coslett & Saffran, 1991; Friedman-Hill et al., 1995; Pierrot-Deseillgny et al., 1986). 두정-후두 연결 영역은 중대뇌동맥과 후대뇌동맥의 분기점에 놓여 있기 때문에, 발린트 증후군은 전역 대뇌 혈류 저하(global cerebral hypoperfusion)로 인한 경색의 공통적인 후유증이다. 다른 대칭적인 병변으로 한쪽 두정엽에 위치한 악성 종양이 뇌량을 통해 다른 쪽으로 퍼져나가는 나비 신경교종이 있다.

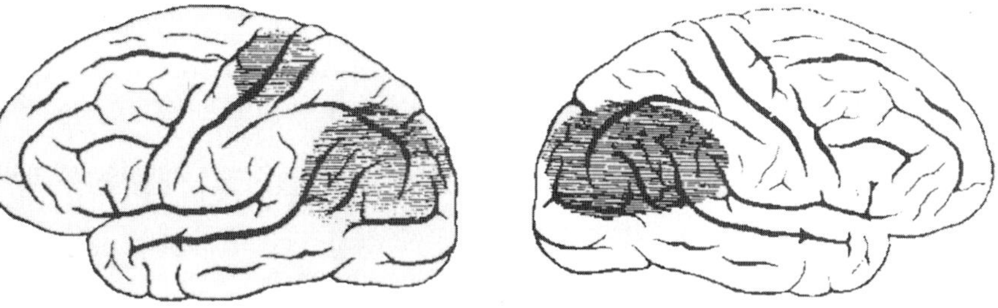

[그림 2-1] 자신이 기술했던 환자 뇌에 대한 Bálint의 그림

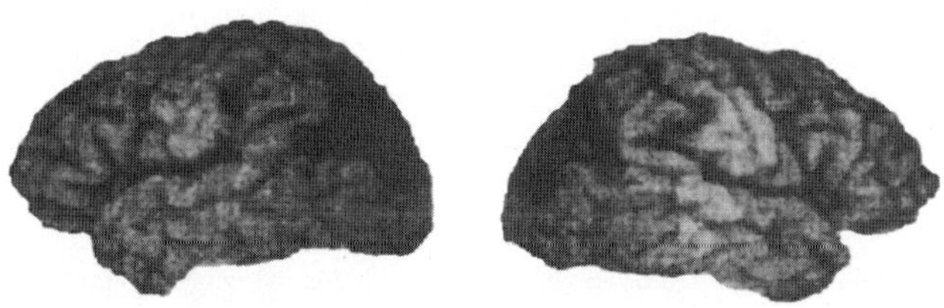

[그림 2-2] 환자 R.M.의 MRI 영상

방사선 괴사는 두정엽 종양에 대한 방사능 치료 후 방사성 구(radiation port)의 경로에 있는 반대쪽 반구에서 발생할 수 있다. 알츠하이머병과 같은 선형적인 내뇌 퇴행성 질병 또한 두정-후두 영역에서 시작될 수 있는데, 고전적 발린트 증후군이 퇴행성 질환으로 인하여 발생한다는 사례 보고가 증가하고 있다(Benson, Davis, & Snyder, 1988; Hof, Bouras, Constintinidis, & Morrison, 1989, 1990; Mendez, Turner, Gilmore, Remler, & Tomsak, 1990).

발린트 증후군의 복합 증상

이 증후군에 대한 초기 기술에서 Bálint는 자신의 환자에게 있어서 시각 주의가 협착됨으로 인해 한 번에 하나 이상의 물체를 지각할 수 없고, 대상을 향해 정확하게 손을 뻗어 잡을 수 없는 시각 운동 실조증 증상을 강조했다. Bálint는 시각 운동 실조증이란 용어를 신경매독으로 인한 척수로증 운동 실조증과 구분하여 사용하였다. 척수로증 운동 실조증은 자기수용 감각 정보에 근거한 움직임 조절 능력을 상실한 상태를 지칭하는 반면, 시각 운동 실조증은 시각 정보에 근거하여 움직임을 조절하는 능력을 상실한 상태를 지칭한다고 기술하였다. 그 이후 비슷한 증상의 환자들이 많이 보고되어 왔다(Coslett & Saffran, 1991; Girotti et al., 1982; Godwin-Austen, 1965; Kase, Troncoso, Court, Tapia, & Mohr, 1977; Luria, 1959; Luria, Pravdina-Vinarskaya, & Yarbuss, 1963; Pierrot-Deseillgny et al., 1986; Tyler, 1968; Williams, 1970).

Bálint가 보고했던 동시 실인증과 시각적 운동 실조증에 덧붙여, Holmes와 Horax(1919)는 이 증후군의 가장 중요한 속성으로 공간 지남력 상실을 강조했다. Holmes와 Horax(1919)는 "이 증상이 특별한 유형의 시각 장애로서 감각 정보의 통합과 연합에 관련된 처리 과정에 많은 시사점을 제시한다."고 기술했다(Holmes & Horax, 1919, p. 285).

시각 주의의 협착: 동시 실인증

두정-후두 연합 영역에 총상을 입은 제1차 세계대전 참전 용사인 30세 남자에 대한 그들의 1919년 보고에서 Holmes와 Horax는 "핵심적인 특징은 2개 이상의 물체에 주의를 주지 못할 뿐 아니라, 그 물체들을 인식하지 못했다는 점이었다." 고 보고하였다(Holmes & Horax, 1919, p. 402). 이들은 "이 어려움은 특히 주의 능력의 손상이나 그 제한으로 인한 것이 틀림없다."(p. 402)고 주장했다. 시각 주의의 협착(Bálint는 이 증상을 시선의 정신적 마비라고 불렀다.)으로 인하여 환자는 물체의 크기와 상관없이 한 번에 하나의 물체에만 주의를 기울일 수 있었다. "예를 들어 한 검사에서, 종이 위에 커다란 사각형이 그려져 있으면 그는 즉시 알아차렸다. 하지만 가운데에 ×를 그린 후, 다시 보여 주면 그는 ×만 알아차렸으며, 상당히 주저한 후 주변 물체를 인식할 수 있었다. 그의 주의는 눈이 간 첫 대상에 빨려 들어간 것 같았다." (Holmes & Horax, 1919, p. 390)

다른 유용한 임상 검사로 물체가 중첩되어 있는 그림([그림 2-3])을 사용한다. 물체의 세부 사항이 환자의 주의를 사로잡으면서 다른 물체들을 배제시키는 양상은 경이롭게까지 느껴질 정도였다. 어느 날 본 저자는 한 환자를 검사하면서, 종이에 도형을 그리고 그녀가 무엇을 보았는지 말해 보라고 했다. 먼저 단순한 모형들이 제시되었을 때 그녀는 별 어려움을 느끼지 않고 쉽게 대답하였지만, 한 지점에서 고개를 갸우뚱거리며 혼란스러워하면서 "이제 이 모양들이 무엇인지 전혀 알아볼 수가 없어요, 선생님. 종이 위에 있는 무늬가 매우 방해가 돼요."라고 말했다.

발린트 증후군 환자가 경험하는 시각 상태는 시공간적으로 일관성이 결여된, 단절된 스냅 사진들로 구성된 혼돈 그 자체다. Coslett과 Saffran은 TV 프로그램을 볼 때, '한 번에 단지 한 사람 또는 한 대상만 보기 때문에, 누가 대사를 말하며 누가 그 대상인지를 결정할 수 없어서' 혼란을 겪는 환자를 보고했다. 그녀는 "자신이 보고 있던 등장인물이 영화에서 격렬한 논쟁을 벌이다 전혀 본 적이 없는 등장인물에 의해서 갑자기 주먹을 맞고 방 끝으로 나가떨어지는 것을 보고 경악했다."고 보고했다(Coslett & Saffran, 1991, p. 1525).

Coslett과 Saffran의 환자에 대한 다음 증언은 발린트 증후군 환자들이 글을 읽을 때 얼마나 혼동을 겪는지를 또한 잘 설명해 준다. "그녀는 단일 단어는 별 어려움을 겪지 않고 읽을 수 있지만, 여러 단어들이 있을 경우 서로 경쟁을 하게 되어 혼동을 시키기 때문에 글 읽는 것을 그만두었다." (Coslett & Saffran, 1991, p. 1525) Luria의 환자는 "자신의 주변에 있는 물체들을 식별하는 데 어려움을 겪었는데, 그 물체들은 눈앞에서 번쩍거리며 나타났다가 자신의 시야에서 사라져 버리곤 했다. 특히 글을 읽을 때 이런 어려움을 겪었는데, 단어와 선들이 자신의 눈

앞에서 순간 나타났다가, 관계없는 단어가 갑자기 끼어들어 어렵게 했다."고 보고했다. 글을 쓸 때도 같은 일이 벌어졌다. "그는 줄에 맞춰 글을 쓰지 못했으며, 쓰고 있는 글자에 시선을 맞추어 따라가지 못했다. 글자는 그의 시야에서 사라지거나, 서로 겹쳐졌으며, 줄 끝에 맞춰 일렬로 배열시키지도 못했다."(Luria, 1959, p. 440) Coslett과 Saffran의 환자 또한 "글을 쓸 수 없었으며, 그 이유는 글을 쓸 때 한 글자만 보이기 때문이라고 말한다. 따라서 글자를 쓸 때, 그녀는 연필의 끝과 쓰고 있는 글자만 보였으며, 그전에 쓴 글자는 잊어버렸다"(Coslett & Saffran, 1991, p. 1525).

[그림 2-4]는 Luria의 환자 중 한 명이 친숙한 대상들을 그리려고 시도한 것을 보여 주고 있다. 물체의 일부에 주의의 초점을 맞추었을 때, 그 부분과 그 물체의 나머지 부분들과의 위치 관계를 잊어버리게 되고, 그 결과 그림은 단편적인 조각들이 돼 버렸다.

환자들은 2개의 대상을 비교하는 것과 같은 일상생활의 가장 단순한 과제도 수행할 수가 없었다. 그들은 2개의 선 중 어느 것이 더 긴지 말할 수 없었고, 2개의 동전 중 어느 것이 더 큰지도 맞출 수 없었다. Holmes와 Horax의 환자는 2개의 연필 중 어느 것이 더 큰지를 손으로 만져서 판단할 때는 전혀 어려움을 겪지 않

[그림 2-3] 동시 실인증을 검사하기 위해 사용되는 겹쳐진 그림들

았지만, 눈으로 보고 판단하는 것을 할 수 없었다. Holmes와 Horax는 환자들이 명백한 두 선의 길이나, 사각형의 각들을 비교할 수는 없었지만 그런 비교를 통해서만 알 수 있는 물체의 모양을 식별하는 데는 어려움을 겪지 않는다는 재미있는 사실을 관찰했다. "비록 두 선분의 길이가 50% 이상 차이 나더라도 그 차이를 식별할 수 없었지만, 환자는 그 사각형이 정사각형인지 직사각형인지를 구별할 수 있었다. …… 그는 면의 길이는 비교할 수 없었지만 '나는 처음 흘낏 보고, 전체 모양을 알았고 그것이 사각형인지 아닌지 알 수 있었다' …… 그는 각의 크기 또한 …… 정확하게 인식할 수 있었다. 직각으로 세워진 마름모를 보고는 '떠밀린 모양이 찌그러진 정사각형 '이라고 했다." (Holmes & Horax, 1919, p. 394)

Holmes와 Horax는 이런 결과가 정상인의 시각을 이해하기 위해 중요한 역할을 한다고 주장했다. "그는 선분을 비교하거나 길이를 예측할 수는 없을지라도, 이 차원적인 형태를 인식할 수 있는 능력은 유지하고 있었다." (Holmes & Horax, 1919, p. 394) "이런 능력은 마음이 가능한 한 사물을 단일체로 인지하고자 하는 규칙을 따르기 때문이다." (Holmes & Horax, 1919, p. 400)

공간 지남력 상실

Holmes와 Horax는 공간 지남력 상실(spatial disorientation) 증상이 동시 실인증과는 독립된 증상이며, 발린트 증후군의 핵심적인 속성이라고 간주했다. "가장 현저한 증상은 자신이 본 대상을 향하거나 그 대상의 위치를 정확하게 지적할 수 있는 능력이 결여된다는 것이다." (Holmes & Horax, 1919, pp. 390-391) 발린트 증후군 환자들은 대상의 위치를 말이나 손을 사용하여(시각 운동 실조증은 뒤에 논의될 것이다.) 지적하지 못한다. Holmes와 Horax는 물체 위치 지적 능력의 손상은 주변의 대상에만 제한된 것이 아니라 공간 기억의 손상으로도 나타난다는 점을 강조했다. "그는 정상적인 시각의 사람처럼 자신의 집, 자신의 가족, 그리고 자신이 입원해 있었던 병원의 병동 등을 생생하게 떠올려서 묘사했다. 반면에 그는 지형에 대한 기억은 완전히 상실했다. 그는 자신이 일생을 살았던 자신의 집에서 가까이 위치한 역 사이의 경로를 기술할 수 없었으며, '옛날에는 그 길이 보였지만 지금은 보이지 않는다…… ' 라고 설명했다. 그는 자신이 몇 개월 동안 주둔했던 병영에서 어떻게 자기 방을 찾아가는지, 자신이 근무했던 참호의 지형이 어떠했는지를 기술할 수 없었다." (Holmes & Horax, 1919, p. 389)

이 환자는 공간 개념을 완전히 상실했다. "예를 들어 어떤 경우, 그는 자신의 침대로부터 몇 야드 떨어진 곳으로 인도되어 와서 침대로 다시 돌아가라고 지시받았다. 잠시 주변을 돌아본 뒤, 그는 침대를 확인하였지만 즉시 엉뚱한 방향으로 가기 시작했다." (Holmes & Horax, 1919, p. 389) 이 환자는 손상 전에 자신이 잘 알던 장소의 공간적 관계를 회상하지 못하였으며, 새 길 또한 익힐 수 없었다. "그는 자신이 다녔던 길이나, 가야 할 길을 정확하게 설명할 수 없었으며, 마치 맹인인 것처럼 하루에도 몇 번씩 지나간 길도 익히지 못했다." (Holmes & Horax, 1919, p. 395)

Holmes와 Horax는 "그가 손상을 당하기 전에 익숙했던 길과 지형적인 관계에 대해 어떤 기억도 없으며, 따라서 더 이상 회상하지 못한다는 사실은 대뇌 피질의

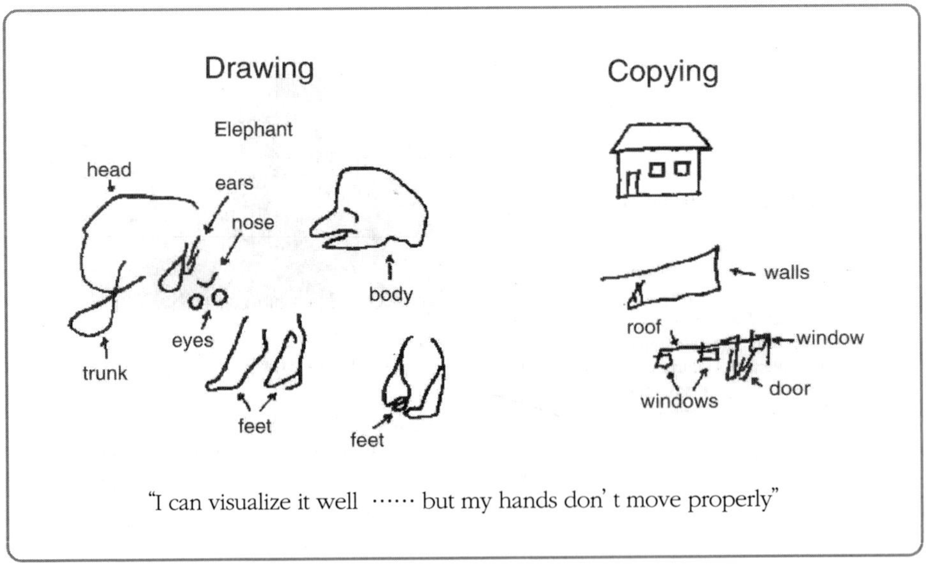

[그림 2-4] Luria(1959)가 보고한 환자의 그림

기제들이 공간 기억뿐 아니라 공간 관계의 지각을 촉진하는 데도 관여할 것이란 가능성을 시사한다."는 결론을 내렸다(Holmes & Horax, 1919, p. 404).

안구 운동 장애

발린트 증후군은 안구 운동에서도 장애가 발견되는데, 특히 시선 고정, 단속안구 운동의 개시와 운동의 정확성, 추적안구 운동 능력 등이 현저하게 손상된 것으로 나타난다. 환자는 시선 고정을 유지할 수 없으며, 단속안구 운동은 무작위로 발생하는 것 같으며(Luria et al., 1963), 추적안구 운동은 수행할 수 없는 것 같다. 하지만 발린트 증후군의 안구 운동 장애는 시각적으로 유도된 안구 운동에만 제한된 것 같다. 즉, 청각이나 촉각으로 유도되었을 때, 환자는 정확하게 안구 운동을 시행할 수 있기 때문이다. "그러나 자신의 손가락을 보라고 요청받거나 접촉이 주어진 신체부위를 보라고 요구받았을 때, 그는 즉각적으로, 그리고 정확하게 할 수 있었다." (Holmes & Horax, 1919, p. 387)

Holmes와 Horax는 발린트 증후군에게 나타나는 안구 운동 능력의 붕괴는 공간 지남력 상실의 2차 증상이라고 설명한다. "안구 운동 이상에서 그 원인을 찾을 수도 있겠지만, …… 이 증상들은 결과이지 원인이 아니다." (Holmes & Horax, 1919, p. 401) "이 모든 증상들은 시각에 의한 지남력 상실에 이차적이거나 부수된 것이다." (Holmes & Horax, 1919, p. 405) 그들은 추적안구 운동 검사를 할 때, 발린트 증후군 환자의 행동을 비슷하게 기술했다. "그가 응시하고 있는 물체가 천천히 동일한 속도로 움직일 때, 그는 물체를 눈으로 추적할 수 있었지만, 만약 갑자기 그리고 불규칙적으로 움직일 경우 그 능력은 급속히 사라져 버렸다." (Holmes &

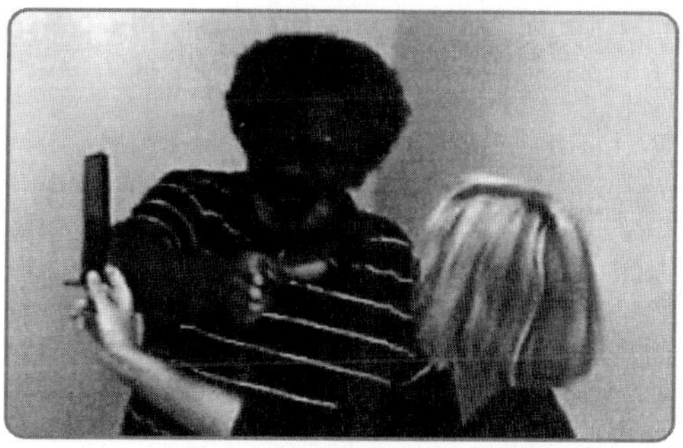

[그림 2-5] 발린트 증후군의 안구 운동 장애

Horax, 1919, p. 387)

시각 운동 실조증

[그림 2-5]는 발린트 증후군 환자가 엉뚱한 방향으로 손을 뻗는 모습을 보여 준다. 환자가 빗을 본 후에도 그는 바로 응시하지 못하며 그가 뻗은 손은 거리가 정확하지 않을 뿐 아니라 옆으로 벗어나 있다. 그리고 그는 손을 더듬어 빗을 찾았다. 연필을 주고 원의 중심을 표시하라고 하면 발린트 증후군 환자들은 일반적으로 원 안에 표시를 하지 못할 뿐 아니라, 연필 쥔 손을 종이에 가져가지도 못한다. 그 이유의 일부는 환자가 원과 연필 끝을 동시에 인식하지 못하기 때문일 수도 있다. 그러나 환자가 원이 어디에 있는지 모르기 때문일 가능성 또한 많다.

Holmes와 Horax는 안구 운동 장애와 같이 시각 운동 실조증 또한 '환자가 대상이 있는 곳으로 방향을 바꾸거나 위치를 파악하는 능력의 상실' 로부터 발생하는 2차 증상으로 간주한다. "어떤 물체를 집거나 지적하라고 요청하면…… 그는 손을 모호하게, 보통 엉뚱한 방향으로 불쑥 내밀었으며, 그 물체가 자신으로부터 얼마나 떨어져 있는지 확신하지 못했다." 고 보고했다(Holmes & Horax, 1919, p. 391).

Holmes와 Horax는 이들이 공간 표상을 활용하지 못하는 것은 시각에 국한되었다고 간주한다. 그들의 환자는 소리의 위치를 파악할 수 있었으며, 근육 움직임 정보에 근거하여 자기 주변 공간에 대한 표상도 형성할 수 있었다. "시각 정보에 근거한 공간에서의 길잡이 능력의 손상과 접촉에 근거한 정확한 공간 지식 간의 상이성은 숟가락으로 접시에서 수프를 떠먹으려고 할 때 잘 나타났다. 만약 그가 그의 손에 그릇을 쥐고 있으면 그는 언제나 숟가락을 정확하게 그릇 안에 넣는 데 성공했지만 만약 그릇을 관찰자가 들고 있거나 그의 앞에 있는 탁자 위에 두면, 그가 숟가락을 그릇으로 한 번에 정확하게 가져가는 일은 드물었으며 건드려서 그것을 찾을 때까지 더듬거려야 했다." (Holmes & Horax, 1919, p. 393)

깊이 지각 능력의 손상

Holmes와 Horax(1919)는 깊이 지각 능력의 손상이 공간 지남력 상실에서 기인한 것이라 생각했다. 그들은 발린트 증후군에서 나타나는 깊이 지각 상실이 지형 지각 능력의 상실과 거리 인식 능력의 손상으로 인한 결과라고 보았다. 위험한 물체가 다가올 때 그들의 환자들이 눈을 깜빡이지 못하는 것은 환자가 위협적인 대상이 얼마나 가까이 있는지를 모르기 때문이라고 보았다. 거리 판단 능력의 장애는 또 다른 심각한 문제, 즉 걸을 때 수시로 물체와 부딪히는 문제를 야기한다.

발린트 증후군에서 나타나는 깊이 지각의 손상은 두 물체 간, 혹은 환자 자신과 자신이 보고 있는 물체 간의 상대적인 위치 인식의 실패로도 나타난다. 크기 단서는 환자가 물체의 거리를 판단하는 데 별로 도움이 되지 않는 것 같다. 그러나 Holmes와 Horax(1919)는 이 환자들의 거리 감각 상실은 측정 단위의 인식 능력이 결여되었음을 뜻하지는 않는다고 말한다. "1인치, 1피트, 1야드와 같은 일반적인 단위의 크기를 두 손으로 표시할 수 있었을 뿐 아니라 자신의 소총, 총검 등과 같은 친숙한 대상들의 길이도 표시할 수 있었다." (Holmes & Horax, 1919, p. 393)

질병 분류 맥락에서의 고려: 발린트 증후군과 유사 증후군들

지금까지 기술된 발린트 증후군에 대한 임상 증상은 양반구 두정-후두 연결 영역에 국한된 병변으로 인한 환자에게서 전형적으로 나타나는, 순수한 의미에서의 이 증후군에 대한 기술이다. 반면 뇌졸중과 뇌에 가해진 외상은 가끔 직접적으로 제한된 영역에 대칭적인 병변을 야기하지만, 일반적으로 병변은 제한되어 발생하지 않고 후두엽, 두정엽, 그리고 측두엽에 걸쳐 확장된 손상을 유발시킨다.

이때 시야장 손상, 편측 공간 무시, 통각 또는 연합 실인증, 안면 실인증, 실독증뿐 아니라 다른 인지 손상 증상들이 일반적으로 발린트 증후군이나 이 증후군에서 나타나는 일부 증상들과 함께 나타난다.

예를 들어 Bálint(1909)가 보고한 환자는 우뇌 측두-두정 연결 영역([그림 2-1])으로 병변이 확장됨으로 인하여 좌측 무시 증상도 함께 나타냈다. "환자의 주의는 처음 시선을 고정한 후 다른 물체로 주의를 돌리라고 요구하면, 언제나 우측 공간으로(대략 35~40 정도) 향했다." (Husain & Stein, 1988, p. 90) 시각 주의가 협착된 다른 환자들의 경우 역시 대상 실인증이 함께 나타나는데, 물체의 일부분에 주의를 고정하는 경향을 실인증적 실수의 원인으로 볼 수 있으며, 이로 인하여 통합 실인증으로 오진되기도 한다(Riddoch & Humphreys, 1987).

어떤 환자는 발린트 증후군의 다른 증상들 없이, 시각 운동 실인증, 공간 지남력 상실 혹은 동시 실인증만 보일 수 있다. 즉, 공간 지남력 상실 증상이 동시 실인증상 없이 나타날 수 있으며(Stark, Coslett, & Saffran, 1996), 시각 운동 실조 증상이 동시 실인증이나 공간 지남력 상실 증상 없이 나타나며(Perenin & Vighetto, 1988), 동시 실인 증상이 공간 지남력 상실 증상 없이도 나타날 수 있다(Kinsbourne & Warrington, 1962, 1963; Rizzo & Robin, 1990). 그런 사례들의 경우, 나타난 증상들은 발린트 증후군에서 발생하는 것과는 매우 다른 기제들로부터 유발된다는 것을 명심해야 할 것이다. 즉, 시각 운동 실조증과 안구 운동 장애가 양측 두정-후두 병변으로 발생한 발린트 증후군 환자들에 있어서는 공간 표상의 상실로 인해 일어날 수 있으며, 상두정엽 병변으로 유발된 시각 운동 실조증은 시각 운동 전이를 매개하는 하부 신경 구조의 손상으로 나타날 수도 있다(Milner & Goodale, 1995).

동시 실인증에서도 여러 가지 원인으로 매우 다른 유형의 병변이 발생하기도 한다. 동시 실인증이란 용어는 특히 복잡한 시각장면을 통합하는 능력의 손상을 묘사하기 위해 사용되기 시작하였다(Wolpert, 1924). Wolpert에 의해 정의된 이 용어는 발린트 증후군에게서 나타나는 주의의 협착 현상을 포함하여 좀 더 포괄적인 증상을 지칭한다. 발린트 증후군과는 다른 조건에서도 나타나며, 단측 손상으로도 유발될 수 있다.

Hécaen과 de Ajuriaguerra는 자신들의 환자 중 한 명(사례 1)이 담뱃불을 붙일 때 겪는 어려움을 기술한다. "입술에 물고 있는 담배로부터 1~2인치 정도 거리에 불이 주어지면, 그의 눈은 담배에만 고정되어 있기 때문에 그 불을 볼 수가 없

다." (Hécaen & de Ajuriaguerra, 1956, p. 374) 그러나 이런 동시 실인증을 유발시키는 기제와 발린트 증후군을 유발시키는 기제는 동일하지 않을 수 있다.

발린트 증후군과 달리, 좌뇌 단측의 측두-두정엽 병변으로 인한 동시 실인증은 빠른 계열적 시각 제시(RSVP) 과제로 측정하였을 때, 시각 처리 과정이 느려져서 발생하는 지각적 병목 현상 때문에 발생한다(Kinsbourne & Warrington, 1962, 1963). 반대로 발린트 증후군 환자들은 RSVP 과제에서 짧게 제시되는 연속적인 개별 자극들을 인식할 수 있다(Coslett & Saffran, 1991).

시각 인지에 있어서 발린트 증후군의 함의

발린트 증후군은 주의 통제 및 공간 표상에 관여하는 신경 처리 과정에 대한 중요한 교훈을 내포하고 있을 뿐 아니라 의식적인 시각 경험에 대한 일관성과 지속성을 제공한다. (1) 주의는 공간의 대상에 기반을 둔 공간 표상으로부터 선택을 한다. (2) 병렬적으로 작동하는 독립적인 신경적 기제가 대상 내에서 그리고 대상들 간에 주의의 방향을 정한다. (3) 주의가 작동하는 후보 대상들은 외현적 의식이 없는 상태에서 초기 시각에 의해 전주의적으로 생성된다. (4) 주의는 목적 지향적인 행동과 대상의 속성을 결합하는 데 필요한 공간 표상에 외현적(의식적)인 접근을 제공한다.

대상-기반 주의와 공간-기반 주의

발린트 증후군에서 나타나는 동시 실인증에 대한 성찰은 시각 주의 연구에서 주요한 논쟁 중의 하나를 해결하는 데 많은 영향을 미쳤다. 여기서 논쟁을 불러일으킨 이슈는 시각 주의가 위치에 의해서 선택되는지 아니면 대상에 의해서 선택되는지에 대한 것이다. Michael Posner와 동료들의 연구(Posner, 1980; Posner, Snyder, & Davidson, 1980)는 시야장에서 특정 위치로 주의를 할당하는 것이 주의가 주어진 위치에 나타난 시각 신호들의 처리를 강화한다는 것을 보여 주었다.

그에 반해 주의의 대상-기반 모형에 따르면, 전주의 처리가 후보 대상들을 생성하기 위해서 시각장면들을 분리한 뒤, 주의가 그 대상들 중 특정 대상을 선택하여 목적-지향적 행동을 수행할 수 있도록 더 깊이 있는 처리를 시도한다고 추정한다. 이 모형은 정상인을 대상으로 실시한 실험에서 2개의 다른 대상에 속한 속성들보다 같은 대상에 속한 2개의 속성들을 더 잘 구별한다는 실험 결과에 의해 지지되었으며(Duncan, 1984), 이 대상-기반 효과가 대상 속성들의 공간에서의 위치와는 독립된 것으로 나타났다(Baylis & Driver, 1995; Vecera & Farah, 1994).

생리 반응 기록들은 대상-기반 주의 태세(set)가 선조 외 시각 피질에서 정보처리를 조절할 수 있다(Chelazzi, Duncan, Millner, & Desimone, 1998)는 것을 보여준다. 최근의 신경 영상 연구들은 두 대상 중 하나가 주의로 선택될 경우 그 대상에서 주의를 받지 않은 다른 속성들을 표상하는 뇌영역도 활성화된다는 사실을 확인시켜 주고 있다(O' Craven, Downing, & Kanwisher, 2000).

아울러 대상-기반 모형들은 뇌 병변의 위치와는 독립적으로 대상-기반 동시 실인증도 발생할 수 있다고 예측한다. 이런 현상은 심리학자들과 생리학자들이 이 논쟁에 참여하기 수십 년 전 이미 발린트 증후군 환자들에게서 관찰되었던 동시 실인증의 유형이다. 더구나 최근에 Humphreys와 동료들의 연구는 동시 실인증은 비공간적 영역에서도 나타날 수 있다는 것을 보여 주었다. 두정엽 병변과 공간 위치감각 능력이 저하된 두 환자로부터, Humphreys 등은 그림이 단어를 소멸시키고, 닫힌 모형이 열린 모형을 소멸시키는 것을 관찰했다(Humphreys, Romani, Olson, Riddoch, & Duncan, 1994). 따라서 이 증후군에서 발견되는 대상-기반 주의 손상이 단순히 두정엽 병변으로 인한 공간 표상에 대한 접속 붕괴에서 기인한다고 간주하기는 힘들다.

공간에서 물체들의 신경 표상

주의가 작동하는 공간 표상은 초기 시각 과정에 의해 한데 뭉뚱그려진 속성들의 배열에서 추출된 대상이나 '후보' 대상들에 의해 결정되며(Vecera & Farah, 1994), 관찰자를 중심으로 한 텅 빈 공간에 설정된 단순한 데카르트 좌표가 아니다(Humphreys, 1998). Humphreys는 공간 표상에 작동하는 주의는 물체에 의해 결정되며, 물체 내 그리고 물체들 간에 주의를 이동하기 위해 병렬적으로 작동하는 개별적인 기제들이 있다고 추정한다(Humphreys, 1998). 물체 내에서 주의를 이동하는 것은 주의가 물체 안에서 위치 이동한다는 것을 의미한다.

[그림 2-6]은 Cooper와 Humphreys(2000)가 발린트 증후군 환자인 G.K.를 대상으로 물체 내에서와 물체들 간에 주의 이동을 연구하기 위해 사용했던 자극들을 보여 주고 있다. 조건 1과 2에서 G.K.의 과제는 물체의 위쪽 부분 길이가 같은지 다른지를 보고하는 것이었다. 같은 물체의 두 부분을 비교하는 조건 1 자극에서, G.K.는 84%의 정확성을 보인 반면, 2개 물체 간 비교 판단을 요구하는 조건 2 자극에서는 정확성이 우연 수준(54%)으로 떨어졌다.

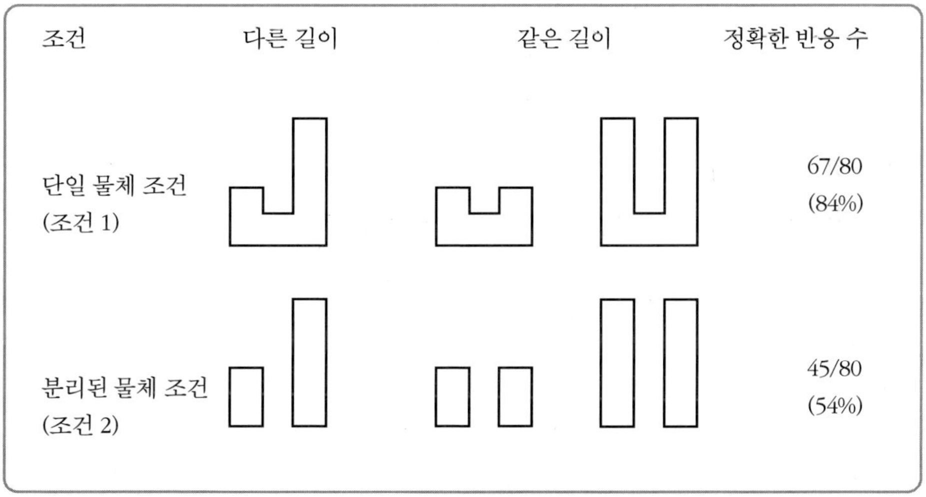

[그림 2-6] 발린트 증후군에서 집단화를 설명하기 위해 Cooper와 Humphrey(2000)가 사용한 그림

의식 밖에서의 시각 처리

주의의 할당을 결정하는 공간과 대상 표상의 상호작용이 진행되기 위해서는 후보 대상이 의식의 개입 없이 처리되는 전주의 과정이 미리 제공되어야 한다. 편측 공간 무시 환자(1장 참조)로부터 추출된 관찰 결과는 실제로 초기 시각이 배경으로부터 전경 분리, 속성의 집단화, 그리고 주축 할당과 같은 정보 처리를 수행한다는 증거를 제공할 뿐 아니라, 이어질 처리 과정에 주의를 우선적으로 할당할 수 있는 의미 정보마저 추출한다는 증거도 함께 제공한다. 발린트 증후군의 정보 처리에 대한 암묵적인 척도가 의식 밖에서 광범위하게 진행되는 시각 정보 처리에 대한 강력한 증거로 간주될 수 있는 예들이 다음 내용에 제시되었다.

공간의 전주의적 표상

공간 지남력 상실은 발린트 증후군의 핵심적 특성이며, 시각 주의의 협착 현상 또한 주의가 작동하는 공간의 신경 표상이 상실됨으로써 발생한다고 주장하는 관점도 있다(Friedman-Hill et al., 1995). 하지만 Humphreys 등(1994)의 연구에서 보여 준 것처럼, 동시 실인증은 단어와 그림 간의 전환 같은 비공간적 정보에서 발생하기도 한다. 더구나 최근에 관찰된 편측 공간 무시(Danziger, Kingstone, & Rafal, 1998)와 발린트 증후군(Robertson, Treisman, Friedman-Hill, & Grabowecky, 1997)을 모두 가진 환자의 경우, 두정엽 손상이 있음에도 불구하고 공간 정보 표상 능력은 보존되었으며, 단지 이 정보를 명시적으로 이용하는 능력이 손상되었음을 보여 주었다.

Robertson 등(1997)은 환자 R.M.이 두 물체의 상대적인 위치를 명확하게 보고하지는 못했지만, 공간 Stroop 간섭 효과에는 민감한 것으로 나타났다고 보고했다. 부연하면, 그가 단어 '위' 가 위쪽 시야장에 제시되었는지 혹은 아래쪽 시야장에 제시되었는지는 보고하지 못했지만, 그럼에도 불구하고, '위' 라는 단어가 아래쪽 시야장에 제시되었을 경우에 위쪽 시야장에 제시되었을 때보다 읽기 속도가 더 느려졌다.

속성의 전주의적 집단화와 주축의 정렬

앞서 기술한 것처럼, Luria(1959)와 Humphreys와 Riddoch(1993)의 연구 결과에 따르면 시야장에 제시된 형태들이 연결되어 있을 경우 동시 실인증 증상이 약화되어 나타났다. Humphreys와 동료들이 환자 G.K.에게서 최근 관찰한 결과에 따르면 명암, 동일 선분성, 둘러싸임 정도, 친숙성에 기초한 집단화는 주축 정렬에 기초한 집단화와 마찬가지로 전주의적으로 생성되는 것으로 나타났다. [그림 2-7]은 두 항목을 보고한 G.K.의 수행 결과를 보여 주고 있다. 명암, 동일 선분성, 연결성, 둘러싸임 정도, 친숙성에 근거하여 집단화가 되었을 때 수행 능력이 더 우수하게 나타났다(Humphreys, 1998).

단어 의미의 전주의적 처리

편측 공간 무시의 사례처럼, 무시된 대상은 발린트 증후군 환자에게 있어서 의미적 분류의 상위 수준에서 처리되어 나타나는 것 같다. 더구나 환자가 이 정보에 의식적으로 접근할 수 없다 할지라도, 이 정보는 보았던 대상의 지각에 영향을 미친다. 예를 들어, Coslett과 Saffran(1991)은 그들의 환자들에게 단어나 그림을 쌍으로 동시에 짧게 제시한 뒤, 제시된 자극을 읽거나 이름을 말하라고 요구하였다. 두 자극이 의미적으로 연관이 없을 때, 환자들은 일반적으로 둘 중에 하나만 보았지만 그것들이 관련되어 있을 때, 그들은 둘 다 보는 경향이 더 높았다. 따라서 두 자극이 표상의 의미적 수준에서 처리되었다는 사실을 시사하며, 단어나 대상의 의미가 그것들 중 하나만 지각될 것인지 아니면 둘 다 지각될 것인지를 결정한다.

단어에 있어서, 철자는 국지적 수준에서, 단어는 전역 수준에서 처리되는 위계적 자극의 한 예다. 본 저자와 동료들(Baylis, Driver, Baylis, & Rafal, 1994)은 환자 R.M.에게 철자열을 보여 주고, 그에게 볼 수 있는 모든 철자들을 보고하라고 지시하였다. 그는 한 번에 하나의 철자만 볼 수 있었기 때문에, 짧은 노출 기간을 사용한 이 실험을 어려워했으며, 보통 몇 개의 철자만 볼 수 있었다. 그러나 철자열이 단어를 이루었을 때, 그는 비단어일 때보다 더 많은 철자들을 보고할 수 있었다. 즉, 환자가 단어를 무시한 채 철자 이름만을 명명할 때조차, 그 단어는 처리되었으며, 구성하고 있는 철자들을 의식화하는 데 도움을 주었다.

주의 공간적 표상과 속성 통합: 접합하여 세계 결합하기

환자가 보고 있는 하나의 물체가 시간의 경과와 함께 변형되어 지각된다는 것을 앞에서 논의했다. 즉, 물체에는 과거도 미래도 없다는 점이다. 모든 움직이는 물체는 사라져 버린다. 그뿐 아니라 지금 보고 있는 물체는 환자를 매우 혼란스럽게 한다. 왜냐하면 환자가 보고 있지 않은 물체들 그리고 그 물체의 속성들에 대한 정보가 처리되어 현재 주의를 주고 있는 물체의 지각 경험을 침범하기 때문이

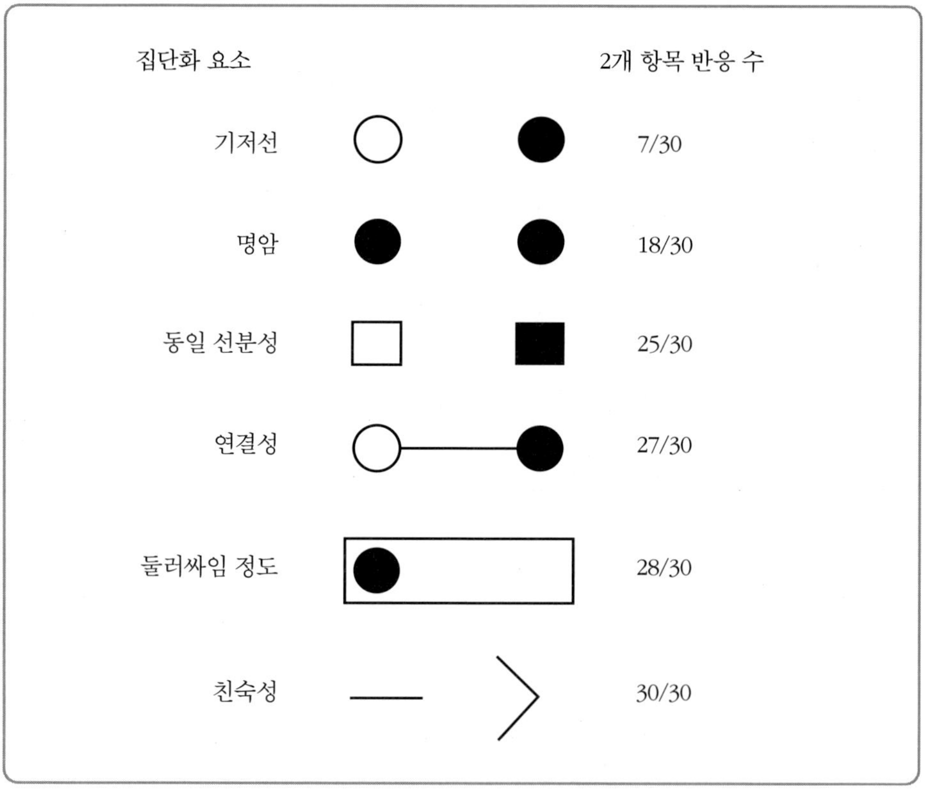

[그림 2-7] 발린트 증후군에서 집단화 과정을 검정하기 위해 Humphrey(1998)가 사용한 그림

다. 일반적으로 색깔, 모양과 같은 물체의 특성들은 시각 주의가 물체의 위치를 선택하여 같은 위치를 공유하고 있는 모든 속성들을 함께 결합시키기 때문에 정확하게 합쳐진다(Treisman & Gelade, 1980). 그러나 발린트 증후군 환자들에게는 모든 위치가 동일하며, 따라서 환자의 의식을 침투하고 있는 모든 속성들은 지각적으로 하나의 대상으로 결합하게 된다.

Friedman-Hill 등(1995)은 R.M.에게 색채 글자의 쌍을 보여 준 뒤 자신이 본 글자와 글자의 색깔을 보고하라고 지시했다. 이때 R.M.은 보지 않은 글자의 색을 보았다고 보고하는 착각 결합 현상을 이례적으로 많이 보였다(Treisman & Schmidt, 1982). 함께 탐지된 속성들이 협착된 주의로 인해 함께 명기되는 공간 표상에 대한 접근이 결여됨으로 인하여 시각 속성들은 그냥 떠돌아다니다 임의로 결합되어 버린다. 공간 Stroop 간섭 효과가 환자 R.M.에게 관찰되었기 때문에(이전의 논의 참조), Robertson과 동료들(1997)은 공간 정보는 존재하며 속성 결합은 암묵적 공간 정보가 명백하게 접근가능하게 되는 상대적으로 후기 단계에서 이루어진다고 주장했다. 그러나 환자 R.M.이 참여한 후속 연구에서 속성 결합이 암묵적으로도 일어날 수 있다는 것을 발견하였다. R.M.에게 Stroop 과제의 수정판을 사용한 Wojciulik과 Kanwisher(1998)는 둘 중 하나는 색깔로 된 두 단어를 보여 주고, 글자를 무시하고 색깔만 보고하라고 지시했다. 비록 그가 단어에 색깔이 있다는 것을 외현적으로는 보고할 수 없었지만, 그럼에도 불구하고, 단어가 색깔과 일치하지 않을 때, 더 큰 Stroop 간섭 효과가 발견되었다(예: 그는 색깔을 명명하는 과제를 훨씬 더 늦게 수행했다). 따라서 비록 R.M.이 속성의 결합에 외현적으로는 접속할 수 없었음에도 불구하고, 단어와 단어의 색깔을 결합하였다는 암묵적인 증거로 간주할 수 있다.

결론과 미래 방향

공간을 상실하고, 자신이 찾을 수 없고, 잡을 수도 없는 오직 하나의 물체만 담긴 지각적 현실에 고착된 발린트 증후군 환자는 시각적으로 혼돈의 세계 속에서 무력해져 있다. 물체들은 나타났다가 사라지고, 그 속성들은 서로 뒤섞이게 된다. 주의와 지각의 최근 이론들은 이런 환자들의 경험을 이해하는 데 많은 도움이 된다. 이와 동시에, 그들의 경험은 시각 주의와 지각의 신경학적 토대와 주의와 지각이 어떻게 함께 작용하여 일관된 지각 경험과 목적-지향적인 행동을 효율적으로 수행할 수 있게 하는가에 대한 중요한 통찰을 제공한다.

핵심적인 주제들 중 어떤 것들은 아직 미해결 상태로 남아 있고, 미래 연구를 기다리고 있다. 동시 실인증과 공간 지남력 상실 증상이 발린트 증후군에서 나타나는 증상들과 독립적인지, 시각 주의의 명백한 협착이 공간 표상에 대한 외현적인 접속의 부재의 결과로 인한 2차적인 증상인지는 밝혀지지 않은 채 남아 있다. 이 두 증상이 분리되어 있는 개별적인 사례들을 발견할 경우 이 질문은 해결될 것이다. 착각 결합의 생성을 유발하는 속성 결합의 손상과 이런 손상이 이 증후군의 필수적인 요소인지 아니면 두정-후두 연합 피질의 특정 부분에 병변이 있는 환자들에게만 국한되어 나타나는 것인지에 대한 보다 많은 연구가 필요하다. 더 나아가 만약 이 증후군을 구성하고 있는 증상들이 분리되어 발견된다면, 우리는 각 증상의 신경적 하부 구조에 대한 더 많은 연구를 할 필요가 있을 것이다.

참ㅣ고ㅣ문ㅣ헌

Bálint, R. (1909). Seelenlahhmung edes "schauens," optische ataxie, raumliche stonmg der aufmerksamkeit. *Montschrife Pscyhiatrie and Neurologie, 25*, 51-81.

Baylis, G. C., & Driver, J. (1995). One-sided edge-assignment in vision: 1. Figure-ground segmentation and attention to objects. *Current Directions in Psychological Science, 4*, 201-206.

Baylis, G. C., Driver, J., Baylis, L. L., & Rafal, R. D. (1994). Perception of letters and words in Bálint's syndrome: Evidence for the unity of words. *Neuropsychologia, 32*, 1273-1286.

Benson, D. F., Davis, R. J., & Snyder, B. D. (1988). Posterior cortical atrophy. *Archives of Neurology, 45*, 789–793.

Chelazzi, L., Duncan, J., Miller, E. K., & Desimone, R. (1998). Responses of neurons in inferior temporal cortex during memory-guided visual search. *Journal of Neurophysiology, 80*, 2918–2940.

Cooper, C. G., & Humphreys, G. W. (2000). Coding space within but not between objects: Evidence from Baines syndrome. *Neuropsychologia 38*, 723–733.

Coslett, H. B., & Saffran, E. (1991). Simultanagnosia. To see but not two see. *Brain, 113*, 1523–1545.

Danziger, S., Kingstone, A., & Rafal, R. (1998). Reflexive orienting to signals in the neglected visual field. *Psychological Science, 9*, 119–123.

Duncan, J. (1984). Selective attention and the organization of visual information. *Journal of Experimental Psychology: General, 113*, 501–517.

Friedman-Hill, S. R., Robertson, L. C., & Treisman, A. (1995). Parietal contributions to visual feature binding: Evidence from a patient with bilateral lesions. *Science, 269*, 853–855.

Girotti, F., Milanese, C., Casazza, M., Allegranza, A., Corridori, F., & Avanzini, G. (1982). Oculomotor disturbances in Bálint's syndrome: Anatomoclinical findings and electrooculographic analysis in a case. *Cortex, 16*, 603–614.

Godwin-Austen, R. B. (1965). A case of visual disorientation. *Journal of Neurology, Neurosurgery and Psychiatry, 28*, 453–458.

Harvey, M. (1995). Psychic paralysis of gaze, optic ataxia, spatial disorder of attention. Translated from Bálint (1909). *Cognitive Neuropsychology, 12*, 266–282.

Harvey, M., & Milner, A. D. (1995). Baines patient. *Cognitive Neuropsychology, 12*, 261–264.

Hécaen, H., & de Ajuriaguerra, J. (1956). Agnosie visuelle pour les objects inanimes par lesion unilaterle gauche. *Review Neurologique, 94*, 222–233.

Hof, P. R., Bouras, C., Constintinidis, J., & Morrison, J. (1989). Bálint's syndrome in Alzheimer' s disease: Specific disruption of the occipito-parietal visual pathway. *Brain Research, 493*, 368–375.

Hof, P. R., Bouras, C., Constantinidis, J., & Morrison, J. H. (1990). Selective disconnection of specific visual association pathways in cases of Alzheimer' s disease presenting with Bálint's syndrome. *Journal of Neuropathology and Experimental Neurology,*

49, 168-184.

Holmes, G., & Horax, G. (1919). Disturbances of spatial orientation and visual attention, with loss of stereoscopic vision. *Archives of Neurology and Psychiatry, 1*, 385-407.

Humphreys, G. W. (1998). Neural representation of objects in space: A dual coding account. *Philosophical Transactions of the Royal Society of London, Ser. B, 353*, 1341-1351.

Humphreys, G. W., & Riddoch, M. J. (1993). Interactive attentional systems in unilateral visual neglect. In I. H. Robertson & J. C. Marshall (Eds.), *Unilateralneglect: Clinical and experimental studies* (pp. 139-168). Hillsdale, NJ: Lawrence Erlbaum Associates.

Humphreys, G. W., Romani, C., Olson, A., Riddoch, M. J., & Duncan, J. (1994). Non-spatial extinction following lesions of the parietal lobe in humans. *Nature, 372*, 357-359.

Husain, M., & Stein, J. (1988). Rerso Mint and his most celebrated case. *Archives of Neurology, 45*, 89-93.

Karnath, H.-O., Ferber, S., Rorden, C., & Driver, J. (2000). The fate of global information in dorsal simultanagnosia. *NeuroCase, 6*, 295-306.

Kase, C. S., Troncoso, J. F., Court, J. E., Tapia, F. J., & Mohr, J. P. (1977). Global spatial disorientation. *Journal of the Neurological Sciences, 34*, 267-278.

Kinsbourne, M., & Warrington, E. K. (1962). A disorder of simultaneous form perception. *Brain, 85*, 461-486.

Kinsbourne, M., & Warrington, E. K. (1963). The localizing significance of limited simultaneous visual form perception. *Brain, 86*, 461-486.

Luria, A. R. (1959). Disorders of "simultaneous perception" in a case of bilateral occipito-parietal brain injury. *Brain, 83*, 437-449.

Luria, A. R., Pravdina-Vinarskaya, E. N., & Yarbuss, A. L. (1963). Disorders of ocular movement in a case of simultanagnosia. *Brain, 86*, 219-228.

Mendez, M. F., Turner, J., Gilmore, G. C., Remler, B., & Tomsak, R. L. (1990). Bálint's syndrome in Alzheimer's disease: Visuospatial functions. *International Journal of Neuroscience, 54*, 339-346.

Milner, A. D., & Goodale, M. A. (1995). *The visual brain in action*. Oxford: Oxford University Press.

O' Craven, K., Downing, P., & Kanwisher, N. (2000). fMRI evidence for objects as the units of attentional selection. *Nature, 401*, 584-587.

Perenin, M.-T., & Vighetto, A. (1988). Optic ataxia: A specific disruption in visuomotor mechanisms. I. Different aspects of the deficit in reaching for objects. *Brain, 111*, 643-674.

Pierrot-Deseillgny, C., Gray, F., & Brunet, P. (1986). Infarcts of both inferior parietal lobules with impairment of visually guided eye movements, peripheral visual inattention and optic ataxia. *Brain, 109*, 81-97.

Posner, M. I. (1980). Orienting of attention. *Quarterly Journal of Experimental Psychology, 32*, 3-25.

Posner, M. I., Snyder, C. R. R., & Davidson, B. (1980). Attention and the detection of signals. *Journal of Experimental Psychology: General, 109*, 160-174.

Riddoch, M. J., & Humphreys, G. W. (1987). A case of integrative visual agnosia. *Brain, 110*, 1431-1462.

Rizzo, M., & Robin, D. A. (1990). Simultanagnosia: A defect of sustained attention yields insights on visual information processing. *Neurology, 40*, 447-455.

Robertson, L. C., Treisman, A., Friedman-Hill, S. R., & Grabowecky, M. (1997). The interaction of spatial and object pathways: Evidence from Baines syndrome. *Journal of Cognitive Neuroscience, 9*, 295-317.

Stark, M., Coslett, H. B., & Saffran, E. (1996). Impairment of an egocentric map of locations: Implications for perception and action. *Cognitive Neuropsychology, 13*, 481-523.

Treisman, A., & Gelade, G. (1980) A feature integration theory of attention. *Cognitive Psychology, 12*, 97-136.

Treisman, A., & Schmidt, N. (1982). Illusory conjunctions in the perception of objects. *Cognitive Psychology, 14*, 107-141.

Tyler, H. R. (1968). Abnormalities of perception with defective eye movements (Baines syndrome). *Cortex, 3*, 154-171.

Vecera, S. P., & Farah, M. J. (1994). Does visual attention select objects or locations? *Journal of Experimental Psychology: General, 123*, 146-160.

Verfaellie, M., Rapcsak, S. Z., & Heilman, K. M. (1990). Impaired shifting of attention in Bálint' s syndrome. *Brain and Cognition, 12*, 195-204.

Williams, M. (1970). *Brain damage and the mind.* Baltimore: Penguin Books.

Wojciulik, W., & Kanwisher, N. (1998). Implicit but not explicit feature binding in a Bálint's patient. *Visual Cognition*, *5*, 157-182.

Wolpert, I. (1924). Die simultanagnosie: Storung der geamtauffassung. *Zeitschrift fir die gesante Neurologie und Psychiatrie*, *93*, 397-415.

chapter 03

기억 상실증: 일화 기억 장애

* Michael S. Mega

기억은 전통적으로 암묵적 처리와 외현적 처리로 나뉜다([그림 3-1]). 암묵적 기능들은 의식의 통제를 받지 않는 반면, 외현적 기능들은 주관적 의식의 접근이 가능하다. 암묵적 처리에는 고전적 조건형성이나 연상 학습(조건적으로 눈 깜빡임 반응과 같은), 절차 기억 또는 숙련된 기술 습득(자전거 타기나 회전 추적 과제 학습)이 포함되며, 제시된 정보를 처리하는 특별한 감각 양식에서 정보의 습득을 촉진하는 점화 효과 등이 있다. 외현 기억에는 우리에게 일어난 모든 것을 가리키는 일화 기억과 의미에 대한 모든 정보를 지칭하는 의미 기억이 있다. 이 장에서는 환자가 호소하는 외현 기억 장애에 초점을 맞춘다.

외현 기억은 정보의 습득, 저장, 인출의 하위 과정으로 어림짐작해서 나눌 수 있다. 학습 장애는 정보 습득이나 저장의 손상으로부터 발생한다고 추측된다. 따라서 자발적 회상 능력의 감소는 새로운 정보의 학습에 있어서 실패 아니면 인출의 손상이라는 두 가지 문제로부터 발생할 수 있다.

전통적으로 기억 상실 증후군은 주의, 언어, 시공간 또는 실행 기능(실행 기능은 과거에 습득한 지식을 조작하는 능력)의 손상 없이 심각한 기억 장애만 독립적으로 나타나는 것으로 정의되어 왔다. 비록 정확히 어떤 하위 처리 과정이 기억 상실증을 유발하는지에 대해서는 의견이 일치하지 않지만(Bauer, Tobias, & Valenstein, 1993), 정상적인 재인으로 확인된 인출 손상과 구별하여, 새로운 정보의 학습 실패로 기억 상실증을 기술하는 것이 임상적으로 유용하다.

재인은 2개의 하위 과정, 즉 친숙하다는 느낌과 재인해야 할 항목과 연합된 맥락의 분명한 회상(Gardiner & Parkin, 1990; Horton, Pavlick, & Moulin-Julian, 1993; Mandler, 1980)에 달려 있다. 해마와 후각 주변 피질에 손상을 입은 환자들이 선택적으로 실패하는 재인 과제들은 회상에 기초한 하위 처리 과정에 더 큰 부하를 요구하는 것들이다(Aggleton & Shaw, 1996; Squire & Shimamura, 1986). 자발적 회상의 실패 이후, 재인의 성공적 수행은 온전한 전전두엽 자원을 활용한다. 내측두엽과 전전두엽이 분리되거나 파괴될 경우 부호화나 재인에 심각한 손상이 나타난다(Aggleton & Mishikin, 1983; Gaffan & Parker, 2000).

사례 보고

남편을 대동하고 본 진료소를 찾은 한 75세의 오른손잡이 여성은 기억이 감퇴되는 병력이 3~5년은 됐다고 호소했다. 병력은 주로 환자의 남편이 제공한 것인데, 그는 비디오 녹화기와 새로운 35mm 사진기를 작동하는 아내의 능력에서 이상한 점이 처음 눈에 띈 것은 5년 전이라고 주장했다. 또한 그녀에게 3년 전부터 나타나기 시작한 증상은 디너파티를 위해서 많은 양의 음식을 요리하는 능력이 감퇴됐다는 것이다. 약 2년 전부터는 자세한 목록이 없으면 장보는 것조차 어려움을 겪는다는 것을 알게 되었다고 한다. 그녀는 그들 사이에 있었던 대화나 며칠 전에 일어났던 일화를 자주 잊어버리고, 대략 6개월 전쯤에는 뛰어난 브리지게임 선수였던 아내가 어떤 카드를 사용해야 하는지조차 잊어버렸다는 것을 알게 되었다고 한다. 환자도 자신의 기억에 문제가 있다는 데 동의하였지만 요리하는 데는 영향을 받지 않는다고 느꼈다. 환자나 환자의 남편 모두 언어 기능, 시공간적 기능 또는 성격이나 기분의 변화와 같은 문제는 부인했다. 환자는 여전히 매우 능동적으로 사교생활을 유지하였을 뿐 아니라 지역 사회의 모임 활동에도 참여했다. 기억 문제에도 불구하고, 그녀는 여전히 많은 일들을 대부분 독립적으로 수행할 수 있었다.

처음 검사에서, 환자는 일반적이고 보편적인 의학적 검사를 받았다. 환자는 능동적이었고 협조적이었으며, 용모가 단정했으며 힘들어하는 기색이 없었다. 환자의 주의는 숫자 바로 따라 외우기 과제에서 6개, 거꾸로 따라 외우기 과제에서는 5개의 숫자를 외울 수 있어 정상적이었다. 간이 정신상태 검사(MMSE)(Folstein, Folstein, & McHugh, 1975)에서 2개의 회상 질문만 놓쳐 28점(30점 만점 기준)을 받았다. 언어는 유창성, 이해, 반복하기에서 정상이었다. Boston 명명 검사(Boston naming test) 수정판에서는 15개 모두에 대해 정확하게 반응하여 명명 능력 또한 정상으로 나타났다. 언어 유창성 영역에서는 1분에 19개의 동물을 생성해 냈고, 읽기와 쓰기 능력은 완전히 정상이었다. 10개의 단어 목록을 사용한 기억 검사(Fillenbaum et al., 1997)에서는 3회 시행 이후, 4개, 6개, 8개의 학습곡선을 보여 주었다. 그리고 10분간의 간섭 지연 이후, 환자는 10개 항목 중 1개를 회상했다. 10개의 표적항목과 방해항목을 사용한 재인 수행은 실제로 3개의 긍정 오류(방해항목을 기억해 내는 것) 항목을 포함하여 5개의 항목을 추가로 생성해 냈다.

시공간 기능 평가에서 2차원 그림 따라 그리기는 문제가 없었으며, 미세한 전략상의 어려움은 보였지만 3차원 정육면체 따라 그리기 역시 우수하게 수행했다. 실행 기능은 두 자릿수 더하기와 곱하기 계산 능력에는 문제가 없었다. 그러나 단어 문제는 실제로 답이 맞는데도 불구하고, 반응에서 약간의 머뭇거림과 어려움을 나타냈다. 전두엽 기제의 평가에서는 보속증(특정한 반응에 대한 통제할 수 없는 반복)이나 반응 실패(loss-of-set: 한 범주 전체에 대한 부적절한 반응)를 보이지 않았다. 상호관계를 나타내는 계획(계획 행동의), 계속-또는 중지 결정하기, 그리고 계획의 대안 세우기는 정상이었다. 뇌신경,

운동, 감각 기능, 협응, 반사, 속도 등 나머지 신경학적 검사는 정상이었다.

초기 평가에서, 환자에게 전형적인 신경심리 검사와 PET, MRI와 같은 기능성 뇌영상 촬영을 실시했다. 신경심리학적 평가 중 WAIS-R(성인용 Wechsler 지능검사)에서 연령과 교육 수준에 비해 1표준편차(1S.D.) 낮게 나타난 산수 능력만 제외하고 모든 하위 척도에서 정상적인 점수를 보여 전체적으로 정상적인 지능을 유지하고 있었다. 언어 평가로 실시한 Boston 명명 검사(Kaplan, Goodglass, & Weintraub, 1984)에서 60개 가운데 59개를 맞추었다. 구두 단어 유창성 검사(FAS)(Benton & Hamsher, 1976, 1978)와 동물 명명 검사의 반응 또한 평균범위보다는 낮았지만 정상이었다.

기억 검사에서는 California 어휘학습 검사(CVLT)의 부호화와 저장 하위 척도에서 연령과 교육 수준에 비해 1.5표준편차 낮게 나타나 장애가 있는 것으로 판명되었다. Wechsler 기억 검사(WMT)(Wechsler, 1945), 논리 기억, 단락 회상 검사에서는 첫 번째와 두 번째 단락 지연 회상 점수가 정상 수준 이하인 것으로 나타났다. 비언어적 기억에서 30분 지연 후 실시한 Rey-Osterrieth 복합 그림 회상 검사(Osterrieth, 1944; Rey, 1941)와 Benton 시각 유지 검사(Benton, 1974) 결과 모두 눈에 띄게 손상된 것으로 나타났다. 실행 기능 검사 결과는 일관성이 부족하였는데, 연결하기 검사 A부와 B부에서는 정상적인 수행 능력을 보인 반면, Stroop B에서는 연령, 교육 수준 대비 1표준편차 이하의 수행 능력을 보여 주었다. Ruff 도형 유창성 과제에서는 정상보다 낮은 수준의 수행 능력을 보여 주었다(Jones-Gotman & Milner, 1977). 신경학적 검사 결과를 바탕으로 환자가 DSM-IV(APA, 1994)에 의거한 치매 분류군에는 들어가지 않지만, 기억 상실 장애 기준에는 일치한다는 결론을 내렸다.

FDG-PET 촬영 결과, 전두엽과 두정엽, 후두엽뿐 아니라 피질하 구조 역시 정상적인 신진대사 상태를 보여 주었다. 그러나 내측두엽 영역은 신진대사가 저하된 것으로 나타났으며, 특히 우측보다 좌측에 더 많은 손상을 보여 주었다([그림 3-2]). MRI 촬영 분석 결과, 피질이나 피질하 뇌혈관 질병이 특별히 눈에 띄지 않았고, 종양이나 피질 위축증도 나타나지 않았다. 그러나 해마의

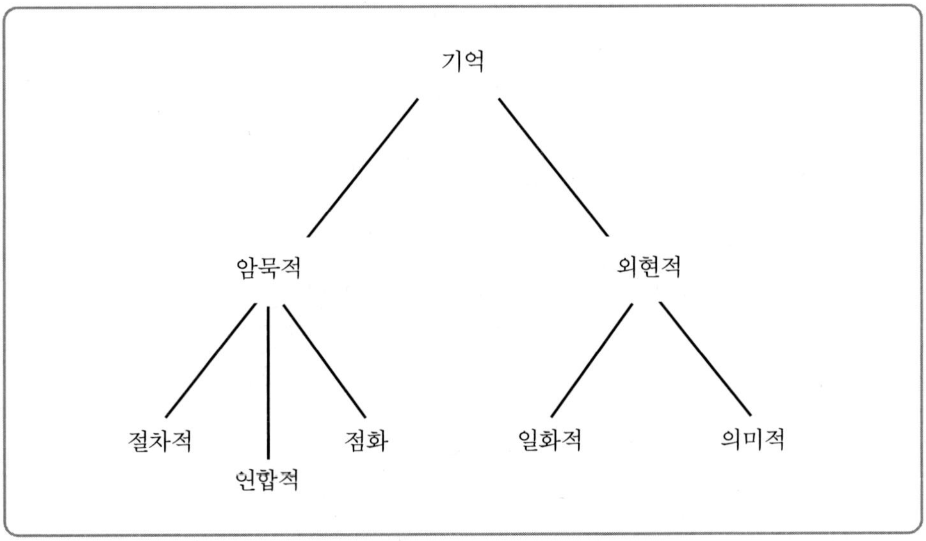

[그림 3-1] 일반적인 기억 기능의 개념적 구조와 용어

> 가로축과 세로축 MRI 영상에 대한 질적 평가를 실시하였을 때, 내측두엽 구조에서 경도의 손상이 발견되었다(de Leon et al., 1997; de Leon et al., 1993)([그림 3-3]). 의학적 검사에서는 화학 패널-20 정상치, 혈액 세포 수치, 갑상선-자극 호르몬과 엽산 수준 모두 정상이었고, 형광 매독균류 항체 흡수 검사 음성, 적혈구 침강 속도 역시 정상으로 나타났다.

병력을 고려하고, 초기 평가 결과에 따른 진단은 기억 상실증과 일치한다. 환자는 당시에 논리적 기억 과제 수행(단락 회상 검사에서 8개 이하)과 다른 기억 과제 점수(연령, 교육 수준 대비 1.5표준편차 낮음)를 근거로 경도의 인지 손상(MCI)(Peterson et al., 1999) 진단을 받았다. 병력과 신경학적 검사 모두를 반영했을 때, 경도에서 중등도 수준의 실행 기능 손상을 제외하고는 다른 현저한 이상은 발견되지 않았다. 초기 알츠하이머병일 가능성 또한 초기 평가에서는 배제할 수 없었다.

초기 발병 이후 대략 1년 반이 경과한 후 다음 진료가 이루어졌다. 그 기간 동안 언어와 시공간 기능은 계속 유지되었지만, 기억 기능은 점진적으로 퇴행되어

가고 있었다. 실행 기능 장애는 계속 진행되었으며, 그 결과 음식 준비, 가계부 관리, 공과금 납부 등과 같은 일의 수행 능력은 심각하게 저하되었다. 성격이나 정서에서는 큰 변화가 일어나지 않았다. 다시 실시된 신경학적 검사에서 연령 및 교육 수준에 비해 2표준편차 이상으로 진행된 언어 및 시각 기억 능력의 퇴행을 발견하였지만, 실행 기능은 상대적으로 유지되었으며, 시공간 기능은 반대로 약간 향상되었으며, 언어 기능 또한 보존된 것으로 나타났다.

초기 평가 결과와 비교하였을 때, PET 분석 결과, 양반구 내측두엽 구조에서는 지속적으로 신진대사가 감소하는 반면, 내측면 전두엽과 두정엽, 후두엽([그림 3-2])에서는 신진대사가 계속 유지되는 것으로 드러났다. 구조적인 영상 분석에서는 새로운 대동맥 질병의 증거를 보여 주지는 않았지만, 내측두엽 구조의 지속적인 위축을 보여 주었다([그림 3-3]).

2년 후, 환자는 아침식사 도중 의식을 잃고 쓰러졌다. 그녀의 남편이 구급대원을 불렀지만 그녀를 살릴 수는 없었다. 인근 병원에서 심근경색으로 인한 사망으로 판정받았다. 부검 결과 알츠하이머병 증상은 발견되지 않았고, 우뇌의 변화는

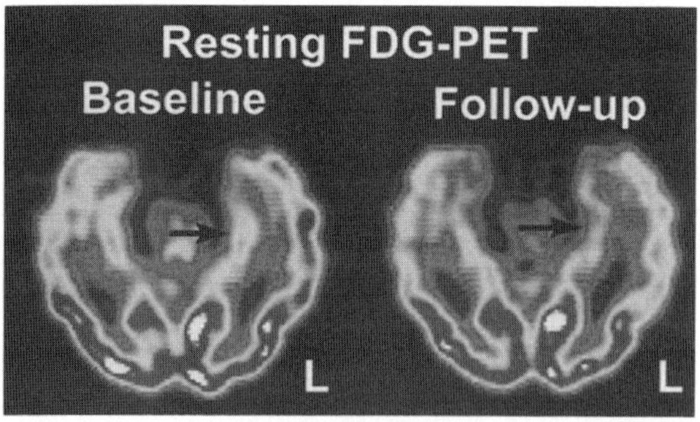

[그림 3-2] 환자의 해마 가로축을 통과한 FDG-PET 스캔 사선축 절단면 (UCLA에서 기록한 알츠하이머병 뇌 도해)의 기억 문제(좌측) 구분을 위한 기저선(초기)평가와 18개월 후(우측)의 평가. 좌반구 내측(화살표), 측면 측두엽의 기능 장애가 진행된 것을 보여 준다.

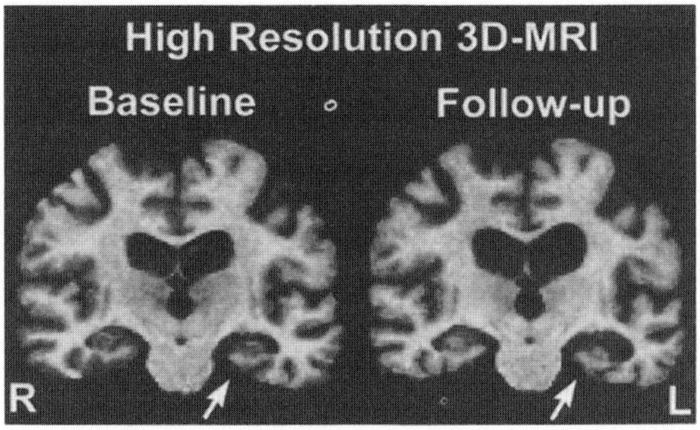

[그림 3-3] 기저선 평가와 18개월 후 Coronal 3-D MRI
(UCLA에서 기록한 알츠하이머병 뇌 도해). 사례 보고에서 기술했던 환자의 좌측 해마
(화살표) 위축이 진행된 것을 보여 주고 있다.

상대적으로 적지만, 좌뇌 신경교의 변화를 수반하는 해마의 CA1 영역에 상당한 세포 상실이 발견되었다. 이 환자의 신경 장애는 해마 경화증으로 진단 내려졌다.

기억 상실증에 대한 역사적 관점

여기서 기술했던 사례는 점진적인 기억 문제를 보이는 환자에 대한 전형적인 평가 전략을 보여 준다. 기억 장애에 있어서 병상 평가, 실험실 검사, 또는 뇌영상 검사에서 정확한 질병의 원인이 없는 것으로 나타났을 경우, 환자를 주기적으로 계속 검사하는 것이 필수적이다. 만약 이런 문제가 지속된다면 영상 및 신경심리학적 평가를 적어도 9개월에서 1년 사이에 반복해야만 한다. 위의 사례에서는 기본적 평가와 비교할 때 추가적인 검사에서 상태가 악화된 것이 관찰되었으므로 그 장애가 퇴행성일 가능성이 크다. 10개의 단어 목록을 사용한 병상 기억 검사에서, 환자는 같은 단어의 3회 제시 이후 새로운 정보를 학습할 때 일반적으로 나타나는 적절한 학습곡선 양상을 보여 주었다. 10분간의 간섭 자극이 제시된 후, 환자의 즉각적 회상 능력은 감소하였고, 저장이나 인출에서 손상이 나타났다. 즉 회상 능력의 감소와 저장, 인출의 손상 중 어느 것이 기억 문제를 일으키는지 결정하기 위해 환자에게 범주나 재인 단서와 같은 단서를 제시해야 하기 때문에, 이 시점에서 평가를 멈추지 않는 것이 매우 중요하다. 즉각 회상 능력이 감소한 환자가 단서에 의해 수행이 현저하게 향상될 경우, 학습 장애는 배제되며, 그들의 기억 문제가 인출 장애로 인한 것임을 확인할 수 있기 때문이다. 여기서 환자가 단서에 근거하여 생성해 내는 긍정 오류(방해자극을 기억해 내는 것)의 개수 또한 무시해서는 안 된다. 이 환자는 단서가 주어진 항목의 절반을 정확하게 기술하였지만, 방해항목(긍정 오반응)에 여러 차례 '예' 라고 말했다. 이런 결과는 환자의 반응이 어느 정도 추측에 근거하고 있다는 것을 나타낸다. 단서를 제시하더라도 회상이 향상되지 않을 경우나 검사의 재인 특성에서 긍정 오반응이 정확 반응과 비슷하거나 정확 반응을 능가할 때, 그 환자의 증상은 기억 상실증으로 간주되어야 한다. 재인 수행 능력이 자발적 회상 능력을 능가할 경우, 환자는 인출 능력이 손상된 것으로 간주된다.

해부 구조적 손상으로 발생하는 새로운 정보의 학습 실패(기억 상실)는 해부 구조적 손상으로 발생하는 인출 손상과는 근본적으로 다르다. 기억 상실증은 내측두엽의 부호화 체제 그리고 이 체제와 전전두엽과의 연결 구조 손상으로 발현하는 반면, 인출 손상은 내측두엽 손상의 결과가 아니라(Teng & Squire, 1999) 배측전두엽의 이상으로 발생한다.

내측두엽 부호화 체제

병변과 뇌영상에서 발견된 결과들을 해석하려고 시도하기 전에, 해마 구조의 이해가 필수적이다([그림 3-4]). 정상적인 성인의 뇌에서, 측두 극(BA 38) 끝에서 해마 구조의 가장 후미까지의 거리는 약 7.5cm인 반면, 해마의 뇌실 내 영역은 약 4cm 범위다. 측두 극(BA 38)의 세포 구조는 후각 주변 피질(BA 35, 36)의 세포 구조와 비슷하다(Amaral & Insausti, 1990). 후각 주변 피질의 측두 극 영역은 측부 구와 이어져 있는 복측 후각 주변 피질과 연결되어 있다. 후각 주변 피질 뒷부분은 외측 슬상 핵의 앞쪽 경계선까지 이어져 있으며, 거기서 해마옆이랑 피질(TF, TH 영역)로 대체된다. 내측으로 편도체는 측두 극의 후부에 놓여 있고, 해마 형성체의 앞부분은 편도체 아래 있고, 후미는 편도체를 향하고 있다. 해마 형성체는 치상 회, 해마, 해마 이행부, 내후각 피질의 4개 구조로 구성되어 있다.

1900년 Bechterew는 해마와 간뇌 구조(유두체와 전측 시상)의 양측 손상이 기억 기능에 혼란을 유발시킨다는 것을 발견했다. 단기기억과 장기기억은 보존되어 있었지만 정보를 등록하는 과정에 혼란이 있었다(Bechterew, 1900). 1937년 Papez는 내측회로([그림 3-5])에 기반을 둔 정서 기제를 제안했다. 그는 '인간의 의지 에너지'가 흘러가는, 뇌 안에 있는 3개의 통로를 제안하였다. 첫째 '운동 흐름 통로'는 배측 시상과 속섬유막을 통과해서 선조체를 거치며 그 후 중추신경계를 빠져나와 운동 세포로 연결된다. 둘째 '사고 흐름 통로'는 시상으로부터 발생해서 속섬유막으로 올라가서 실행 기능(복잡한 문제의 해답을 구성하는 능력)과 관련된 측면 대뇌 피질에서 생각을 발견한다. 셋째 박동은 '감정 흐름 통로'에 있는 내측 구조를 통해 흐른다(Papez, 1937).

Papez는 내적 표현과 외적 표현으로 이어지는 정서 흐름을 2차선 회로로 생각

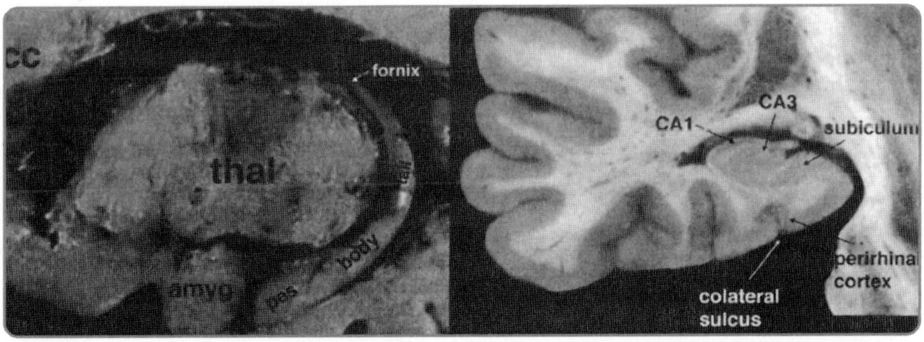

[그림 3-4] 뇌의 다른 영역(좌반구)과 관련된 해마의 해부도. 뇌량의 팽대 부근 뇌궁으로 확장된 전측 발, 몸통, 꼬리를 보여 주고 있다. 관상 부분(우측)은 해마 장들이 CA3에서 CA2로 그리고 CA1로 전이되는 것을 보여 주고 있다. 실제로 부수적 구들의 영역 내에서 해마 이행부(Subiculum), 내후각 피질과 후각 주변 피질로 확장되고 있다.

했다. 외부의 감각수용기로부터 들어온 정보는 일차감각 피질을 거쳐 해마 영역으로 전달되고, 다시 뇌궁을 통해 유두체로 계속 나아간다. 유두체로부터 정보는 시상하부 전체로 퍼져 정서적인 표현이나 감정을 유발시킨다. 박동은 또한 유두체 경로를 통해서 시상의 앞쪽 핵으로 전달되고, 속섬유막의 전각을 통해 대상 회로 분산되어 투사된다. Papez는 거기서, 내적 상태 또는 기분으로서의 정서는 의식적으로 지각된다고 생각했다. 대상 회 내에서 처리된 정보는 팽대후부 피질을 거쳐 해마로 피드백을 제공한다. 그는 이렇게 회로가 구성되어 있다고 주장한다. Papez는 대뇌 피질이 제거된 환자들이 정서 상태를 나타내기는 하지만 정서 상태를 지각하지는 못한다는 점에 근거하여 정서와 기분이 분리될 수도 있을 것으로 추정했다. Papez는 정서 반응과 배측 전두엽 실행 기능의 통합이 대상 회의 내측 피질에서 발생한다고 생각했다. Papez가 제안한 회로에는 대상 회와 해마를 연결해 주는 구조는 없었지만, 1975년 Shipley와 Sørensen(1975)은 대상 피질의 밀집된 출력 정보를 받아들이는 전측 해마 이행부가 해마 피라미드 세포로 가는 관통로의 출발점인 내후각 피질의 III열로 정보를 대량 투사한다는 것을 발견했다(Witter & Amaral, 1991). 내후각 피질은 심층 처리된 감각 구심성 신경이 지나는 통로다. 후각 주변 피질과 해마옆이랑 피질은 단일 또는 다중 양식 감각 피질로부

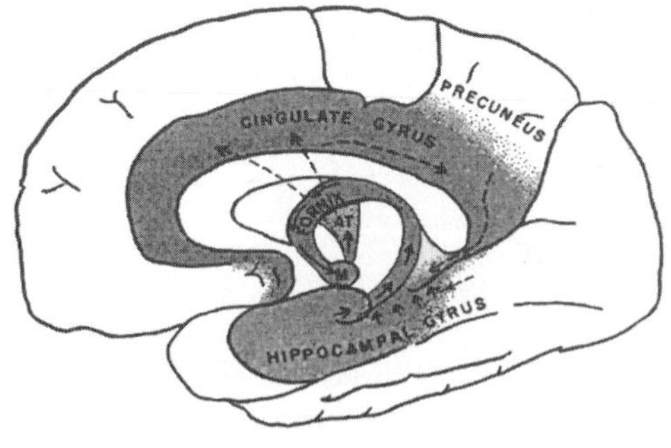

[그림 3-5] MacLean(1949)이 묘사했던 Papez의 내측 회로(Papez, 1937)는 정서 처리 과정을 지원하는 것이라고 제안되었다.

터 제공되는 일련의 피드포워드 정보를 받아들이며(Freidman, Murray, O' Neill, & Mishkin, 1986; Mesulam & Mulson, 1982; Pandya & Yeterian, 1985; Suzuki & Amaral, 1994; Tranel, Brady, Van Hoesen, & Damasio, 1988; Van Hoesen, 1982; Webster, Ungerleider, & Bachevalier, 1991), 이 정보는 내후각 피질로 가는 피질 입력 정보의 60%를 구성한다(Insausti, Amaral, & Cowan, 1987).

Papez는 자신이 제안한 해마 회로가 정서 처리에만 관여하는 것으로 잘못 이해했다. Bechterew의 통찰은 좀 더 정확했다. 그는 일화 기억의 부호화 손상이 해마 회로의 구성 요소들 중에 손상이 있을 때 발생한다는 것을 관찰했다(Bechterew, 1900). 해마 회로에 의한 사건의 외현적 또는 의식적인 부호화는 대상에 정서가가 주어졌을 때 편도체에서 발생하는 무의식적인 정보 처리와 대조된다(Bechara et al., 1995; Blair, Morris, Frith, Perrett, & Dolan, 1999; Ikeda et al., 1998; Mori et al., 1999; Price, 1999).

배측면 전두엽 실행 기능 기제

배측 상전전두엽(BA 9, 10)은 후두정엽과 전측 대상 회를 연결하는 실행 인지 연결망의 중심이다. 기능적으로, 배측 전전두엽은 실행 기능(Cummings, 1993)과 단기기억, 작업기억(Baddeley, 1992, 1996, 1998)의 수행을 지원한다. 이 기능들은 복잡한 문제를 해결하기 위해서 행동적인 반응을 구성하는 능력(새로운 정보를 학습하고, 체계적으로 기억을 검색하는 데 사용하는 전략), 오래된 기억의 활성화, 환경에서 발생하는 사건으로부터의 자기-방향과 독립, 일련의 행동을 적절하게 바꾸고 유지하는 능력, 운동계획의 수립, 행동을 안내하기 위해 언어적 기술을 사용하는 것을 포함한다.

배측 전두 피질의 손상은 실행 기능과 작업기억에 결손을 유발한다. 장기기억 수행에 있어서 배측 전두 피질의 병변은 구조적으로 분산되어 있는 배측 연결망을 단절시킴으로써 자유 회상 시 인출 처리의 조직화와 성공적인 실행에 가장 많은 손상을 입힌다. 배측 상전전두엽 9, 10 영역과 상호연결된 영역은 하전전두엽

46 영역(Selemon & Goldman-Rakic, 1985), 상전전두엽 8 영역과 상두정엽 꼬리의 7a 영역이다(Yeterian & Pandya, 1993). 두정엽 7a 영역은 시공간 주의, 시각에 근거한 물체 잡기, 시공간 전략의 계획에 관여한다. 전측 대상 피질(뇌량상 24, 24a', 24b', 32 영역)(Mega & Cummings, 1997)은 전전두엽 8, 9, 10, 46 영역과도 상호연결되어 있다(Morecraft & Van Hoesen, 1991; Vogt & Pandya, 1987). 전측 대상 피질은 주의 기제의 통제와 배측 전두엽과 두정엽의 이질 양식(heteromodal) 연합 연결망에 있어서 중추 역할을 한다(Morecraft, Geula, & Mesulam, 1993). 전측 대상 피질과 상호연결된 영역들은 문측 섬엽과 전측 해마 주변부 영역도 포함한다. 문측 섬엽은 내장에 담긴 음식물의 영양분에 대한 정보를 후각과 미각 정보를 통합하는 변연계 주변부로 전이시키는 곳이다(Mesulam & Mufson, 1985). 전측 해마 주변부 35, 36 영역과의 연결은 주의의 연결망이 해마로 유입되는 다중 양식 감각 정보에 영향을 미치게끔 허용한다.

내측 부호화 회로와 배측 실행 체제의 분산된 해부학적 구조에 대한 이해는 기억 장애를 유발하는 인간과 영장류의 병변 연구뿐 아니라 정상인을 대상으로 실시되는 외현적 부호화와 인출 기제를 추적하는 뇌영상 연구 결과 해석에 일조할 것이다.

일화 기억에 대한 실험 연구

병변 연구들

내측두엽 병변

Bechterew(1900)가 양측 내측두엽 병변이 부호화 손상을 유발한다는 것을 처음으로 주목했지만, 57년이 지난 후 Scoville과 Milner(1957)에 의해 보고된 심각한 간질 증상을 완화하기 위해서 양측 측두엽 절제술을 시술 받은 H.M.의 사례가 부호화, 저장고, 인출 기제에 대한 최초의 현대적인 해부학적 탐구 연구였다. 동물 연구 결과와 병행하여 해마 영역 밖의 병변들이 H.M.의 기억 손상을 설명할 수 있다는 추정(Horel, 1978)은 다른 내측두 구조가 기억에 관여할지도 모른다는 가능성을 시사한다(Mishkin & Murray, 1994).

만약 해마 병변이 원숭이의 후각 주변 피질까지 확장되지 않았다면(Zola-Morgan, Squire, Rempel, Clower, & Amaral, 1992), 지연 대응 과제와 비표본 대응 과제(모두 재인 과제) 수행 능력에는 손상이 나타나지 않기 때문에, 후각 주변 피질은 원숭이의 내측두 기억 기제의 초점이 되었다(Meunier, Bachevalier, Mishkin, & Murray, 1993; Suzuki, Zola-Morgan, Squire, & Amaral, 1993; Zola-Morgan, Squire, Amaral, & Suzuki, 1989c; Zola-Morgan, Squire, Clower, & Rempel, 1993).

H.M.의 수술로 인한 손상은 내측두 극, 편도체 복합체의 대부분, 그리고 양측 내후각 피질 모두([그림 3-6] 참조)에서 나타났다. 거기에 치상 회의 전측 2cm, 해마, 해마 이행부 또한 제거되었다. 하지만 측면이랑 및 그 영역과 나란히 위치한 피질, 그리고 적어도 복측 후부 내후각 피질은 보존되었다. 후해마 주변부(TF, TH 영역)는 문측으로 아주 조금 손상을 입었으며, 주변 구의 뒤쪽인 설 회와 방추 회 역시 손상되지 않았다.

다른 외과 수술로 인한 손상의 사례(P.B.)는 2단계 절차를 거쳐 좌측 측두엽이 완전히 제거되었고(Penfield & Milner, 1958), 전 생애에 걸쳐 심각한 기억 상실증을 앓았다(Corkin, 1965). P.B.의 사체를 부검했을 때, 후부 해마의 22mm와 해마 주변 피질이 보존되어 있었다(Penfield & Mathieson, 1974). 양측 해마의 CA1 영역에 제한적으로 국소 빈혈이 발생한 환자들은(Cummings, Tomiyasu, Read, & Benson, 1984; Zola-Morgan, Squire, & Amaral, 1986) H.M.보다는 약했지만 상당히 심각한 상태의 순행성 기억 상실증을 보일 뿐 아니라, 25년 이상 지속된 역행성 기억 상실증도 나타냈다(Rempel-Clower, Zola, Squire, & Amaral, 1996).

병변이 해마에만 제한적으로 발생된 이들에게서는 과거 사건에 대한 서술 기억의 부호화만 붕괴되는 것으로 나타나며, 해마 주변부와의 정보 통합에 의존하는 세상사에 대한 정보(의미 기억)의 부호화는 보존되는 것으로 보인다(Vargha-Khadem et al., 1997). 따라서 양측 병변이 측두 극, 전측 후각 주변 피질과 내후각 피질(H.M.의 경우처럼)과 같이 인접 영역을 포함할 경우, 기억 상실증 증후군과 인식 능력의 손상(Buffalo, Reber, & Squire, 1998)이 적어도 인간에게 있어서는 해마에 국한된 병변으로 발생하는 상태보다 훨씬 더 심각하게 나타난다.

원숭이의 해마(Alvarez, Zola-Morgan, & Squire, 1995), 내후각 피질(Leonard, Amaral, Squire, & Zola-Morgan, 1995), 후각 주변 피질과 해마 주변 피질(Suzuki et al., 1993; Zola-Morgan, et al., 1989c)에 제한적으로 나타나는 작은 병변의 영향을 검정한 연구에서 편도체를 제외한(Murray, 1991; Zola-Morgan, Squire, & Amaral, 1989a) 모든 내측두 구조들은 재인 기억에 관여한다(Meunier et al., 1993; Zola-

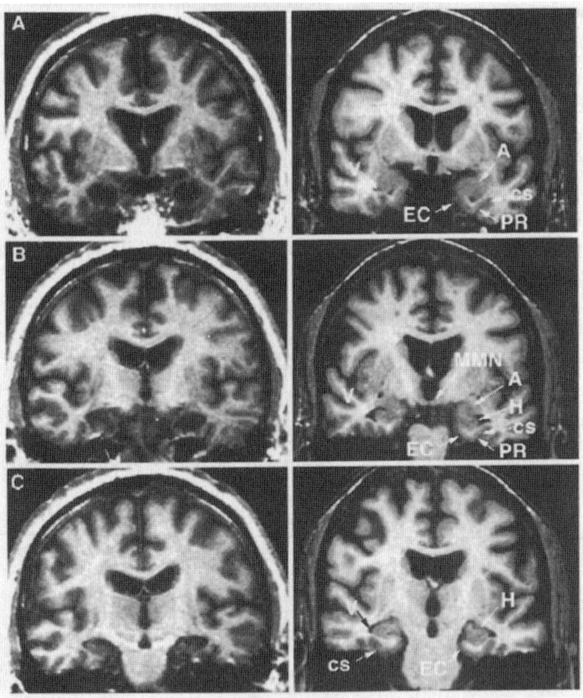

[그림 3-6] 문측(A)에서 미측(C)까지 H.M.의 관상 MRI는 66세의 정상적인 참여자(우측)와 비교했을 때 양반구 해마 절제(좌측)를 보여 주고 있다. 측면 구(cs)들의 영역에 있는 후부 후각 주변 피질(PR)은 상대적으로 온전한 반면, 편도체(A)와 해마(H), 그리고 유두체(MMN)의 수준에 이르는 후부 내후각 피질(EC)의 붕괴를 나타내고 있다. V는 측내실의 측두 각이다(Corkin et al., 1997에서 인용).

Morgan, Squire, & Amaral, 1989b; Zola-Morgan et al., 1989c; Zola-Morgan, Squire, & Ramus, 1994)는 것을 확인했다. 후각 주변 피질이 'H 영역' (해마, 치상 회, 해마 이행부)(Zola-Morgan et al., 1993)과 미측 내후각 피질과 후각 주변 피질 그리고 'H 영역' (Mahut, Zola-Morgan, & Moss, 1982; Zola-Morgan et al., 1989c)과 함께 제거되었을 때 재인 기억에 있어서 가장 큰 손상이 발생한다. 이때 발생하는 손상은 병변이 'H 영역' 에 국한되었을 때 나타나는 손상보다 훨씬 더 심각하다 (Alvarez et al., 1995).

후각 주변 피질과 해마 주변부(Suzuki et al., 1993; Zola-Morgan et al., 1989c) 또는 내후각 피질과 후각 주변 피질(Meunier et al., 1993)에 제한된 병변은 양측 내측두엽 제거 수술(Suzuki et al., 1993) 후 나타나는 기억 손상과 비슷한 양상의 만성적인 다중 양식 기억 손상을 유발한다. 따라서 이 내측두 피질의 각 영역은 기억 과정에 중요한 역할을 하며, 각 영역에 더불어 다른 영역이 추가적으로 손상될 경우 재인 기억 과정에 더 심각한 상태를 유발시킨다(Zola-Morgan et al., 1989c). 하지만 각 영역의 고유한 기능에 대한 이해는 아직 잘 알려져 있지 않다 (Eichenbaum, Otto, & Cohen, 1994; Gaffan, 1994a).

간뇌 병변

해마 이행부로부터 시작되는 해마 출력 정보는 뇌궁을 거쳐 유두체(특히 내측 유두 핵)로 들어간 뒤, 전측 시상 핵으로 투사된다(Aggleton, Desimone, & Mishkin, 1986). 전측 시상 영역은 또한 뇌궁을 통해 직접 해마 입력 정보를 받으며(Aggleton et al., 1986), 대상 회와 전측 시상 망상체와 상호연결되어 있다(Gonzalo-Ruiz, Morte, & Lieberman, 1997). 배내측 시상 핵은 편도체, 전뇌 기저부, 그리고 뇌간으로부터 좀 더 광범위한 정보를 받으며, 전전두엽과 시상 망상체와 상호연결되어 있다(Aggleton & Mishkin, 1984; Ilinsky, Jouandet, & Goldman-Rakic, 1985; Kuroda, Yokofujita, & Murakami, 1998; Russchen, Amaral, & Price, 1987). 간뇌의 병변은 종종 전측 및 배내측 시상 모두에 영향을 미친다. 따라서 Papez 회로 내에서 해마 출력 정보는 거의 고립된 상태로 발생하지 않으며, 전두엽 피질하 회로와 배내측 시상을 통한 편도-후각 체제도 함께 단절(Mega, Cummings, Salloway, & Malloy, 1997)되는 상태도 흔히 발생한다.

알코올 중독자에게 있어서 티아민 결핍의 결과로 발생하는 베르니케-코르사코프(Wernike-Korsakoff) 증후군(Korsakoff, 1889)은 기억 기능에서 간뇌의 중요성을 강조한다. 이 증후군과 제3 뇌실 종양과 연합된 기억 상실증의 다른 사례들(Foerster & Gagel, 1933; Grünthal, 1939; Lhermitte, Doussinet, & de Ajuriaguerra, 1937; Sprofkin & Sciarra, 1952; Williams & Pennybacker, 1954)은 유두체나 시상이 기억 기능에 결정적인 역할을 한다는 것을 확인시켜 준다. 알코올성 코르사코프(Korsakoff) 정신 장애에서는 유두체 영역에서 가장 집중적인 병리 현상이 발견된다는 것에 근거하여, 유두체 손상이 이 질병으로 인한 기억 상실증과 관련된 것으로 간주된다(Torvik, 1987). 베르니케 뇌병으로 진단받은 43명의 사례(Victor, Adams, & Collins, 1971)에서 유두체와 시상을 살펴보았다. 기억 손상 증상 없이 회복된 5명의 환자들은 유두체에 손상이 발견되었지만 시상에는 손상을 발견할 수 없었다. 지속적인 기억 손상을 보인 나머지 38명의 경우 모두가 배내측 시상도 함께 손상된 것을 발견했다. 이런 결과들은 시상이 기억 기능을 지지하는 간뇌의 핵심 구조라는 것을 보여 준다. 아울러 유두체 손상이 코르사코프 환자의 기억 손상과는 상관이 없었고(Charness & DeLaPaz, 1987; Davila, Shear, Lane, Sullivan, & Pfefferbaum, 1994; Estruch et al., 1998; Shear, Sullivan, Lane, & Pfefferbaum, 1996), 동물을 이용한 실험에서 유두체만 고립시킨 병변을 제시하였을 때 재인 손상은 발견되지 않았으며 공간 기억만 손상되는 것으로 나타났다(Aggleton, Neave, Nagle, & Hunt, 1995; Neave, Nagle, & Aggleton, 1997; Parker & Gaffan, 1997b; Sziklas & Petrides, 1997).

시상 경색은 병변 크기에 따라 혼수, 정신착란(Cole, Winkelman, Morris, Simon, & Boyd, 1992), 무감각(Kritchevsky, Graff-Radford, & Damasio, 1987), 그리고 기억 상실증(Cole et al., 1992; Peru & Fabbro, 1997; Shuren, Jacobs, & Heilman, 1997)을 유발한다. 심각한 배내측 퇴행은 치명적인 가족성 불면증(Lugaresi, Tobler, Gambetti, & Montagna, 1998)이 있을 경우 발생하며, EEG 수면 패턴 생성

에 실패하는데 이런 결과는 배내측 피질이 각성에서 중요한 역할을 한다는 것을 시사한다. 뇌영상 연구(Charness, 1993; McDowell & LeBlanc, 1984; Shimamura, Jernigan, & Squire, 1988)와 병력 연구 결과(Mair, Warrington, & Weiskrantz, 1979; Mayes, Meudell & Pickering, 1988; Torvik, 1985; Victor et al., 1971)에서 반영된 것과 같이, 코르사코프 환자에게 있어서 배내측 시상의 손상이 영구적인 기억 손상을 유발하기 위해서는 전측 시상 핵(Harding, Halliday, Caine, & Kril, 2000)도 함께 손상되어야 한다.

원숭이를 이용한 실험에서 모든 전전두엽 출력 정보(Russchen et al., 1987)를 단절시킨 배내측 시상의 거대 세포층 분할의 전 영역에 병변이 가해졌을 때와 손상이 내후각 피질과 후각 주변 피질로부터 오는 입력 정보(Aggleton et al., 1996)만을 제거한 내측 거대 세포층에 고립된 경우(Parker, Eacott, & Gaffan, 1997)와 비교했을 때, 대상 인식에 있어서 심각한 손상을 유발한다(Gaffan & Parker, 2000). 펜싱 칼로 깊은 상처를 입어 기억 상실증이 발생한 환자 N.A.에 대한 초기 보고들(Teuber, Milner, & Vaughan, 1968)은 배내측 시상의 제한된 손상을 시사했다(Squire & Moore, 1979). 그러나 고해상도의 MRI 영상에서, N.A.의 병변은 배내측 핵의 복측, 특히 수판내 핵, 시상유두 경로, 내측 수질판이 심각한 손상을 입은 것으로 나타났다(Squire, Amaral, Zola-Morgan, Kritchevsky, & Press, 1989). 수판내 핵과 유두시상 경로에만 한정된 병변에서는 이 구조들이 보존되며 배내측 시상만 손상(Cramon et al., 1985; Graff-Radford et al., 1990; Kritchevsky et al., 1987)되는 경우보다 더 심각한 시상 기억 상실증을 유발할 수 있는 것으로 나타났다(Cramon, Hebel, & Schuri, 1985; Gentilini, DeRenzi, & Crisi, 1987; Graff-Radford, Tranel, Van Hoesen, & Brandt, 1990; Malamut, Graff-Radford, Chawluk, Grossman, & Gur, 1992; Winocur, Oxbury, Roberts, Agnetti, & Davis, 1984).

배내측 핵을 제외한 우반구 전측 시상에 병변이 발생할 경우(Daum & Ackermann, 1994; Schnider, Gutbrod, Hess, & Schroth, 1996) 코르사코프 기억 상실증과 유사한 기억 장애를 나타날 수 있다. 따라서 전측 시상에 국한된 손상은 일화 기억에 영구적인 장애를 유발시킬 수 있다. 이 결과는 이 영역이 알코올성 코르사코프 정신 장애에서 발생하는 기억 장애와 관련되었다는 이전 연구 결과들과 일치한다(Kopelman, 1995; Mair et al., 1979; Mayes et al., 1988). 후배측 핵(전측 시상 핵의 일부)들은 팽대후부 피질로 투사하며, 알츠하이머병에서 나타나는 병변 중 하나다(Xuereb et al., 1991). 이런 결과는 또한 실험실 동물들을 이용한 실험에서, 전측 시상 핵에 병변을 가했을 때 발생하는 심각한 기억력 손상 결과와 일치한다(Aggleton et al., 1995; Aggleton & Sahgal, 1993; Aggleton & Saunders, 1997; Parker & Gaffan, 1997a). 이때 기억 장애의 정도는 병변의 크기와 비례한다(Aggleton & Shaw, 1996).

전뇌 기저부 역시 간뇌의 일부로 생각할 수 있으며, 미상 핵, 후결절, 분계선조, 그리고 시색전부를 포함한다. 아세틸콜린(ACh)을 제공하는 세포들인 격막(Ch1), 브로카 영역(Broca areas)의 세로(Ch2) 및 가로(Ch3) 대각, Meynert의 기저 핵(Ch4)(Mesulam, Mufson, Levey, & Wainer, 1983) 또한 종뇌에 포함된다. 이 뉴런들은 주의(전측 대상 회-브로카의 세로 대각), 기억(해마-내측 격막, 대각)(Lewis & Shute, 1967), 혐오 조건형성(편도체-Meynert의 기저 핵, nbM), 그리고 학습된 반응을 사용하는 능력(배외측 전두엽-nbM)에서 중요한 역할을 한다.

전뇌 기저부는 전교통동맥류 대동맥의 교정이나 파열(Lindqvist & Norlen, 1966; Talland, Sweet, & Ballantine, 1967)로 인해 손상되는 것으로 오랫동안 알려져 왔지만, 이 영역에 제한된 병변은 드물다. 전뇌 기저부만 분리되어 병변이 발생한 세 명의 환자로부터 발견한 결과는 결정적인 해부학적 영역이 내측 격막과 대각의 핵인 것으로 확인되었는데, 이 영역들의 병변은 해마로 전달되는 콜린성 신경회로의 단절을 유발하였다(Abe, Inokawa, Kashiwagi, & Yanagihara, 1998; Damasio, Graff-Radford, Eslinger, Damasio, & Kassell, 1985; Morris, Bowers, Chatterjee, & Heilman, 1992). 이 환자들에게 있어서, 비록 자발적인 회상은 손상되었지만, 재인 기억은 비교적 보존되었다.

요약하면, 간뇌 병변이 회상과 재인에서 확실한 장애를 유발하기 위해서는 유두시상-전측 시상(Papez 회로)의 단절과 배내측 시상-전전두 영역의 단절이 결합되어야 한다. 인간 사례에서 이 일반화의 예외적인 경우는 거의 발견되지 않았다

(Daum & Ackermann, 1994; Mair et al., 1979; Mayes et al., 1988; Schnider et al., 1996). 전전두엽 단절이 이런 경우에도 발생하는지를 규명하기 위해서 앞으로 구조적인 연구와 함께 기능적 영상 연구도 병행하여야 할 것이다.

팽대후부와 뇌궁 병변

후측 대상 회 병변들은 동물과 인간의 기억 기능을 파괴한다. 전측 시상에서 시작하여 대상 속을 통해 BA 23, 29/30으로 연결되는 Papez 회로의 종결 회로는 후측 대상 회에서 상전구 회로 투사하는 구조다. 전측 대상 회 절제 수술은 이 기억 회로를 단절시키지는 않지만, 드물게 병리적 병변은 후측 대상 회를 포함하여 이 영역 너머로까지 확장될 수도 있다. 만약 병변이 뇌량의 팽대 아래까지 확장된다면, 뇌궁 역시 손상될 것이고, 따라서 해마로부터 간뇌로 이어지는 원심성 신경 또한 단절될 것이다. 만약 병변이 후측으로 확장된다면, 소대 회와 회색질소다발로 구성된 해마의 상교련 영역을 손상시킬 것이다. 좌측 후대상 회, 섬모대와 뇌량의 대상 구조에 제한된 병변은 (아마도 뇌궁은 보존되었을지라도) 뇌동정맥 기형의 출혈로 인한 심각한 기억 상실증을 유발시킨다(Valenstein et al., 1987). 뇌동정맥 기형의 교정 이후, 후측 대상 회를 넘어 뇌궁과 상교련 해마로 확장된 좌측 병변은 일시적인 비언어적 기억 상실증과 영구적인 언어적 기억 상실증을 야기한다(Cramon & Schuri, 1992). Cramon과 Schuri(1992)는 대상 구조와 뇌궁으로부터 중격해마 경로로의 단절이 환자가 보인 장애 증상에서 중요한 역할을 하는 것으로 생각했지만, 상교련 해마 역시 손상됐다. 우측후 팽대 영역이 관여한 또 다른 사례에서는 시각 기억 상실증(Yasuda, Watanabe, Tanaka, Tadashi, & Akiguchi, 1997)이 두드러지게 발견되었지만, 언어적 기억도 영향을 받았다.

잠재성 혈관종 출혈로 인하여 좌반구 후측 대상 회 내의 대상 구조가 차단될 경우에 일시적인 부호화 손상(Cramon, Hebel, & Ebeling, 1990)만 발생하는데, 이런 결과는 상교련 해마나 뇌궁이 손상되어야만 지속적인 손상이 발생한다는 것을 암시한다. 팽대에 발생하는 종양 또한 기억 손상을 유발할 수 있는데, 이 경우는 아마 뇌궁을 압박하기 때문일 것이다(Rudge & Warrington, 1991).

뇌궁 병변이 기억에 미치는 영향이 인간에게는 명확하지 않은데(Cairns & Mosberg, 1951; Dott, 1938; Garcia-Bengochea, De La Torre, Esquivel, Vieta, & Fernandec, 1954; Garcia-Bengochea & Friedman, 1987; Woolsey & Nelson, 1975), 그런 사실은 병변이 부분적이거나, 아니면 심리측정 평가가 정확하게 실시되지 않았기 때문일 것이다(Gaffan & Gaffa, 1991). 종양(Calabrese, Markowitsch, Harders, Scholz, & Gehlen, 1995; Heilman & Sypert, 1977), 외상(D' Esposito, Verfaellie, Alexander, & Katz, 1995; Grafman, Salazar, Weingartner, Vance, & Ludlow, 1985), 혈관 질병(Botez-Marquard & Botez, 1992), 외과 절제술(Aggleton et al., 2000; Hassler & Riechert, 1957; Sweet, Talland, & Ervin, 1959) 등으로 양측 뇌궁이 분리될 때도, 기억 감퇴가 발생하였다.

좌측 뇌궁 손상 역시 언어적 기억 손상을 유발한다(Cameron & Archibald, 1981; Gaffan & Gaffan, 1991; Tucker, Roeltgen, Tully, Hartmann, & Boxell, 1988). 기억 손상이 일어날 경우, 특히 그 손상은 단순한 목록 재인 능력보다 회상 능력에 국한된다(Aggleton et al., 2000; McMackin, Cockburn, Anslow, & Gaffan, 1995). 복잡한 장면 내에서 개별 항목들의 부호화를 요구하는 재인 과제('특정 장소에 위치한 물체' 기억 과제)의 수행 능력은 뇌궁이 절제된 원숭이와 인간 모두 저조하게 나타났다.

인간에게 있어서 희귀한 특정 영역에 제한되어 발생하는 병변을 분석한 결과는 뇌궁, 대상 구조 또는 Papez 회로의 이웃 영역이 아닌 후대상 피질 내의 손상이 기억 상실증을 유발한다는 결정적인 증거를 보여 주지 않는다. 동물에게 있어서, 뉴런은 파괴하지만 통로의 신경섬유는 보존시키는 흥분성 독으로 유발시킨 병변 연구는 이 논쟁을 종결시킬 수 있는 증거를 제공한다. 선택적인 세포 독소인 퀴스쿠알산(흥분성 아미노산계 전달물질의 작용 증강제)을 사용하여 유발시킨 후대상 회피질 병변 연구는 공간 및 비공간 기억의 습득과 유지에 후대상 피질 뉴런들이 필수적이라는 것을 보여 준다(Sutherland & Hoesing, 1993).

병변 요약

동물과 인간 병변을 이용한 연구 결과에 따르면, Papez 회로의 개별 구성 요소들 모두가 일반적인 기억 기능에 기여하는 것으로 드러났다. 그러나 원칙적으로는 (일반적인 재인 과제에서 수행 능력의 감소가 나타나듯) 중요한 부호화 손상이 유발되기 위해서는 후각 주변 손상이 단독으로 반드시 나타나거나, 아니면 Papez 회로의 다른 구성 요소들이 전전두엽-피질하 회로의 붕괴와 함께 손상되어야 한다. 따라서 자발적 회상 능력은 저하하였지만 상대적으로 재인 기억은 보존되었을 경우, 후각 주변 피질이 온전할 뿐 아니라 적어도 전전두 기제는 부분적으로 보존되었다는 것을 의미한다.

자연발생적이며 고립된 기억 장애를 유발시키는 다양한 병변을 평가하기 위해서, 단어와 그림으로 구성된 즉각적인 재인 기억 검사(recognition memory test: RMT)(Warrington, 1984)를 실시하였을 때, 기억 능력을 가장 심하게 손상시키는 증상들은 뇌염후 증후군이나 코르사코프 증후군이었다(Aggleton & Shaw, 1996). 이 연구에서 처음 4 유형의 병변 집단들의 경우 종종 이 Papez 회로와 전전두 기제에 영향을 받았기 때문에, 이 자료들은 이 두 회로가 결합하여 정보의 부호화에 중요한 역할을 한다는 것을 시사하고 있다. 그렇지 않으면 이 자료들은 RMT 과제가 실제 상황에서는 적절한 재인 능력을 평가하기에는 적당하지 않은 검사 도구일 가능성을 시사한다. 앞으로의 연구에서는 재인과 부호화 상태의 해부학적 근원에 대한 더욱 심층적인 규명을 위해, 가능한 한 RMT처럼 '천장 효과'가 나타나지 않는 재인 과제를 사용해야 할 것이다.

기능성 뇌영상 연구들

부호화 기제

정상적인 피험자가 일화 기억의 부호화, 인출, 그리고 재인 과제를 수행하는 상태에 대한 기능성 뇌영상 연구들 역시 기억 처리에서 Papez 회로와 전두엽 기능의 중요성을 지지한다. 여러 개관에서 이 분야 연구 결과들을 요약했다(Buckner & Koutstaal, 1998; Cabeza & Nyberg, 2000; Cohen et al., 1999; Gabrieli, 1998, 2001; Lepage, Habib, & Tulving, 1998; Schacter & Wagner, 1999).

병변 연구를 통해 부호화와 인출을 관할하는 신경 기제가 잘 규명되어 있으므로 기능성 뇌영상이 무엇을 더 밝혀낼 것인지에 관한 의문을 가질 수 있겠다. 지난 5년간 뇌영상 연구는 폭발적으로 팽창하였으며, 내측두 구조가 부호화 처리([그림 3-7])에 관여하고 있다는 것을 확인시켜 주었다. 자극을 반복적으로 제시하여 제시된 항목들의 참신성을 변화시켰을 때, 내측두 구조들은 자극이 그림(Gabrieli, Brewer, Desmond, & Glover, 1997; Stern et al., 1996; Tulving, Markowitsch, Craik, Habib, & Houle, 1996), 단어(Kopelman, Stevens, Foli, & Grasby, 1998), 대상-명사쌍(Rombouts et al., 1997), 단어 쌍(Dolan & Fletcher, 1997)일 경우에 활성화 정도가 증가하였다. 그림이 제시되었을 경우 양측 구조 모두 활성화된 반면, 언어 자극일 경우 활성화는 일반적으로 좌측에 국한되었다.

내측두엽의 활성화 정도는 자극의 제시와 제시된 자극의 탐지 단계 이후 피험자의 재인 수행에 반영되듯, 부호화의 효율성과도 상관이 있었다. 이 상관 효과는 그림 자극에서는 양측 구조 모두(Brewer, Zhao, Desmond, Glover, & Gabrieli, 1998), 단어일 경우에는 좌측 구조(Wagner et al., 1998c)에서 나타났다. 내측두엽

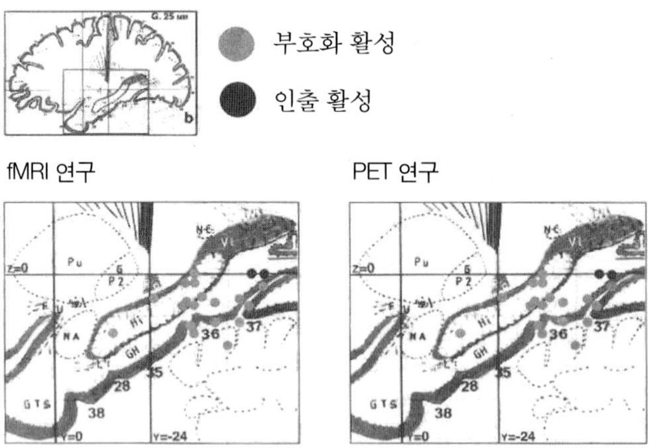

[그림 3-7] 정상적인 참여자에 대한 fMRI와 PET 연구의 일화 기억 부호화와 인출 과제에서 발견된 내측두 활성의 영역별 연결짓기

의 활성화는 자극 제시 이후 24 시간이 경과한 뒤에도 단어의 자유 회상에서 상관관계를 보였고(Alkire, Haier, Fallon, & Cahill, 1998), 방해 과제(Fletcher et al., 1995) 혹은 학습 항목을 제시하는 동안 인지 처리 수준의 변화는 부호화의 성공에 영향을 미칠 수 있다(Buckner & Koutstaal, 1998; Demb et al., 1995; Gabrieli et al., 1996).

부호화에 이어진 회상은 표면적인 철자 속성들과는 반대로 추상성 판단이나 단어들의 심층 연합에 의해 현저히 향상된다. 기억해야 할 항목의 연합을 조작하는 전략들은 고대 그리스 연설가들 때부터 사용되어 왔다. 내측두엽은 단어의 낱자나 글자가 위치하는 줄(Vandenberghe, Price, Wise, Josephs, & Frackowiak, 1996; Wagner et al., 1998c), 그림(Henke, Buck, Weber, & Wieser, 1997; Vandenberghe et al., 1996)을 점검하는 것 같은 얕은 처리보다 심층적인 의미 처리를 할 때, 그리고 단어(Kapur et al., 1996; Kelley et al., 1998), 얼굴(Haxby et al., 1996; Kelley et al., 1998), 또는 그림(Schacter et al., 1995)을 단순히 보는 것보다 의도적으로 기억할 때, 더 활성화된다.

이와 더불어 심층 처리에는 부호화 과정에서 배외측 전전두 영역도 개입된다([그림 3-8])(Buckner & Koutstaal, 1998). 전전두엽은 과제의 유형에 따라 선택적으로 활성화되는데(Fiez, 1997; Poldrack et al., 1999), 감각 특유의 특수 부호화 과제에서는 후부 양측 초점(BA 영역 6/44)이 더 활성화(Klingber & Roland, 1998; Zatorre, Meyer, Gjedde, & Evans, 1996)되는 반면, 의미 처리에 대한 요구가 더 증가할 경우 좌반구 전측 전전두엽 초점(BA 영역 45/47)에서의 활성화가 증가한다(Demb et al., 1995; Fletcher, Shallice, & Dolan, 1998).

활성화의 편재된 패턴이, 일반적으로 어휘 자극(좌측 전두엽)(McDermott et al., 1999; Wagner et al., 1998b)과 비언어적 자극(우측 전두엽)(Kelley et al., 1998; McDermott, Buckner, Petersen, Kelley, & Sanders, 1999; Wagner et al., 1998b)에서 나타나지만, 만약 시각 자극이 의미 연합을 유발시킬 경우, 특히 의미 연합 형성에 더 긴 파지 시간이 제공될 때(Haxby, Ungerleider, Horwitz, Rapoport, & Grady, 1995), 좌반구 전측 전전두엽도 함께 활성화되는 경향이 있다(Haxby et al., 1996;

Kelley et al., 1998). 우측 전전두엽의 활성화는 자극 스캔 후 회상 수행 능력에서 잘 반영되듯이(Brewer et al., 1998), 장면 부호화와 높은 상관을 보이는 반면, 좌측 전전두엽의 활성화는 후속적인 단어 회상과 높은 상관을 보인다(Wagner et al., 1998c).

대부분의 기능성 뇌영상 연구들은 검사 당일 나타나는 뇌 활동 측정에 초점을 두고 있다. 학습된 정보의 궁극적인 응고는 장기간에 걸쳐서 역동적으로 진행된다. 기능성 뇌영상 연구들이 이와 같은 역동적인 응고화 처리를 탐구하기 시작했다. 내측두 영역이 초기 부호화를 시작한 이후, 전대상 피질과 측두엽은 학습된 정보의 인출을 중재하는 것으로 보인다. 전대상 피질은 새로운 과제에 지속적인 주의를 요구하는 연구 패러다임에서 일관성 있게 활성화되었다. 지속적인 분산 주의를 요구하는 운동 과제와 결합된 기억 부호화의 삭제에 근거한 연구 패러다임(Fletcher et al., 1995)에서, 전대상 피질은 두 과제 간에 부하를 분리하기 위해

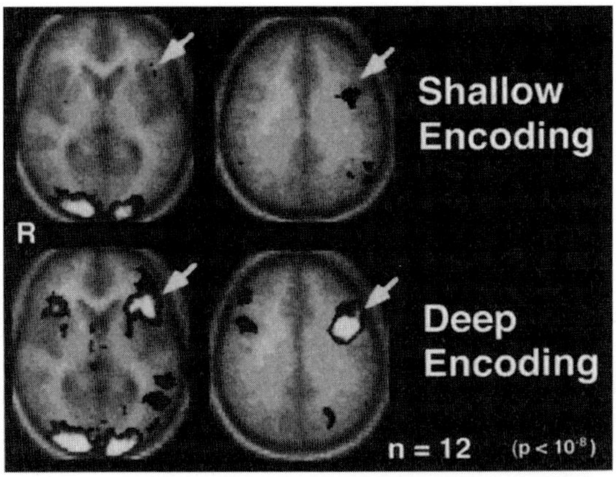

[그림 3-8] 고정된 상태와 '얕은 처리'와 '깊은 처리' 부호화 과제에 대한 fMRI 활성화 연결 짓기. 두 과제 모두 후부 시각 영역을 활성화한 반면, 깊은 처리 부호화 과제만 좌반구 하, 배측면 전두 영역(화살표)의 증가된 활성화를 보여 준다. 이 활성화는 Talairach 좌표 정점에 있다. 배측 활성에 가까운 −40, 9, 34와 −46, 6, 28의(x, y, z)와 복측 전전두 활성에 가까운 −40, 19, 3과 −43, 19, 12의 (x, y, z). (Buckner & Koutstaal, 1998에서 인용)

지속적인 각성 상태가 요구될 때 두드러지게 활성화되었다. 다양한 설계를 사용한 PET 연구(Corbetta, Miezin, Dobmeyer, Shulman, & Petersen, 1991; Frith, Friston, Liddle, & Frackowiak, 1991; Jones, Brown, Friston, Qi, & Frackowiak, 1991; Pardo, Haner, & Raichle, 1990; Petersen, Fox, Posner, Mintun, & Raichle, 1988, 1989; Talbot et al., 1991)에서, 주어진 과제에 상관없이 과제에 성공하도록 피험자들에게 동기를 부여할 때, 전대상 피질이 일관되게 활성화되었다. 과제를 완수하기 위한 동기가 더 이상 요구되지 않을 때, 그리고 과제의 정확한 수행이 일상화되었을 때, 전대상 피질은 기저 활동 수준으로 되돌아갔다(Raichle et al., 1994).

Papez 회로(해마 구조-후대상 피질)를 부호화와 연합시켜 성공적으로 활성화시키도록 훈련받은 쥐를 이용하여 실시한 방사형 구조 미로 과제에서, 전대상 피질, 배측 전전두엽, 측두엽(해마는 여기서 배제)이 학습 후 25일이 경과하더라도 인출 과정에 관여했다(Bontempi, Laurent-Demir, Destrade, & Jaffard, 1999). 이런 결과는 해마 형성체가 기억의 응고화 처리가 끝날 때까지 새로운 정보를 부호화하거나 유지한다는 것을 시사한다. 미로의 구조를 변화시켜 새로운 학습을 유발시켰을 때, 해마-후대상 피질이 다시 활성화되었다. 서술 기억의 응고화 역할에 덧붙여, 후대상 피질은 또한 고전적 조건형성 틀에서 연합 학습이 일어나는 동안에도 활성화되었다(Molchan, Sunderland, McIntosh, Herscovitch, & Schreurs, 1994).

인출 기제

쥐 실험(Bontempi et al., 1999)에서 보여 준 최신 기억과 비교해서 오래 된 기억의 인출에 더 많은 신피질 영역이 관여한다는 결과는 응고화 과정에서 해마와 피질이 역동적으로 상호작용하며, 그 결과 장기기억에 저장하는 동안 신경조직의 재조직화가 점진적으로 신피질을 향해 이동한다는 것을 시사한다(Buzsaki, 1998; Damasio, 1989; Knowlton & Fanselow, 1998; Squire & Alvarez, 1995; Teyler & DiScenna, 1986). 인간을 대상으로 한 대부분의 뇌영상 연구들은 자극 제시 후, 수 분 또는 수 시간 내에 인출을 검사한다. 이런 연구에서 내측두엽은 휴지 조건

(Ghaem et al., 1997; Grasby et al., 1993; Kapur et al., 1995a; Roland & Gulyas, 1995), 수동적인 관찰 조건(Maguire, Frackowiak & Frith, 1996; Schacter et al., 1995, 1997b), 그리고 비일화적 인출 조건(Blaxton et al., 1996; Schacter, Alpert, Savage, Rauch, & Albert, 1996a; Schacter, Buckner, Koutstaal, Dale, & Rosen, 1997a; Squire et al., 1992)에 비해 인출 조건에서 활성화되었다.

현재의 항목들이 과거에 학습한 것인가와 같은 판단이 요구될 때, 내측두엽은 비록 새 항목들을 정확히 판단할 수 있음에도 불구하고, 이전 항목에서 더 큰 활성화를 보인다(Fujii et al., 1997; Gabrieli et al., 1997; Maguire et al., 1998; Nyberg et al., 1995; Schacter et al., 1995; Schacter et al., 1997b). 반면 전두엽은 성공적인 인출(Buckner, Koutstaal, Schacter, Wagner, & Rosen, 1998; Rugg, Fletcher, Frith, Frackowiak, & Dolan, 1996; Tulving, Kapur, Craik, Moscovitch, & Houle, 1994a; Tulving et al., 1996)과 인출 시도(Kapur et al., 1995b; Nyberg et al., 1995; Rugg, Fletcher, Frith, Frackowiak, & Dolan, 1997; Wagner, Desmond, Glover, & Gabrieli, 1998a) 모두에서 활성화된다.

기능성 뇌영상 연구로부터 추출된 증거에 의하면, 기억 인출에 있어서 전두엽은 탐색 전략의 순서화(Alkire et al., 1998; Gabrieli, 1998; Schacter, Savage, Alpert, Rauch, & Albert, 1996c; Ungerleider, 1995), 지식의 전략적인 사용(Wagner et al., 1998a), 그리고 성공적인 인출을 촉진하는 작업기억 처리(Desmond, Gabrieli, & Glover, 1998; Gabrieli et al., 1996; Thompson-Schill, D' Esposito, Aguirre, & Farah, 1997)에 관여하는 것 같다. 기억 인출에 있어서 전두엽이 다양한 처리 과정과 관련된다는 해석은 좌측 전전두엽이 부호화 시기에 활성화되는 반면 우측 전전두엽은 인출 과정에서 활성화된다는 이분화 이론([그림 3-9])인 반구 부호화-인출 비대칭(HERA) 모형의 수정을 통해서 진화한 것이다. 우측 전전두엽은 과제가 언어적(Blaxton et al., 1996; Buckner et al., 1996; Buckner et al., 1995; Cabeza, Kapur, Craik, & McIntosh, 1997; Fletcher et al., 1998; Kapur et al., 1995b; Nyberg et al., 1995; Petrides, Alivasatos, & Evans, 1995; Rugg et al., 1996; Schacter, Curran, Galluccio, Milberg, & Bates, 1996b; Shallice et al., 1994; Squire et al., 1992; Tulving

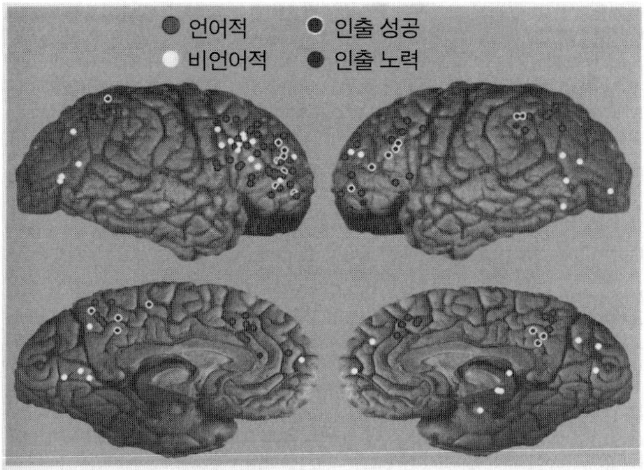

[그림 3-9] 언어적, 비언어적 재료의 인출에서 성공과 노력을 연결지은 fMRI 연구에서, 중요한 초점 영역의 요약(Cabeza & Nyberg, 2000에서 인용).

et al., 1994b; Wagner et al., 1998a)이든 비언어적(Haxby et al., 1996; Moscovitch, Kapur, Kohler, & Houle, 1995; Owen, Milner, Petrides, & Evans, 1996)이든 대부분의 인출 과제에 활성화됨에도 불구하고, 후부 초점(BA 영역 9/46)은 자극 독립적이며, 전측 초점(BA 영역 10)은 인출 시도와 관련되어 있는 것 같다(McDermott et al., 1999).

개별 시행에서 나타나는 활성화에 대한 더 나은 평가를 가능하게 해 주는 사건 관련 fMRI를 일화적 인출 과제에 적용하였을 때, 혈관 반응에서 상이한 시간 경로가 우측 전두엽에서 관찰되었다. 전형적인 일시적 4초의 정점이 항목의 제시와 반응 후 우반구 전두엽 뒤쪽에서 관찰된 반면, 지속적 10초의 혈관 반응은 자극 제시 후 우반구 전두엽 앞쪽에서 관찰되었다(Buckner et al., 1998; Schacter et al., 1997a). 이런 지속적인 혈류역동 반응은 일반적인 인출을 돕는 상이한 처리 과정을 나타내는데, 아마도 다음 자극 제시를 기다리는 예측 기제(Buckner et al., 1998)이거나 아니면 마지막 제시된 자극의 처리를 감시하는 기제일 것이다(Rugg et al., 1996).

기억 인출에 대한 전전두엽의 정확한 기여는 알려져 있지 않지만, 전략적 기억 판단(시간적 순서, 기억 원천 등)이 양측 전두엽을 좀 더 광범위하게 활성화시키는 점—전두엽에 제한된 병변을 가진 환자들이 전략적 기억 능력이 손상된다는 병변 연구 결과와 병합하여—을 고려할 때, 일화 기억의 인출을 지원하기 위해 결합되는 전두엽의 분리된 영역들이 다중 처리를 제공하는 것으로 보인다(Cabeza et al., 1997; Henson, Rugg, Shallice, Josephs, & Dolan, 1999; Nolde, Johnson, & D' Esposito, 1998a; Nolde, Johnson, & Raye, 1998b). 응고화 과정이 나타나기 시작하면, 오래전에 습득된 정보의 인출은 전대상 피질과 저장된 표상에 접속하는 다른 신피질 영역에서 관여하게 된다(Markowitsch, 1995; Mega & Cummings, 1997). 전대상 피질의 이와 같은 활성화는 증가한 주의와 내적 탐색 전략과 관련이 있으며, 자전적 기억 인출에 관여하는 측두엽과 같은 다른 피질 영역과 같이 연합하게 된다(Fink, 1996).

요약하면, 기능성 뇌영상 연구들은 기억 기능의 신경적 기반에 대한 우리의 이해를 더 증진시켜 주었다. 즉, 부호화와 인출 처리에 동시에 관여하는 상이한 영역들을 탐색하는 것이 기능성 뇌영상을 통해 가능해졌다는 것이다. 따라서 기능성 뇌영상은 병변 연구를 보완해 주는 역할을 하며, 어떤 경우에는 심리적 처리 과정에 관여하는 뇌영역에 대한 우리의 이해를 증진시켜 주었다. 하지만 우리는 인지에 대해 이해하는 데 있어 병변 결과가 환자로부터 추출된 반면, 활성화 결과는 정상인으로부터 추출되었다는 사실을 유의하고 이 두 연구 방식으로부터 추출된 결과를 해석해야 한다. 그럼에도 불구하고 이 두 방식을 활용하여 새롭게 제시되는 가설들을 검정함으로써 인지 처리에 대한 좀 더 확고한 모형을 산출할 수 있을 것이다.

결론과 미래 방향

임상 연구, 동물 연구, 뇌영상 연구들 모두 새로운 정보의 자발적인 회상에서 내측두 영역과 Papez 회로의 다른 구성 요소들의 중요성을 지지하는 결과들을 보고하고 있다. 따라서 이 구조들이 손상될 경우 다양한 재인 장애들이 관찰될 것이며, 전두엽-피질하 구조의 손상이 동반되어 발생할 경우 부호화 장애 또한 예측할 수 있다. 가장 심각한 기억 상실증은 후각 주변부가 파손되거나 Papez 회로와 전전두 회로가 함께 손상될 경우 발생할 것이다. Papez 회로는 온전한 반면, 전전두엽만 손상될 경우, 자발적인 인출 능력은 손상되지만, 재인 능력은 유지될 것이다.

정상적인 기억 기능의 신경적 근간에 대한 앞으로의 연구는 공간적으로 떨어져 있지만 구조적으로 연결된 영역들을 탐색할 수 있는 기능성 뇌영상 연구 패러다임을 사용하여 다양한 자극들의 부호화, 응고화, 그리고 인출 과정을 담당하는 신경망을 밝혀내는 데 초점을 맞추게 될 것이다. 기능적으로 연결되어 있지만 공간적으로는 분산되어 있는 뇌영역들을 탐구하기 위해서는 뛰어난 공간해상도를 겸비한 fMRI, 우수한 시간해상도의 뇌자도, 연결된 체계들의 탐색을 제어할 수 있는 새로운 통계 기법들이 결합되어야 할 것이다. 주어진 기억 과제를 관할하는 특정한 신경망이 다양한 피험자들에게서 재현되었을 때, 다양한 인구통계학적 변인들을 조작하여 정상적 신호 반응의 크기와 분산을 결정하는 인구 집단에 근거한 연구가 필수적이다. 수행 능력과 신호의 변화에서 나타나는 정상 집단의 변산성 자료에 근거하여, 기억 장애 환자들에 대한 횡단 연구 결과와 기억 장애가 진행 중인 정상인의 종단 연구 결과로부터 기억 능력의 이상 조건을 정의할 수 있을 것이다. 이렇게 축적되는 자료들은 정상 기억 이론뿐 아니라 미세한 기억 손상의 진단, 그리고 그 치료 방법까지 밝힐 수 있는 근거로 활용될 수 있을 것이다.

참 | 고 | 문 | 헌

Abe, K., Inokawa, M., Kashiwagi, A., & Yanagihara, T. (1998). Amnesia after a discrete basal forebrain lesion. *Journal of Neurology, Neurosurgery and Psychiatry, 65,*

126–130.

Aggleton, J. P., Desimone, R., & Mishkin, M. (1986). The origin, course, and termination of the hippocampothalamic projections in the macaque. *Journal of Comparative Neurology, 243*, 409–421.

Aggleton, J. P., McMackin, D., Carpenter, K., Hornak, J., Kapur, N., Haipin, S., Wiles, C. M., Kame, H., Brennan, P., Carton, S., & Gaffan, D. (2000). Differential cognitive effects of colloid cysts in the third ventricle that spare or compromise the fornix. *Brain, 123*, 800–815.

Aggleton, J. P., & Mishkin, M. (1983). Memory impairments following restricted medial thalamic lesions in monkeys. *Experimental Brain Research, 52*, 199–209.

Aggleton, J. P., & Mishkin, M. (1984). Projections of the amygdala to the thalamus in the cynomolgus monkey. *Journal of Comparative Neurology, 222*, 56–68.

Aggleton, J. P., Neave, N., Nagle, S., & Hunt, P. R. (1995). A comparison of the effects of anterior thalamic, mamillary body and fornix lesions on reinforced spatial alternation. *Behavioral Brain Research, 68*, 91–101.

Aggleton, J. P., & Sahgal, A. (1993). The contribution of the anterior thalamic nuclei to anterograde amnesia. *Neuropsychologia, 31*, 1001–1019.

Aggleton, J. P., & Saunders, R. C. (1997). The relationships between temporal lobe and diencephalic structures implicated in anterograde amnesia. *Memory, 5*, 49–71.

Aggleton, J. P., & Shaw, C. (1996). Amnesia and recognition memory: A re-analysis of psychometric data. *Neuropsychologia, 34*, 51–67.

Alkire, M. T., Haier, R. J., Fallon, J. H., & Cahill, L. (1998). Hippocampal, but not amygdala, activity at encoding correlates with long-term, free recall of nonemotional information. *Proceedings of the National Academy of Sciences U.S.A., 95*, 14506–14510.

Alvarez, P., Zola-Morgan, S., & Squire, L. R. (1995). Damage limited to the hippocampal region produces long-lasting memory impairment in monkeys. *Journal of Neuroscience, 15*, 3796–3807.

Amaral, D. G., & Insausti, R. (1990). Hippocampal formation. In G. Paxinos (Ed.), *The human nervous system* (pp. 711–755). New York: Academic Press.

American Psychiatric Association (1994). *Diagnostic and statistical manual of mental disorders* (Fourth Edition: DSM-IV.). Washington, DC: American Psychiatric Press.

Baddeley, A. D. (1992). Working memory. *Science, 255*, 556–559.

Baddeley, A. D. (1996). The fractionation of working memory. *Proceedings of the National Academy of Sciences U.S.A.*, *93*, 13468-13472.

Baddeley, A. D. (1998). Recent developments in working memory. *Current Opinion in Neurobiology*, *8*, 234-238.

Bauer, R. M., Tobias, B., & Valenstein, E. (1993). Amnesic disorders, In K. M. Heilman & E. Valenstain (Eds), *Clinical neuropsychology* (pp. 523-602). New York; Oxford University Press.

Bechara, A., Tranel, D., Damasio, H., Adolphs, R., Rockland, C., & Damasio, A. R. (1995). Double dissociation of conditioning and declarative knowledge relative to the amygdala and hippocampus in humans. *Science*, *269*, 1115-1118.

Bechterew, W. (1900). Demonstration eines gehirns mit zestörung der vorderen and inneren theile der hirnrinde beider schläfenlappen. *Neurologisches Centralblatt*, *20*, 990-991.

Benton, A. L. (1974). *Revised visual retention test* (4th ed.). New York: Psychological Corp.

Benton, A. L., & Hamsher, K. (1976 revised 1978). *Multilingual aphasia examination.* Iowa City: University of Iowa.

Blair, R. J. R., Morris, J. S., Frith, C. D., Perrett, D. I., & Dolan, R. J. (1999). Dissociable neural responses to facial expressions of sadness and anger. *Brain*, *122*, 883-893.

Blaxton, T. A., Bookheimer, S. Y., Zeffiro, T. A., Figlozzi, C. M., William, D. G., & Theodore, W. H. (1996). Functional mapping of human memory using PET: Comparisons of conceptual and perceptual tasks. *Canadian Journal of Experimental Psychology*, *50*, 42-56.

Bontempi, B., Laurent-Demir, C., Destrade, C., & Jaffard, R. (1999). Time-dependent reorganization of brain circuitry underlying long-term memory storage. *Nature*, *400*, 671-675.

Botez-Marquard, T., & Botez, M. I. (1992). Visual memory deficits after damage to the anterior commissure and right fornix. *Archives of Neurology*, *49*, 321-324.

Brewer, J. B., Zhao, Z., Desmond, J. E., Glover, G. H., & Gabrieli, J. D. E. (1998). Making memories: Brain activity that predicts how well visual experience will be remembered. *Science*, *281*, 1185-1187.

Buckner, R. L., Bandettini, P. A., O' Craven, K. M., Savoy, R. L., Petersen, S. E., Raichle, M. E., & Rosen, B. R. (1996). Detection of cortical activation during averaged single trials of a cognitive task using functional magnetic resonance imaging. *Proceedings of the National Academy of Sciences U.S.A.*, *93*, 14878-14883.

Buckner, R., & Koutstaal, W. (1998). Functional neuro-imaging studies of encoding, priming, and explicit memory retrieval. *Proceedings of the National Academy of Sciences U.S.A.*, *95*, 891-898.

Buckner, R. L., Koutstaal, W., Schacter, D. L., Wagner, A. D., & Rosen, B. R. (1998). Functional-anatomic study of episodic retrieval using fMRI: I. Retrieval effort versus retrieval success. *Neuroimage*, *7*, 151-162.

Buckner, R. L., Petersen, S. E., Ojemann, J. G., Miezin, F. M., Squire, L. R., & Raichle, M. E. (1995). Functional anatomical studies of explicit and implicit memory retrieval tasks. *Journal of Neuroscience*, *15*, 12-29.

Buffalo, E. A., Reber, P. J., & Squire, L. R. (1998). The human perirhinal cortex and recognition memory. *Hippocampus*, *8*, 330-339.

Buzsaki, G. (1998). Memory consolidation during sleep: A neuropsychological perspective. *Journal of Sleep Research*, *7*, 17-23.

Cabeza, R., Kapur, S., Craik, E. I. M., & McIntosh, A. R. (1997). Functional neuroanatomy of recall and recognition: A PET study of episodic memory. *Journal of Cognitive Neuroscience*, *9*, 254-256.

Cabeza, R., & Nyberg, L. (2000). Imaging cognition II: An empirical review of 275 PET and fMRI studies. *Journal of Cognitive Neuroscience*, *12*, 1-47.

Cairns, H., & Mosberg, W. H. (1951). Colloid cyst of the third ventricle. *Surg Gynecology and Obstetrics*, *92*, 545-570.

Calabrese, P., Markowitsch, H. J., Harders, A. G., Scholz, M., & Gehlen, W. (1995). Fornix damage and memory. A case report. *Cortex*, *31*, 555-564.

Cameron, A. S., & Archibald, Y. M. (1981). Verbal memory deficit after left fornix removal: A case report. *International Journal of Neuroscience*, *12*, 201.

Charness, M. E. (1993). Brain lesions in alcoholics. *Alcohol: Clinical and Experimental Research*, *17*, 2-11.

Charness, M. E., & DeLaPaz, R. L. (1987). Mamillary body atrophy in Wernicke's encephalopathy: Antemortem identification using magnetic resonance imaging. *Annals of Neurology*, *22*, 595-600.

Cohen, N. J., Ryan, J., Hunt, C., Romine, L., Wszalek, T., & Nash, C. (1999). Hippocampal system and declarative (relational) memory: Summarizing the data from functional neuroimaging studies. *Hippocampus, 9*, 83-98.

Cole, M., Winkelman, M. D., Morris, J. C., Simon, J. E., & Boyd, T. A. (1992). Thalamic amnesia: Korsakoff syndrome due to left thalamic infarction. *Journal of Neurological Science, 110*, 62-67.

Corbetta, M., Miezin, F. M., Dobmeyer, S., Shulman, G. L., & Petersen, S. E. (1991). Selective and divided attention during visual discriminations of shape, color and speed: Functional anatomy by positron emission tomography. *Journal of Neuroscience, 11*, 2383-2402.

Corkin, S. (1965). Tactually-guided maze learning in man: Effects of unilateral cortical excisions and bilateral hippocampal lesions. *Neuropsychologia, 3*, 339-351.

Corkin, S., Amaral, D. G., Gonzalez, R. G., Johnson, K. A., & Hyman, B. T. (1997). H.M.'s medial temporal lobe lesion: Findings from magnetic resonance imaging. *Journal of Neuroscience, 17*, 3964-3979.

Cramon, D. Y. von, Hebel, N., & Ebeling, U. (1990). Anatomical considerations on memory and learning deficits due to focal cerebral lesions in man. In L. R. Squire & E. Lindenlaub (Eds.), *The biology of memory* (pp. 527-540). Stuttgart: F. K. Schattauer.

Cramon, D. Y. von, Hebel, N., & Schuri, U. (1985). A contribution to the anatomical basis of thalamic amnesia. *Brain, 108*, 993-1008.

Cramon, D. Y. von, & Schuri, U. (1992). The septo-hippocampal pathways and their relevance to human memory: A case report. *Cortex, 28*, 411-422.

Cummings, J. L. (1993). Frontal-subcortical circuits and human behavior. *Archives of Neurology, 50*, 873-880.

Cummings, J. L., Tomiyasu, U., Read, S., & Benson, D. F. (1984). Amnesia with hippocampal lesions after cardiopulmonary arrest. *Neurology, 42*, 263-271.

Damasio, A. R. (1989). Time-locked multiregional retroactivation: A systems-level proposal for the neural substrates of recall and recognition. *Cognition, 33*, 25-62.

Damasio, A. R., Graff-Radford, N. R., Eslinger, P. J., Damasio, H., & Kassell, N. (1985). Amnesia following basal forebrain lesions. *Archives of Neurology, 42*, 263-271.

Daum, I., & Ackermann, H. (1994). Frontal-type memory impairment associated with thalamic damage. *International Journal of Neuroscience, 77*, 187-198.

Davila, M. D., Shear, P. K., Lane, B., Sullivan, E. V., & Pfefferbaum, A. (1994). Mamillary body and cerebellar shrinkage in chronic alcoholics: An MRI and neuropsychological study. *Neuropsychology, 8*, 433-444.

de Leon, M. J., George, A. E., Golomb, J., Tarshish, C., Convit, A., Kluger, A., De Santi, S., McRae, T., Ferris, S. H., Reisberg, B., Ince, C., Rusinek, H , Bobinski, M., Quinn, B., Miller, D. C., & Wisniewski, H. M. (1997). Frequency of hippocampus atrophy in normal elderly and Alzheimer' s disease patients. *Neurobiology of Aging, 18*, 1-11.

de Leon, M. J., Golomb, J., George, A. E., Convit, A., Tarshish, C. Y., McRae, T., De Santi, S., Smith, G., Ferris, S. H., Noz, M., & Rusinek, H. (1993). The radiologic prediction of Alzheimer disease: The atrophic hippocampal formation. *American Journal of Neuroradiology, 14*, 897-906.

Demb, J. B., Desmond, J. E., Wagner, A. D., Vaidya, C. J., Glover, G. H., & Gabrieli, J. D. E. (1995). Semantic encoding and retrieval in the left inferior prefrontal cortex. *Journal of Neuroscience, 15*, 5870-5878.

Desmond, J. E., Gabrieli, J. D. E., & Glover, G. H. (1998). Dissociation of frontal and cerebellar activity in a cognitive task: Evidence for a distinction between selection and search. *Neuroimage, 7*, 368-376.

D' Esposito, M., Verfaellie, M., Alexander, M. P., Sr Katz, D. I. (1995). Amnesia following traumatic bilateral fornix transection. *Neurology, 45*, 1546-1550.

Dolan, R., & Fletcher, P. (1997). Dissociating prefrontal and hippocampal function in episodic memory encoding. *Nature, 388*, 582-585.

Dott, N. M. (1938). Surgical aspects of the hypothalamus. In W. E. L. Clark, J. Beattie, G. Riddoch, & N. M. Dott (Eds.), *The hypothalamus: morphological, functional, clinical and surgical aspects* (pp. 131-185). Edinburgh: Oliver and Boyd.

Eichenbaum, H., Otto, T., & Cohen, N. J. (1994). Two functional components of the hippocampal memory system. *Behavioral Brain Science, 17*, 449-518.

Estruch, R., Bono, G., Laine, P., Antunez, E., Petrucci, A., Morocutti, C., & Hilbom, M. (1998). Brain imaging in alcoholism. *European Journal of Neurology, 5*, 119-135.

Fiez, J. (1997). Phonology, semantics, and the role of the left inferior prefrontal cortex. *Human Brain Mapping, 5*, 79-83.

Fillenbaum, G. G., Beekly, D., Edland, S. D., Hughes, J. P., Heyman, A, & vanBelle, G. (1997). Consortium to establish a registry for Alzheimer' s disease: Development, database structure, and selected findings. *Topics in Health Information Management, 18*, 47-58.

Fink, G. R. (1996). Cerebral representation of one' s own past: Neural networks involved in autobiographical memory. *Journal of Neuroscience, 16*, 4275-4282.

Fletcher, P. C., Firth, C. D., Grasby, P. M., Shallice, T., Frackowiak, R. S. J., & Dolan, R. J. (1995). Brain systems for encoding and retrieval of auditory-verbal memory. An invivostudyinhumans. *Brain, 118*, 401-416.

Fletcher, P. C., Shallice, T., & Dolan, R. J. (1998). The functional roles of prefrontal cortex in episodic memory. *Brain, 121*, 1239-1248.

Foerster, O., & Gagel, O. (1933). Ein fall von ependym-cyste des III ventrikels. Ein beitrag zur frage der beziehun-gen psychischer störungen zum hirnstamm. *Zeitschrift für die Gesamte Neurologie and Psychiatrie, 149*, 312-344.

Folstein, M. F., Folstein, S, E., & McHugh, P. R. (1975). "Mini-mental state": A practical method for grading the mental state of patients for the clinician. *Journal of Psychiatry Research, 12*, 189-198.

Freidman, D. P., Murray, E. A., O' Neill, J. B., & Mishkin, M. (1986). Cortical connections of the somatosensory fields of the lateral sulcus of macaques: Evidence for a corticolimbic pathway for touch. *Journal of Comparative Neurology, 252*, 323-347.

Frith, C. D., Friston, K., Liddle, P. F., & Frackowiak, R. S. J. (1991). Willed action and the prefrontal cortex in man: A study with PET. *Proceedings of the Royal Society of London, Ser. B 244*, 241-246.

Fujii, T., Okuda, J., Kawashima, R., Yamadori, A., Fukatsu, R., Suzuki, K., Ito, M., Goto, R., & Fukuda, H. (1997). Different roles of the left and right parahippocampal regions in verbal recognition: A PET study. *Neuro Report, 8*, 1113-1117.

Gabrieli, J. D. E. (1998). Cognitive neuroscience y of human memory. *Annual Review of Psychology, 49*, 87-115.

Gabrieli, J. D. E. (2001). Functional neuroimaging of episodic memory. In R. Cabezad A. Kingstone. (Eds.) *Handbook of Functional Neuroimaging of Cognition* (pp. 253-291). Cambridge, MA: MIT Press.

Gabrieli, J. D. E., Brewer, J. B., Desmond, J. E., & Glover, G. H. (1997). Separate neural bases of two fundamental memory processes in the human medial temporal lobe. *Science, 276*, 264-266.

Gabrieli, J. D. E., Desmond, J. E., Demb, J. B., Wagner, A. D., Stone, M. V., Vaidya, C. J., & Glover, G. H. (1996). Functional magnetic resonance imaging of semanticmemory processes in the frontal lobes. *Psychological Science, 7,* 278–283.

Gaffan, D. (1994a). Dissociated effects of perirhinal cortex ablation, fornix transection and amygdalectomy: Evidence for multiple memory systems in the primate temporal lobe. *Experimental Brain Research, 99,* 411–422.

Gaffan, D. (1994b). Scene-specific memory for objects: A model of episodic memory impairment in monkeys with fornix transection. *Journal of Cognitive Neuroscience, 6,* 305–320.

Gaffan, D., & Gaffan, E. A. (1991). Amnesia in man following transection of the fornix. *Brain, 114,* 2611–2618.

Gaffan, D., & Parker, A. (2000). Mediodorsal thalamic function in scene memory in rhesus monkeys. *Brain, 123,* 816–827.

Garcia-Bengochea, F., De La Torre, O., Esquivel, O., Vieta, R., & Fernandec, C. (1954). The section of the fornix in the surgical treatment of certain epilepsies: A preliminary report. *Transactions of the American Neurological Association, 79,* 176–178.

Garcia-Bengochea, F., & Friedman, W. A. (1987). Persistent memory loss following section of the anterior fornix in humans. *Surgical Neurology, 27,* 361–364.

Gardiner, J. M., & Parkin, A. J. (1990). Attention and recollective experience in recognition memory. *Memory and Cognition, 18,* 579–583.

Gentilini, M., DeRenzi, E., & Crisi, G. (1987). Bilateral paramedian thalamic artery infarcts: Report of eight cases. *Journal of Neurology, Neurosurgery and Psychiatry, 50,* 900–909.

Ghaem, O., Mellet, E., Crivello, F., Tzourio, N., Mazoyer, B., Berthoz, A., & Denis, M. (1997). Mental navigation along memorized routes activates the hippocampus, precuneus, and insula. *Neuro Report, 8,* 739–744.

Gonzalo-Ruiz, A., Morte, L., & Lieberman, A. R. (1997). Evidence for collateral projections to the retrosplenial granular cortex and thalamic reticular nucleus from gluta-mate and/or aspartate-containing neurons of the anterior thalamic nuclei in the rat. *Experimental Brain Research, 116,* 63–72.

Graff-Radford, N. R., Tranel, D., Van Hoesen, G. W., & Brandt, J. P. (1990). Diencephalic amnesia. *Brain, 113,* 1–25.

Grafman, J., Salazar, A. M., Weingartner, J., Vance, S. C., & Ludlow, C. (1985). Isolated impairment of memory following a penetrating lesion of the fornix cerebri.

Archives of Neurology, 42, 1162-1168.

Grasby, P. M., Frith, C. D., Friston, K. J., Bench, C., Frackowiak, R. S. J., & Dolan, R. J. (1993). Functional mapping of brain areas implicated in auditory-verbal memory function. *Brain, 116*, 1-20.

Grünthal, E. (1939). Veber das corpus mamillare and den korsakowschen symptomenkomplex. *Confinia Neurologica, 2*, 64-95.

Harding, A., Halliday, G., Caine, D., & Kril, J. (2000). Degeneration of anterior thalamic nuclei differentiates alcoholics with amnesia. *Brain, 123*, 141-154.

Hassler, R., & Riechert, T. (1957). Über einen fall von doppelseitiger fornicotomie bei sogenannter temporaler epilepsie. *Acta Neurochirurgica, 5*, 330-340.

Haxby, J. V., Ungerleider, L. G., Horwitz, B., Maisog, J. M., Rapoport, S. I., & Grady, C. L. (1996). Face encoding and recognition in the human brain. *Proceedings of the National Academy of Sciences U.S.A., 93*, 922-927.

Haxby, J. V., Ungerleider, L. G., Horwitz, B., Rapoport, S. I., & Grady, C. L. (1995). Hemispheric differences in neural systems for face working memory: A PET rCBF study. *Human Brain Mapping, 3*, 68-82.

Heilman, K. M., & Sypert, G. W. (1977). Korsakoff's syndrome resulting from bilateral fornix lesions. *Neurology, 27*, 490-493.

Henke, K., Buck, A., Weber, B., & Wieser, H. G. (1997). Human hippocampus establishes associations in memory. *Hippocampus, 7*, 249-256.

Henson, R. N. A., Rugg, M. D., Shallice, T., Josephs, O., & Dolan, R. J. (1999). Recollection and familiarity in recognition memory: An event-related functional magnetic resonance imaging study. *Journal of Neuroscience, 19*, 3962-3972.

Horel, J. A. (1978). The neuroanatomy of amnesia. A critique of the hippocampal memory hypothesis. *Brain, 101*, 403-445.

Horton, D. L., Pavlick, T. J., & Moulin-Julian, M. W. (1993). Retrieval-based and familiarity-based recognition and the quality of information in episodic memory. *Journal of Memory Language, 32*, 39-55.

Ikeda, M., Mori, E., Hirono, N., Imamura, T., Shimomura, T., Ikejiri, Y., & Yamashita, H. (1998). Amnestic people with Alzheimer's disease who remembered the Kobe earthquake. *British Journal of Psychiatry, 172*, 425-428.

Ilinsky, I. A., Jouandet, M. L., & Goldman-Rakic, P. S. (1985). Organization of the nigrothalamocortical system in the rhesus monkey. *Journal of Comparative*

Neurology, 236, 315-330.

Insausti, R., Amaral, D. G., & Cowan, W. M. (1987). Theentorhinal cortex of the monkey: II. Cortical afferents. *Journal of Comparative Neurology, 264*, 356-395.

Jones, A. K. P., Brown, W. D., Friston, K. J., Qi, L. Y., & Frackowiak, R. S. J. (1991). Cortical and subcortical localization of response to pain in man using positron emission tomography. *Proceeding of the Royal Society of London, Ser. B, 244*, 39-44.

Jones-Gotman, M., & Milner, B. (1977). Design fluency: The invention of nonsense drawings after focal cortical lesions. *Neuropsychologia, 15*, 653-674.

Kaplan, E., Goodglass, H., & Weintraub, S. (1984). *The Boston naming test.* Philadelphia: Lea & Febiger.

Kapur, N., Friston, K. J., Young, A., Frith, C. D., & Frackowiak, R. S. J. (1995a). Activation of human hippocampal formation during memory for faces: A PET study. *Cortex, 31*, 99-108.

Kapur, S., Craik, F. I. M., Jones, C., Brown, G. M., Houle, S., & Tulving, E. (1995b). Functional role of the prefrontal cortex in memory retrieval: A PET study. *Neuroreport, 6*, 1880-1884.

Kapur, S., Tulving, E., Cabeza, R., McIntosh, A. R., Houle, S., & Craik, F. I. M. (1996). The neural correlates of intentional learning of verbal materials: A PET study in humans. Brain Research. *Cognitive Brain Research, 4*, 243-249.

Kelley, W. M., Miezin, F. M., McDermott, K. B., Buckner, R. L., Raichle, M. E., Cohen, N. J., Ollinger, J. M., Akbudak, E., Conturo, T. E., Snyder, A. Z., & Peterson, S. E. (1998). Hemispheric specialization in human dorsal frontal cortex and medial temporal lobe for verbal and nonverbal memory encoding. *Neuron, 20*, 927-936.

Klingberg, T., & Roland, P. E. (1998). Right prefrontal activation during encoding, but not during retrieval, in a non-verbal paired associates task. *Cerebral Cortex, 8*, 73-79.

Knowlton, B. J., & Fanselow, M. S. (1998). The hippocampus, consolidation and on-line memory. *Current Opinion in Neurobiology, 8*, 293-296.

Kopelman, M. D. (1995). The Korsakoff syndrome. *British Journal of Psychiatry, 166*, 154-173.

Kopelman, M., Stevens, T., Foli, S., & Grasby, P. (1998). PET activation of the medial temporal lobe in learning. *Brain, 121*, 875-887.

Korsakoff, S. S. (1889). Etude medico-psychologique sur une forme des maladies de la memoire. *Revue Philosophique, 28*, 501-530.

Kritchevsky, M., Graff-Radford, N. R., & Damasio, A. R. (1987). Normal memory after damage to medial thalamus. *Archives of Neurology, 44*, 959-962.

Kuroda, M., Yokofujita, J., & Murakami, K. (1998). An ultrastructural study of the neural circuit between the prefrontal cortex and the mediodorsal nucleus of the thalamus. *Progress in Neurobiology, 54*, 417-458.

Leonard, B. W., Amaral, D. G., Squire, L. R., & Zola-Morgan, S. (1995). Transient memory impairment in monkeys with bilateral lesions of the entorhinal cortex. *Journal of Neuroscience, 15*, 5637-5659.

Lepage, M., Habib, R., & Tulving, E. (1998). Hippocampal PET activations of memory encoding and retrieval: The RIPER model. *Hippocampus, 8*, 313-322.

Lewis, P. R., & Shute, C. C. D. (1967). The cholinergic limbic system: projections of the hippocampal formation, medial cortex, nuclei of the ascending cholinergic reticular system, and the subfornical organ and supra-optic crest. *Brain, 90*, 521-540.

Lhermitte, J., Doussinet, & de Ajuriaguerra, J. (1937). Une observation de la forme Korsakoweinne des tumuers de 3[e] ventricule. *Revue Neurologique (Paris), 68*, 709-711.

Lindqvist, G., & Norlen, G. (1966). Korsakoff's syndrome after operation on ruptured aneurysm of the anterior communicating artery. *Acta Psychiatria Scandinavia, 42*, 24-34.

Lugaresi, E., Tobler, I., Gambetti, P., & Montagna, P. (1998). The pathophysiology of fatal familial insomnia. *Brain Pathology, 8*, 521-526.

MacLean, P. D. (1949). Psychosomatic disease and the "visceral brain." Recent developments bearing on the Papez theory of emotion. *Psychosomatic Medicine, 11*, 338-353.

Maguire, E., Burgess, N., Donnett J., Frackowiak, R., Frith, C., & O' Keefe, J. (1998). Knowing where and getting there: A human navigation network. *Science, 280*, 921-924.

Maguire, E., Frackowiak, R., & Frith, C. (1996). Learning to find your way: A role for the human hippocampal formation. *Proceedings of the Royal SocietyofLondon, Ser. B, 263*, 1745-1750.

Mahut, H., Zola-Morgan, S., & Moss, M. (1982). Hip-pocampal resections impair associative learning and recognition memory in the monkey. *Journal of*

Neuroscience, 2, 1214-1220.

Mair, W. G., Warrington, E. K., & Weiskrantz, L. (1979). Memory disorder in Korsakoff's psychosis: A neuropathological and neuropsychological investigation of two cases. *Brain, 102*, 749-783.

Malamut, B. L., Graff-Radford, N., Chawluk, J., Grossman, R. I., & Gur, R. C. (1992). Memory in case of bilateral thalamic infarction. *Neurology, 42*, 163-169.

Mandler, G. (1980). Recognizing: The judgment of previous occurrence. *Psychological Review, 87*, 252-271.

Markowitsch, H. J. (1995). Which brain regions are criti-cally involved in the retrieval of old episodic memory? *Brain Research Review, 21*, 117-127.

Mayes, A. R., Meudell, P. R. M. D., & Pickering, A. (1988). Location of lesions in Korsakoff's syndrome: Neuropsychological and neuropathological data on two patients. *Cortex, 24*, 367-388.

McDermott, K, B., Buckner, R. L., Petersen, S. E., Kelley, W. M., & Sanders, A. L. (1999). Set-specific and code-specific activation in frontal cortex: An fMRI study of encoding and retrieval of faces and words. *Journal of Cognitive Neuroscience, 11*, 631-640.

McDowell, J. R., & LeBlanc, H. J. (1984). Computed tomographic findings in Wernicke-Korsakoff syndrome. *Archives of Neurology, 41*, 453-454.

McMackin, D., Cockburn, J., Anslow, P., & Gaffan, D. (1995). Correlation of fornix damage with memory impairment in six cases of colloid cyst removal. *Acta Neurochirurgica, 135*, 12-18.

Mega, M. S., & Cummings, J. L. (1997). The cingulate and cingulate syndromes. In M. R. Trimble & J. L. Cummings (Eds.), *Contemporary behavioral neurology* (pp. 189-214). Boston: Butterworth-Heinemann.

Mega, M, S., Cummings, J. L., Salloway, S., & Malloy, P. (1997). The limbic system: An anatomic, phylogenetic, and clinical perspective. *Journal of Neuropsychiatry and Clinical Neuroscience, 9*, 315-330.

Mesulam, M.-M., & Mufson, E. J. (1985). The insula of Reil in man and monkey: Architectonics, connectivity, and function. In E. G. Jones & A. A. Peters (Eds.), *Cerebral cortex* (pp. 179-226). New York: Plenum.

Mesulam, M.-M., Mufson, E. J., Levey, A. I., & Wainer, B. H. (1983). Cholinergic innervation of cortex by the basal forebrain: Cytochemistry and cortical connections of the septal area, diagonal band nuclei, nucleus basalis (substantia innominata), and hypothalamus in the rhesus monkey. *Journal of Comparative Neurology, 214*, 170-197.

Mesulam, M.-M., & Mulson, E. J. (1982). Insula of the old world monkey. I. Architectonics in the insulo-orbito-temporal component of the paralimbic brain. *Journal of Comparative Neurology, 212*, 1-22.

Meunier, M., Bachevalier, J., Mishkin, M., & Murray, E. A. (1993). Effects on visual recognition of combined and separate ablations of the entorhinal and perirhinal cortex in rhesus monkeys. *Journal of Neuroscience, 13*, 5418-5432.

Mishkin, M., & Murray, E. A. (1994). Stimulus recognition. *Current Opinion in Neurobiology, 4*, 200-206.

Molchan, S. E., Sunderland, T., McIntosh, A. R., Herscovitch, P., & Schreurs, B. G. (1994). A functional anatomical study of associative learning in humans. *Proceedings of the National Academy of Sciences U.S.A., 91*, 8122-8126.

Morecraft, R. J., Geula, C., & Mesulam, M.-M. (1993). Architecture of connectivity within a cingulfronto-parietal neurocognitive network. *Archives of Neurology, 50*, 279-284.

Morecraft, R. J., & Van Hoesen, G. W. (1991). A comparison of frontal lobe afferents to the primary, supplementary and cingulate cortices in the rhesus monkey. *Society of Neuroscience Abstracts, 17*, 1019.

Mori, E., Ikeda, M., Hirono, N., Kitagaki, H., Imamura, T., & Shimomura, T. (1999). Amygdalar volume and emotional memory in Alzheimer' s disease. *American Journal of Psychiatry, 156*, 216-222.

Morris, M. K., Bowers, D., Chatterjee, A., & Heilman, K. M. (1992). Amnesia following a discrete basal forebrain lesion. *Brain, 115*, 1827-1847.

Moscovitch, M., Kapur, S., Kohler, S., & Houle, S. (1995). Distinct neural correlates of visual long-term memory for spatial location and object identity: A positron emission tomography (PET) study in humans. *Proceedings of the National Academy of Sciences U.S.A., 92*, 3721-3725.

Murray, E. A. (1991). Contributions of the amygdalar complex to behavior in macaque monkeys. *Progress in Brain Research, 87*, 167-180.

Neave, N., Nagle, S., & Aggleton, J. P. (1997). Evidence for the involvement of the mamillary bodies and cingulum bundle in allocentric spatial processing by rats. *European Journal of Neuroscience, 9*, 941-955.

Nolde, S. F., Johnson, M. K., & D' Esposito, M. (1998a). Left prefrontal activation during episodic remembering: An event-related fMRI study. *Neuro Report, 9*, 3509-3514.

Nolde, S. F., Johnson, M. K., & Raye, C. L. (1998b). The role of the prefrontal cortex during tests of episodic memory. *Trends in Cognitive Science, 2*, 399-406.

Nyberg, L., Tulving, E., Habib, R., Nilsson, L., Kapur, S., Houle, S., Cabeza, R., & McIntosh, A. R. (1995). Functional brain maps of retrieval mode and recovery of episodic information. *Neuro Report, 7*, 249-252.

Osterrieth, P. A. (1944). Le test decopie d' une figure complexe. *Archives de Psychologie, 30*, 206-256.

Owen, A. M., Milner, B., Petrides, M., & Evans, A, C. (1996). Memory for object features versus memory for object location: A positron-emission tomography study of encoding and retrieval processes. *Proceedings of the National Academy of Sciences U.S.A., 93*, 9212-9217.

Pandya, D. N., & Yeterian, E. H. (1985). Architecture and connections of cortical association areas. In A. Peters & E. G. Jones (Eds.), *Cerebralcortex* (pp. 3-55). New York: Plenum.

Papez, J. W. (1937). A proposed mechanism of emotion. *Archives of Neurology and Psychiatry, 38*, 725-733.

Pardo, J. V., Pardo, P. J., Haner, K. W., & Raichle, M. E. (1990). The anterior cingulate cortex mediates processing selection in the Stroop attentional conflict, paradigm. *Proceedings of the National Academy of Sciences U.S.A., 87*, 256-259.

Parker, A., Eacott, M. J., & Gaffan, D. (1997). The recognition memory deficit caused by mediodorsal thalamic lesion in non-human primates: A comparison with rhinal cortex lesion. *European Journal of Neuroscience, 9*, 2423-2431.

Parker, A., & Gaffan, D. (1997a). The effect of anterior thalamic and cingulate cortex lesions on object-in-place memory in monkeys. *Neuropsychologia, 35*, 1093-1102.

Parker, A., & Gaffan, D. (1997b). Mamillary body lesions in monkeys impair object-in-place memory: Functional unity of the fornix-mamillary system. *Journal of cognitive Neuroscience, 9*, 512-521.

Penfield, W., & Mathieson, G. (1974). Memory: Autopsy findings and comments on the role of the hippocampus in experimental recall. *Archives of Neurology, 31*, 145-154.

Penfield, W., & Milner, B. (1958). Memory deficit produced by bilateral lesions in the hippocampal zone. *Archives of Neurology and Psychiatry, 79*, 475–497.

Peru, A., & Fabbro, F. (1997) Thalamic amnesia following venous infarction: Evidence from a single case study. *Brain Cognition, 33*, 278–294.

Petersen, R. C., Smith, G. E., Waring, S. C., Ivnik, R. J., Tangalos, E. G., & Kokmen, E. (1999). Mild cognitive impairment: Clinical characterization and outcome. *Archives of Neurology, 56*, 303–308.

Petersen, S. E., Fox, P. T., Posner, M. I., Mintun, M., & Raichle, M. E. (1988). Positron emission tomographic studies of the cortical anatomy of single word processing. *Nature, 331*, 585–589.

Petersen, S. E., Fox, P. T., Posner, M. I., Mintun, M., & Raichle, M. E. (1989). Positron emission tomographic studies of the processing of single words. *Journal of Cognitive Neuroscience, 1*, 153–170.

Petrides, M., Alivasatos, B., & Evans, A. C. (1995). Functional activation of the human ventrolateral frontal cortex during mnemonic retrieval of verbal information. *Proceedings of the National Academy of Sciences U.S.A., 92*, 5803–5807.

Poldrack, R. A., Wagner, A. D., Prull, M. W., Desmond, J. E., Glover, G. H., & Gabrieli, J. D. E. (1999). Functional specialization for semantic and phonological processing in the left inferior prefrontal cortex. *Neuroimage, 10*, 15–35.

Price, J. L. (1999). Prefrontal cortical networks related to visceral function and mood. *Annals of the New York Academy of Science, 877*, 383–396.

Raichle, M. E., Fiez, J. A., Videen, T. O., MacLeod, A.-M. K., Pardo, J. V., Fox, P. T., & Petersen, S. E. (1994). Practice-related changes in human brain functional anatomy during nonmotor learning. *Cerebral Cortex, 4*, 8–26.

Rempel-Clower, N. L., Zola, S. M., Squire, L. R., & Amaral, D. G. (1996). Three cases of enduring memory impairment after bilateral damage limited to the hippocampal formation. *Journal of Neuroscience, 15*, 5233–5255.

Rey, A. (1941). L' examen psychologique dans les cas d' encephalopathie traumatique. *Archives de Psychologie, 28*, 286–340.

Roland, P., & Gulyas, B. (1995). Visual memory, visual imagery, and visual recognition of large field patterns by the human brain: Functional anatomy by positron emission tomography. *Cerebral Cortex, 1*, 79–93.

Rombouts, S., Machielsen, W., Witter, M., Barkhof, F., Lindeboom, J., & Scheltens, P.

(1997). Visual association encoding activates the medial temporal lobe: A functional magnetic resonance imaging study. *Hippocampus*, *7*, 594–601.

Rudge, P., & Warrington, E. K. (1991). Selective impairment of memory and visual perception in splenial tumours. *Brain*, *114*, 349–360.

Rugg, M. D., Fletcher, P. C., Frith, C. D., Frackowiak, R. S. J., & Dolan, R. J. (1996). Differential activation of the prefrontal cortex in successful and unsuccessful memory retrieval. *Brain*, *119*, 2073–2083.

Rugg, M. D., Fletcher, P. C., Frith, C. D., Frackowiak, R. S. J., & Dolan, R. J. (1997). Brain regions supporting intentional and incidental memory: A PET study. *Neuroreport*, *8*, 1283–1287.

Russchen, F. T., Amaral, D. G., & Price, J. L. (1987). The afferent input to the magnocellular division of the mediodorsal thalamic nucleus in the monkey, Macaca fascicularis. *Journal of Comparatives Neurology*, *256*, 175–210.

Schacter, D. L., Alpert, N. M., Savage, C. R., Rauch, S. L., & Albert, M. S. (1996a). Conscious recollection and the human hippocampal formation: Evidence from positron emission tomography. *Proceedings of the National Academy of Sciences U.S.A.*, *91*, 321–325.

Schacter, D. L., Buckner, R. L., Koutstaal, W., Dale, A. M., & Rosen, B. R. (1997a). Late onset of anterior prefrontal activity during true and false recognition: An event-related fMRI study. *Neuroimage*, *6*, 259–269.

Schacter, D. L., Curran, T., Galluccio, L., Milberg, W. P., & Bates, J. E. (1996b). False recognition and the right frontal lobe: A case study. *Neuropsychologia*, *34*, 793–808.

Schacter, D. L., Reiman, E., Uecker, A., Polster, M. R., Yung, L. S., & Cooper, L. A. (1995). Brain regions associated with retrieval of structurally coherent visual information. *Nature*, *368*, 633–635.

Schacter, D. L., Savage, C. R., Alpert, N. M., Rauch, S. L., & Albert, M. S. (1996c). The role of hippocampus and frontal cortex in age-related memory changes: A PET study. *Neuro Report*, *7*, 1165–1169.

Schacter, D. L., Uecker, A., Reiman, E., Youn, L. S., Brandy, D., Chen, K., Cooper, L. A., & Curran, T. (1997b). Effects of size and orientation change on hippocampal activation during episodic recognition: A PET study. *Neuro Report*, *8*, 3993–3998.

Schacter, D. L., & Wagner, A. D. (1999). Medial temporal lobe activations in fMRI and PET studies of episodic encoding and retrieval. *Hippocampus, 9*, 7-24.

Schnider, A., Gutbrod, K., Hess, C. W., & Schroth, G. (1996). Memory without context: Amnesia with confabu-lations after infarction of the right capsular genu. *Journal of Neurology, Neurosurgery and Psychiatry, 61*, 186-193.

Scoville, W. B., & Milner, B. (1957). Loss of recent memory after bilateral hippocampal lesions. *Journal of Neurology, Neurosurgery and Psychiatry, 20*, 11-21.

Selemon, L. D., & Goldman-Rakic, P. S. (1985). Longitudinal topography and interdigitation of corticostriatal projections in the rhesus monkey. *Journal of Neuroscience, 5*, 776-794

Shallice, T., Fletcher, P., Firth, C. D., Grasby, P., Frackowiak, R. S. J., & Dolan, R. J. (1994). Brain regions associated with acquisition and retrieval of verbal episodic memory. *Nature, 368*, 633-635.

Shear, P. K., Sullivan, E. V., Lane, B., & Pfefferbaum, A. (1996). Mamillary body and cerebcllar shrinkage in chronic alcoholics with and without amnesia. *Alcohol: Clinical and Experimental Research, 20*, 1489-1495.

Shimamura, A. P., Jernigan, T. L., & Squire, L. R. (1988). Korsakoff's syndrome: Radiological (CT) findings and neuropsychological correlates. *Journal of Neuroscience, 8*, 4400-4410.

Shipley, M. T., & Sørensen, K. E. (1975). Evidence for an ipsilateral projection from the subiculum to the deep layers of the presubicular and entorhinal cortices. *Experimental Brain Research, 23*, 190.

Shuren, J. E., Jacobs, D. H., & Heilman, K. M. (1997). Diencephalic temporal order amnesia. *Journal of Neurology, Neurosurgery and Psychiatry, 62*, 163-168.

Sprofkin, B. E., & Sciarra, D. (1952). Korsakoff's psychosis associated with cerebral tumors. *Neurology, 2*, 427-434.

Squire, L. R., & Alvarez, P. (1995). Retrograde amnesia and memory consolidation: A neurobiological perspective. *Current Opinion in Neurobiology, 5*, 169-177.

Squire, L. R., Amaral, D. G., Zola-Morgan, S., Kritchevsky, M., & Press, G. (1989). Description of brain injury in the amnesia patient N. A. based on magnetic resonance imaging. *Experimental Neurology, 105*, 23-35.

Squire, L. R., & Moore, R. Y. (1979). Dorsal thalamic lesion in a noted case of chronic memory dysfunction. *Annals of Neurology, 6*, 503-506.

Squire, L. R., Ojemann, J. G., Miezin, F. M., Petersen, S. E., Videen, T. O., & Raichle, M. E.

(1992). Activation of the hippocampus in normal humans: A functional anatomical study of memory. *Proceedings of the National Academy of Sciences U.S.A.*, *89*, 1837-1841.

Squire, L. R., & Shimamura, A. P. (1986). Characterizing amnesic patients for neurobehavioral study. *Behavioral Neuroscience*, *100*, 866-877.

Stern, C., Corkin, S., Gonzalez, R., Guimares, A., Baker, J., Jennings, P., Carr, C., Sugiura, R., Vedantham, V., & Rosen, B. (1996). The hippocampal formation participates in novel picture encoding: Evidence from functional magnetic resonance imaging. *Proceedings of the National Academy of Sciences U.S.A.*, *93*, 8660-8665.

Sutherland, R. J., & Hoesing, J. M. (1993). Posterior cingulate cortex and spatial memory; A microlimnology analysis. In B. A. Vogt & M. Gabriel (Eds.), *Neurobiology of cingulate cortex and limbic thalamus: A comprehensive handbook* (pp. 461-477). Boston: Birkhäuser.

Suzuki, W. A., & Amaral, D. G. (1994). Perirhinal and parahippocampal cortices of the macaque monkey: Cortical afferents. *Journal of Comparative Neurology*, *350*, 497-533.

Suzuki, W. A., Zola-Morgan, S., Squire, L. R., & Amaral, D. G. (1993). Lesions of the perirhinal and parahippocampal cortices in the monkey produce long-lasting memory impairment in the visual and tactual modalities. *Journal of Neuroscience*, *13*, 2430-2451.

Sweet, W. H., Talland, G. A., & Ervin, F. R. (1959). Loss of recent memory following section of fomix. *Transactions of the American Neurological Association*, *84*, 76-82.

Sziklas, V., & Petrides, M. (1997). Memory and the region of the mamillary bodies. *Progress in Neurobiology*, *54*, 55-70.

Talbot, J. D., Marrett, S., Evans, A. C., Meyer, E., Bushnell, M. C., & Duncan, G. H. (1991). Multiple representations of pain in human cerebral cortex. *Science*, *251*, 1355-1358.

Talland, G. A., Sweet, W. H., & Ballantine, H. T. (1967). Amnesic syndrome with anterior communicating aneurysm. *Journal of Nervous and Mental Disease*, *145*, 179-192.

Teng, E., & Squire, L. R. (1999). Memory for places learned long ago is intact after hippocampal damage. *Nature*, *400*, 675-677.

Teuber, H. L., Milner, B., & Vaughan, H. G. (1968). Persistent, anterograde amnesia after stab wound to the basal brain. *Neuropsychologia, 6*, 267-282.

Teyler, T. J., & DiScenna, P. (1986). The hippocampal memory indexing theory. *Behavioral Neuroscience, 100*, 147-154.

Thompson-Schill, S. L., D' Esposito, M., Aguirre, G. K., & Farah, M. J. (1997). Role of the left inferior prefrontal cortex in retrieval of semantic knowledge: A reevaluation. *Proceedings of the National Academy of Sciences U.S.A., 94*, 14792-14797.

Torvik, A. (1985). Two types of brain lesions in Wernicke' s encephalopathy. *Neuropathology Applied Neurobiology, 11*, 179-190.

Torvik, A. (1987). Topographic distribution and severity of brain lesions in Wernicke's encephalopathy. *Clinical Neuropathology, 6*, 25-29.

Tranel, D., Brady, D. R., Van Hoesen, G. W., & Damasio, A. R. (1988). Parahippocampal projections to posterior auditory association cortex (area Tpt) in old-world monkeys. *Experimental Brain Research, 70*, 406-416.

Tucker, D. M., Roeltgen, D. P., Tully, R., Hartmann, J., & Boxell, C. (1988). Memory dysfunction following unilateral transection of the fornix: A hippocampal disconnection syndrome. *Cortex, 24*, 465-472.

Tulving, E., Kapur, S., Craik, F. I. M., Moscovitch, M., & Houle, S. (1994a). Hemispheric encoding/retrieval asymetry in episodic memory: Positron emission tomography findings. *Proceedings of the National Academy of Sciences U.S.A., 91*, 2016-2020.

Tulving, E., Kapur, S., Markowitsch, H. J., Craik, E I., Habib, R., & Houle, S. (1994b). Neuroanatomical corre-lates of retrieval in episodic memory: Auditory sentence recognition. *Proceedings of the National Academy of Sciences U.S.A., 91*, 2012-2015.

Tulving, E., Markowitsch, H. J., Craik, E I. M., Habib, R., & Houle, S. (1996). Novelty and familiarity activations in PET studies of memory encoding and retrieval. *Cerebral Cortex, 6*, 71-79.

Ungerleider, L. G. (1995). Functional brain imaging studies of cortical mechanisms for memory. *Science, 270*, 769-775.

Valenstein, E., Bowers, D., Verfaellie, M., Heilman, K. M., Day, A., & Watson, R, T. (1987). Retrosplenial amnesia. *Brain, 110*, 1631-1646.

Van Hoesen, G. W. (1982). The parahippocampal gyrus: New observations regarding its cortical connections in the monkey. *Trends in Neurosciences, 5*, 345-350.

Vandenberghe, R., Price, C., Wise, R., Josephs, O., & Frackowiak, R. S. J. (1996).

Functional anatomy of a common semantic system for words and pictures. *Nature, 383*, 254-256.

Vargha-Khadem, F., Gadian, D. G., Watkins, K. E., Connelly, A., Van Paesschen, W., & Mishkin, M. (1997). Differential effects of early hippocampal pathology on episodic and semantic memory. *Science, 277*, 376-380.

Victor, M., Adams, R. D., & Collins, G. H. (1971). *The Wernicke-Korsakoff syndrome.* Philadelphia: F. A. Davis.

Vogt, B. A., & Pandya, D. N. (1987). Cingulate cortex of the rhesus monkey: II. Cortical afferents. *Journal of Comparative Neurology, 262*, 271-289.

Wagner, A. D., Desmond, J. E., Glover, G. H., & Gabrieli, J. D. E. (1998a). Prefrontal cortex and recognition memory: fMRI evidence for context-dependent retrieval processes. *Brain, 121*, 1985-2002.

Wagner, A. D., Poldrack, R. A., Eldridge, L. E., Desmond, J. E., Glover, G. H., & Gabrieli, J. D. E. (1998b). Material-specific lateralization of prefrontal activation during episodic encoding and retrieval. *Neuro Report, 9*, 3711-3717.

Wagner, A. D., Schacter, D. L., Rotte, M., Koustaal, W., Maril, A., Dale, A. M., Rosen, B. R., & Buckner, R. L. (1998c). Building memories: Remembering and forgetting verbal experiences as predicted by brain activity. *Science, 281*, 1188-1191.

Warrington, E. K. (1984). *The recognition memory test.* Windsor, UK: NFER-Nelson.

Webster, M. J., Ungerleider, L. G., & Bachevalier, J. (1991). Connections of inferior temporal areas TE and TEO with medial temporal-lobe structures in infant and adult monkeys. *Neuroscience, 191*, 255-281.

Wechsler, D. (1945). A standardized memory scale for clinical use. *Journal of Psychology, 19*, 87-95.

Wechsler, D. (1955). *Wechsler adult intelligence scale.* New York: Psychological Corp.

Williams, M., & Pennybacker, J. (1954). Memory disturbances in third ventricle tumours. *Journal of Neurology, Neurosurgery and Psychiatry, 17*, 115-123.

Winocur, G., Oxbury, S., Roberts, R., Agnetti, V., & Davis, C. (1984). Amnesia in a patient with bilateral lesions to the thalamus. *Neuropsychologia, 22*, 123-143.

Witter, M. P., & Amaral, D. G. (1991). Entorhinal cortex of the monkey. V. Projections to the dentate gyms, hippocampus, and subicular complex. *Journal of Comparative Neurology, 307*, 437-459.

Woolsey, R. M., & Nelson, J. S. (1975). Asymptomatic destruction of the fornix in man.

Archives of Neurology, 32, 566-568.

Xuereb, J. H., Perry, R. H., Candy, J. M., Perry, E. K., Marshall, E., & Bonham, J. R. (1991). Nerve cell loss in the thalamus in Alzheimer's disease and Parkinson's disease. *Brain, 114*, 1363-1379.

Yasuda, Y., Watanabe, T., Tanaka, H., Tadashi, I., & Akiguchi, I. (1997). Amnesia following infarction in the right retrosplenial region. *Clinical Neurology and Neurosurgery, 99*, 102-105.

Yeterian, E. H., & Pandya, D. N. (1993). Striatal connec-tions of the parietal association cortices in rhesus monkeys. *Journal of Comparative Neurology, 332*, 175-197.

Zatorre, R. J., Meyer, E., Gjedde, A., & Evans, A. (1996). PET studies of phonetic processing of speech: Review, replication, and reanalysis. *Cerebral Cortex, 6*, 21-30.

Zola-Morgan, S., Squire, L. R., & Amaral, D. G. (1986). Human amnesia and the medial temporal region: Enduring memory impairment following a bilateral lesion limited to field CAI of the hippocampus. *Journal of Neuroscience, 6*, 2950-2967.

Zola-Morgan, S., Squire, L. R., & Amaral, D. G. (1989a). Lesions of the amygdala that spare adjacent cortical regions do not impair memory or exacerbate the impairment following lesions of the hippocampal formation. *Journal of Neuroscience, 9*, 1922-1936.

Zola-Morgan, S., Squire, L. R., & Amaral, D. G. (1989b). Lesions of the hippocampal formation but not lesions of the fornix or the mamillary nuclei produce long-lasting memory impairment in monkeys. *Journal of Neuroscience, 9*, 898-913.

Zola-Morgan, S., Squire, L. R., Amaral, D. G., & Suzuki, W. A. (1989c). Lesions of perirhinal and parahippocampal cortex that spare the amygdala and hippocampal formation produce severe memory impairment. *Journal of Neuroscience, 9*, 4355-4370.

Zola-Morgan, S., Squire, L. R., Clower, R. P., & Rempel, N. L. (1993). Damage to the perirhinal cortex exacerbates memory impairment following lesions to the hippocampal formation. *Journal of Neuroscience, 13*, 251-265.

Zola-Morgan, S., Squire, L. R., & Ramus, S. (1994). Severity of memory impairment in monkeys as a function of locus and extent of damage within the medial temporal lobe memory system. *Hippocampus, 4*, 483-495.

Zola-Morgan, S., Squire, L. R., Rempel, N. L., Clower, R. P., & Amaral, D. G. (1992). Enduring memory impairment in monkeys after ischemic damage to the hippocampus. *Journal of Neuroscience, 12*, 2582-2596.

chapter 04

의미 치매: 의미 기억 장애

* John R. Hodges

넓은 의미에서 기억이란 정보의 저장과 인출을 지칭하지만, 그것이 인간 인지 능력의 한 양식임을 고려할 때, 기억을 단일 기능으로 설명하기는 어렵다. 새로운 전화번호를 기억하고, 지난 주말의 세세한 일들을 회상하고, 의사로서 수련에 필수적인 사실들을 습득하고 새로운 언어를 학습하거나 운전하는 법을 아는 것 등의 모든 과제는 기억에 의존하지만, 한 가지에 능숙하다고 하여 다른 것에도 능숙하다고 할 수는 없다. 보다 중요한 사실은 뇌 질환 환자의 경우에는 이런 능력들이 각기 다른 방식으로 붕괴된다는 것이다. 아직까지 보편적으로 받아들일 수 있는 기억의 하위 구성 요소들에 대한 분류가 되어 있지는 않지만, 거의 대부분의 인지 모형들은 작업(즉각적인)기억과 장기기억을, 그리고 장기기억 내에서 외현 및 암묵적 유형을 구분한다.

위에서 제시한 예 중, 전화번호를 기억하는 능력은 작업기억을 반영하는 것이다. 운전과 같은 운동 기술의 습득은 암묵적인 절차적 기억을 필요로 한다. 장기기억 중 외현 기억은 다시 일화 기억과 의미 기억으로 분리된다. 일화 기억은 특정 시간에 개인적으로 경험(또는 일화)한 사건의 저장을 말하며, 이 유형의 기억을 회상하기 위해서 '심적 시간 여행' 이 필요하다. 그에 비해 의미 기억은 세상에 있는 것들과 그것들 간의 관계에 대한 우리의 지식 정보의 저장고를 지칭한다. 여기에는 단어, 대상, 장소, 그리고 사람들이 포함된다(Garrard, Perry, & Hodges, 1997; Hodges & Patterson, 1997).

따라서 의미 기억은 모든 인지 처리에서 가장 핵심적인 요소로서, 언어 산출과 이해, 읽기와 쓰기, 대상과 얼굴 지각 과정 등에서 근간을 이룬다. 의미 기억의 이런 핵심적 역할에도 불구하고, 의미 기억에 대한 연구는 비교적 최근에 시작되었다. 1975년 Warrington이 보고한 의미 기억의 선택적 손상(이제는 의미 치매[semantic dementia]라고 불림)에 대한 연구(Warrington, 1975)가 그 시발점이며, Warrington과 Shallice의 범주-특수 의미 손상 연구가 그 뒤를 이었다(Warrington & Shallice, 1984).

의미 기억의 붕괴는 여러 조건에서 발생하는데, 단순포진뇌염 이후(Pietrini et al., 1988; Warrington & Shallice, 1984)와 알츠하이머병(Hodges & Patterson, 1995)과 의미 치매(Hodges, Patterson, Oxbury, & Funnell, 1992a)에서 가장 심각하게 나타난다. 앞의 두 조건에서, 대부분의 의미 손상은 다른 주요한 인지 결손과 동반되어 나타난다. 이런 이유로 인하여, 점진적이지만 선택적이며 종종 심각하게 의미 기억이 붕괴되는 의미 치매 환자의 연구는 의미 기억의 조직화와 다른 인지 처리에서 나타나는 의미 붕괴의 영향에 대해 유례없는 통찰을 제공한다.

의미 치매의 전형적인 사례를 우선 기술한 뒤, 이 장의 나머지 부분에서는 의미 치매와 관련하여 지난 십년 동안 이루어진 우리의 연구 전반을 훑어볼 것이다(Hodges, Garrard, & Patterson, 1998; Patterson & Hodges, 1994). 특히 의미 치매 환자 연구를 참고하여, 의미 기억이 정상인의 뇌에서 어떻게 처리되는가를 살펴보았다.

사례 보고

지난 5년간 종단적으로 연구해 온 환자 병력에 대한 다음 사례는 장애에서 공통적으로 나타나는 인지 결손의 패턴을 잘 보여 주고 있다(Graham & Hodges, 1997; Hodges & Patterson, 1996; Knott, Patterson, & Hodges, 1997).

1994년 4월 64세가 된 A.M.은 지난 2년간 서서히 진행되어 온 '단어에 대한 기억 상실'의 병력을 나타냈다. 그의 아내 역시 처음에는 비일상적인 단어를 이해하는 능력이 저하된다는 것을 주목하기 시작했다. 이런 문제에도 불구하고 그는 여전히 골프(높은 수준으로)와 테니스를 즐길 수 있었다. 환자는 별 어려움 없이 운전을 했으며, 여러 골프 클럽을 별 어려움 없이 찾아갈 수 있었다. 하루하루의 기억 역시 좋았으며, 진료 차 들렀을 때 A.M.은, 순서는 맞지 않았지만, 호주에서 보낸 휴일과 최근 획득한 자신의 골프 점수에 대해 자세히 이야기할 수 있었다. 당시에, 그는 가벼운 억제 장애와 고정된 틀에 박힌 일상을 고집하는 경향을 포함하여, 미세한 성격 변화를 보였다.

다음에 제시된 A.M.과의 대화 내용은 A.M.이 음운 및 문법적 오류 없이 유창하게 대화를 진행할 수 있지만 놀라울 정도로 내용이 결여된 것을 보여 준다. 그리고 6개월 전쯤 시행한 자신의 뇌 스캔에 대한 회상도 보여 주고 있다.

검사자: "당신이 병원에 마지막으로 온 때를 말해 주실 수 있나요?"

A.M.: "그것은, 1월, 2월, 3월, 4월, 네, 지난 해 4월, 그게 처음이고, 그리고에, 월요일에, 예를 들면, 그들은 나의, 그게 무엇이냐, 모든 것들을 확인했고, 그때가, 어, 내 뇌가 처음으로 보여졌지. 그러니까, (좌측 뇌를 가리키며) 한쪽 뇌, 그 쪽이 아니고, 다른 쪽은 정상이야. 하지만 그 쪽은 문제가 많아, 그래서 그들이 그렇게 했고, 그 후, 이것처럼(그의 손을 그의 머리 위로 움직여서 스캔하는 동작을 가리킨다.), 그리고 아마도 나는 지금보다 더 나아졌고."

1994년 4월 정식 신경심리 검사를 실시하였을 때, A.M.은 그림 명명하기 검사에서 심각한 손상을 보였다. 그는 제한된 시간 안에 특정 범위 내의 의미 범주로부터 예를 만들어 내야 하는 범주 유창성 검사에서 고빈도 동물 이름(개, 고양이, 말)을 산출할 수 있었지만, 새나 특정 품종의 개와 같은 좀 더 제한적인 범주에서는 보기를 산출하지 못했다. 그는 흰색과 검은색 선을 이용해서 친숙도가 높은 물체와 동물을 그리는 Hodges와 Patterson의 의미 검사(semantic battery)에서, 48개 중에서 겨우 3개만 말할 수 있었다(Hodges & Patterson, 1995). 대부분의 반응은 '당신이 사용하는 것' 처럼 모호하고 둘러대는 말이었지만, 그는 또한 '코끼리' 대신에 '말' 이라고 말하는 등 어떤 범주의 위계적 오류를 유발하기도 했다.

8개의 보기에서 한 그림을 지적(예: 8개의 이국적인 동물들로부터 얼룩말을 지적)하도록 제작된 단어-그림 대응 검사를 의미 검사에서 사용했었던 48개의 항목을 재사용하여 실시하였을 때, A.M.은 48개 중 36개를 맞추었다(A.M.과 연령이 일치하는 통제 집단 25명의 평균점수는 47.4±1.1). 이 검사에서 사용된 48개 항목의 이름을 제시하고 그에 대해 설명하라고 요청했을 때, A.M.은 세부적인 사항들에 대해서는 거의 말하지 못했다. 대부분 최상위 수준('악기' '바다에 산다' 등)에 제한된 모호하거나 일반적인 반응이었다. A.M.의 반응 중 몇 개가 〈표 4-1〉에 제시되었다. 피험자가 2개의 그림 중 어느 것이 표적 그림(전나무 또는 자두나무)과 가장 잘 대응하는지를 결정해야 하는 과제로 연합된 의미지식을 검사하는 Pyramid and Palm Trees Test의 그림 버전(Howard & Patterson, 1992)에서 A.M.은 처음 제시에서 52개 중 39개를 맞추었다. 통제 집단 피험자들은 대부분 이 검사에서 만점에 가까운 점수를 기록한다. 읽기 검사에서 A.M.은 전형적인 표층 난독증 패턴을 나타냈다(Patterson & Hodges, 1992). 규칙적인 철자-소리 대응 단어들을 소리 내어 읽는 것은 정상적으로 수행할 수 있지만, 불규칙적인 단어들(pint, island, leopard 등)을 소리 내어 읽을 때는 실수가 많았다.

이에 반해, A.M.은 비의미적 과제([그림 4-1]에서 보여 주는 Rey Complex(그림을 복사하기) 수행에서는 실수를 하지 않았다. 45분이 경과한 뒤 다시 Rey Complex 그림을 재현해 보라고 요구하였을 때, A.M.은 정상 범위 내에서 잘 수행했다(통제 집단의 평균 점수가 15.2±7.4인 데 비해서 A.M의 점수는 12.5). 피험자에게 공간적 관계에 대한 개념화를 요구하는 다중 선택 과제로 제시된 시각 패턴 맞추기 검사인 Raven Colored Matrices와 같은 비언어적 문제해결 능력 검사에서, A.M.은 놀랍게도 조금도 손상된 증상을 보이지 않았다. 단어 폭 과제에서 6개의 순행, 4개의 역행을 기억한 것으로 판단할 때, 청각-언어적 단기기억도 손상되지 않았다.

A.M.은 다음 3년간 거의 6개월마다 검사를 받았다. 그는 처음 진단을 받았을 때 더 이상 퇴행될 여지가 없을 정도로 매우 심각한 건망증을 보였지만, 이해 검사 결과에서는 지속적으로 퇴행 양상을 보였다. 예를 들어 단어-그림 맞추기 검사에서 A.M.은 첫 진단에서 48개 중 36개를 맞추었지만, 1996년 11월에는 5개밖에 맞추지 못했다(통제 집단=47.4±1.1). Pyramid and Palm Trees Test를 그림으로 제시하여 실시한 검사에서 52개 중 39개를 맞춘 첫 검사 결과는 우연 수준으로 점진적으로 저하되어 이와 비슷한 양상을 보였다.

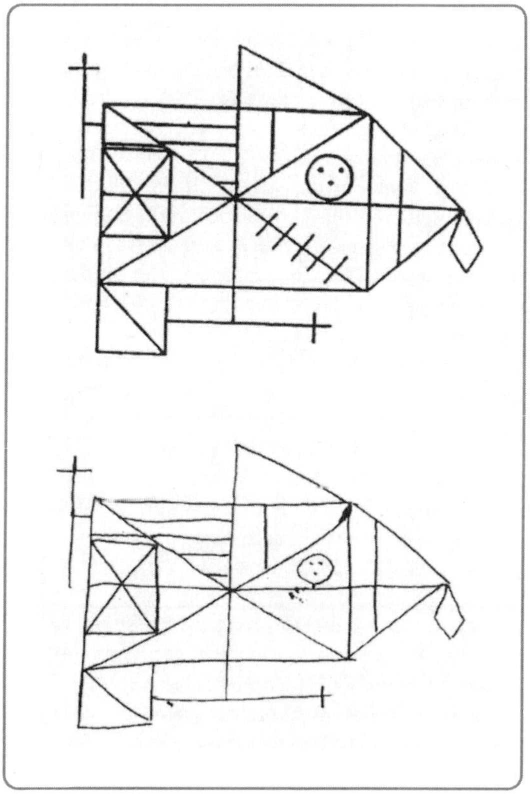

[그림 4-1] 환자 A.M.의 the Rey Complex 그림 따라 그리기(아래쪽)

표 4-1 단어 읽기로부터 환자 A.M.이 제공한 정의의 예들

악어:	난 절대 그것을 기억할 수 없어요 ……. 그게 바다에 살지 않지요?
백조:	오리? 그것은 새 ……. 더 이상 어떤 것도 회상할 수 없어요.
타조:	이거 동물이지요, 어떤 종류인지는 모르겠고 …… Sainsbury(수퍼마켓)에서 결코 본 적 없어요.
얼룩말:	이게 뭔지 도대체 모르겠어요.
사자:	아주 사나운 동물, 이건 아프리카에 사는 사자지요. 매우 큰 입을 가졌고, 많은 동물과 사람들을 먹어요. 그들은 목뒤를 깨물어요.
사슴:	농부가 이것들을 소유하고 있어요, 들판에서, 우리는 그들의 털을 밀지요 ……. 또는 그것은 양인가요? 우리는 사슴으로도 또한 그렇게 하지요? 확신이 없네요.
개구리:	운동장에서 이것을 본 적이 있다고 생각해요. 얘들은 매우 작고, 물에 역시 조금 있을 거라고 생각해요. 더 이상 설명할 수 없어요.
해마:	얘들이 물에서 말을 가지고 있는지 모르겠어요.
하프:	난 하프가 뭔지 몰라요, 악기의 한 종류가 아닌가요?
트럼펫:	예, 단어 트럼펫을 기억해 낼 수 있을 것 같아요. 만약 내가 사전을 가지고 있다면 이것에 대해 말해 줄 수 있을 텐데.
토스터:	우리는 아침식사를 위해, 토스트를 만들기 위해, 토스터 안에 빵을 넣지요. 열이 빵을 들어 올리고, 그것을 어둡게 만들어요, 그러면 그것의 꼭대기로부터 빵을 빼내요 등.
썰매:	썰매? ……. 썰매는 눈 속에서 사용해요. 당신은 썰매를 탄 채 눈 위에서 미끄러져요.
비행기:	이것은 날개가 있고, 공항에서 하늘로 이륙해요. 나는 내가 비행기 안에 있었던 것을 알아요. 그것은 날개와 제트엔진 등을 가졌어요.

의미 지식의 빠른 상실에도 불구하고 같은 기간 동안 비언어적인 문제해결이나 시공간 능력 검사에서는 A.M.의 퇴행 양상이 뚜렷하게 감지되지 않았다. 예를 들면, 1996년 11월에 실시한 Raven Colored Matrices 검사에서 A.M.은 완벽하게 맞췄다.

A.M.의 의미 기억 손상은 일상의 활동에 상당한 영향을 미쳤다. 다양한 상황에서, 그는 대상들을 잘못 사용하거나(그는 폭우 속에서 우산을 접은 채 수평으로 머리 위에 두었다.), 부적절한 대상을 선택했으며(위층 욕실을 청소하고 있는 아내에게 사다리 대신에 잔디 깎는 기계를 갖다 주었다.), 다양한 음식 재료들을 잘못 선택했다(그는 와인 잔에 설탕을 넣고, 라자냐 요리에 오렌지 주스를 넣고, 익히지 않고 해동한 연어 스테이크를 요거트와 함께 먹었다). 과거에 익숙한 행동들이 이제는 새롭고 두려

운 대상이 되었다. 1996년 초반 비행기 여행을 할 때, 그는 여행용 가방이 x-ray를 통과해야 할 때 스트레스를 받았으며, 비행기에서는 안전벨트 착용을 거부했다.

1996년 이후, 사회적 철수, 무관심, 충동성이 증가하는 등 행동에 있어서 변화가 더 두드러지게 나타났다. Hodges, Graham과 Patterson(1995)이 기술했던 다른 환자처럼, A.M.은 인지 능력이 일부는 보존되고 일부는 파괴된 흥미로운 양상을 나타냈다. Hodges 등의 환자인 J.L.은 시계와 실제 시간 간의 관계를 깨닫지 못했기 때문에, 자기가 좋아하는 레스토랑에 가기 위해 기다리는 걸 참지 못하고 집의 시계와 자신의 시계를 빠르게 맞춰 두었다.

A.M.은 길을 찾기 위해 자신만의 재미있는 시도들을 했다. 예를 들어, 그의 아내는 그가 차를 몰고 나가는 걸 방지하기 위해 열쇠고리에서 차 열쇠를 몰래 없앴다고 보고했다. 이 무렵 운전에 집착했던 그는 열쇠가 없다는 것을 곧 알아차렸다. 그는 아내 몰래 아내의 열쇠고리에서 열쇠를 빼내서 열쇠 수리공에게 가져가서 열쇠를 복사하였다. A.M.이 그의 아내가 자신의 열쇠고리에서 열쇠를 제거했다는 것을 이해한 것은 아니다. 실제로 말로 표현하지 못할 뿐 아니라, 이해하지도 못함에도 불구하고, 그는 여전히 어떤 기술은 유지하고 있었다. 예를 들어, 그는 1998년 요양원으로 들어가기 전까지, 매주 규칙적으로 스포츠(특히 골프)를 계속할 수 있었으며, 친구가 언제 태우러 올 것인지를 정확하게 기억하고 있었다.

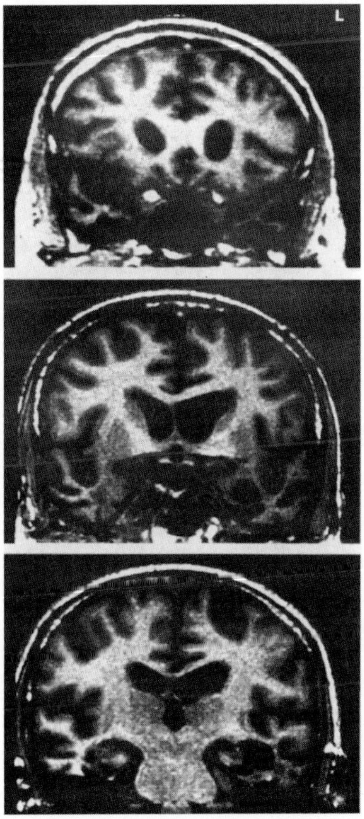

[그림 4-2]
Coronal T1-weighted MRI 영상. 상대적으로 보존된 해마에 비해, 측두 대(좌측 > 우측)와 하측 피질의 심각한 위축을 보여 주고 있다.

[그림 4-2]는 1995년에 찍은 A.M.의 측

두엽 쪽 3개의 관측 뇌영상을 보여 준다. 특히 측두 대와 방추 회, 그리고 하측을 포함한 전측두 대의 현저한 비대칭 퇴행이 분명하게 보이지만 해마는 상대적으로 온전했다.

요약하면, A.M.의 사례는 의미 치매에서 나타나는 특징들을 잘 보여 주고 있다. (1) 의미 기억의 선택적 손상과 그로 인한 심각한 기억 상실증, 단일-단어 이해력 손상, 범주 유창성 검사에서 보기 생성력 저하, 일반적 지식 저장고의 붕괴; (2) 표층 난독증; (3) 언어의 통사 및 음운 문법의 상대적인 보존; (4) 정상적인 지각 능력과 비언어적인 문제해결 능력; (5) 상대적으로 보존된 최신 자전적 기억과 일화 기억; (6) 배측 전측두엽 위축.

의미 치매에 대한 역사적 관점

19세기의 마지막 수십 년과 20세기 초기는 고등 인지 기능에 관심을 가졌던 신경학자들에게는 황금기였다. 이 기간 동안, 행동신경학의 고전적 증상 대부분이 처음으로 명백하게 정의되었다. 이 기간 동안 두드러지게 활동한 사람 중 하나인 Arnold Pick은 신경과 및 정신과 의사일 뿐 아니라 동시에 언어학자였다. 일련의 경이로운 논문들에서(Girling과 Berrios[1994]에 의해 번역된 Pick[1892]; Girling과 Markova[1995]에 의해 번역된 Pick[1901]; Girling과 Berrios[1997]에 의해 번역된 Pick[1904]), 그는 비정상적으로 심각한 유창성 실어증을 보인 치매 환자의 증상을 기술했으며, 사후 부검에서 좌측 측두 피질 회가 심각하게 위축된 것을 발견했다.

Pick은 점진적인 뇌 위축이 병리 진행의 국지적 가속화로 인하여 초점(focal, 혹은 국소) 증상으로 진행될 수 있다는 사실을 강조하고자 했다. 또한 그는 단어 의미의 표상에서 좌반구 내측두엽 영역의 역할에 관해 특히 통찰력이 있는 예측을 했다. 불행하게도 뇌에서 의미 기제의 신경적 기반을 이해하도록 한 Pick의 기여는 상당히 잊혀졌고, 오히려 그가 이후에 발견한 전두엽의 국소적인 퇴행으로 더욱 유명해지게 되었다. 나중에 살펴보겠지만, 전측두엽과 전두엽의 국소 퇴행을 보이는 환자들은 픽병(Pick disease) 또는 좀 더 최근에는 전두-측두 치매로 불리는 것과 같은 스펙트럼의 일부이다.

치매 연구의 암흑기를 뒤이어, 1970~1980년대에 특히 국소 피질 위축과 연합된 증상으로 인한 치매 연구의 부흥기가 일어났다. 이러한 부흥은 인지신경심리학과 행동 신경학 분야에서 대부분 동시에 발생했지만 얼마 지나지 않아 두 입장이 연합했다.

Elizabeth Warrington(1975)은 선택적인 의미 기억 손상 증상들에 대해 처음으로 분명하게 서술했다. 그녀가 보고한 세 명의 환자 중 둘은 사후 부검에서 픽병 병력의 변화를 가진 것으로 확실하게 나타났다(Cummings & Duchen, 1981; E. Warrington의 개인적인 소견). Tulving의 연구에 나타난 설명에서(Tulving, 1972, 1983), Warrington은 그녀의 환자가 보이는 점진적인 건망성 실어증이 단순한 언어적 손상이 아니라 대상에 대한 의미 기억(또는 지식)의 근본적 상실을 반영하며, 그로 인해 명명하기, 단어 이해, 그리고 대상 재인에 영향을 주었다는 사실을 인식했다. 이런 환자들은 이전에는 '기억 상실이나 전도성 감각 실어증, 그리고 연합 실인증'의 조합으로 기술되었었다.

매우 유사한 증상들을 Schwartz, Martin과 Saffran(1979)이 보고했는데, 이들은 환자 W.L.P.가 언어의 음운 및 문법적 특징들은 유지하고 있지만 단어의 의미에 대한 지식을 심각하게 상실한 것을 관찰했다. 이 환자는 자신이 더 이상 이해하지 못하는 단어들을 소리 내어 읽을 수는 있었다. 이 발견은 읽기 치리의 현대적인 모형 구축에 심오한 영향을 미쳤다(Patterson & Lambon Ralph, 1999).

Marsel Mesulam은 신경학에 중요한 기여를 하였는데, 1982년 그는 좀 더 일반적인 인지 기능 장애를 보이지는 않지만, 잠행성으로 악화되는 실어증의 오랜 병력을 가진 6명의 환자를 보고했다. 그 이후 15년 동안, 일차적인 진행성 실어증의 광범위한 범주 내에서 진행성 비유창성 실어증과 진행성 유창성 실어증이라는 2개의 특징적인 증상으로 분리될 수 있다는 것이 명확해졌다(Hodges & Patterson, 1996; Mesulam & Weintraub, 1992; Snowden, Griffiths, & Neary, 1996a).

비유창성 형태에서는, 말하기는 잦은 음소적 치환과 문법적 오류를 보이며, 더

듬거리고 왜곡되지만 언어의 의미적 측면은 온전하게 유지된다. 진행성 유창성 실어증의 증상은 여러 측면에서 완전히 그 반대 양상으로 나타난다. 즉, 말하기는 유창하고 문법적으로도 정확하며 발음도 명확하지만, 점차적으로 내용어가 사라지며, 의미 오류가 잦아지고 속성의 상위 개념들(동물, 문제 등)로 치환된다. 앞에서 설명한 것처럼, 이 결손은 단어 산출과 이해 손상을 보이지만 단어 의미(Pyramid and Palm Trees Test 같은 의미 지식의 비언어적 검사의 수행도 영향을 받는다)에만 한정되지 않는다. 언어 사용의 근간이 되는 지식 기제의 근본적인 손상을 반영하기 위해서, Snowden, Goulding과 Neary(1989)는 이 증상을 의미 치매(semantic dementia)라고 명명하였다(Hodges & Patterson, 1996; Hodges et al., 1992a; Hodges et al., 1999a; Hodges, Spatt, & Patterson, 1999b).

이제는 의미 치매를 총체적으로 전두-측두 치매로 불리는 전두엽 유형의 치매를 포함하고 있는 스펙트럼의 일부분으로 생각하지 않을 수 없는 많은 이유가 있다. 첫째는 병리적인 이유로, 의미 치매 범주에 속하는 14개의 임상병리학적 사례 연구 모두에서 전형적인 픽병(즉, Pick bodies나 Pick cell)이 나타나거나, 다른 유형의 전두-측두 치매 대부분의 사례에서 발견되는 비특이성 해면 구조의 변이가 발견되었다(Hodges et al., 1998)는 것이다. 둘째는 오랜 시간에 걸친 인지와 행동 변화 패턴의 진행 유형이다. 앞에서 설명한 것처럼 의미 치매 환자들은 진행성 건망성 실어증과 다른 언어적 손상을 보이지만, 추적 관찰할 경우 안와 기저 전두엽 장애의 특징인 행동적 변화가 변함없이 나타난다(Edwards-Lee et al., 1997; Hodges & Patterson, 1996). 셋째는 현대적인 뇌영상 기술이 현저한 측두엽 위축과 의미 치매를 보이는 사례 대부분에서 안와 전두 피질이 미묘하게 관련된 것을 보여 주었다는 점이다(Mummery et al., 2000; Mummery et al., 1999).

의미 치매에 대한 구조적, 기능성 뇌영상 연구들

의미 치매의 가장 놀랍고 일관된 발견은 측두엽 전측 영역에서 발견되는 국소적이지만 때로는 심각한 위축이다([그림 4-2] A.M.의 fMRI 참조). 육안 검사에 기초한 초기 연구들은 상측두 회와 해마 형성체는 상대적으로 온전한 반면, 측두 대와 아래쪽 배측 영역에 위축이 발견된다고 보고했다(Hodges & Patterson, 1996; Hodges et al., 1992a). 모든 사례들에서 좌반구에 위축이 나타났지만, 가끔은 양반구 모두 발견되었다. 정상인을 대상으로 Pyramid and Palm Trees Test와 유사한 패러다임을 사용하여 실시한 기능성 PET 활성 연구들 또한 좌측 측두엽이 언어 및 시각적 의미 지식 모두에서 핵심적인 역할을 한다는 것을 확인시켜 주었다(Martin, Wiggs, Ungerleider, & Haxby, 1996; Mummery, Patterson, Hodges, & Wise, 1996; Vandenberghe, Price, Wise, Josephs, & Frackowiak, 1996). 순간 노출기 기술을 사용한 분리-뇌 환자와 정상적인 통제 집단을 활용하여 실시한 많은 연구 결과를 통해 이미 숙지된 사실임에도 불구하고, 뇌의 지식 기제는 놀라울 정도로 편재화된 것으로 다시 한 번 확인할 수 있었다.

좀 더 최근 연구들은 이 단순한 결론에 의문을 던진다. 우리는 최근에 뇌 위축을 정량화 기법(뚜렷한 윤곽의 해부학적 구조에 대한 부피소[voxel] 기반 자동 형태 계측술과 수동 부피 측정법)을 사용하여 측정하였다. 이 연구들은 뇌 위축이 측두 대, 방추 회, 아래쪽 배외측 피질에서 나타나는 것을 확인했지만, 실제로 모든 사례에서 변화는 양반구 모두에서 나타나며, 많은 경우 우반구가 좌반구보다 더 심각하게 영향을 받는 것으로 나타났다(Galton et al., 2001; Mummery et al., 2000).

해마와 해마 주변부 구조(특히 후각과 후각 주변 피질)의 역할 역시 확실하지 않다. 해마가 상대적으로 온전하다는 이전의 보고들에도 불구하고, 10명의 의미치매 사례(A.M.을 포함하여)에 대한 용량 측정 결과에서 해마의 비대칭적 위축을 발견하였는데, 질병 기간이 일치하는 10명의 알츠하이머병 환자 집단과 비교하였을 때 왼쪽의 위축이 더 현저하였으며 우측의 위축 정도는 동일하였다. 상대적으로 내측두 구조들이 보존된 것으로 나타나는 것은 해마와 비교하였을 때 주변 구조들의 위축 정도가 더 심각하기 때문이다. 평균 용량 20%를 상실한 해마의 용량과 비교했을 때, 측두 구, 방추 회, 그리고 아래쪽 배외측 회의 평균 용량 상실은 50%였고 어떤 경우는 80% 이상이었다. 알츠하이머병인 경우, 측두 대와 아래쪽 배외측 구조가 정상이므로 해마 용량의 20% 상실이 더 부각되는 것이다(Galton et al., 2001).

의미 치매 사례들 간에도 상당한 변산성이 있다. 해마 주변 회에서 주요 요소인 후각 피질 또한 의미 치매의 경우 심각하게 영향을 받았다. 인간에게 있어서 후각 주변 피질은 측부 구와 측두엽의 내측 부분의 피질을 구성하고 있는 복잡한 해부 구조를 가지고 있다(Corkin, Amaral, Gonzalez, Johnson, & Hyman, 1997). 의미 치매에 있어서 문측 영역은 대부분 확실하게 영향을 받았고, 미측 영역은 부분적으로 온전했다(Simon, Graham, & Hodges, 1999).

의미 치매와 다른 장애들에 대한 기능성 뇌영상 연구는 중요한 손상이 나타나는 뇌를 분석하고 정규화하는 문제를 부분적으로만 해결하였기 때문에 여전히 아직 초기 단계에 머물고 있다. 하지만 뇌영상은 기능과 해부학적 구조의 관계를 이해하려는 우리의 노력에 핵심적이며 점차적으로 탁월한 연구 도구로 자리 잡게 될 것이다. Price(1998)가 주장한 것처럼, 정상인에 대한 기능성 뇌영상 연구들은 어떤 인지 과제를 수행하는 동안 활성화되는 다양한 뇌영역에 대한 생생한 정보를 생성할 수 있지만, 여러 활성화된 영역 중 어떤 영역이 그 인지 기능의 필수 조건을 형성하는지를 집어낼 수 없다. 구조적 병변 자료들은 전형적으로 이 문제의 본질에 대한 증거를 제공하는 것으로 생각되어 왔다. 그러나 만약 손상되지 않은 영역이 더 이상 적절하게 기능하지 않을 때—아마도 연결된 영역의 손상으로 인하여 입력 정보가 감소되기 때문에—우리의 연구는 더 크게 진보할 수 있을 것이다.

의미 치매에 대한 첫 기능성 뇌영상 연구(Mummery et al., 1999)에서는 구조적 MRI와 PET이 조합되어 사용되었다. 행동에 근거한 뇌활성 과제는 3개의 쌍으로 이루어진 일상적인 물체의 그림이나 그림의 이름과 일치하는 단어들의 연합된 의미 판단을 요구했다. 의미 퇴행의 초기에서 중간 단계에 있는 4명의 환자들은 비록 통제 집단에 비해 속도가 상대적으로 손상됐음에도 불구하고, 우연 수준 이상으로 수행할 수 있었다. 정상 피험자에게 있어서는, 의미 과제가 (시각적 판단에 근거하여 비교할 때) Vandenberghe 등(1996)이 이전에 설명했던 좌측 측두엽, 측두-두정엽, 전두엽 영역의 예측된 연결망을 활성화시켰다.

이 분산된 영역들은 좌측 하, 내측두엽 영역들로 이루어지며 의미가 손상된 환자들에게서 일관성 있게 위축이 나타난다. 논리적 결론—그리고 실제로 우리가 지지하는 결론—은 이 영역이 어떤 식으로든 이 과제 수행에 요구되는 의미 처리 과정의 필수불가결한 핵심이라는 것이다. 그러나 예기치 못한 PET 결과도 있었다. 후측두 영역, BA(Brodmann area) 37, 좌반구의 후부 하측두 구에서는 4명의 환자 모두 정상 통제 집단에 비해 신진대사가 현저하게 낮게(활동의 부재) 나타났다.

같은 환자들의 MRI 형태분석 결과 BA 37에서는 어떤 위축도 나타나지 않았다. 이런 결과는 의미 치매의 원인은 구조적 이상이 아니라 기능적 이상이라는 것을 의미한다. 그러나 이것은 적어도 환자의 의미 손상이 후측두엽 병변으로 발생하는 기능적 변화와 관련되어 있을 가능성을 제기한다. 정상인을 대상으로 실시한 PET 결과(Price, 1998 참조)의 상당수에 의해서 지지되고 있는 또 다른 해석은 BA 37이 의미(그리고 다른) 표상을 음운 부호로 전환하는 데 결정적으로 관여한다는 것이다. 비록 이 연구에서 사용한 과제가 명백한 명명하기를 요구하지는 않았지만, 정상 피험자들이 자극 항목에 대해서 자동적으로 내적인 음운 부호를 생성했을 가능성은 충분히 타당하다. 의미 치매 환자들은 현저하게 건망 증상을 보이기 때문에, BA 37에서 활성의 부재는 자극의 음운 부호 처리 과정이 비정상적일 가능성을 반영하는 것 같다(좌측 BA 37의 국지적 혈관 손상으로 인한 건망증의 증거에 대한 Foundas, Daniels, & Vasterling, 1998 참조). 전측두 손상으로 일관성 있게 발생하는 의미 결손과 선택적인 후부 측두 손상에도 불구하고 의미 손상이 결여된 경우(적어도 우리가 여기서 보기에는)를 연합하여 고려할 때, 이것이 의미 치매의 PET 연구 결과에 대한 우리가 선호하는 해석이다.

의미 치매에 대한 행동 연구로부터의 통찰

의미 치매에 대한 우리의 행동 연구들은 온전한 인지 능력과 손상된 능력으로 나누어 취급할 수 있다. 이 연구들은 인지 처리의 단원성(modularity)과 의미 기억 구조에 대한 귀중한 통찰을 제공하였다.

의미 기억과 상대적으로 독립적인 인지 능력

손상되지 않은 능력은 세 영역으로 나눌 수 있다. (1) 의미 기억 외의 의미 기제, (2) 의미 손상으로 인해 필수적으로 붕괴되는 언어 처리 기능 외의 언어 처리 양상, (3) 기억과 언어 영역 밖의 인지 능력들.

작업기억

의미 치매에 걸리더라도 작업기억은 정상적으로 작동한다는 증거가 있다. 예를 들면, Warrington(1975)으로부터 시작된 임상적 관찰로부터 명백해졌는데, 이 환자들은 자신들 또는 다른 사람들이 했던 것이나 말했던 것을 잊지 않는다. 단기기억에 대한 형식적 측정에 의해면, A.M.과 같은 의미 치매 환자들은 적어도 질병의 후기 단계에 도달할 때까지도 완전히 정상적인 숫자 폭 과제 수행 능력을 보였고 (Knott et al., 1997; Patterson, Graham, & Hodges, 1994), 또한 비언어적 Corsi span 과제에서도 정상적인 수행 능력을 보였다(Lauro-Grotto, Piccini, & Shallice, 1997).

일화 기억

의미 치매 환자들의 초기 임상 상태의 기술에 따르면, 이 증후군에서 일화 기억은 보존되지만 의미 기억은 손상되는 두 기억 유형 간의 분리 현상이 나타남을 시사하는 강력한 증거가 있다. 환자들은 기억은 잘 하지 못함에도 불구하고 일상생활에서 발생하는 사건들에 대해서 잘 직면하고 서로 연관지을 수 있었다. 그들은 또한 과거의 직업, 결혼생활, 자녀의 수, 손자들의 수와 같은 자신들의 생활에 대한 다양한 사실들을 기억하고 있었다(Hodges, Salmon, & Butters, 1992b). 그러나 좀 더 자세히 관찰하였을 때 기억 습득 시간에 대해서 심하게 혼동하고 있다는 사실을 발견하게 된다. 기억 상실 증후군 환자들은 해마 손상의 결과(산소 결핍에 뒤이은 뇌손상이나 알츠하이머병의 초기 단계)로 인하여 최근 사건에 비해 어린 시절에 대한 자전적 기억은 유지하는 것(Greene, Hodges, & Baddeley, 1995; Hodges, 1995 참조)으로 보이는 반면, 의미 치매 환자들은 이와는 반대로 오래된 사건에 대한 기억이 가장 취약해지는 현상을 보인다(Graham & Hodges, 1997; Hodges & Graham, 1998; Snowden, Griffiths, & Neary, 1996b).

일반적인 시간상 감소 효과의 반전이라 불리는 이 현상은 피험자들에게 삶의 특정한 기간 중 보트나 아기와 같은 단서에 대한 반응에서 특별한 일화들을 설명하라고 요청하는(Hodges & Graham, 1997) 소위 Crovitz 기법(Crovitz & Schiffman, 1974)을 사용한(앞에서 언급했던) A.M.의 사례에서 자세하게 연구되었다. 각 일화에 대한 회상의 정도를 연구 가설에 노출되지 않은 두 사람의 검사자로 하여금 평가하게 하였다. A.M.은 과거 5년 동안에 일어난 사건들에 대해서는 매우 정확하게 기억해 낼 수 있었지만, 그의 어린 시절 기억들에 대해서는 모두 애매하고 일반적인 기술을 하였다([그림 4-3]). 이런 연구 결과는 최근 삶의 사건들과 관련된 의미 치매 환자들의 능력을 설명하며, 임상적 관찰의 단점을 보여 준다.

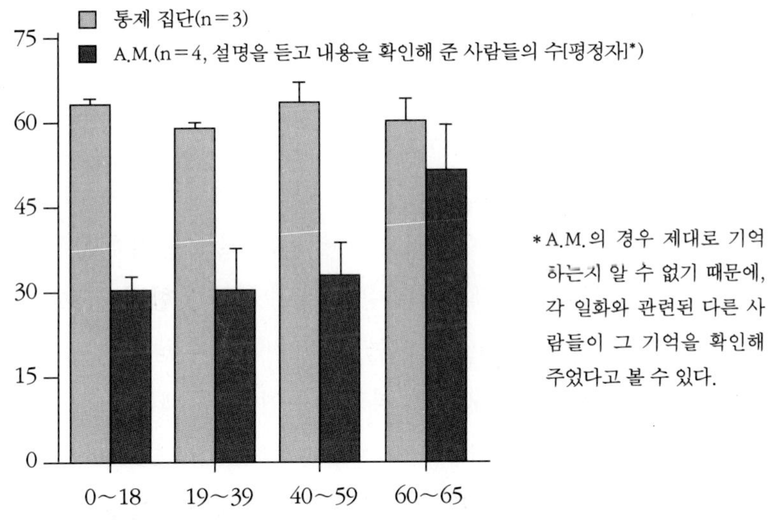

[그림 4-3] Crovitz test에서 4개의 다른 생애 기간에 걸쳐 환자 A.M.과 연령-교육을 일치시킨 세 통제 집단의 수행(Crovitz, Diaco, & Apter, 1992).

즉 기억 습득 연령을 동일하게 맞추었을 때, 의미 치매 환자들은 의미 기억과 자전적 기억 모두에서 손상이 나타나는 것을 이 연구에서 보여 주고 있다. 의미 기억 검사들은 전형적으로 생애 초기에 학습한 것들에 대한 지식을 검사하게 되는데, 이 시기에 대한 환자들의 자전적 기억은 저조하다. 이런 연구 결과를 단순하게 해석하면, 오래된 일화 기억과 의미 기억들은 본질적으로 동일한 것으로 간주할 수 있다. 많은 연구자들이 주장하였듯, 일화 기억을 반복적으로 되풀이할 경우 이 기억은 의미 기억 상태가 되는 반면 일반적인 의미 정보는 단순히 다양한 일화들의 잔류물로 볼 수 있다(Baddeley, 1976; Cermak, 1984; McClelland, McNaughton, & O' Reilly, 1995). 하지만 여기서 유의해야 할 사항은 심각한 수준의 기억 손상(지식의 손실)이 의미 치매 환자들에게서 나타난다는 것이다. 예를 들면, 환자들은 대체로 모든 동물들을 '개' 혹은 '고양이' (2세 정도의 지식 수준)라고 부르며, 자전적 기억은 상당히 피폐해진 반면, 상당량의 개인 정보는 유지하고 있다는 사실이다.

따라서 오래된 일화 기억은 영향을 받지만, 그 손상 정도는 의미 기억보다는 심각하지 않다고 결론지을 수 있다. 반대로, 대뇌 혈관으로 인한 대뇌 손상을 입은 환자 J.M.(Evans, Breen, Antoun, & Hodges, 1996)처럼 여러 곳에 뇌손상을 입은 환자들은 의미 기억은 보존되어 있지만 심각한 자전적 기억 상실증을 나타내는 반대 양상을 보인다.

이 양상을 설명하기 위해, 우리는 의미 기억은 뇌의 특별 영역(특히 배외측 하측두엽)으로 분리되어 있는 반면, 자전적 기억들은 다중 양식(modals)으로 분리되어 소재하고 있다고 제안하는 바이다(Kitchener & Hodges, 1999). 손상이 한쪽 측두엽에 한정되어 있는 의미 치매 환자들은 보정이 가능한 반면, 손상이 여러 영역 또는 양쪽 뇌영역으로 확장되었을 때는 자전적 기억의 심각한 손실로 고통받게 된다. 이런 양상은 양반구의 내측 및 외측 측두엽이 손상되는 알츠하이머병의 발병 과정에서, 아주 초기 단계에부터 자전적 기억이 손상되는 이유를 잘 설명해 준다(Greene et al., 1995). 단순포진뇌염 환자 가운데 양측 손상을 입은 환자들만 자전적 기억이 손상된다는 것을 발견한 Eslinger에 의해 비슷한 가설이 제안되었다(Eslinger, 1998).

의미 치매 환자들에게서 최신 자전적 기억이 비교적 잘 보존되어 있다는 사실은 새로운 일화 기억을 부호화하는 기제들이 의미 치매에서 적절하게 기능한다는 것을 분명히 하고 있다. 만약 이것이 사실이라면 일화 기억은 핵심적으로 의미 기억의 하위 기제이며, 새로운 일화적 학습은 기억되어야 할 항목과 개념에 대한 의미 지식에 의존한다고 주장한 Tulving(1983, 1995)의 장기기억 조직화 이론과 대립되는 것이다. 최근까지 일화 기억은 의미 기억에 의존하며, 환자들은 자신들이 이해하는 데 실패한 자극에 대한 정상적인 일화 기억을 생성할 수 없어야 된다는 주장은 고려되지 않았다. 의미 치매에 있어서 순행성 기억 기능에 대한 우리 연구팀의 연구는 의미 기억과 일화 기억 간의 관계를 좀 더 구체적으로 탐색하기 위해서 시작되었다.

논리 기억(이야기 회상), 단어 항목 학습 검사와 같은 순행성 기억에 대한 언어 수행 능력은 획일적으로 저조한데, 우리는 이것을 환자들이 부호화할 단어들에 대한 의미 지식이 빈곤하기 때문이라고 해석하였다. 반대로 환자 A.M.처럼 Rey Complex 그림과 같은 비언어적 기억 검사에서는 종종 정상 범위 내에서의 수행 능력을 보여 주는 경우도 있다(Hodges et al., 1999a). 환자들은 또한 컬러 사진을 자극으로 사용하였을 때 아주 뛰어난 재인 능력을 보여 주는데, 이런 결과는 지각 정보에 의존한 결과로도 간주된다고 최근 연구는 보고하고 있다. Graham, Simon, Pratt, Patterson과 Hodges(2000a)는 2개의 상이한 조건에서, '아는' 항목과 '모르는' 항목(아는 항목은 피험자가 명명할 수 있거나, 정확하게 확인할 수 있는 그림들이고, 모르는 것은 이외는 반대이다.)에 대한 재인 기억을 비교했다. 한 조건에서는 제시된 항목이 학습 시와 검사 시에 시각적으로 동일하였으며(예: 동일한 전화기), 다른 조건에서는 학습 시와 검사 시에 상이한 표본이 제시되었다(예: 다른 전화기). 의미 치매 환자들은 지각적으로 동일한 첫째 조건에서 아는 항목과 모르는 항목 모두에 대해 거의 완벽한 재인 기억을 보여 주었지만, (지각적으로 상이한) 둘째 조건에서는 모르는 항목에 대한 재인 기억이 매우 손상되었나. 앞에서 기술했던 연구 결과들과 종합해 보면, 이 자료들은 일화 기억이 단순히 의미 지식의 통합에만 의존하는 것이 아니며, 사건에 관련된 지각 정보가 재인 기억의 근간을 제공하는 데 보완적인 역할을 한다고 시사한다.

의미 치매에 있어서 최근 사건에 대한 자전적 기억과 순행성 기억에 대한 해부학적 근거를 살펴보면, 해마 복합체가 외현적으로 보존된다는 사실(Graham & Hodges, 1997)에 근거하여 제안된 우리 연구진의 첫 설명은 몇몇 치매 환자에게서 최근 보고된 비대칭적 해마 수축 결과를 고려할 경우 수정이 요구된다.

장기기억에 대한 대부분의 이론들은 해마가 시간의 제약을 받는다고 가정한다(Graham & Hodges, 1997; McClelland et al., 1995). 이 이론들에 따르면 해마 복합체는 최근 기억에 대해서는 큰 역할을 하지만 오래된 기억에 대해서는 그렇지 못하다. 여기서 의미하는 '최근'이란 몇 주 또는 몇 달이라는 기간을 의미하며, 따라서 장기기억을 지칭한다. 이 기간 동안 해마는 대뇌 피질의 감각 정보의 조각들을 연결하는 데 중요한 역할을 하지만, 반복적인 시연으로 인하여 피질에서 연결이 발달—장기 응고화 과정—되면, 점차적으로 기억 흔적은 해마로부터 독립하게 된다. 우리 연구팀은 의미 치매에서 최신 자전 기억과 순행성 기억이 유지되는 것이 해마가 보존되기 때문이라고 설명하였다. 하지만 좀 뒤에 언급하겠지만, 해마도 이 장애에 영향을 받는다는 최근 증거가 보고되었다. 해마가 손상을 입음에도 불구하고, 알츠하이머병에서 발견되는 것과는 세포의 병리가 전혀 다르며, 손상 정도도 심하지 않은 것 같다. 또한 해마 위축의 범위에 상당한 변산성이 있으며, 양반구의 비대칭적 손상 정도(전형적으로 좌뇌가 우뇌보다 더 크게 손상됨) 역시 중요한 요인이 되는 것 같다. 최근 연구들은 이런 양상들에 초점을 맞추고 있다.

언어

앞에서 지적한 것처럼 의미 치매의 두 가지 현저한 증상들은 표현적 어휘와 수용적 어휘의 감소다. 이런 결과는 쉽게 예상할 수 있는데, 언어 처리의 모든 양상에서 내용어를 생성하고 이해하는 능력은 대부분 의미 표상의 활성화에 달려 있기 때문이다. 의미 기제를 배제할 경우, 언어의 다른 2개의 주요 구성 요소인 음운론과 구문론은 의미 치매에서 상당히 잘 기능하는 것으로 보인다.

음운론 환자의 자발적 발화뿐 아니라 대상 이름 말하기, 단일 단어 반복하기, 소리 내어 읽기와 같은 좀 더 통제된 과제의 수행에서는 음소적 오류를 거의 나타내지 않는다. 실어증 증후군의 틀에서 어떤 증상으로 분류가 되든(브로카 실어증, 베르니케 실어증, 전도성 실어증, 기억 상실 실어증 등), 모든 뇌졸중으로 인한 실어증 환자들은 실제로 대상을 명명할 때 정확한 이름과 음소적으로 유사하게 명명하는 오류를 범한다. 이와 같은 오류가 비유창성 진행성 실어증을 가진 환자에게도 나타난다(Croot, Patterson, & Hodges, 1998; Snowden et al., 1996a).

반면 의미 치매 환자들의 건망증 오류들은 단일 단어의 의미 오류(범주 등위 또는 상위 개념), 완곡어법(종종 매우 빈약한 내용을 가진), 생략('몰라요')의 형태를 취하지만, 음소적 실수는 결코 범하지 않는다(Hodges & Patterson, 1996; Snowden et al., 1996a). 따라서 의미 치매에 있어서 발화-산출 능력의 장애는 아마도 음운 기제 자체의 손상으로 발생하는 것이 아니라 환자가 정확한 음운 표상 활성화에 필요한 의미적 정보가 충분하지 않기 때문에 발생하는 결과일 것이다.

소리 내어 읽기 능력과 받아쓰기 기술은 자극이 고-빈도 단어나 철자와 발음이 일치하는 단어로 구성된 자극일 경우 손상되지 않는다. 그러나 환자의 대부분은 놀라울 정도로 표층 난독증과 표층 실서증과 유사한 증상을 보이며, 특히 철자와 발음이 일치하지 않는 저-빈도 단어들에 대해서 '규칙화' 오류를 범한다. 이런 증상은 영어 화자 환자들에게서 자주 보고되어 왔지만(Knott et al., 1997; Patterson & Hodges, 1992), 다른 언어에서도 철자-소리 호응에서 다양한 수준과 정도로 일관성 있게 나타난다(예: Lauro-Grotto et al., 1997, 이탈리아어; Diesfeldt, 1992, 네덜란드어; Patterson, Suzuki, Wydell, & Sasanuma, 1995, 일본어 간지). 우리는 이와 같은 읽기와 철자 장애의 '표층' 적 양상이 이미 알고 있는 단어에 대한 정확한 발음이나 철자의 추출에 관여하는 정상적인 의미적 제약의 감소로 발생한다고 보았다(Graham, Hodges, & Patterson, 1994; Graham, Patterson, & Hodges, 2000b).

문법 언어에서 문법적 특성에 대한 이해 능력은 의미 치매 발병 경로에서 마지막 단계까지 보존된다(Hodges, & Patterson, 1996). 다양한 문법적 구조의 처리를 측정하기 위해 설계된 문장-그림 맞추기 검사(the Test for the Reception of Gramma; Bishop, 1989)에서, 환자들은 전형적으로 정상 수준의 점수를 받는다. 정상 한계를 벗어날 정도의 오류를 범할 경우, 그 오류들은 종종 문법적이기보다는 어휘적이다(Hodges et al., 1992a).

표현의 측면에서, 실어증 환자들의 자발적인 발화의 문법적 정확성은 (실문법 증후군과 같은 극단적인 경우를 제외하고) 실제로 판단하기 어렵다. 왜냐하면 정상 화자의 자발적 발화조차 종종 비문법적일 뿐 아니라, 발화의 이해 과정 또한 매우 자동적이고 느슨하기 때문에 시작, 종결, 수정 등으로 형성된 발화를 청자가 잘 알아차리지 못하게 되기 때문이다. 다른 연구자들의 보고(Snowden et al., 1996a)와 우리 연구진이 과거 수십 년간 이 장애를 가진 환자들과 대화를 나눈 경험에 근거해 보면, 의미 치매 환자의 발화에서 발견되는 비정상성은 항상 적절한 단어를 찾지 못하는 어려움에 있으며, 주요한 문법적 이상은 거의 나타나지 않았다. 상태가 악화되고 어휘 퇴화가 심해지면, 발화 행동이 양적으로도 현저하게 감소할 뿐 아니라. 질적으로도 상투적인 표현으로 바뀐다. 이때 나타나는 상투적인 문구—P.P.가 사용한 안타까울 정도로 정확한 "난 전혀 이해를 못하겠어요."와 같은 표현들(Hodges, Patterson, & Tyler, 1994), 혹은 M.C.의 "난 당신이 무슨 말을 하는지 전혀 알지 못하겠네요."와 같은 표현들(Hodges et al., 1992a)—또한 항상 잘 조직화된 발화들이다.

시공간 능력과 비언어적 문제해결력

선 방향 판단, Rey Complex 그림 검사, 대상 맞추기(다른 각도에서 찍은 2개의 그림 중 어느 것이 표적 그림과 같은 것인지 판단하는 검사)와 같은 시공간 기능에 대한 검사들에서는 환자들이 정상 범위 점수를 나타낸다(Hodges & Patterson, 1996). 앞에서 기술했던 것처럼, Rey 그림을 따라 그리라고 요구하였을 때, 이 환자들은 뛰어난 재생 능력을 보여 주는데(Hodges et al., 1992a), 이런 결과는 뛰어난 시공간 능력뿐 아니라 계획 및 조직 능력 또한 우수하다는 사실을 시사한다. Raven's Matrices 점수에서도 대부분 정상적인 것으로 드러나며(Hodges et al., 1992a;

Snowden et al., 1996a; Waltz et al., 1999), 이런 결과는 특별한 개념들에 대한 지식이 요구되지 않는 한, 문제해결력은 보존되고 있다는 것을 나타낸다. Waltz와 동료들(1999)의 최근 연구는 전두엽 치매와 달리, 의미 치매 환자들이 복잡한 연역 및 귀납적 추론 능력이 요구되는 퍼즐도 풀 수 있다는 것을 보여 주었다.

의미 기억 조직화에 대한 통찰

다음 단락에서는 의미 치매에서 의미 붕괴에 대한 우리 연구진의 연구를 다룰 것이다. 첫 단락에서는 지식의 전반적 구조와 환자들로부터 도출된 증거가 지식 구조의 위계적 모형(지식 가지)을 지지하는지 분산(연결망) 모형을 지지하는지에 대해 설명한다. 다음 단락에서는 지식의 내적 구조와 지식의 조직화가 의미 범주, 입력된 정보(단어 vs 그림)의 양식(modalities) 혹은 산출(언어 vs 행동)의 양식을 따라 이루어지는지에 대해 다룰 것이다.

의미 나무의 가지치기인가 아니면 연결망 내에 생성된 구멍인가

명명하기 과제에서 의미 치매 환자가 보여 주는 반응 양상으로부터 이 장애의 진행 과정에서 나타나는 특징을 발견할 수 있다(Hodges et al., 1995). 추기 단계에서 그들은 '하마' 를 '코끼리' 라고 부르는 등 범주 내 개별 개체 간의 식별 능력이 손상되는 양상을 보여 주지만, 광의의 범주 수준 정보는 유지하고 있는 것으로 보인다. 후기 단계에 들어서면, 그들은 '하마' 나 다른 큰 동물을 '말' 이라 부르는 것처럼 원형 개념이나 '동물' 과 같이 상위 수준 개념으로 명명하며, 병이 상당히 진행되었을 경우에만 범주 간 오류를 범한다.

이와 같은 특징적인 증상의 진행은 의미 체계가 위계적으로 구성되어, 속성 정보가 '지식 나무' 가지의 말단부에 표상되는 것으로 해석할 수 있다. 육지 동물, 수중 생물, 조류와 같이 보다 근본적인 분류는 이 위계의 기원에 더 가깝게 위치하며, 생물과 무생물의 분류는 위계의 기원에 표상될 것이다. 상위 수준의 속성들을 모든 하위 속성들이 이어받는다(Collins & Quillian, 1969). 그런 모형은 직관적인 호소력을 가지며, 의미 치매의 결손은 의미 나무의 진행성 배경 가지치기처럼 보일 수 있다(Warrington, 1975).

우리가 선호하는 대안적인 설명은 분산연결망(McClelland et al., 1995; McClelland & Rumelhart, 1985)에서 미시속성들(microfeatures)의 개념에 근거하고 있다. 개략적인 모형이 [그림 4-4]에 제시되어 있다. 이 모형의 장점은 각 개념의 하위 수준 속성들이 한 번 표상될 때만 필요한 반면, 위계적 모형에서는 그 속성이 적용되는 모든 개념(사자와 말 둘 다에 대해 '갈기가 있다')들에 각각 표상되어야 한다는 것이다. 범주 구성원은 개념들 간 요소의 공유 양상의 발현 속성(emergent proeprty)으로 이해할 수 있으며, 또 다른 설명은 직관적으로 매력적인 정도의 문제가 될 것이다. 의미 치매에서 본 것처럼, 분산된 속성 연결망은 미세한 세부 정보는 손상되지만 최상위 수준의 정보는 보존될 것으로 예측할 수 있다. 그 근거는 많은 개별 속성들의 표상이 연결망에서 상실되었다 할지라도, 범주의 주축은 유지되고

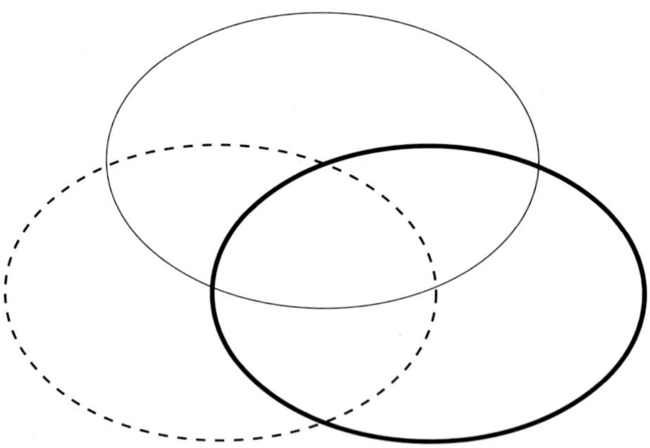

[그림 4-4] 펭귄(가는 선), 올빼미(점선), 울새(굵은 선)를 설명하는 분산 표상(미세속성) 모형

있기 때문에 미세한 사항들의 식별이 불가능하게 된 이후에도 오랫동안 범주 구성원에 대한 판단은 내릴 수 있기 때문이다.

의미 치매 환자들의 지식에서 범주-세부적인 손상이 나타나는가

생물 vs 무생물

의미 기억 손상이 선택적으로 특정 범주적 지식에서는 발생하지만 다른 범주에서는 발생하지 않는 현상이 단순포진뇌염 환자들에게서 광범위하게 발견된다. 전형적으로 발생하는 특색은 생물이나 자연물(동물, 과일, 등)보다 무생물에 대한 기억이 더 잘 보존되는 것으로 나타난다(Pietrini et al., 1988; Warrington & Shallice, 1984). 그 반대 유형의 선택적 분리가 좌반구 내측 대뇌 혈관 영역에서 국소적인 뇌졸중을 겪은 환자들에게서 발견되며, 이런 발견은 의미 기억의 선택적 손상이 생물 범주의 표본들에 대한 낮은 친숙성이나 시각적 유사성의 정도에 근거한다는 설명을 배제한다(Caramazza, 1998; Gainotti, Silveri, Daniele, & Giustolisi, 1995도 참조).

이 현상에 대한 가장 단순한 해석은 다른 범주들의 신경 표상이 상이한 피질 영역 내에 위치하고 있다는 것이다(Caramazza, 1998; Caramazza & Shelton, 1998). 그보다 대안적 가설은 이 2개의 광범위한 영역 내에서 항목들의 식별에 결정적인 요인들이 각기 다르다는 것이다. 이 관점에 의하면, 생물에 두드러진 항목들이 집단은 지각적 요인들에 강하게 의존하는 반면, 대부분 인공물인 다른 집단은 그것들의 기능적 특성에 더 의존한다는 것이다(Warrington & Shallice, 1984). 범주-특수성에 대한 근거로서 감각-기능적 이분법에 대한 지지는 이런 현상을 보이는 환자들에 대한 집단 연구로부터 처음 보고되었다. 이 환자들에게 있어서 손상된 범주들은 항상 생물 대 인공물의 구별을 따르는 것은 아니었다(Warrington & McCarthy, 1987). 특히 신체부위들은 무생물로 분리되는 반면, 옷감, 보석, 악기는 좀 더 생물처럼 취급한다. 지식을 기능적 하위 유형으로 분리하는 것은 정상인을 대상으로 한 PET 연구 결과에 의해 지지되어 왔지만(Martin et al., 1996; Mummery et al., 1999), 범주-특수적 손상을 보이는 환자들을 대상으로 실시한 지각적 및 기능적 지식 상태에 대해 검정한 연구들은 이 가설에 제한적인 지지만 제공하고 있다(DeRenzi & Lucchelli, 1994; Silveri & Gainotti, 1988).

의미 치매의 형태도 일관적이지 않다. 일반적인 개념의 정의를 말하라고 요청했을 때, 이 환자들은 시지각적 정보를 거의 제공하지 않는다. 예를 들어, 말에 대해 기술하라고 요청했을 때, 이들은 전형적으로 '당신은 그것들을 탄다.' '그것들은 달린다.' '당신은 들판에서 그것들을 볼 수 있다.' 같은 문장은 만들어 내지만, 말의 크기, 모양, 색깔, 또는 구성 부분들에 대해서는 거의 언급하지 않는다(Lambon Ralph, Graham, Patterson, & Hodges, 1999). 측두엽이 의미 치매에 관여한다는 사실을 고려할 때, 감각-기능 분리 이론은 명명 과제나 이해 검사에서 인공물 범주가 현저하게 유리할 것으로 확신할 수 있다. 집단 연구 결과에서는 예측된 패턴이 (경미하게나마) 이런 환자들에게 나타나지만, 환자 개개인의 연구 결과에서는 나타나지 않는다(Garrard, Lambon Ralph, & Hodges, 2002).

따라서 병변 위치와 정보의 유형은 범주-특수성의 단일 결정인은 아닌 것으로 보인다. 추가적인 요인들이 주로 뇌영역과 연관되어 있는지(예: 내측두 구조가 중요하다는 가정)(Barbarotto, Capitani, Spinnler, & Trivelli, 1995; Pietrini et al., 1988) 아니면 아직까지 알려지지 않은 인지 구조로 인한 것인지는 아직 불분명하다.

사람에 대한 지식과 대상에 대한 지식: 좌우 측두엽의 역할

초기 연구자들은 우측 측두엽의 위축과 사람에 대한 지식의 선택적 손상 간의 연합을 제기했지만(DeRenzi, 1986; Tyrrell, Warrington, Frackowiak, & Rossor, 1990), 처음으로 자세히 보고된 사례인 V.H.는 우리 연구진이 1995년에 보고하였다(Evans, Heggs, Antoun, & Hodges, 1995). 첫 관찰에서 V.H.는 얼굴을 통해 친숙한 사람들을 인식하지 못하는 전형적인 안면 인식 장애 증상을 보였으며, 이름과 목소리를 통한 인식 능력은 훨씬 우수하였다. 지속적인 관찰을 통해 V.H.의 손상이 사람들에 관한 지식의 총체적 상실에 있다는 것이 점점 확고하게 부각되었다. V.H.는 마거릿 대처(전 영국수상; V.H.는 영국인이었다.)의 사진을 인식하지 못하였을 뿐 아니라, 이름을 제시하였을 때 그에 대한 어떤 정보도 제공하지 못했지만, 일반적인 의미 기억과 자전적 기억은 보유하고 있었다(Kitchener & Hodges, 1999). 우리 연구진은 사람에 관한 지식의 표상에서 우측 측두엽의 특별한 역할을 가정했다(Evans et al., 1995). 대부분 예측들과 마찬가지로, 후속 연구들은 오히려 반대의 자료들을 보여 주었다. 우측 뇌가 두드러지게 위축된 환자들로부터 사람에 대한 지식의 심각한 상실을 발견하였지만, 좌측 뇌손상 환자들도 그런 지식이 현저하게(비록 선별적인 것은 아니지만) 손상된다는 사실을 발견하였다. 이런 결과는 사람들에 관한 지식이 특히 어느 쪽이든 측두엽의 위축과 관련성이 있다는 것을 시사한다(Hodges & Graham, 1998).

사람이 아닌 다른 친숙한 대상에 관한 우리의 연구 가설은 개념적 지식이 좌우 측두엽 신피질에 걸쳐 분산된 연결망으로 표상된다는 것이다. 이 결론은 모두는 아니지만 일부 증거에 의해 지지되었다. 예를 들어, 정상적인 피험자에게서 얻은 PET 연구는 모든 의미 행동이 좌반구에서 일어난다는 것에 대한 믿을 만한 근거를 제시한다(Mummery et al., 1999; Vandenberghe et al., 1996). 일반적인 개념 지식의 양측 표상에 대한 우리의 잠정적인 주장은 의미 치매에서 나온 증거에 기반하고 있다. 의미 검사(대상 명명하기, 단어-그림 맞추기, 고르기, 연합적인 의미 판단하기) 수행의 손상된 결과는 좌측 측두엽 위축이 우세한 환자뿐 아니라(Breedin, Saffran, & Coslett, 1994; Hodges et al., 1994; Lauro-Grotto et al., 1997; Mummery et al., 1999; Snowden, Griffiths, & Neary, 1994; Tyler & Moss, 1998; Vandenberghe et al., 1996), 주로 우측 손상을 입은 환자들에게서 보였다(Barbarotto et al., 1995; Hodges et al., 1995; Knott et al., 1997).

위에서 언급한 V.H.는 우측 뇌의 전측 측두 위축으로 인해 재인과 사람에 대한 지식이 선별적으로 손상되었지만(Evans et al., 1995), 좌측 측두엽 영역으로 위축이 확산되면서 의미 손상이 보다 일반화되어 갔다(Kitchener & Hodges, 1999). 그와는 반대의 증상을 보이는 두 명의 의미 치매 환자는 좌반구 전측 측두엽에서 변화가 발생하였지만 의미의 이상 증세는 아주 적었다. 이 두 환자는 진행성 기억상실증을 나타냈고, 병리가 양측 측두엽으로 퍼져나갔을 때만 좀 더 심한 의미 붕괴가 발생하였다.

가장 극적인 인지적 차이는 우측 보다 좌측 위축(L> R)을 보이는 환자에 대한 우리의 분석으로부터 나왔고, 반대로 우측에서의 더 커다란 이상(R> L)을 가진 환자들은 의미 손상의 범위나 패턴에 있어서는 차이가 없고 오히려 기억 상실과 관계가 있다. 우리는 이 관계를 횡단 및 종단 분석을 동시에 실시하여 검정하였으며, 이때 환자의 의미 손상 정도(이 목적을 위해 동일한 48개 항목에 대한 단어-그림 맞추기 검사에서 추출된 환자의 점수)를 48개의 구체적인 개념에 대한 환자의 그림-명명하기 점수로 나타냈다. 이 분석에서 각 의미 손상 수준에 있어서, L> R인 환자들이 R> L 환자들보다 평균적으로 좀 더 심한 기억 상실 증상을 보인다는 것을 발견하였다. 명명 과제의 오류 내용 또한 두 집단에 있어서 차이가 있었다. 모든 환자들이 의미 치매에서 보이는 세 가지 주요한 명명하기-오류 유형(앞서 언급했던 것처럼, 단일-단어 의미 오류, 둘러대기, 생략) 중 몇 개를 만들어 내지만, R> L 환자들이 상대적으로 좀 더 많은 의미 오류를 범하였으며, 그에 반해 L> R 집단은 과제에 반응을 하지 못하는 경우가 더 많았다.

이런 패턴에 대해서 우리 연구진은 구체적 개념에 대한 의미 표상이 좌우 뇌 측두 영역에 분산되어 있는 반면, 발화의 생성은 좌반구에 보다 강력하게 편재화되어 있으며, 좌측 뇌에서 의미 요소들은 개념을 명명하기 요구하는 음소적 표상과 좀 더 강하게 연결되어 있다고 추정한다. 이런 설명은 좌측에 배타적으로 위축을 보이는 의미 치매의 초기 단계에 있는 환자들이 심각한 기억 상실 증상을 보이지만, 명명하기를 요구하지 않는 의미 과제에서는 손상 정도가 적게 나타난다는 사실과 일치한다(Lambon Ralph et al., 1999).

입력과 출력의 양식

이 분야에서 지속되고 있는 논쟁 중의 하나는 지식이 입력이나 출력의 양식에 따라 나누어져 있는지에 관한 것이다. 간단히 말해, 당신이 '아스파라거스' 란 단어를 듣거나 보았을 때 활성화되는 의미 표상이 실물을 직접 보거나 맛봄으로써 형성된 개념적 지식과 같을 것인가 다를 것인가? 동일한 맥락에서 당신이 망치에 대해 말하거나 명명할 때, 이 발화의 근간을 이루는 개념적 표상이 당신이 실제 망치를 들어 올리거나, 사용할 때 당신의 행동을 유도하는 의미적 지식과 같을 것인가 다를 것인가? 분리 기제를 주장하는 연구자들은 후자와 같은 지식을 종종 행동 의미론(action semantics)이라고 지칭한다(Buxbaum, Schwartz, & Carew, 1997; Lauro-Grotto et al., 1997; Rothi, Ochipa, & Heilman, 1991).

의미 치매 연구 결과에 근거한 우리의 가설은 핵심 의미 표상이 양식으로부터 배제되었다고 간주한다. 따라서 우리의 관점은 분리된 양식으로 특수화된 의미 기제를 주장하는 연구자들의 주장보다(Lauro-Grotto et al., 1997; McCarthy & Warrington, 1988; Rothi et al., 1991; Shallice & Kartsounis, 1993), 하나의 핵심 의미 체계를 주장하는 연구자들의 주장과 일치한다(Caramazza, Hillis, Rapp, & Romani, 1990; Howard & Patterson, 1992). 이런 견해는 우리가 연구해 왔던 의미 치매 환자들 중 어느 누구로부터도 입력과 출력 사이에서 현격한 분리 현상을 발견하지 못한 결과에 근거한다.

단어와 대상을 관할하는 체계는 2개로 분리되었는가

이 질문에 대답하기 위해 우리는 최근 연구(Lambon Ralph et al., 1999)에서 9명의 의미 치매 환자들(A.M.을 포함하여, [그림 4-1])로부터 제공받은 구체적 개념들의 정의를 평가했다. 이 연구에서 사용된 자극은 앞에서 기술했던(Hodges & Patterson, 1995) 의미 검사로부터 추출한 48개의 항목으로 구성되었다. 환자들에게 각 개념들을 각기 다른 상황에서 한 번은 그림으로 다른 상황에서는 구두로 제시한 뒤 그 개념들의 정의를 보고하도록 하였다. 제시된 정의의 평가에는 환자의 정의가 '핵심 개념'의 상태를 성취했는지(반응은 다른 사람들이 이 정의로부터 개념을 확인할 수 있을 정도로 충분한 정보를 제공했는지) 여부를 묻는 등 다양한 방법이 사용되었다.

언어적 의미 체계와 시각적 의미 체계가 분리되어 있다고 주장하는 연구자들은 이 두 조건에서 눈에 띌 정도의 항목-특수적 유사성을 발견할 수 없다고 예측한다. 하지만 우리가 제안한 대안에서 예상하던 것처럼 성공적인 정의(핵심 개념)와 동일 항목을 언급한 단어 또는 묘사한 그림 간에 상당히 높은 일치율을 보였다. 사실 적절한 의미를 담고 있지 않은 정의의 수는 그림보다 단어에서 훨씬 더 많이 발견되었다. 의미의 복수 체계를 선호하는 연구자들은 이런 차이를 시각적 의미가 상대적으로 더 잘 보존되고 있다는 증거로 간주할 수 있지만, 우리는 이것이 다음과 같은 설명으로도 수용될 수 있다고 주장한다. 대상(또는 대상의 그림)과 그것의 개념적 표상 간의 대응 관계는 단어와 그것의 핵심 개념 간의 대응과는 근본적으로 다르다. 대상에 대한 모든 것을 그것의 물리적 특징으로부터 추론할 수는 없다고 할지라도, 대상이나 그림의 많은 감각적 속성과 대상이나 그림의 의미 간에는 체계적인 관계가 있다. 하지만 단어에서는 이와 같은 관계가 존재하지 않는다. 음운 형태와 의미는 전적으로 임의적인 관계로 형성되었다. 부연하면, 실제 대상이나 그림은 어떤 속성을 제공한다(Gibson, 1977). 단어는 그런 행위지원성(affordance)이 없다. 터키어를 모르는 사람이 pilic이 닭을 가리키는지 아니면 가지 혹은 물고기(실제로 pilic은 닭을 지칭)를 가리키는지 알 수 있는 방법이 없다. 따라서 개념적 지식이 퇴행하였을 때, 환자는 그림에 반응하여 비록 빈약하긴 하지만 어느 정도의 정보를 제공할 수 있지만, 대상의 이름에 대해서는 완전한 백지 상태가 될 수도 있다는 것을 이해할 수 있다.

9명의 환자들을 개별 사례로 취급하여 각 환자가 제공한 정의를 그 속에 담겨 있는 적절한 속성의 수로 채점했을 때, 7명의 환자들이 두 자극 조건에서 비슷한 점수를 받거나, 단어보다는 그림에서 더 좋은 점수를 받았으며, 나머지 두 명은 그림보다 단어에서 더 높은 점수를 받았다. 더구나 이 두 명은 MRI 결과에서 양측 위축을 보였으며, 특히 좌측 측두엽보다 우측 측두엽에 더 심각한 위축이 발견되었다.

이런 결과는 언어적 의미 체제와 시각적 의미 체제가 분리되었을 뿐 아니라, 언어적 표상은 좌반구 구조에, 시각적 표상은 우반구의 의미 체제에 더 의존적이라는 주장을 지지하는 강력한 증거로 간주될 수 있다. 다시 강조하면, 이런 해석은 우리의 해석과 다르다. 그림과 단어를 분리할 때 명심해야 할 점은, 환자가 전의미 결손으로 인하여 자극 유형을 적절하게 처리하지 못하여 낮은 수행으로 나타날 수 있다는 것이다. 그림보다 단어에 반응하여 더 많은 개념 속성들을 제공한 두 환자를 보면, 그들이 보인 핵심 의미에서의 손상(단어와 그림 모두에서 매우 심각하게 정상 수준 아래로 정의)이 비정상적인 전의미 시지각 처리 능력과 결합되어 있었다. 예를 들어, 둘 다 동일한 대상을 다른 각도에서 묘사한 그림 맞추기에서 낮은 점수를 받았다. 그중 한 환자(Knott 등[1997]에서도 보고)는 선 그림으로 제시된 대상(2/30)보다 실제 대상(21/30)을 훨씬 더 잘 명명할 수 있었는데, 이런 결과는 선 그림에 담긴 빈약한 시각 표상으로부터 명명에 필수적인 정보를 추출해 내는 데 어려움을 겪었음을 반영하는 것이다. 우리는 의미 표상이 단어와 대상에 의해서 분리되어 활성화된다는 해석을 제공하는 어떤 결과도 얻지 못했다는 결론을 내렸다.

분리된 행동 의미 체제가 있는가

이 문제에 대한 우리의 최근 연구는 명명하기뿐 아니라, 분류하기, 단어-그림 맞추기 또는 그림이나 단어를 연합하여 맞추기 같은 비언어적 유형의 반응처럼 다른 유형의 반응을 유도하는 데 충분한 지식이 결여되었을지라도 온전하게 보존된 분리된 '행동 의미 체제' 가 있다는 주장(Buxbaum et al., 1997; Lauro-Grotto et al., 1997; Rothi et al., 1991)에 의해 동기화되었다. 이 관점은 위에서 언급한 다양한 유형의 실험실 과제에 전혀 반응하지 못하는 의미 치매 환자들이 일상적인 생활은 정상적으로 유지한다는 일화적인 보고에 근거한 것이다(Snowden, Griffiths, & Neary, 1995). 우리 역시 환자들이 대상들을 정확하게 사용하는 수많은 예들을 관찰하였다. 다수의 반증의 예들 또한 관찰된다(예: A.M.). 그럼에도 불구하고, 지금까지 보고된 심각한 의미 손상 환자들이 정확하게 대상을 사용하고 있다는 점은 설명되어야 한다. 우리는 최근 이 논쟁에 대한 증거를 확보하려고 노력했다(Hodges, Bozeat, Lambon Ralph, Patterson, & Spatt, 2000; Hodges et al., 1999b).

6명의 의미 치매 환자들에 대해 병따개, 감자 깎기, 또는 성냥갑과 같은 20개의 일상생활 용품 사용 능력을 측정하였다. 이 환자들은 동일한 물체들을 대상으로 한 다른 의미 과제들, 예를 들면 명명하기, 이 물체 그림과 그 물체를 전형적으로 발견할 수 있는(예: 정원보다는 부엌과 감자 깎기) 장소의 그림 맞추기, 또는 그 물체를 가지고 할 수 있는 행동의 일반적인 대상(예: 계란보다는 감자와 감자 깎기)을 포함한 일련의 과제들을 수행하였다. 덧붙여, Goldenberg와 Hagmann(1998)은 환자들에게 실제로 존재하지도 않으며 친숙하지도 않은 도구를 새롭게 제작하여 검사를 실시하였다. 이 검사를 성공적으로 수행하기 위해서 환자들은 그 도구와 그 도구가 사용될 수 있는 대상을 이용한 문제해결 및 행위지원성(affordance)을 인식할 수 있어야 하였다.

이 실험의 결과들을 우리가 만든 질문으로 요약할 수 있다. (1) 의미 치매 환자들은 일반적인 의미 수행보다 실제 대상을 사용한 수행에서 더 성공적일 것인가? 그 답은 '아니다' 이다. (2) 만약 대상 사용 판단 능력이 대상마다 다를 경우, 동일한 대상에 대한 비언어적 의미 과제 수행 능력에 비추어 예측이 가능한가? 답은 '대체적으로 그렇다' 이다. (3) 지식이 명백하게 손상된 대상을 정확하게 사용할 수 있다는 증거가 있다면, 이러한 분리 현상이 대상-특수 행동 의미론의 보존이라는 해석보다 실제-대상에 대한 행위지원성과 결합된 일반적인 문제해결 능력의 보존으로 설명될 수 있는가? 답은 '그렇다' 이다. 부연하면, 우리는 의미 치매에서 행동 의미 체제가 분리되어 보존되고 있다는 명확한 증거를 확보하지 못했다.

의미 치매 환자의 정확한 대상 사용은 2개의 주요 원인으로 설명될 수 있을 것 같다. 첫째, 환자들은 우수한 문제해결 능력을 가지고 있으며, 많은 대상들은 어떻게 사용될 수 있는가에 대한 좋은 실마리를 제공한다. 둘째, 대상에 대한 성공은 표본에 특수한 친숙성과 맥락이라는 요소에 의해 현저하게 조절되었다. Snowden 등(1994)의 기발한 실험에서 보여 주었던 것처럼, 자신의 부엌에 있는 친숙한 주전자를 사용하는 법을 아는 환자가 (주전자이지만 친숙하지 않은) 실험자의 주전자나 자신의 주전자가 친숙하지 않은 맥락(예: 침실)에서 제시되었을 때, 그 주전자를 인식하지 못할 수도 있다. 실험을 통해 평가한 대상 사용 능력에서 일상생활 용품의 표준화된 표본들이 사용되었지만, 이것들은 환자가 이전에 사용했거나 알고 있는 표본들이 아니었으며, 더구나 이 표본들은 일상생활이 아닌 실험적 장면에서 제시되었다.

결론과 미래 방향

의미 치매 환자들로부터 의미 기억의 신경학적 근거와 의미와 다른 인지 처리 과정 간의 관계에 대해 분명히 많은 지식을 습득할 수 있었다. 그럼에도 불구하고, 아직 더 많은 연구가 필요하다. 특히 신경심리학적 자료와 영상 연구 자료를 사후 뇌 부검 분석과 결합한 임상병리학적 연구가 상당히 부족한 상태다. 의미 기억의 특정 양식에서 좌우 측두엽 구조의 역할은 논쟁의 여지가 많이 남아 있지만, 우측보다 좌측 측두엽 위축이 우세한 희귀 환자 사례들에 대한 종단적 분석으로 설명될 수 있을 것이다. 초기 의미 치매 환자의 경우, 내측두(해마와 내후각 피질) 위축이 비대칭적임에도 불구하고, 양호한 일화 기억 처리 능력을 나타낸다는 최근의 발견은 미래의 연구 방향에 중요한 시사점을 제시한다.

아주 최근까지, 비인간 영장류에서 기억 연구는 거의 대부분이 작업기억과 인간 일화 기억에서 사용되는 패러다임에 초점을 두고 있다. 특정한 대상에 근거한 과제(예: 지연-표본 대응 및 지연-표본 비대응 과제)들은 인간의 의미 기억 과제들과 좀 더 유사하며, 후각 주변부 절제 이후 그런 과제에서 실패하는 동물들은 대상 재인이나 상위 수준의 지각 기능 손상으로부터 유발된다고 간주된다(Murray & Bussey, 1999; Simons et al., 1999). 이와 같은 새로운 해석은 의미 기억에서 후각 주변부의 역할과 지각과 지식 간의 관계에 흥미를 유발시켰다. 원숭이와 인간 의미 기억 간의 유사성을 탐구하는 다수의 연구가 이미 진행되고 있으며 앞으로 몇 년 안에 흥미로운 결과들을 제공할 것으로 기대된다.

참 | 고 | 문 | 헌

Baddeley, A. D. (1976). *The Psychology of memory*. New York: Basic Books.

Barbarotto, R., Capitani, E., Spinnler, H., & Trivelli, C. (1995). Slowly progressive semantic impairment with category specificity. *Neurocase, 1*, 107–119.

Bishop, D. V. M. (1989). *Test for the reception of grammar* (2nd ed.), London: Medical Research Council.

Breedin, S. D., Saffran, E. M., & Coslett, H. B. (1994). Reversal of the concreteness effect in a patient with semantic dementia. *Cognitive Neuropsychology, 11*, 617–660.

Buxbaum, L. J., Schwartz, M. F., & Carew, T. G. (1997). The role of semantic memory in object use. *Cognitive Neuropsychology, 14*, 219–254.

Caramazza, A. (1998). The interpretation of semantic category-specific deficits: What do they reveal about the organization of conceptual knowledge in the brain? Introduction. *Neurocase, 4*, 265–272.

Caramazza, A., Hillis, A. E., Rapp, B. C., & Romani, C. (1990). The multiple semantics hypothesis: Multiple confusions. *Cognitive Neuropsychology, 7*, 161–189.

Caramazza, A., & Shelton, J. R. (1998). Domain-specific knowledge systems in the brain: Theanimate-inanimate distinction. *Journal of Cognitive Neuroscience, 10*, 1–34.

Cermak, L. S. (1984). The episodic/semantic distinction in amnesia. In L. R. Squire & N. Butters (Eds.), *The neuropsychology of memory* (pp. 52–62). New York: Guilford Press.

Collins, A. M., & Quillian, M. R. (1969). Retrieval time from semantic memory. *Journal of Verbal Learning and Verbal Behaviour, 8*, 240–247.

Corkin, S., Amaral, D. G., Gonzalez, R. G., Johnson, K. A., & Hyman, B. T. (1997). H.M.' s medial temporal lobe lesion: Findings from magnetic resonance imaging. *Journal of Neuroscience, 17*, 3964–3979.

Croot, K., Patterson, K., & Hodges, J. R. (1998). Single word production in non-fluent progressive aphasia. *Brain and Language, 61*, 226–273.

Crovitz, H. F., & Schiffman, H. (1974). Frequency of episodic memories as a function of their age. *Bulletin of the Psychonomic Society, 4*, 517–518.

Cummings, J. L., & Duchen, L. W. (1981). Kluver-Bucy syndrome in Pick' s disease: Clinical and pathological correlations. *Neurology, 31*, 1415–1422.

DeRenzi, E. (1986). Prosopagnosia in two patients with CT scan evidence of damage confined to the right hemisphere. *Neuropsychologia, 24*, 385-389.

DeRenzi, E., & Lucchelli, F. (1994). Are semantic systems separately represented in the brain? The case of living category impairment. *Cortex, 30*, 3-25.

Diesfeldt, H. E. A. (1992). Impaired and preserved semantic memory functions in dementia. In L. Backman (Ed.), *Memory functioning in dementia* (pp. 227-263). Amsterdam: Elsevier.

Edwards-Lee, T., Miller, B., Benson, F., Cummings, J. L., Russell, G. L., Boone, K., & Mena, I. (1997). The temporal variant of frontotemporal dementia. *Brain, 120*, 1027-1040.

Eslinger, P. J. (1998). Autobiographical memory after temporal and frontal lobe lesions. *Neurocase, 4*, 481-495.

Evans, J. J., Breen, E. K., Antoun, N., & Hodges, J. R. (1996). Focal retrograde amnesia for autobiographical events following cerebral vasculitis: A connectionist account. *Neurocase, 2*(1), 1-12.

Evans, J. J., Heggs, A. J., Antoun, N., & Hodges, J. R. (1995). Progressive prosopagnosia associated with selective right temporal lobe atrophy: A new syndrome? *Brain, 118*, 1-13.

Foundas, A. L., Daniels, S. K., & Vasterling, J. J. (1998). Anomia: Case studies with lesion localization. *Neurocase, 4*, 35-43.

Gainotti, G., Silveri, M. C., Daniele, A., & Giustolisi, L. (1995). Neuroanatomical correlates of category-specific semantic disorders: A critical survey. *Memory, 3*, 247-264.

Galton, C. J., Patterson, K., Graham, K., Lambon Ralph, M. A., Williams, G., Antoun, N., Sahakian, B. J., & Hodges, J. R. (2001). Differing patterns of temporal atrophy in Alzheimer' s disease and semantic dementia. *Neurology, 57*, 216-225.

Garrard, R, Lambon Ralph, M. A., & Hodges, J. R. (2002). Semantic dementia: A category-specific paradox. In E. M. E. Forde & G. W. Humphreys (Eds.), *Category specificity in brain and mind*. East Sussex: Psychology Press.

Garrard, P., Perry, R., & Hodges, J. R. (1997). Disorders of semantic memory. *Journal of Neurology, Neurosurgery and Psychiatry, 62*(5), 431-435.

Gibson, J. J. (1977). The theory of affordances. In R. Shaw, J. Bransford, (Eds.), *Perceiving, acting and knowing: Toward an ecological psychology*. Hillsdale, NY: Lawrence Erlbaum Associates.

Girling, D. M., & Berrios, G. E. (1994). On the relationship between senile cerebral atrophy and aphasia. (Translation of A. Pick, Über die beziehungen der senilen hirnatrophie zur aphasie. *Prager Medicinische Wochen-schrift* 1892, *17*, 165-167.) *History of Psychiatry*, *8*, 542-547.

Girling, D. M., & Berrios, G. E. (1997). On the symptomatology of left-sided temporal lobe atrophy. (Translation of Zur symptomatologie der linksseitigen schäfenlappenatrophie. *Monatschrift für Psychiatrie and Neurologie*, 1904, *16*, 378-388.) *History of Psychiatry*, *8*, 149-159.

Girling, D. M., & Markova, I. S. (1995). Senile atrophy as the basis for focal symptoms. (Translation of A. Pick, Senile hirnatrophie als grundlage von herderescheinungen. *Wiener klinische Wochenschrift* 1901, *14*, 403-404.) *History of Psychiatry*, *6*, 533-537.

Goldenberg, G., & Hagmann, S. (1998). Tool use and mechanical problem solving in patients with apraxia. *Neuropsychologia*, *36*, 581-589.

Graham, K. S., & Hodges, J. R. (1997). Differentiating the roles of the hippocampal complex and the neocortex in long-term memory storage; evidence from the study of semantic dementia and Alzheimer's disease. *Neuropsychology*, *11*, 77-89.

Graham, K. S., Hodges, J. R., & Patterson, K. (1994). The relationship between comprehension and oral reading in progressive fluent aphasia. *Neuropsychologia*, *32*, 299-316.

Graham, K. S., Simons, J. S., Pratt, K. H., Patterson, K., & Hodges, J. R. (2000a). Insights from semantic dementia on the relationship between episodic and semantic memory. *Neuropsychologia*, *38*, 313-324.

Graham, N. L., Patterson, K., & Hodges, J. R. (2000b). The impact of semantic memory impairment on spelling: Evidence from semantic dementia. *Neuropsychologia*, *38*, 143-163.

Greene, J. D. W., Hodges, J. R., & Baddeley, A. D. (1995). Autobiographical memory and executive function in early dementia of Alzheimer type. *Neuropsychologia*, *33*, 1647-1670.

Hodges, J. R. (1995). Retrograde amnesia. In A. D. Baddeley, B. A. Wilson, & F. N. Watts (Eds.), *Handbook of memory disorders* (pp. 81-109). Chichester, UK: Wiley.

Hodges, J. R. (2000). Pick's disease: Its relationship to semantic dementia, progressive aphasia and frontotemporal dementia. In J. O'Brien, D. Ames, & A. Bums (Eds.),

Dementia, 2nd Edition (pp. 747–758). London: Hodder Headline.

Hodges, J. R., Bozeat, S., Lambon Ralph, M. A., Patterson, K., & Spatt, J. (2000). The role of conceptual knowledge in object use: Evidence from semantic dementia. *Brain, 123*, 1913–1925.

Hodges, J. R., Garrard, P., & Patterson, K. (1998). Seman-tic dementia. In A. Kertesz & D. G. Munoz (Eds.), *Pick' s disease and Pick complex* (pp. 83–104). New York: Wiley-Liss.

Hodges, J. R., & Graham, K. S. (1998). A reversal of the temporal gradient for famous person knowledge in semantic dementia: Implications for the neural organisation of long-term memory. *Neuropsychologia, 36*(8), 803–825.

Hodges, J. R., Graham, N., & Patterson, K. (1995). Charting the progression in semantic dementia: Implications for the organisation of semantic memory. *Memory, 3*, 463–495.

Hodges, J. R., & Patterson, K. (1995). Is semantic memory consistently impaired early in the course of Alzheimer' s disease? Neuroanatomical and diagnostic implications. *Neuropsychologia, 33*(4), 441–459.

Hodges, J. R., & Patterson, K. (1996). Nonfluent progressive aphasia and semantic dementia: A comparative neuropsychological study. *Journal of the International Neuropsychological Society, 2*, 511–524.

Hodges, J. R., & Patterson, K. E. (1997). Semantic memory disorders. *Trends in Cognitive Science, 1*, 67–72.

Hodges, J. R., Patterson, K., Oxbury, S., & Funnell, E. (1992a). Semantic dementia: Progressive fluent aphasia with temporal lobe atrophy. *Brain, 115*, 1783–1806.

Hodges, J. R., Patterson, K., & Tyler, L. K. (1994). Loss of semantic memory: Implications for the modularity of mind. *Cognitive Neuropsychology, 11*, 505–542.

Hodges, J. R., Patterson, K., Ward, R., Garrard, P., Bak, T., Perry, R., & Gregory, C. (1999a). The differentiation of semantic dementia and frontal lobe dementia (temporal and frontal variants of frontotemporal dementia) from early Alzheimer's disease: A comparative neuropsychological study. *Neuropsychology, 13*, 31–40.

Hodges, J. R., Salmon, D. P., & Butters, N. (1992b). Semantic memory impairment in Alzheimer's disease: Failure of access or degraded knowledge? *Neuropsychologia, 30*, 301–314.

Hodges, J. R., Spatt, J., & Patterson, K. (1999b). What and How: Evidence for the dissociation of object knowledge and mechanical problem-solving skills in the human brain. *Proceedings of the National Academy of Sciences U.S.A.*, *96*, 9444-9448.

Howard, D., & Patterson, K. (1992). *Pyramids and palm trees: A test of semantic access from pictures and words.* Bury St. Edmunds, UK: Thames Valley Test Company.

Kitchener, E., & Hodges, J. R. (1999). Impaired knowledge of famous people and events and intact auto-biographical knowledge in a case of progressive right temporal lobe degeneration: Implications for the organization of remote memory. *Cognitive Neuropsychology, 16*, 589-607.

Knott, R., Patterson, K., & Hodges, J. R. (1997). Lexical and semantic binding effects in short-term memory: Evidence from semantic memory. *Cognitive Neuropsychology, 14*, 1165-1218.

Lambon Ralph, M., Graham, K. S., Patterson, K., & Hodges, J. R. (1999). Is a picture worth a thousand words? Evidence from concept definitions by patients with semantic dementia. *Brain and Language, 70*, 309-335.

Lauro-Grotto, R., Piccini, C., & Shallice, T. (1997). Modality-specific operations in semantic dementia. *Cortex, 33*, 593-622.

Martin, A., Wiggs, C. L., Ungerleider, L. G., & Haxby, J. V. (1996). Neural correlates of category-specific knowledge. *Nature, 379*, 649-652.

McCarthy, R. A., & Warrington, E. K. (1988). Evidence for modality-specific meaning systems in the brain. *Nature, 334*, 428-430.

McClelland, J. L., McNaughton, B. L., & O'Reilly, R. C. (1995). Why there are complementary learning systems in the hippocampus and neocortex: Insights from the successes and failures of connectionist models of learning and memory. *Psychological Review, 102*, 419-457.

McClelland, J. L., & Rumelhart, D. E. (1985). Distributed memory and the representation of general and specific information. *Journal of Experimental Psychology, 114*(2), 159-188.

Mesulam, M. M., & Weintraub, S. (1992). Primary progressive aphasia. In F. Boller (Ed.), *Heterogeneity of Alzheimer's disease* (pp. 43-66). Berlin: Springer-Verlag.

Mummery, C. J., Patterson, K. E., Hodges, J. R., & Wise, R. J. S. (1996). Generating "Tiger" as an animal name and a word beginning with T: Differential brain activation. *Proceeedings of the Royal Society of London, Ser. B, 263*, 989-995.

Mummery, C. J., Patterson, K., Price, C. J., Ashburner, J., Frackowiak, R. S. J., & Hodges, J. R. (2000). A voxel-based morphometry study of semantic dementia: The relationship between temporal lobe atrophy and semantic dementia. *Annals of Neurology, 47*, 36–45.

Mummery, C. J., Patterson, K., Wise, R. J. S., Vanden-bergh, R., Price, C. J., & Hodges, J. R. (1999). Disrupted temporal lobe connections in semantic dementia. *Brain, 122*, 61–73.

Murray, E. A., & Bussey, T. J. (1999). Perceptual-mnemonic functions of the perirhinal cortex. *Trends in Cognitive Science, 3*, 142–151.

Patterson, K., Graham, N., & Hodges, J. R. (1994). The impact of semantic memory loss on phonological representations. *Journal of Cognitive Neuroscience, 6*, 57–69.

Patterson, K., & Hodges, J. R. (1992). Deterioration of word meaning-Implications for reading. *Neuropsychologia, 30*, 1025–1040.

Patterson, K. E., & Hodges, J. R. (1994). Disorders of semantic memory. In A. D. Baddeley, B. A. Wilson, & E. N. Watts (Eds.), *Handbook of memory disorders* (pp. 167–187). Chichester, UK: Wiley.

Patterson, K., & Lambon Ralph, M. A. (1999). Selective disorders of reading? *Current Opinion in Neurobiology, 9*, 235–239.

Patterson, K., Suzuki, T., Wydell, T., & Sasanuma, S. (1995). Progressive aphasia and surface alexia in Japanese. *Neurocase, 1*(2), 155–166.

Pietrini, V., Nertempi, P., Vaglia, A., Revello, M. G., Pinna, V., & Ferro-Milone, E. (1988). Recovery from herpes simplex encephalitis: Selective impairment of specific semantic categories with neuroradiological correlation. *Journal of Neurology, Neurosurgery and Psychiatry, 51*, 1284–1293.

Price, C. J. (1998). The functional anatomy of word comprehension and production. *Trends in Cognitive Science, 2*, 281–288.

Rothi, L. J. G., Ochipa, C., & Heilman, K. M. (1991). A cognitive neuropsychological model of limb praxis. *Cognitive Neuropsychology, 8*, 443–458.

Schwartz, M. F., Marin, O. S. M., & Saffran, E. M. (1979). Dissociations of language function in dementia: A case study. *Brain and Language, 7*, 277–306.

Shallice, T., & Kartsounis, L. D. (1993). Selective impairment of retrieving people' s names: A category-specific disorder? *Cortex, 29*, 281–291.

Silveri, M. C., & Gainotti, G. (1988). Interaction between vision and language in category-specific semantic impairment. *Cognitive Neuropsychology, 3*, 677–709.

Simons, J. S., Graham, K. S., & Hodges, J. R. (1999). What does semantic dementia reveal about the functional role of the perirhinal cortex? *Trends in Cognitive Sciences, 3*, 248–249.

Snowden, J. S., Goulding, P. J., & Neary, D. (1989). Semantic dementia: A form of circumscribed cerebral atrophy. *Behavioural Neurology, 2*, 167–182.

Snowden, J. S., Griffiths, H. L., & Neary, D. (1994). Semantic dementia: Autobiographical contribution to preservation of meaning. *Cognitive Neuropsychology, 11*, 265–288.

Snowden, J. S., Griffiths, H. L., & Neary, D. (1995). Auto-biographical experience and word meaning. *Memory, 3*, 225–246.

Snowden, J. S., Griffiths, H. L., & Neary, D. (1996a). Progressive language disorder associated with frontal lobe degeneration. *Neurocase, 2*, 429–440.

Snowden, J. S., Griffiths, H. L., & Neary, D. (1996b). Semantic-episodic memory interactions in semantic dementia: Implications for retrograde memory function. *Cognitive Neuropsychology, 13*, 1101–1137.

Tulving, E. (1972). Episodic and semantic memory. In E. Tulving & W. Donaldson (Eds.), *Organisation of memory* (pp. 381–403). New York: Academic Press.

Tulving, E. (1983). *Elements of episodic memory*. Oxford: Clarendon Press.

Tulving, E. (1995). Organization of memory: Quo vadis. In M. S. Gazzaniga (Ed.), *The cognitive neurosciences* (pp. 839–847). Cambridge, MA: MIT Press.

Tyler, L. K., & Moss, H. E. (1998). Going, going, gone…? Implicit and explicit tests of conceptual knowledge in a longitudinal study of semantic dementia. *Neuropsychologia, 36*, 1313–1323.

Tyrrell, P. J., Warrington, E. K., Frackowiak, R. S. J., & Rossor, M. N. (1990). Progressive degeneration of the right temporal lobe studied with positron emission tomography. *Journal of Neurology, Neurosurgery and Psychiatry, 53*, 1046–1050.

Vandenberghe, R., Price, C., Wise, R., Josephs, O., & Frackowiak, R. S. J. (1996). Functional anatomy of a common semantic system for words and pictures. *Nature, 383*, 254–256.

Waltz, J. A., Knowlton, B. J., Holyoak, K. J., Boone, K. B., Mishkin, F. S., de Menezes Santos, M., Thomas, C. R., & Miller, B. L. (1999). A system for relational reasoning in human prefrontal cortex. *Psychological Science, 10*, 119–125.

Warrington, E. K. (1975). Selective impairment of semantic memory. *Quarterly Journal of*

Experimental Psychology, 27, 635-657.

Warrington, E. K., & McCarthy, R. A. (1987). Categories of knowledge: Further fractionation and an attempted integration. *Brain, 110*, 1273-1296.

Warrington, E. K., & Shallice, T. (1984). Category-specific semantic impairments. *Brain, 107*, 829-854.

chapter 05

지형에 관한 지남력 장애: 길-찾기 능력 장애

*Geoffrey K. Aguirre

환자가 움직여야 할 환경 내에서 길-찾기(way-finding) 능력이 선택적으로 손상되는 증상을 지형에 관한 지남력 장애(topographical disorientation, 이하 TD)라고 한다. TD 환자들은 이런 일반적인 장애 증상과 진단명을 공유함에도 불구하고, 환자들 간에 나타나는 인지적 손상과 뇌손상 영역은 매우 이질적이다. 임상 증상에서 나타나는 다양성은 길-찾기 과제의 복잡성과 다양한 해결책을 고려할 때 쉽게 유추할 수 있다. 하지만 분명히 하여야 할 것은 환경 정보 표상의 손상과는 관련이 전혀 없는 많은 장애 증상들(맹인, 전반적인 기억 상실, 마비 등)도 자신의 집에서 잘 알려진 목적지까지 찾아가는 것을 어렵게 만든다는 것이다. 역사적인 관점에서, 이 장애를 규정하는 하나의 '핵심적인 본질' 에 관한 논쟁과 사례들을 기술하기 위해 사용된 용어의 혼동으로 인하여 TD를 신경 장애로 다루는 데 상당한 혼란이 있었다(역사적인 검토를 위해 Barrash, 1998, 또는 Aguirre & D' Esposito, 1999를 보라).

이런 어려움에도 불구하고, TD의 복잡성은 길-찾기에서의 행동적인 요소와 피질 내에서 인지 기능의 분할에 대한 이해를 가능하게 해 준다. 여기서 저자는 행동 장애와 그 장애에 대응되는 뇌 병변의 위치에 근거하여 TD 사례들을 범주화할 수 있는 틀을 제공하고자 한다. 먼저 4개의 TD 사례를 통해 장애가 나타나는 전 영역에 대해 소개할 것이다. 다음으로 길-찾기에 관련된 인지 처리 과정과 방향감각을 상실한 환자의 임상 검사들에 대한 해석을 소개할 것이다. 그 뒤 먼저 제시한 4개 사례를 좀 더 자세히 다시 살펴보고, TD의 네 범주에 대해 탐색할 것이다. 마지막으로, 환경 표상에 관한 최근의 신경심리학적 연구와 뇌영상 연구 결과를 논의할 것이다.

사례 보고

● 사례 1: Levine과 동료들(Levine, Warach, & Farah, 1985)이 보고한 환자는 뇌출혈로 인하여 공간에서의 방향감각에 심각한 손상을 보였다. 그는 자기 집 안에서 길을 잃어버렸으며, 밖으로 나갔을 때 원하는 방향에 대한 판단을 전혀 할 수 없었기 때문에 동반자 없이는 나다닐 수가 없었다. 환자는 우반구 동측 반맹(hemianopia)을 보였지만, 정상 시력을 보유하였으며 안면 실인증, 대상 실인증, 색맹 증상도 보이지 않았다. 그의 장애는 공간 인식에서 가장 심각했다. 그는 여러 개의 나열된 물체들 중 각각의 항목에 시선을 고정시키는 데 어려움을 겪었으며, 외부 공간과 자신의 사지에 대해 좌우 혼동을 나타냈고, 상대적 거리도 판단하지 못했다. 과거에 친숙했던 장소들에 대해서도 방향감각을 완전히 상실하게 되었으며, 아주 단순한 주변 환경에 대한 길을 학습하는 것도 불가능했다. 경로에 대한 기술 또한 아주 이상하게 하곤 했다. CT 스캔에 의하면 양측 후두정엽 병변이 좌반구 후부 후두엽으로 확장된 것으로 나타났다.

● 사례 2: 환자 T.Y.(Suzuki, Yamadori, Hayakawa, & Fujii, 1998)는 지난 10년 이상 자신이 늘 다녔던 병원으로 가는 길을 찾는 데 심각한 어려움을 겪었다. 처음에 환자 T.Y.는 단측 공간 무시(spatial neglect)와 구성 실행증(constructional apraxia)을 보였지만,

이 증상들은 수주 후 회복되었다. 하지만 좌측 하단 사분맹은 불완전하지만 지속적으로 나타났다. 대상 실인증, 안면 실인증은 나타내지 않았고 표준 식탁-위 검사(table-top test) 측정에 따르면 시공간적 기억도 온전했다. 집이나 유명한 건물들에 대한 인식 능력이 온전하였지만, 이 건물들을 어떤 방향에서 찍었는지는 설명할 수 없었다. 대학 캠퍼스에서 길-찾기 과제를 수행하는 동안, 지도에서 자신이 어느 방향으로 향하고 있는지를 전혀 판단하지 못했다. 이런 장애 증상과는 반대로, 그녀는 지도를 정확하게 그릴 수 있었으며, 자신이 장애를 갖기 전에 친숙했던 장소로 가는 길을 말로 이야기할 수 있었다. MRI 결과에 의하면 그녀는 주로 우뇌 후대상 회가 포함된 피질하 영역에 뇌출혈이 있었다.

● **사례 3**: 어느 날 아침 깨어난 환자 A.H.(Pallis, 1955)는 자신의 침실을 인식할 수 없었으며, 화장실에서 자신의 방을 찾아갈 수 없었다. 시야에는 중심성 암점이 생겼으며, 색맹과 심한 안면 실인증(prosopagnosia) 또한 발생하였다. 하지만 무시(neglect)와 좌우 혼동이나 실행증(apraxia) 증상은 나타나지 않았다. 그가 겪는 가장 큰 불편은 장소를 인식할 수 없다는 것이었다. 방향을 바꾸었다거나 (특별한 공원의 벤치 색깔 등의) 미세한 부분에 근거하여 자신의 위치를 대충 알아차릴 수는 있었지만, 우체국을 자기가 자주 가는 주점으로 오해하는 등 건물들을 구별하지 못했다. 이런 장애 증상은 새로운 장소뿐 아니라 전에 친숙했던 곳에서도 발생하였다. 척추 혈관 조영술에 의하면 A.H.는 우뇌 후대뇌 대동맥이 손상되었다.

● **사례 4**: 환자 G.R.(Epstein, DeYoe, Press, Rosen, & Kanwisher, 2001)은 심장수술 이후 새로운 장소로 가는 길을 학습하는 데 어려움을 겪게 되었다. 길-찾기의 어려움에 덧붙여, 좌측 반맹증, 우측 상단 사분맹, 색각 이상도 나타났다. 무시의 증거는 없었으며, 좌우 혼동이나, 실행증, 안면 실인증, 대상 실인증 증상도 발견되지 않았다.

G.R.은 표준화된 기억 검사에서 미세한 장애를 보였는데, 특히 언어 검사에서보다 시각 검사에서 장애 증상이 더 크게 나타났다. 그는 지도에 표시된 길을 따라갈 수는 있었지만, 환경적 특징과 세상-중심(exocentric) 공간 관계를 포함한 새로운 지형 정보를 거의 학습하지 못했다. 증상이 시작되기 전에 자신에게 친숙했던 환경을 통해 위치를 찾는 능

력은 손상되지 않았다. MRI 촬영 결과 양측 해마 주변 구에 손상이 발견되었으며, 그 손상은 우측 후반부로 연장되어 아래쪽 설 회, 내측 방추상 회, 후두엽으로 확장되었다.

정상적인 길-찾기와 임상적 검사들

사람들은 길-찾기 과제를 해결할 때 다양한 전략과 표상을 동원한다. 이 다양성은 피험자 변인(예: 성별, 연령, 거주지의 길이 등), 환경적 특징에서의 차이(예: 지표의 밀도, 거리 정렬의 규칙성 등), 그리고 지식 습득의 차이(경로 학습 vs 지도 학습) 등에 기인한다. 환경 심리학 연구의 기본적인 논조는 이 차이들이 크게 표상에서의 차이 때문이라는 것이다. 예를 들자면, 피험자들은 환경에 대한 지식을 향상시켜 환경에 보다 친숙하게 될 뿐 아니라, 경험과 함께 질적으로 다른 방식으로 지식을 표상하게 된다(Appleyard, 1969; Piaget, Inhelder, & Szeminska, 1960; Siegel, Kirasic, & Kail, 1978; Siegel & White, 1975). 표상에서의 이러한 전이는 공간 판단이 보다 정확하고, 유연하고, 일반적으로 이루어지도록 유도한다. 특히 경로에 기초한 환경의 표상과 유사지도에 가까운 환경의 표상을 구분하여 취급한다. 이런 총체적인 구별이 다양한 이름으로 불리지만(분류 vs 장소, O' keefe & Nadel, 1978; 절차 vs 개관, Thorndyke & Hayes, 1982; 경로 vs 외양, Siegel & White, 1975; 연결망 vs 벡터 지도, Byrne, 1982), 모두 동일한 구조를 가지고 있다.

대부분의 환경적 표상은 경로의 결정을 내려야 할 특별한 장소를 알아차리는 능력에 근거한다. 이 지각적 능력은 '지표(혹은 장소) 재인' 이라 불리며, 영아기 발달에서 습득되는 일차적인 지남력이라 간주된다(Piaget et al., 1960). 피험자들은 연령의 증가와 함께 환경적 속성 파악 능력이 향상되며 무엇이 유용한 지표를 구성하는지 인식하는 데 있어서 피험자 간에 상당한 일치가 발견된다(Allen, Kirasic, Siegel, & Herman, 1979). 예를 들어 교차로에 위치한 건물은 실세계 경로 학습에서 주된 방위 지점을 제공하는 것으로 보인다(Presson, 1987).

경로 지식은 출발점에서 시작하여 지표를 통해 목적지까지 이르는 발걸음의 순차적 기록을 부호화한 정보로 이루어진다. 이 표상은 본질적으로 선형적이며, 각 지표들은 주어진 방향 지시와 쌍을 이루어(예: 오래된 교회의 오른쪽으로 가라.), 목적지에 도달할 때까지 반복적으로 다른 지표와 다른 지시의 쌍으로 이어진다. 실제로 지표-지시 경로 학습은 자극-반응 쌍 학습과 비슷하다. (거리, 돌아가는 각도, 경로에 속한 속성 등과 같은) 좀 더 많은 정보가 학습된 경로를 따라 저장될 수도 있지만(Thorndyke & Hayes, 1982), 피험자들은 종종 최소한의 필수적인 표상만 부호화하는 것 같다(Byrne, 1982).

또한 강조할 사항은 경로 학습이 자기-중심 좌표에 근간을 둔다는 것이다. 상의 망막에서의 위치는 안와에 있는 눈의 위치 정보와 목에 달린 머리 위치 정보를 결합하여 우리 신체를 중심으로 대상의 위치를 표상하기 위해 일련의 변형을 거치는 것으로 추정된다. 이것을 자기-중심(신체-중심) 공간이라 부르며, 좌우와 같은 공간 개념을 형성한다. 방향은 지표에 맞추어 자기-중심 위치를 표상함으로써 학습된 경로 내에서 유지된다(예: 식료품점의 좌측을 지나 오른쪽으로 돌아라). 마지막으로 경로 지식은 융통성이 결여된 것으로 추정한다. 경로는 단지 일련의 선형적인 지시로 부호화되기 때문에, 이 표상은 핵심적인 지표나 우회로가 변경될 경우 학습된 경로를 쓸모없게 만들어 버린다.

경로 학습이 자기-중심 공간 내에서 형성되는 반면, 유사지도(혹은 지도와 같은) 표상은 세상-중심 공간의 영역 내에 위치하게 되는데, 관찰자를 포함한 환경 내에 소재하는 물체들 간의 공간적 관계를 강조한다(Taylor & Tversky, 1992). 발달적 측면에서 자기-중심 공간 표상과 세상-중심 공간 표상이 분리되어 2개의 좌표로 성인 피험자에 의해 표상되었다는 증거가 Acredolo(1977)의 실험에 의해 규명되었다. 세상-중심 공간 표상을 생성하기 위해서는 자기-중심 공간 표상에서 내린 결정들이 환경 내에서 실행한 자신의 움직임의 정도를 측정한 수치들과 반드시 결합되어야 한다. 이 순간 나무가 내 오른쪽에 있지만, 내가 열 걸음 정도 앞으로 걸어가서 돌아서면 그 나무는 나의 왼편에 있게 될 것이다. 지표의 자기-중심 위치는 변화하였지만, 우리는 그 나무가 움직이지 않았다는 것을 안다. 세상-중심에서의 위치는 변화하지 않은 것이다. 이 불변성의 표상은 움직임을 벡타로 표시하였을 때 벡타 크기와 자기-중심 공간 판단을 결합함으로써 가능하다.

여기에 제시된 개괄적인 기술에서 강조하고자 하는 것은 피험자가 자신의 환경에 대해 생성해 내는 특별한 유형의 표상은 (1) 피험자의 발달상 연령, (2) 특정 환경에 대한 피험자의 경험 기간, (3) 환경에 소개된 방식(자신 스스로 탐색, 지도 읽기), (4) 환경의 세분화된 정도, (5) 공간 내에서 수행해야 할 과제 등에 의존하게 된다. 길-찾기 과제에 나타날 수 있는 전략의 중복성과 과잉성으로 인하여 지남력 검사에 사용되는 표준 임상 검사들의 결과 해석은 쉽지 않다. 예를 들어 한 환자에게 자기 마을 내에서 이동 경로 하나를 기술하라고 요청하였을 때, 다른 경로에 대해서도 동일한 인지 처리 과정이 유발될지는 확신할 수 없다. 하물며 다른 환자들에게는 그 확실성이 더 희박해진다. 일반적으로 사용되는 지남력(경로 기술하기, 지도 그리기 등) 검사들에 어떤 인지 처리 과정이 요구되는지에 대해서는 매우 허술하게 정의되었기 때문에 어떤 장애 증상도 사후 설명이 가능하다.

이렇게 문제가 복잡함에도 불구하고, 환자들이 다양한 형태 중 어떤 표상으로도 저장할 수 있기 때문에 문제는 더 혼동될 수 있다. 예를 들어 자주 사용되는 약도(sketch map) 그리기 입원 검사를 생각해 보자. 공간에 대한 세상-중심(유사지도) 표상이 온전한지 손상됐는지 알아보기 위해서 특정 장소에 대한 간단한 지도(자신의 집, 사는 동네, 병원 등)를 그리라고 환자에게 요청한다. 하지만 세상-중심 표상 없이도 간단한 약도를 그리는 것은 가능하다(Pick, 1993). 예를 들어, 완전한 경로에 대한 지식과 길 조각들(segment)의 상대적인 길이에 대한 지식이 있을 경우 정확한 약도를 충분히 구현해 낼 수 있다. 따라서 피험자가 장소에 대한 약도를 그릴 수 있다 하더라도 피험자가 검사 이전에 그 장소에 대한 세상-중심 표상을 지니고 있었다고 확신할 수는 없다(Byrne, 1982). 반대로 장소를 지도로 표상하는 것에 대한 경험이 풍부할 경우 그림 같은 표상의 형성 또한 가능해질 수 있다. 예를 들어, 피험자가 이전에 자신의 집이나 동네 지도를 보거나 직접 그릴 기회가 있었을 경우, 대상의 그림을 그리는 것과 같은 방식으로 그 장소의 지도를 그릴 수도 있을 것이다.

비슷한 방식으로, 지남력 표상의 한 영역 내에서의 손상은 다른 영역에 소재하는 능력 검사에서 저조한 수행 결과를 유발할 수도 있다. 예를 들어 환자에게 잘 알고 있는 장소를 경유하는 경로를 기술해 보라고 지시하였을 때 환자가 온전한 자기-중심 공간 지식에만 의존할 것이라고 가정할 수 있다. 하지만 말로 경로를 표현하는 데 익숙하지 않을 경우 그 환자는 말로 서술하기 위해 경로를 따라 걸어가는 것을 상상할 것이다(Farrell, 1996). 이럴 경우 지표의 외양에 대한 정보를 표상하고 조작하는 능력에 손상이 있을 경우 서술 능력 또한 저하될 것이다. 따라서 피험자들이 검사하는 그 순간에만 유사지도 표상을 생성할 것이란 점, 이 과정이 환경 지표의 온전한 표상을 요구하는 경로 표상에 의존하게 될 수 있다는 점 등을 고려할 때, 지표 재인의 주 손상은 약도 그리기 능력 또한 간섭적으로 손상시킬 수 있다.

이런 점들을 고려할 때, TD 환자들의 임상 검사 결과의 해석을 어떻게 진행할 것인가에 대한 의문이 생길 수 있다. 이 장애를 제대로 이해하기 위해서는 손상의 본질에 대한 추가적인 정보를 수집하는 수밖에 없다. 한 가지 간단한 접근법은 자신들의 장애에 대한 환자들의 설명을 신뢰하는 것이다. 뒷부분에서 다시 살펴보겠지만, 어떤 범주의 TD에서는 모든 환자들이 일관성 있게 불편을 호소하는 주요한 증상이 있다. 이 결과 보고들이 명백하게 일치할 때, 이런 증상에 근거하여 이론을 정립할 수 있는 합리적인 근거가 제공될 것이다. 물론 이 접근법에도 한계가 있다. 환자들의 보고가 틀렸을 경우이다(Farrell, 1996). DeRenzi와 Faglioni(1962)에 의해 보고된 사례가 좋은 본보기가 되는데, 환자는 건물과 환경적 특성들을 재인할 수 있다고 주장하였지만, 실제 수행 능력과는 일치하지 않았다.

더 분명하게 해석할 수 있는 추가적 임상 검사들은 지남력 손상을 해석하는 데 도움이 될 수 있다. 시각 기억에서 자극-특수적 손상과 자기-중심 공간 표상의 손상에 대한 규명은 이런 측면에서 특히 유용하다. 예를 들면, Whiteley와 Warrington (1978)은 지표의 시각적 재인 및 대응 검사를 도입하였으며, 이 검사들로 인하여 TD의 한 유형에 대한 더욱 심층적인 이해에 일조하였다. 물론 그런 검사들 자체는 매우 신중한 해석과 관찰을 필요로 한다. 일상적인 대상에 대한 실인증 규명에서 보여 주었듯이, 환자들은 현저하게 상이한 전략을 사용하여 과제 수행을 완벽하게 시행할 수 있다(Farah, 1990).

더욱 복잡한 임상 검사들도 활용되지만, 이 검사들 또한 환자의 손상만큼이나 다양하게 해석되고 있다. 예를 들어, 동일한 볼트 머리를 배열시킨 뒤 그 배열을 통과하는 보이지 않는 경로를 학습하는 스타일러스-미로(stylus-maze) 과제는 폭넓게 활용되어 왔다. 미로 학습과 실제 세계에서 길-찾기 간의 유사성이 모호함에도 불구하고, 과제를 성공적으로 수행할 수 없을 때 그 원인은 길-찾기와 관련되어 있지 않은 다수의 인지적 손상과 연관되었다고 볼 수 있다. 실제로 이 검사들을 사용한 신경심리 검사에서, 스타일러스-미로 과제에서 손상을 보이는 환자들이 실제 세계에서는 방향 찾기에 전혀 어려움을 보이지 않거나(Newcombe & Ritchie, 1969), 아니면 그와는 정반대의 결과를 보였다(Habib & Sirigu, 1987). 좌-우 방향의 파지 및 갱신과(TD와 관련이 없는 듯한) 지리적 지식(예: Cincinnati는 Chicago의 동쪽 또는 서쪽에 위치하는가?)을 필요로 하는 Semmes의 개인 외 공간 방위 검사(Extrapersonal Orientation Test)를 포함하여 다른 검사들도 이 목적으로 활용되었지만 성공의 정도는 다양하게 나타났다.

자신들의 장애에 대한 환자들의 보상 전략과 그들이 사용하는 기술들 또한 유용하게 활용된다. 예를 들어, 어떤 환자들이 독특한 문손잡이, 우편함, 공원의 벤치 등과 같이 미세한 환경 속의 특징들을 광범위하게 활용하여 길을 찾는다는 것은 오래 동안 알려져 왔다. 나중에 논의하겠지만, 이런 보상 전략은 손상의 본질과 환자의 온전한 인지 능력을 반영하고 있다.

마지막으로 전통적인 약도 그리기와 경로 기술 검사들은 어떤 상황에서는 유익한 정보를 제공한다. 어떤 환자의 경우, 손상 전 낯설었던 장소를 직접 탐색한 뒤 그 장소에 대한 정확한 약도를 그릴 수 있었다. 이 상황에서 환자는 이런 표상을 생성해 내기 위해서(자기-중심이든 세상-중심이든) 공간 관계를 표상할 수 있는 능력을 보존하고 있어야만 한다. 비슷한 맥락에서, 이런 '일화적인' 임상 척도들을 사용하여 표상 능력을 보존하고 있다는 것을 보여 줄 때, 이런 규명은 손상을 보다 좀 더 확실하게 해석될 수 있도록 해 준다.

길-찾기에 대한 신경심리학적 연구

TD에 대한 초기의 신경학적인 문헌들은 대부분 사례 연구에 국한되어 있었지만, 1950년대와 1960년대에 들어서면서 다수의 집단을 대상으로 한 연구와 신경심리학적인 연구들을 발표되기 시작하였다. 이 기간 동안 발표된 연구에 대한 탁월한 개관 및 평가가 Barrash(1998)에 의해 시도되었다. 본질적으로 이 연구들은 대부분 우뇌 손상이 지남력 장애 증상과 연관되어 있다는 점을 강조하였으며 방향상실의 유형을 분류하는 과정을 시도하였다. TD에 대한 현대 신경심리학적 연구의 출발점은 Maguire와 동료들(Maguire, Burke, Phillips, & Staunton, 1996a)이 내측두엽에 병변이 있는 환자에게 실제 세계 길-찾기의 표준화 검사를 실시하여 수행 능력을 검정한 연구라고 할 수 있다. 이 연구의 중요한 공헌은 TD 평가가 검사실에서 이루어진 것이 아니라 실제로 움직이는 환경 내에서 평가되어야 한다는 점을 강조한 것이다.

내측 측두엽 절제술을 받은 20명의 환자들(각 반구 절제 수술을 받은 환자들이 반반)에게 비디오테이프로 녹화된 경로 학습 과제를 실시하였다. 이 환자들은 TD를 명백히 부인하였고, 측정에서 나타날 정도의 일반적인 기억 손상도 발견되지 않았지만, 경로 학습과 세상-중심 위치 판단에서 통제 집단에 비해 낮은 점수를 받았다. 흥미롭게도 좌측 또는 우측을 절제한 환자들이 대체로 비슷한 손상을 나타낸다는 것이다.

다른 연구(Bohbot et al., 1998)에서는 해마 구조가 지남력 학습에 어떻게 관여하는지를 검정했다. 내측 측두엽에 명확한 혈액 응고 손상을 입은 14명의 환자들에게 휴먼 버전(human version) Morris 수중 미로 과제(Morris, Garrud, Rawlins, & O' Keefe, 1982)를 실시하였다. 우측 해마 주변 피질에 국한된 손상을 가진 환자들이 좌측 해마 주변 피질 손상 집단이나 우측 혹은 좌측 해마 손상, 그리고 간질 통제 집단보다 손상 정도가 더 심하게 나타났다.

이 연구들이 크게 보아 내측 측두엽(보다 세부적으로는 해마)에 초점을 맞춘 것은 설치류의 해마에서 발견된 '위치 세포' 때문이다. 나중에 좀 더 자세히 살펴보겠지만, 이 뉴런들은 설치류가 세상-중심 공간에서 특정한 위치에 있을 때, 발화율이 최대로 증가하도록 맞춰져 있다. 이 뉴런들의 존재로 인하여 해마가 O' Keefe와 Nadel(1978)이 강조한 개인 외 공간의 '인지 지도' 에 상응하는 해부학적 영역이라고 제안되었다. 곧 살펴보겠지만, 인간의 길-찾기에 있어서 해마와 인접 구조들의 역할은 아직 확실하게 규명되지는 않았지만, Maguire(1996a)와 Bohbot 등(1998)의 연구는 내측 측두엽 내에서의 손상이 실제 세계의 길-찾기 능력에 손상을 입힐 수 있다는 것을 보여 주고 있다.

Barrash와 동료들(Barrash, Damasio, Adolphs, & Tranel, 2000)이 실시한 신경심리학적 연구는 피질 전반에 걸쳐 분산된 손상을 가진 환자들을 대상으로 실제 세계 경로 찾기에 대한 포괄적인 검사를 실시하였다는 점에서 주목을 받고 있다. 안정형 국소 손상을 가진 127명의 환자들에게 병원 내에서 복잡한 1/3 마일 경로를 학습하도록 하였다. 가장 중요한 발견은 우반구 여러 영역들의 손상이 경로 학습 검사에서의 저조한 수행 결과와 연관된다는 것이다(75% 이상). 확인된 영역은 하부 내측 후두엽(설 회와 방추 회)에서 해마 주변부, 해마 피질까지 확장되며, 두정내 구, 상측 두정-후두 피질의 백질 부분도 함께 포함된다. 내측 후두엽의 작은 영역, 좌측 해마 주변부 또한 관련된 것으로 확인되었다. 이 연구는 새로운 지남력 지식의 습득을 위해 어떤 의미에서는 필수적인 피질 영역들을 총괄적으로 확인하였다는 점에 그 가치가 있다.

하지만 Barrash 등이 제기한 두 가지의 중요한 주의 사항들이 있다. 첫째, 이 연구에서는 포괄적인 경로 찾기 과제가 사용되었다. 위에서 논의하였듯이, 경로 학습 장애는 다양한 인지 손상으로 유발된다. 그러므로 경로 학습에 필수적인 것으로 확인된 다양한 영역들은 매우 다른 방식으로 이 과제에 관여할 것이다. 둘째, 환자들의 손상이 실험적으로 유발된 것이 아니라 자연발생적으로 생성되었기 때문에 과제에 필수적인 피질 영역에 대한 확인은 보다 엄밀하게 검정되어야 한다. 예를 들어, 우측 해마의 손상이 수행 능력을 저하시키지만, 혈관 영역이 연결된 이유로 인하여 해마 손상이 있는 환자의 상당수는 해마 주변부 역시 손상되었다. 이런 이유로 인해서 해마 주변부 손상만으로도 경로 학습의 퇴행을 유발시킬 수 있을 것이며, 해마 손상과 저조한 수행 간의 연관성은 해부학적 혼동으로 발생한 오류일 수도 있다.

이런 문제점들을 다른 방법으로 접근하여 처리할 수 있다. 국부 손상 환자들에게 나타나는 정확한 인지 장애를 연구함으로써, 각각 확인된 영역이 담당하는 길-찾기 능력을 좀 더 세밀하게 규명할 수 있을 것이다. 이에 더하여 인간의 경우 기능성 뇌영상 연구(비록 다른 종류의 추론을 제공하지만)는 뇌졸중으로 인한 일관성 없는 병변의 위치에 의존하지 않고도, 해부학적으로 확인된 사실을 좀 더 정교화하는 데 사용될 수 있다. 나중에 이 부분을 좀 더 자세히 논의할 것이다.

TD의 분류

경로 학습 손상과 관련되어 있다고 알려진 피질 영역들에 대한 지식과 길-찾기의 행동적 근거에 대한 이해에 근거하여 원래 제시했던 사례들을 다시 한 번 고찰해 볼 것이다. 우리가 살펴볼 때, 이 네 사례들은 각각 TD의 특별한 유형의 원형으로 고려될 수 있다. 이 네 유형의 TD는 〈표 5-1〉에 요약되어 있으며 각 장애를 유발시키는 손상 영역들은 [그림 5-1]에 제시되었다.

자기-중심 방향감각 상실(사례 1)

Levine, Warach와 Farah(1985)가 소개한 환자는 양측 후두정 피질 손상에 의해 자신의 집과 새로운 장소에서 길-찾기에 어려움을 겪는 것으로 설명되었다. 이 환자(이와 유사한 환자의 예로는 Kase, Troncoso, Court, Tapia와 Mohr[1977]의 M.N.N.; Hanley와 Davies[1995]의 Mr. Smith; Stark, Coslett와 Saffran[1996]의 G.W.; 그리고 Holmes와 Horax[1919]의 사례 등이 있다.)는 지남력을 상실한 것으로 기술되었지만, 그의 손상들은 움직이는 공간을 넘어 훨씬 많은 부분까지로 확장된 것이 분명하다. Levine, Warach와 Farah(1985)를 인용해 보자.

> 그의 가장 현저한 이상 증상은 시각과 공간이다. … 그는 자신이 인지할 수 있음에도 불구하고, 시야장의 중앙에 제시되든, 주변부에 제시되든 상관없이 시각적으로 제시된 물체에 정확하게 손을 뻗을 수 없었다. 두 물체를 보여 주었을 때, 어느 것이 더 가깝고 어느 것이 더 멀리 있는지, 위에 있는지 아니면 아래에 있는지, 오른쪽에 있는지 아니면 왼쪽에 있는지 보고하는 데 자주 실수를 범했다….
>
> 그는 자신이 가야 할 길을 찾지 못했다. 출혈 후 4개월째, 그는 자주 자신의 집안에서 길을 잃어버렸고, 동반자 없이는 결코 외출할 수 없었다. … 공간 상상력 역시 심각하게 손상되었다. 5년 이상 일주일에 여러 차례 다니던 길이었지만, 그는 자신의 집에서 모퉁이에 있는 식료품점까지 어떻게 가는지 말할 수 없었다. 하지만 그는 가게와 가게 주인은 말할 수 있었다. 그의 경로 묘사는 자주 이상했다. "나는 한 구역 떨어진 곳에 살아. 나는 앞문으로 곧장 걸어간다." 앞문으로 걸어 나가기 위해 그가 어느 방향으로 가야 할지 물으면 그는 "오른쪽 또는 왼쪽 아니면 둘 다"라고 말했다. … 눈을 가리고 자신의 방에 앉아서 검사자가 지명하는 여러 가지 물건들을 손으로 가리키라고 요청하면, 그는 (아주 서투르게) 반응했다.

이 환자 집단들은 자신으로부터 물체의 상대적 위치를 표상하는 데 심각한 손상을 가지고 있다. 예를 들어, 그들은 물체를 볼 수 있을 때는 물체를 지적할 수 있는 반면, 눈을 감았을 때는 그 물체가 어디에 있는지를 전혀 알지 못했다. 심상 회전, 공간 폭 과제를 포함하여 광범위한 시공간 과제에서 수행 능력이 손상되었다. 따라서 이 장애가 자기-중심 공간 좌표에 위치한 것으로 보인다. Stark와 그의 동료들(1996)은 이런 환자들 중 한 사람(G.W.)이 자기-중심 좌표 안에 정보를 표상하는 공간 지도(spatial map)에 지속적인 손상이 발생했다고 제안했다. 흥미롭게도 이 환자들의 사례는 자기-중심 위치에 대한 정보를 즉각적으로 제공할 수

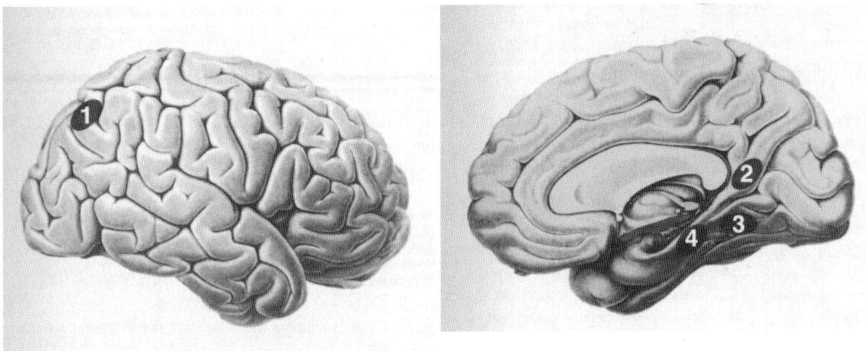

[그림 5-1] TD의 다양성에 대응하는 손상의 위치: (1) 자기-중심 방향감각 상실과 연관된 후두엽, (2) 머리-중심 방향감각 상실과 연관된 후대상 회, (3) 지도 실인증과 연관된 설 회, (4) 전진성 방향감각 상실과 연관된 후부 해마 주변부. TD의 가장 주요한 사례들이 우측 피질 구조의 손상에 뒤이어 나타나기 때문에, 우반구에서 이 면들을 설명하고 있다.

있는 신경계가 이 정보를 저장하는 기제와는 완전 별도로 작동할 수 있다는 것을 제시하였다(Stark et al., 1996).

이 환자들은 익숙한 환경과 낯선 환경 모두에서 길-찾기 능력에 손상을 보였다. 대부분 병원이나 집을 갇혀 있었으며, 동반자가 있을 경우에만 외출을 하였다(Kase et al., 1977; Levine et al., 1985). 길을 묘사하는 것도 취약하거나 부정확하며(Levine et al., 1985; Stark et al., 1996), 약도를 그리는 것도 할 수 없었다(Hanley & Davies, 1995). 이런 손상과는 대조적으로 시각을 이용한 물체 재인 능력은 온전한 것으로 보인다. 환자 M.N.N.은 시야장에 실인증의 특징은 나타나지 않았으며, 주저함 없이 정확하게 물체의 이름을 말할 수 있었다. 환자 G.W.는 사람이나 물체를 재인하는 데 어려움이 없었으며, Levine 등(1985)의 연구에서 보고된 두 번째 환자는 일상적인 물체, 물체나 동물의 그림, 친숙한 얼굴, 또는 가족구성원이나 유명인의 얼굴 사진을 쉽게 알아차릴 수 있었다.

유감스럽게도 이 환자들을 대상으로 지표 자극을 이용한 시각 재인 검사는 실시되지 않았다. 위에서 언급하였듯이 Levine과 동료들이 보고한 두 번째 사례는 식료품점과 그 주인을 기술할 수 있었지만 그렇다고 해서 이것이 엄격한 검사는 아니었다. 물체와 안면 인식 능력이 온전하다는 것을 보여 주었을지라도, 지형과 관련된 자극을 사용한 재인 과제들에서는 자기-중심 방향감각 상실 환자들이 입은 손상이 나타날 수 있다. 따라서 이 검사들이 실시될 때까지, 우리는 단지 이 환자들이 공간 장면 내에서 선택적으로 손상되었을 것이라는 가능성만 제시할 수 있을 뿐이다.

이 환자들에게 나타나는 길-찾기 손상은 자기-중심 공간에서 심각한 공간감각 상실의 결과로 발생할 가능성이 높다. 앞서 언급했던 것처럼, 대규모 공간에서 경로에 기반을 둔 표상은 자기-중심 공간 영역 내에서 형성된 것이다. 이런 공간 표상의 특성은 단측 무시 환자의 경로 기술을 보고한 Bisiach, Brouchon, Poncet와 Rusconi의 1993년 연구에서 잘 설명되었다. 환자에게 자신의 마을에서 방향에 관계없이 어떤 장소로 찾아가는 것을 상상해 보라고 지시하였을 때 좌측으로 방향 전환하는 것을 무시하는 경향이 있었다. 따라서 이 환자들이 보여 주는 자기-중심 방향감각 상실은 그들의 지남력 장애를 설명하기에 충분해 보인다. 이런 의미에서, 이 환자들을 선택적으로 지남력 상실을 가진 환자로 취급하는 것은 어쩌면 부적절한 것 같다. 그들의 장애는 분명히 대규모 환경 공간의 표상에서만 특별히 손상이 나타나지 않는 공간 표상의 형태를 포함하고 있다.

Barrash(1998)는 TD 증상 지속 기간의 다양성을 강조했다. 특히 손상을 입은 지 며칠 또는 몇 주가 지난 후 자기-중심 방향감각 상실을 보였던 많은 환자들은 점차 정상 수준으로 기능을 회복하였다. 이 초기 기간이 지나면 환자들은 Passini, Rainville과 Habib(2000)이 보고한 '거시적' 공간보다 '미시적' 공간에 갇힌 것과 같은 손상 양상을 보이기도 한다. 이와 같은 구분은 여기서 시도한 자기-중심 대 세상-중심 구분에 비해 약간 미묘한데, 그 이유는 회복된 환자들이 비자기-중심 공간 정보의 조작(예: 심적 회전)에서 손상을 보일 뿐, 전반적인 길-찾기에서는 어려움을 보이지 않았기 때문이다.

뇌손상 기록을 가진 자기-중심 방향감각 상실 환자들은 모두 양반구 아니면 우반구 상두정 소엽을 포함한 후두정엽 손상을 가지고 있다. (손상이나 전기생리학에

표 5-1 TD의 4 분류

병변	장애명	추정된 손상	모형 사례
후두정엽	자기-중심 방향감각 상실	물체의 위치를 자신과 관련하여 표상할 수 없는	G.W.(1996)
후대상 회	지향 방향감각 상실	외부 환경과 관련하여 방향의 지시를 표상할 수 없는	T.Y.(1998)
설 회	지표 실인증	현출한 환경적 자극의 지표를 표상할 수 없는	A.H.(1955)
해마 주변부	순행성 방향감각 상실	환경적 정보의 새로운 표상을 만들어 낼 수 없는	G.R.(2001)

기반을 둔) 동물 연구 결과들은 이 영역의 뉴런들이 공간 정보의 표상을 주로 자기-중심 공간 좌표로 한다는 주장을 지지한다. 원숭이에게 있어서 상응하는 피질 영역에는 망막-중심과 머리-중심 좌표 공간의 자극 위치를 표상하는 속성들에 동시에 발화하는 세포들이 있다(평면 습득 장; Anderson, Snyder, Li, & Stricanne, 1993). 아직까지 세상-중심 위치에 발화하는 뉴런들이 설치류의 두정엽에서는 확인되지 않았지만, 자기-중심 위치와 자기 움직임이 결합된 복잡한 자극에 반응하는 세포는 발견되었다(McNaughton et al., 1994).

지향 방향감각 상실(사례 2)

사례 1의 환자 집단들은 전반적인 자기-중심 공간 표상의 붕괴로 인하여 공간 전역에 대한 방향감각을 상실한 반면, 두 번째 환자 집단은 세상-중심 공간 표상이 선택적으로 손상되었을 가능성이 크다. 이들은 두드러진 지표들을 재인할 수 있을 뿐 아니라, 위에서 기술했던 자기-중심 방향감각 상실 또한 발견되지 않는다. 대신에 그들은 자신들이 인식하는 지표로부터 방향 정보를 추출해 내지 못한다. 자신들의 환경 내에서 세상-중심 방향 또는 물체가 향하고 있는 방향의 의미를 상실했다.

환자 T.Y.(Suzuki et al., 1998)는 후대상 회의 손상으로 인하여 길-찾기에 심각한 어려움을 나타냈다. 실어증, 계산 장애, 좌-우 혼동, 대상 실인증, 안면 실인증, 색맹의 증상은 발견되지 않았다. 아울러 Wechsler 기억 척도로 측정한 언어 및 시각 기억력은 정상이었으며, 숫자 따라 말하기(digit span)와 Raven 누진 행렬 검사(Raven Progressive Matrices) 수행 결과도 정상으로 나타났다. 변형된 Corsi 블록 검사(superaspan block test)와 Porteus 미로 검사(Porteus Maze test) 결과에서는 공간 학습 능력 또한 정상인 것으로 나타났다. 이 정상적인 능력에 반하여, 익숙한 건물들을 찍은 사진을 보고 어느 위치에서 사진을 찍었는지를 판단하는 과제는 제대로 수행하지 못했다. 또한 대학 캠퍼스에서 길-찾기 과제를 수행하는 동안 지도에서 자신이 어느 방향을 향하고 있는지를 판단하지도 못했다.

Takahashi와 동료들(Takahashi, Kawamura, Shiota, Kasahata, & Hirayama, 1997)은 다른 세 명의 유사한 환자들을 보고하였다. T.Y.와 마찬가지로 환자들은 자신들이 알고 있는 유명한 지표로부터 방향 정보를 추출해 낼 수 없었다. 이들은 여러 사진들을 제시했을 때, 건물들을 식별할 수 있었으며, 친숙한 건물과 자기 집 근처의 풍경 사진도 알아보았다. 자기-중심 공간의 기본적 표상에 대한 검사를 실시하고, 5분 후 다시 검사를 실시하였을 때 검사 결과는 정상으로 나타났다. 이와 같이 보존된 능력에 비해, 환자들은 친숙한 장소들을 연결하는 경로를 기술할 수 없었으며, 잘 알고 있는 장소와 다른 장소 사이의 위치(방향) 관계 또한 기술하지 못했다. 이와 더불어 이 세 환자들은 자신의 병실이 위치하고 있는 병원의 층에 대한 약도도 그릴 수 없었다. Cammalleri 등(1996)에 의해 보고된 환자(M.B.)도 비슷한 손상을 나타냈다.

Takahashi와 동료들(1997)은 자신들의 환자들이 한눈에 들어오지 않는 공간 내에서 현재 위치와 목적지 간의 위치 관계를 회상할 수 있는 방향감각을 상실했다고 설명했다. 이 능력은 지표외부의 지표를 향한 신체의 방향이 표상되는 방향감각으로도 기술할 수 있다. 그런 표상은 경로 찾기와 위치의 유사지도 표상을 조작하는 데 있어서 핵심이 된다. 공간 방향의 표상에만 손상이 고립되어 나타날 가능성은 흥미를 유발시킨다. 이 환자들은 자기-중심 공간감각 상실증 환자들과는 다르게 분류되며, 이런 사례의 존재는 피질 영역들이 분리되어 각각 다른 공간 표상 좌표를 매개할 가능성을 시사한다.

환자 T.Y., Takhashi의 세 환자, 환자 M.B.는 우측 팽대 후부(후대상) 회 내에 손상을 입었다. [그림 5-2]는 환자 T.Y.의 손상 위치를 보여 주고 있다. 흥미롭게도 설치류에 있어서는 이 피질 영역이 길-찾기 능력과 연관되어 있다. 한 설치류 연구(Chen, Lin, Green, Barnes, & McNaughton, 1994)에서는 쥐가 환경 내에서 특정 방향을 유지할 때만 발화하는 소규모의 세포 집단을 이 영역 내에서 발견하였다. 이 세포들은 '머리-방향(head-direction)' 세포라고 명명되었으며(Taube, Goodridge, Golob, Dudchenko, & Stackman, 1996), 지표, 전정기관, 자기 고유(자기-움직임) 단서의 조합에 근거한 신호들을 생성하는 것 같다. 좀 더 큰 공간 도식 내에서 신체의 방향에 대한 표상은 경로와 지도에 근거한 경로 찾기에서 사용될 수 있는 공간표상의 한 형태다. (나중에 살펴볼) 인간을 대상으로 한 뇌영상 연구 결과들이 이런 해석을 지지하는 증거를 누적하고 있다.

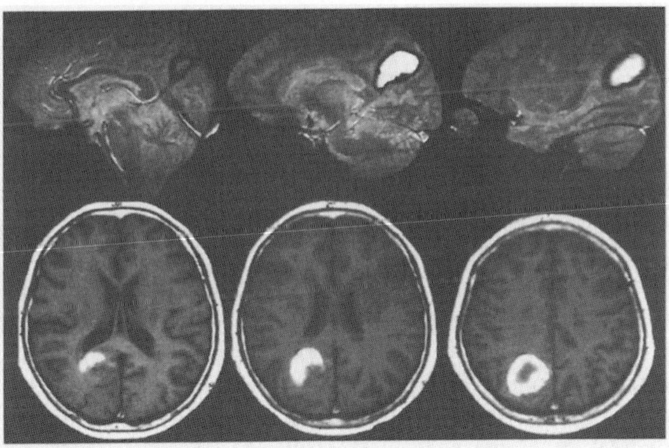

[그림 5-2] 환자 T.Y.의 MRI 촬영 결과는 우반구 후부 각 회 병변을 보여 주고 있다. (Dr. Suzuki의 영상 사용 승인)

지표 실인증(사례 3)

지남력 감각을 상실한 세 번째 유형의 환자는 지표 실인증으로 기술될 수 있는데, 이 손상의 주요 요소는 방향을 찾기 위해 유명하고 두드러지는 환경적 특성을 사용하지 못하는 것이다. 이런 방향상실 범주의 장애를 가진 환자들이 가장 많으며 가장 많이 연구되었다.

1955년 C. A. Pallis는 환자 A.H.가 자신의 침실을 인식하지 못해서 화장실에서 자신의 방으로 돌아가지 못하게 되었다고 기술하였다. 또한 환자 A.H.는 시야 중심에 '맹점' 이 있으며, 색깔을 식별할 수 없으며, 그리고 모든 얼굴들이 비슷하게 보인다는 것을 깨달았다. 그는 자신의 집을 떠나면 매우 빨리 길을 잃어버리게 되었고, 이전에 아주 친숙했던 주변 환경을 더 이상 인식할 수 없었다.

입원을 한 환자에게서 응시점의 정점에 위치한 위쪽 두 인접 사분 암점과 일치하는 시야장 결손이 발견되었다. 무시의 증거는 없었으며, 좌우 시야장에서 정확하게 물체의 위치를 파악할 수 있었으며, 입체지각, 자기수용감각, 도형지각 또한 정상이었다. 좌우 혼동, 계산 장애, 실행증도 없었다. 일반적인 기억 능력은 완벽히 정상인 것으로 보고되었다. A.H의 숫자 따라 하기 과제 수행 결과는 바로 따라 외우기 8개, 거꾸로 외우기 6개였으며, Babcock 문장 검사는 첫 번 시행에서 정확하게 반복할 수 있었다.

이 환자는 얼굴을 인식하는 데 어려움을 겪었다. 그는 의료진이나 아내와 딸을 알아보지 못했으며, 당시 유명인의 얼굴 사진도 인식하지 못했다. 그는 동물 그림도 인식하는 데 어려움을 겪었는데, 사진을 찬찬히 훑어보면서 결정적인 특징을 찾는 전략을 사용할 경우 사람의 얼굴보다 동물을 좀 더 쉽게 인식할 수 있었다. 예를 들어, 그는 수염으로 고양이 사진을 확인할 수 있었다. 그에게 있어서 가장 큰 불만이자 가장 많은 스트레스를 주는 문제는 장소를 알아차릴 수 없는 것이었다.

> 내 마음의 눈으로는 그 장소가 어디에 있으며 어떻게 생겼는지를 볼 수 있

> 다. T … 광장, 그리고 광장으로 가는 길들을 별 어려움 없이 머릿속에서 그릴 수 있다. … Cardiff에서 Rhondda 골짜기로 가는 길을 그려서 설명해 줄 수 있다. … 내가 밖으로 나가면 문제는 시작된다. 내 머리는 내가 어느 장소에 있다고 말하지만 둘러보면 나는 내가 어디에 있는지를 전혀 인식할 수 없다. 매번 고난의 연속이다. … 예를 들어 어느 날 밤, 길을 잘못 찾아서, 나는 우체국에서 음료를 시키려고 했었다. … 나는 매번 경로에 대한 생각을 하면서, 마치 기억된 지시를 따르는 것처럼, 방향을 전환할 때마다 그 회수를 센다(Pallis, 1955, p. 219).

그의 어려움은 새로운 장소뿐 아니라 이전에 익숙했던 곳으로까지 확장되었다. "내가 기억할 수 없는 곳은 이 모든 것이 일어나기 전에 내가 알던 곳뿐이 아니다. 이제 나를 새로운 장소로 데려가도, 내일이면 나는 거기에 스스로는 갈 수가 없다." (Pallis, 1955, p. 219) 길-찾기에 명백한 문제가 있음에도 불구하고, 여전히 이 환자는 자신이 엔지니어로 일했던 갱도의 윤곽을 포함하여, 손상 전에 친숙했던 장소에 대하여 설명할 수 있었고 지도를 그릴 수도 있었다.

환자 A.H.와 유사한 증상을 겪는 것으로 문헌에서 보고된 환자들로 J.C.(Whiteley & Warrington, 1978), A.R.(Hécaen, Tzortzis, & Rondot, 1980), S.E.(McCarthy, Evans, & Hodges, 1996), M.S.(Rocchetta, Cipolotti, & Warrington, 1996), Landis, Cummings, Benson과 Palmer(1986)에 의해 보고된 여러 사례들, Takahashi, Kawamura, Hirayama와 Tagawa(1989), Funakawa, Mukai, Terao, Kawashima와 Mori(1994), 그리고 Suzuki, Yamadori, Takase, Nagamine와 Itoyama(1996)에 의해서 보고된 사례들이 있다. 이 환자들의 공통적인 속성은 다음과 같다. (1) 이전에 친숙했던 곳과 새로운 장소에서 방향감각 상실, (2) 정상적인 공간 정보의 조작, (3) 특정한 건물을 파악하는 능력의 손상. 달리 말하면, 친숙한 환경에 대한 공간 정보를 제공하는 능력이 유지되고 있음에도 불구하고, 두드러진 지표를 알아차리는 능력이 손상되었기 때문에 자신의 길을 찾을 수 없다.

지표 재인 능력의 상실과 상대적으로 그 손상의 구체성에 대해 환자에게 유명한 건물 사진을 인식할 수 있는지를 묻는 방법으로 수행한 이 증상에 대한 연구가 여러 연구자들에 의해 실시되었다. 환자 S.E.(McCarthy et al., 1996)는 유명한 지표나 건물의 사진에 대한 이름이나 정보를 회상하는 능력이 통제 집단과 비교하였을 때 현저하게 손상된 것으로 나타났으며, 유명한 사람에 대한 정보를 회상하는 자신의 수행 능력에 비해서도 확연하게 저조하였다.

환자 M.S.(Rocchetta et al., 1996)는 (1) 복잡한 도시 장면, (2) 이전에 친숙하지 않았던 건물, (3) 시골 장면의 사진을 사용한 지연 재인 기억 검사에서 우연 수준으로 수행하였다. 증세가 나타나기 전에 친숙했던 런던의 지표를 알아차리는 데도 손상이 있는 것으로 나타났다. Takahashi와 동료들(1989)은 환자의 집과 이웃의 사진 17장을 수집했다. 환자는 이것들 중 어느 것도 알아차리지 못했지만, 자신의 기억으로부터 정원에 심겨진 나무들, 담장에 그려진 무늬, 자기의 우체통과 창문 모양을 기술할 수 있었으며, 그의 집과 마을의 정확한 지도도 그릴 수 있었다.

이와 반면에 공간 표상 검사에서는 이 환자들이 일반적으로 정상적인 능력을 가진 것으로 나타났다. 환자 S.E., M.S., J.C.는 Corsi 블록 검사, 변형된 Corsi 블록 검사, 징검다리 미로(stepping-stone maze)와 같은 공간 학습 및 지각 과제 수행에서는 정상적인 것으로 나타났다(환자 A.R.은 징검다리 미로 검사에서 손상이 나타났다). 일반적으로 경로를 기술하고 친숙한 장소에 대한 약도를 그리는 능력은 이 환자들의 경우 모두 정상적이다. 위에서 논의했던 것처럼, 이 과제들의 수행에 요구되는 인지 능력의 본질에 대한 모호성으로 인하여, 일화적인 사실에 의거한 공간 표상 측정 결과에 대한 해석에는 엄밀한 주의가 요구된다. 그럼에도 불구하고 세밀한 경로 기술을 제공하는 환자 A.R.과 A.H., 세밀하고 정확한 지도를 만들 수 있었던 S.E., A.H.와 Takahashi의 환자들(Takahashi et al., 1989)은 종류 여하를 불문하고 공간 표상 능력이 여전히 정상이라는 것을 암시한다(환자 M.S.는 저조한 경로 기술 능력을 가지고 있었다는 점에 유의해야 할 것이다). 더 흥미로운 사실은 환자들이 손상 이전에 친숙하지 않았던 장소에 대해서도 정확한 지도를 만들어 낸다는 연구 보고들이다(Cole & Perez-Cruet, 1964; Whiteley & Warrington, 1978). 이 경우에,

환자는 본인이 직접 걸어가 본 경험을 세상-중심 표상으로 전환시키는 공간 표상 능력이 보존되어 있을 경우에만 이런 지도를 그릴 수 있다.

여러 신경심리학적 손상들은 시야장 손상과 함께 지표 실인증, 특히 안면 실인증(Cole & Perez-Cruet, 1964; Landis et al., 1986; McCarthy et al., 1996; Pallis, 1955; Takahashi et al., 1989), 색맹(Landis et al., 1986; Pallis, 1955)과 공존한다는 것을 주목해야 한다. 그러나 이러한 손상들은 지표 실인증을 항상 동반하지는 않을 뿐 아니라, TD 또한 수반하지 않고도 나타나는 것으로 알려져 있다(Tohgi et al., 1994). 따라서 이런 부수적 손상들이 실제로 TD의 원인인 것 같지는 않다. 좀 더 있음직한 설명은 지표 실인증을 일으키는 손상 위치가 안면 실인증과 색맹의 원인이 되는 손상 위치와 인접하고 있을 가능성이다.

지표 실인증에서는 (보통 대상 실인증과 안면 실인증의 경우처럼; Farah, 1990) 친숙한 것에 대한 망각 증상에 덧붙여, 환경 특성이 변형되어 지각된다는 증거가 있다. 예를 들어 Hécaen의 환자 A.R.은 '대성당 맞추기' 과제를 정확하게 수행할 수 있었지만, "그는 그때그때 '전체가 아닌 … 창문, 복도' 와 같이 세부적인 특징들만 본다고 말했다. 장소의 파악은 미세하고 세부적인 것들을 일일이 제거함으로써 가능해졌다" (Hécaen et al., 1980, p. 531).

지표 실인증의 표징이 되는 추가적인 특성은 이 환자들이 사용하는 보상 전략이다. 그 전형적인 경우를 환자 J.C.의 기술에서 발견할 수 있다.

> 그는 거리 이름, 역 이름, 집 주소에 전적으로 의존한다. 예를 들어, 그는 그 가게에 가기 위해 신호등에서 오른쪽으로 돈 후 극장에서 좌로 돌아야 한다는 것을 안다. … 그가 직장을 옮겼을 때, 그는 출근 경로에 도면과 '새' 직장의 내부 도면을 그린다. 그는 이 지도와 도면에 의지한다. … 그는 주소나 집 앞에 주차되어 있는 자신의 차로 자신의 집을 알아차린다(Whiteley & Warrington, 1978, pp. 575-576).

신호, 기호, 지표 등 연구자에 따라 달리 부르는 환경의 세부적인 것들에 대한 의존성은 여기서 기술했던 모든 지표 실인증 사례에서 공통적으로 나타나며, 이 손상의 본질이 인지적일 것이란 점을 직관적으로 암시한다. 첫째, 분명한 점은 이 환자들이 환경에서 자신들의 위치에 대한 공간적인 양상을 표상할 수 있다는 것이다. 길-찾기를 위해 미세한 환경의 특징들을 사용하자면, 환자들은 공간 정보를(예: 오른쪽으로 돌 것인지 아니면 왼쪽으로 돌 것인지) 특정 지점과 연합할 수 있어야 한다. 이런 특징은 공간 능력이 정상일 것이라는 것을 암시하는 증거가 된다. 둘째, 환자들의 증상이 지표 실인증이라 불림에도 불구하고, 이 환자들이 어떤 대상을 방향을 정할 목적으로 활용하지 못하지는 않는다. 이들의 장애 증상은 건물처럼 눈에 두드러지는 환경 속의 특징들과 인공물이나 자연 물체들을 장면들로 정렬시키지 못한다는 것이다. 실제로 이 환자들은 건물 안에서 길을 잃게 되는데, 이런 사실로 볼 때, 이 환자들은 한 장소를 다른 장소로부터 구분할 수 있도록 자극을 형상화하여 표상하지 못하는 것처럼 보인다. 따라서 지표 실인증을 보다 깊이 있게 연구할 경우 지표의 선택과 활용에 대한 규범적인 처리 과정에 상당한 통찰력을 제공할 수 있을 것이다.

안면 실인증과 지표 실인증(지표를 나타내는 그리스 말을 고려하여 landmark agnosia 대신 synoragnosia로도 부를 수 있을 것이다.) 간의 유사성은 놀라울 정도다. 안면 실인증 환자들은 자신이 얼굴을 보고 있다는 것을 의식하지만, 정상적으로 이루어지는 안면 인식에 대한 자연스러운 지각 과정을 경험하지 못한다. 이들은 또한 얼굴의 각 부분에 집중하는 보상 전략을 개발하게 되는데, 예를 들어 머리 형태와 같은 특징을 자세히 살펴봄으로써 사람들을 식별하게 된다.

지표 실인증을 야기하는 것으로 보고된 손상 위치는 군집되어 있다. 환자 J.C.(폐쇄성 두부 손상을 겪었으며 뇌영상 자료는 없음)와 M.S.(소혈관 국소 빈혈증의 확산으로 장애 발생)를 제외하고, 여기서 소개한 모든 지표 실인증의 사례들은 양측 손상이나 설 회, 때로는 해마 주변 회를 포함하여 우측 후두엽의 내측 부분에 손상이 발생했다. 손상의 가장 공통적인 기제는 우측 후부 대뇌 동맥의 경색이다.

설 회의 결정적 영역에 표상된 시각 정보의 유형은 아직까지 분명히 규명되지 않고 있으며, 많은 의문들을 제기하고 있다. 여기가 모든 지표 정보를 포함하고 있는 영역인가 아니면 지표로 사용될 수 있는 단순한 어떤 대상의 집단인가? 어떻게 그런 영역이 존재할 수 있나? '설 회의 지표 영역' (Aguirre, Zarahn, & D' Esposito, 1998a)에 대한 한 가지 설명은 길-찾기에 사용되는 시각 정보를 표상하기 위해 미리 결정된 피질 영역이 존재한다는 가정이다. 경험을 통해 이 영역은 환경적 특성과 (환경 속에서의 이동을 돕는) 지표의 가치를 가지는 물체의 형상을 표상하게 된다. 특정한 지표의 특징들과 다른 지표의 특징들 간의 자연적 상관으로 인하여 다른 뇌영역과 분리되었을 뿐 아니라, 기능이 세분화된 영역으로 발달되었을 가능성이 전혀 없는 것은 아니다(Polk & Farah, 1995). 더구나 그런 영역은 다른 시각 영역(거대 수용장 영역이나 광 흐름 처리 영역)과 연결되기 때문에 사람들 간에 일관성 있게 나타날 것이다.

우리는 환경심리학 연구로부터 그런 영역에서 표상될 수 있는 시각 속성의 유형에 대해 어느 정도 유추할 수 있다. 즉, 경로에서 중요한 선택 지점에 놓인 크고 고정된 물체들일 것이다. 서양의 도시 거주자들에게는 건물들이 이에 해당될 것이다. 물론 다른 환경에 거주하는 사람들에게는 다른 시각 정보가 표상될 것이다. 이 양자 중 어떤 경우이든 이 영역의 손상은 지표 실인증 사례에서 보고된 손상의 패턴을 나타낼 것이다. 여기에 대한 증거는 정상인을 대상으로 실시된 뇌영상 연구 결과에서 제시되었으며, 여기에 대한 논의는 뒤에서 제시할 것이다.

순행성 방향감각 상실과 내측두엽(사례 4)

지금까지의 논의는 신피질 구조 손상으로 나타나는 다양한 유형의 TD에 초점을 맞추어 왔다. 후두정엽, 후대상 회, 내측 방추 회는 특정 유형의 길-찾기 손상과 관련되어 있다. 그럼에도 불구하고, 지극까지의 TD 연구의 많은 부분들은 구피질 영역, 특히 내측두엽에 집중되어 있다. 위에서 언급했던 것처럼, 내측두엽에 대한 관심은 설치류의 해마 세포들이 그 동물이 특정 위치에 있을 때만 선택적으로 반응한다는 신경심리학적 발견에 근거하고 있다. 이 장소 세포들의 발견은 해마가 세상-중심 공간 관계에 대한 정보의 저장소라는 이론적 근거로 작용했다(O' Keefe & Nadel, 1978). 동물의 공간 학습에서 해마의 중요성에 관한 부수적 증거는 해마가 손상된 쥐가 장소 학습 검사인 수중 미로 과제에서 수행 능력이 저하된다는 Morris와 동료들(1982)의 연구 결과에 근거한다. 공간 표상에서 해마(암몬 각, 치상 회, 해마 이행부 등)가 담당하는 역할의 특수성은 오랫동안 논쟁거리가 되어 왔다(Cohen & Eichenbaum, 1993).

최근 설치류를 이용한 실험에서 양반구 해마를 (신경독을 사용하여) 선택적으로 손상시켰을 경우 수중 미로와 같은 장소 학습 과제에서 수행 능력이 심하게 저하된다는 것이 명백해졌다. 동물 연구 결과에 근거한 공간 학습 이론들에서 해마의 -중심적 역할은 TD에 대한 신경학적 연구에도 어느 정도 영향을 미쳤다(Jarrard, 1993; Morris, Schenk, Tweedie, & Jarrard, 1990). 예를 들어 신피질 손상으로 인하여 발생한 지남력 상실 환자들의 많은 사례 보고에서는 손상 영역을 (단절 혹은 입력정보의 상실과 같이) 해마 기능의 붕괴와 연관시키고자 노력한다.

최근 수십 년간, '인지 지도' 이론은 장기기억 영역에서 내측두엽 기능을 강조하는 모형들과 대조되어 왔다. 환자들의 손상 연구에 근거한 이 모형들은 해마가 '서술 기억' 의 초기 형성과 유지에 관여하지만, 수개월에 걸쳐 신피질 내에서 응고하게 되면서 해마 기능으로부터 독립한다고 설명한다.

내측두엽 손상이 방향 찾기 능력에 미치는 영향은 무엇인가? 확실한 것은 해마의 단측 손상은 인간의 실제 세계에서 길-찾기 능력에 어떤 가시적인 손상도 야기하지 않는다(DeRenzi, 1982)는 것이다. 한 연구(Vargha-Khadem et al., 1997)에서는 양측 해마에 국한된 손상으로 인한 일반적인 순행성 기억 상실증 증상에서 순행성 길-찾기 손상을 보고하였지만, 분명한 것은 길-찾기 능력만이 선택적으로 손상된 것은 아니다. 양측 해마 손상을 입은 다른 환자들에 대한 연구에서는 순행성 길-찾기 능력에 대해 언급하고 있지 않다(Rempel-Clower, Zola, Squire, & Amaral, 1996; Scoville & Milner, 1957; Zola-Morgan, Squire, & Amaral, 1986). 이 환자들에게서 발견되는 역행성 길-찾기 지식의 상실 또한 다른 영역의 상실에 비해 과다하지도 않았으며(Rempel-Clower et al., 1996), 어떤 경우에는 이 지식은 상실되지 않고 보존되어 있었다(Milner, Corkin, & Teuber, 1968; Teng & Squire,

1999).

해마 손상과는 관련이 없음에도 불구하고, 새로운 환경에만 국한되어 나타나는 지남력 손상에 대한 사례들이 보고되었다. 흥미롭게도 Ross(1980)가 보고한 두 환자, Pai(1997)가 보고한 환자, Luzzi, Pucci, Di Bella와 Piccirilli(2000)의 환자, Habib와 Sirigu(1987)가 보고한 두 사례 중 첫 번째 환자들에게 나타난 순행성 TD는 지표와 공간 모두에 영향을 받은 것으로 나타났다. 지금까지 가장 포괄적인 연구는 Epstein과 동료들(2001)이 환자 G.R.과 C.G.를 대상으로 실시한 검사다.

검사할 당시 60세의 G.R.은 고등 교육을 받은 남성이었고 2년 전에 좌우 후두-측두엽 뇌졸중을 겪은 적이 있었다. [그림 5-3]은 이 환자의 손상된 면을 보여 주고 있다. 뇌졸중은 이 환자에게 좌측 반신불수, 우측 상사분면 실인증, 그리고 양측 색각 이상을 남겼다. 그러나 그는 무시, 좌우 혼동, 실행증, 안면 실인증, 대상 실인증 증상은 없었다. 그가 겪는 주요한 장애는 새로운 장소에서 방향감각을 완전히 상실하는 것이었다.

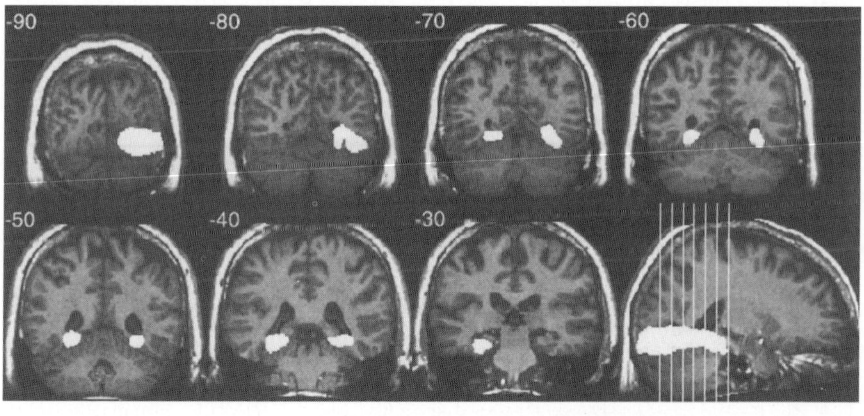

[그림 5-3] 환자 G.R.의 MRI 촬영 결과는 아래쪽 설 회, 내측 방추 회, 후두엽을 포함한 우측 후부 범위의 병변이 나타나는 양측 해마 주변 구의 손상을 보여 주고 있다. (Dr. R. Epstein의 영상 사용 승인)

> G.R.과 그의 아내에 따르면, 그가 자주 일상생활에서 길을 잃어버리는 것처럼, 새로운 지형 정보를 배우지 못하는 것이 뇌졸중 이후 전형적으로 겪는 경험이다. 뇌졸중 후 그는 비슷한 집들이 들어선 동네로 이사했다. 6~7블록 떨어진 시장까지 걸어간 뒤 자신의 새 집으로 돌아가기 위해 그는 거리 표지판에 의지하여 자신의 집이 위치한 블록을 찾았으며, 자신의 집을 식별할 수 있는 독특한 특징을 인식할 때까지 그 블록에 있는 집들을 자세히 살폈다고 보고했다. 그 후, G.R.과 그의 아내는 외국으로 옮겨서 다른 집으로 이사를 했다. 그는 이사한 후 첫 6개월 동안, 그의 새집은 길-찾기를 배우기 너무도 힘든 '귀신 붙은 집' 처럼 느껴졌다고 보고했다(Epstein et al., 2001, p. 5).

Epstein은 여러 번 방문했음에도 불구하고, 실험실 검사 장소를 찾지 못하는 환자를 대상으로 지표 학습 검사를 시행한 결과 수행 능력이 저조하게 나타났다고 보고했다. 대조적으로 G.R.은 지도에 표시된 경로를 성공적으로 따라갈 수 있었으며, 이런 사실은 G.R.의 기본적인 공간 표상은 온전하다는 것을 시사한다. 덧붙여 G.R.은 뇌졸중 전에 알고 있던 장소의 약도를 정확하게 그릴 수 있었으며, 널리 알려진 지표를 재인하는 검사에서도 같은 연령으로 이루어진 통제 집단 못지 않은 수행 능력을 보였다. 이런 발견은 G.R.이 이전에 학습한 공간 및 지표 지형 정보의 표상을 온전하게 유지하고 있다는 것을 시사한다. Epstein과 동료들은 G.R.의 주요 손상이 광범위한 장소의 형태에 대한 새로운 정보의 부호화에 있다는 것을 보여 주는 추가적 검사 결과를 보고했다.

Habib와 Sirigu(1987)가 보고한 환자들과 Ross(1980)의 환자들은 비슷한 손상을 나타냈다. 네 환자 모두 자신들이 손상을 입기 적어도 6개월 전에 알고 있었던 환경에 대해서는 길-찾기 능력이 보존되고 있다는 것을 보여 주었다. Ross의 환자 1은 자기 부모님 집 지도를 아주 정확하게 그릴 수 있었다. Habib와 Sirigu의 환자 1, 2 모두 손상 초기 기간이 경과한 뒤에는 마을의 친숙한 곳들에 대해서 방향 판단에 어려움을 겪지 않은 것으로 나타났다.

이 환자들의 공통적인 손상 위치는 우측 후부 해마 주변부 영역이다. [그림 5-

3]은 G.R.의 손상 위치를 보여 주고 있다. 이런 발견은 위에서 보고한 집단을 대상으로 실시한 신경심리학적 연구 결과와 일치한다. Bohbot과 Barrash는 우측 해마 주변부 손상이 실제 세계에서의 지남력 손상과 매우 깊이 관련되어 있음을 발견했다. 이 손상 위치와 관련해서 한 가지 유의할 사항은 해마 주변부 손상이 앞서 논의했던 지표 실인증에 일관되게 연루되는 내측 설 회의 손상과 함께 나타난다는 것이다.

지표 실인증과 순행성 방향감각 상실 증상이 피질의 상이한 두 영역의 손상으로 발생하는 것일까? TD 환자 4명의 수행 능력을 검정했던 Takahashi와 Kawamura의 연구는 이런 의문점을 해결하는 데 도움이 된다. 그들은 해마 주변부로 손상이 국한된 환자가 (장면 학습 검사에서) 새 지형 정보 습득에 어려움을 겪는 것을 발견하였지만, 내측 설 회를 포함한 영역에 손상을 입은 다른 환자들은 이전에 친숙했던 장면과 건물을 알아보는 데 어려움을 겪을 뿐 아니라 순행성 장애도 함께 나타난다는 것을 발견하였다.

이런 사례 연구 결과들이 내측두엽에 소재하는 해마 주변부가 길-찾기에 가장 중요한 영역이라고 주지시킴에도 불구하고, 다른 연구 결과들은 해마의 역할에 대해 지속적인 의문을 제기하고 있다. Maguire와 동료들(2000)이 최근 보고한 연구에서, 엄청난 양의 지형 정보를 유지할 필요가 있는 런던의 택시 운전사들이 통제 집단에 비해 훨씬 더 큰 후부 해마를 가졌다는 것을 발견했다. 더 나아가 운전사들의 후부 해마의 크기는 운전 경력과 높은 상관성을 가진 것으로 나타났다. 마지막 부분에서 살펴보게 될 뇌영상 연구는 지남력과 관련된 과제에서 해마 영역 내의 신경 활동을 발견했다고 보고한다.

기능성 뇌영상 연구들

지남력 표상에 관한 기능성 뇌영상 연구들은 크게 2개의 범주, 즉 (1) 지남력 표상의 인지 처리 전 과정을 구현시키는 신경적 토대 탐구와 (2) 환경 지식의 하부 요소들의 탐색으로 나눌 수 있다.

첫째 범주에 속하는 가장 최초로 시도된 연구는 Aguirre, Detre, Alsop과 D' Esposito(1996)의 연구다. 이 연구에서는 환자들이 가상현실(virtual reality)로 제시된 미로에서 길-찾기 학습을 시도하는 동안 fMRI 촬영을 했다. 이 과정에서 수집된 신호들을 단순한 복도를 반복적으로 가로지르는 동안 얻은 신호와 비교했을 때, 양측 해마 주변부, 후두정엽, 팽대후부 피질, 내후두엽에서 더 많은 활동이 관찰되었다. 이 연구는 길-찾기에 포함되는 복잡한 행위에 해당하는 각각의 인지적 요소들을 분리하지 않았다. 따라서 이런 (유형의) 연구로부터 우리가 내릴 수 있는 최선의 결론은 확인된 영역들이 길-찾기의 특정 양상에 의해 활성화되었다는 제한적인 것이다.

그 후 Maguire와 동료들은 피험자들에게 가상현실 공간에서 과제를 수행하는 연구 방식을 점진적으로 보완하여 다수의 뇌영상 연구 결과들을 보고하였다(Maguire, Frackowiak, & Frith, 1996b, 1997; Maguire, Frith, Burgess, Donnett, & O' Keefe, 1998a; Maguire et al., 1998b). 그 연구들에서 일관성 있게 나타난 결과는 좀 더 복잡하고 실제에 가까운 가상현실 환경에서 길-찾기가 성공적으로 이루어질 경우, 해마에서 활성화가 발생한다는 것이다. 해마 주변부 또한 활성화되었지만, Maguire는 이것이 길-찾기 행동 자체보다 환경 내에 존재하는 지표에 의해서 발생한 것이라고 주장하였다. 더 자세한 내용은 Maguire, Burgess와 O' Keefe(1999)를 참고하기 바란다.

명백한 것은 길-찾기 과제와 관련하여 해마 영역에서 무언가가 일어난다는 것이다. 놀라운 것은 이 구조의 손상으로 지남력 손상이 발생한다는 임상적 보고나 신경심리학적 보고가 없다는 것이다. 이런 상충된 결과들은 뇌영상 연구의 제한점으로 지적된다. 하지만 규명하고자 하는 행동(길-찾기 행동)은 굉장히 복합적이기 때문에 인지 감법(뇌영상 추론의 표준 기술)을 이용한 분리 시도는 행동 연구에는 성공 가능성이 희박하다.

해마(혹은 다른 어떤 영역)에서의 활성화는 두 조건 간에 다른 오염되고 통제되지 않은 행동의 결과일 가능성이 언제나 도사리고 있다. 비록 우리가 길-찾기 능력의 인지적 처리 과정을 분리해 낼 수 있다 하더라도, 이 기능에 필수적이지 않은 피질 영역에서 신경 활동을 관찰하는 것은 여전히 가능하다. 그럼에도 불구하고, 인간의 길-찾기 능력에 대한 내측두엽 내의 개별 영역의 역할은 여전히 적극적으로 연구되어야 할 문제로 남아 있다.

뇌영상 연구의 두 번째 범주는 환경 표상의 특정 하위 구성요소와 그에 상응하는 신경 구조를 찾는 것이다. 가장 기본적 수준의 구분에서 Aguirre와 D' Esposito (1997)는 환경 속에서의 지표 식별과 지표 방향에 관한 판단 조작에서 피질의 반응이 배측과 복측 경로로 분리된다는 것을 규명하고자 시도하였다. 그들은 피험자들로 하여금 며칠에 걸쳐 복잡한 가상현실 마을에 친숙해지게 하였다. 뇌영상을 촬영하는 동안, 피험자들에게 가상현실 속 장면들을 제시한 뒤 자신들의 현재 위치를 파악하라고 하거나, 장소의 이름을 준 뒤 그 장소에서 다른 장소의 방향을 판단하라고 요구했다. 앞서 제시한 지남력 표상의 구분과 일치하는 내측 설 회 영역이 위치 확인에 반응한 반면, 후대상 회 영역과 후두정 영역은 방향에 대한 판단을 하는 동안 반응하였다.

후속 연구들은 이런 개괄적인 구분을 더욱 세분화했다. Aguirre와 동료들(1998a)은 지표 실인증을 유발하는 손상이 건물이나 대규모의 환경 지표의 지각에 특화된 신경 구조를 손상시킨다는 가설을 검정했다. 그들은 fMRI를 사용하여 얼굴, 자동차, 일상의 물체나 상의 위상을 무선화시킨 건물 같은 자극들보다 건물에 대해 더 많은 신경 반응을 보이는 피질 영역을 발견했다. 모든 피험자에게 건물에 반응하는 증거가 되는 화소들(voxels)이 우측 설 회의 전미에 걸쳐 위치하는 것으로 관찰되었는데, 이곳은 지표 실인증으로 보고된 손상 위치들과 매우 일치한다. 우측 후설 구 전측에서 '건물에 민감' 한 피질의 발견은 다른 연구실에서도 확인되었다(Ishai, Ungerleider, Martin, Schouten, & Haxby, 1999).

Epstein과 동료들은 해마 주변부 활동을 유발하는 조건들을 연구했다. 그들의 초기 연구 결과(Epstein & Kanwisher, 1998)에 의하면 넓게 퍼진 장면(실내이든 실외이든)을 지각할 때, 해마 주변부에서 강력한 활성화가 발생하였다. 방에 물건들이 채워져 있든 단순히 텅 빈 벽만 있든, 이 반응들의 양상은 같았다. 후속 연구

(Epstein, Harris, Stanley, & Kanwisher, 1999)에서, Epstein은 해마 주변부가 특히 공간적으로 확장된 장면의 모양과 윤곽에 관한 새로운 지각 정보를 부호화할 때 민감하게 반응하는 것을 발견했다. 이 발견들은 해마 주변부 손상을 입은 환자들에게서 나타나는 순행성 손상 양상과 잘 일치한다.

결론과 미래 방향

지난 수십 년 동안 TD 본질의 이해를 촉진시키는 여러 가지 핵심적인 발견들이 보고되었다. 인지신경과학 프로그램의 성공으로 인해, 이제 다양한 지남력 상실 증상을 인지 기능의 특정 손상으로 귀착시키는 것이 가능해졌다. TD 환자들의 검진에서 간단한 질문과 검사만으로도 위에서 기술했던 네 가지 지남력 상실 장애의 범주 중 하나로 환자들을 분류하는 것이 충분히 가능하게 되었다. 자기-중심 공간에서 방향을 상실하는가? 부상당하기 전에 알던 장소에서 길-찾기가 가능한가? 건물과 같이 큰 규모의 속성들 대신 다양한 유형의 환경 단서들을 활용할 수 있는가? 지표들은 인식할 수 있지만, 어느 방향으로 가야 할지 확신하지 못하는가? 인지적 범주화가 관찰된 손상과 일치할 때, 의료진은 환자가 경험하고 있는 TD의 유형을 확실하게 진단할 수 있을 것이다.

대부분의 경우 손상의 정도는 손상 이후 수개월에 걸쳐 호전되며, 이와 같은 상태의 호전은 자기-중심 지남력 상실과 순행성 지남력 상실의 경우에 더욱 분명하다(Barrash, 1998). 지표 실인증 환자의 경우에는 큰 지표보다 다른 환경 속성들을 사용하도록 장려하면 정상적인 길-찾기 기능을 회복하는 데 도움이 될 것이다.

지남력 상실의 임상적인 증상들에 대한 규명은 여러 연구팀들이 적극적으로 추구하고 있는 분야 중 하나다. 더 일반적인 맥락에서 인지신경과학의 도구와 모형들이 정상적인 길-찾기 문제를 규명하는 데 적용되고 있다. 내측두엽 영역의 상대적인 기여, 후대상 회에서의 방향 표상에 대한 보다 명쾌한 규명, 설 회의 발달과 표상 특성에 대한 보다 나은 이해와 같은 문제들은 아직까지 규명되지 않고 있는 문제들이다.

참 | 고 | 문 | 헌

Acredolo, L. P. (1977). Developmental changes in the ability to coordinate perspectives of a large-scale space. *Developmental Psychology, 13*, 1-8.

Aguirre, G. K., & D' Esposito, M. (1997). Environmental knowledge is subserved by separable dorsal/ventral neural areas. *Journal of Neuroscience, 17*, 2512-2518.

Aguirre, G. K., & D' Esposito, M. (1999). Topographical disorientation: A synthesis and taxonomy. *Brain, 122*, 1613-1628.

Aguirre, G. K., Detre, J. A., Alsop, D. C., & D' Esposito, M. (1996). The parahippocampus subserves topographical learning in man. *Cerebral Cortex, 6*, 823-829.

Aguirre, G. K., Zarahn, E., & D' Esposito, M. (1998a). An area within human ventral cortex sensitive to "building" stimuli: Evidence and implications. *Neuron, 21*, 373-383.

Aguirre, G. K., Zarahn, E., & D' Esposito, M. (1998b). Neural components of topographical representation. *Proceedings of the National Academy of Sciences, U.S.A., 95*, 839-846.

Allen, G. L., Kirasic, K. C., Siegel, A. W., & Herman, J. F. (1979). Developmental issues in cognitive mapping: The selection and utilization of environmental landmarks. *Child Development, 50*, 1062-1070.

Anderson, R. A., Snyder, L. H., Li, C.-S., & Stricanne, B. (1993). Coordinate transformations in the representation of spatial information. *Current Opinion in Neurobiology, 3*, 171-176.

Appleyard, D. (1969). Why buildings are known. *Environment and Behavior, 1*, 131-156.

Barrash, J. (1998). A historical review of topographical disorientation and its neuroanatomical correlates. *Journal of Clinical and Experimental Neuropsychology, 20*, 807-827.

Barrash, J., Damasio, H., Adolphs, R., & Tranel, D. (2000). The neuroanatomical correlates of route learning impairment. *Neuropsychologia, 38*, 820-836.

Bisiach, E., Brouchon, M., Poncet, M., & Rusconi, M. (1993). Unilateral neglect and route description. *Neuropsychologia, 31*, 1255-1262.

Bohbot, V. D., Kalina, M., Stepankova, K., Spackova, N., Petrides, M., & Nadel, L. (1998). Spatial memory deficits in patients with lesions to the right hippocampus and to the right parahippocampal cortex. *Neuropsychologia, 36*, 1217-1238.

Byrne, R. W. (1982). Geographical knowledge and orien-tation. In A. W. Ellis (Ed.), *Normality and pathology in cognitive functions*. London: Academic Press.

Cammalleri, R., Gangitano, M., D' Amelio, M., Raieli, V., Raimondo, D., & Camarda, R. (1996). Transient topo-graphical amnesia and cingulate cortex damage. Acasereport. *Neuropsychologia, 34*, 321-326.

Chen, L. L., Lin, L. H., Green, E. J., Barnes, C. A., & McNaughton, B. L. (1994). Head-direction cells in the rat posterior cortex. I. Anatomical distribution and behavioral modulation. *Experimental Brain Research, 101*, 8-23.

Cohen, N. J., & Eichenbaum, H. (1993). *Memory, amnesia and the hippocampal system*. Cambridge, MA: MIT Press.

Cole, M., & Perez-Cruet, J. (1964). Prosopagnosia. *Neuropsychologia, 2*, 237-346.

DeRenzi, E. (1982). *Disorders of space exploration and cognition*. Chichester: Wiley.

DeRenzi, E., & Faglioni, P. (1962). Il disorientamento spaziale da lesion cerebrate. *Sistema Nervoso, 14*, 409-436.

Epstein, R., DeYoe, E. A., Press, D. Z., Rosen, A. C., & Kanwisher, N. (2001). Neuopsychological evidence for a topographical learning mechanism in parahippocampal cortex. *Cognitive Neuropsychology, 18*, 481-508.

Epstein, R., Harris, A., Stanley, D., & Kanwisher, N. (1999). The parahippocampal place area: Recognition, navigation, or encoding? *Neuron, 23*, 115-125.

Epstein, R., & Kanwisher, N. (1998). A cortical representation of the local visual environment. *Nature, 392*(6676), 598-601.

Farah, M. J. (1990). *Visual agnosia: Disorders of object recognition and what they tell us about normal vision*. Cambridge, MA: MIT Press.

Farrell, M. J. (1996). Topographical disorientation. *Neurocase, 2*, 509-520.

Funakawa, I., Mukai, K., Terao, A., Kawashima, S., & Mori, T. (1994). (A case of MELAS associated with prosopagnosia, topographical disorientation and PLED) *Rinsho Shinkeigaku (Clinical Neurology), 34*, 1052-1054.

Habib, M., & Sirigu, A. (1987). Pure topographical dis-orientation: A definition and anatomical basis. *Cortex, 23*, 73-85.

Hanley, J. R., & Davies, A. D. (1995). Lost in your own house. In R. Campbell & M. A. Conway (Eds.), *Broken memories* (pp. 195-208). Oxford: Blackwell.

Hécaen, H., Tzortzis, C., & Rondot, P. (1980). Loss of topographic memory with learning deficits. *Cortex, 16*, 525–542.

Holmes, G., & Horax, G. (1919). Disturbances of spatial orientation and visual attention with loss of stereo scopic vision. *Archives of Neurology and Psychiatry, 1*, 385–407.

Ishai, A., Ungerleider, L. G., Martin, A., Schouten, J. L., & Haxby, J. V. (1999). Distributed representation of objects in the human ventral visual pathway. *Proceedings of the National Academy of Sciences U.S.A., 96*, 9379–9384.

Jarrard, L. E. (1993). On the role of the hippocampus in learning and memory in the rat. *Behavioral and Neural Biology, 60*, 9–26.

Kase, C. S., Troncoso, J. F., Court, J. E., Tapia, J. F., & Mohr, J. P. (1977). Global spatial disorientation. Clinico-pathologic correlations. *Journal of the Neurological Sciences, 34*, 267–278.

Landis, T., Cummings, J. L., Benson, D. F., & Palmer, E. P. (1986). Loss of topographic familiarity. *Archives of Neurology, 43*, 132–136.

Levine, D. N., Warach, J., & Farah, M. J. (1985). Two visual systems in mental imagery: Dissociation of "what" and "where" in imagery disorders due to bilateral post-erior cerebral lesions. *Neurology, 35*, 1010–1018.

Luzzi, S., Pucci, E., Di Bella, P., & Piccirilli, M. (2000). Topographical disorientation consequent to amnesia of spatial location in a patient with tight parahippocampal damage. *Cortex, 36*, 427–434.

Maguire, E. A., Burgess, N., Donnett, J. G., Frackowiak, R. S., Frith, C. D., & O' Keefe, J. (1998b). Knowing where and getting there: A human navigation network. *Science, 280*, 921–924.

Maguire, E. A., Burgess, N., & O' Keefe, J. (1999). Human spatial navigation: Cognitive maps, sexual dimorphism, and neural substrates. *Current Opinion in Neurobiology, 9*, 171–177.

Maguire, E. A., Burke, T., Phillips, J., & Staunton, H. (1996a). Topographical disorientation following unilateral temporal lobe lesions in humans *Neuropsychologia, 34*, 993–1001.

Maguire, E, A., Frackowiak, R. S. J., & Frith, C. D. (1996b). Learning to find your way: A role for the human hippocampal formation. *Proceedings of the Royal Society of London, Ser. B, 263*, 1745–1750.

Maguire, E. A., Frackowiak, R. S. J., & Frith, C. D. (1997). Recalling routes around London:

Activation of the right hippocampus in taxi drivers. *Journal of Neuroscience, 17,* 7103-7110.

Maguire, E. A., Frith, C. D., Burgess, N., Donnett, J. G., & O' Keefe, J. (1998a). Knowing where things are: Parahippocampal involvement in encoding object locations in virtual large-scale space. *Journal of Cognitive Neuroscience, 10,* 61-76.

Maguire, E. A., Gadian, D. G., Johnsrude, I. S., Good, C. D., Ashburner, J., Frackowiak, R. S., & Frith, C. D. (2000). Navigation-related structural change in the hippocampi of taxi drivers. *Proceedings of the National Academy of Sciences U.S.A., 97,* 4398-4403.

McCarthy, R. A., Evans, J. J., & Hodges, J. R. (1996). Topographical amnesia: Spatial memory disorder, perceptual dysfunction, or category-specific semantic memory impairment? *Journal of Neurology, Neurosurgery and Psychiatry, 60,* 318-325.

McNaughton, B. L., Mizumori, S. J., Barnes, C. A., Leonard, B. J., Marquis, M., & Green, E. J. (1994). Cortical representation of motion during unrestrained spatial navigation in the rat. *Cerebral Cortex, 4,* 27-39.

Meyer, O. (1900). Ein- und doppelseitige homonyme hemianopsie mit orientierungsstörungen. *Monatschrift für Psychiatrie und Neurologic, 8,* 440-456.

Milner, B. (1965). Visually-guided maze learning in man: Effects of bilateral hippocampal, bilateral frontal, and uni-lateral cerebral lesions. *Neuropsychologia, 3,* 317-338.

Milner, B., Corkin, S., & Teuber, H.-L. (1968). Further analysis of the hippocampal amnesic syndrome: 14-year follow-up study of HM. *Neuropsychologia, 6,* 215-234.

Morris, R. G., Garrud, P., Rawlins, J. N., & O' Keefe, J. (1982). Place navigation impaired in rats with hippocam-pal lesions. *Nature, 297,* 681-683.

Morris, R. G., Schenk, F., Tweedie, F., & Jarrard, L. F. (1990). Ibotenate lesions of the hippocampus and/or subiculum: Dissociating components of allocentric spatial learning. *European Journal of Neuroscience, 2,* 1016-1028.

Newcombe, F., & Ritchie, R. W. (1969). Dissociated visual perception and spatial deficits in focal lesions of the right hemisphere. *Journal of Neurology, 32,* 73-81.

O' Keefe, J., & Nadel, L. (1978). *The hippocampus as a cognitive map.* Oxford: Oxford University Press.

Pai, M. C. (1997). Topographic disorientation: Two cases. *Journal of the Formosan Medical Association, 96,* 660-663.

Pallis, C. A. (1955). Impaired identification of locus and places with agnosia for colours. *Journal of Neurology, Neurosurgery and Psychiatry, 18*, 218–224.

Passini, R., Rainville, C., & Habib, M. (2000). Spatio-cognitive deficits in right parietal lesion and its impact on wayfinding: A case study. *Neurocase, 6*, 245–257.

Piaget, J., Inhelder, B., & Szeminska, A. (1960). *The child's conception of geometry*. New York: Basic Books.

Pick, H. L. (1993). Organization of spatial knowledge in children. In N. Eilan, R. McCarthy, & B. Brewer (Eds.), *Spatial representation* (pp. 31–42). Oxford: Blackwell.

Polk, T. A., & Farah, M. J. (1995). Brain localization for arbitrary stimulus categories: A simple account based on Hebbian learning. *Proceedings of the National Academy of Sciences U.S.A., 92*, 12370–12373.

Presson, C. C. (1987). The development of landmarks in spatial memory: The role of differential experience. *Journal of Clinical and Experimental Neuropsychology, 20*, 807–827.

Rempel-Clower, N. L., Zola, S. M., Squire, L. R., & Amaral, D. G. (1996). Three cases of enduring memory impairment after bilateral damage limited to the hip-pocampal formation. *Journal of Neuroscience, 16*, 5233–5255.

Rocchetta, A. I., Cipolotti, L., & Warrington, E. K. (1996). Topographical disorientation: Selective impairment of locomotor space? *Cortex, 32*, 727–735.

Ross, E. D. (1980). Sensory-specific and fractional disorders of recent memory in man: I. Isolated loss of visual recent memory. *Archives of Neurology, 37*, 193–200.

Scoville, W. B., & Milner, B. (1957). Loss of recent memory after bilateral hippocampal lesions. *Journal of Neurology, Neurosurgery and Psychiatry, 20*, 11–21.

Siegel, A. W., Kirasic, K. C., & Kail, R. V. (1978). Stalking the elusive cognitive map: The development of children's representations of geographic space. In J. E Wohlwill & I. Altman (Eds.), *Human behavior and environment: Children and the environment* (Vol. 3). New York: Plenum.

Siegel, A. W., & White, S. H. (1975). The development of spatial representation of large-scale environments In H. W. Reese (Ed.), *Advances in child development and behavior*. New York: Academic Press.

Stark, M., Coslett, B., & Saffran, E. M. (1996). Impairment of an egocentric map of locations: Implications for perception and action. *Cognitive Neuropsychology, 13*, 481–523.

Suzuki, K., Yamadori, A., Hayakawa, Y., & Fujii, T. (1998). Pure topographical disorientation related to dysfunction of the viewpoint-dependent visual system. *Cortex, 34*, 589–599.

Suzuki, K., Yamadori, A., Takase, S., Nagamine, Y., & Itoyama, Y. (1996). (Transient prosopagnosia and lasting topographical disorientation after the total removal of a right occipital arteriovenous malformation) *Rinsho Shinkeigaku (Clinical Neurology), 36*, 1114–1117.

Takahashi, N., & Kawamura, M. (in press). Pure topographical disorientation–The anatomical basis of topographical agnosia. *Cortex, 38*(5), 717–725.

Takahashi, N., Kawamura, M., Hirayama, K., & Tagawa, K. (1989). (Non-verbal facial and topographic visual object agnosia—a problem of familiarity in prosopagnosia and topographic disorientation) *No to Shinkei (Brain & Nerve), 41*(7), 703–710.

Takahashi, N., Kawamura, M., Shiota, J., Kasahata, N., & Hirayama, K. (1997). Pure topographic disorientation due to right retrosplenial lesion. *Neurology, 49*, 464–469.

Taube, J. S., Goodridge, J. P., Golob, E. J., Dudchenko, P. A., & Stackman, R. W. (1996). Processing the head direction cell signal: A review and commentary. *Brain Research Bulletin, 40*, 477–486.

Taylor, H., & Tversky, B. (1992). Spatial mental models derived from survey and route descriptions. *Journal of Memory & Language, 31*, 261–282.

Teng, E., & Squire, L. R. (1999). Memory for places learned long ago is intact after hippocampal damage. *Science, 400*, 675–677.

Thorndyke, P. (1981). Spatial cognition and reasoning. In J. Harvey (Ed.), *Cognition, social behavior and the environment*. Hillsdale, NJ: Lawrence Erlbaum Associates.

Thorndyke, P. W., & Hayes, R. B. (1982). Differences in spatial knowledge acquired from maps and navigation. *Cognitive Psychology, 14*, 560–589.

Tohgi, H., Watanabe, K., Takahashi, H., Yonezawa, H., Hatano, K., & Sasaki, T. (1994). Prosopagnosia without topographagnosia and object agnosia associated with a lesion confined to the right occipitotemporal region. *Journal of Neurology, 241*, 470–474.

Vargha-Khadem, F., Gadian, D. G., Watkins, K. E., Connolly, A., Van Paesschen, W., & Mishkin, M. (1997). Differential effects of early hippocampal pathology on episodic and semantic memory. *Science, 277*, 376–380.

Whiteley, A. M., & Warrington, E. K. (1978). Selective impairment of topographical memory: A single case study. *Journal of Neurology, Neurosurgery and Psychiatry*, *41*, 575–578.

Zola-Morgan, S., Squire, L. R., & Amaral, D. G. (1986). Human amnesia and the medial temporal region: Enduring memory impairment following a bilateral lesion limited to field CA1 of the hippocampus. *Journal of Neuroscience*, *6*, 2950–2967.

chapter 06

후천성 난독증: 읽기 장애

* H. Branch Coslett

사례 보고

30세의 오른손잡이 여성 환자 W.T.의 가족은 그녀가 갑자기 횡설수설하고, 다른 사람의 말을 이해하지 못한다는 것을 알아챘다. 신경 검사에서 베르니케 실어증이라고 진단 내려졌다. 추가 검사에서 발화는 유창하지만 음소와 의미 착어증이 빈번하게 나타나는 것을 발견했다. 명명 능력은 비교적 보존됐지만, 단일 단어와 음소를 반복하는 능력은 손상된 것으로 나타났다. '의자' 처럼 형상화가 용이한 단어는 정확하게 반복할 수 있었지만, '운명' 과 같이 형상화가 용이하지 않은 추상적인 단어 반복 능력은 저조했다. 'shirt' 를 들려주고 따라 해 보라고 했을 때 'tie' 로 반복하는 것 등 의미적 실수도 종종 범했다. 단일 단어를 쓸 때에도, 따라 말하기에서 범했던 의미적 실수를 범했으며, 형상화가 용이한 단어를 추상적인 단어보다 훨씬 더 잘 썼다. 발병 후 6개월 뒤에 찍은 CAT 스캔에서 왼쪽 후부 상측두 구에 작은 피질 경색이 발견되었다.

W.T.의 읽기 이해력 또한 손상되었다. 형상화 용이 단어의 이해 검사 결과는 우수하였던 반면, 형상화가 용이하지 않은 단어들은 정확하게 소리 내어 읽을 수는 있었지만 의미는 제대로 이해하지 못했다. 가장 흥미로운 사실은 단일 단어를 읽는 능력은 상대적으로 잘 보전되어 있었다는 것이다. 대략 95%의 단일 단어를 정확하게 읽었으며, Boston 실어증 검사(Boston Diagnostic Aphasia Examination: BDAE) 명령어 중 5개를 소리 내어 정확하게 읽었다(Goodglass & Kaplan, 1972). 그녀의 읽기에 영향을 미친 변인들이 쓰기와 말하기에는 영향을 미치지 않았다는 사실 또한 흥미로운 점이었다. 예를 들어, 그녀의 읽기는 표적 단어의 품사(명사, 동사, 형용사)에 의해 영향을 받지 않았다. 명사, 수식어, 동사, 심지어 기능어(that, which, because, you)까지도 쉽게 읽었다. 또한 표적 단어의 형상화 정도에도 영향을 받지 않았다. 그녀는 '운명'과 같은 형상화가 용이하지 않은 단어뿐만 아니라 '의자'와 같이 형상화가 용이한 단어도 읽을 수 있었다. 또한 표기와 발음의 관계가 불규칙적인 단어(예: yacht, tomb)도 규칙 대응과 마찬가지로 잘 읽었다.

W.T.가 보인 읽기 능력의 현저한 손상은 발음은 가능하지만 단어가 아닌 문자열(비단어)은 읽지 못한다는 점이다. 예를 들어, 'flig'란 문자열을 보았을 때, 그녀는 이것이 단어가 아니라는 것은 확실하게 지적할 수 있었다. 하지만 이 문자열이 어떻게 발음되는지, 혹은 어떤 소리가 나는지를 물었을 때, 약 20%만 제대로 대답할 정도로 그녀의 수행은 매우 저조했다. 그녀의 전형적인 반응은 시각적으로 유사한 실제 단어(flag와 같은)로 발음하면서, 자신의 반응이 틀렸다는 것을 인정하는 것이었다.

요약하면, W.T.는 실제 단어의 읽기 능력은 상대적으로 보존된 반면 읽기 이해력과 비단어 읽기 능력이 손상된 베르니케 실어증과 실독증 증상을 나타냈다. 그녀의 읽기 손상 패턴은 음성학적 난독증 증후군과 일치했다. 이런 맥락에서 그녀의 증상이 흥미를 끄는 이유는 읽기를 중재하는 기제에 대한 최근의 이론들과 직접적으로 관련되기 때문이다. 뒤에서 다루겠지만, 글 읽기의 많은 모형들(예:

Seidenberg & McClelland, 1989)은 문자열의 발음을 중재하는 기제로 두 가지를 제안하고 있다. 하나는 의미를 중재하는 반면, 다른 하나는 단어에 저장된 정보의 접속 없이, 즉 심상 사전(mental lexicon)에서 단어를 찾아보지 않고, 표기가 바로 소리로 변환되도록 한다고 가정한다. W.T.의 증상이 흥미로운 것은 정확하게 이런 가정을 위반하기 때문이다.

읽기 이해와 의미를 포함한 다른 검사에서 W.T.의 손상된 수행은 그녀가 의미에 기초를 둔 절차에 의해 소리 내어 읽지 않는다는 것을 시사한다. 같은 맥락에서 비단어를 읽을 때 어려움을 느끼는 것은 표기-소리 전환 처리 과정을 제대로 활용하지 못한다는 것을 의미한다. 따라서 그녀의 증상은 단어에 저장된 정보가 발화 기제와 직접적으로 접속되는 읽기 기제를 추가적으로 요구한다.

후천성 난독증의 역사적인 재고

19세기 후반 Déjerine(1891, 1892)은 뇌손상에서 유래된 읽기 장애에 대한 최초의 체계적인 기술을 2개의 혁신적인 논문에서 제공했다. 이 두 논문이 읽기 장애 환자에 대한 최초의 보고(Freund, 1889)는 아니지만, 매우 상이한 장애들에 대한 세심한 기술은 20세기 후반부에 활발하게 논의되는 후천성 난독증에 대한 개괄적인 이론의 틀을 제공했다.

Déjerine의 첫 번째 환자(1891)는 좌측 두정엽 경색 이후 읽기와 쓰기에 손상이 발생한 경도의 실어증 징후를 보였다. Déjerine은 이것을 '실서증을 동반한 실독증' 이라 명했고, 좌측 각 회의 통제를 받는 '단어에 대한 시각적 심상' 의 붕괴에 기인한 결손이라 주장했다. 여기에 저장된 정보는 친숙한 단어를 인식하기 위한 형판을 제공한다고 추정되고 있다. 따라서 시각적 심상의 소실은 친숙한 단어 읽기에서 장애를 유발할 수 있다고 예상할 수 있다. 비록 다양하고 독특한 패턴의 후천성 난독증이 후속 연구에서 밝혀졌지만, Déjerine의 실어증을 동반한 실독증에 대한 설명은 우리가 후에 살펴볼 '중심성 난독증' 에 대한 최초의 체계적 연구다.

Déjerine의 두 번째 환자(1982)는 완전히 달랐다. 이 환자는 우측 동측성 반맹을 보였고, 소리 내어 읽는 것과 이해는 불가능했지만, 쓸 수는 있었고 말하기도 잘하였다. 이 장애를 Déjerine은 실인증적 난독증(agnosic alexia)과 (순수 실독증[pure alexia]으로도 알려진) '실서증을 동반하지 않은 실독증' 으로 명명하였으며, 우반구에 제시된 시각 정보와 단어 재인에 결정적 역할을 하는 것으로 추정된 좌측 각 회 사이의 단절로 발생한다고 추측했다.

Déjerine의 논문이 발표된 이후 수십 년 동안, 후천성 난독증에 대한 연구는 큰 진전을 보지 못했다. 이 기간 동안 발표된 몇 개의 논문은 이 장애의 해부학적 근거에 주로 초점을 맞추었다. 비록 흥미로운 결과들이 보고되었지만, 그 결과들은 종종 무시되거나 주목을 끌지 못했다. 예를 들어, Akelaitis(1944)는 뇌량 절단 환자들에게 좌반구 일측성 실독증—좌측 시야장에 나타난 단어를 소리 내어 읽는 것이 불가능한 증상—이 나타났다고 보고했다. 이와 같은 발견은 '실서증을 동반하지 않은 실독증' 을 단절 증후군으로 간주한 Déjerine의 해석에 대해 강력한 지지를 제공하였다.

1977년에 Benson은 전두엽 병변으로 발생하는 세 번째 유형의 실독증을 발견했다. 이 장애는 브로카 실어증뿐만 아니라 실서증과도 관련이 있는 것으로 간주되었다. 이 환자들은 '관계나 문법적인' 역할을 하는 단어들보다 '의미가 담긴 내용어' 들을 더 잘 이해했으며, 읽은 것을 이해하는 것보다 소리 내어 읽기에 더 큰 문제를 나타냈다. 마지막으로, 이 환자들은 단어 내에 있는 철자 식별에 손상을 보이는 '낱자 실독증' 을 보인다고 보고됐다(Benson, 1977).

후천성 난독증에 관한 연구는 Marshall과 Newcombe(1966, 1973)의 정교하고 세밀한 연구에 의해서 새롭게 부활되었다. 피험자들이 성공적으로 읽은 단어뿐 아니라 읽기 실수를 자세히 검토한 분석 결과에 근거하여, 그들은 분명히 구별되는 읽기 장애 유형을 규명하였다. Marshall과 Newcombe(1973)에 의해 개발된 개념적 틀은 후천성 난독증의 후속 연구에 자극제가 되었고(Coltheart, Patterson, & Marshall, 1980; Patterson, Marshall, & Coltheart, 1985), 읽기의 '정보 처리' 모형은 이들의 개념화에 상당히 의존하고 있다.

후천성 난독증에 대한 실험 연구

읽기는 많은 인지 절차들과 인지 기능이 관여하는 복잡한 처리 과정이다. 후천성 난독증의 특별한 증후군들을 다루기에 앞서, 단어 재인과 발음을 중재하는 처리를 간략하게 살펴보자. 시각 체제는 알파벳에 기반하는 언어에서 작은 의미 단위인 낱자로 구성된 복잡한 자극을 효율적으로 처리한다. 단어의 수보다 낱자의 수가 적기 때문에, 때로는 단어들 사이에 시각적으로 상당한 유사성(이를 테면, same vs. sane)이 있다. 덧붙여서, 문자열 내에서 낱자의 위치는 단어를 식별하는 데 매우 중요하다(mast vs mats를 생각해 보라). 이런 점들을 고려할 때, 읽기는 시각 체제에 상당한 부하를 걸게 되며, 시각 처리 또는 시각 주의에서의 장애는 읽기 능력을 상당히 손상시킬 수 있다.

정상인들의 단어 인식 능력이 뛰어나다는 사실에 근거하여 어떤 연구자들은 단어가 각각의 철자로 분리되어 처리하지 않고 물체 재인에서와 같이 하나의 단위로 처리된다고 제안한다. 적어도 정상인들을 표준화된 조건하에서 검사하였을 때, 하나의 단위로 처리하는 것 같지는 않다. 그와 반대로 정상적인 읽기는 낱자가 알파벳 기호(symbol)로 인식되는 것을 요구하는 것으로 보인다. 이런 주장을 지지하는 증거로 단어를 친숙하지 않은 형태—대소문자를 섞거나(예: wOrD), 낱자들 간에 공간이 생기거나(예: f o o d)—로 제시하더라도 읽기 속도나 정확성에 크게 영향을 미치지 않는다는 결과(McClelland & Rumelhart, 1981)를 들 수 있다. 이런 결과에 근거하여 글자 형태(인쇄되었든, 쓰였든)가 때로는 '추상적인 낱자 실체'로 불리는 알파벳 철자들의 문자열(W-O-R-D)로 전환되는 낱자 식별의 단계에서 이루어진다는 주장이 제기된다.

앞서 살펴보았듯이, 단어 식별은 구성 낱자들을 인식해야 할 뿐 아니라, 낱자의 순서도 처리되어야 한다. 어떤 기제가 자극 내에서 낱자들의 위치를 결정하고 유지하는지는 명확하지 않지만, 많은 이론들이 제안되어 왔다. 하나의 가능성은 각 낱자는 단어 '틀(frame)' 또는 '범위(envelope)' 안에서 위치로 연결되어 있다는 것이다. 마지막으로, 일반적인 상황에서의 낱자들은 엄격하게 순서대로 처리되는 것이 아니라, (단어가 너무 길지 않을 경우) 시각 체제에 의해 병렬적으로 분석된다는 점에 주목해야 한다. 시각 자극 처리에서의 손상이나 이 시각 정보가 문자열에 적절한 저장된 지식에 접속하는 데 실패하여 발생하는 읽기 장애는 '주변성 난독증'이라 하며, 이것은 후에 언급하겠다.

읽기의 '이중 경로' 모형에서 문자열의 식별은 몇 개의 상이한 절차에 의해 결정된다. 첫째는 '어휘' 처리로, 문자열이 친숙한 단어들을 저장하고 있는 목록 또는 시각적 단어 형태 체제의 항목들과 맞추어 봄으로써 확인된다. 뒤에서 보다 자세히 논의될 이 절차는 [그림 6-1]에 제시되어 있으며, 어떤 점에서는 사전에서 단어를 찾는 것과 비슷하다. 단어의 의미와 음운 형태에 대한 정보를 제공하고, 어느 정도의 통사적인 속성에 대한 정보도 제공한다. 읽기의 이중 경로 모형은 문자열이 학습으로 형성된 철자법과 음운론 간의 대응 관계를 적용하여 음운형태로 직접 전환될 수 있다고 가정한다. 이 이론에서는 의미는 단어의 음운형태를 통해서 접속될 것이다.

다양한 증거가 읽기의 이중 경로 모형을 지지하고 있다. 이 논문의 논지에서 가장 적절한 증거는 Marshall과 Newcombe(1973)가 난독증을 '심층'과 '표층'으로 분리시킨 혁신적인 연구다. 그들은 G.R.이라는 환자의 증상을 기술하였는데, 이 환자는 (책상, 도너츠 같은) 구상 명사는 대략 50% 정도 읽었지만, (운명, 신뢰 같은) 추상 명사를 읽을 때와 발화의 다른 모든 양상에서는 심각한 손상을 보였다. 그러나 G.R.의 증상에서 가장 놀라운 점은 표적 단어(이를 테면 speak)를 의미적으로 연관된 단어(이를 테면 talk)로 말하는 실수를 범하는 것이었다. Marshall과 Newcombe(1973)는 이러한 장애를 '심층 난독증(deep dyslexia)'이라고 불렀다.

이 연구자들은 또한 철자-음소 대응을 일관성 있게 실행하지 못하는 환자 두 명의 증상을 보고했다. 예를 들어, J.C.는 'e 규칙'(like와 같은 단어에서, 선행한 모음을 장음으로 발음하는 규칙)을 제대로 적용하지 못하였으며, 자음 군(자음이 연속해서 나타나는 경우)과 연속모음에 대해서 적절한 음운을 도출하는 데 어려움을 보였다. 인쇄된 철자-음소 대응 적용 능력의 손상으로 특징지을 수 있는 이 장애를

'표층 난독증(surface dyslexia)' 이라 부른다.

이런 관찰 결과에 근거하여, Marshall과 Newcombe(1973)는 쓰인 단어들의 의미는 2개의 다른 경로를 통해 추출될 수 있다고 주장했다. 첫째는 친숙한 단어들이 저장된 표상(또는 시각적 단어 형태)을 활성화하는 직접 경로로 이 경로는 의미를 직접 활성화한다. 심층 난독증 환자들의 읽기에서 특징적으로 나타나는 의미적 기반의 실수(환자들은 종종 자신이 실수를 범한다는 것을 깨닫지 못함)는 이 경로가 관여하는 것으로 추정된다. 두 번째 경로는 철자-음소 또는 인쇄된 글자-소리의 대응이 적절한 음운 정보(단어를 소리 내어 발화)를 추출하는 데 활용되는 음운에 기반한 과정으로 간주된다. 표층 난독증 환자들이 보이는 읽기 장애 증상은 이런 비어휘적 절차에 의해 매개되는 것으로 추측되고 있다. 비록 Marshall과 Newcombe가 제안한 특정 가설들이 후속 연구들에 의해서 비판을 받아 왔지만 읽기가 두 가지 분리된 절차를 통해 매개된다는 이들의 주장은 상당한 증거에 의해서 지지를 받고 있다.

[그림 6-1]에 묘사된 읽기의 정보 처리 모형은 구두 읽기의 세 개의 다른 절차를 보여 주고 있다. 이 절차 중 2개는 Marshall과 Newcombe가 제안한 것들과 일치한다. 첫 번째 절차([그림 6-1]에서 A로 표시)는 시각적 단어 형태 체제에 저장된 항목의 활성화, 의미 정보의 추출, 궁극적으로 음소적 출력 어휘 수준에서 단어의 저장된 소리의 활성화로 구성된다. 두 번째 절차([그림 6-1]에서 B로 표시)는 어휘와 관련 없이 철자를 음운 또는 인쇄된 글자를 소리로 변형시키는 처리 과정으로 구성된다. 이 절차는 단어에 관한 저장된 정보로의 접속을 수반하지 않고 오히려 음소의 발음을 규명하는 대응 관계의 목록에 접속하는 것으로 추정된다.

읽기를 보조하는 언어 기제에 대한 많은 정보 처리 이론들은 세 번째 절차를 가정한다. 이 기제([그림 6-1]의 C)는 어휘에 기반을 두고 있으며, 시각적 단어 형태 기제와 음운 출력 어휘의 활성화 과정으로 구성된 것으로 추정되고 있다. 하지만 이 절차는 앞서 언급한 어휘적 절차와는 달리 의미 정보의 활성화가 개입하지 않는다. 이 절차는 '직접' 읽기 기제 혹은 경로로 불린다. 몇몇 피험자들이 단어를 이해하지 못함에도 불구하고, 소리 내어 읽을 수 있다는 사실을 포함하여 다양한

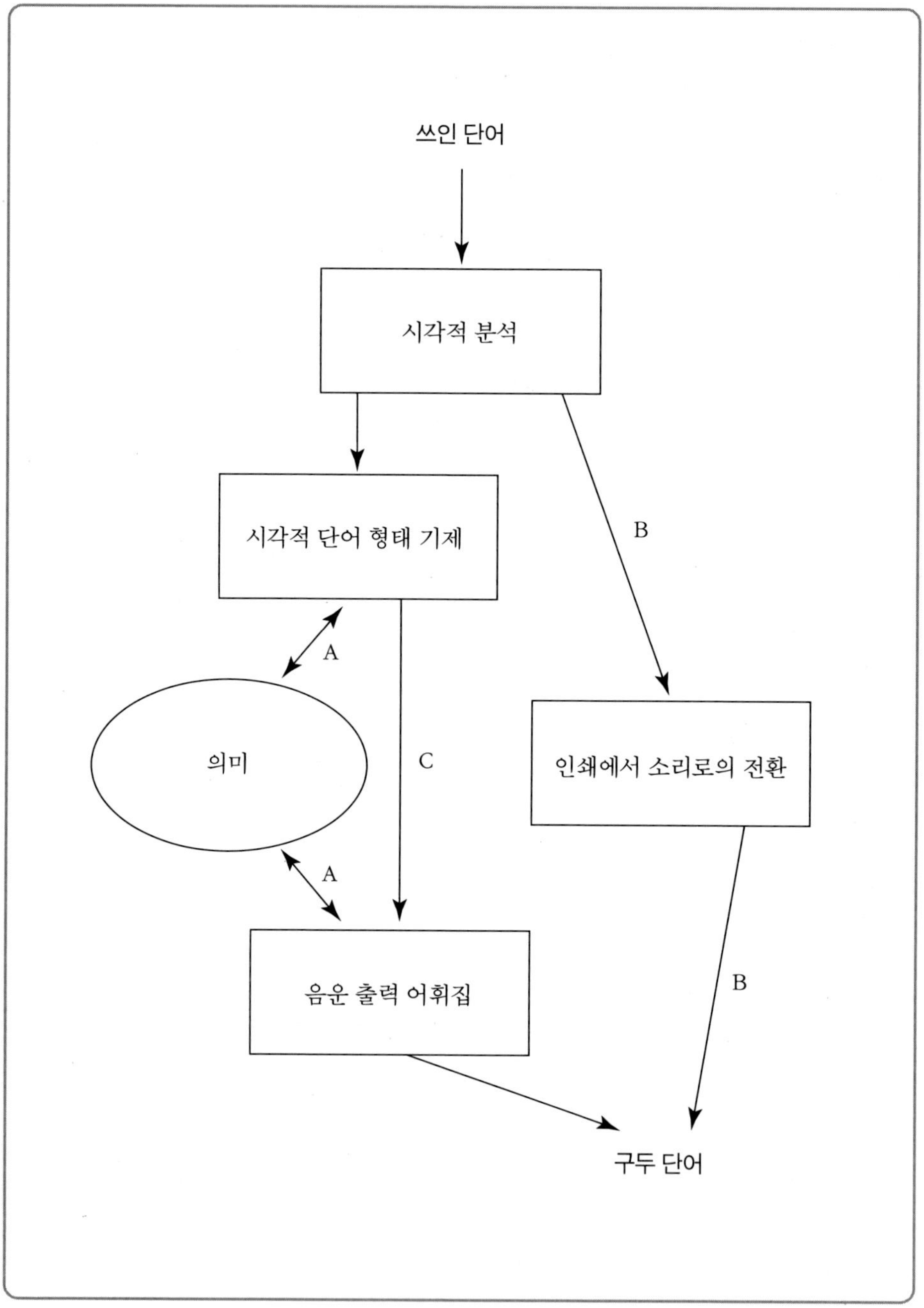

[그림 6-1] 추정되는 읽기 기제를 설명하는 읽기의 정보-처리 모형

결과들이 직접 어휘 기제를 지지하고 있다(Schwartz, Saffran, & Marin, 1979; Noble, Glosser, & Grossman, 2000; Lambon Ralph, Ellis, & Franklin, 1995).

앞에서 언급하였듯이, W.T.의 수행 양상 또한 이 기제와 연관되어 있다. 자신이 이해하지 못하는 단어를 소리 내어 읽을 수 있었다는 것은 W.T.의 읽기 능력이 의미에 기반한 것이 아니라는 것을 암시한다. 더구나 그녀는 비단어를 읽지 못했는데, 이것은 음운 출력 전략을 사용하지 못한다는 것을 암시한다. 마지막으로 그녀가 (애정과 같은) 추상적인 단어를 쓰거나 반복하지 못했지만 소리 내어 읽을 수는 있었다는 것 역시 중요한 사실이다. 이런 사실은 그녀의 구두 읽기 능력이 손상된 의미와 음운 기제의 상호작용에 의해 중재되지 않았다는 것을 시사한다(cf. Hills & Caramazza, 1995). W.T.의 반응 양상은 직접 어휘 기제의 존재 가능성을 시사한다.

주변성 난독증

후천성 난독증 논의의 유용한 시작점은 Shallice와 Warrington(1980)의 주변성 난독증과 중심성 난독증의 구분이다. 주변성 난독증(peripheral dyslexias)은 자극의 시각적 양식 처리에서의 결손으로 특징지어지는 조건이다. 이러한 결손은 환자가 낱자의 식별과 순서를 보전하는 단어의 표상 구축을 방해한다. 반대로 중심성 난독증은 시각 단어 형태가 의미 또는 발화 생성 기제의 접속을 중재하는 보다 심층적이고 보다 상위 수준에서의 읽기 기능의 손상을 일컫는다. 이 절에서는 주변성 난독증의 주요 유형에 대해서 살펴볼 것이다.

철자 하나씩 읽지 못하는 '실서증을 동반하지 않은 실독증' (순수 실독증; 낱자 하나씩 읽기)

이 장애는 주변성 읽기 손상 증상 중 가장 일반적인 것이다. 이 증상은 (우측 공간의 시각 자극 분석에 반응하는) 좌측 후두 피질과 이 영역에 입력 정보를 제공하는 구조들(좌측 시상의 측면 슬상 핵과 우측 시각 피질에서 뻗어 나온 뇌량 섬유를 포함한 백질 등)에 영향을 미치는 좌반구 병변과 관련되어 있다. 이 병변은 좌반구에 있는 인쇄된 단어를 처리하는 기제로 시각 입력 정보를 보내는 것을 차단하거나 시각 단어 형태 체제 자체를 혼란시키는 것 같다(Geschwind & Fusillo, 1966; Warrington & Shallice, 1980; Cohen et al., 2000). 일부의 환자들은 읽기 자체가 불가능한 것처럼 보이는 반면, 다른 환자들은 (종종 낱자 하나하나 읽기로 불리는) 연속 낱자 식별 처리에 의해서 매우 천천히 그리고 매우 힘들여 읽기도 한다. 낱자 하나하나 읽는 사람들은 종종 낱자 이름을 소리 내어 발음하기도 한다. 어떤 환자들의 경우에는 N을 M으로 읽는 등 시각적으로 비슷한 낱자들을 잘못 인식하기도 한다(Patterson & Kay, 1982). 이 환자들의 읽기 속도는 비정상적으로 느리며, 보통 단어의 길이에 직접 비례한다. 이때 읽기의 수행 정도는 단어의 구상성, 발화, 인쇄-소리 대응의 규칙성과 같은 변수의 영향을 받지 않는다.

오랫동안 순수 실독증 환자는 철자 하나하나를 읽는 것을 제외하고는 글 읽는 것이 불가능한 것으로 생각되어 왔다(Déjerine, 1892; Geschwind & Fusillo, 1966). 하지만 최근 연구 결과는 이 환자들 중 일부는 문자열 식별 능력을 보존하고 있다는 증거를 제공하고 있다. 그렇다고 하여 이 환자들이 문자열을 소리 내어 읽을 수 있다는 것은 아니다. 몇몇 연구 방식에서 단어를 인식할 수 있다는 것을 보여 주었다. 몇몇 환자들은 낱자들이 연관성이 없는 문자열(예: WKRD)에 나타나는 것보다 단어의 부분일 때(이를테면 WORD의 R), 그 낱자들을 더 잘 인식하는 단어 우월 효과를 보여 주었다(Bowers, Bub, & Arguin, 1996; Bub, Black, & Howell, 1989; Friedman & Hadley, 1992; Reuter-Lorenz & Brunn, 1990).

둘째, 그들 중 몇몇은 단어를 빠르게 제시하여 철자 하나씩 읽기가 불가능할 정도가 되더라도 어휘 판단 과제(문자열이 실제 단어를 구성하는지를 결정하는 것)와 의미 범주화 과제(단어가 음식이나 동물 등과 같은 범주에 속하는지를 가리키는 것)를 우연 수준 이상으로 수행할 수 있었다(Shallice & Saffran, 1986; Coslett & Saffran, 1989a). 보다 긴 시간 노출할 경우 암묵적 읽기 과제 수행 능력을 방해하는 낱자 하나하나 읽기 전략을 사용하게 하는 관계로, 자극의 순간 노출은 이 과제 조작에서 핵심적인 역할을 한다(Coslet, Saffran, Greenbaum, & Schwartz, 1993).

사실 환자는 어휘 판단 과제에서 낱자 하나하나씩 읽는 전략을 사용하지만 그렇다고 단어가 완성될 때까지 진행되는 것을 허락하지는 않는 자극 제시 기간이 긴 조건(2초 이상)보다 제시 시간이 짧은 조건(250ms)에서 수행 능력이 더 높게 나타날 수 있다(Coslett & Saffran, 1989a).

보다 확고한 사례는 앞에서 보고한 환자로부터 발견할 수 있다. 이 환자에게 자극이 담긴 카드를 2초 동안 살펴보게 한 뒤, 어휘 판단 과제와 범주화 과제를 수행하게 하였다(Shallice & Saffran, 1986). 이때 이 환자는 검색 시간이 충분하였음에도 불구하고 그 시간을 제대로 활용하지 못하였다. 대신 그는 철자 하나씩 읽기를 피하기 위해서 인지, 카드를 잠깐 흘낏 본 뒤 시선을 돌려 버렸다. 암묵적 읽기 능력을 보여 주는 또 다른 증거로 철자 하나씩 읽기 전략을 사용하지 못하는 두 명의 순수 실독증 환자들이 있다(Coslett & Saffran, 1989b, 1992). 비록 이들이 그 단어의 의미와 관계있는 반응을 할 때도 있었고(예: 쿠키 → 캔디, 케이크), 이 환자들이 단어를 인식하는 것같이 보였지만, 단어들을 거의 보고하지 못했다. 비록 구체성 단어에 제한되었지만, 어떤 경우에는 환자들은 시간이 경과하면서 어느 정도 구두 읽기 능력을 회복하기도 하였다(Coslett & Saffran, 1989a; Buxbaum & Coslett, 1996).

암묵적 또는 내적 읽기를 관장하는 기제는 논쟁의 대상이 되어 왔다. 최초로 순수 실독증에 대한 설명을 제공한 Déjerine은 이 환자들의 시각으로 입력된 정보의 분석이 좌측 시각 피질의 손상으로 인하여 우반구에 의해 이루어진다고 설명했다. (그렇다고 하여 모든 좌측 시각 피질 손상이 실독증을 유발시키지는 않는다. 핵심적인 요인은 손상되지 않은 우측 시각 피질로부터 뇌량을 통해 정보가 유입될 경우 좌반구에서 지속적으로 처리가 이루어질 수 있다.)

이 현상에 대한 하나의 설명은 암묵적 읽기를 통해 분명하게 발음하거나 (대부분의 경우에) 인식한 단어를 좌반구의 언어 영역으로 적절하게 전달하지 못하는 우반구에서 생성된 인쇄된 단어의 재인을 반영한다고 주장한다(Coslett & Saffran, 1998; Saffran & Coslett, 1998). 이 설명에 따르면, 낱자 하나씩 읽기는 우반구로부터 순차적으로, 그리고 비효율적으로 전달 받은 낱자 정보를 사용하여 좌반구에 의해 수행되는 것으로 간주된다. 더구나, 낱자 하나씩 읽기 전략이 구현되었을

부터 의미 처리 단계로의 정보전환 실패에서 기인한 것이라고 보았다(Shallice & Warrington, 1977).

Warrington, Cipolotti와 McNeil(1993)은 단일 단어는 읽을 수 있지만, 배열 속의 낱자와 단어 읽기에 상당한 손상을 보인 두 번째 환자 B.A.L.을 보다 자세히 관찰했다. B.A.L.은 시각적 방향상실 증상은 보이지 않았으며 'X' 또는 'O'의 배열에서 표적 낱자도 식별할 수 있었다. 그러나 자극들이 같은 범주에 속하는 다른 요소들의 측면에 위치하게 될 때, 낱자나 단어를 명명하는 데 어려움을 보였다. 이 환자의 주의성 난독증은 단어와 낱자가 한 단위로 처리되고 난 이후 발생하는 장애 증상으로 추정되었다.

보다 최근 사례로 Saffran과 Coslett(1996)은 N.Y.라는 주의성 난독증을 보이는 환자에 대해 보고했다. 그는 생체조직 검사로 판명된 알츠하이머병 환자로서, 후부 대뇌 피질에 선별적으로 병변이 발생했다. 그는 Wechsler 성인 지능 검사(WAIS-R)의 언어성 하위 검사에서는 정상 범위 내에 있었지만, 동작성 하위 검사들(performance subtests)은 전혀 시도하지 못했다. N.Y.는 Boston 명명 검사는 정상적으로 수행하였지만, 시공간 처리와 시각적 주의를 측정하는 다양한 실험 과제들의 수행은 매우 저조하였다. 그러나 시지각의 손상에도 불구하고, 그의 단일 단어 읽기 능력은 거의 정상이었다. 100ms 동안 (차폐 없이) 제시된 200개의 단어 중 96%를 읽을 수 있었다. 이 장애 증상을 보인 앞서 보고된 환자들처럼, N.Y.는 동시에 제시된 두 단어를 읽으라고 요구하였을 때, 수행 능력이 현저하게 저하되었다.

하지만 가장 흥미로운 사실은 N.Y.가 반응을 만들어 내기 위해서 두 단어에 있는 낱자들을 결합하여, 제시되지 않은 단어를 보고하는 상당한 양의 '혼합' 실수를 한다는 것이었다. 예를 들어 'flip shot'을 보여 주었을 때, 그는 'ship'이라고 반응했다. 이것은 정상인들에게 짧게 자극을 제시하였을 때 일으키는 혼합 실수와 비슷하다(Shallice & McGill, 1977). 그의 혼합 실수는 낱자의 위치는 보존되는 특징을 갖고 있다. 위의 예에서 보여 주듯이, 혼합 반응(ship)으로 생성된 단어에서 낱자들은 순서상 위치를 유지하고 있다. 통제 집단과는 달리 N.Y.는 추후 실험에서 표적 단어들의 대소문자를 다르게 하였을 경우(예: desk, FEAR), 혼합 실수가 현저하게 저하되었다.

Shallice(1988; Mozer, 1991도 참조)처럼 Saffran과 Coslett(1996)은 제시된 자극에서 주의를 주지 않은 단어나 낱자를 정상적으로 억제하는 여과 기제의 통제가 손상된 것이 주의성 난독증의 핵심 결함이라고 간주한다. 보다 자세히 말하면, 주의의 초점 내에 많은 자극들이 놓일 때, 환자가 특별한 흥미 영역(예: 한 단어나, 1개의 낱자)으로 주의의 초점을 효과적으로 배치하는 능력을 상실한 결과라고 그들은 주장했다. 시각 주의는 시각적 속성 정보를 통합하기 때문에, 주의의 초점 조절의 손상이 단어 혼합과 낱자의 부정확한 연결을 반영한 다른 실수들을 생성하는 것으로 생각할 수 있다.

Saffran과 Coslett(1996)은 N.Y.의 읽기 손상은 위치 정보의 상실에 기인한다고 주장했다. 몇 가지 증거가 이러한 결론을 지지한다. 첫째, N.Y.는 선이 원의 안쪽에 있는지, 바깥에 있는지 지적하는 과제에서 정확성과 반응 시간 모두 통제 집단에 비해 상대적으로 저조하였다. 둘째, N.Y.는 쌍으로 나타나는 낱자에서 하나를 빠뜨리는(예: reed > red) 뚜렷한 경향을 보였다. 정상인들에게서도 나타나는 이러한 현상은 같은 대상이 2개 제시된 것을 구별하게 하는 위치 정보의 상실에 기인한 것으로 간주한다.

마지막으로, 정상인의 혼합 실수뿐 아니라 주의성 난독증 환자들의 혼합 실수에서 단어의 위치 정보가 보존된다는 연구 결과는 손상된 위치 정보로 인하여 주의성 난독증이 발생한다는 주장과 일치하지 않는 것은 아니라는 점을 유의하여야 한다. 이동 또는 혼합 실수는 단어나 낱자를 공간 내 위치와 연결시키지 못하는 것을 반영하는 반면, 낱자의 위치 제약은 단어 처리 기제의 특성을 반영하는 것이다. 후자는 낱자의 위치를 공간보다는 단어의 형태에 명시시키는 역할을 하며, 이 제약은 주의성 난독증 환자에게 있어서 비교적 손상되지 않는 것으로 추정된다.

다른 주변성 난독증

주변성 난독증은 시지각 또는 주의력 결핍을 포함한 다양한 조건에서 관찰된다. 배열에서 하나 이상의 대상을 '보는 것' 이 불가능한 동시실인증(simultanagnosia) 환자는 종종 단일 단어는 읽을 수 있지만, 문장을 읽는 것은 불가능하다(2장 참조). 어떤 동시실인증 환자들은 단일 단어 읽기에서조차 상당한 문제를 보인다.

후부 피질 영역이 퇴행하는 상태의 환자들은 시공간적 처리 능력의 일반적인 손상으로 인하여 읽기 능력에서 심각한 장애 증상을 보일 수 있다(Coslett, Stark, Rajaram, & Saffran, 1995). 이러한 환자들에게서 여러 유형의 손상이 관찰되었다. 어떤 환자는 낱자 이동과 혼합 실수를 보이는 주의성 난독증을 보이는 반면, 어떤 관점에서 다소 유사한 증상을 보이는 몇몇 환자들은 읽기에서 이동과 혼합 실수나 시각적 탐색 과제에서 착각 결합 반응을 보이지 않는다. 이러한 장애를 가지고 있는 환자들 중 어떤 이는 자신들이 시각적 주의를 할당할 수 있는 영역이 점진적으로 위축되는 고통을 받게 될 것으로 예측된다. 이러한 손상으로 인하여, 이 환자들은 작게 인쇄된 단어는 읽을 수 있지만, 같은 단어를 크게 확대하여 제시할 경우 단 하나의 낱자만 보게 되는 자극 크기의 효과를 보인다.

중심성 난독증

심층 난독증

1973년 Marshall과 Newcombe에 의해 최초로 보고된 심층 난독증(deep dyslexia)은 중심성 난독증(central dyslexias) 중 가장 광범위하게 연구되었으며(Coltheart et al., 1980), 여러 면에서 가장 극적인 증상이다. 이 장애의 핵심은 의미적 실수다. 'castle(성)' 이라는 단어를 보여 주었을 때, 심층 난독증 환자들은 'knight(기사)' 라고 반응하며, 'bird(새)' 를 보여 주면 'canary(카나리아)' 라고 대답하기도 한다. 적어도 어떤 심층 난독증 환자들에게서 이런 실수가 둘러대기가 아니라는 것은 확실하다. 의미적 실수는 심층 난독증 환자들에게서 가장 자주 일어나는 실수인 반면, 다른 난독증 환자들에게서 나타나는 읽기 실수 중에서는 작은 비율을 차지한다. 심층 난독증 환자들은 단일 단어 읽기 과제에서도 여러 유형의 실수들을 범한다. 반응이 표적 단어와 시각적으로 강한 유사성(book을 boot으로 읽는다.)을 가지는 '시각적' 실수를 흔히 범하기도 한다. 덧붙여, 접두사나 접미사를 덧붙이거나 삭제하거나 치환하는 것(예: scolded를 scolds로 읽기; governor를 government로 읽기)과 같은 '형태론' 적 실수도 전형적으로 관찰되는 실수다.

이 장애를 특징짓는 또 다른 특성은 인쇄된 글을 소리로 전환하는 능력이 심각하게 손상된다는 것이다. 심층 난독증 환자들은 개별 낱자에 적합한 발음을 제시할 수 없으며 비단어를 읽을 때 상당한 어려움을 겪는다. 예를 들어 'flig' 이나 'churt' 같은 낱자열이 제시될 경우, 심층 난독증 환자들은 글자-소리의 대응 관계를 활용하여 음운 정보를 도출해 내지 못한다. 비단어들은 아마도 글자-소리 대응 관계를 자신 있게 활용하지 못하여 어휘적으로 읽게 되며, 이로 인해 '어휘화' 오류를 빈번히 범하게 된다(예: flig을 flag로 읽는다). 이 증상의 추가적인 특성은 형상화가 어려운 단어에 비해 형상화가 쉬운 단어를 훨씬 더 잘 읽을 수 있다는 것이다. 따라서 탁자, 의자, 천정, 미나리아재비(buttercup) 등 구체적이거나 형상화하기 쉬운 것을 가리키는 단어는 운명, 숙명, 소망, 우주 등 추상적인 개념들보다 좀 더 잘 읽을 수 있다.

심층 난독증의 또 다른 특성은 명사를 수식어(형용사나 부사)보다 잘 읽으며, 수식어를 동사보다 더 정확하게 읽는 발화 효과(part-of-speech effect)이다. 심층 난독증 환자들은 기능어들(that, which, they, because, under 등을 포함하여, 대명사, 전치사, 접속사, 의문사 등으로 분류되는 단어들)을 읽을 때 더 심한 어려움을 겪는다. 'chrysanthemum(국화)' 은 정확하게 읽지만 정관사 'the' 를 읽지 못하는 환자는 발화 효과의 극단적인 예로 간주된다(Saffran & Marin, 1977). 기능어에서 나타나는 대부분의 실수는 명사나 동사 같은 다른 유형의 단어들을 생성하는 것보다 다른 기능어('that' 을 'which' 로 읽기)로의 치환이다. 기능어가 일반적으로 명사보다 형상화하기가 더 어렵기 때문에, 어떤 연구자들은 발화 효과는 근본적으로 형상화 효과의 발현이라고 주장한다. 하지만 형상화 정도가 일치하는 자극들에서도 발화 효과가 관찰된다는 결과로 인하여 이 문제에 있어서 일치된 의견은 없다

(Coslett, 1991).

마지막으로 구두 읽기의 정확성은 맥락에 의해 결정된다는 것에 주목할 필요가 있다. 예를 들어 단어 'car'가 명사였을 때는 소리 내어 읽을 수 있지만 같은 문자열이 연결되었을 때는 환자가 읽지 못한다는 것이다. 구체적으로, "Le car ralentit car le moteur chauffe(the car slows down because the motor overheats)"라는 문장이 주어졌을 때, 환자는 첫 번째로 제시된 'car'만 정확하게 발음했다(Andreewsky, Deloche, & Kossanyi, 1980).

[그림 6-1]에 제시된 읽기의 정보 처리 모형이 심층적 난독증을 수용할 수 있을까? 이에 대해 여러 대안들이 제시되었다. 어떤 연구자들은 심층 난독증 환자들의 읽기는 정상인들의 읽기에서 사용되는 좌반구 기반 체제의 손상된 형태에 의해 중재된다고 주장했다(Morton & Patterson, 1980; Shallice, 1988; Glosser & Friedman, 1990). 이 이론에 따를 경우, 다수의 정보 처리 과정에서의 손상을 가정해야만 심층 난독증에서 발견되는 모든 증상들을 설명할 수 있다. 첫째, 비단어 읽기와 음소적 기능을 평가하는 다른 과제에서 나타나는 현저한 장애 증상은 글자-소리 전환 절차의 손상을 시사한다. 둘째, 의미적 오류의 출현과 형상화 효과(의미 수준에서의 정보 처리에 영향을 미친다고 고려되는 변인들)는 이 환자들이 의미적인 손상도 입고 있다는 가능성을 암시한다(반대 결과로 Caramazza & Hills, 1990a 참조). 마지막으로, 시각적 오류의 발생은 이 환자들이 시각적 단어 형태 체제나 시각 단어 형태 체제 접속을 중재하는 처리 과정이 손상되었을 가능성을 시사한다.

다른 연구자들(Colthreart, 1980, 2000; Saffran, Bogyo, Schwartz, & Marin, 1980)은 심층 난독증 환자들의 읽기는 정상적인 읽기에서 사용하지 않는 체제, 즉 우반구에 의해 조절된다고 주장한다. 우반구에 의한 읽기는 뒤에서 다시 논의할 것이다. 마지막으로 심층 난독증 환자들이 우반구와 좌반구의 배외측 구 주변 영역(언어 영역이 아닌 다른 주변 영역) 모두에서 활성화가 증가한다는 기능성 뇌영상 연구 결과를 인용하여, 다른 연구자들은 심층 난독증이 우반구와 좌반구 처리 과정 모두 활용하는 현상을 반영한다고 주장한다.

음운 난독증: 글자-소리 대응 없는 읽기

1979년 Derouesne와 Beauvois에 의해 처음으로 보고된 음운 난독증은 글자를 소리로 전환하는 매개 과정의 선별적인 손상으로 발생하는 점을 고려할 때, 어떤 면에서는 가장 순수한 형태의 중심성 난독증이다. 이 장애에서는 단일 단어 읽기 능력은 경미하게 손상된다. 예를 들어 어떤 환자들은 실제 단어의 85~95%를 정확하게 읽는다(Funnell, 1983; Bub, Black, Howell, & Kertesz, 1987). 일부 음운 난독증 환자들의 경우 상이한 형태의 단어들을 쉽게 읽는(Bub et al., 1987) 반면, 다른 환자들은 상대적으로 기능어 읽기에서 손상이 나타난다(Glosser & Friedman, 1990).

뒤에서 언급할 표층 난독증과는 달리, 글자-소리 대응 관계가 불규칙적이라 하더라도 수행에는 영향을 받지 않는다. 따라서 음운 난독증 환자들은 'colonel'과 같이 철자가 불규칙한 단어들도 'administer' 처럼 글자-소리 대응이 표준인 단어들만큼 정확하게 발음한다. 실제 단어가 제시되었을 때 나타나는 대부분의 실수는 표적 단어와 시각적인 유사성을 가지고 있다(topple을 'table' 로 읽는다). 이 장애에 대한 보다 깊이 있는 이해를 위해 학술지 *Cognitive Neuropsychology*의 특집을 참고할 것을 제안한다(Coltheart, 1996).

음운 난독증 환자들에게서 나타나는 두드러지는 양상은 비단어 문자열 읽기 능력이 심각하게 손상되는 것이다. 우리가 관찰한 환자를 예로 들 경우, 이 환자는 모든 유형의 실제 단어의 90% 이상을 정확하게 발음했지만, 비단어는 대략 10% 정도만 정확하게 발음할 수 있었다. 비단어에서 발견된 대부분의 실수들은 시각적으로 유사한 실제 단어로 치환하거나(예: phope를 phone으로 읽는다.), 글자-소리 대응 규칙을 정확하게 적용하지 못함으로써 발생했다(stime을 stim으로, rhyme을 him으로 읽는다).

[그림 6-1]에서 묘사한 읽기 모형을 고려할 때, 이 장애는 쉽게 설명된다. 실제 단어를 정확하게 읽을 수 있다는 것은 시각적 분석, 시각 단어 형태 기제, 의미 처리 및 음운 출력 어휘집과 같은 '어휘' 읽기 과정이 비교적 잘 보존되어 있다는 것을 암시한다. 그에 반해 비단어 읽기 능력의 손상은 글자-소리 전환 과정이 붕

괴되었다는 것을 뜻한다.

비단어 읽기 과정에 대한 최근 연구 결과는 이 과제에 관여하는 많은 절차들을 발견하였다(Coltheart, 1996 참조). 만약 이 절차들이 뇌손상으로 인해 선택적으로 손상될 경우, 다른 하위 유형의 음운 난독증이 발생할 것으로 예측할 수 있다. 공간의 부족으로 보다 세부적인 기술은 제한되어 있다. 음운 난독증의 다른 하위 유형이 관찰될 수 있음을 암시하는 최근 증거들을 개관한 Coltheart(1996)의 논문을 참조할 것을 제안한다.

마지막으로 몇몇 연구자들은 음운 난독증이 인지 구조에서 읽기-특수 구성 요소의 붕괴로 인한 것이 아니라, 오히려 좀 더 일반적인 음소적 손상에서 비롯되었다고 주장한다. 대다수의 음운 난독증 환자들이 읽기 과제는 아니지만 음운 능력을 평가하는 광범위하고 다양한 비읽기 과제에서도 수행 능력이 손상된다는 결과는 이런 주장을 지지하는 증거로 간주된다.

음운 난독증은 어떤 점에서는 심층 난독증과 유사한데, 가장 큰 차이는 음운 난독증에서는 의미 오류가 나타나지 않는다는 것이다. 유사한 양상의 읽기 수행 능력과 심층 난독증이 음운 난독증으로 진전된다는 점들을 고려하여, 심층 난독증과 음운 난독증이 연속선상에 놓인 장애라는 주장도 있다(Glosser & Friedman, 1990).

표층 난독증: 어휘적 접근 없는 읽기

Marshall과 Newcombe(1973)에 의해 처음 기술된 표층 난독증은 규칙적이거나 예측 가능한 문자소-음소 대응으로 형성된 단어를 읽는 능력은 상대적으로 보존되고 있지만, 불규칙적이거나 예외적인 글자-소리 대응으로 형성된 단어를 읽는 능력은 심각하게 손상되는 장애다. 따라서 표층 난독증 환자들은 state, hand, mosquito, abdominal 같은 단어들은 읽을 수 있는 반면, colonel, yacht, island, borough 같은 소리-출력 전략을 활용하여 발음할 수 없는 단어들을 읽을 때는 심각한 어려움을 보인다. 불규칙 단어에서 나타나는 읽기 오류는 보통 '규칙화' 양상으로 나타난다. 예를 들어 표층 난독증 환자는 colonel을 kollonel로 읽는다.

이 환자들은 비단어(예: blape)는 잘 읽는다. 마지막으로, 지금까지 보고된 표층 난독증 환자들은, 적어도 약간의 불규칙적 단어를 정확하게 읽는 것으로 추정된다고 보고한 것을 주목해야 한다. 환자들은 종종 have, some과 같은 높은 빈도의 불규칙 단어들을 읽을 수 있지만, 어떤 환자들은 sieve, isle처럼 낮은 빈도의 심한 불규칙 단어들도 읽는다고 보고되고 있다.

앞에서도 언급하였듯이, 정상적인 읽기를 설명하는 이론들은 익숙한 단어들은 단어를 형성하는 문자열이 저장된 단어의 표상과 대응시킨 뒤 의미 정보와 연결된 기제나 직접적인 경로를 통해 발음 정보를 인출하여 읽는다고 추정한다. 이 정보처리는 전체 단어의 소리를 활성화하는 것으로 추측되므로 읽기가 글자-소리 대응의 규칙성으로부터 영향을 받을 것으로 기대되지는 않는다. 이 변수가 표층 난독증 환자들의 읽기 수행에 깊이 영향을 준다는 사실은 이 증상에서 발견되는 손상이 어휘적 읽기를 조절하는 기제, 즉 의미를 조절하는 직접 읽기 기제에 있음을 시사한다. 비슷한 맥락으로, 단어와 비단어 읽기 능력이 보존되고 있다는 것은 단어를 소리 내어 읽게 하는 처리 과정은 상대적으로 보존되어 있다는 것을 입증한다.

앞서 다룬 정보 처리 모형의 맥락에서, 어떻게 표층 난독증이 설명될 수 있을까? [그림 6-1]에 묘사된 모형을 자세히 살펴보면, 적어도 세 가지 유형의 상이한 장애 증상이 표층 난독증을 유발시킬 수 있을 것으로 유추할 수 있다. 첫째, 이 장애는 단어를 하나의 단위로 처리하는 시각 단어 형태 체제 단계의 손상에서 발생할 수 있다. 이런 손상의 결과로, 환자들은 '하위-어휘' 단위(문자소, 또는 문자소의 군집)를 식별하며, 글자-소리 대응 관계에 근거하여 단어를 식별할 수 있다. 이 설명에 따르면, 의미 정보와 발화 출력 처리 과정들은 보존된다고 예측할 수 있다. Marshall과 Newcombe(1973)에 의해 보고된 환자 J.C.는 이 유형의 표층 난독증 특성의 일부를 보였다. 예를 들어 'listen' 이란 단어가 주어졌을 때, J.C.는 'Liston' (Liston은 전 헤비급 복싱 챔피언)으로 읽었으며, '그것은 권투선수다' 라고 보충했다. 이것은 그가 글자로부터 음운 정보를 추출할 수 있을 뿐 아니라, 의미 정보로도 접속이 가능했다는 것을 보여 준다.

[그림 6-1]에 묘사된 모형에서, 표층 난독증이 출력 어휘집 수준의 결손으로도 발생할 수 있을 것으로 예측이 가능하다(Ellis, Lambon Ralph, Morris, & Hunter, 2000). 이 설명을 지지하는 증거는 환자들이 불규칙 단어를 이해는 하지만 읽어 보라 했을 때 규칙화하여 읽는 현상으로부터 발견할 수 있다. 예를 들어, M.K.는 'steak'를 'steek'(/i:/로 발음됨)이라고 읽은 후 '고급 쇠고기'라고 덧붙인다(Howard & Franklin, 1987). 이 보기에서, M.K.가 정확한 의미 정보를 제공할 수 있었던 것은 적어도 그가 쓰인 단어로부터 의미 정보에 직접 접속할 수 있었다는 것을 가리키며, 시각 단어 형태 체제와 의미 정보가 상대적으로 보존되었다는 것을 보여 준다.

마지막으로, 표층 난독증 환자들에게서 의미 상실이 나타날 수 있다는 것도 예측 가능하다. 사실 표층 난독증 환자의 대부분(종종 표층 실서증과 연관되기도 한다.)에게서 현저한 의미 손상이 발생한다(Shallice, Warrington, & McCarthy, 1983; Hodges, Patterson, Oxbury, & Funnell, 1992). 표층 난독증은 운동, 지각, 어떤 경우에는 실행 기능(4장 참조)에는 결손이 나타나지 않지만, 지식이 점진적으로 상실되는 특징을 보이는 진행성 퇴행 증상인 의미 치매 환자들에게서 매우 빈번히 관찰된다.

그러나 [그림 6-1]에 묘사된 읽기에 대한 정보 처리 모형은 의미 정보를 상실한 환자들이 문자소-음소 처리 과정을 활용하지 않고도 불규칙 단어를 읽을 수 있을 것으로 예측할 수 있는, 의미를 활용하지 않는 어휘에 근거한 읽기 체제를 포함하고 있다는 점에 주의할 필요가 있다. 따라서 이런 설명에 따르면, 표층 난독증은 의미와 어휘 정보 처리에서의 손상을 반영하며, 비의미적 기제의 손상은 가정하지 않는다. 이런 맥락에서, Seidenberg와 McClelland(1989; Plaut, McClelland, Seidenberg, & Patterson, 1996도 참조)에 의해 제안된 읽기의 '삼각형' 모형은 표층 난독증에 대한 또 다른 대안을 제시한다. 뒤에서 간단히 살펴볼 이 설명에 따르면, 표층 난독증은 의미적으로 매개된 읽기 능력의 분열을 반영하는 것으로 추정된다.

읽기와 우반구

읽기에 관련한 하나의 쟁점은 우반구의 읽기 능력이다. 수년 동안, 연구자들은 우반구가 단어맹(word-blind)이라고 주장해 왔다(Déjerine, 1982; Geschwind, 1965). 그러나 최근에 우반구가 읽기 능력을 지니고 있을 것임을 나타내는 다양한 증거가 제시되고 있다(Coltheart, 2000; Bartolomeo, Bachoud-Levi, Degos, & Boller, 1998). 실제로 앞서 보았듯이, 많은 연구자들이 심층 난독증 환자들의 읽기는 적어도 우반구에 의해 부분적으로 조절될 것이라는 주장을 한다.

라스무센 뇌염(Rasmussen' s encephalitis)이 유발한 간질 치료를 위해 15세에 좌뇌 절제술을 받은 어느 환자는 우반구가 읽기 능력을 소유하고 있다는 것을 보여주는 부정할 수 없는 증거를 제공한다(Patterson, Vaga-Khadem, & Polkey, 1989a). 반구 절제수술 후, 환자는 단일 단어의 약 30% 정도를 읽을 수 있었으며, 부분 발화 양상도 보여 주었다. 그녀는 문자소-음소 전환 처리 과정을 사용하지 못했다. 따라서 Patterson 등은 환자의 수행은 많은 부분에서 읽기 손상의 형태가 우반구의 수행을 반영한 것이라고 가정되었던 심층 난독증과 유사하다는 데 주목했다.

분리-뇌 환자의 수행 또한 우반구가 글을 읽을 수 있다는 주장과 일치한다. 예를 들어 이 환자들은 우반구에 제시된 인쇄된 단어와 그에 해당하는 대상과 대응시키는 것이 가능했다(Zaidel, 1978; Zaidel & Peters, 1983). 흥미롭게도, 환자들은 우반구에 제시된 단어의 발음을 알아내지는 못했다. 따라서 우반구에 제시된 단어가 구두로 제시된 단어와 운율(rhyme)이 같은지를 판단할 수는 없었다.

우반구가 글 읽기 능력이 있다는 주장을 지지하는 다른 증거는 순수 실독증과 시각 실어증 환자의 읽기 평가로부터 얻어졌다. 예를 들어, 우리는 식별할 수 없을 정도로 짧게 제시된 단어를 사용하여 실시한 다양한 어휘 판단 과제와 의미 범주화 과제에서 우연 수준 이상으로 잘 수행했던 네 명의 순수 실독증 환자로부터 얻은 자료를 보고했다. 빠르게 제시된 단어를 분명히 식별할 수 있는 능력을 다시 회복한 이들 중 세 명은 우반구 읽기 가설과 일치하는 수행 형태를 나타냈다. 이들은 명사를 기능어보다 더 잘 읽었으며, 형상화 정도가 높은 단어(의자 등)를 형상화 정도가 낮은 단어(운명 등)보다 더 잘 읽었다. 덧붙여, 이들 중 두 명의 자료는 의사-접미사(flower 등)에 비교해서 접미사의 읽기(flowed 등) 능력에서 손상이 있다는 것을 확증해 주었다. 이 자료들은 우반구의 어휘-의미 체제가 형상화 정도가 높은 명사를 주로 표상한다고 주장하는 우반구의 읽기 가설과 일치한다. 이 설명에 따르면, 기능어, 접두사가 붙은 단어, 그리고 추상적 단어는 우반구에서 적절하게 표상되지 않는다.

중요한 추가적인 발견은, 자성 자극을 두상에 가하여 하부 뇌의 전기 활동을 방해하는 시도에서, 우뇌의 두정-후두 부분을 자극하였을 때 순수 실독증으로부터 부분적으로 회복된 환자의 읽기 수행에 영향을 주었다는 것이었다(Coslett & Monsul, 1994). 같은 시연을 좌뇌의 같은 영역에 적용하였을 때는 효과가 없었다. 우뇌 가설을 지지하는 추가적인 자료는 우뇌 후두-측두 뇌출혈 이후에, 순수 실독증 환자의 제한된 전체 단어 읽기 능력이 상실된 것을 들 수 있다(Bartolomeo et al., 1998).

비록 일치된 결론에 아직 이르지는 못했지만, 어떤 사람들에게는 우뇌가 단어맹이 아니라 특정 유형의 단어들을 읽는 것을 지원한다는 것을 보여 주는 많은 증거가 있다. 하지만 이것이 읽기 능력의 총체적인 이해와 정상 읽기에 적절한 지는 아직 확실하지 않다.

후천성 난독증에 대한 기능성 뇌영상 연구

PET, fMRI, 유발 전위(evoked potential) 등을 포함한 다양한 실험 기술들이 정상인들의 읽기 능력에 대한 해부학적 근거를 탐구하기 위해서 활용되어 왔다. 다른 연구 분야들과 같이, 실험 기술(예: 자극의 지속 시간)(Price, Moore, & Frackowiak, 1996)과 실험 설계의 상이성으로 인해 읽기 체제 구성 요소들의 규명에 있어 다양하고 상이한 결론이 도출되었다. 읽기의 인지 구조 구성 요소를 규명하려는 시도는 언어 처리의 상호작용적인 특성으로 인해 더 한층 복잡해졌다. 따라서 단어 인식이 의미와 음운 처리를 자동적으로 활성화시키기 때문에, 이론적으로 시각 언어 형태 체제로의 접속만 요구되는 단어의 어휘적 결정 같은 과제들은 의미와 음운 처리도 함께 활성화할 수 있다(Demonet, Wise, & Frackowiak, 1993). 이러한 잠재적 문제에도 불구하고, 읽기 체제의 구성 요소 몇 개에 대한 해부학적 근거에 관하여 최소한의 동의가 이루어지고 있다(Fiez & Petersen, 1998; Price, 1998).

많은 연구들은 철자 자극의 초기 시각 처리가 양측으로 BA 18, 19(Brodmann areas 18, 19)를 활성화한다고 제안했다(Petersen, Fox, Snyder, & Raichle, 1990; Price et al., 1996; Bookheimer, Zeffiro, Blaxton, Gaillard, & Theodore, 1995; Indefrey et al., 1997; Hagoort et al., 1999). 예를 들어, Petersen 등(1990)은 단어와 비단어뿐 아니라 잘못된 문자조차 선조 외 피질을 활성화한다고 보고했다.

앞서 언급하였듯이, 읽기에 대한 대부분의 설명은 초기 시각 처리 이후, 친숙한 단어들은 '시각 단어-형태 체제' 로 불리는 저장된 표상의 목록과 비교를 통해 인식된다고 가정한다. fMRI(Cohen et al., 2000; Puce, Allison Asgari, Gore, & McCarthy, 1996), PET(Beauregard et al., 1997), 피질의 전기 활동 기록(Nobre, Allison, & McCarthy, 1994)을 활용하여 최근 실시된 다양한 연구에서 시각 단어-형태 체제가 하부 후두엽 또는 하측두-후두 피질에 소재하지 않을까 예측하고 있다. 그러나 시각 단어 형태 체제의 정확한 위치에 대한 추정은 연구마다 다소 다르다.

다섯 명의 정상인과 두 명의 후부 뇌량 손상 환자를 대상으로 실시된 Cohen 등(2000)의 최근 연구는 이 소재의 규명에 강력한 증거를 제공한다. 이 연구자들은 어휘 판단 과제나 구두 읽기 과제 수행에서, 우측 또는 좌측 시각 영역에 단어와 비단어를 제시했다. 그들은 자극이 투사된 반구의 V4 영역이라고 추정되는 곳에서 초기 단측 활성화를 발견했다. 하지만 보다 중요한 사실은 정상인의 경우, 활성화가 자극을 제시한 반구와는 독립된 좌측 방추 구(Talairach coordinate -42, -57, -6)에서 발견되었다는 것이다. 두 명의 후부 뇌량 손상 환자는 좌반구보다 우반구에 제시된 문자열 처리에서 보다 큰 손상이 나타났다. 이 참가자들을 대상으로 실시한 fMRI 촬영에서 앞서 기술한 좌측 방추 구 영역은 뇌량 환자의 좌반구에 자극이 제시되었을 때만 활성화되었다. 이런 연구 결과는 뇌량 손상 환자에게서 관찰된 반측 실독증이 좌측 방추 구에 소재하는 시각 단어-형태 체제로의 접속 실패로부터 기인한다는 가설과 일치한다고 이 연구자들은 제안했다.

그러나 시각 단어-형태 체제의 소재에 대한 대안들도 제안되고 있다는 점을 주목할 필요가 있다. 예를 들어 Petersen 등(1990)과 Bookheimer 등(1995)은 내측 선조 피질에 시각 단어-형태 체제가 소재되어 있다고 제안했다. 덧붙여, Howard 등(1992), Price 등(1994), 그리고 Vandenberghe, Price, Wise, Josephs와 Frackowiak(1996)은 시각 단어-형태 체제의 소재에 대해서 좌측 후측두엽을 지적한다. 이러한 주장에 대한 반증을 Cohen 등(2000)이 제시했다.

여러 연구들에서 시각으로 제시된 단어의 음운 정보의 인출이 후부 상측두엽이나 좌측 연상 회를 활성화한다고 제안했다. Vandenberghe 등(1996), Bookheimer 등(1995), 그리고 Menard, Kosslyn, Thompson, Alpert와 Rauch(1996)는 단어 읽기가 그림 명명하기보다 더 크게 Brodmann의 40번 영역을 활성화한다고 보고하였으며, 이런 결과는 이 영역이 인쇄된 단어의 음운 정보 인출에 관여하고 있을 가능성을 시사한다.

좌측 하전두엽 또한 인쇄된 단어의 음운 처리에 관여하는 것으로 알려졌다. Zatorre, Meyer, Gjedde와 Evans(1996)는 마지막 자음 식별이나 음소 추적 과제에서 이 영역의 활성화를 보고했다. 덧붙여, 유사-단어와 규칙 단어 읽기 사이에 대비가 좌측 전두 판개 피질을 활성화한다고 보고되었으며(Price et al., 1996), 이 영역은 인쇄된 자극에 대한 어휘 판단 과제에 의해 활성화되었다(Rumsey et al., 1997).

시각으로 제시된 단어로부터 의미를 추출하기 위해서는 저장된 지식이나 의미 정보에 접속하는 것이 요구된다. 의미 지식의 구조와 해부학적 근거에 대한 논쟁은 현재 진행 중이며, 이 장의 범위를 벗어나지만, Price(1998)에 의해 개관된 다양한 증거들은 의미 정보의 소재로 좌측 하측두엽과 후부 하두정엽을 지적한다. 의미 처리에서 배외측 전두엽의 역할은 아직 분명하지가 않다. Thompson-Schill, D' Esposito, Aguirre와 Farah(1997)와 다른 연구자들(Gabrieli, 1998)은 이 영역의 활성화가 의미 처리보다는 오히려 반응 선택을 포함한 '집행부' 처리로 인해 발생한다고 주장하였다.

결론과 미래 방향

지금까지의 논의는 읽기 장애에 대한 '상자와 화살표'로 이루어진 정보 처리 모형에 초점을 맞추었다. 이 모형은 정상인과 뇌손상 환자들로부터 추출한 자료의 설명에 유용할 뿐만 아니라, 후천성 난독증 증후군들을 예측할 수 있게 해 준다. 그러나 이 모형의 취약성 중 하나는 설명이 대부분 기술적이며 세부적인 사항들을 충분히 설명하지 못하는 것이다.

최근 몇 년간 많은 연구자들이 읽기의 구조와 절차 과정들을 충분히 명시할 뿐 아니라 수행 정도에 대한 경험적 평가가 가능한 읽기 모형들을 개발하였다. 읽기에 대한 계산 모형으로 Coltheart와 동료들(Coltheart, & Rastle, 1994; Ratsle & Coltheart, 1999)이 개발한 모형이 있다. 그들의 '이중-경로 단계적인 모형'은 [그림 6-1]에 제시된 이중 경로 이론의 계산 모형과 유사하다. 이 모형은 '어휘적' 경로([그림 6-1]에서 C와 유사)뿐 아니라 위치-세부적 대응 규칙에 근거하여 문자소의 발음을 계산해 내는 '비어휘적' 경로까지 포함한다. 이 모형은 정상인 읽기 연구에서 보고된 결과들도 광범위하게 수용한다.

근본적으로 다른 읽기 모형으로, Seidenberg와 McClelland에 의해 개발되었고, 이어서 Plaut, Seidenberg와 동료들(Seidenberg & McClelland, 1989; Plaut, Seidenberg, McClelland, & Petterson, 1996)에 의해 정교화된 모형이 있다. 이 모형은 크게 병렬 분산 처리(parallel distributed processing) 모형 또는 연결주의(connectionist) 모형들의 한 부류에 속한다. '삼각형' 모형으로도 불리는 이 접근법은 단어-특수 표상(예: 시각 단어 형태, 발화 출력 음소 표상)들을 포함하지 않는 점에서 정보 처리 모형과 차이가 난다. 이 모형에 따르면, 피험자들이 친숙한 단어와 친숙하지 않은 단어들에 반복적으로 노출됨으로써 인쇄된 단어가 발화어로 대응되는 것을 학습한다고 추정한다. 단어의 발음은 다양한 문자열에 대한 경험을 근거로 생성된 낱자와 소리 간 대응 관계가 형성됨으로써 학습된다. 낱자와 소리 간의 확률에 근거한 대응 관계는 친숙한 단어나 친숙하지 않은 단어를 발음하게 하는 수단을 제공한다고 추정한다.

이 모형은 정상인의 읽기에 관한 연구문헌에서 보고된 고전적인 연구 결과들을 잘 설명할 뿐 아니라, 난독증에서 나타나는 특징적인 읽기 유형을 재생해 내기 위해서 임의로 '손상' 시키기도 하였다. 예를 들어, Patterson 등(1989b)은 표면 난독증을 구현하고자 의미적으로 조절된 읽기 능력을 훼손하였고, Plaut와 Shallice (1993)는 다른 유형의 연결주의 모형을 손상시켜 심층 난독증 증상과 유사한 반응 유형을 구현시켰다.

이런 모형들의 상대적인 장점뿐 아니라, 읽기와 후천성 난독증의 이해에 관한 접근법에 관한 총체적 논의는 제한된 공간으로 인하여 이 장에서 다루기는 어렵다. 그러나 후천성 난독증의 연구는 우리의 읽기에 관한 경쟁적인 이론들의 취사선택을 도울 것이며, 이 모형들이 뇌손상 환자들의 자료 해석을 통찰하는 데 핵심적인 역할을 지속적으로 주도할 것이라는 것은 확실하다.

참 | 고 | 문 | 헌

Akelaitis, A. J. (1944). A study of gnosis, praxis and language following section of the corpus callosum and anterior commissure. *Journal of Neurosurgery, 1*, 94–102.

Andreewsky, E., Deloche, G., & Kossanyi, P. (1980). Analogy between speed reading and deep dyslexia: towards a procedural understanding of reading. In M. Coltheart, K. Patterson, & J. C. Marshall (Eds.), *Deepdyslexia*. London: Routledge and Kegan Paul.

Bartolomeo, P., Bachoud-Levi, A-C., Degos, J-D., & Boller, F. (1998). Disruption of residual reading capacity in a pure alexic patient after a mirror-image right-hemispheric lesion. *Neurology, 50*, 286–288.

Beauregard, M., Chertkow, H., Bub, D., Murtha, S., Dixon, R., & Evans, A. (1997). The neural substrate for concrete, abstract and emotional word lexica: A positron emission computed tomography study. *Journal of Cognitive Neuroscience, 9*, 441-461.

Behrmann, M., Moscovitch, M., & Mozer, M. C. (1990a). Directing attention to words and non-words in normal subjects and in a computational model: Implications for neglect dyslexia. *Cognitive Neuropsychology, 8*, 213-248.

Behrmann, M., Moscovitch, M., Black, S. E., & Mozer, M. (1990b). Perceptual and conceptual mechanisms in neglect dyslexia. *Brain, 113*, 1163-1183.

Behrmann, M., & Shallice, T. (1995). Pure alexia: a non-spatial visual disorder affecting letter activation. *Cognitive Neuropsychology, 12*, 409-454.

Behrmann, M., Plaut, D. C., & Nelson, J. (1998). A literature review and new data supporting an interactive account of letter-by-letter reading. *Cognitive Neuropsychology, 15*, 7-52.

Benson, D. F. (1977). The third alexia. *Archives of Neurology, 34*, 327-331.

Bookheimer, S. Y., Zeffiro, T. A., Blaxton, T., Gaillard, W., & Theodore, W. (1995). Regional cerebral blood flow during object naming and word reading. *Human Brain Mapping, 3*, 93-106.

Bowers, J. S., Bub, D. N., & Arguin, M. (1996). A characterization of the word superiority effect in a case of letter-by-letter surface alexia. *Cognitive Neuropsychology, 13*, 415-442.

Bub, D., Black, S. E., Howell, J., & Kertesz, A. (1987). Speech output processes and reading. In M. Coltheart, G. Sartori, & R. Job (Eds.), *Cognitive Neuropsychology of Language*. Hillsdale, NJ: Lawrence Erlbaum Associates.

Bub, D. N., Black, S., & Howell, J. (1989). Word recognition and orthographic context effects in a letter-by-letter reader. *Brain and Language, 36*, 357-376.

Buxbaum, L. J., & Coslett, H. B. (1996). Deep dyslexic phenomenon in pure alexia. *Brain and Language, 54*, 136-167.

Caramazza, A., & Hills, A. E. (1990a). Where do semantic errors come from? *Cortex, 26*, 95-122.

Caramazza, A., & Hills, A. E. (1990b). Levels of representation, coordinate frames and unilateral neglect. *Cognitive Neuropsychology, 7*, 391-455.

Chialant, D., & Caramazza, A. (1998). Perceptual and lexical factors in a case of letter-by-letter reading. *Cognitive Neuropsychology, 15*, 167-202.

Cohen, L., Dehaene, S., Naccache L., Lehericy, S., Dehaene-Lambertz, G., Henaff, M.-A., & Michel, E. (2000). The visual word form area. *Brain, 123*, 291-307.

Coltheart, M. (1980). Deepdyslexia: Arighthemispherehypothesis. In M. Coltheart, K. Patterson, & J. C. Marshall (Eds.), *Deepdyslexia*. London: Routledge and Kegan Paul.

Coltheart, M. (1996). Phonological dyslexia: past and future issues. *Cognitive Neuropsychology, 13*, 749-762.

Coltheart, M. (1998). Seven questions about pure alexia(Letter-by-letter reading). *Cognitive Neuropsychology, 15*(3) (Special issue).

Coltheart, M. (2000). Deep dyslexia is right-hemisphere reading. *Brain and Language, 71*, 299-309.

Coltheart, M., Patterson, K., & Marshall, J. C. (Eds.) (1980). *Deepdyslexia*. London: Routledge and Kegan Paul.

Coltheart, M., & Rastle, K. (1994). Serial processing in reading aloud: Evidence for dual-route models of reading. *Journal of Experimental Psychology: Human Perception and Performance, 20*, 1197-1211.

Coslett, H. B. (1991). Read but not write "idea": Evidence for a third reading mechanism. *Brain and Language, 40*, 425-443.

Coslett, H. B., & Monsul, N. (1994). Reading with the right hemisphere: Evidence from transcranial magnetic stimulation. *Brain and Language, 46*, 198-211.

Coslett, H. B., & Saffran, E. M. (1989a). Evidence for preserved reading in "pure alexia." *Brain, 112*, 327-359.

Coslett, H. B., & Saffran, E. M. (1989b). Preserved object identification and reading comprehension in optic aphasia. *Brain, 112*, 1091-1110.

Coslett, H. B., & Saffran, E. M. (1992). Optic aphasia and the right hemisphere: A replication and extension. *Brain and Language, 43*, 148-161.

Coslett, H. B., & Saffran, E. M. (1998). Reading and the right hemisphere: Evidence from acquired dyslexia. In M. Beeman & C. Chiarello (Eds.), *Right hemisphere language comprehension* (pp. 105-132). Mahwah, NJ: Lawrence Erlbaum Associate.

Coslett, H. B., Saffran, E. M., Greenbaum, S., & Schwartz, H. (1993). Preserved reading in pure alexia: The effect of strategy. *Brain, 116*, 21-37.

Coslett, H. B., Stark, M., Rajaram, S., & Saffran, E. M. (1995). Narrowing the spotlight: A visual attentional disorder in Alzheimer' s disease. *Neurocase, 1*, 305–318.

Déjerine, J. (1891). Sur un cas de cécité verbale avec agra-phie suivi d' autopsie. *Compte Rendu des Séances de la Societé de Biologie, 3*, 197–201.

Déjerine, J. (1892). Contribution à l'étude anatomo-pathologique et clinique des différentes variétés de cécité verbale. *Compte Bendu des Séances de la Societé de Biologie, 4*, 61–90.

Demonet, J. F., Wise, R., & Frackowiak, R. S. J. (1993). Language functions explored in normal subjects by positron emission tomography: A critical review. *Human Brain Mapping, 1*, 39–47.

Derouesne, J., & Beauvois, M.-F. (1979). Phonological processing in reading. Datafromdyslexia. *Journal of Neurology, Neurosurgery and Psychiatry, 42*, 1125–1132.

Ellis, A. W., Young, A. W., & Flude, B. M. (1993). Neglect and visual language. In I. H. Robinson & J. C. Marshall (Eds.), *Unilateral neglect: Clinical and experimental studies*. Mahwah, NW: Lawrence Erlbaum Associates.

Ellis, A. W., Lambon Ralph, M. A., Morris, J., & Hunter, A. (2000). Surface dyslexia: Description, treatment and interpretation. In E. Funnell (Ed.), *Case studies in the neuropsychology of reading*. Hove, East Sussex, UK: Psychology Press.

Farah, M. J., & Wallace, M. A. (1991). Pure alexia as a visual impairment: A reconsideration. *Cognitive Neuropsychology, 8*, 313–334.

Fiez, J. A., & Petersen, S. E. (1998). Neuroimaging studies of word reading. *Proceedings of The National Academy of Sciences U.S.A., 95*, 914–921.

Freund, D. C. (1889). Über optische aphasia und seelen-blindheit. *Archiv Psychiatrie und Nervenkrankheiten, 20*, 276–297.

Friedman, R. B., & Hadley, J. A. (1992). Letter-by-letter surface alexia. *Cognitive Neuropsychology, 9*, 185–208.

Funnell, E. (1983). Phonological processes in reading: New evidence from acquired dyslexia. *British Journal of Psychology, 74*, 159–180.

Gabrieli, J. D. (1998). The role of the left prefrontal cortex in language and memory. *Proceedings of the National Academy of Sciences U.S.A., 95*, 906–913.

Geschwind, N. (1965). Disconnection syndromes in animals and man. Part I. *88*(2), 237–294. Part II. *88*(3), 585–644.

Geschwind, N., & Fusillo, M. (1966). Color-naming defects in association with alexia.

Archives of Neurology, 15, 137-146.

Glosser, G., & Friedman, R. B. (1990). The continuum of deep/phonological dyslexia. *Cortex, 26*, 343-359.

Goodglass, H., & Kaplan, E. (1972). *Boston Diagnostic Aphasia Examination.* Philadelphia: Lea and Febiger.

Greenwald, M. L., & Berndt, R. S. (1999). Impaired encoding of abstract letter code order: Severe alexia in a mildly aphasic patient. *Cognitive Neuropsychology, 16*, 513-556.

Hagoort, R, Indefrey, P., Brown, P., Herzog, H., Steinmetx, H., & Seitz, R. J. (1999). The neural circuitry involved in the reading of German words and pseudowords: A PET study. *Journal of Cognitive Neuroscience, 11*, 383-398.

Hills, A. E., & Caramazza, A. (1995). Converging evidence for the interaction of semantic and sublexical phonological information in accessing lexical representations for spoken output. *Cognitive Neuropsychology, 12*, 187-227.

Hodges, J. R., Patterson, K., Oxbury, S., & Funnell, E. (1992). Semantic dementia: Progressive fluent aphasia with temporal lobe atrophy. *Brain, 115*, 1783-1806.

Howard, D., & Franklin, S. (1987). Three ways for understanding written words, and their use in two contrasting cases of surface dyslexia (together with an odd routine for making "orthographic" errors in oral word production). In A. Allport, D. Mackay, W. Prinz, & E. Scheerer (Eds.), *Language perception and production.* New York: Academic Press.

Howard, D., Patterson, K., Wise, R., Brown, W. D., Friston, K., Weiner, C., & Frackowiak, R. (1992). The cortical localization of the lexicons. *Brain, 115*, 1769-1782.

Indefrey, P. I., Kleinschmidt, A., Merboldt, K.-D., Kruger, G., Brown, C., Hagoort, P., & Frahm, J. (1997). Equiva-lent responses to lexical and nonlexical visual stimuli in occipital cortex: A functional magnetic resonance imaging study. *Neuroimage, 5*, 78-81.

Ladavas, E., Shallice, T., & Zanella, M. T. (1997). Preserved semantic access in neglect dyslexia. *Neuropsychologia, 35*, 257-270.

Lambon Ralph, M. A., Ellis, A. W., & Franklin, S. (1995). Semantic loss without surface dyslexia. *Neurocase, 1*, 363-369.

Marshall, J. C., & Newcombe, F. (1966). Syntactic and semantic errors in paralexia. *Neuropsychologia, 4*, 169-176.

Marshall, J. C., & Newcombe, F. (1973). Patterns of paralexia: A psycholinguistic approach. *Journal of Psycholinguistic Research*, *2*, 175-199.

McClelland, J. L., & Rumelhart, D. E. (1981). An interactive activation model of context effects in letter perception: Part I. An account of basic findings. *Psychology Review*, *88*, 375-407.

Menard, M. T., Kosslyn, S. M., Thompson, W. L., Alpert, N. M., & Rauch, S. L. (1996). Encoding words and pictures: A positron emission computed tomography study. *Neuropsychologia*, *34*, 185-194.

Morton, J., & Patterson, K. E. (1980). A new attempt at an interpretation, or, an attempt at a new interpretation. In M. Coltheart, K. Patterson, & J. C. Marshall (Eds.), *Deep dyslexia* (pp. 91-118). London: Routledge and Kegan Paul.

Mozer, M. C. (1991). *The perception of multiple objects*. Cambridge, MA: MIT Press.

Noble, K., Glosser, G., & Grossman, M. (2000). Oral reading in dementia. *Brain and Language*, *74*, 48-69.

Nobre, A. C., Allison, T., & McCarthy, G. (1994). Word recognition in the human inferior temporal lobe. *Nature*, *372*, 260-263.

Patterson, K., & Kay, J. (1982). Letter-by-letter reading: Psychological descriptions of a neurological syndrome. *Quarterly Journal of Experimental Psychology*, *34A*, 411-441.

Patterson, K. E., Marshall, J. C., & Coltheart, M. (Eds.) (1985). *Surface dyslexia*. London: Routledge and Kegan Paul.

Patterson, K. E., Vargha-Khadem, F., & Polkey, C. F. (1989a). Reading with one hemisphere. *Brain*, *112*, 39-63.

Patterson, K. E., Seidenberg, M. S., & McClelland, J. L. (1989b). Connections and disconnections: Acquired dyslexia in a computational model of reading processes. In R. G. M. Morris (Ed.), *Parallel distributed processing: Implications for psychology and neurobiology*. Oxford: Oxford University Press.

Petersen, S. E., Fox, P. T., Snyder, A. Z., & Raichle, M. E. (1990). Activation of extrastriate and frontal cortical areas by words and word-like stimuli. *Science*, *249*, 1041-1044.

Plaut, D. C., & Shallice, T. (1993). Deep dyslexia: A case study in connectionist neuropsychology. *Cognitive Neuropsychology*, *10*, 377-500.

Plaut, D. C., McClelland, J. L., Seidenberg, M. S., & Patterson, K. (1996). Understanding normal and impaired word reading: Computational principles in quasi-regular domains. *Psychological Review, 103*, 56–115.

Price, C. J. (1998). The functional anatomy of word comprehension and production. *Trends in Cognitive Sciences, 2*, 281–288.

Price, C. J., Moore, C. J., & Frackowiak, R. S. J. (1996). The effect of varying stimulus rate and duration on brain activity during reading. *Neuroimage, 3*, 40–52.

Price, C. J., Wise, R. J. S., Watson, J. D. G., Patterson, K., Howard, D., & Frackowiak, R. S. J. (1994). Brain activity during reading: The effects of exposure duration and task. *Brain, 117*, 1255–1269.

Puce, A., Allison, T., Asgari, M., Gore, J. C., & McCarthy, G. (1996). Differential sensitivity of human visual cortex to faces, letter strings and textures: A functional magnetic resonance imaging study. *Journal of Neurosciance, 16*, 5205–5215.

Rastle, K., & Coltheart, M. (1999). Serial and Strategic Effects in Reading Aloud. *Journal of Experimental Psychology: Human Perception and Performance, 25*, 482–503.

Reuter-Lorenz, P. A., & Brunn, J. L. (1990). A prelexical basis for letter-by-letter reading: A case study. *Cognitive Neuropsychology, 7*, 1–20.

Rumsey, J. M., Horwitz, B., Donohue, B. C., Nace, K., Maisog, J. M., & Andreason, P. (1997). Phonological and orthographic components of word recognition. A PET-rCBF study. *Brain, 120*, 739–759.

Saffran, E. M., Bogyo, L. C., Schwartz, M. F., & Marin, O. S. M. (1980). Does deep dyslexia reflect right-hemisphere reading? In M. Coltheart, K. Patterson, & J. C. Marshall (Eds.), *Deepdyslexia* (pp. 381–406). London: Routledge and Kegan Paul.

Saffran, E. M., & Coslett, H. B. (1996). "Attentional dyslexia" in Alzheimer's disease: A case study. *Cognitive Neuropsychology, 13*, 205–228.

Saffran, E. M., & Coslett, H. B. (1998). Implicit vs. letter-by-letter reading in pure alexia: A tale of two systems. *Cognitive Neuropsychology, 15*, 141–166.

Saffran, E. M., & Marin, O. S. M. (1977). Reading without phonology: Evidence from aphasia. *Quarterly Journal of Experimental Psychology, 29*, 515–525.

Schwartz, M. F., Saffran, E. M., & Marin, O. S. M. (1979). Dissociation of language function in dementia: A case study. *Brain and Language, 7*, 277–306.

Seidenberg, M. S., & McClelland, J. L. (1989). A distributed, developmental model of word recognition and naming. *Psychological Review, 96*, 523–568.

Sieroff, E., Pollatsek, A., & Posner, M. (1988). Recognition of visual letter strings following injury to the posterior visual spatial attention system. *Cognitive Neuropsychology,*

5, 427–449.

Shallice, T. (1988). *From neuropsychology to mental structure.* Cambridge: Cambridge University Press.

Shallice, T., & Saffran, E. M. (1986). Lexical processing in the absence of explicit word identification: Evidence from a letter-by-letter reader. *Cognitive Neuropsychology, 3*, 429–458.

Shallice, T., & McGill, J. (1977). The origins of mixed errors. In J. Reguin (Ed.), *Attention and Performance* (Vol. VII, pp. 193–208). Hillsdale, NJ: Lawrence Erlbaum Associates.

Shallice, T., & Warrington E. K. (1977). The possible role of selective attention in acquired dyslexia. *Neuropsychologia, 15*, 31–41.

Shallice, T., & Warrington, E. K. (1980). Single and multiple component central dyslexic syndromes. In M. Coltheart, K. Patterson, & J. C. Marshall (Eds.), *Deep dyslexia.* London: Routledge and Kegan Paul.

Shallice, T., Warrington, E. K., & McCarthy, R. (1983). Reading without semantics. *Quarterly Journal of Experimental Psychology, 35*(1), 111–138.

Sieroff, E., Pollatsek, A., & Posner, M. I. (1988). Recognition of visual letter strings following injury to the posterior visual spatial attention system. *Cognitive Neuropsychology, 5*, 427–449.

Thompson-Schill, S. L., D' Esposito, M., Aguirre, G. K., & Farah, M. J. (1997). Role of the left inferior prefrontal cortex in retrieval of semantic knowledge: A reevaluation. *Proceedings of the National Academy of Sciences U.S.A., 94*, 14792–14797.

Vandenberghe, R., Price, C., Wise, R., Josephs, O., & Frackowiak, R. S. (1996). Functional anatomy of a common semantic system for words and pictures. *Nature, 383*, 254–256.

Warrington, E., & Shallice, T. (1980). Word-form dyslexia. *Brain, 103*, 99–112.

Warrington, E. K., Cipolotti, L., & McNeil, J. (1993). Attentional dyslexia: A single case study. *Neuropsychologia, 31*, 871–886.

Zaidel, E. (1978). Lexical organization in the right hemi-sphere. In P. Buser & A. Rougeul-Buser (Eds.), *Cerebralcorrelates of conscious experience.* Amsterdam; Elsevier.

Zaidel, E., & Peters, A. M. (1983). Phonological encoding and ideographic reading by the disconnected right hemisphere: Two case studies. *Brain and Language, 14*, 205–234.

Zatorre, R. J., Meyer, E., Gjedde, A., & Evans, A. C. (1996). PET studies of phonetic processing of speech: Review, replication and reanalysis. *Cerebral Cortex, 6*, 21–30.

chapter 07

계산 장애: 수 인지 장애

* Darren R. Gitelman

셈은 신발을 벗지 않고도 20까지 셀 수 있게 되는 것이다.

–미키 마우스

20세기 초반부터 계산력 결손에 대한 기술이 시작되었지만, 이 기능에 대한 중요한 신경심리학적, 신경해부학적 모형은 느리게 발달되었다. 이런 지연은 계산력 결손을 정확하게 기술하기 위한 초기의 조직적인 명명법 부재, 다른 영역에서의 붕괴로부터 계산 장애를 분리하는 어려움, 그리고 좀 더 근본적으로 소아 발달과 성인 수행에 있어서, 지각적, 언어적, 시공간적 기능이 필요한 수 인지의 다차원적 본질 등을 포함한 여러 요소들을 반영하고 있다. 이 장의 목표는 수 처리 과정의 이런 특성과 계산 장애를 유발하는 병변-손상 상관에 기저하는 인지신경과학과 행동적 신경해부학을 검토하는 것이다. 병상에서 실시된 검사들은 이 검사들에 대한 이론적 동기가 거기서 논의될 것이기 때문에, 이 장의 끝에서 기술하였다.

사례 보고

55세의 오른손잡이 여성 C.L.은 쓰기와 계산 문제로 평가에 의뢰되었다. 이 증상들은 대략 1년 전쯤 나타났고, 그로 인해 2학년 선생님이었던 그녀는 교직을 사임하는 지경에 이르게 되었다. 쓰기와 계산 결손에 덧붙여 철자와 읽기 능력 역시 감소되었고, 때때로 기억 감퇴도 발생했다. 이런 결손에도 불구하고 일상생활은 온전히 유지되었다.

검사에서 그녀는 자신의 곤경에 적절하게 관심을 보이는 민첩하고 협조적이고 기꺼이 참여하는 여인이었다. 그녀는 충분히 인식하고 있었지만 최근 사건들에 대한 모호한 지식만 가지고 있었다. 그녀는 정상적인 순서로 달(month)을 암기하지 못했고, 그녀의 언어 유창성은 어휘 수준(5개 단어)으로 감소했다. 10회 시행 이후 그녀는 4개의 단어만 즉각적 기억으로 반복할 수 있었고, 10분 후 모두 4개의 단어만 회상할 수 있었다. 이런 수행은 그녀가 우선적으로 기억 장애를 가진 게 아니라는 것을 나타내는 것이다. 자발적인 발화에서 경도의 지체가 있었지만 실제 단어 찾기에서는 지체가 없었다. 그녀는 대상의 부분을 명명하는 데서만 약간의 지체를 보일 뿐 명명하기 과제는 잘했다. 하나의 음소 착어만 관찰되었다. 그녀의 이해는 유지되었고 수 읽기를 포함해서 읽기는 느렸지만 정확했다. 쓰기는 매우 저조했다. 그녀는 규칙적인 형태, 불규칙적인 형태를 포함하여 단순한 단어들조차 철자에 심각하게 어려움을 겪었다. 예를 들어 그녀는 8+4를 11이라고 했고, 4×12를 계산할 수 없을 만큼 계산은 심각하게 손상됐다. 손가락 이름 명명하기와 좌우 방향에 경도의 손상을 보였다. 따라서 그녀는 게르스트만(Gerstmann) 증후군의 네 요소 모두(계산 장애, 실서증, 좌우 혼동, 손가락 실인증)를 드러냈다. 그리고 표적 주사의 어려움과 경도의 동시 실인증을 보였다. 시계 그리기에서 수 위치의 오류는 매우 적게 나타났지만 그녀는 육면체를 따라 그리지 못했다. 선은 정확하게 2개로 나눌 수 있었다. 일반적인 생리학적 검사와 기초적인 감각 운동 신경학적 검사에서는 핵심적인 결손을 보이지 않았다. 그녀는 상대적으로 젊은 나이였고 비정상적인 발현이기 때문에, 확장된 조사가 수행되었다. 다양한 실험실 검사에서는 특별한 것이 없었다. 뇌의 MRI 촬영은 중등도의 위축된 변화를 나타냈다. 단일-광자 발사 CT는 우측보다 좌측에 더 커다란 두정엽 관류 손상을 보였다([그림 7-1]).

이 사례에서 환자는 계산에 어려움을 가진 것이 분명하게 보고됐다. 가장 눈에 띄는 다른 인지적 결손들은 쓰기와 명명하기(예: 손가락 명명하기)에서 어떤 제한된 특징을 보이는 것이었다. 이 사례의 기술은 계산 결손의 평가에 대한 간단하고 고전적인 신경심리학적 접근을 보고한 것이다. 그러나 평가는 인간의 수 인지에 기저하는 풍부한 인지신경학 그리고 신경심리학과 관계가 아주 적다는 것을 보여줄 것이다. 사례는 또한 나중에 확장되어야 할 계산에 관한 중요한 두 가지 요점을 설명한다. (1) 계산 결손은 지적 능력의 일반적인 붕괴를 필수적으로 보이지 않는다. 예를 들어, 이 환자에게 있어서, 언어 기능들(쓰기 외에)과 기억은 일반적으로 유지되었다. (2) 대뇌 관류 결손, 특히 좌뇌 두정엽과 환자의 계산 장애는 계

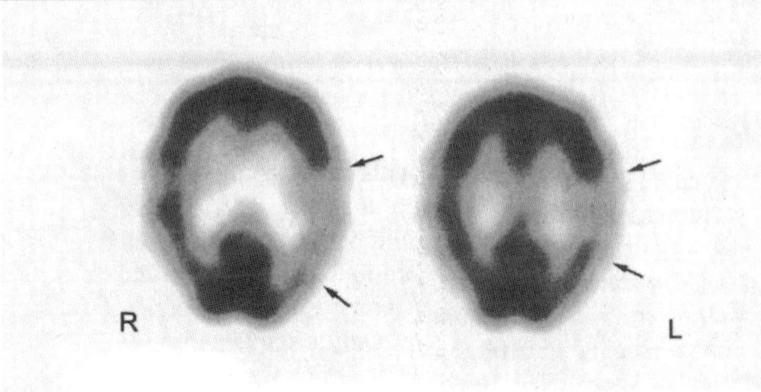

[그림 7-1] 2개의 표상 사진들은 C.L.의 단일-광자 발사 CT 촬영 결과이다. 화살표는 좌반구 전두-두정엽의 관류 저하가 우세한 영역을 나타낸다. 관류는 정상적 피험자에 비해 우측 역시 비슷하게 감소했지만, 범위는 좌측의 비정상성에 비해 훨씬 덜했다.

산의 여러 특성에서 이 영역의 우세한 역할과 일치한다.

계산 장애의 역사적 관점과 초기 이론들

수 인지신경과학의 발달은 다른 많은 인지 장애와 병행되어 왔다. 이 분야 역사의 초기에, 병변-손상 상관들은 계산을 위한 별개의 중추 기제의 존재를 제안했다. 이어서 만연한 동등잠재력에 근거한 견해들은 계산 결손을 일반적인 뇌 기능의 붕괴를 반영한 것이라고 생각했다(Spiers, 1987). 최근의 견해들은 계산과 같은 복잡한 인지 기능들을 대규모 신경망들이 지원한다는 이론적 형식을 통해, 영역 특수성과 다영역 통합의 개념을 유지하고 있다.

골상학자 Franz Josef Gall은 1800년대 초, 아마도 수를 관장하는 영역으로 양측 위쪽 전두엽의 대뇌 기원을 표기한 최초의 사람이다(Kahn & Whitaker, 1991). 그러나 이 추측에 대해 환자에 대한 정보를 제공하지 못했다. 후천적 계산 장애를 겪은 최초의 환자에 대한 기술은 1908년 Lewandowsky와 Stadelmann에 의해 제공되었다. 그들의 환자들은 좌측 후두엽 혈종을 제거한 이후 계산력 결손이 유발되었다. 계산 능력 붕괴의 결과는 언어나 다른 인지 특성들의 결손을 명백히 능가하는 문제였다. 따라서 Lewandowsky와 Stadelmann은 계산 붕괴가 다른 언어적 손상과 구별될 수 있다고 처음으로 보고했다.

이어서 여러 사례들은 좌측 리트로로랜딕(retrorolandic) 병변이나 양측 후두엽 손상 이후 계산 붕괴가 나타났다고 보고하였다(Boller & Grafman, 1983에 의해 요약된 Poppelreuter, 1917; Sittig, 1917; Peritz, 1918). 또한 Peritz는 계산 중추로서 좌측 각 회를 특별히 인용했다(Boller & Grafman, 1983).

Henschen은 기본적인 계산 기능을 수행할 수 없는 상태를 가리켜 계산 장애(acalculia)라고 처음 명명하였다(Henschen, 1920; Boller & Grafman, 1983; Kahn & Whitaker, 1991). 그는 또한 계산에는 수의 발음에 관여하는 아래쪽 전두 구, 수 읽기에는 각 회와 두정내 구 모두, 그리고 수 쓰기에는 각 회가 포함되는 등 여러 가지 피질 중추가 관여한다는 것을 보여 주었다. 또한 그는 계산과 언어 기능이 연합되어 있지만, 독립적이라는 것을 중요하게 생각했다(Boller & Grafman, 1983; Kahn & Whitaker, 1991).

이어진 여러 분석들은 계산과 실어증 간의 구별을 설명했고, 계산 결함이 단일 뇌 중추(예: 그들은 각 회로 단순히 국한시키지 않았다.)와 연관된 것 같지 않다고 설명했다. 예를 들어 Berger는 좌측 측두엽과 후두엽 병변은 있지만 각 회에는 병변이 없는 계산 장애의 세 사례를 설명했다(Berger, 1926; Boller & Grafman, 1983; Kahn & Whitaker, 1991). Berger는 이 능력을 산출하기 위해 함께 작동하는 계산에 기저하는 여러 뇌영역, 따라서 뇌 구조의 거대-규모 연결망 이론을 예고하는 제안을 했다(Mesulam, 1981; Selemon & Goldman-Rakic, 1988; Alexander, Crutcher, & Delong, 1990; Dehaene & Cohen, 1995). Berger가 주목했던 다른 중요한 구별은 이차 계산 장애(예: 이 붕괴는 주의, 기억, 언어 등의 인지적 결손으로 인한 것이다.)와 다른 대뇌 장애들과는 독립적으로 나타나는 일차적 계산 장애 간의 차이였다(Boller & Grafman, 1983).

초기의 다른 저자들은 약해진 공간 인지(Singer & Low, 1933; Krapf, 1937; Critchley, 1953), 붕괴된 감각 운동 전이(어떻게 해서든 양의 물리적 조작은 할 수 있는)(Krapf, 1937), 약해진 수에 대한 정신적 표상과 계산 자동화(Leonhard, 1939; Critchley, 1953), 그리고 비정상적인 수와 기호적인 의미(Cohn, 1961; Boller & Grafman, 1983; Kahn & Whitaker, 1991) 같은 계산에 방해를 받을 수 있는 추가적인 손상의 다양성을 제안했다. 이런 과다한 잠재적 인지 결손과 일치하는 것은, 증가한 인지 처리의 수(예: 관념적, 어휘적, 공간적, 그리고 구조상의)가 수 기능을 지원하는 것으로 가정했고, 피질 영역과 그들이 지원한다고 생각한 인지 기능들 간의 호응을 고려한 것이다(Boller & Grafman, 1983; Kahn & Whitaker, 1991).

두정엽은 계산 과정에 있어서 근본적인 피질 영역이라고 오랫동안 생각되어 왔다. 1924년부터 1930년까지 Josef Gerstmann은 그의 이름으로 불리게 된 증후군을 설명한 연속적인 논문들을 출간했다. 그는 쓰기, 손가락 명명하기, 좌-우 방향, 그리고 계산의 결함과 좌측 두정엽 병변을 연결하여 설명했다(Gerstmann,

1924, 1927, 1930). Gerstmann은 이 장애가 두정엽을 통해 조절된다고 자신이 생각했었던 '신체 도식(body schema)'의 붕괴로 인한 것이라고 추정했다. 이 증후군의 존재와 증상의 일관성은 칭송을 받기도 했고(Strub & Geschwind, 1974), 도전을 받기도 했다(Benton, 1961; Poeck & Orgass, 1966, Benton, 1992).

신체 도식의 붕괴가 표면적 수준(예: 아이들은 자신들의 손가락을 세는 것으로 계산을 배운다. 따라서 손가락 명명하기의 붕괴는 계산 붕괴에 이르게 한다.)을 제외하고 어떻게 계산 장애를 설명할 수 있는지는 분명하지 않다. 좀 더 최근에는, 게르스트만 증후군이 언어와 시공간 기제 간에 분리를 나타낸다고 제안되었다(Levine, Mani, & Calvanio, 1988). 이 설명은 특히 언어나 기호 조작을 지원하고 공간적 인지를 지원하는 신경 연결망이 서로서로 어떻게 상호작용하는지, 그리고 계산에 어떤 기여를 하는지에 대한 이해에 중요한 것이 되었다. 이 특별한 관점에 대해서는 계산의 신경 연결망 부분에서 더 논의할 것이다.

수 처리에 대한 두정엽의 기여를 도외시하고, 수 조작의 시각적 측면에 초점을 두는 다른 연구자들은 가장 중요한 것으로 후두엽을 고려한다(Krapf, 1937; Goldstein, 1948). 다른 논쟁들은 계산 기능의 반구 편재에 중점을 두고 있다. 비록 계산 결손이 좌반구 병변으로 좀 더 보편적으로 발생하지만, 그들은 우반구 손상으로도 또한 나타날 수 있다고 본다(Henschen, 1919; Critchley, 1953; Hécaen, 1962). Goldstein과 같은 다른 연구자들은 이 기능에 우반구의 간여를 의심한다.

좀 더 최근에, Collignon 등과 Grafman 등은 우반구나 좌반구 손상 환자들의 계산 수행을 연속적으로 설명했다(Collignon, Leclercq, & Mahy, 1977; Grafman, Passafiume, Faglioni, & Boller, 1982). 두 보고에 따르면, 계산 붕괴는 반구 중 하나에 손상을 입은 결과였다. 그러나 계산 장애는 좌반구 병변을 가진 환자에게 더 자주 발생한다. Grafman 등(1982)은 또한 좌반구 리트로로랜딕(retrorolandic) 병변이 좌측 전측 혹은 우측 병변보다 계산을 더 손상시킨다고 설명했다.

1961년에 Hécaen 등은 후부 피질 병변과 계산 장애를 가진 대규모의 환자들(183명)에 대한 보고를 출간하고(Hécaen, Angelergues, & Houillier, 1961), 계산 장애의 세 가지 주요 유형들을 보고했다. (1) 한 집단은 수 실독증과 실서증은 있지만 글자에 대한 실독증과 실서증은 없다. 이 집단에서, 계산은 수 입력과 출력의 시각적 측면의 붕괴로 인해 이차적으로 손상된 것으로 나타났다. (2) 두 번째 집단은 수의 공간적 구조에 문제를 보였고 수 쓰기는 잘못된 순서나 거꾸로 쓰는 경향이 있었다. (3) 세 번째 집단은 계산 기능을 수행하는 데 어려움이 있었지만 이 집단의 손상은 수 이해나 산출과 관련된 문제로 간단히 치부할 것이 아니었다. 이 집단은 계산 장애를 가진 것으로 정의되었다.

이 보고의 중요성은 여러 가지다. 먼저 실어증과 계산 장애 간의 구별을 확인했다. 그리고 계산에 있어서의 두정엽의 중요성을 설명했다(다른 리트로로랜딕 영역 간에). 그것은 이해와 산출, 그리고 계산 과정에서 계산 기능의 분리 가능성을 설명했다. 그리고 그것은 양반구가 이 기능에 기여한다고 제안했다(Boller & Grafman, 1983). 이 보고는 또한 계산 장애를 분리되고 연결되지 않은 증후군으로 생각하기보다는 계산 장애의 포괄적인 인지적 기술에 대한 첫 시도였다.

Grewel(1952, 1969)은 계산의 기호적 본질을 강조했고 수 구성의 의미적, 통사적 이상 역시 계산 장애의 연속으로 정의할 수 있다고 강조했다. 그는 인간의 수 기제의 핵심적인 특성은 힌두(Hyndu) 기제에 근거한 원리에 바탕을 두고 있다는 것을 주목했다. (1) 10개의 기호(0~9); (2) 수에서 숫자의 값(value)은 그것의 위치(자리)에 달려 있다(자릿값); 그리고 (3) 0(zero)은 힘의 부재(Grewel, 1952, 1969; Boller & Grafman, 1983). 따라서 계산 장애는 숫자 선택이나 숫자 위치의 이상을 반영하는 것 같다. 이 속성들은 특히 수 이해와 산출에 대한 현대적 개념에서 중요하다(McCloskey, Caramazza, & Basili, 1985).

Grewel은 또한 일차 계산 장애의 여러 추가적인 유형을 제안했다. 예를 들면, 비기호화 계산 장애는 계산 기호들의 이해와 조작에 문제가 있지만, 비통사적 계산 장애는 수 이해와 산출에 문제를 가진다고 언급했다(Grewel, 1952, 1969). 비록 그가 보고했던 많은 해부학적 연합이 오늘날에는 사용하지 않음에도 불구하고, 그것들은 이 기능과 연합된 다양한 피질 영역들을 분명하게 했다.

계산에 대한 포괄적인 신경심리학적 이론들

1970년대 초반까지 다양한 사례 보고와 집단 병변 연구들은 계산 기능에 대한 많은 기본적인 사실들을 제안했다. (1) 계산 능력은 인지 기능들의 집합을 표상하지만 언어, 기억, 공간 기능과 같은 다른 지적 능력과는 독립적으로 구분된다. 따라서 심각한 계산 결손들은 여러 가지 다른 인지 영역에 따라 붕괴가 덜할 수도 있다. (2) 두정엽, 후부 측두엽, 그리고 후두엽, 가끔은 전두엽을 포함한 많은 뇌 영역들이 계산 기능에 중요한 것으로 드러났다. 추가적인 병변 부분들은 나중에 더 논의할 것이다. (3) 양반구가 계산 기능에 간여하는 것으로 생각되지만, 좌반구의 병변이 더 자주 계산에서 결함을 유발하는 것 같으며 수행에서 더 큰 손상을 유발한다. (4) 계산 장애의 결과로 나타나는 결손은 예를 들어 Grewel의 비기호적, 비통사적 계산 장애처럼 다양한 다른 유형들이 있는 것 같다(Grewel, 1952, 1969).

이런 이론적 진전에도 불구하고, 기능으로서의 계산에 대한 구별과 편재성에 대한 논쟁은 여전히 남아 있다(Collingnon et al., 1977; Spiers, 1987). 좀 더 심각한 문제는 계산 능력에 기저하는 작동 원리나 기능적-해부학적 상관 모두를 설명하기 위한 일관된 이론적인 틀이 없다는 것이다. 좀 더 폭넓은 계산에 대한 신경심리학적, 기능 해부학적 이해는 이론적으로 제약이 가해진 사례 연구의 발달(Spiers, 1987)과 근간이 되는 신경심리학적 과정을 구분하기 위한 정신적 시간 측정법의 사용으로 풍부해질 것이다(Posner, 1986). 최근에 다양한 뇌 연결짓기 방법론들 역시 이 기능을 지원하는 뇌영역의 이해에 기여하고 있다.

수 인지에 대한 최근의 심리학적 접근법들은 수 처리 과정의 이런 많은 측면들을 포괄적인 이론적 틀과 일치시키기 위해 시도해 왔다. 이 체계화는 수가 지각되는 방법(시각적 · 언어적 방법 등), 뇌에서 수 표상의 본질, 다양한 수 기능들(예: 수 비교, 세기, 근사치, 산술 계산법), 그리고 지각적 기능, 표상적 기능, 그리고 작동 기능이 서로 관계를 가지는 방법이 포함된다.

McCloskey는 수 처리 과정과 계산적 기제를 그려 냄으로써 포괄적인 계산 이론을 처음으로 형식화하였다(McCloskey et al., 1985). 그러나 Dehaene는 근사치와 수량화 과정은 계산 기제의 중요한 측면을 구성하지만, McCloskey의 형식화에서는 외현적으로 모형화되지 않았다고 주장했다(McCloskey et al., 1985; Dehaene & Cohen, 1995, 1997; Dehaene, Dehaene-Lambertz, & Cohen, 1998).

계산에 대한 다양한 모형을 표상하는 일반적인 도식은 [그림 7-2]에 나와 있다. 가장 최근의 계산 이론들은 비록 이 처리 과정들 간 상호관계의 본질에 대해서는 상당한 논란이 있지만, [그림 7-2]에 각 기제를 포함하고 있다. Dehaene의 인기 있는 3중 부호화 모형과 같은 최근 이론들은 계산의 신경심리학적 이론과 뇌 해부학적 영역과 연합된 신경 연결망 이론을 통합하려고 시도한다(Dehaene & Cohen, 1995). 이 신경 인지 기제의 세부적인 면과 부상으로 인한 결손의 본질은

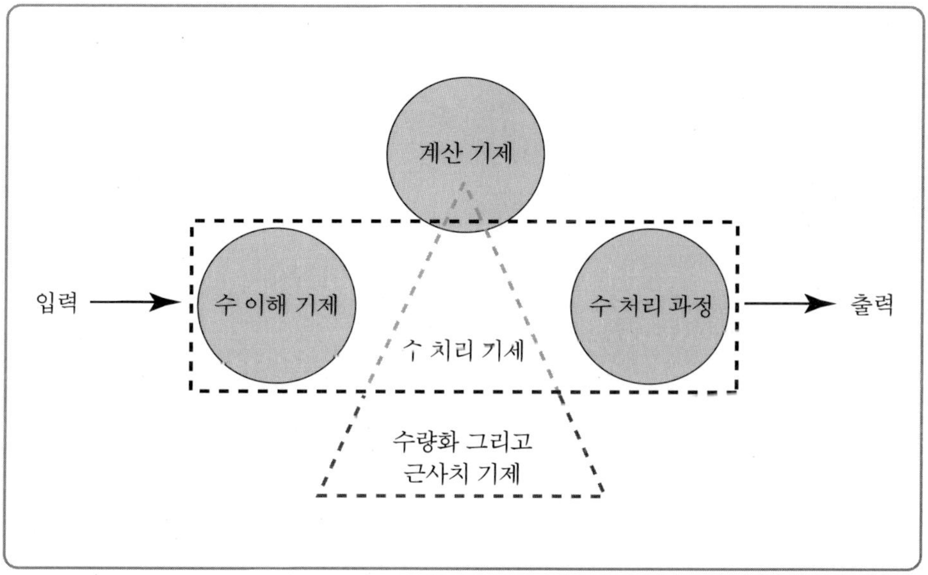

[그림 7-2] 계산과 수 처리를 지원하는 기제의 도식. 수량화와 근사치에 관련된 기능들은 McCloskey, Caramazza와 Basili(1985)가 그려 낸 원래 모형에는 외현적으로 포함되지는 않았지만 수 인지의 중요성을 기술했기 때문에 첨가되었다(Dehaene & Cohen, 1995). 이 모형에서 수량화와 근사치 작동의 위치는 수 인지의 발달과 성인들의 수 처리 과정과 계산에 사용되는 중요한 수의 원천 모두를 표상한다.

나중에 검토할 것이다.

[그림 7-2]에서 설명한 것처럼 수-처리 기제는 다양한 수 체제를 이해하고 산출하는 능력의 핵심이다. 수들은 숫자나 단어로(예: 47 vs 사십 칠) 쓸 수 있으며, 또는 말로 표현할 수도 있다. 또한 수 처리 과정의 어휘적, 구문적 측면 역시 있다(McCloskey et al., 1985). 어휘적 처리 과정은 수 안에 있는 개별적인 숫자들의 확인을 포함한다. 예를 들어 수 447의 어휘적 처리 과정은 4 두 개와 7 한 개가 있다고 설정한다. 이것은 전반적인 수의 양 유지('사십 오' 라고 말하는 것과 반대로)를 설명하지만 개별적인 숫자는 확인되지 않는다.

구문적 처리 과정은 수 구성 요소들 간의 순서와 관계를 정의하며 자릿값(place value)의 개념과 밀접하게 연결되어 있다. 구문적 오류의 예는 수 사백 사십 칠을 40047이라고 쓰는 것이다. 이 대답이 400과 47을 포함하고 있지만, 이런 방식으로 수들을 결합하는 것은 원래 수의 구문 관계를 위반하는 것이다(McCloskey et al., 1985).

어휘적 기능들의 일부로, 기제들은 또한 수의 음소적 처리 과정(예: 수를 단어로 말하는 과정) 그리고 수의 철자 처리 과정(예: 쓰인 수 형태의 처리 과정)을 가정하고 있다. 그러나 말로 그리고 쓰인 수 형태는 비슷한 통사적 처리를 필요로 하는 것(예: 사십-사와 44의 구성 요소들 간의 통사적 관계는 동일하다.)으로 보이기 때문에, 음소와 철자 기제들은 통사적 기능으로 간주하지는 않는다. 음소와 철자 기제들은 또한 쓰인 형태로만 나타나는 아라비아 숫자를 구별하지 않는다(McCloskey et al., 1985). 수 처리에 대한 가능한 인지적 하위 구성요소들의 윤곽을 [그림 7-3]에서 보여 주고 있다.

이 도식에서 설명된 기능들에 대한 일반적인 지지는 다양한 뇌 병변에 따라(외상, 혈관 등) 그들의 수-처리 능력이 분리된 것을 보여 준 환자들을 발견함으로써 신경심리학적으로 설명되었다. 불행하게도, 계산 장애 연구에서 대부분의 환자들의 정확한 병변 위치는 없다. 그러나 지난 여러 해 동안, 기능성 뇌영상 연구의 자료들은 이 영역에서 뇌-행동의 관계에 대한 좀 더 정확한 정보를 제공하기 시작했다.

〈수 처리 기제들〉

수 이해	수 산출
아라비아 수 기제들	아라비아 수 기제들
어휘적	어휘적
구문적	구문적
어휘적 기제들	어휘적 기제들
어휘적	어휘적
음소적	음소적
철자적	철자적
구문적	구문적

[그림 7-3] 수 처리에 관여하는 것으로 제안된 신경심리학적 기제들의 개요(McCloskey, Caramazza, & Basili, 1985를 적용한 것).

수 처리에서 이런 결손들을 설명하기 위해, 환자 사례의 특별한 병력의 측면을 여기서 소개한다. 그러나 한정된 지면으로 인해, 각 보고를 완전히 정교하게 기술하는 것은 어렵기 때문에 관심 있는 독자들은 여기에 대한 세부적인 내용을 검토해 보기를 권한다. 환자들은 원래 공개된 사람들로 신원 파악을 하였다. 여러 가지 유형의 수 그리고/또는 계산 결함을 나타내고 있기 때문에, 어떤 환자들은 여러 차례 인용되었다.

이해와 산출의 분리

Benson과 Denckla(1969), 그리고 Singer와 Low(1933)는 수 이해는 상대적으로 유지되고 있지만 산출은 손상된 환자에 대해 기술했다. 예를 들어, Benson과 Denckla(1969)의 사례 1은 언어적으로 확인된 수(예: 환자에게 팔십을 찾으라고 요구할 때, 80을 지적할 수 있었다.)는 인지할 수 있었지만, 언어적으로 제시된 수를 아라비아 숫자로 쓰지는 못했다(예: 환자는 수 80을 쓸 수 없었다). 또한 이 환자는 여러 차례 선택하도록 허용할 때는 계산에서 정확한 답을 선택할 수 있었지만, 구두나 쓰인 형태에서 정확한 답을 산출할 수 없었다.

수를 확인하고 계산에 대한 답을 정확하게 선택하는 환자의 능력은 이해나 수를 가산하는 기제는 온전하다는 것을 암시한다. 덧붙여, 수 산출이 손상됐음에도 불구하고, 통사적 오류보다는 의미적 오류를 더 범한 것으로 나타난 그녀의 반응은 일반적으로 적절한 정도였다. 따라서 더하기 문제 4+5가 주어졌을 때, 사례 1은 언어적으로 '팔' 이라고 반응하고 항목에서 '9' 를 선택한다. 병변 초기에는 경도의 우측 마비, 유창성 실어증, 약해진 피질 감각 기능(감각 실서증), 그리고 우측 동측 반맹증과 연합되어 나타난 것은 병변이 좌반구 후측두엽과 하두정엽에 영향을 미친 것으로 생각할 수 있는 해부학적 위치만 기술되었다.

이해는 유지되고 있지만 산출이 손상된 다른 예는 Singer와 Low(1933)에 의해 보고되었다. 그들의 환자는 뜻하지 않은 일산화탄소 중독에 이어 계산 장애가 유발되었고, 초점 병변은 없었다. 이 환자는 두 자릿수 이상을 정확하게 가리키고 언어적으로 설명된 수들을 구분할 수 있었던 것으로 미루어, 수 이해는 온전한 것으로 설명되었다. 그는 수 받아쓰기에서 한두 자리의 수는 쓸 수 있었지만, 세 자리 또는 그 이상의 자릿수(예: 이백 사십 이를 20042라고 쓴다.)에 대해서는 구문적 오류를 범했다.

수 산출은 유지되고 있지만 이해에 결손을 보이는 환자들은 산출된 수가 정확하다면 알아차리기가 불분명하기 때문에, 구분하기가 좀 더 어렵다. 예를 들어, 수 47을 잘못 이해하고 43이라고 쓰면 그것은 이해가 손상된 것인지, 산출이 손상된 것인지 알기가 어렵다. 그러나 진짜 결손된 부분을 이해하는 것은 수량화 기능을 수행하는 검사(예: 세기, 즉석에서 계산하기, 평가하기)를 통해 얻을 수 있다. 예를 들면, 환자에게 여러 개의 물체들을 세어 보라고 할 때 또는 계산이 맞는지 틀리는지 평가해 보라고 요구할 때 정확하게 답을 산출할 수 있을 것이다. 나아가, 산출이 온전하고, 아라비아 수의 이해나 언어적 이해가 구분되어 유지되고 있는 환자들은 또한 산출-이해 분리를 설명할 수 있게 해 준다(다음의 환자 H.Y.와 K. 사례를 보고한 McCloskey et al., 1985를 보라).

표기법의 분리(아라비아 숫자와 언어적 기술)

McCloskey 등(1985)이 기술했던 환자 H.Y.와 K. 그리고 Berger(1926)가 기술했던 두 명의 환자들은 아라비아 숫자와 언어적 숫자 처리에서 이중 분리를 보였다. 예를 들어, 환자 H.Y.는 2개의 아라비아 숫자 중 더 큰 것(예: 그는 4와 3을 보았을 때 정확하게 큰 수를 선택할 수 있었다.)을 가리킬 수 있었지만, 시각적으로 제시한 언어적 숫자들(예: 그는 사와 삼을 보았을 때는 정확하게 선택할 수 없었다.)을 판단할 때는 우연 수준으로 수행했다. 이 패턴은 언어적 숫자에 대한 이해 손상을 나타내는 것이다. 환자 K.는 반대의 표기법 손상을 보여 주었다. 환자 K.는 언어적 숫자들을 시각적으로 보았을 때는 판단할 수 있었지만, 아라비아 숫자는 판단할 수 없었다(McCloskey et al., 1985).

Berger의 환자들은 이해보다는 산출에 대해 표기적 분리를 보여 주었다(Berger, 1926). Berger의 환자들 중 하나는 간단한 계산에 대해, 정확한 구두 반응을 제시했지만, 쓰기 반응은 부정확했다. 두 번째 환자는 쓰기는 정확했지만, 구두 반응은 부정확했다. 불행하게도 환자 H.Y.와 K. 또는 Berger의 사례들에 대한 가용한 해부학적 정보는 없다.

어휘 vs 구문적 분리

어휘와 구문 처리 간의 분리는 여러 환자들에게서 설명되었다. 앞에서 이미 주목한 바 있는 Benson과 Denckla의 사례 1(Benson & Denckla, 1969)과 McCloskey 등(1985)의 R.R.은 어휘적 산출에는 결손을 보이지만 구문적 산출에는 결손을 보이지 않는 것으로 기술되었다. 예를 들어 R.R.은 수 37,000을 보았을 때, '오만-오천' 이라고 반응한다(McCloskey et al., 1985). 이 답은 정확한 반응과 같은 자릿수(37,000 vs 55,000)이기 때문에 구문적으로는 정확하다고 생각된다. 만약 37,000을 보았을 때 R.R.이 '삼천-칠백' 이라고 반응했다면, 이것은 구문적인 오류로 분류될 수 있다. 사용된 숫자는 정확하지만, 자릿수가 잘못되었기 때문이다. 또한 R.R.은 오류 없이 수 비교를 수행했는데, 이것은 산출에서의 손상이지 이해 손상이 아니라는 것을 확정해 주는 것이다.

구문적 산출 오류는 있지만 어휘적 오류가 없는 사례가 Singer와 Low(1933)의 환자와 McCloskey 등의 환자 V.O.에게서 보고되었다(Singer & Low, 1933; McCloskey et al., 1985). 예를 들어 환자 V.O.는 사십-삼만-칠천(437,000)을 쓰라고 요구했을 때, 그는 수 400307000으로 산출했다.

어휘적 붕괴가 나타날 때, 오류들은 어휘적 범주에 영향을 나타낼 수 있다. 일반적으로 사용하는 수에 대한 다음의 세 가지 우선적인 어휘적 범주가 나타날 수 있다. 한 자리(예: 1~9), 10대(예: 10~19), 그리고 10단위(예: 10~90). R.R.과 같은 환자들은 틀린 반응을 할 때(예: 숫자 삼에 대한 반응에서, '칠' 이라고 말하지만, '십사' 나 '오십-이' 라고는 말하지 않거나, 숫자 십삼에 대한 반응에서 '십육' 이라고는 말하지만 '오' 나 '삼십 칠' 이라고는 말하지 않는다.), 반응의 범위가 어휘적 범주 내에 머무르는 경향이 있다. 그러나 같은 10대의 범주에서 선택하는 경향성은 없다. 이런 식으로 숫자 23을 보았을 때, 환자들은 20대, 40대 또는 60대에서 비슷하게 수를 선택하는 것 같다. 이 환자들에게 있어서 수의 근접성은 어휘적 정확성에 영향을 미치는 것으로 보이지 않으며 그들은 숫자 7에 대한 반응에서 4, 6 또는 8을 선택하는 것 같다. 이 발견들은 어휘 범주에 대한 범주적 특성이 수 자체의 의미가(semantic value)에 영향을 받지 않는다고 제안한다. McCloskey 등(1985)은 이것이 각 범주에 기저하는 분리된 어휘적 기제를 암시하는 것이라고 제안했다. 그러나 범주 특성은 빈도의 결과로 그리고 그 범주의 범위가(magnitude value)보다는 수 범주에 대한 발화 패턴으로도 또한 생길 수 있다(Ashcraft, 1987).

음운 vs 철자의 분리

구두 수와 쓰인 수의 처리에서 독립적인 붕괴는 음운과 철자 기제에서의 분리를 나타낸다.

McCloskey 등(1985)은 2개의 쓰인 수들(예: 6과 5 중 어느 수가 더 큰지 가리키기)을 비교할 수는 없지만 수를 말해 주었을 때는 과제를 수행할 수 있었던 그들의 환자 H.Y.를 통해 이 분리의 예를 제공했다. 이 수행은 쓰인 수나 철자를 이해하는 데는 결손이 있지만, 구두나 음운으로 제시한 수는 이해할 수 있다는 것을 제안한다(McCloskey et al., 1985). 비록 H.Y.가 철자 이해의 붕괴에 이르도록 한 병변을 보고하지는 못했지만, 결손은 순수 실독증에서 발견되는 것과 유사성을 지니고 있으며, 이것은 추측할 수 있는 해부학적 위치를 제안하는 것이다.

순수 실독증을 가진 환자들은 단어를 읽을 수는 없지만, 청각 경로를 통해 제시된 쓰기나 언어 이해에는 어려움을 겪지 않는다(6장을 보라). 해부학적으로 순수 실독증의 대부분 사례들은 좌측 내후두엽과 뇌량 팽대에 손상을 보인다. 좌측 후두엽 손상은 우측 동측 반맹을 유발하며, 좌측 시각 기제로부터 좌측의 언어 연결망으로의 입력 정보를 제거한다. 뇌량 팽대의 동시적 관여가 우반구에서 좌반구 언어 기제로 가는 시각적 정보를 단절하기 때문에, 온전한 우측 후두엽의 정보 역시 언어 기제에 도달할 수 없다. 순수 실독증을 가진 환자들은 청각적 언어 수행은 온전하기 때문에 실어증 환자가 아니다. 이와 비슷하게 환자 H.Y.는 청각적 제시로 이루어진 수행은 정확하기 때문에 수 이해에서 결손은 보이지 않지만 시각적 수 입력과 수 이해 기제 간의 분리를 보이는 것 같다. 이것은 그의 병변이 좌측 후두엽에 위치하는 것 같다고 제안하는 것이다.

사실, 수에 대한 실독증은 있지만 종종 단어 실독증과 연결되어 있으며, 좌측 후두엽에 비슷한 해부학적 위치를 가지고 있다(McNeil & Warrington, 1994; Cohen & Dehaene, 1995). 그러나 어떤 환자들은 수와 단어 읽기에서 연합된 손상을 보이는데, 이 기능들에 대한 뇌영역이 중복되지는 않지만 근접하다는 것을 제안한다(Hécaen & Angelergues, 1961; Hécaen et al., 1961; Hécaen, 1962).

수 실독증을 가진 환자들은 수 처리에 대해 좌우 반구가 다른 능력을 드러낸다. 나중에 논의하겠지만, 좌반구는 일반적으로 정확한 계산을 위해 필수적이지만, 양반구 모두 수량화와 근사치에 대한 신경 기제를 가지고 있는 것으로 보인다. Cohen과 Dehaene(1995)는 그들의 환자 G.O.D.와 S.M.A.에 대한 기술에서 이 구조에 대한 증거를 제공하였다. 두 환자는 좌측 내후두-측두엽의 경색을 겪었고, 그 결과 우반구 동측 반맹과 단어와 수에 순수 실독증을 보였다. 두 환자는 숫자가 1개만 있는 수에 비해서 여러 개의 숫자가 있는 수의 오류율이 증가함을 보였다. 또 그들은 시각적으로 제시된 수를 더하는 데 어려움을 보였지만, 청각 경로를 통해 제시되었을 때는 매우 잘 수행하였다. 이런 결손에도 불구하고, 환자들은 시각적으로 제시된 수들을 매우 정확하게 비교하였다. 이 수행은 정확한 계산에 필수적인 좌반구 연결망으로부터 시각적 정보의 단절과 일치한다. 그러나 시각적 정보는 수 비교가 가능한 우반구 영역에는 도달할 수 있었다(Cohen & Dehaene, 1995).

비교와 계산 간의 유사한 분리가 분리-뇌 환자들에게서 발견된다(예: 수술이나 국소 빈혈 병변으로 인해 뇌량이 분리된 환자들)(Gazzaniga & Smylie, 1984; Dehaene & Cohen, 1995). 이러한 보고에서, 분리-뇌 환자들은 반측 시야장에 자극을 짧게 보여 주었을 때 수를 비교할 수 있었다. 그러나 그들은 수를 오른쪽 시야장에 짧게 보여 주었을 때만 수를 읽을 수 있었고 간단한 계산 기능을 수행할 수 있었다. 수 실독증 환자들과 분리-뇌 환자들에게서 발견한 것은 양반구에 수 재인과 비교를 위한 신경 기제가 포함되어 있지만, 좌측 뇌만 일반적으로 계산 수행이나 수 명명하기를 할 수 있다는 것이다.

해부학적 관계와 기능성 뇌영상

병변과 신경심리학적 자료들은 일반적으로 많은 수 처리 기능들의 위치를 결정하는 데 충분한 정보를 제공하지 못한 반면, PET나 fMRI, 그리고 ERP(사건관련전위) 같은 뇌 연결짓기 기술들의 결과는 수 처리에 대한 기능적-해부학적 관계에 대해 설명할 수 있도록 약간의 도움을 준다.

Allison 등은 두개골 ERP 기록을 사용하여 수에 반응하는 방추 회와 하측두엽 영역을 확인하였다(Allison, McCarthy, Nobre, Puce, & Belger, 1994). 이 영역은 철자열에 반응하는 영역과 부분적으로 겹쳐지며, 이 결과는 철자와 수 읽기 간에 분리가 관찰되었던 앞의 순수 실독증 환자들의 결과와 일치하는 것이다(Hécaen et al., 1961). Polk와 Farah(1998)는 좌반구에 fMRI와 표면 검출기(surface coil)를 사용하여 좌측 후두-두정엽 부분에서 6명의 환자들이 수보다 철자에 더 많은 반응을 한다는 것을 발견했지만, 철자보다 수에 더 많은 반응을 하는 영역은 발견하지 못했다. 그러나 Polk와 Farah는 이 기술의 감소된 민감성에 주목했고 그것은 특히 우반구의 활성화를 놓친 것으로 보았다.

Pinel, Le Clec' h, van de Moortele, Naccache, LcBihan과 Dehaene(1999)는 시각적 확인(예: 아리비아 숫자 vs 철자로 된 숫자)과 규모의 비교(수적인 거리)를 포함한 수 처리의 다양한 특성을 검정하기 위해 사건관련 fMRI를 사용했다. 이 과제는 전두엽(중심전두, 전전두), 두정엽, 후두엽, 방추 회, 그리고 대상 피질과 시상에 걸친 대단히 많은 활성화(47)를 생성했다. 언급된 효과들이 우측 방추 회(철자로 된 숫자보다 아라비아 숫자에 더 큰 활성을 보임)와 좌측 상, 중심전두 회(아라비아 숫자보다 철자로 된 숫자에 대한 혈류역행 반응의 미세한 연장)에 나타났다(Pinel et al., 1999).

비록 수 처리에 관한 병변 정보와 뇌를 연결지은 자료들은 한계가 있지만, 가용한 정보는 방추 회와 양측 시각 연합 피질 부근 영역들이 수 명명과 수의 어휘적 접속을 지원하는 것과 밀접한 관계가 있다고 제안한다. 수 처리의 통사적 측면을 예측하려는 시도에서, 좌측 후전두 영역, 아마도 위쪽 중심전두 구(언어에 대한 구문처리 영역과 비슷하게)가 간여하지만 이것을 결정적으로 보여 주지는 않았다.

계산 기능

수를 처리하는 기제를 떠나, 산술 연산을 수행하기 위한 분리된 여러 기능들이 가정되었다. 이 영역에서의 결손들은 계산력 상실이나 일차적 계산 장애로 기술되고 있다(Boller & Grafman, 1985). 이 기제의 주요한 신경심리학적 이상들은 다음과 같은 결손들과 일치하는 것으로 가정되어 왔다 (1) 산술 기호나 단어 처리, (2) 기억하고 있는 수학적 사실들 인출하기, (3) 간단한 규칙 기반 연산 수행하기, (4) 다단계의 연산 절차들 실행하기(McCloskey et al., 1985). 이 기능들 각각에 대해 분리된 능력을 보이는 환자들은 이런 구조적 도식에 대한 지지를 제공하고 있다.

수 기호 처리

Grewel은 계산에서 산술 기호를 이해하는 데 있어서의 결손을 성문화한 최초의 저자들 중 하나였다. 그가 '상징 이해 실조증(asymbolia)' 이라고 부른 장애는

1908년 초기, 산술 기호를 인식하는 데는 어려움을 겪지만 산술 연산 자체를 이해하는 데는 손상이 없는 환자들의 특징으로 기술되었다(Lewandowsky & Stadelmann, 1908; Eliasberg & Feuchtwanger, 1922; Grewel, 1952, 1969). Grewel은 Sittig와 Berger의 환자들에게 나타난 분리된 손상에 대해서도 주목했는데, 그들은 산술 연산에 대한 개념적 이해에 상당한 손상을 보였다(Sittig, 1921; Berger, 1926; Grewel, 1952).

Ferro와 Bothelho는 좌측 후두-두정엽 병변으로 인해, Grewel의 상징 이해 실조와 일치하는 손상을 보인 환자를 기술했다(Ferro & Botelho, 1980). 환자가 비록 건망성 실어증을 가지고 있었지만, 단어 읽기와 쓰기는 유지되고 있었다. 또한 환자는 1개의 숫자로 된 수는 물론 여러 숫자로 된 수도 읽고 쓸 수 있었으며 언어적으로 제시한 연산을 수행하는 데는 어려움이 없었다. 이런 수행은 기본적인 산술 연산의 개념적 지식은 온전하다는 것을 나타낸다. 비록 환자가 시각적으로 제시된 산술 연산에서 빈번하게 연산 기호를 잘못 말했지만, 계산은 정확했다. 3×5를 제시했을 때, 그녀는 '3 더하기 5' 라고 말하고 답은 '8' 이라고 답했다.

수학적 사실에 대한 인출

환자들은 계산 절차에 대한 지식이 온전함에도 불구하고, 산술적 사실의 인출에 두드러진 손상(구구단 표에서 곱셈을 위한 '암기' 값 회상의 손상)을 보일 수 있다. Warrington(1982)은 이런 분리를 보이는 환자(D.R.C.)를 처음으로 설명했다. 환자 D.R.C.는 좌측 두정-후두엽 국소 빈혈 이후, 수를 정확하게 읽기와 쓰기, 수 비교하기, 양 추정하기, 자신이 정확하게 수행할 수 없었던 산술 연산을 적절하게 정의하기 등 수에 대한 다른 능력은 유지되고 있음에도 불구하고, 아주 간단한 계산조차도 수행하는 데 커다란 어려움을 겪었다. 따라서 D.R.C.의 우선적인 결손은 기억하고 있는 계산적 사실들의 회상으로 나타났다. 비슷한 결손을 가진 환자들이 Grewel(1952, 1969)과 Cohn(1961)의 이전 보고에서 언급되었지만, 그들의 분석에서는 수 처리 붕괴의 가능성을 배제했다. McCloskey 등(1985)이 보고했던 환자 M.W. 역시 기억하고 있는 구구단으로부터 수학적 사실을 인출하는 데 결손을 보였다. 비록 여러 단계의 계산을 완전하게 수행했지만(예: 한 숫자로 된 수 연산을 수행하는 데 어려움을 겪고 있음에도 불구하고, 연산과 규칙 기반 절차들을 수행하는 것은 정확했다.), 1개의 수를 사용한 연산도 정확하게 값을 인출할 수 없었기 때문에, 이 환자의 수행은 특히 놀랍다. 그는 다른 답을 구하기 위해, 그가 기억할 수 있는 구구단 정보를 사용함으로써 계산 절차에 대한 지식이 온전한 것으로 보였다. 예를 들어, 그는 7×7의 답을 자발적으로 회상할 수 없었다. 그러나 그는 7×3과 7×10에 대한 답은 회상할 수 있었고, 이 결과를 7×7을 해결하기 위한 계산에 이용할 수 있었다. 수와 간단한 절차적 규칙의 이해는 그가 비록 다른 계산(예: 9×N)에 대해 수많은 오류를 범함에도 불구하고, 1×N과 같은 문제를 거의 완벽하게 수행할 수 있음을 보여 주었다.

다른 환자들과 비슷하게 수행했던 곱셈 문제에 대한 M.W.의 수행에서 한 가지 흥미로운 특성은 오류들이 '곱셈표 내', 그리고 그 문제를 계산하는 데 관련된 것

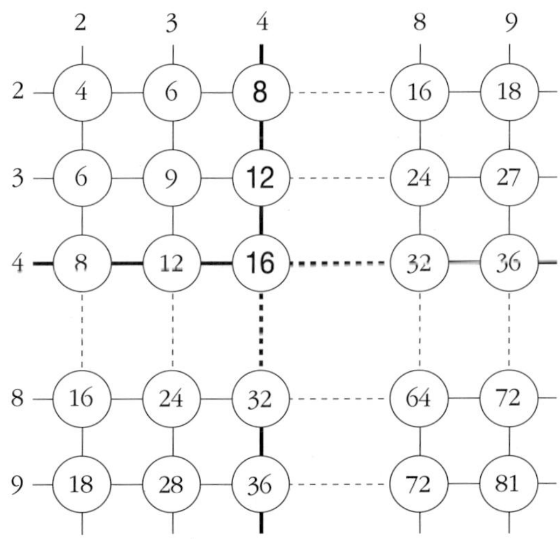

[그림 7-4] 저장된 곱셈 사실들에 대한 도식적 표로된 표상. 특정한 답의 활성화는 두꺼운 수와 선들이 가리키는 것처럼 표의 분할 지점에서 일치하는 가로 세로를 찾음으로써 발생한다(McCloskey, Aliminosa, & Sokol, 1991로부터 인용).

이 되는 경향이 있다는 것이다. '곱셈표 내' 라는 것은 일반적으로 기억하고 있는 한 자릿수 곱셈 문제에 가능한 답의 집합에서 나온 반응들을 말한다. 예를 들어, 6×8에 대한 관련된 '곱셈표 내' 오류는 56(예: 7×8에 대한 답)이다. '곱셈표 내'가 아닌 오류(예: 59나 47)나 문제와 관련되지 않은 오류(예: 55나 45)는 거의 발생하지 않는 것 같다. 이 양상의 일반적 손상에서 다른 중요한 논쟁거리는 오류들이 곱셈표 사실들의 범위에 걸쳐 매우 다양하다는 것이다. 환자들은 8×8 또는 8×7을 인출하는 데 굉장한 어려움을 겪지만, 8×6 또는 9×7을 인출하는 데는 어려움이 없다. 뇌손상에 뒤따르는 결손의 다양성(예: 8×8=72는 손상되지만 7×9는 손상되지 않는)은 이 사실들의 정신적 표상이 독립적이라는 것을 반영하고 있다(Dehaene, 1992; McCloskey, 1992).

이런 유형들의 설명을 시도한 연산 사실들의 저장 모형은 표로 된 목록이다([그림 7-4]). 그림은 회상을 하는 동안, 활성이 관련된 사실([그림 7-4]에서 두꺼운 선)을 따라 퍼져 나간다고 가정하고 있음을 보여 준다. 이 기제는 앞에서 설명했던 곱셈표-내 그리고 관계성 오류 모두를 설명해 준다(Stazyk, Ashcraft, & Hamann, 1982). 2개의 다른 행동들 역시 수 사실들의 그림판 구조와 일치한다. (1) 반복 점화나 이전에 보았던 같은 문제에 대해 좀 더 빠른 반응 그리고 (2) 관련되어 있지만 이전에 보았던 문제와 동일하지 않은 문제를 본 후 부정확하게 반응할 확률의 증가인 오류 점화(Dehaene, 1992).

다른 유형의 계산 오류들은 〈표 7-1〉에서 설명하고 있다. 표에서 사용된 명명법은 비록 분류법이 일반적으로 수용되는 것은 아니지만, Sokol 등이 제안했던 고전적 도식에서 나온 것이다(Sokol, McCloskey, Cohen, & Aliminosa, 1991). 오류의 일반적인 두 범주는 반응 누락(예: 반응에 대한 실패)과 오류 반응(예: 틀린 답으로 반응)이다. 〈표 7-1〉에서 보는 것처럼, 여러 가지 오류 반응이 있는데, 그중 어떤 것은 다른 집단보다 더 현저하게 나타나는 것 같다. 피연산자 오류는 정상적인 참여자들에게서 가장 일반적인 유형의 오류이다(Miller, Perlmutter, & Keating, 1984; Campbell & Graham, 1985). 환자들의 연결된 오류 유형들은 매우 다양할 수 있다. 예를 들어, Sokol 등(1991)은 환자 P.S.가 피연산자 오류를 우선적으로 범하는 반면, 환자 G.E.는 연산 오류를 범하는 것으로 기술했다. 비록 이런 오류의 발생이 일반적으로는 좌반구 병변과 연결되어 있지만, 오류 유형을 특별한 병변 위치와 연결한 포괄적인 틀은 없다.

표 7-1 계산 오류의 유형

오류 유형	기술	예
오류 반응		
피연산자	문제에 대한 정확한 답은 원래 식과 피연산자를 공유한다.	5×8=48. 답은 6×8의 정확한 답이다. 이것은 원래 식과 피연산자 8을 공유한다.
연산	답은 피연산자에 대한 다른 산술 계산에 대한 정확한 답이다	3×5=8. 답은 덧셈에 대한 정확한 답이다.
부정식	답은 피연산자나 계산상의 오류로 분류될 수 있다.	4×4=8. 답은 2×4나 4+4에 대해 참이다.
구구단	답은 특정한 계산에 대한 가능한 결과의 범위에서 나온 답이지만 문제와 연관은 없다.	4×8=30. 답은 구구단 단일 숫자 수 곱셈의 답에서 나온 것이다.
비구구단	답은 계산 결과의 범위에서 나온 것이 아니다.	5×6=23. 단일 숫자 수의 곱셈의 답이 23인 문제는 없다.
누락	답을 하지 않는다.	3×7=

규칙과 절차

계산 절차에서의 이상은 계산 장애에 이르게 하는 세 번째 유형의 손상이다. 절차적 결손은 간단한 규칙, 복잡한 규칙 또는 복잡한 여러 단계의 절차를 포함하는 다양한 형태를 취할 수 있다. 간단한 규칙의 예는 0+N=N, 그리고 1×N=N 계산이 포함된다. 복잡한 규칙의 예는 여러 숫자로 된 수의 곱셈을 수행하는 맥락에서 0에 의한 곱셈을 포함하는 단계들에 대한 지식이 될 수 있다. 복잡한 절차들은 곱셈이나 나눗셈 문제에서 부정식 산출의 조직과 곱하기 수행이나 여러 숫자로 된 수의 덧셈과 뺄셈 문제에서 빌려 오는 계산이 상대적으로 포함될 수 있다.

가끔은 더 느린 반응을 발견할 때도 있지만(Parkman, 1972; Stazyk et al., 1982),

정상적인 피험자들은 비규칙-기반 유형보다 규칙-기반 문제들을 좀 더 빨리 푼다는 것을 여러 연구자들이 보여 주었다(Parkman & Groen, 1971; Groen & Parkman, 1972; Miller et al., 1984). 그럼에도 불구하고, 규칙-기반, 비규칙-기반 문제들은 다르게 해결될 수 있으며 피험자의 수행에서 분리를 보여 줄 수도 있다는 것을 가용한 증거들이 제안하고 있다(Sokol et al., 1991; Ashcraft, 1992).

Sokol 등(1991)은 커다란 좌반구 국소 빈혈을 가진 환자 P.S.가 간단한 규칙, 특히 0에 의한 곱셈 규칙에서 손상을 보인다는 증거를 제공했다. 이 환자는 구구단 사실의 인출에서 여러 양상의 오류를 범했지만(예: 9×8은 오류 0%, 4×4는 오류 52%), 0×N 문제는 100% 놓쳤다. 이 수행은 환자가 더 이상 0×N 문제를 풀기 위한 규칙에 접근할 수 없음을 제안하는 것이다. 검사의 마지막 부분에서 환자는 이 규칙에 대한 지식을 현저하게 회복한 것으로 보였고, 0×N 연산을 능숙하게 수행하기 시작했다. 같은 기간 동안, M×N 유형의 계산에 대한 수행은 전체 시행에서 최소한의 향상만 나타났다.

Sokol 등(1991)이 보고했던 환자 G.E.는 전두엽 타박상으로 고통당했고, 간단한 vs 복잡한 규칙-기반 계산 간의 분리를 보였다. 이 환자는 0×N(언제나 0×N=N으로 답을 보고했다.)의 간단한 규칙 계산을 수행할 때 오류를 범했지만, 그는 여러 숫자로 된 수의 계산에서는 0으로 정확하게 곱하기 할 수 있었다. 이 장면에서, 그는 곱셈 문제의 부분적 산출에서 자리 맞추개(placeholder)로서 0을 사용하는 복잡한 규칙을 회상했다.

좀 더 복잡한 절차의 손상을 [그림 7-5]에서 설명하고 있다. McCloskey 등(1985)이 인용했던 환자 1373은 구구단 사실의 인출은 훌륭했지만 곱셈 절차의 수행은 손상되었음을 보여 주었다. [그림 7-5A]에서 보여 주는 한 가지 예에 의하면, 그는 한 열에서 좌측 열로 부정 곱셈 산출을 위해 이동하는 데 실패했다. [그림 7-5A]에서, 개별 연산 계산들은 정확하게 수행했지만 그럼에도 불구하고, 이 절차상의 오류 때문에 답이 틀렸다.

계산 절차에서 다른 결손들은 McCloskey 등(1985)의 환자 V.O.와 D.L.([그림 7-5B]), 그리고 하나의 계산 절차에서 다른 것으로 계산 단계를 혼동하는

A	B	C
37	142	45
×24	×5	+8
148	52010	1213
74		
222		

[그림 7-5] 다양한 계산 오류의 예들. (A) 곱셈: 두 번째 산출의 실패. (B) 곱셈: 연산 수행의 누락과 각각의 부분적 산출을 가득 써 놓았다. (C) 덧셈: 더했지만 적절하게 수행하지 못했다. 예를 들어, 8은 5와 더하고 나서 틀리게 다시 8과 4를 더했다. 부분적으로 더한 각각을 한 줄에 위치시켰다. (McCloskey, Caramazza, & Basili, 1985에서 인용)

McCloskey 등(1985)의 환자 W.W.와 H.Y.([그림 7-5C])가 보여 준 것처럼, 빌려오기 계산의 부정확한 수행을 포함하고 있다.

연산의 분리

개별 연산 계산은 또한 환자들 간에 분리를 나타내기도 한다. 예를 들어, 환자들은 나눗셈은 온전하지만, 곱셈이 손상되기도 하고(환자 1373)(McCloskey et al., 1985), 곱셈과 덧셈은 온전하지만 뺄셈과(이나) 나눗셈이 손상되기도 하고(Berger, 1926), 여러 가지 다른 분리를 보였다(Dehaene & Cohen, 1997). 여러 이론들은 연산들 간에 확실하게 무선적인 분리를 설명하려고 노력해 왔다. 한 가지 설명은 각 연산 계산에 기저하는 처리 흐름이 분리되어 있다는 것이다(Dagenbach & McCloskey, 1992). 다른 가능성은 각 계산이 언어, 수량화(뒷부분의 논의를 참고할 것) 또는 다른 인지 영역들(예: 작업기억)에 다르게 연결되어 있다는 것이다(Dehaene & Cohen, 1995, 1997).

이 개념에 근거하면, 각 연산적인 계산은 해결을 위한 다른 계산 전략들을 필요로 한다. 이런 인지적 연결은 부분적으로 사전 경험(예: 구구단에 대한 지식)에 달려 있으며, 부분적으로는 해답에 이르는 전략을 사용하는 데 달려 있다. 예를 들어,

곱셈과 덧셈 절차는 기억하고 있는 수학적 사실들에 대한 회상을 통해 종종 인출된다. 간단한 덧셈 계산은 또한 곱셈을 쉽게 적용할 수 없을 때의 선택인 세기 전략으로 해결할 수 있다. 한편, 빼기와 나눗셈 문제는 좀 더 자주 새로운 방식으로 풀게 되며, 따라서 언어적 기제(예: 나눗셈을 수행하기 위해 구구단을 회상하는 것), 수량화 기능(세기), 그리고 작업기억과 같은 여러 가지 인지 처리를 필요로 한다. 이들 인지 영역에 대한 구별된 손상은 특정 연산 기능에 대한 핵심적 손상으로 드러날 수 있다. Dehaene과 Cohen(1997)이 보고한 환자 M.A.R.의 손상은 이런 인지적 구조를 지지한다.

이 환자는 좌측 하두정엽 병변을 가지고 있으며 덧셈과 곱셈 문제를 풀기 위한 간단한 구구단은 회상할 수 있었지만, 빼기 계산을 할 때는 수행하지 못했다. 이 수행은 환자 M.A.R.이 기억된 구구단에는 어느 정도 접속할 수 있었지만 하두정엽 병변이 계산 처리 과정 자체에서 손상이 생기도록 만들었다고 제안한다. Dehaene과 Cohen(1997)이 보고한 환자 B.O.O. 역시 좌반구 기저 핵에 병변이 있고, 덧셈이나 뺄셈보다 곱셈에서 더 커다란 결손을 보였다. 이 사례에서, 경로 학습 곱셈표 사실의 회상이 손상됐고, 이것이 곱셈 손상에 이르도록 했지만 환자는 덧셈이나 뺄셈 문제를 풀기 위해 다른 전략들을 사용할 수 있었다.

이런 사례에도 불구하고, 기능적 연합들은 Lampl 등이 기술했던 것처럼, 여러 환자들에게서 보고된 극적인 단절을 쉽게 설명할 수 없다. 그들의 환자는 좌측 두정-측두엽에 뇌출혈이 있었고, 덧셈, 곱셈, 나눗셈을 거의 수행할 수 없었지만, 뺄셈 문제는 100% 정확하게 수행했다(Lampl, Eshel, Gilad, & Sarova-Pinhas, 1994).

해부학적 관계와 기능성 뇌영상

계산 장애를 유발하는 손상의 가장 빈번한 피질 영역은 좌측 하두정엽이다(Dehaene & Cohen, 1995). 이 영역에 대한 여러 역할들이 제안되었는데(예: 수 기억에 대한 접속, 수량화, 계산, 수의 의미적 관계)(Warrington, 1982; Dehaene & Cohen, 1995), 이 영역을 생각하는 일반적 방식은 이것이 언어적 처리와 양이나 공간적인 수의 관계들 간에 연결을 제공한다는 것이다.

계산 장애를 유발하는 것으로 보고된 다른 병변들은 좌측 기저 핵(Whitaker, Habinger, & Ivers, 1985; Corbett, McCusker, & Davidson, 1986; Hittmair-Delazer, Semenza, & Denes, 1994)과 드물게 좌측 전두엽이다(Lucchelli & DeRenzi, 1992). Hittmair-Delazer와 동료들이 보고했던 환자는 좌측 기저 핵 병변을 가지고 있었고, 정신적 덧셈과 뺄셈에 대해서는 90% 이상의 정확성을 보였음에도 불구하고, 곱셈과 나눗셈을 정신적으로 계산하는 데 (더 커다란 피연산자에 대한 손상이 증가하는) 특별한 어려움을 보였다(Hittmair-Delazer et al., 1994). 그는 쓰인 곱셈 문제를 풀기 위해 복잡한 전략을 사용할 수 있었는데(예: 8×6=48을 8×10=80÷2=40+8=48), 이것은 연산에 대한 개념 지식이 온전하며, 여러 가지 연산의 절차를 사용할 수 있는 능력 역시 온전함을 보여 주는 것이다. 그러나 곱셈과 나눗셈의 사실들에 대한 회상의 자동성은 감소했으며, 이것이 전반적인 계산 수행을 방해하는 우선적인 손상이었다.

비슷하게 좌측 기저 핵 병변에 이어 실어증을 보이는 환자들은 아주 자동화된 지식의 회상에서 결손을 보인다(Aglioti & Fabbro, 1993). Brown과 Marsden(1998)은 기저 핵의 역할에 대해 감각 입력을 프로그램화된 출력과 연결시킴으로써 (생각이나 행동으로) 반응 자동성을 강화하는 것이라고 가정하였다. 그런 자동화된 또는 프로그램화된 회상은 구구단과 같은 경로 학습-연산적 사실의 실시간 조작에 필수적이다.

작업기억과 순차적 행동의 손상 역시 기저 핵 손상 이후 이어진다. 예를 들어, Corbett 등(1986)이 보고했던 환자는 좌반구 미측 경색을 보였고, 단일 수 계산은 가능했지만, 여러 자릿수의 계산은 수행할 수 없었다. 환자는 또한 순차적 처리와 작업기억의 사용을 요하는 계산에 특별한 어려움을 보였다. Whitaker 등의 환자 역시 좌측 기저 핵 손상을 가졌고, 1개뿐 아니라 여러 단계의 계산까지 모두 수행할 수 없었다(Whitaker, Habinger, & Ivers, 1985). 따라서 기저 핵 병변은 잠재적으로 분리될 수 있는 여러 가지 기제들을 통해 계산을 방해할 수 있다. (1) 자동적 회상의 결손, (2) 순서의 손상, (3) 작업기억을 필요로 하는 계산의 붕괴.

전두엽 병변으로 인한 계산 결손은 아마도 이 병변이 여러 인지 영역들(예: 언어, 작업기억, 주의 또는 실행 기능의 손상) 간의 상호작용 결과로 일어나기 때문에, 정확하게 특징짓기 어려운 것 같다. 사실, Grewel은 "전두엽 계산 장애는 이런 병변과 함께 발생하는 인지적 손상이 정확하기 때문에, 반드시 이차 계산 장애로 간주해야 한다."(Grewel, 1969, p. 189)고 주장했다. 그러나 상대적으로 순수 손상이 전두엽 병변으로 인한 것으로 보일 때, 그것들은 다단계 절차의 실행이나 퍼센트 계산과 같은 특별한 기능에 기저하는 개념을 이해하는 등 계산의 좀 더 복잡한 특성을 포함하는 것으로 나타난다(Lucchelli & DeRenzi, 1992). Fasotti와 동료에 의한 연구는, 비록 좌반구, 우반구, 혹은 양반구 전두엽 병변을 가진 환자들의 수행 간에 유의미한 차이를 발견하지는 못했지만, 전두엽 병변을 가진 환자들은 서술형 연산 문제를 내적 표상으로 전환하는 데 어려움을 겪는다고 제안했다(Fasotti, Eling, & Bremer, 1992). 기능성 뇌영상 연구들은 나중에 자세히 기술하겠지만 계산에서 다양한 전두엽 영역이 간여한다고 강하게 지지하고 있지만, 이 분석들은 또한 관련된 과제의 요구(예: 작업기억, 눈 움직임)로 인한 전두엽 활성화를 배제하지 않고 있다.

좌반구 병변을 가진 경우에 나타나는 중요한 계산 장애와는 달리, 우반구 부상으로 인한 계산 손상은 극히 드물다. 그러나 우반구 병변 집단과 좌반구 병변 집단 환자들을 비교했을 때, 수 규모의 비교는 우반구 손상에 더 크게 영향을 받는다는 증거가 있다(Dahmen, Hartje et al., 1982; Rosselli & Ardila, 1989). 당시에, 우반구 병변이 있는 환자들을 '공간적 계산 장애'로 기술했는데, Hécaen은 이것을 수의 공간적 조직화의 어려움으로 정의했다(Hécaen et al., 1961). 그럼에도 불구하고 우반구 병변 이후의 계산 손상은 좀 더 가벼우며, 이 병변을 가진 환자의 수행은 정상적인 사람의 수행과 잘 구별되지 않는다(Jackson & Warrington, 1986).

^{133}Xe 비단층 촬영을 사용한 Roland와 Friberg는 1985년, 계산 과제(50에서 시작해서 연속적인 3 빼기와 나머지 비교하기)에 대한 기능성 뇌영상 활성화 설명을 처음으로 제공했다(Roland & Friberg, 1985). 모든 피험자들은 좌반구에서 내측, 그리고 위쪽 전전두엽, 후부 하전두 구, 그리고 각 회에 걸쳐 활성화를 나타냈다. 우

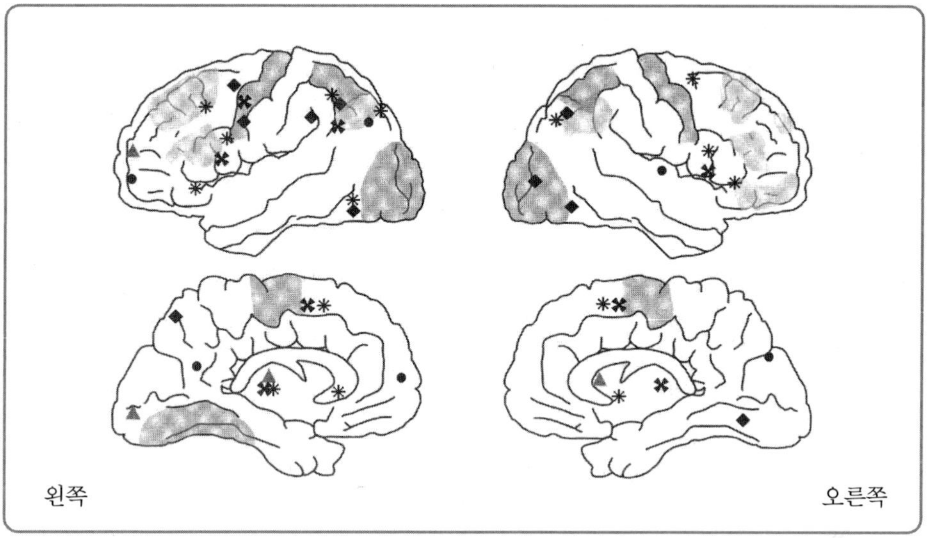

[그림 7-6] 계산 과제에 의해 활성화되는 피질과 피질하 영역들. 원래 출판에서는 모양새에서 활성화의 정확한 면을 가리키거나 정확한 위치 후보를 제공할 때, 활성화를 구별하기 위해서 기호들을 사용했다. 어두운 넓은 영역들은 커다란 관심 영역의 활성화(Dehaene, Tzourio, Frak, Raynaud, Cohen, Mehler, & Mazoyer, 1996)나 초기 뇌영상 기술의 낮은 해상도(Roland & Friberg, 1985). 핵심: 밝은 회색 영역들: 연속적인 3 빼기 vs 나머지(Roland & Friberg, 1985). 삼각형: 계산(덧셈이나 뺄셈) vs 방정식 읽기(Sakurai, Momose, Iwata, Sasaki, & Kanazawa, 1996). 짙은 회색 영역: 곱셈 vs 나머지(Dehaene, Tzourio, Frak, Raynaud, Cohen, Mehler, & Mazoyer, 1996). 원: 정확한 계산 vs 근사치 계산(덧셈)(Dehaene, Spelke, Pinel, Stanescu, & Tsivikin, 1999). 마름모: 한 자릿수 2개의 곱셈 vs 0과 1로 구성된 수 읽기(Zago, Pesenti, Mellet, Crevello, Mazoyer, & Tzourio-Mazoyer, 2000). 별표: 덧셈과 뺄셈 문제의 검산 vs 0을 포함하고 있는 수의 검산(Menon, Rivera, White, Glover, & Reiss, 2000). 십자표: 덧셈, 뺄셈, 또는 두 수(하나에서 두 자릿수)의 나누기 vs 수 반복(Cowell, Egan, Code, Harasty, & Watson, 2000). 좀 완성된 과제 분류는 〈표 7-2〉와 〈7-3〉에서 항목을 정리하였다. [그림 7-6]과 [7-8]의 그림에 대한 뇌영상은 Dehaene, Tzourio, Frak, Raynaud, Cohen, Mehler, 그리고 Mazoyer(1996)에게서 적용하였다. 만약 중심선에서 3mm 이내에 있거나 인용한 원전에서 양반구로 나타나 있으면, 활성화를 양반구에 표시하였다. 이 연구는 일반적으로 Montreal Neurological Institute의 뇌영역 좌표를 보고하였다. [그림 7-8]의 Cowell, Egan, Code, Harasty와 Watson(2000)과 Sathian, Simon, Peterson, Patel, Hoffman과 Grafton(1999)만 Talairach 좌표(Talairach & Tournoux, 1988)를 사용한 위치를 보고했다. Talairach 좌표는 Matthew Brett이 정의한 알고리듬을 사용한 MNI 공간을 변형하였다(Duncan, Seitz, Kolodny, Bor, Herzog, Ahmed, Newell, & Emsile, 2000). 기호의 크기는 활성의 크기를 반영한 것이 아님을 주목할 것. 반구 비대칭 특히 활성 크기에 근거한 반구 비대칭은 이 그림이나 [그림 7-8]에서 설명하고 있지 않다.

반구에서 활성화는 하전두 구, 문측 내, 상전두 구, 그리고 각 회([그림 7-6], 가장 밝은 회색 영역)에 걸쳐 나타났다. 이 과제와 통제조건은 계산의 특별한 인지적 측면(예: 감산, 매개변수, 또는 요인 설계)을 분리하기 위한 설계가 아니기 때문에, 이 실험에서 활성화된 각 영역에 대한 신경 인지적 기능을 설명하는 것이 어렵다. 그럼에도 불구하고, 두정엽과 전두엽을 포함한 활성화의 전반적인 패턴은 이어진 연구에서 결과가 확인되었고, 1996년까지 계산을 연구하는 것은 뇌영상 연구만으로 구성되었다(Grewel, 1952, 1969; Boller & Grafman, 1983; Roland & Friberg, 1985; Dehaene & Cohen, 1995).

지난 5년간 이 인지 영역을 검정하는 연구들이 매우 많이 증가한 것으로 나타났다. 그러나 결과를 비교할 때 한 가지 어려움은, 계산의 개별 기능성 뇌영상 연구들은 다양한 방법론의 차원에 따라 서로 간에 매우 다른 경향이 있다는 것이다. 영상의 양식(PET vs fMRI), 습득 기술(구획 vs 사건관련 fMRI), 연산 기능(예: 덧셈, 뺄셈, 곱셈, 등), 반응 형태와 종류(구두 vs 버튼 누르기, 답 생성하기 vs 결과 검산하기) 등. 이런 차이점은 연구들 간에([그림 7-7]) 적어도 부분적으로는, 서로 다른 기능적-해부학적 상관을 보이는 결과를 나았다. 그러나 오히려 이 보고들 간의 이질성에 초점을 두고, 활성화 차이와 관련해서 방법론적 변산성에 대한 사후 검정을 위해 애쓰는, 좀 더 신중한 접근법은 공통 영역을 찾도록 할 것이다(Démonet, Fiez, Paulesu, Petersen, & Zatorre, 1996; Poeppel, 1996).

[그림 7-6]과 [7-7]이 가리키는 것처럼, 연구들 간에 가장 빈번히 활성화를 보이는 영역들에는 양측 배측면 전전두엽, 전운동 피질(전중심 회와 구), 운동 주변 피질, 하두정엽, 두정내 구 그리고 후부 후두엽-방추 회가 포함된다(Roland & Friberg, 1985; Dehaene et al., 1996; Sakurai, Momose, Iwata, Sasaki, & Kanazawa, 1996; Pine et al., 1999; Cowell, Egan, Code, Harasty, & Watson, 2000; Zago et al., 2000). 영역으로 검사할 때, 8개 중 6개의 연구들이 배측면 전전두엽이나 전운동 피질의 활성화를 기술하고 있으며, 8개 중 7개 연구가 후두정엽의 활성화를 나타내고 있다. 덧붙여 16개 영역 중 10개는 연구들 간에 좌반구 활성화가 좀 더 빈번하였고, 이것은 정확한 계산 수행을 위한 좌반구의 중요성을 나타내는 병변-손상

상관과 일치하는 것이다.

계산에 대한 좌반구의 중요성에 관한 다른 증거들은 Dehaene와 동료들(Dehaene, Spelke, Pinel, Stanescu, & Tsivikin, 1999)의 연구로부터 나왔다. 그들의 초기 정신생리학 과제에서는 이중 언어 사용자들에게 그들이 사용하는 한 언어로(모국어 혹은 비모국어 훈련은 무선이었다.) 두 자릿수 2개를 포함한 수의 정확한 혹은 근사치의 합을 가르쳤다. 그리고 처음 훈련할 때 사용했던 언어나 '훈련하지 않은' 언어로 학습했던 문제들이나 새로운 문제들로 다시 검사하였다. 피험자들은 이것이 피험자의 모국어이든, 비모국어이든 상관없이, 훈련받지 않은 언어에서 이전에 학습한 문제들을 답할 때, 반응 시간 비용(reaction time cost)을 나타냈다.

새로운 문제를 해결하기 위한 반응 시간 비용 역시 있었다. 훈련 때와 다른 언어로 학습된 계산을 수행할 때나 새로운 문제를 풀 때 반응 시간 비용의 출현은 정확한 연산 지식은 언어-특수 방식으로 접속하며, 따라서 그것은 좌반구 언어적 혹은 기호화 능력과 가장 밀접하게 관련되어 있는 것 같다는 가설과 일치한다.

반대로, 근사치 계산을 수행할 때, 피험자들은 반응 시간에 대해 언어-기반 효과나 문제-관련 효과 모두 보이지 않았다. 이 결과는 근사치 계산은 언어-독립적 경로를 통해 수행되며, 좀 더 양반구에 분산되어 있다는 것을 제안한다.

Dehaene 등(1999)의 fMRI 활성화 결과는 정확한 계산은 좌반구 우세 연결망 영역([그림 7-6]과 [7-7])에서 활성화된다는 이런 행동적 결과와 일치한 반면, 근사치 계산([그림 7-8]과 [7-9])은 활성화가 좀 더 양반구로 분산되어 나타남을 보여 주었다. 반구 비대칭적 패턴을 확인한 이 연구에서 추가적인 ERP 실험은 정확한 계산은 좀 더 초기(216~248ms)에 좌반구 전두엽의 소극성을 보이는 반면, 근사치 계산은 약간 후기(256~280ms)에 양반구 두정엽의 소극성을 유발한다는 것을 보여 주었다(Dehaene et al., 1999).

PET 영상을 사용한 계산 연구에서, 두 자릿수 2개의 곱하기를 1 또는 0으로 구성된 수 읽기나 기억하고 있는 곱셈 사실들의 회상과 비교하였다. Zago 등(2000)은 브로카 영역과 베르니케 영역을 포함한 실비안 주변(perisylvian) 언어 영역의 특정 지점이 계산-관련 과제 요구가 증가할 때, 실제로 비활성화된다는 것을 발

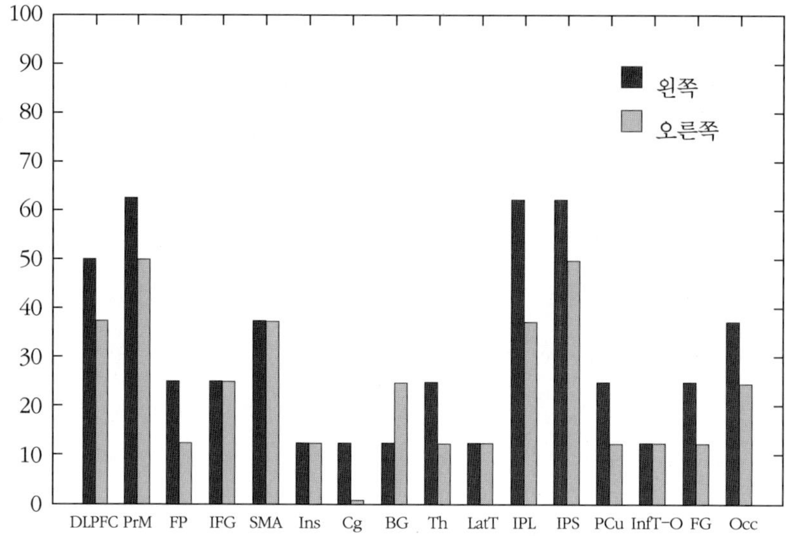

[그림 7-7] 정확한 계산에 대한 활성화를 보여 주는 많은 연구들은 영역과 반구로 조직되어 있다. 16개 영역 중 10개 영역에서, 우반구와 반대로 좌반구에서 활성을 보이는 것으로 설명한 연구들이 더 많다. 그래프는 또한 정확한 계산 과제에서 전두엽, 후두정엽과 좀 더 적은 영역이지만 후두엽까지 대부분 활성화되는 것으로 나타내고 있다. 우측 대상 회 영역을 위한 0 근처의 작은 막대기는 표시 목적이다. 값(value)은 실제로 0이다. 핵심: DLPFC, 배측면 전전두 피질; PrM, 전운동 피질(중심 전 회와 중심 전 구); FP, 전두 대 부근의 전전두 피질; IFP, 좌반구의 브로카 영역 그리고 우반구의 상동 영역과 겹치는 후부 하전두 회; SMA, 운동 보조 영역; Ins(insula), 섬; Cg, 대상 회; BG, 미상 핵과/또는 피각을 포함한 기저핵; Th, 시상; LatT, 배측 측두 피질; IPL, 하두정엽; IPS, 두정내 구; PCu, 설전부; InfT-O, 후두엽과 연합 영역 부근의 후부 측면 하측두 회; FG, 방추 회 또는 설 회 영역; Occ, 후두엽.

견했다. 이 발견은 어떤 환자들의 경우, 언어와 계산 결손 간에 상대적으로 독립성을 보여 준 다른 연구들과 일치하는 것으로 보인다(Warrington, 1982; Whetstone, 1998).

Zago 등(2000)은 좌반구 전측 중심 구, 두정내 구, 양측 소뇌 피질과 우반구 상후두엽이 여러 비교에서 활성화되었다는 것, 그리고 그와 비슷한 활성이 이전의 계산 연구에서도 보고되었다(Dehaene et al., 1996; Dehaene et al., 1999; Pinel et al., 1999; Pesenti et al., 2000)는 점을 주목했다. 이 결과 때문에, Zago 등(2000)은

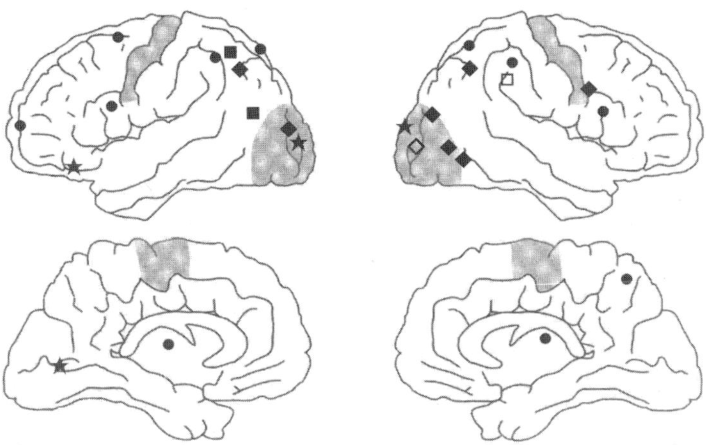

[그림 7-8] 수량화, 추정, 또는 수 비교 과제에 대한 피질과 피질하 영역의 활성화. 그림 설계에 대한 세부적인 것은 [그림 7-6]을 볼 것. 핵심: 짙은 회색 영역: 수 비교 vs 나머지(Dehaene, Tzourio, Frak, Raynaud, Cohen, Mehler, & Mazoyer, 1996). 네모: 거리 효과를 위해 특별한 추론이 필요한 수 비교; 닫힌 네모는 표적에 더 가까운 수, 열린 네모는 표적과 더 먼 수(Pinel, Le Clec'h, van der Moortele, Naccache, Le Bihan, & Dehaene, 1999). 열린 마름모: 직산(일일이 세지 않고도 바로 알 수 있는 정도의 수로 범위가 5~6개 정도) vs 단일 표적 파악(Sathian, Simon, Peterson, Patel, Hoffman, & Graftorn, 1999); 닫힌 마름모: 여러 표적 세기 vs 직산(Sathian, Simon, Peterson, Patel, Hoffman, & Grafton, 1999); 닫힌 원: 근사치 vs 정확한 계산(덧셈)(Dehaene, Spelke, Pinel, Stanescu, & Tsivikin, 1999); 별: 수량 추정하기 vs 모양 추정하기(Fink, Marshall, Gurd, Weiss, Zafiris, Shah, & Zilles, 2000).

기존의 이런 여러 영역들의 운동 또는 공간적 기능은 손가락 세기에 근거한 학습 전략의 발달 경로를 나타내는 것이라고 제안했다. 이 주장을 지지하는 본 저자(Gitelman)는 게르스트만 증후군 같은 계산 장애의 유형 역시 손가락 확인 손상, 실서증, 그리고 좌-우 혼동을 유발할 수 있으며, 이런 결손들은 손 움직임과 수 규모에 대한 정보의 습득에서 이들 영역의 잠재적 역할과 일치한다는 것을 주목했다.

그러나 이 영역들은 시각-신체 전환, 작업기억, 공간적 주의, 그리고 눈 움직임에도 역시 중요하다. 이 실험에서 이런 것들을 통제하지는 못했다(Jonides et al., 1993; Paus, 1996; Nobre et al., 1997; Courtney, Petit, Maisog, Ungerleider, &

Haxby, 1998; Gitelman et al., 1999; LaBar, Gitelman, Parrish, & Mesulam, 1999; Gitelman, Parrish, LaBar, & Mesulam, 2000; Zago et al., 2000). 외현적인 손가락 움직임과 눈 움직임을 추적하지 않았기 때문에, 이 영역에서의 활성화가 손가락 움직임의 표상에 의한 것이라고 확실하게 기술하기는 어렵다.

[그림 7-6]에 보이지 않는 다른 영역은 소뇌다. 소뇌의 활성화는 여기서 검토했던 두 연구에서만 나타났다. Menon 등(2000)은 피험자가 가장 어려운 계산 과제(〈표 7-2〉)를 수행할 때 양반구 중앙 소뇌 활성화를 발견했다. Zago 등(2000)은 곱셈 사실의 인출과 새로운 계산 vs 수 1 또는 0 읽기의 연합된 대조(결합)에서 우측 소뇌 활성화를 발견했다. 소뇌 활성화는 좀 더 단순한 수 지각 과제와 비교하였을 때 상대적으로 복잡하거나 새로운 계산을 할 경우 대부분 보이는 것 같다. 따라서 소뇌 활성화는 난이도 효과를 나타내는 것 같다.

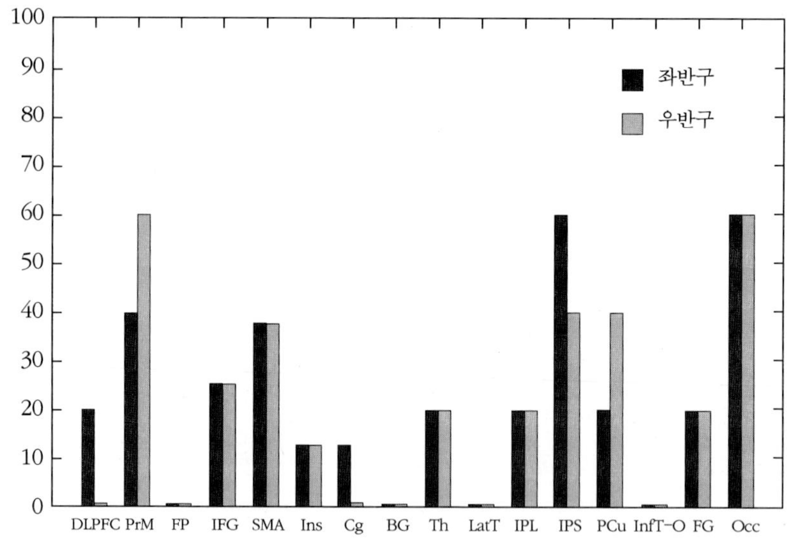

[그림 7-9] 수량화와 근사치 계산에 대한 활성화를 보여 주는 많은 연구들은 영역과 반구로 조직되어 있다. 연구에 의하면 활성화는 정확한 계산에 비해 좀 더 양반구로 분산되어 있다([그림 7-7]). 덧붙여, 후두정엽과 후두엽은 이제 가장 두드러진 활성을 보이며, 전두엽 쪽으로는 활성이 덜하다. 영역에서 0에 가까운 작은 막대기는 표현을 목적으로 덧붙인 것이다. 값은 실제로 0이다. 요약은 [그림 7-7]에서 볼 것.

표 7-2 정확한 계산 과제에 대한 기능성 뇌영상의 기술

연구	양식	패러다임	반응
Roland & Fribery, 1985	^{133}Xe	50에서 차례로 3회 뺄셈 vs 나머지	말없이
Ruekert et al., 1996	fMRI Block design	세 자릿수에서 차례로 3회 뺄셈 vs 하나 많은 수 세기	말없이
Sakurai et al., 1996	PET	두 수의 덧셈이나 뺄셈(두 자리와 한 자리) vs 계산 문제 읽기	구두로
Dahaene et al., 1999	PET	한 자릿수 2개 곱하기 vs 두 수 비교하기 버튼 누르기로 2개 중에서 선택	말없이
Dahaene et al., 1999	fMRI Block design	피험자들은 과제를 수행하는 동안, 두 자릿수 2개의 합을 사전 훈련한 후, 피험자들이 정확한 답을 선택한다(둘 중 선택). 정확한 계산에 대한 한 답은 정확하였고 다른 것은 10 자릿수가 틀렸다. 근사치 계산에 대한 정확한 답은 10의 배수에 가장 근접한 것이었다. 틀린 답은 30 단위 이하였다.	말없이: 버튼 누르기(양자택일)
Cowell et al., 2000	PET	두 수(1~2자릿수)의 덧셈이나 뺄셈 또는 나눗셈 vs 수 반복	구두
Menon et al., 2000	PET	세 피연산자를 가진 문제의 덧셈, 뺄셈 검산하기 vs 수 0을 포함한 수 확인하기	말없이: 버튼 누르기(단일 선택)
Zago et al., 2000	PET	두 자릿수 2개 곱하기 vs 0과 그 외의 것과 일치하는 수 읽기	구두

수량화와 근사치

수량화는 여러 항목들의 측정 가능한 수의 양(다수성)을 평가하는 것이다. 연산 기능의 가장 기본적인 것이며, 계산 기능이 아동기 발달과 성인들의 수 처리 과정 모두에서 중요한 역할을 한다(Spiers, 1987). 수량화 기능의 이런 기본적인 본질에도 불구하고, 계산의 초기 모형에는 이것들이 포함되어 있지 않다(McCloskey et al., 1985). 다음 내용에서는 세 가지 수량화 처리 과정을 기술할 것이다. 세기, 직산, 그리고 추정(Dehaene, 1992). 세기는 대상의 임의적 집합의 양을 순차적인 표상으로 할당하는 것이다(Gelman & Gallistel, 1978; Dehaene, 1992). 직산은 작은 항목들의 집합(일반적으로 5보다 작은)의 빠른 수량화다. 그리고 추정은 좀 더 큰 집합들의 '덜 정확하지만' 빠른 수량화다(Dehaene, 1992).

직산과 세기

직산과 확장된 세기 기능은 언어 능력과 아주 구별되어 나타나기 때문에, 이 기능들은 언어 습득 이전의 인간 영아와 (언어를 사용하지 않는) 동물들의 계산 능력을 이해하는 데 매우 중요한 것이다. 'Clever Hans' (역자 주: 계산능력이 있는 것으로 알려졌던 '한스' 라는 말)에 대한 농담과 달리, 동물들도 간단한 세기 능력을 소유하고 있다는 충분한 증거가 있다(Dehaene, 1992; Gallistel & Gelman, 1992).

좀 더 중요한 것은, 아이들이 아주 어린 나이부터 세기 능력을 소유하고 있으며, 아주 어린 영아조차도 직산할 수 있다는 훌륭한 증거가 있다는 것은 이 능력이 기본적인 지각 처리의 작동과 밀접하게 관련이 있음을 시사한다는 것이다(Dehaene, 1992). 예를 들어 생후 4일 된 영아들도 전시된 대상들 가운데, 1개와 2개, 그리고 2개와 3개를 구별할 수 있으며(Bijeljac-Babic, Bertoncini, & Mehler, 1993), 6~8개월 된 영아들은 양식 간(시각과 청각) 수 일치 탐지를 나타낸다(Starkey, Spelke, & Gelman, 1983; Starkey, Spelke, & Gelman, 1990). 비록 수량화 능력은 뇌의 양반구에 표상되지만, 우반구는 이 기능에 대해 좀 더 우세함을 나타낸다고 생각된다(Dehaene & Cohen, 1995).

추정과 근사치

간단한 계산에서 추정 계산의 사용은 이 기능을 비언어적으로 수행하거나 '확실하게' 틀린 답을 빠르게 제거하도록 허용하는 역할을 하는 것 같다. 예를 들어, 수량화는 정신적인 수의 선에서 수를 부호화하는 것으로 생각할 수 있고, 덧셈은 정신적으로 수의 선 분할을 조합하고 답에 도달하기 위해 전체 선 길이를 측정하는 것과 같다고 생각할 수 있다(Gallistel & Gelman, 1992). 물리적인 선을 가지고 있을 때, 측정의 정확함은 증가한 선 길이에 따라 감소한다(Weber의 법칙)고 가정할 수 있다(Dehaene, 1992).

계산에서 추정의 역할에 대한 예는 검산 과제에서 환자의 수행을 측정함으로써 제공할 수 있다. 이 과제에서, 환자들에게 계산 문제(예: 5×7=36?)에 대한 답을 검산하라고 요구한다. 틀린 것으로 답을 구분하는 속도는 제안된 답과 정확한 답(분리된 효과) 간에 구분을 검정함으로써 증가된다(예: 감소한 반응 시간)(Ashcraft & Battaglia, 1978; Ashcraft & Stazyk, 1981). 이 반응은 눈에 띄게 틀린 답(예: 4×5=1000?)이 추정 처리가 정확한 '사실-기반' 계산과 병렬적으로 작동하는 것으로 생각할 수 있을 만큼 매우 빠를 수 있다(Dehaene, Dehaene-Lambertz, & Cohen, 1998).

어떤 규모의 계산은 공간적으로 확장된 정신적 수의 선에 의해 추정될 수 있다는 추가적 증거는 수의 비교 과제에서 나온다. 이 과제의 수행에서, 피험자들은 반응 시간을 측정하는 동안, 두 수가 같은지 다른지 판단을 한다. 이 판단을 하는데 걸리는 시간은 수 간 거리와 반비례해서 다양하게 나타난다는 것을 실험에서 보여 주었다. 더 긴 반응 시간은 수들이 서로 접근하였을 때 나타난다. 한 실험에서 Hinrich 등은 59와 65를 비교하는 것보다 51과 65를 비교하는 것이 더 빠르다는 것을 보여 주었다(Hinrich, Yurko, & Hu, 1981). 만약 수를 기호적으로 간단히 비교한다면, 이 비교에서 반응 시간 차이가 없어야 한다. 왜냐하면, 두 경우에 10의 자리 비교만으로도 충분하기 때문이다. 이 발견은 수의 양을 확인함으로써 비교할 수 있지만 기호적 수준에서는 아니라는 것을 보여 준 것으로 해석되었다(Dehaene, Dupoux, & Mehler, 1990).

여러 환자들에 대한 사례 연구들은 수량화 처리의 중요성과 정확한 계산과 처리 과정의 독립성에 대한 더 많은 지지를 제공하였다. Warrington의 환자 D.R.C.는 좌반구 측두두정-후두엽 연결 부분에 뇌출혈(지름 약 3cm)이 있었고, 이어서 덧셈, 뺄셈, 곱셈에 대한 계산적 사실들을 회상하는 데 어려움을 나타냈다. 하지만 그에게 문제를 풀라고 요구했을 때, 상당한 정도로 답을 할 수 있었다. 예를 들어 그는 '5+7' 문제에 대해 '대략 13' 이라고 답했다(Warrington, 1982). 비슷한 현상이 Dehaene와 Cohen(1991)의 환자 N.A.U.에게서도 발생했다. 이 환자는 뇌종양이 있었고, 그것은 좌반구 측두두정-후두 연합 영역(두정엽, 후측두엽, 전후두엽 대부분에 영향을 미쳤다.)에 상당히 커다란 뇌출혈을 일으켰다. N.A.U.는 2+2를 직접적으로 계산하지는 않았지만, 가능한 답으로 9는 거부하였고 3을 선택했다. 이것은 추정 처리에 대한 접속과 일치하는 것이다. 만약 수가 한 자릿수 이상으로 구분되어 있으면, 비록 그가 외현적으로 읽지는 못했지만, N.A.U.는 또한 수를 비교할 수 있었다(아마도 규모 비교를 통해). 그러나 그는 수가 서수인지 기수인지 구분하라고 했을 때는 우연 수준으로 수행했다. 비록 이런 분리는 모순되는 것으로 보이지만, 가능한 한 가지 가설은, 동등성 판단은 정확한 수 지식을 요구하고, 대략의 수 지식을 요구하지 않는다는 것이다. 이것은 이 환자가 정확한 계산을 수행할 수 없다는 것과 일치하는 것이다.

Grafman 등은 총기 사고로 좌반구 거의 전체가 망가지고 후두엽과 측면 시상피질만 남아 고통을 겪는 환자를 기술했다(Grafman, Kampen, Rosenberg, & Salazar, 1989). 여러 자릿수 계산 수행이 불가능함에도 불구하고, 그는 뛰어난 정확성으로 여러 자릿수를 비교할 수 있었다. 이것은 온전한 우반구 기제가 이 비교과제를 충분히 수행한 것으로 생각할 수 있다. 반대의 분리(경로 학습 계산은 어느 정도 유지됨에도 불구하고, 추정치에서 손상이 증가하는)는 Guttmann(1937)이 보고했던 환자 H.Ba.에서 볼 수 있다. 환자 H.Ba.는 간단한 계산은 수행할 수 있었지만, 수 비교와 양 추정에는 어려움을 겪었다. 불행하게도 그의 손상은 진행 중이었기 때문에, 환자 H.Ba.의 병변에 관한 해부학적 정보는 제공되지 않았다.

전반적으로 이 연구들은 정확한 계산과 규모를 추정하는 것과 관련해서 기초가 되는 인지 처리 과정은 분리되어 있을 수 있다는 것을 강하게 지지한다. 덧붙여, 좌반구 영역은 정확한 계산의 수행에 필수적이라는 게 명백해 보이지만, 추정 과제들은 우반구나 아마도 양반구 표상과 좀 더 밀접하게 관련되어 있는 것 같다.

해부학적 관계와 기능성 뇌영상

[그림 7-8]은 직산, 세기, 수 비교, 근사치 계산을 포함한 수량화나 근사치 계산에 대한 5개의 연구로부터 연합된 활성화를 보여 주고 있다(Dehaene et al., 1996; Dehaene et al., 1999; Pinel et al., 1999; Sathian et al., 1999; Fink et al., 2000). 이 연구들의 패러다임을 〈표 7-3〉에 요약했다. 정확한 계산 연구([그림 7-6]과 [7-7])의 자료들과 비교하면, 근사치와 규모 계산([그림 7-8]과 [7-9])은 상대적으로 두정엽과 후두엽, 조금 덜한 전두엽 활성을 보여 준다. 추가로, [그림 7-7]에서 보였던 좌-우 비대칭성은 더 이상 확실하지 않다.

Sathian 등(1999)은 세기와 직산 과제로 활성되는 영역을 검정하였다. 전주의와 '일시적 돌출' 유형의 처리와 관련된 직산은 우측 내와 아래쪽 후두 구 활성화의 원인이다([그림 7-8]). 좌반구는 상동의 활성화를 보여 주었는데, 그것은 의미 있는 역치에 완전히 도달하지 못했고, 따라서 그림에서 보여 주지 않았다. 우반구의 작은 대뇌 활성화 역시 역치 바로 아래 수준에서 발견되었다. 기본적으로 직산(3, 4, 또는 5개의 점을 보여 주었을 때, 4개의 점이 제시되었는지 결정하기) vs 모양 추정하기가 포함된 과제에 대해 후두엽의 우세한 활성화가 Fink 등(2000)에 의해 얻어졌다.

직산과 반대로 세기는 Sathian 등(1999)에 따르면, 양측 후두-측두엽, 상두정엽, 그리고 우측 전운동 피질([그림 7-8])까지 넓은 영역이 활성화된다. 이 결과에 근거하여 Sathian 등(1999)은 세기 처리는 주의의 공간적 이동(세어야 할 대상들 간에)과 시각 피질의 주의-상향 처리의 조절을 매개한다고 제안했다.

두정엽이 수 비교 기능을 지원한다고 가정하였지만(Dehaene & Cohen, 1995), 이 영역은 비교 기능을 측정하는 PET 연구에서 중요하지 않을 정도로(p=0.078) 활성화되었다(Dehaene et al., 1996). 대신에 수 비교와 휴지 상태 조건 간의 대조는 양측 후두엽, 전운동 피질, 운동 주변 피질에서 중요한 활성화를 설명하고 있다([그림 7-8], 짙은 회색 영역들)(Dehaene et al., 1996). 이 연구에서, 최소의 두정엽 활성에 대한 가능한 한 가지 설명은 1에서 9 사이 두 수의 반복된 비교를 포함하고 있는 과제다. 작은 두 수의 경우에, 수를 보는 것이 같은 수의 물체를 보는 것

표 7-3 근사치와 수량화 과제에 대한 기능성 뇌영상의 기술

연구	양식	패러다임	반응
Dahaene et al., 1996	PET	2개의 한 자릿수 곱하기 vs 두 수 비교하기	말없이
Dahaene et al., 1999	fMRI Block design	피험자들은 fMRI 시행 동안, 두 자릿수 2개의 합을 사전 훈련한 후, 피험자들에게 2개의 피연산자 덧셈 문제와 하나의 답을 보여 준다. 그들은 답이 맞는지 틀리는지를 단추를 눌러 선택한다. 정확한 계산에 대한 한 가지 답은 맞지만, 다른 것은 10 자릿수가 틀렸다. 근사치 계산에 대한 정확한 답은 실제 결과가 10의 배수에 가장 가까운 것이었다(예: 25+28=53, 그래서 50을 피험자에게 보여 주었다). 틀린 답은 30 단위 이하였다.	말없이: 버튼 누르기(양자택일)
Pinel et al., 1999	fMRI Evemt related	수 비교: 표적 수가 5보다 큰가 작은가? (단어나 수로 보여 주기)	말없이: 버튼 누르기(단일 선택)
Sathian et al., 1999	PET	피험자가 16개의 정렬된 막대를 보고 수직 막대의 수를 보고한다. 1~4 수직 막대를 보고, 피험자가 직산으로 규모를 파악할 것이라고 가정하였다. 5~8의 수직 막대를 보여 주었을 때, 그들은 세게 된다고 가정하였다.	구두로
Finke et al., 2000	fMRI Block design	다수 조건에서, 피험자들이 4개의 점이 제시되면 가리킨다. 모양 조건에서는, 피험자가 만약 그 점들이 네모이면 가리킨다.	말없이: 버튼 누르기(양자택일)

과 유사한 양적 표상을 불러일으키며, 자동적 직산을 발생시키는 것 같다고 제안했다. 따라서 과제는 저자들이 기대했던 것보다 수 확인과 암묵적인 직산과 관련된 기능을 훨씬 더 강조했다. 두정엽보다 오히려 후두–두정엽의 활성화가 더 선호되는 것 같다(Sathian et al., 1999; Fink et al., 2000).

수 비교의 후속 연구는 피험자가 표적 수(1과 9 사이의 수)가 5보다 더 큰지 작은지 결정하는 동안 사건관련 fMRI를 사용하였다(Pinel et al., 1999). 거리 효과(예:

수가 5에 더 가까운가 더 먼가)가 좌반구 두정내 구와 양반구 아래쪽 후두정엽에서 보였다. 이것은 규모 처리에 두정엽의 관여를 가정한 것과 일치하는 것이다([그림 7-8]). 저자들은 또한 이 연구가 이전의 연구들이 우반구가 좀 더 관여한다는 것을 제안한 반면, 이 연구가 수 비교에 대해 확실하게 좌반구가 더 깊이 간여한다는 것을 보여 주었다는 것에 주목했다(Dehaene, 1996).

수의 표상

수 관계가 내적으로 부호화되는 방법에 대해 상당한 논쟁이 있어 왔다. 예를 들이, 아라비아 숫자(2+6=8), 로마 숫자(II+VI=8), 또는 글(이 더하기 육은 팔과 같다.)로 제시되었을 때 문제를 다르게 다룰 것인가? McCloskey와 동료들은 다양한 수-처리 과정과 계산 기제가 양의 단일 추상적 표상을 통해 의사전달을 한다고 주장했다(Sokol et al., 1991). 다른 사람들은 이 접근법을 강하게 부정하고 있으며, 내적 표상 부호들은 출력이나 입력 양식, 과제의 요구, 학습 전략(부호화 복잡성 이론)(Campbell & Clark, 1988) 등이나 피험자의 경험(Noël & Seron, 1993)에 따라서도 매우 다양하다고 제안하였다. 나중에 논의할 다른 접근법은 특별한 표상(예: 단어, 수, 또는 규모)이 특별한 계산 과정에 연결되며, 이 제안은 Dehaene (1992)의 삼중 부호 모형에 포함되어 있다.

크기의 내적 표상의 중요성에 대해 증명한 상당한 증거들이 있다. 한 예는 수의 거리 효과의 출현이다. 앞에서 말했던 것처럼, 피험자들이 서로 크기가 더 밀접한 수를 비교 판단할 때 시간이 더 오래 걸리는 것으로 이 효과를 설명하였다. 이 효과는 아라비아 숫자(Moyer & Landauer, 1967; Sekuler, Rubin, & Armstrong, 1971), 글자로 쓴 숫자(Foltz, Poltrock, & Potts, 1984), 점 패턴(Buckley & Gillman, 1974), 일본어 가나와 간지 표음 문자(Takahashi & Green, 1983) 등 다양한 자극 입력 유형에서 설명되었다. 자극 형태와 상관없는 이 효과의 발생은 수 유형을 위한 다른 입력 부호가 개입하는 것이 아니라, 오히려 크기(규모)의 공통적인 표상을 통해서 매개된다고 제안하고 있다(Sokol et al., 1991).

이 견해에 대한 반대의 증거, 예를 들어, 수 처리 과정이 다양한 표상적 부호를 통해 일어날 수 있다는 것 또한 증명되었다. '다중 부호' 의 한 예측은 입력과/또는 반응 형태는 단순한 감각 기제가 기여하는 효과를 넘어서, 기저에 있는 계산에 영향을 미친다는 것이다. 단일-부호 모형에서, 모든 계산들은 수의 범양식적(amodal) 표상에 기초를 두고 있기 때문에, 일단 수를 제시하면 이런 부호 전이가 어떻게 일어나는가는 문제가 되지 않는다. 단일-부호 모형에서는 5+6과 V+VI의 덧셈에서 차이는 단지 부호 전이 기능으로 인한 것일 뿐이다.

덧셈 부호에 대한 지지에서, Gonzalez와 Kolers(1982, 1987)는 아라비아 숫자와 로마 숫자에 대한 반응 시간의 차이는 수의 크기(예: II+1=III 보다 IV+5=IX을 구별하는 데 더 많이 걸렸다.)와 상호작용을 보여 준다는 것을 발견했다. 이런 차이는 계산 처리 과정이 입력 형태와 피연산자 수의 크기 간 결합에 영향을 받는다는 것을 암시하는 것이다. 단일-부호 모형은 계산이 기존에 입력 형태에서 더 느릴지라도, 그것은 그 형태에서 더 큰 수에 대해 불균형적으로 더 느려지지는 않는다고 예측한다.

두 번째 실험들은 로마 숫자에 대한 더 느린 반응 시간은 단순히 이런 형태의 수 이해에 더 느리기 때문이라는 가능성으로 설명했다. 아라비아 숫자와 로마 숫자 간의 수 명명하기 시간에서 차이가 10% 보다 크지 않다는 것을 보일 때까지, 여러 날 동안, 로마 숫자 명명하기를 피험자들에게 훈련시켰다. 이런 추가적인 훈련에도 불구하고, 수 이해로만 설명할 수 있는 시간 차이를 넘어서, 반응 시간의 차이는 여전히 나타났다. 이 결과는 다시 수 부호화가 입력 형태에 달려 있으며, 계산에 다르게 영향을 미친다는 것을 지지하였다. 이 설명에 반대하는 Sokol과 동료들(1991)은 수 명명하기와 계산에 그것을 사용하기 위한 이해는 다른 처리 과정이며, 다른 초기 기제들을 통해 처리된다고 설명했다.

수 표상에 관한 다양한 견해들을 종합하면, Dehaene(1992)는 수의 입력과 출력, 그리고 처리 과정에서 차이를 설명할 수 있는 세 가지 부호를 제안했다. 이 표상에는 시각적 아라비아 숫자, 청각적 단어 프레임, 크기 유추 부호가 포함된다. 부호 각각은 자신만의 입력과 출력 절차가 있으며, 계산에서 선호하는 특징과 작동이 연계된다. 시각적 아라비아 숫자는 시공간 잡기장(scratchpad)에 유지할 수 있는 숫자열로 생각할 수 있다. 이 부호는 여러 자릿수 계산과 등위 결정에 필수적이다. 청각적 단어 프레임은 단어를 기술하는 통사적 어휘적 요소로 구성된다. 이 부호는 언어 처리 기제에 의해 작동되며, 세기와 기억된 수학적 사실들의 회상에 중요하다. 마지막으로 크기 유추 부호는 수의 물리적 양에 대한 의미 정보를 포함하고 있으며, 공간적으로 정렬된 수의 선으로 생각할 수 있다. 예를 들면, 이 부호는 양의 문제에 있어서 10보다 20이 더 크다는 정보를 제공하며, 단순한 기호적 관계에 근거한 것이 아니다(Dehaene, 1992). 크기 부호는 특히 추정, 비교, 근사치 계산과 직산 기능에 중요하다(Dehaene, 1992).

여러 선상의 증거들이 이 단일 부호 모형의 구조에 대한 주장에 마음이 끌리도록 한다. (1) 여러 자릿수 계산은 공간적으로 정렬된 수의 계산을 포함하는 것으로 나타난다(Dahmen et al., 1982; Dehaene, 1992). 그리고 실험들은 등위 판단은 아라비아 숫자 형태에 강하게 영향을 받는다는 것을 제시했다(Dehaene, 1992; Dehaene, Bossini, & Giraux, 1993). (2) 자신들의 모국어로 계산을 수행한 이중 언어 피험자들의 선호는 언어적 방식으로 (적어도) 덧셈과 곱셈표의 저장이 이루어진다는 것과 일치한다(Gonzalez & Kolers, 1987; Dehaene, 1992; Noël & Seron, 1993). (3) 수를 비교할 때 반응 시간에서 거리 효과의 출현과 'SNARC' 효과의 출현은 모두 크기 부호가 근사치 처리 과정에서 유의미한 역할을 한다고 제안하고 있다(Buckley & Gillman, 1974; Dehaene et al., 1993). SNARC는 spatial-numerical association of response code의 두문자인데, 수 크기와 다양한 수를 판단할 때 반응하기 위해 사용하는 손 간의 상호작용을 가리킨다. 상대적으로 작은 수에 대한 반응은 왼손이 더 빠른 반면, 상대적으로 더 큰 수에 대한 반응은 오른손이 더 빠르다(이 사례와 관련된 특별한 판단 과제에 주어진 수의 집합)(Fias, Brysbaert, Geypens, & d' Ydewalle, 1996).

이 효과는 정신적인 수의 선(좌에서 우로 읽는 문화 내에서 공간적으로 좌에서 우로 크기가 확장되는)에 대한 증거로 해석되었다. 따라서 작은 수들은 실제 수 선의 왼쪽 끝과 연합하고 우반구로 지각된다. 결과적으로 왼손 반응 시간이 더 빠르게 되는 것이다. 반대는 더 큰 수에 대해서 참이다. 이 효과는 여러 저자들에 의해 확인되었고, 피험자들이 아라비아 숫자를 언어의 형태로 부호 전이를 할 때, 역시 'SNARC' 효과에 대한 증거를 발견했던 어떤 수준(Fias et al., 1996; Bächtold, Baumüller, & Brugger, 1998)에서 크기 표상의 존재에 대해 설명해 준다. 이 효과는 어떤 이들이 주장하는 것처럼, 비의미적인 과제(예: 8의 부호화 전이 기능 8은 이것의 성공을 위해 양의 표상을 필요로 하지 않는다고 가정할 수 있다.)가 될 때, 의무적인 크기 표상의 존재를 설명한다. 그러나 Dehaene(1992)는 과제(이 경우 시각적 아라비아 숫자의 형태)수행을 위해 부호가 비록 필수적이라 할지라도, 다른 부호도 단순히 수 처리의 결과로 '일시적으로' 활성화될 것이며 그래서 수행에 영향을 미칠 수 있다고 제안했다(Deloche & Seron, 1982a, b, 1987; McCloskey et al., 1985).

계산의 연결망 모형

계산의 어떤 특징에 대한 최근 모형들의 설명력에도 불구하고, 그것들은 모두 이 고차적인 피질 기능의 구조에 대한 연결망 접근이라기보다는 단원적 접근을 취하고 있다. 예를 들어, 삼중-부호 모형의 기술은 '층화된 단원 구조'로 표상된다는 것이다(Dehaene, 1992). 그들은 단원성에 근거하고 있기 때문에, 궁극적으로 최근의 모형들은 수의 인지를 이해하기 위한 융통성 있는 구조를 제공해야 하는 어떤 수준에 도달하지 못했다. 그러나 인지의 단원과 연결망 간의 구별은 미묘하다. 그리고 독자가 어떻게, 그리고 왜 그 구별이 그렇게 중요한지, 처음부터 그것을 분명하게 밝힐 수는 없다. 예는 이런 점을 설명하는 것이다.

삼중-부호 모형은 계산이 피질 영역의 여러 기능적-해부학적 부분들에 의해 수행된다고 제안했다. 한 영역은 수량화를 지원하는 두정엽에 집중되어 있다. 실비안 주변 피질 주변에 집중되어 있는 영역들은 언어적 기능을 지원한다. 배측면 전전두엽이 중심이 되는 영역들은 작업기억을 지원한다. 이 기능적 영역의 불연

속성은 이 영역들이 어떻게 수와 상호작용하는 것으로 제안되었는지에 대한 구별의 (잘못된) 의미를 잠재적으로 유발한다. 따라서 크기 부호는 수 비교에 필수적인 것으로 제안된 반면, 기억된 언어적 부호는 곱셈에만 기저하는 것으로 제안되었다. 이 결과는 특별한 과제에 기저하는 심리적 부호(중심)를 궁극적으로 확인하고자 하는 목적에 맞는 좀 더 명료한 과제를 연구자들이 제안함으로써, 특별한 계산에 알맞은 부호에 대해 거의 끝이 없는 논쟁을 낳았다.

비슷한 구별이 다른 영역에서 제안되었고, 원하는 것을 발견하였다. 예를 들어, 무시(neglect)가 감각-표상의 붕괴로 인한 것인지, 운동-탐지의 붕괴 때문인지, 공간적 주의 분야에서 오래 논의되어 왔다(Heilman & Valenstein, 1972; Bisiach, Luzzatti, & Perani, 1979). 사실 대규모 연결망 이론이 제안했던 것처럼, 공간에 대한 탐지는 실제로 마음의 표상적 도식 내에서 일어나기 때문에, 무시의 탐지와 표상적 결손은 밀접하게 연관되어 있다(Droogleever-Fortuyn, 1979; Mesulam, 1981, 1999).

수 기능에 기저하는 부호의 대안적 견해는 알 수 없다는 의미에서 수가 아닐 수 있다는 것이다(Campbell & Clark, 1988). 뇌는 기본적인, 근본적으로 측정 가능한 감각과 운동 처리 과정으로부터 추출된 것에 근거하여 판단을 내리기 때문에, 이 관점 또한 공격으로부터 자유롭지 않다(Mesulam, 1981, 1998).

대규모 연결망 이론의 중요한 개념 중 하나는, 피질 영역이 특정한 계산적 기능에 특화되어 있다는 것이다. 그것은 고차적 인지 기능들이 관여하는 것이지 자동적으로 단원들이 작동하는 것이 아니며 오히려 중심점(epicenter)의 활동은 상호적이다. 이 중심점이란 용어는 이 경우에, 복잡한 피질 기능들이 다양한 계산 기능에 특화된, 그리고 다른 피질 영역과 피질하 영역을 통합한 뇌영역으로 존재하는 결과로 발생한다는 것을 암시한다. 이 개념에 근거한 대뇌 구조에 대한 여러 결과들이 있다(Mesulam, 1981, 1990).

첫째, 피질 영역들은 하나의 대규모 연결망으로만 상호작용하는 것 같지는 않다. 그들은 여러 가지 인지 연결망에 관여하는 것 같으며, 그래서 특정한 영역의 손상이 여러 인지적 기능에 영향을 미치는 것 같다. (단지 일차적 감각과 운동 피질은 기능과 구조가 일대일 연결 짓기로 나타나는 것 같다. 예를 들면, V1과 시야장의 특별한 부분). 따라서 계산에 관여하는 두정엽과 전두엽 영역은 수량화 계산이나 경로 연산 답의 회상에만 각기 관여하는 것 같지는 않다. 대신에 좌반구 하두정엽 병변은 계산 기능뿐 아니라 공간적, 그리고/또는 언어적 처리의 다른 특성들도 붕괴시키는 것 같다. 비슷하게, 전두엽 병변은 그것이 나타날 때, 종종 언어, 작업기억, 그리고 실행 기능의 광범위한 범위를 방해하고 그로 인해 계산 결함이 이차적으로 나타나기 때문에, 확실하게 드문 경우이지만 순수 계산 장애와 전두엽 병변의 결합도 발생한다.

둘째, 대규모 연결망의 어떤 부분에서의 붕괴는 기능의 병변이 있는 영역들 중 일부로 원래 생각되지 않았던 곳의 손상을 낳을 수 있다. 예를 들어, 언어 영역에서, 비유창성 실어증은 브로카 영역 병변과 좀 더 밀접한 관계가 있음에도 불구하고, 실어증의 이 유형은 또한 후실비안 주변 피질의 병변에 이어 나타날 수도 있다(Caplan, Hildebrandt, & Makris, 1996). 비슷하게, 계산 장애의 대부분이 일반적으로 좌반구 두정엽 병변에 이어 나타나지만, 그것은 또한 좌반구 기저 핵 병변 이후에도 나타날 수 있다(Whitaker et al., 1985; Hittmair-Delazer et al., 1994; Dahaene & Cohen, 1995). 이 결과는 기저 핵이 전두엽, 측두엽, 그리고 두정엽이 포함된 대규모 연결망에 관여한다는 것을 깨달을 때, 이상할 것도 없는 것으로 여겨진다(Alexander et al., 1990).

셋째, 정신생리학적 부호나 인지 기능의 표상은 모두 기능을 수행하는 동안, 잠재적으로 활성화된다. 이 진술의 당연한 귀결은 특별한 인지 부호의 활성화는 역동적이며, 특별한 인지 작동을 위한 이동해야 할 뜻밖의 과제에 매우 의존적이다. 따라서 계산에 기저하는 부호는 개별적으로 활성화되기 위한 경계가 없는 것도 아니고, 제약이 없는 것도 아니다. 오히려 특별한 표상의 활성화는 공간적, 언어적, 지각적 처리에 의존적이며, 다른 것들 간에 다양한 인지 기능을 수행할 수 있도록 상호작용을 한다. 다양한 우발적 사건에서 뇌 활성화의 유사한 의존성은 얼굴 처리 과정에 대한 연구에서도 발견되었다(Wojciulik, Kanwisher, & Driver, 1998).

계산에 대한 대규모 신경 연결망을 조직하기 위한 시도는 다음과 같은 선을 따라 진행될 수 있다. 시각적 단일 양상 연합 피질에 있는 영역들(방추 회와 설 회 부근)의 기능은 다양한 형태의 수들(숫자나 단어로)을 구별하기 위해 특화되어 있는 것 같다. 수의 숫자적 형태나 언어적 형태를 구별하기 위한 영역은 밀접하게 연결되어 있는 것 같지만 완전히 중복되지는 않는 것 같다는 증거가 있다. 또한 그것들의 분리가 다양한 지각적 처리의 신경적 결과로써 발생할 수 있다고 제안하는 자료들도 있다(Polk & Farah, 1998). 이 감각 대상-형태 영역들은 언어나 계산에 필수적인 기호의 결합을 지원하는 고차적 수준 영역들과 연결되어 있으며, 또한 수의 수량화 개념을 지원하는 영역과 연결되어 있다(Dahaene & Cohen, 1995). 나중의 '크기' 영역들은 공간적, 그리고/또는 대상에 대한 처리와 연합되어 있는 기제를 반영하여 조직되었을 것이고, 따라서 세기나 수량화의 비언어적 의미를 제공한다. 크기 영역들은 공간적 범위와 분산된 양을 측정하는 영역의 일부로서, 후두정엽 내에 위치하고 있을 것이다. 마지막으로 수 처리의 언어적 측면은 배측면 전전두엽, 그리고/또는 두정엽과 같은 기호 표상을 처리하는 데 관여하는 언어 연결망이나 영역과 대부분 확실하게 연결된다.

따라서 수의 시각적, 단어적, 언어적, 그리고 크기의 특성을 지원하는 영역들 간의 연결은 다른 모든 수 처리에서 나온 대규모 신경망을 형성한다. 이 연결망의 피질 중심점은 하두정엽(대부분 두정내 구를 가로지른다.), 배측 전전두엽(아마도 전중심 회에 더 가까운)과 측두-두정-후두 연합 영역에 위치하고 있는 것 같다. 비록 과제가 특히 언어적(단어 또는 숫자) 반응의 형태나 기호적 조직을 요구할 때, 좌반구가 전반적인 계산 기능과 일치하는 것으로 제안되었음에도 불구하고, 양반구에 비슷한 연합이 있는 것 같다. 변연계의 다른 부분과 이 연결망의 추가적인 연결은 일화적인 수 기억이나 정서적 연합까지 제공할 수 있다.

다른 중요한 연결은 전두 대를 포함하고 있을 수도 있다. 이곳은 특히 과제가 피치 못할 종류의 것을 포함하고 있을 때, 그리고 복잡한 계산이 필수적인 게 될 때, 복잡한 실행 기능을 구축하기 위한 핵심적인 것으로 드러난 영역이다(Koechlin, Basso, Pietrini, Panzer, & Grafman, 1999). 피질하 연결은 기저 핵(특히 좌반구)과 시상이 포함되어 있다. 이 제안된 모형과 삼중-부호 모형과의 결정적인 차이점은 특별한 뇌-행동 관계와 표상의 분산된 본질에 근거한 다양한 '부호'의 우선적인 제약이 된다는 것이다.

침상(입원) 검사

앞의 논의에 근거하여, 계산 장애에 대한 검사는 수 인지의 여러 분야에 초점을 두어야 하며, 다른 인지 영역에서 손상을 설명할 수 있어야 한다. 주의, 작업기억, 언어, 시공간적 기술에서의 결손이 확실하게 밝혀져야 한다. 이런 기능에 대한 검사는 다른 장에서 재검토하였다. 계산 결손에 대한 좀 더 구체적인 검사는 수 처리 과정, 수량화, 올바른 계산 영역을 발견할 수 있어야 한다. Boller와 Faglioni(Grafman et al., 1982; Boller & Grafman, 1985도 볼 것)가 원래 제안했던 검사는 임상가에게 좋은 출발점을 나타내고 있다. 그것은 수 비교 검사 문제와 4개의 기본적인 수학적 계산들을 포함하고 있다. 계산을 검사하기 위한 추천할 만한 검사들은 다음에 설명하였다.

1. 수 처리 과정
   a. 아라비아 숫자와 말(단어)로 된 숫자 읽기
   b. 아라비아 숫자 쓰기와 말로 된 숫자 받아쓰기
   c. 아라비아 숫자에서 말로 된 숫자로 바꾸기, 그리고 그 반대.
2. 수량화
   a. 여러 개의 작은(1~9) 점의 집합이나 다른 대상들의 수 세기
   b. 좀 더 많은 집합의 대상들에 대한 양 추정하기
3. 계산: 검사는 한 자릿수와 여러 자릿수 문제를 포함하고 있어야 한다. 여러 자릿수 계산은 수행과 빌려오는 절차를 포함하고 있어야 한다. $0 \times N$, $0 + N$, $1 \times N$과 같은 간단한 규칙 역시 반드시 평가해야 한다.
   a. 덧셈
   b. 곱셈

c. 뺄셈

d. 나눗셈

비록 임상적 연관은 덜 명백하지만, 글로 제시된 문제 풀기(예: Jane은 1달러를 가지고 있다. 그리고 각각 30센트의 값을 지불하고 사과 2개를 샀다. 그녀에게 남은 돈은 얼마인가?), 좀 더 추상적인 문제들(예: $a \times (b+c) = (a \times b) + (a \times c)$), 그리고 제곱근이나 대수와 같은 좀 더 고차적인 수학적 개념들을 검사할 수 있다.

결론과 미래 방향

비록 이 장은 계산의 일반적인 특징과 연관된 결손의 윤곽을 간단한 사례 보고로 시작했지만, 이어진 부분들은 이 기능들의 정밀한 분석을 인지적 작동의 풍부한 집합으로 설명하였다. 그러나 계산에서 전개된 결손의 본질을 포함하고 있는 이 인지적 기능에 대해서는 많은 의문들이 남아 있다. 예를 들어, Romero 등이 보고했던 환자는 정상적인 지능과 정상적인 시공간 능력에도 불구하고, 진행된 계산 장애와 실서증, 특히 구구셈 규칙의 회상에 어려움을 보였다(Romero, Granetz, Makale, Manly, & Grafman, 2000). MRI 스펙트럼은 좌반구 하두정엽에서 감소한 N-아세틸 아스파테이트(N-acctyl aspartate), 크레아딘, 콜린으로 설명하고 있는데, 이것은 구조적 병변은 볼 수 없지만, 이 영역에 어떤 손상이 있다는 것을 제안하는 것이다.

분명 두정엽 병변은 학습된 계산을 붕괴시킬 수 있지만, 최근 이론들은 이 환자가 어휘적 재료의 개별 항목에 대한 곱셈 사실의 기억 등 구구단 학습의 대안적 수단을 왜 적용할 수 없었는지에 대해서는 완전히 설명할 수 없다. 이 경우에 근거하여, 학습 과정의 어떤 지점에서는, Dehaene와 Cohen(1997)이 제안했던 것처럼, 곱셈 사실들이 언어적 기억과 분리되어 있지 않지만, 좌측 두정엽이 지원하는 다른 처리 과정(아마도 수량화)의 맥락 내에서 반드시 학습된다는 것은 분명하다. 이 가설은 또한 이 기능에 대한 대규모 연결망 접근법과 일치하는 것 같다.

좀 더 추상적인 수학적 철자와 관련된 기능적-해부학적 관계가 아직 탐색되지 않고 있는 것처럼, 계산과 수 처리 과정에서 가장 기본적인 특성에 대한 기능적-해부학적 관계 또한 명확한 해결과는 거리가 멀다. 더구나 눈 움직임, 작업기억, 또는 아주 기본적인 운동 과정들(예: 손가락 세기)이 계산에 기여할 수 있는 범위는 불분명하다. 계산에 간여하는 처리 과정의 범위는 이 기능이 인지 영역의 다양성에 걸친 통합이라는 의미에서 인지적 작동 간에 거의 동일하지 않다는 것을 제안한다. 교차하는 대규모 신경 연결망으로서의 이런 기능에 근본이 되는 뇌영역을 보여 줄 때, 그것들의 상호작용이 이런 복잡한 인지 기능들을 어떻게 지원하는지 이해할 수 있도록 해 줄 것이라고 기대할 수 있다.

참 | 고 | 문 | 헌

Aglioti, S., & Fabbro, E. (1993). Paradoxical selective recovery in a bilingual aphasic following subcortical lesions. *Neuro Report, 4*, 1359-1362.

Alexander, G. E., Crutcher, M. D., & DeLong, M. R. (1990). Basal ganglia-thalamocortical circuits: Parallel substrates for motor, oculomotor, "prefrontal" and "limbic" functions. *Progress in Brain Research, 85*, 119-146.

Allison, T., McCarthy, G., Nobre, A., Puce, A., & Belger, A. (1994). Human extrastriate visual cortex and the per-ception of faces, words, numbers, and colors. *Cerebral Cortex, 4*, 544-554.

Ashcraft, M. H. (1987). Children' s knowledge of simple arithmetic: A developmental model and simulation. In J. Bisanz, C. J. Brainerd, & R. Kali (Eds.), *Formal methods in developmental psychology: Progress in cognitive developmental research* (pp. 302-338). New York: Springer-Verlag.

Ashcraft, M. H. (1992). Cognitive arithmetic: A review of data and theory. *Cognition, 44*, 75-106.

Ashcraft, M. H., & Battaglia, J. (1978). Cognitive arith-metic: Evidence for retrieval and decision processes in mental addition. *Journal of Experimental Psychology:*

Human Learning and Memory, *4*, 527-538.

Ashcraft, M. H., & Stazyk, E. H. (1981). Mental addition: A test of three verification models. *Memory and Cognition*, *9*, 185-196.

Bächtold, D., Baumüller, M., & Brugger, P. (1998). Stimulus-response compatibility in representational space. *Neuropsychologia*, *36*, 731-735.

Benson, D. F., & Denckla, M. B. (1969). Verbal parapha-sia as a source of calculation disturbance. *Archives of Neurology*, *21*, 96-102.

Benton, A. L. (1961). The fiction of the "Gerstmann syndrome". *Journal of Neurology, Neurosurgery and Psychiatry*, *24*, 176-181.

Benton, A. L. (1992). Gerstmann' s syndrome. *Archives of Neurology*, *49*, 445-447.

Berger, H. (1926). Über rechenstörungen bei herder-krankungen des grosshirns. *Archiv für Psychiatrie and Nervenkrankheiten*, *78*, 238-263.

Bijeljac-Babic, R., Bertoncini, J., & Mehler, J. (1993). How do 4-day-old infants categorize multisyllabic utterances? *Developmental Psychology*, *29*, 711-721.

Bisiach, E., Luzzatti, C., & Perani, D. (1979). Unilateral neglect, representational schema and consciousness. *Brain*, *102*, 609-618.

Boller, F., & Grafman, J. (1983). Acalculia: Historical development and current significance. *Brain and Cognition*, *2*, 205-223.

Boller, F., & Grafman, J. (1985). Acalculia. In P. J. Vinker, G. W. Bruyn, H. L. Klawans, & J. A. M. Frederiks (Eds.), *Handbook of clinical neurology* (vol. 45, pp. 473-481). Amsterdam: Elsevier.

Brown, P., & Marsden, C. D. (1998). What do the basal ganglia do? *Lancet*, *351*, 1801-1804.

Buckley, P. B., & Gillman, C. B. (1974). Comparisons of digits and dot patterns. *Journal of Experimental Psychology*, *103*, 1131-1136.

Campbell, J. I. D., & Clark, J. M. (1988). An encoding-complex view of cognitive number processing: Comment on McCloskey, Sokol, and Goodman (1986). *Journal of Experimental Psychology: General*, *117*, 204-214.

Campbell, J. I. D., & Graham, D. J. (1985). Mental multiplication skill. Structure, process, and acquisition. *Canadian Journal of Psychology*, *39*, 338-366.

Caplan, D., Hildebrandt, N., & Makris, N. (1996). Location of lesions in stroke patients with deficits in syntactic processing in sentence comprehension. *Brain*, *119*, 933-949.

Cohen, L., & Dehaene, S. (1995). Number processing in pure alexia: The effect of hemispheric asymmetries and task demands. *Neurocase: Case Studies in Neuropsychology, Neuropsychiatry & Behavioral Neurology, 1*, 121–137.

Cohn, R. (1961). Dyscalculia. *Archives of Neurology, 4*, 301–307.

Collignon, R., Leclercq, C., & Mahy, J. (1977). Etude de la sémiologie des troubles de calcul observés ad cours des lésions corticales. *Acta Neurologica Belgica, 77*, 257–275.

Corbett, A. J., McCusker, E. A., & Davidson, O. R. (1986). Acalculia following a dominant-hemisphere subcortical infarct. *Archives of Neurology, 43*, 964–966.

Courtney, S. M., Petit, L., Maisog, J. M., Ungerleider, L. G., & Haxby, J. V. (1998). An area specialized for spatial working memory in human frontal cortex. *Science, 279*, 1347–1351.

Cowell, S. F., Egan, G. F., Code, C., Harasty, J., & Watson, J. D. (2000). The functional neuroanatomy of simple calculation and number repetition: A parametric PET activation study. *NeuroImage, 12*, 565–573.

Critchley, M. (1953). *The parietal lobes.* London: Edward Arnold.

Dagenbach, D., & McCloskey, M. (1992). The organization of arithmetic facts in memory: Evidence from a brain-damaged patient. *Brain and Cognition, 20*, 345–366.

Dahmen, W., Hartje, W., Bussing, A., & Sturm, W. (1982). Disorders of calculation in aphasic patients-spatial and verbal components. *Neuropsychologia, 20*, 145–153.

Dehaene, S. (1992). Varieties of numerical abilities. *Cognition, 44*, 1–42.

Dehaene, S. (1996). The organization of brain activations in number comparison: Event-related potentials and the additive-factors method. *Journal of Cognitive Neuroscience, 8*, 47–68.

Dehaene, S., Bossini, S., & Giraux, P. (1993). The mental representation of parity and number magnitude. *Journal of Experimental Psychology: General, 122*, 371–396.

Dehaene, S., & Cohen, L. (1991). Two mental calculation systems: A case study of severe acalculia with preserved approximation. *Neuropsychologia, 29*, 1045–1074.

Dehaene, S., & Cohen, L. (1995). Towards an anatomical and functional model of number processing. *Mathematical Cognition, 1*, 83–120.

Dehaene, S., & Cohen, L. (1997). Cerebral pathways for calculation: Double dissociation between rote verbal and quantitative knowledge of arithmetic. *Cortex, 33*, 219–250.

Dehaene, S., Dehaene-Lambertz, G., & Cohen, L. (1998). Abstract representations of numbers in the animal and human brain. *Trends in Neurosciences*, *21*, 355-361.

Dehaene, S., Dupoux, E., & Mehler, J. (1990). Is numerical comparison digital? Analogical and symbolic effects in two-digit number comparison. *Journal of Experimental Psychology: Human Perception and Performance*, *16*, 626-641.

Dehaene, S., Spelke, E., Pinel, P., Stanescu, R., & Tsivikin, S. (1999). Sources of mathematical thinking: Behavioral and brain-imaging evidence. *Science*, *284*, 970-974.

Dehaene, S., Tzourio, N., Frak, V., Raynaud, L., Cohen, L., Mehler, J., & Mazoyer, B. (1996). Cerebral activations during number multiplication and comparison: A PET study. *Neuropsychologia*, *34*, 1097-1106.

Deloche, G., & Seron, X. (1982a). From three to 3: A differential analysis of skills in transcoding quantities between patients with Broca' s and Wernicke' s aphasia. *Brain*, *105*, 719-733.

Deloche, G., & Seron, X. (1982b). From one to 1: An analysis of a transcoding process by means of neuropsychological data. *Cognition*, *12*, 119-149.

Deloche, G., & Seron, X. (1987). Numerical transcoding: A general production model. In G. Deloche & X. Seron (Eds.), *Mathematical disabilities: A cognitive neuropsychological perspective* (pp. 137-170). Hillsdalte, NJ: Lawrence Erlbaum Associates.

Démonet, J. F., Fiez, J. A., Paulesu, E., Petersen, S. E., & Zatorre, R. J. (1996). PET studies of phonological processing: A critical reply to Poeppel. *Brain and Language*, *55*, 352-379.

Droogleever-Fortuyn, J. (1979). On the neurology of perception. *Clinical Neurology and Neurosurgery*, *81*, 97-107.

Duncan, J., Seitz, R. J., Kolodny, J., Bor, D., Herzog, H., Ahmed, A., Newell, E N., & Emsile, H. (2000). A neural basis for general intelligence. *Science*, *289*, 457-460.

Eliasberg, W., & Feuchtwanger, E. (1922). Zur psycholo-gischen und psychopathologischen untersuchung und theorie des erworbenen schwachsinns. *Zeitschrift für die gesamte Neurologie und Psychiatrie*, *75*, 516-595.

Fasotti, L., Eling, P. A. T. M., & Bremer, J. J. (1992). The internal representation of arithmetical word problem sentences: Frontal and posterior-injured patients compared. *Brain and Cognition*, *20*, 245-263.

Ferro, J. M., & Botelho, M. A. S. (1980). Alexia for arith-metical signs. A cause of disturbed calculation. *Cortex, 16*, 175-180.

Fias, W., Brysbaert, M., Geypens, F., & d' Ydewalle, G. (1996). The importance of magnitude information in numerical processing: Evidence from the SNARC effect. *Mathematical Cognition, 2*, 95-110.

Fink, G. R., Marshall, J. C., Gurd, J., Weiss, P. H., Zafiris, O., Shah, N. J., & Zilles, K. (2000). Deriving numerosity and shape from identical visual displays. *NeuroImage, 13*(1), 46-55.

Foltz, G. S., Poltrock, S. E., & Potts, G. R. (1984). Mental comparison of size and magnitude: Size congruity effects. *Journal of Experimental Psychology: Learning, Memory, and Cognition, 10*, 442-453.

Gallistel, C. R., & Gelman, R. (1992). Preverbal and verbal counting and computation. *Cognition, 44*, 43-74.

Gazzaniga, M. S., & Smylie, C. E. (1984). Dissociation of language and cognition: A psychological profile of two disconnected right hemispheres. *Brain, 107*, 145-153.

Gelman, R., & Gallistel, C. R. (1978). *The child s understanding of number.* Cambridge, MA: Harvard University Press.

Gerstmann, J. (1924). Fingeragnosie: Eine umschriebene storung der orientierung am eigenen korper. *Wiener Klinische Wochenschrift, 37*, 1010-1012.

Gerstmann, J. (1927). Fingeragnosie und isolierte agraphiein neues syndrom. *Zeitschrift für die gesamte Neurologie und Psychiatric, 108*, 152-177.

Gerstmann, J. (1930). Zur Symptomatologie der hirnlasionen im ubergangsgebiet der unteren parietal-und mittleren occipital windung. *Nervenarzt, 3*, 691-695.

Geschwind, N. (1965). Disconnection syndromes in animals and man. *Brain, 88*, 237-294.

Gitelman, D. R., Nobre, A. C., Parrish, T. B., Labar, K. S., Kim, Y. H., Meyer, J. R., & Mesulam, M. M. (1999). A large-scale distributed network for covert spatial attention: Further anatomical delineation based on stringent behavioral and cognitive controls. *Brain, 122*, 1093-1106.

Gitelman, D. R., Parrish, T. B., LaBar, K. S., & Mesulam, M. M. (2000). Real-time monitoring of eye movements using infrared video-oculography during functional magnetic resonance imaging of the frontal eye fields. *NeuroImage, 11*(1), 58-65.

Goldstein, K. (1948). *Language and language disturbances.* New York: Grune & Stratton.

Gonzalez, E. G., & Kolers, P. A. (1982). Mental manipu-lation of arithmetic symbols. *Journal of Experimental Psychology: Learning, Memory, and Cognition, 8*, 308-319.

Gonzalez, E. G., & Kolers, P. A. (1987). Notational constraints on mental operations. In G. Deloche & X. Seron (Eds.), *Mathematical disabilities: A cognitive neuropsychological perspective* (pp. 27-42). Hillsdale, NJ: Lawrence Erlbaum Associates.

Grafman, J., Kampen, D., Rosenberg, J., & Salazar, A. (1989). Calculation abilities in a patient with a virtual left hemispherectomy. *Behavioral Neurology, 2*, 183-194.

Grafman, J., Passafiume, D., Faglioni, P., & Boller, E. (1982). Calculation disturbances in adults with focal hemispheric damage. *Cortex, 18*, 37-50.

Grewel, F. (1952). Acalculia. *Brain, 75*, 397-407.

Grewel, F. (1969). The acalculias. In J. A. M. Frederiks (Ed.), *Handbook of clinicalneurology* (Vol. 4, pp. 181-194), P. J. Vinken, G. W. Bruyn, & H. L. Klawans Elsevier, Amsterdam.

Groen, G. J., & Parkman, J. M. (1972). A chronometric analysis of simple addition. *Psychological Review, 79*, 329-343.

Guttmann, E. (1937). Congenital arithmetic disability and acalculia (Henschen). *British Journal of Medical Psychology, 16*, 16-35.

Hécaen, H. (1962). Clinical symptomatology in right and left hemispheric lesions. In V. B. Mountcastle (Ed.), *Interhemispheric relations and cerebral dominance* (pp. 215-243). Baltimore: Johns Hopkins University Press.

Hécaen, H., & Angelergues, R. (1961). Etude anatomo-clinique de 280 cas de lésions rétrorolandiques unilatérales des hémiphéres cérébraux. *Encéphale, 6*, 533-562.

Hécaen, H., Angelergues, R., & Houillier, S. (1961). Les variétés cliniques des acalculies au cours des lésions rétrorolandiques: Approche statistique du probléme. *Revue Neurologique, 105*, 85-103.

Hediger, H. K. P. (1981). The Clever Hans phenomenon from an animal psychologist' s point of view. *Annals of the New York Academy of Sciences, 364*, 1-17.

Heilman, K. M., & Valenstein, E. (1972). Frontal lobe neglect in man. *Neurology, 22*, 660-664.

Henschen, S. E. (1919). Über sprach-, musik-, und rechenmechanismen und ihre lokalisation im großhirn." *Zeitschrift fair die gesamte Neurologie und Psychiatrie,*

27, 52-57.

Henschen, S. E. (1920). *Klinische und anatomische beitrtäge zu pathologie des gehirns.* Stockholm: Nordiska Bokhandeln.

Hinrichs, J. V., Yurko, D. S., & Hu, J. (1981). Two-digit number comparison: Use of place information. *Journal of Experimental Psychology: Human Perception and Perfor-mance*, *7*, 890-901.

Hittmair-Delazer, M., Semenza, C., & Denes, G. (1994). Concepts and facts in calculation. *Brain*, *117*, 715-728.

Jackson, M., & Warrington, E. K. (1986). Arithmetic skills in patients with unilateral cerebral lesions. *Cortex*, *22*, 611-620.

Jonides, J., Smith, E. E., Koeppe, R. A., Awh, E., Minoshima, S., & Mintun, M. A. (1993). Spatial working memory in humans as revealed by PET. *Nature*, *363*, 623-625.

Kahn, H. J., & Whitaker, H. A. (1991). Acalculia: An historical review of localization. *Brain and Cognition*, *17*, 102-115.

Koechlin, E., Basso, G., Pietrini, P., Panzer, S., & Grafman, J. (1999). The role of the anterior prefrontal cortex in human cognition. *Nature*, *399*, 148-151.

Krapf, E. (1937). Ueber akalkulie. *Sweizerische Archiv für Neurologie und Psychiatrie*, *39*, 330-334.

LaBar, K. S., Gitelman, D. R., Parrish, T. B., & Mesulam, M. M. (1999). Neuroanatomic overlap of working memory and spatial attention networks: A functional MRI comparison within subjects. *NeuroImage*, *10*, 695-704.

Lampl, Y., Eshel, Y., Gilad, R., & Sarova-Pinhas, I. (1994). Selective acalculia with sparing of the subtraction process in a patient with left parietotemporal hemorrhage. *Neurology*, *44*, 1759-1761.

Leonhard, K. (1939). Die bedeutung optisch-räumlicher vorstellungen fur das elementaire rechnen. *Zeitschriftfurdie gesamte Neurologie und Psychiatrie*, *164*, 321-351.

Levine, D. N., Mani, R. B., & Calvanio, R. (1988). Pure agraphia and Gerstmann's syndrome as a visuospatial-language dissociation: An experimental case study. *Brain & Language*, *35*, 172-196.

Lewandowsky, M., & Stadelmann, E. (1908). Uebereinenbemerkenswerten fall von hirnbluntung und fiber rechen-störungen bei herderkrankung des gehirns. *Journal für Psychologie und Neurologie*, *11*, 249-265.

Lucchelli, F., & DeRenzi, E. (1992). Primary dyscalculia after a medial frontal lesion of the left hemisphere. *Journal of Neurology, Neurosurgery and Psychiatry, 56*, 304-307.

McCloskey, M. (1992). Cognitive mechanisms in numerical processing: Evidence from acquired dyscalculia. *Cognition, 44*, 107-157.

McCloskey, M., Aliminosa, D., & Sokol, S. M. (1991). Facts, rules and procedures in normal calculation: Evidence from multiple single-patient studies of impaired arithmetic fact retrieval. *Brain and Cognition, 17*, 154-203.

McCloskey, M., Caramazza, A., & Basili, A. (1985). Cognitive mechanisms in number processing and calculation: Evidence from dyscalculia. *Brain and Cognition, 4*, 171-196.

McNeil, J. E., & Warrington, E. K. (1994). A dissociation between addition and subtraction with written calculation. *Neuropsychologia, 32*, 717-728.

Menon, V., Rivera, S. M., White, C. D., Glover, G. H., & Reiss, A. L. (2000). Dissociating prefrontal and parietal cortex activation during arithmetic processing. *Neuroimage, 12*, 357-365.

Mesulam, M.-M. (1981). A cortical network for directed attention and unilateral neglect. *Annals of Neurology, 10*, 309-325.

Mesulam, M.-M. (1990). Large-scale neurocognitive net-works and distributed processing for attention, language, and memory. *Annals of Neurology, 28*, 598-613.

Mesulam, M.-M. (1998). From sensation to cognition. *Brain, 121*, 1013-1052.

Mesulam, M.-M. (1999). Spatial attention and neglect: Parietal, frontal, and cingulate contributions to the mental representation and attentional targeting of salient extrapersonal events. *Philosophical Transactions of the Royal Society of London, Ser B, 354*, 1325-1346.

Miller, K., Perlmutter, M., & Keating, D. (1984). Cognitive arithmetic: Comparison of operations. *Journal of Experimental Psychology: Learning, Memory, and Cognition, 10*, 46-60.

Moyer, R. S., & Landauer, T. K. (1967). Time required for judgments of numerical inequality. *Nature, 215*, 1519-1520.

Nobre, A. C., Sebestyen, G. N., Gitelman, D. R., Mesulam, M. M., Frackowiak, R. S., & Frith, C. D. (1997). Functional localisation of the neural network for visual spatial attention by positron-emission tomography. *Brain, 120*, 515-533.

Noël, M., & Seron, X. (1993). Arabic number reading deficit: A single case study or when

236 is read (2306) and judged superior to 1258. *Cognitive Neuropsychology, 10,* 317-339.

Parkman, J. M. (1972). Temporal aspects of simple multi-plication and comparison. *Journal of Experimental Psychology, 95,* 437-444.

Parkman, J. M., & Groen, G. J. (1971). Temporal aspects of simple addition and comparison. *Journal of Experimental Psychology, 89,* 335-342.

Paus, T. (1996). Location and function of the human frontal eye-field: A selective review. *Neuropsychologia, 34,* 475-483.

Peritz, G. (1918). Zur Pathopsychologie des rechnens. *Deutsche Zeitschrift für Nervenheilkunde, 61,* 234-340.

Pesenti, M., Zago, L., Crivello, F., Mellet, E., Salmon, D., Duroux, B., Seron, X., Mazoyer, B., & Tzourio-Mazoyer, N. (2000). Mental calculation in a prodigy is sustained by right prefrontal and medial temporal areas. *Nature Neuroscience, 4,* 103-107.

Pinel, P., Le Clec' h, G., van der Moortele, P. F., Naccache, L., Le Bihan, D., & Dehaene, S. (1999). Event-related fMRI analysis of the cerebral network for number comparison. *Neuro Report, 10,* 1473-1479.

Poeck, K., & Orgass, B. (1966). Gerstmann' s syndrome and aphasia. *Cortex, 2,* 421-437.

Poeppel, D. (1996). A critical review of PET studies of phonological processing. *Brain and Language, 55,* 317-385.

Polk, T. A., & Farah, M. J. (1998). The neural development and organization of letter recognition: Evidence from functional neuroimaging, computational modeling, and behavioral studies. *Proceedings of the National Academy of Sciences U.S.A., 95,* 847-852.

Poppelreuter, W. (1917). *Die psychischen schaedigungen durch kopfschuss im kriege 1914-1916.* Leipzig: Voss.

Posner, M. I. (1986). *Chronometric explorations of Mind.* New York: Oxford University Press.

Reuckert, L., Lange, L., Partlot, A., Appollonio, I., Lituan, I., Le Bihan, O., & Grafman, J. (1996). Visualizing cortical activation during mental calculation with functional MRI. *NeuroImage, 3,* 97-103.

Roland, P. E., & Friberg, L. (1985). Localization of cortical areas activated by thinking. *Journal of Neurophysiology, 53,* 1219-1243.

Romero, S. G., Granetz, J., Makale, M., Manly, C., & Grafman, J. (2000). Learning and memory in developmental dyscalculia. *Journal of Cognitive Neuroscience* (abstract) (Supplement): 104.

Rosselli, M., & Ardila, A. (1989). Calculation deficits in patients with right and left hemisphere damage. *Neuropsychologia, 27,* 607-617.

Sakurai, Y., Momose, T., Iwata, M., Sasaki, Y., & Kanazawa, I. (1996). Activation of prefrontal and posterior superior temporal areas in visual calculation. *Journal of the Neurological Sciences, 139,* 89-94.

Sathian, K., Simon, T. J., Peterson, S., Patel, G. A., Hoffman, J. M., & Grafton, S. T. (1999). Neural evidence linking visual object enumeration and attention. *Journal of Cognitive Neuroscience, 11,* 36-51.

Sekuler, R., Rubin, E., & Armstrong, R. (1971). Processing numerical information: A choice time analysis. *Journal of Experimental Psychology, 90,* 75-80.

Selemon, L. D., & Goldman-Rakic, P. D. (1988). Common cortical and subcortical targets of the dorsolateral pre-frontal and posterior parietal cortices in the rhesus monkey: Evidence for a distributed neural network subserving spatially guided behavior. *Journal of Neuroscience, 8,* 4049-4068.

Singer, H. D., & Low, A. A. (1933). Acalculia. *Archives of Neurology and Psychiatry, 29,* 467-498.

Sittig, O. (1917). Uber störungen des ziffernschreibens bei aphasischen. *Zeitschrift für Pathopsychologie, 3,* 298-306.

Sittig, O. (1921). störungen des ziffernschreibens und rechnens. *Monatsschrift fuer Psychiatrie und Neurologie, 49,* 299.

Sokol, S. M., McCloskey, M., Cohen, N. J., & Aliminosa, D. (1991). Cognitive representations and processes in arithmetic: Inferences from the performance of brain-damaged subjects. *Journal of Experimental Psychology: Learning, Memory and Cognition, 17,* 355-376.

Spiers, P. A. (1987). Acalculia revisited: Current issues. In G. Deloche & X. Seron (Eds.), *Mathematical disabilities: A cognitive neuropsychological perspective* (pp. 1-25). Hillsdale, NJ: Lawrence Erlbaum Associates.

Starkey, P., Spelke, E. S., & Gelman, R. (1983). Detection of intermodal numerical correspondences by human infants. *Science, 222,* 179-181.

Starkey, P., Spelke, E. S., & Gelman, R. (1990). Numerical abstraction by human infants. *Cognition, 36,* 97-127.

Stazyk, E. H., Ashcraft, M. H., & Hamann, M. S. (1982). A network approach to mental multiplication. *Journal of Experimental Psychology: Learning, Memory, and Cognition, 8*, 320-335.

Strub, R., & Geschwind, N. (1974). Gerstmann syndrome without aphasia. *Cortex, 10*, 378-387.

Takahashi, A., & Green, D. (1983). Numerical judgments with kanji and kana. *Neuropsychologia, 21*, 259-263.

Talairach, J., & Tournoux, P. (1988). *Co-planar stereo-taxic atlas of the human brain.* New York: Thieme Medical.

Warrington, E. K. (1982). The fractionation of arithmetical skills: A single case study. *Quarterly Journal of Experimental Psychology, 34A*, 31-51.

Whetstone, T. (1998). The representation of arithmetic facts in memory: Results from retraining a brain damaged patient. *Brain and Cognition, 365*, 290-309.

Whitaker, H., Habinger, J., & Ivers, R. (1985). Acalculia from a lenticular-caudate lesion. *Neurology, 35*(suppl 1): 161.

Wojciulik, E., Kanwisher, N., & Driver, J. (1998). Covert visual attention modulates face-specific activity in the human fusiform gyros: fMRI study. *Journal of Neurophysiology, 79*, 1574-1578.

Zago, L., Pesenti, M., Mellet, E., Crevello, F., Mazoyer, B., & Tzourio-Mazoyer, N. (2000). Neural correlates of simple and complex mental calculation. *NeuroImage, 13*, 314-327.

chapter 08

연합 피질 운동 실어증: 언어 산출 장애

* Michael P. Alexander

좌측 전두엽 손상 이후 발생하는 실어증 증후군은 브로카 실어증(Broca' s aphasia)이 아니라 연합 피질 운동 실어증(TCMA)이다. TCMA는 다음과 같은 특징이 있다. (1) 어눌하지만 문법적인 발화, (2) 간혹 나타나는 의미 혹은 반복적인 착어증, (3) 반복, 구두 읽기, 암송 능력의 보존, (4) 정상적인(청각 혹은 인쇄로 제시된 글의) 이해 능력.

가장 경미한 상태 혹은 완전히 회복된 상태일 경우 TCMA는 대화나 심지어 임상 검사에서도 거의 알아차릴 수 없다. 가장 심각한 경우, 구어 산출이 극단적으로 감소할 뿐 아니라, 반복적이고 반향어적이며, 손상과 보존이 혼합된 반응 태세(response set)는 이해력에도 결손을 유발한다. 이 장에서 저자는 이 장애의 전체 범위에 대한 임상 및 인지적 신경과학적 연구 결과들을 요약하였다.

사례 보고

환자 G.D.: 73세의 오른손잡이 남성이고, 고등학교를 졸업한 퇴직 공무원인 그는 고혈압, 경도의 운동성 호흡 곤란과 극심한 흉부 통증을 동반한 만성적인 동맥 질환의 병력이 있었다. 그는 관상동맥 스텐트 시술을 받았으며, 하루 동안 헤파린(간장 안에서 혈액의 응고를 방지하는 물질) 처방을 받은 후 아스피린과 티클로피딘(ticlopidine)으로 대치했다. 3일 후 집에서, 그는 급격하게 '혼란스러워' 했다. 응급실에서 시도한 심리평가에서 자발적이거나 반응적인 발화를 할 수 없었지만, 문장을 반복할 수 있었으며 명료한 발음으로 소리 내어 읽을 수 있었다. 뇌의 CT(컴퓨터 단층 촬영) 결과, 좌측 전두엽의 상당 부분에서 출혈(left frontal hemorrhage)이 발견되었다. 아스피린과 티클로피딘 투여는 중단되었다. 이틀 후, G.D.는 여전히 자발적 발화는 나타나지 않았고 질문에 대해 한두 단어로 반응할 수 있었지만, 심각한 보속(perseveration, 단어들을 반복) 증상을 보였다. 검사자의 말, 특히 검사 중 지시어를 억제하지 못하고 반복하는 반향 증상(남의 말을 그대로 흉내 내는 행동)을 보였다. 그는 빈번히 주변 사람들의 질문이나 대화가 끝날 때까지 기다리지 못했다. 말을 따라 반복하는 것은 정상적이었다. 암송을 하기 위해서는 첫 구절을 요구했지만, 그 뒤부터는 암송이 정상적으로 진행되었다. 모든 검사에서 그는, 다소 역설적이지만, 자극과 결합되었으며 동시에 쉽게 산만해졌다.

발병 6일 후, 그는 자발적으로 짧은 발화를 할 수 있었고, 광범위한 질문에 대해서 짧지만 정확하게 반응을 했다. 자신에 관한 많은 질문에 답할 수 있었을 뿐 아니라, 한두 단어로 한정되긴 했지만 정확한 지남력을 보였다. 그에 반해, 지금까지 어떤 직종의 일을 해 왔느냐고 물었을 때, '나는 했지 …… 음 …… 내가 어떤 일을 했나 …… 그게 …… ' 라고 그는 대답했다. 단어 식별하기나 간단한 명령어에 대한 이해력은 온전했다. 음독(소리 내어 읽기)은 정상이었다. 흔히 보는 물체 6개를 제시했을 때 지속적인 반복 오류를 보였지만

3개를 명명할 수 있었으며, 빈도가 낮은 물체 6개에 대해서는 전혀 반응하지 못했다. 60초 안에 동물 이름 5개를 말했지만, '농장을 생각해 봐요' 와 같은 단서를 요구했다. 자신의 이름 외에는 자발적인 쓰기가 되지 않았다. 모든 문법 유형의 단일 단어를 받아쓸 수 있었지만, 단어들 사이나 단어 안에서 보속 현상이 지속되었다. 문장을 받아쓸 때에는 첫 한두 단어를 쓴 뒤 멈추었다. 안면 또는 사지 실행증(손가락 하나하나를 독립적으로, 정교하게 움직이는 능력의 손상)은 없었다. 그림 그리기에서도 보속 증상이 나타났다.

발병 후 16일째, 발화는 유창해졌지만, 오랜 지연 후 나타났으며, 전혀 반응하지 않는 경우도 빈번하였다. 그러나 그가 말할 때, 문장 구조는 문법적이었다. 그는 단어와 구를 반복하는 보속 증상을 보였다. 흔한 대상 6개 모두를 명명했지만, 빈도가 낮은 6개 대상은 단 하나만 명명했다. 명명 실수의 대부분은 첫 번째 명명 대상의 보속으로 발생했지만, 첫 음소의 발화 이후 반응을 억제했다. 동사(take, receive, applaud 등)를 제시할 경우 문장을 형성할 수 없었으며, 주어진 동사를 반복하는 보속 증상을 보였다. 이 검사를 실시한 후 그다음 검사 때는 나타나지 않았다.

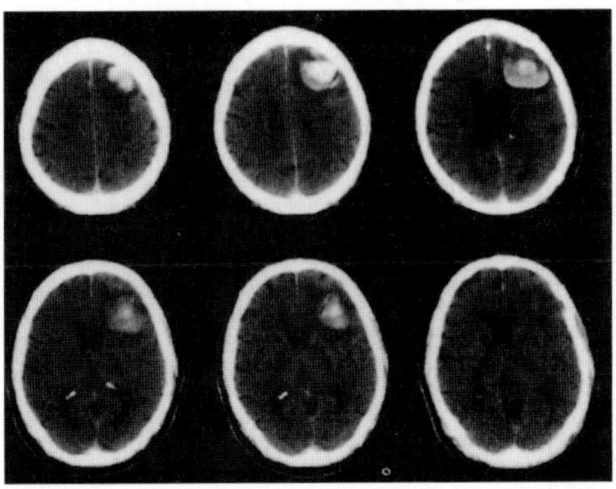

[그림 8-1] 환자 G.D.는 급성기 CT 결과에서 BA 46, 9, 그리고 8이 포함된 전두 선개 위에 커다란 뇌출혈을 보였다. 마지막 병변은 추정이지만 혈액 덩어리의 중심이 전두내 구(위쪽 우측 구역), BA 46, 9에 있다.

환자 M.B.: 86세, 오른손잡이, 뇌 또는 심장 병력과 무관한 은퇴한 내과 의사인 그는 갑자기 '(정신 상태의) 혼란' 이 시작되었다. 그의 첫 입원 기록은 구할 수 없었다. 초기의 가벼운 우측 마비는 곧 사라졌다. CT에서 경색증이 발견되었지만, 확실한 원인은 찾아내지 못하였다. 며칠 동안 말을 못한 것으로 보고되었다. 언어 능력이 어떻게 전개되었는지에 대해서 환자나 그의 가족 모두 잘 기록하지 않았다. 그는 집으로 돌아갔으며, 가족의 감독하에 혼자서 살았다. 그는 자기 스스로를 돌볼 수 있었고, 가벼운 식사를 준비했고, 문화생활을 즐겼다. 몇 달 후, 외국 여행 중 대발작을 일으켰다. 그의 가족에 따르면, 그는 며칠 동안 '혼란스러워했지만' , 며칠 후 원상태로 돌아갔다. CT 영상은 초기 뇌출혈의 잔재([그림 8-2])를 제외하고 새로운 손상을 보여 주지 않았다. 페니토인(항경련제, 간질 발작 등에 사용)이 처방됐다.

간질 발작 8일 후, 환자는 정신이 맑았으며 검사에 협조적이었다. 언어 산출은 유창했지만 횡설수설했다. 원하는 단어를 찾지 못해 말이 막혔으며, 중단된 구절을 반복하는 보속 행위가 뒤따랐다. 때로는 억제되었지만, 반향어를 자주 나타냈다. 단일 단어, 서술적인 구, 운동 명령어의 단어 수준 이해는 좋았다. 반복과 음독은 정상이었다. 모든 일상적인 대상들을 명명했지만, 대상의 부분에 대해서는 60% 정도만 명명했다. 60초 내에 5개의 동물을 명명했지만, 단서를 주었음에도 불구하고, 'b' 로 시작하는 단어는 명명하지 못했다. 주어진 동사로 문장을 산출하라고 요구했을 때, 그는 대명사 주어와 동사(예: give: 'I give ….')는 빨리 산출했지만, 더 이상 진행하지 못했다. 얼굴과 사지 움직임은 정상이었다.

좀 더 세부적인 언어 평가는 뇌출혈 후 1년이 되는 4개월 후 완료되었다. 문법적 형식을 포함한 모든 유창성 평가에서는 정상이었다. 환자는 통사적 구조에서 실수가 없었고, 형태론적 실수도 없었다. 발화 능력 또한 정상이었다. 표현은 횡설수설이었다. 의미 착어증은 나타나지 않았지만, 보속 증상은 지속되었다. 반향 증상은 일부 남아 있었다. 이해는 경도(15개 명령어 중 11개, 12개의 복잡한 문장이나 단락 중 8개)의 손상 상태를 보였다. 단어 이해는 6개 문법 범

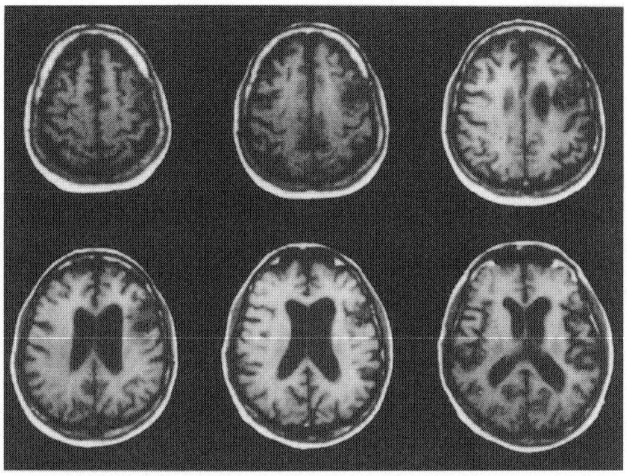

[그림 8-2] 환자 M.B.의 만성기 MRI 결과는 선개에 중등도의 경색과 BA 46과 9, 6을 포함한 내측 전두 회가 부풀어 올랐음을 보여 주고 있다.

주 중 5개에서 정상이거나 거의 정상이었지만, 문법적 단어의 이해, 특히 그림을 내포한 문장 형태와 맞추기 과제에서 단어의 이해력은 저조했다. 반복과 음독 능력은 유지되었다. Boston 명명 과제(Boston Naming Task)에서 60개 중 46개(경도의 손상)를 맞추었다. 음소 단서에 아주 즉각적 반응을 나타냈지만, 쉽게 오답으로 유도되기도 했다. 글쓰기에서 철자 문법적으로는 정상이었지만, 횡설수설 상태였고 보속 증상을 보였다.

TCMA의 임상적 정의의 발달

TCMA는 고전적 실어증 증후군 8개 중 하나다(Alexander, 1997). Lichtheim(1885)과 Goldstein(1948)이 처음으로 기술한 이 증상의 특징들은 대부분 일치했다. Lichtheim은 백년 후에 소개될 '상자~화살표' 분류 기제의 발판이 된 실어증의 이론적 도식으로 장애를 설명하였다. 그러나 Lichtheim 모형에서 화살표들은 비언어적 심리 상태가 보존된 언어 능력에 미치는 영향의 분리로 발생한다는 믿음을 반영했다.

Goldstein은 이 장애에 대해 충분히 고찰했으며, 훌륭한 임상적 기술과 수많은 초기의 연구자들에 의해 보고되었던 사체 해부 상관관계들을 광범위하게 개관했다. 그의 관점은 자신의 1948년 책(1971판)에서 이와 관련된 장의 제목—'비언어적 심리 수행 능력의 손상으로 인한 발화 능력 붕괴에 대한 생생한 묘사'—에서 명백해진다. 그는 TCMA의 두 가지 형태를 기술했다. 하나는, '언어 운동 영역'의 부분적인 손상이 말소리에 대한 역치를 높였다는 것이다. 발화가 외적으로 자극받았을 때(예: 짧은 사실을 담은 질문에 대답하는 것)는 정상이거나 정상에 가까웠다. 내적으로 의도적인 발화를 해야 할 때(예: 개인적인 경험을 기술하는 것)는 상승된 역치에 도달하는 것이 어려웠다. 어떻게든 생성된 발화는 조음이 손상되었으며 '약간의 운동 실문법증'(단어는 알지만 문법에 맞는 글을 못 씀)을 보였지만, 반복, 암송, 구두 읽기와 쓰기는 상태가 더 좋았다. 실어증의 현대적인 모형에서(Goodglass, 1993), 구두 언어 또는 활자 언어 이해 능력의 이상 없이 발화에서만 나타나는 실문법증은 불가능하지는 않을지라도 발생할 가능성은 희박한 가장 경도의 브로카 실어증의 한 양상으로 볼 수 있다. 그러나 Goldstein은 이 장애가 항상 경미하고 일시적인 증상이라고 주장한다. 이와 같은 거의 일시적이고 경도의 브로카 실어증은 1970년에 들어 Mohr와 동료들로부터 종종 '베이비 브로카 실어증'이라고 불리기도 했지만 '브로카 영역 실어증'으로 보고되면서 새로운 전기를 맞이하게 되었다(Mohl, Pessin et al., 1978).

Goldstein에 의해 기술된 TCMA의 두 번째 종류는 '말하고자 하는 충동의 손상'으로 특징지을 수 있다. 환자들의 상태는 이 장의 서두에서 묘사되었던 개요와 일치한다. 또한 Goldstein은 환자가 종종 '일반적인 운동 불능'을 보였고, 말 산출을 하고자 할 때 상기시켜 주는 단서를 필요로 했으며, 심지어 암송에서조차 단서를 필요로 했다. TCMA는 말하려고 하는 '의도'의 손상이라는 결론이 내려졌다. 반향 언어는 후실비안 주변(perisylvian) 구조가 온전함에도 불구하고, 의도의 실패와 손상된 언어가 결합되어 나타날 때만 발생하기 때문에, Goldstein은 참고할 수 있었던 임상적 보고로부터 반향어는 TCMA의 중요한 요소가 아니라고 믿었다. 당시 문헌들에 대한 그의 개관은 좌측 전두엽 손상과 중등도의 이해 손상으로 발생한 반향어 증상을 보인 몇몇 사례에 국한되었다. 이러한 환자들이 보여준 '이해 손상' 은 앞에서 기술한 두 환자처럼, 언어 역량의 실제적인 손상이라기보다는 적절한 검사법들의 확립과 보속 행위의 방지 실패로 인한 결과일지도 모른다.

Luria는 의도적으로 연속된 언어 산출에 핵심적인 '비언어적 심리 처리 과정' 의 가능한 구성 요소에 대해 현대 언어학적 이론에 근거한 기술을 시작했다(Luria, 1973). Luria의 용어와 개념적 모형은 독특하지만, 그는 현대 인지신경심리학적 용어로 쉽게 기술될 수 있게끔 신경 장애들을 구분하였다. 그는 의도, 언어적 계획의 형성, 그리고 선형적인 심리 모형(현대 용어로 심층 구조)의 구축으로 손상들을 기술했다. 추동, 각성, 동기 등이 결핍된 의도의 손상은 대뇌 변연계 장애를 시사한다. 계획하기 손상은 감독 집행 기능의 손상을 시사한다. 선형적 구조를 산출하기 위한 능력의 감소는 통사와 담화 절차 과정의 손상을 시사한다. 이 세 가지 영역—의도, 관리, 그리고 계획하기—은 많은 다른 복잡한 인지 처리와 함께 언어에서 전두엽 역할에 대한 현대 이론의 핵심이다.

Luria는 단일 단어 반복 능력은 보존되었지만 자발적 발화의 유창성이 현저히 감소된 TCMA를 전형적인 브로카 실어증에서 부분적으로 회복될 때 나타나는 훨씬 더 심각한 장애로 간주하였으며, 브로카 실어증과 구별하여 이런 언어 손상들의 결집을 '역동성 실어증' 이라고 제안했다(Luria & Tsevtkova, 1967). Luria는 또한 역동성 실어증을 일반적으로 자발성과 동기가 결여된 전두엽 손상 환자들과 구별했다. 좌측 하전두엽을 제외하고 역동성 실어증을 야기하는 정확한 손상 위치는 알려지지 않고 있다.

현대의 뇌영상 기술과 신경과학 영역의 출발선상에서 언어에서의 전두엽 역할을 요약해 보자. 언어의 근본적인 처리 과정은 광범위한 의사소통이라는 목적을 달성하기 위해 활용될 수 있다. 이러한 목적을 성취하기 위해서 의도와 계획을 포함한 심적 처리와 언어 구조와 산출을 조직화할 수 있는 서술 기법들이 요구된다. 언어 사용의 이러한 복잡성에서의 손상은 좌측 외측 전두엽에 있는 병변 때문이다. TCMA(또는 Luria의 역동성 실어증)는 의미, 음운 체계, 조음, 문법 및 문장 접속과 같은 근본적인 처리 과정은 정상이지만, 이 처리 과정의 활용에 손상을 보이는 실어증 양상을 나타낸다.

비록 Luria의 기본적인 특징은 현대적 개념에 근본적으로 남겨져 있지만, 지난 25년간 임상적, 뇌영상, 인지신경과학 탐구는 TCMA에 대한 우리의 이해를 더 분명하게 했고, 이 장애의 신경 및 심리학적 구성 요소를 명확하게 했다. 병변 세분화도 더욱 분명해졌다. 언어의 개별적인 특성에 있어서 전두엽의 다른 영역들의 역할도 더 잘 이해하게 되었다. 인지신경과학의 다른 영역으로부터의 발견들은 발화에서 계획과 의도의 기제를 밝혀내는 데 일조하고 있다.

TCMA에서 병변–해부학적 상관

전두엽 병변으로 발생하는 언어 장애의 어떤 분석도 브로카 실어증과 함께 시작해야 한다. 이 병명이 붙은 영역은 일반적으로 'B'로 표시되고, BA(브로드만 영역) 44와 45에 해당하는 전두엽 선개에 걸쳐 놓여 있다. 이 영역은 때로는 아래쪽 운동 피질(영역 4)과 하부 선개 표면으로 연결되는 전측 및 상뇌섬엽 피질(insula cortex)을 포함한다. 이 영역에 국한된 손상은 때로는 '브로카 영역 실어증'이라고 불리는 가변적인 임상적 특징을 유발한다(Mohr et al., 1978). 급성 단계에서, 이 환자들에게서 나타나는 증상은 상이하기보다는 유사한 점들이 더 많다. 그 환자들은 종종 순간적으로 벙어리가 되며, 그러고 난 뒤 조음과 운율 손상, 구절 길이의 단축, 통사적 실수, 착어 증상도 함께 섞인 다양한 증상을 나타내며 그 결과 발화에 노력이 필요하지만, 반복이 발화에 상당한 도움을 준다. 따라서 브로카 영역 병변은 급성 브로카 실어증을 유발시킨다.

만성 단계에서, 이 환자들은 여러 유형으로 분리된다(Alexander, Naeser, & Palumbo, 1990). 후부 선개와 하부의 운동 피질에 집중된 병변은 지속적인 조음 및 운율 장애 증상을 유발시키지만, 곧 회복되어 아주 긴 문법적인 발화를 생성해 낼 수 있다. 전측 상선개에 집중된 병변은 지속적으로 발화를 단절시키지만, 분명한 문법적 손상은 없다. 조음과 운율이 빨리 회복되며, 반복과 암송 또한 급속히 정상화된다. 그러므로 후기 급성 단계 관점에서 볼 경우, 브로카 영역 병변은 2개의 인접한, 어쩌면 겹치는 신경 체제를 손상시키는데, 그중 하나는 근본적으로 발화의 운동 통제를 관할하며, 다른 하나는 길고 복잡한 발화를 구현시키는 체제다. 브로카 영역 병변은 지속적인 브로카 실어증을 유발하지는 않는다.

Freedman과 동료들(Freedman, Alexander, & Naeser, 1984)은 표준 임상 검사에서 TCMA로 진단받은 환자들 중 후기 급성 단계에 속하는 수많은 환자들의 자료를 분석했다(Goodglass & Kaplan, 1983). 모두에게서 1개 이상의 병변이 확인되었다. 몇몇 환자들은 브로카 영역의 전측 부위를 포함한 전두엽 선개에 손상을 입었고, 어떤 이들은 종종 백질로 투사하는 배측면 내측 전두엽 영역에 손상을 입었다. 다른 환자들은 미상 핵 머리 부분을 포함하거나 인접 부위와 그 위쪽의 심층 백질만 손상을 입었다. 어떤 환자들은 미상 핵 머리와 인접 백질로까지 뻗어 가는 큰 선조-내포에 병변을 가졌다. 어떤 이들은 보조 운동 영역(SMA)을 포함한 내측 전두엽이 손상되었다.

좌반구 전측 대뇌 혈관(ACA) 영역의 경색 이후 발생하거나 시상 이상(parasagittal) 종양과 연합되어 나타나는 실어증에 대한 기존의 보고에 의해, 거대한 내측 전두엽 병변이 발화와 언어 손상을 유발하는 것으로 이미 확립되었다(Critchley, 1930). 함구증, 말소리 결핍, 반복적인 발화가 이미 보고되었다. 1970년대(Von Stockert, 1974; Rubens, 1976; Masdeu, Schoene, & Funkenstein, 1978)와 1980년대(Alexander & Schmitt, 1980)에 보고된 연구들은 내측 전두엽 병변으로 실어증이 진전되는 것—몇 시간에서 몇 주에 걸쳐 나타나는 초기 함구증, 그 후 길고, 유창한 발화의 점진적 회복, 유지된 반복과 암송 능력—을 보여 주었다.

Freedman과 동료들은 좌반구 측면 전두엽 손상과 연합된 다양한 유형의 후기 급성 단계의 언어 손상 증상들을 자세히 평가한 결과 전두엽의 전측과 후측의 역할이 분산된다고 보고했다(Freedman et al., 1984). 후측 영역은 조음에서 핵심적인 역할을 한다. 반면, 전측 영역은 복잡한 문장, 이야기 서술 등과 같이 언어의 생성에서 핵심적인 역할을 하지만, 반복, 명명, 구두 읽기 및 짧은 반응과 같이 외부에서 유발된 언어에서는 중요한 역할을 하지 않는다.

좌반구 선조-내포 영역 병변과 연합된 '피질하 실어증' 이라고 불리는 증상에 대해서 상당한 논란이 있었다. 절대 피질 관류 및 경동맥 폐쇄 질병의 범위와 위치의 분석에 근거하여 몇몇 연구자들은 피질의 저관류가 미세한 피질 뉴런의 손상을 유발시킴으로써 실어증이 발생한다고 제안했다(Olsen, Bruhn, & Oberg, 1986). 이 관점에 따르면, 실어증은 피질하 병변과 전혀 무관하다. 많은 공동 연구자들과 함께 나는 실어증에 대해 다른 기제를 제안해 왔다(Alexander, Naeser et al., 1987). 사실 선조-내포 영역 병변 내에 있는 대부분의 구조들은 실어증과 무관하다. 기저 핵 내의 병변, 담창 구, 복측 전각 내섬유막(ALIC)또는 뇌실 주변 백질(PVWM)의 대부분은 언어에 영향을 미치는 것 같지 않다. 그에 반해, 배측 전각 내섬유막, 미상 핵의 배측 머리, 전측 뇌실 주변 백질의 병변은 후기 급성 단계에 나타나는 경도의 산출 실어증, 즉 TCMA와 관련이 있다(Mega & Alexander, 1994). 이 환자들은 또한 심각한 조음 손상(하행 피질 연수로), 발성 부전(기저 핵), 편측 부전마비(피질 척수로)를 나타낸다. 이런 증상들은 실어증과는 전혀 무관하다. 실어증 진단은 신경학적 발견과는 독립적이다(Alexander et al., 1987). 출혈의 박리(dissection)는 특유한 병변 확대를 유발할 수 있기 때문에, 선조-내포 영역에서(고혈압성) 자발성 출혈은 좀 더 심각한 초기 실어증을 유발하며, 후기 급성 기간 동안에 광범위한 실어증을 유발한다(D' Esposito & Alexander, 1995). 미상 핵 또는 전측 백질 병변 발생 이후, 경도의 TCMA '핵심 증후군' 이 지속된다.

이러한 이질적인 발견들을 확고히 할 수 있을 것 같다. 보조 운동 영역(SMA)과 전측 대상 회(ACG)를 포함한 내측 전두엽 손상은 무동무언증(akinetic mutism)을 유발시킨다(Freemon, 1971). 발화기관의 운동 불능(즉, 함구증)을 포함한 운동 불능증은 상향 피질 도파민성 입력 정보의 상실에서 발생한다(Lindvall, Bjorkland, Moore, & Stenevi, 1974). 따라서 진행성 핵상마비(PSP)와 주로 연관된 진행성 실어증은 비록 이 증상이 전반적 활성화와 실행 기능의 손상을 내포하고 있지만, 사실 역동성 실어증 또는 TCMA다(Esmonde, Giles et al., 1996).

보조 운동 영역(SMA)(Jürgens, 1984)과 전측 대상 회(ACG)(Baleydier & Mauguiere, 1980)의 연결 원리는 매우 흥미롭다. 구심성 신경은 모든 감각 연합 피질과 도파민성 뇌간 세포 핵으로부터의 강력한 신호를 받는 반면, 원심성 신경은 두 반구의 전두엽 영역과 선조체로 신호를 보낸다. 따라서 처리된 감각 정보는 피질하의 추동과 활성화 기제가 수렴한다. 보조 운동 영역과 전측 대상 회로부터 출력된 신호는 변압기로 작동한다. 내측 구조는 지속적인 운동과 인지에 대한 추동을 제공한다. 전측 뇌실 주변 백질(PVWM) 영역을 통해 미상 핵에 이어지는 신경 투사는 측전두엽 영역으로 이 활성화를 전달하며, 궁극적으로 언어를 담당하는 좌측 안와 전두엽으로 수렴된다(Alexander et al., 1987). 이 체제 내 어느 곳에서든 병변이 발생할 경우 추동, 활성화 생성 능력이 손상되며 그 결과 불완전하고 정교하지 않은 언어를 유발하게 된다. 따라서 원심성 양측 내전두 체제에서 좌측 전두 체제로 투사되는 신경의 손상은 말하고자 하는 '의도' 에서 관찰된 손상의 기초를 구성한다. 간단한 반응, 암송, 반복, 명명 행위들을 생성하기 위해서는 훨씬 적은 노력이 요구된다. 따라서 이 능력들은 유지된다. 후측 안와 전두 판개는 다시 발화의 운동 프로그램을 조직화한다.

역동성 실어증의 현대적 개념

최근 연구자들은 가장 명백한 TCMA의 사례인 역동성 실어증에 초점을 맞추어 TCMA에서 나타나는 계획과 관리 결손의 기저를 이루는 인지 및 언어 장애 증상을 분석했다. 정상인을 대상으로 실시한 뇌영상 연구로부터 추출한 결과에 근거한 추정 또한 이 문제의 설명에 기여하였다. 이 연구들은 '계획하기' 의 일반성을 구성하는 검정 가능한 손상들을 좀 더 정확하게 구분하려는 시도를 했다.

역동성 실어증의 단일 사례를 가장 세심하게 분석한 보고들을 보면, 이 증상이 좌측 전두엽 병변으로 발생한 TCMA의 임상적 기준을 만족시키는 것으로 나타난다. Costello와 Warrington(1989)은 표현하기 위해 통사적 요소들을 구현하기나 실제 문장을 산출하기 전에, 발화하기 위한 개념적 구조를 생성할 수 없는 환자를 보고했다. Robinson 등은 대화 맥락에 제약이 거의 없거나 단서를 거의 제공하지 않을 때, 명제 언어를 선택하지 못하는 환자에 대한 연구를 보고했다(Robinson, Blair, & Cipolotti, 1998). 수많은 발화와 문자의 구성이 가능할 때, 환자는 장애 증상을 나타냈다. 맥락이 반응을 제한할 경우에는 언어 능력이 정상이었다.

Thompson-Schill 등은 병변이 좌반구 후전두엽 영역을 포함하고 있는 환자에게서 단일-단어 차원에서 유사한 유형의 장애 증상을 발견했다(Thompson-Schill, Swick, Farah, D' Esposito, Kan, & Knight, 1998). PET(Petersen, Fox, Posner, Mintun, & Raichale, 1989)와 fMRI(Desmond et al., 1995)를 활용한 언어 활성화 연구는 명사를 제시한 뒤 그와 관련된 동사를 제시하는 것과 같은 의미 생성 과제에서 좌측 전두 안와 영역이 활성화된다는 것을 보여 주었다. 이러한 활성화는 의미 인출과 연관될 뿐 아니라, 인출된 선택의 범위로부터 한 항목의 선택에도 매우 크게 달려 있다(Thompson-Schill, D' Esposito, Aguirre, & Farah, 1997). 후전두엽 병변이 있는 환자들은 가용한 선택의 수에 비례하여 동사를 생성해 내는 데 어려움을 보인다(Thompson-Schill et al., 1998). Nadeau(1988)는 좌반구 측면 전두엽에 큰 병변이 있는 두 환자의 통사 구조를 분석했다. 그는 전체 반응의 통사적 틀에는 결함이 있더라도 한 문장 내에서 단어 선택과 문법은 정상이라는 것을 보여 주었다.

정상인의 기억 인출에 대한 PET 연구에서, Fletcher 등은 인출될 단어 쌍의 관계에 따라 좌측 전두엽 활성에서 차이가 나타나는 것을 관찰했다. 따라서 형상화할 수 있든(팔-근육) 할 수 없든(행복-사랑), 연결 확률이 높은 구문을 인출하거나 산출할 경우 좌측 전두엽의 활성화 정도는 경미하였다. 인출이 형상화가 쉬운 단어들(허리케인, 강아지)이지만 관련되지 않은 단어 쌍을 새롭게 연결하여야 할 때, 좌측 측면 전두엽의 활성화가 현격하게 고조되었다(Fletcher, Shallice, Frith, Frackowiak, & Dolan, 1996). 이런 발견이 좌측 전두엽 병변 환자들과 역동성 실어증 환자들이 의미적으로 전혀 연결되어 있지 않은 반응을 생성할 때 겪는 어려움과 유사하다고 Fletcher 등은 언급했다.

역동성 실어증에 대한 이런 설명들은 발화의 맥락이 즉각적인 산출을 유도하지 않는 상황에서 발생하는 언어 계획의 손상에서 원인을 추정한다. 단어 수준이든 문장 수준이든(또는 담화 수준에서조차; 다음 논의를 보라), 이러한 계획과 선택의 문제는 전두엽 실어증의 근간을 이룬다. 많은 반응이 가능할 때, 단어와 통사적 선택이 제한되지 않을 때, 사회적 맥락이 취할 수 있는 발화의 형식을 제한하지 않을 때, 좌측 전두엽 영역은 특정한 반응 전략의 선택과 실행을 위해 결정적인 역할을 한다. 이것이 언어 영역에서 행동 계획이다.

담화

담화는 구조화된 복잡한 출력의 산출이다(Chapman, Culhane et al., 1992). 발달 단계에서 인간은 담화에 대한 규칙과 일반적으로 인정된 절차를 학습하며, 이와 병행해서, 어떻게 그리고 언제 이러한 절차를 이용하는지도 학습한다(Chapman, Culhane et al., 1992). 인간은 청자와 상호작용을 하고 있는 지식, 기대, 또는 정서라는 것을 평가하기 위해, 청자의 마음에 자신을 두는 능력인 '마음의 이론' 을 학습한다(Stone, Baron-Cohen, & Knight, 1998; Gallagher, Happe, Brunswick, Fletcher, Frith, & Frith, 2000). 사람들은 담화 사용에 대한 맥락과 제약을 학습한다. 담화에 대한 그들 문화의 규칙, 양식, 전략을 학습한다. 담화의 어떤 형식들은 변론서 작성, 의학 보고서 작성, 책의 장 쓰기, 특정 유형의 농담하기와 같이 규칙에 강력히 얽매여 있다. 담화는 이야기(이야기를 말하는 것)하거나 또는 절차(예: 요리 설명과 관련된 것, 차 수리하기를 가르치는 것)를 기술하거나 아니면 이 둘의 합성(예: 생물학 가르치기)일 수 있다. 담화의 형식은 구성의 규칙(이야기 문법), 통일성의 규칙(이해할 수 있는 지시어를 사용하는 것), 간접적인 규칙 등이 있다.

전전두엽 병변은 담화에서 손상을 유발한다(Kaczmarek, 1984; Chapman, Culhane et al., 1992). 좌반구 전전두엽 병변으로 인한 담화 오류들은 대부분이 간략화이다(Novoa & Ardila, 1987). 문장 구조의 다양성에서 축소와 문장 형식을 반복하는 경향이 있다. 담화에 들어갈 적절한 주제들과 개념들의 숫자가 줄어든다.

따라서 담화 내에서의 다른 표현을 참고하는 것이 보통 불완전하다. 역동성 실어증과 담화력 결손 간의 경계는 분명하지 않다. 역동성 실어증 환자는 간단하고 정교하지 않은 문장 형식을 사용하며, 몇 개의 문장 구조를 반복하는 경향이 있다. 복잡한 언어 요소를 찾는 데 있어서 손상 양상이 명백히 중첩되었다.

지금까지 이 개관은 좌반구 전두엽 병변만 다루었다. 담화의 수준에서, 우반구 전전두엽 손상 역시 의사소통을 방해한다(Novoa & Adila, 1987). 증거가 제한되어 있지만, 우반구 전전두엽 병변은 조직화와 감시 기능을 감소시키고, 그 결과 우반구 전두엽 손상에서 특징적으로 나타나는 핵심에서 벗어나고, 전혀 관련이 없고, 때론 부적절하며, 어떤 경우에서는 작화적인 담화까지 보인다고 보고하고 있다.

복잡한 언어의 산출은 음성적, 음소적, 의미적, 그리고 문법적인 언어 처리의 근본적인 기능들이 온전하다는 것을 전제한다. 이런 기능들을 사용하여 상호연결된 대규모 집합의 작동이 복잡한 언어를 산출하게 된다. 이 작동들은 청자와 지식을 공유하도록 하는 담화의 의도와 형태의 선택, 의도된 의사전달에 맞는 문장 구조의 선택, 그리고 의도를 표현하고 구조에 맞는 정확한 어휘 요소의 많은 대안 항목들로부터 선택 등으로 구성된다. 이 모든 것이 어떻게 실시간으로 표출되는가를 설명하는 것은 저자의 능력을 넘어선 것이며, 인지과학의 필수적인 쟁점(Levelt, 1989)이다. 마지막으로 전두엽 손상으로 발생하는 행동 계획을 살펴볼 것이다.

행동 계획

행동 계획하기 능력을 신경 손상 환자들을 대상으로 평가하였다. 행동 계획에 대한 다양한 모형들이 있다(Shallice, 1982; Schwartz, Reed, Montgomery, Palmer, & Mayer, 1991). 모든 모형들은 사람들이 다양한 단순 행동(붓기, 자르기, 꼬인 것 풀기 등) 수행 능력과 특정 목적(커피 준비하기, 샌드위치 만들기 등)을 성취하기 위한 단순 행동들을 다양한 양식으로 조합할 수 있는 능력을 경험을 통해 습득한다고 추정하고 있다. 특정 행동들이 특정 양식과 자주 연합될 때, 그렇게 결합된 복합적인 행동은 하나의 행동 단위(아침 식사하기, 의복 착용)로 고착돼 버린다. 생애 전반에 걸쳐 습득한 수많은 단순 행동과 복합 행동들은 절차화된다. 즉, 명시적인 의식의 관여 없이 산출된다. 행동이 복잡해질수록, 행동(도식, schema)의 하위 구성 요소들을 끌어 오는 순서가 덜 고정되었을수록, 행동의 부분 요소들을 선택하고 조합하여 의도하는 복합 행동으로 구성된다. 특정 행동을 지연하거나 유지시키고, 다른 행동들을 억제시키고 그리고 목적(의도)대로 진행되는지를 감시하기 위해서는 명시적인 의식의 관여가 요구된다. 행동 계획 능력의 손상을 연구하기 위해서 아침 식사하기(Schwartz et al., 1991)처럼 간단한 일상적인 행동이나 쇼핑하기(Shallice & Burgess, 1991)처럼 좀 더 복잡한 행동들이 사용되었다.

TCMA는 아니더라도 적어도 역동성 실어증과 담화 결손은 언어에서의 행동 계획 실패를 의미한다. 환자들은 계획이나 하부 계획을 생성하지 못하며, 여러 대안 계획들 중 하나를 선택하지 못하거나, 다른 활성화된 계획들을 혼합하지 않고 초기 선택한 계획을 유지하지 못한다. 그뿐 아니라 여러 선택된 계획들이 어떻게 진행되고 있는지를 추적하지도 못한다. 이렇게 행동을 조합하고 계획하는 기능은 좌측 전두엽의 전측-후측에 배치된 구조들의 여러 수준에서 작동하는 것 같다(Sirigu, Cohen et al., 1998). 복측-외측 후전두엽에서의 손상은 단어 활성화와 선택 수준에 있는 것 같다(Thompson-Schill et al., 1998). 따라서 질문에 담긴 단어나 외부로부터 단서가 제시되지 않을 때 상대방에 대한 반응은 매우 제한을 받는다. 배측-외측 선두엽 병변으로 인한 손상은 통사의 선택에서 드러난다(Costello & Warring). 새로운 문장 구조를 생성하지 못하며, 그 결과 반응을 수행하기 위해 제공된 문장의 일부를 표절하는 반향어와 보속 증상이 나타난다. 전전두엽 병변으로 인한 결손은 담화 수준에 있는 것 같다. 언어를 산출하고 단어 선별을 수행하지만 복잡한 행동(담화)의 계획을 조직화는 기능이 손상된다. 의사소통에서 단지 몇 개의 문장 형태에 의존하게 되며, 새로운 문법 구조나 이야기 구조를 활용하는 데 큰 어려움을 겪게 된다.

결론과 미래 방향

역동성 실어증은 행동 계획 구성 요소들을 분석하는 데 이상적인 장애로 여겨진다. 행동 계획의 개념적 틀을 언어 산출로 대응시키는 것은 두 기능 모두를 보다 명백하게 이해하게 하는 경로가 될 것이다. TCMA나 역동성 실어증의 요소들은 잘 정의되어 있는 반면, 그 치료에 대한 방법들은 그렇지 못하다. 복잡한 문법이나 담화의 사용을 재교육하는 게 가능한가? 환자들은 대체와 보상 규칙을 학습할 수 있는가 아니면 복잡한 언어 표현들을 일상 맥락에서 반복시키거나 연습시켜야 하는가? 계획하기 능력이 그림이나 이야기 배치 과제만으로도 학습되는가 아니면 대화 과정 속에서만 재학습될 수 있는가? 도파민성 결핍이 실제로 언어 손상 구성 요소의 근본 원인으로 작용하고 있는가(Sabe, Salvarezza, Garcia Cuerva, Leiguarda, & Starkstein, 1995), 아니면 전반적인 무동무언증 증후군에만 관련이 있는가? Goldstein으로부터 Shallice에 이르기까지 그 증상에 대한 이해력에 있어서 명백한 발전이 있어 왔지만 그 증가가 환자에게 미치기까지는 아직 요원하다.

언어에 대한 행동 계획이 내포된 손상은 상호작용을 통해 전두엽 언어 장애를 유발시킨다. 핵심적인 전두엽 언어 장애는 TCMA다. TCMA에서 나타나는 장애 증상들은 (함구증을 포함하는) 지연된 발화 시연, 손상된 어휘 선택, 구속받지 않고 통사 형태를 생성해 내는 능력의 저하 같은 증상들의 혼합으로 나타난다. 이 증상들을 유발시키는 병변의 원형으로 고전적 브로카 영역의 대부분을 포함하는 좌반구 외측 전두엽 병변이나 백질 투사와 배측 미상 핵을 포함한 피질하 구조의 병변들을 들 수 있다.

좌반구 전두엽 부상으로 인한 언어 산출 손상의 기저에 내재하는 두 가지 근본적인 요인은 의도와 계획하기다. 의도 손상은 내측 전두엽 구조들, 이 구조들의 구심성 신경 투사 혹은 좌반구 외측 전두엽 영역에서의 아마도 분산적인 원심성 수렴의 손상으로 발생한다. 계획 능력의 손상은 단어 선택의 수준에서 통사 선택, 담화 구성 수준으로 확장되는 계획에서의 손상과 맞물려 있으며 각 수준에서의 손상은 전두엽 병변의 후측-중심축 진행과 대체로 연관성이 있다.

참 | 고 | 문 | 헌

Alexander, M. P. (1997). Aphasia: Clinical and anatomic aspects. In T. E. Feinberg, & M. J. Farah (Eds.), *Behavioral neurology and neuropsychology* (pp. 133–149). New York: McGraw-Hill.

Alexander, M. P., Naeser, M. A., & Palumbo, C. L. (1987). Correlations of subcortical CT lesion sites and aphasia profiles. *Brain, 110*, 961–991.

Alexander, M. P., Naeser, M. A., & Palumbo, C. L. (1990). Broca' s area aphasia: aphasia after lesions including the frontal operculum. *Neurology, 40*, 353–362.

Alexander, M. P., & Schmitt, M. A. (1980). The aphasia syndrome of stroke in the left anterior cerebral artery territory. *Archives of Neurology, 37*, 97–100.

Baleydier, C., & Mauguiere, F. (1980). The duality of the cingulate gyrus in monkey: Neuroanatomical study and functional hypothesis. *Brain, 103*, 525–554.

Chapman, S. B., Culhane, K. A., Levin, H. S., Harward, H., Mendelsohn, D., Ewing-Cobbs, L., Fletcher, J. M., & Bruce, D. (1992). Narrative discourse after closed head injury in children and adolescents. *Brain and Language, 43*, 42–65.

Costello, A. L., & Warrington, E. K. (1989). Dynamic aphasia. The selective impairment of verbal planning. *Cortex, 25*, 103–114.

Critchley, M. (1930). Anterior cerebral artery and its syn-dromes. *Brain, 53*, 120–165.

D' Esposito, M., & Alexander, M. P. (1995). Subcortical aphasia: Distinct profiles following left putaminal hemorrhages. *Neurology, 45*, 33–37.

Desmond, J. E., Sum, J. M., Wagner, A. D., Demb, J. B., Shear, P. K., Glover, G. H., Gabrieli, J. D., & Morrell, M. J. (1995). Functional MRI measurement of language lateralization in Wada-tested patients. *Brain, 118*, 1411–1419.

Esmonde, T., Giles, E., Xuereb, J., & Hodges, J. (1996). Progressive supranuclear palsy presenting with dynamic aphasia. *Journal of Neurology, Neurosurgery and Psychiatry, 60*, 403–410.

Fletcher, P. C., Shallice, T., Frith, C. D., Frackowiak, R. S., & Dolan, R. J. (1996). Brain activity during memory retrieval: The influence of imagery and semantic cueing.

Brain, 119, 1587-1596.

Freedman, M., Alexander, M. P., & Naeser, M. A. (1984). Anatomic basis of transcortical motor aphasia. *Neurology, 34,* 409-417.

Freemon, F. R. (1971). Akinetic mutism and bilateral anterior cerebral artery occlusion. *Journal of Neurology, Neurosurgery and Psychiatry, 34,* 693-698.

Gallagher, H. L., Happe, F., Brunswick, N., Fletcher, P. C., Frith, U., & Frith, C. D. (2000). Reading the mind in cartoons and stories: An fMRI study of "theory of mind" in verbal and nonverbal tasks. *Neuropsychologia, 38,* 11-21.

Goldstein, K. (1948). *Language and language disorders.* New York: Grune & Stratton.

Goodglass, H. (1993). *Understanding aphasia.* San Diego: Academic Press.

Goodglass, H., & Kaplan, E. (1983). *The assessment of aphasia and related disorders.* Philadelphia: Lea & Febiger.

Jürgens, U. (1984). The efferent and afferent connections of the supplementary motor area. *Brain Research, 300,* 63-81.

Kaczmarek, B. L. J. (1984). Neurolinguistic analysis of verbal utterances in patients with focal lesions of frontal lobes. *Brain and Language, 21,* 52-58.

Levelt, W. J. M. (1989). *Speaking: From intention to articulation.* Cambridge, MA: MIT Press.

Lichtheim, L. (1885). On aphasia. *Brain, 7,* 433-484.

Lindvall, O., Bjorkland, A., Moore, R. Y., & Stenevi, U. (1974). Mesencephalic dopamine neurons projecting to neocortex. *Brain Research, 81,* 325-331.

Luria, A. R. (1973). *The working brain.* New York: Basic Books.

Luria, A. R., & Tsevtkova, L. S. (1967). Towards the mechanism of "dynamic aphasia". *Acta Neurologica Psychiatrica Belgica, 67,* 1045-1067.

Masdeu, J. C., Schoene, W. C., & Funkenstein, H. (1978). Aphasia following infarction of the left supplementary motor area. *Neurology, 28,* 1220-1223.

Mega, M. S., & Alexander, M. P. (1994). The core profile of subcortical aphasia. *Neurology, 44,* 1824-1829.

Mohr, J. P., Pessin, M. S., Finkelstein, S., Funkenstein, H. H., Duncan, G. W., & Davis, K. R. (1978). Broca aphasia: Pathologic and clinical aspects. *Neurology, 28,* 311-324.

Nadeau, S. (1988). Impaired grammar with normal fluency and phonology. *Brain, 111,* 1111-1137.

Nadeau, S., & Crosson, B. (1995). Subcortical aphasia. *Brain and Language, 58,* 355-

402.

Novoa, O. P., & Ardila, A. (1987). Linguistic abilities in patients with prefrontal damage. *Brain and Language, 30*, 206-225.

Petersen, S. E., Fox, P. T., Posner, M. I., Mintun, M., & Raichle, M. E. (1989). Positron emission tomographic studies of the processing of single words. *Journal of Cognitive Neuroscience, 1*, 153-170.

Robinson, G., Blair, J., & Cipolotti, L. (1998). Dynamic aphasia: An inability to select between competing verbal responses? *Brain, 121*, 77-89.

Ross, E. D., & Stewart, R. M. (1981). Akinetic mutism from hypothalamic damage: Successful treatment with dopamine agonists. *Neurology, 31*, 1435-1439.

Rubens, A. B. (1976). Transcortical motor aphasia. *Studies in Neurolinguistics, 1*, 293-306.

Sabe, L., Salvarezza, F., Garcia Cuerva, A., Leiguarda, R., & Starkstein, S. (1995). A randomized, double-blind, placebo-controlled study of bromocriptine in nonfluent aphasia. *Neurology, 45*, 2272-2274.

Schwartz, M. F., Reed, E. S., Montgomery, M., Palmer C , & Mayer, N. H. (1991). The quantitative description of action disorganization after brain damage: A case study. *Cognitive Neuropsychology, 8*, 381-414.

Shallice, T. (1982). Specific impairments of planning. *Philosophical Transactions of the Royal Society of London, 298*, 199-209.

Shallice, T., & Burgess, P. W. (1991). Deficits in strategy application following frontal lobe damage in man. *Brain, 114*, 727-741.

Sirigu, A., Cohen, L., Zalla, T., Pradat-Diehl, P., Van Eechout, P., Grafman, J., & Agid, Y. (1998). Distinct frontal regions for processing sentence syntax and story grammar. *Cortex, 34*, 771-778.

Olsen, T. S., Bruhn, R, & Oberg, R. G. (1986). Cortical hypoperfusion as a possible cause of "subcortical aphasia." *Brain, 109*, 393-410.

Stone, V. E., Baron-Cohen, S., & Knight, R. T. (1998). Frontal lobe contributions to theory of mind. *Journal of Cognitive Neuroscience, 10*, 640-656.

Thompson-Schill, S. L., D' Esposito, M., Aguirre, G. K., & Farah, M. J. (1997). Role of left inferior prefrontal cortex in retrieval of semantic knowledge: A reevaluation. *Proceedings of the National Academy of Sciences U.S.A., 94*, 14792-14797.

Thompson-Schill, S. L., Swick, D., Farah, M. J., D' Esposito, M., Kan, I. P., & Knight, R. T.

(1998). Verb generation in patients with focal frontal lesions: A neuropsychological test of neuroimaging findings. *Proceedings of the National Academy of Sciences U.S.A.*, *95*, 15855–15860.

Von Stockert, T. R. (1974). Aphasia sine aphasie. *Brain and Language*, *1*, 277–282.

chapter 09

베르니케 실어증: 중심성 언어 처리 장애

* Jeffrey R. Binder

사례 보고

경도의 고혈압이 있는 75세의 오른손잡이 여성 환자 H.K.는 갑자기 언어 장애와 우측 마비가 발생했다. 이전에 그녀는 건강했고 혼자 생활할 수 있었고 자신의 활동을 유지할 수 있었다. 우측 안면과 손에 한정됐던 마비는 24시간 내에 해결되었다. 갑작스러운 입원 기간 동안, 저조한 대상 명명하기, 말에서 이해할 만한 단어 산출하기의 어려움, 명령과 질문에 대한 손상된 이해를 포함한 지속적인 언어 장애가 관찰되었다. 발병 후 3일째에 실시한 CT 촬영에서 후부 측두엽과 두정엽에 영향을 미치는 좌측 중앙 대뇌 혈관 영역의 급격한 축소를 나타냈다. 그녀를 1주일 후 집으로 데려갔다. 비록 그녀가 장보기, 요리하기, 청소와 같은 모든 필수적인 활동을 수행할 수 있었지만, 지속적인 의사소통 손상은 사회적 상호활동을 어렵고 혼란스럽게 만들었다.

초기 검사

발병 4주 후 좀 더 세밀하게 검사하였을 때, 환자는 자각이 있었고 자신의 이름, 날짜, 병원 이름을 쓸 수 있게 되었다. 그녀는 총명했고, 주의 깊었고, 그녀에게 요구하는 것을 이해하려고 노력했고, 따르려고 노력했다. 그녀는 자주 그리고 유창하게, 좋은 발음으로 음소를 산출하는 말을 했다. 문장은 정상적인 길이와 운율이었다. 자발적으로 발화된 단어들은 비단어인 경우를 제외하고는 거의 대부분 알아들을 수 있었다. 단어 출력은 대부분이 밀접한 종류의 단어들(관사, 접사, 대명사), 일반 동사, 상대적으로 명사 내용어가 적은 친숙한 조합과 일치했다. 다음은 BDAE(Boston 실어증 검사)의 'Cookie Theft Picture'에 대한 기술을 옮겨 적은 것이다(Goodglass & Kaplan, 1972).

> "그가 저기서 잡은 게 뭐죠? 그것은 …… 그것은 저기에 정리해 놓는다, 난 당신에게 저것에 대해 말할 것이다. 이것은 …… 이 구석? 여기서 더 좋게 쓰러진다. 그리고 그것은 소년이 저기서 그것을 가지고 갈 것이다. 그녀는 이 세탁물을 위로 아래로 잡는다. 그녀는 음 …… 그것을, plape(plate를 틀리게 한 말)? 음 …… 접시를 고정할 것이다. 그녀는 그것을 거기에 넣는다. 그리고 계속한다. 위쪽의 소녀의 종류. 그것에 대한 것? 나는 뭐든 놓친다, 만약 그것이 아래 있다면 나는 알지 못한다?"

명명하기, 반복하기, 읽기와 같이, 특별한 단어의 산출을 요구하는 과제에서는 언어적, 음소적 착어증이 좀 더 흔하다. 그녀는 제시한 대상, 그림, 또는 색깔을 정확하게 명명할 수 있었지만, 이들 중 많은 경우 비단어(예: hammer 대신에 hudder, red 대신에 remp)를 산출하였을 뿐 아니라 때로는 의미적으로 관련된 단어들(예: 말 대신에 개)을 산출하였다. 그녀는 반복적인 시도와 연속적인 반응을 통해 표적 단어에 음소적으로 유사하게 접근해 가는 특징을 보였다. 같은 범주에 있는 다른 항목의 의미적 특징에 기인한 대상들보다 숫자와 철자 명명하기는 때로 좀 더 정확하다. 놀랍게도 그녀는 자신이 발음할 수 없는 대상의 이름들을 종종 정확하게 쓸 수 있었다. BDAE로부터 6개의 그림(glove, key, cactus, chair, feather, hammock)에 대해 말로 명명하기를 실패한 후, 이들 중 4개(cactus, chair, feather, hammock)를 정확하게 쓸 수 있었고, 다른 것들(glove 대신 hand, key 대신 lock)은 의미적으로 연관된 단어들을 썼다.

따라 하기는 모든 자극에 대해 심각하게 손상됐다. 대상의 이름을 정확하게 쓴 이후에도, 그녀는 검사자가 이것의 이름을 큰소리로 말한 것을 들은 후 반복해서 따라 하지 못했고, 동시에 그녀가 막 썼던 이름을 쳐다보았다. 따라 하기와 소리 내어 읽기에서의 실수는 거의 음소적 착어증이었다. 그녀는 종종 자신이 큰소리로 반복할 수 없었던 친밀한 명사들(예: dog, cat, horse, ear, nose)을 받아 적을 수 있었지만, 덜 보편적인 단어들(예: sheep, goat, trout, jaw, chin, knee)은 그렇게 하지 못했다. 그녀는 간단한 문장 받아쓰기를 할 수 없었다(예: "A boy had a dog."을 그녀는 한참 망설인 후 "He and aswer."라고 적었다.).

그녀는 동작이 수반되지 않고 주어진 간단한 구두 명령에서 시행의 거의 절반 정도를 아마도 맥락으로부터 의미의 어떤 부분을 추측함으로써 따라 했다(예: 눈을 감아라, 입을 벌려라, 웃어라, 일어서라). 그녀는 덜 친숙한 명령어(예: 왼쪽을 봐라, 입술을 핥아라, 턱을 굳게 다물어라, 등을 구부려라)나 여러 요소로 구성된 명령어를 따라 하지 못했다. 5~7개의 단어를 포함한 간단한 질문들(예: "Did you eat lunch today?" "How did you get there?")은 유창하지만 질문과 분명한 관계가 없는 공허한 반응을 했다. 6~8개의 시각적으로 배치된 항목을 사용한 청각-시각 맞추기 과제에서, 그녀가 대상과 단어들 철자들의 이름을 100% 정확하게 가리킬 수 있었다는 것은 단일 단어에 대한 청각적 이해의 어떤 보존된 부분이 있다는 것을 나타낸다. 그녀는 명령어와 질문이 글로 쓰인 것일 때 청각적으로 전달될 경우에 비해 이해 수준이 떨어졌다. 시각적 무시 검사, 시야장과 다른 두개골 신경 검사들, 운동과 감각 검사들, 소뇌와 걸음걸이 검사를 포함한 나머지의 신경학적 검사에서는 정상적이었다.

구조적 MRI

발병 14개월 후, 고차적-해법, 가중치가 주어진 T1 MRI(voxel size = 1) 자료를 얻었다([그림 9-1]). 후부 좌반구 영역의 커다란 부분에서 뇌 연화증이 관찰되었다. 손상된 영역은 Heschl' s gyrus(HG)와 planum temporale(PT), 상측두 회(STS), 외측, 복측 HG, 후부 내측두 회(MTG)의 배측면 대부분이 포함되었다. 좌측 두정엽 손상은 두정내 구를 따라 남아 있는 피질의 얇은 리본과 각 회(AG) 전측 3분의 2 정도를 제외한 연상 회(supramarginal gyrus: SMG) 전체에 영향을 미쳤다. 이 회에서 피질하 영역 백질이 파괴된 반면, 심층의 복측 주변부 백질은 온전했다.

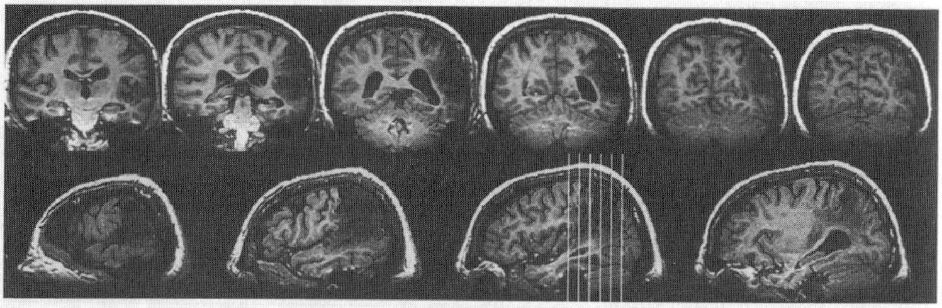

[그림 9-1] 환자 H.K.의 T1-weighted MRI. 가로로 위에 있는 것은 후부 외측 주변 구 영역들의 연속적인 관상면이다. 10mm 간격으로 전측에서 후측으로 배열되어 있다. 좌반구는 독자의 오른쪽이다. 가로로 아래쪽에 있는 것은 좌반구에서 7mm 간격으로 배열된 시상면이다. 관상면의 위치는 세 번째 영상의 수직선으로 나타냈다.

이후 과정

비록 이 환자는 살아가는 데 필수적인 모든 일상생활을 영위할 수 있게 되었지만, 이후 6년 동안 심각한 실어증 손상이 지속되었다. 자발적인 발화는 상대적으로 명사나 부사적인 내용어가 거의 없이 유창하게 되었다. 구두로 명명하기는 적절하게 회복되었고, 환자는 시행의 작은 비율에서 성공했지만, 음소 착어증과 표적에 연속적인 반응을 통해 유사하게 접근하는 것(예: cactus에 대해 coxis, caxis, coctis, cactus)이 빈번했다. 인쇄된 단어 명명하기는 구두로 명명하기보다 뛰어났고, 받아쓰기는 구두 따라 하기보다 현저하게 더 나은 상태였다. 환자는 청자가 이해하지 못하는 것으로 보일 때 자발적으로 쓰기 전략이나 그녀가 말하려고 애쓰는 것을 철자로 말하는 전략을 개발하였다. 발병 후 8개월째에 그녀는 자신이 구두로 따라 할 수 없는 여러 가지 간단한 문장에 대한 다음과 같은 옮겨 적기를 산출했다.

청각 자극(환자의 기술)

A boy had a dog. (A boy and girl found dog.)

The dog ran into the woods. (The dogs run into the woods.)

The boy ran after the dog. (The boy ran away the dog.)

He wanted the dog to go home. (The boys run and the dog is all home.)

But the dog would not go t home. (The bog isn' t home.)

The little boy said. (The little boy was.)

I cannot go home without my dog. (The boy werit that the I home.)

Then the boy began to cry. (He carire cried.)

베르니케 실어증의 임상적 기술

다른 실어증처럼, 베르니케 실어증은 여러 가지 구별된 신호들로 구성된 복잡한 증후군이다(〈표 9-1〉). 중심적인 특징은 구어 명령이나 다른 언어 자극에 대한 부정확하거나 예상치 못한 반응을 보여 주는 언어 이해의 붕괴다. 급성 단계에서, 환자는 종종 다른 사람들의 언어적 입력 정보에 반응을 보이지 않는 것으로 나타나고, 말하는 것을 이해하는 데 흥미가 없는 것으로 보이기 때문에, 이 결함은 너무 심각해서 언어 자체만의 결함이라기보다 그 이상을 내포하고 있는 것처럼 보인다. 환자들은 언어 검사를 하는 절차를 수용하는 데 너무 큰 어려움을 느끼며, 마치 검사자-환자 상호작용의 요점을 완전히 놓친 것처럼, 검사 재료들에 정말 짧은 흥미만 보일 뿐이다. 비록 언어적 확인이 없을지라도, 환자의 측면(Kinsbourne & Warrington, 1963; Lebrun, 1987; Maher, Gonzalez, Rothi, & Heilman, 1994; Wernicke, 1874, 1968)에서 결손에 대한 자각 없음(질병 인식불능증)을 나타내는 이런 유형의 행동이 환자의 장애를 증명하는 데 어려움을 준다고 임상가들은 종종 말해 왔다.

표 9-1 베르니케 실어증의 임상적 속성과 여러 가지 관련 증상들

과제	임상적 증후군들			
	베르니케 실어증	연합 피질 감각 실어증	순수단어 결손	전도성 실어증
이해				
청각적 말소리	손상	손상	손상	손상
쓰인 것	손상	손상	정상	정상
산출				
오류 유형	음소+구두	구두 > 음소	음소	음소
말소리				
명제적	착어적, 그리고/또는 건망성	착어적, 그리고/또는 건망성	± 착어적	± 착어적
명명하기	착어적, 그리고/또는 건망성	착어적, 그리고/또는 건망성	± 착어적	± 착어적
반복	착어적	정상	착어적	착어적
소리 내어 읽기	착어적	착어적 또는 실독증	± 착어적	착어적
쓰기				
명제적	착어적/건망성	착어적/건망성	정상	정상
명명하기	착어적/건망성	착어적/건망성	정상	정상
받아쓰기	착어적	± 어휘 실서증	착어적	± 음운 실서증

여러 날에서 수주에 걸쳐 지켜보는 동안, 다른 사람들로부터의 구두 입력 정보와 이 정보와 환자의 이어진 반응 간의 증가한 관계에 대한 환자의 자각이 점차적으로 나아진다. 실제로, 환자가 간단한 검사 절차에 따를 수 있게 되면, 그런 시점에서 호명된 대상들을 가리키기, 운동 명령 수행하기, 질문에 대해 정확하게 반응하기 같은 과제에서 결손이 있음을 드러낼 수 있다. 이런 절차들이 실제로 언어 이해를 측정한다는 걸 잘 살펴보아야 한다. 환자는 종종 맥락, 검사자가 만드는 미세한 동작, 검사 과정에 대한 친숙성 등에 근거한 추론을 통해 정확하게 반응한다. 예를 들어 특정 검사자로부터 첫 명령에 대한 반응에서 혀를 내밀라고 학습한 환자는 검사자가 자신의 입을 향해 시선을 둘 때는 언어 이해라기보다 추론 기술로 반응할 수 있다. 이런 유의 추론은 어디서나 일어날 수 있으며, 눈에 띄지 않는다. 따라서 인과적 설명을 하는 동안, 언어 이해에서의 손상을 상당히 과소평가하는 원인이 될 수 있다.

Wernicke의 원래 사례와 신경해부학적 근간을 바탕으로, 이 증후군을 청각적인 구두 입력 정보에 대한 이해의 붕괴로 설명해야 한다는 것에 대해서는 일반적인 동의가 있다. 놀라운 것은, 이 증후군에 읽기 이해의 붕괴 역시 필수적으로 포함시킬 것인가에 대한 동의는 없다는 것이다. 비록 대부분의 저자들이 다양한 양식(Alexander & Benson, 1993; Geschwind, 1971; Goodglass & Kaplan, 1972; Hécaen & Albert, 1978)으로 이해 문제를 기술하고 있음에도 불구하고, 몇몇 연구자들은 상대적으로 청각적 요소에만 초점을 두었다(Kleist, 1962; Naeser, Helm Estabrooks, Haas, Auerbach, & Srinivasan, 1987; Pick, 1931). '언어-소리 상(image)에 중점 두기'는 이해가 일어나기 전에 단어를 정신적으로 소리 내어 읽는 비숙련 독자에게는 결정적으로 필요한 것이지만 숙련된 독자들에게는 필요하지 않은 것이라는 견해에서 출발한 Wernicke의 이론적 관점에 대해 생각해 보면, 그의 관점은 다소 모호하다고 할 수 있다. Wernicke는 사실 자신의 원래 연구에서 기술한 환자 누구에 대해서도 읽기 이해 검사를 보고하지 않았다. 이후의 많은 이론가들은 어쩌면 불행하게도, 모든 인쇄된 재료들은 반드시 청각적 상으로 먼저 변형되고, 그다음에 STG에 있는 베르니케 영역(Wernicke center)에 의해 인식된다는 주장으로 Wernicke의 모형을 단순화시켰다(Geschwind, 1971; Lichtheim, 1885). 이 관점에 따르면, 베르니케 영역의 손상은 청각적, 시각적 언어 이해 모두를 붕괴시킨다. 베르니케 증후군에 읽기 이해 손상이 따른다는 주장은 청각적 언어 이해는 붕괴되지만 읽기 이해는 온전한 '순수 단어 맹' 과 이 증후군을 명백히 구분해야 설득력을 가질 것이다(〈표 9-1〉). 그럼에도 불구하고, 청각적 재료보다 쓰인 재료를 더 잘 이해하는 베르니케 실어증 환자나, 말하기보다 쓰기에 의해 단어를 더 잘 산출하는 베르니케 실어증 환자를 발견하는 것은 드문 일이 아니다 (Alexander & Benson, 1993; Hécaen & Albert, 1978; Hier & Mohr, 1977; Kirschner, Webb, & Duncan, 1981).

이 증후군의 다른 주요한 특징은 말하고 쓰기 산출에 착어증이 있다는 것이다. 이 말은 치환, 추가, 중복, 생략, 언어적 단위의 전치를 포함하는 출력 오류의 범위를 가리킨다. 착어증은 단어 내에서 낱자에, 단어 내에서 음절에, 문장 내에서 단어에 영향을 미친다. 상대적으로 표준화된 학술 용어는 착어적 오류를 기술하고 범주화하기 위해 개발되었고, 베르니케 실어증 환자들의 실제적인 발화에 대한 수많은 세부적 분석이 공식화되었다(Buckingham & Kertesz, 1976; Lecour & Rouillon, 1976). 착어적 오류는 명명하기, 따라 하기, 소리 내어 읽기, 쓰기 그리고 자발적인 발화를 포함하여, 환자가 수행해야 할 과제에 상관없이 전형적으로 모든 출력에 영향을 미친다. 쓰기 출력에서 나타나는 착어적 오류는 착서증이라고 부른다.

음소(또는 낱자) 착어증은 단어 내에서 개별 음소(자음이나 모음)를 포함한 실수를 말한다. 예를 들어, 의자(stool) 그림에 대한 추론으로 'stuke' 은 /l/ 대신에 마지막 음소 /k/의 치환으로 구성되었다. 전치, 생략, 추가, 음소의 중복을 포함한 좀 더 복잡한 오류는 선인장(cactus) 그림에 대한 반응으로 산출된 'castuck' 처럼 발생한다. 음소 착어증의 결과로 생긴 그런 비단어들은 신조어로 불리며, 이것들이 빈번할 때 그런 실어증적 발화를 '신조 은어' 라고 부른다(Alajouanine, 1956; Buckingham & Kertesz, 1976; Kertesz & Benson, 1970).

물론, 이런 예에서, 모든 음소적 착어증이 비단어만 만들지는 않는다. 이 환자들은 문장을 반복적으로 시도한다. (검사자): "The spy fled to Greece." (환자):

"The sly fed to geese." 이것은 형식적 착어증의 예다. 표적 단어에서 오류들은 음소적으로 그것에 유사한 다른 단어로 대체된 것이다(Blanken, 1990). 비록 이런 오류들이 실제 단어임에도 불구하고, 형식적 착어증에서 의도된 단어에 대한 음운적 유사성은 오류가 단어 선택보다는 음운 선택 과정 동안 발생한다고 많은 관찰자들이 제안하고 있다. 이론적으로 중요한 오류들은 다음 부분에서 좀 더 자세하게 논의할 것이다. 좀 전에 주어진 예는 소수의 음소적 오류들이 발화를 어떻게 완전히 붕괴시킬 수 있는지를 생생하게 설명하고 있다. 이 예에서 의도된 표적 단어에 대한 지식이 없다면, 발화는 대부분 확실하게 통일성을 벗어난 것이라고 간주하게 될 것이다. 그렇다면 베르니케 실어증에 의한 착어적 오류들은 어떤 경우 그것들이 실제보다 훨씬 통일성이 적은 것으로 보이게 만든다고 가정하는 것이 합리적인 것 같다. 형태적 착어증은 단어 어간, 접미사, 접두사, 굴절, 그리고 단어의 다른 부분들을 포함한 오류들을 말한다(Lecour & Rouillon, 1976). 이것은 드문 일이 아니며, 임상적으로 식별하기가 어렵다. 다음과 같은 여러 가지 예들이 발생한다. (BDAE의 Cookie Theft Picture에 대해 기술한 환자): "The mommer is overing the sink, and it' s not good to. Over that one the boy is there on toppening it, and fallering."

이 예에서 'mommer' 는 표적 단어 'mother' 과 관련된 'mom' 이 삽입된 형태적 착어증을 보여 주고 있다. 전치사 'over' 'on top' 이라는 구, 그리고 단어 'falling' 은 'ing' 'er' 과 같은 형태적인 접미사의 추가로 변형되었다. 그런 굴절과 파생적 추가는 무선적인 것이 아니며, 오히려 그 환자의 언어에서 일반적으로 발생하는 것으로 보인다.

어휘적 착어증은 전체 단어들을 포함한 실수를 말한다. 이것은 의도된 단어와 의미적으로 연관되어 있으며, 그런 경우 의미적 착어증이 적용된다(Buckingham & Rekart, 1979). 같은 범주에서 다른 본보기(예: girl 대신에 boy, cat 대신에 dog)의 사용을 포함하기도 하는 의미적 착어증은 의미 실수로 불리기도 하며, 주제에 있어서 관련된 단어(예: '의자' 에 대해 '앉기' , '음식' 에 대해 '돼지고기' 등)의 대치를 포함하기도 하는데, 이 경우 통합적 실수라고 불린다. 전체-단어 대체는 의도된 단어와 구별 가능한 의미적 관계를 가지고 있지 않다. 많은 경우가 음소적으로 유사한 표적어(앞의 따라 하기 예를 보라.)인 형식적 실수이다. 다른 어휘적 착어증은 표적 단어와 의미적, 음소적 유사성을 보여 주며, 따라서 'shirt' 대신에 'skirt', 'plane' 대신에 'train' 처럼 혼합된 실수라고 불린다. 다른 많은 어휘적 착어증은 발병 여러 달 후 인터뷰한 베르니케 실어증 환자의 다음 예처럼 특별한 단어나 하나의 발화에서 그다음으로 순환하는 주제의 지속적인 반복을 반영한다(Lecour & Rouillon, 1976, p. 118).

> "난 말하는 데 어려움을 가졌다. 당신은 안다, 내가 일했던, 매우 잘 ……. 영어-영어가 아니다-일을 위해 내가 옛날에 쉽게 일했던 ……. 일하기 위해 ……. 그리고 …… 따라서 이제, 난 어떤 것도 말하지 않는다. 확실하게 그것에 대해. 아무것도 아니다, 아무것도 아니다, 아무것도 아니다, 아무것도 아니다! 내가 옛날에 일했기 때문에, 나는 일한다 ……."

여러 저자들은 손상의 발병 후 시간에 따라, 착어증 진전의 전형적인 형태를 발견했다(Butterworth, 1979; Dell, Schwartz, Martin, Saffran, & Gagnon, 1997; Kertesz & Benson, 1970; Kohn & Smith, 1994; Lecour & Rouillon, 1976). 급성 기간은 심각성, 지속적인 음소적 착어증과 잦은 신조어에 의해 표시된다. 시간의 경과에 따라, 음소적 실수와 신조어가 완화되며, 어휘적 착어증은 더욱 현저해진다. 음소적 착어증이 어휘적 착어증으로 대치될 수 있을 것인지, 또는 대안적으로 음소적 실수에서 감소가 어휘적 착어증과 동일한 것으로 확인할 수 있을 것인지는 불분명하다. 착어증 유형의 혼합은 또한 병변 위치에 부분적으로 달려 있다(병변 국지화 부분을 보라). 만성 기간에는, 부분적으로 회복된 구, 음소적 실수가 거의 없는 반면, 해부학적 장애는 단어-구두점 발견, 둘러대기, 반복적인 단어(방금 인용했던 예처럼)의 형태가 더욱 확실해진다.

착어증에 덧붙여, 베르니케 실어증에서 발화 출력은 여러 가지 다른 현출한 특징을 가진다. 말하기는 유창하며, 발음도 분명하다. 특히 급성 기간 동안에는 각

각의 발화에서 산출된 단어의 수가 비정상적이며, 병적인 다변증으로 기술될 수 있다. 산출의 이런 용이함에도 불구하고, 상대적으로 내용어, 특히 명사와 부사가 없으며, 음소적 착어증이 완화된 후에도 결과적으로 전달하는 정보가 거의 없는 의미적으로 텅 빈 말이 되며 실제 단어들은 재구성된다(앞의 사례 보고를 보라). 내용어 자리에, 고빈도 보통명사와 대명사(예: thing, she, he, they, this, that, it), 낮은-내용어 부사(예: good, bad, big, little), 조동사(예: is, has, does, goes)를 과도하게 사용한다. 예를 들면, 개수대가 넘치는 동안, 접시를 씻는 여인을 기술한 전형적인 환자는 "그녀는 저것처럼 그것을 집지만, 그것을 계속하며, 그녀는 그것을 하지 않는다." 처럼 문장의 산출은 유창하며 거의 힘들게 보이지 않기 때문에, 부주의한 관찰자는 베르니케 실어증에서 일반적으로 단어 인출 밑에 놓인 심각한 손상을 알아채지 못한다. 이 손상은 급성 기간 중, 공허한 둘러대기("그것은 당신이 가진 것이고, 당신은 그것을 가지고 한다, 만약 당신이 그것을 필요로 한다면 …….")，전형적으로 착어적인 신조어로 특징지을 수 있는 명명하기를 직면했을 때 좀 더 확실해진다. 급성 이후 단계에서, 그리고 마지막으로 만성적 단계에서, 생략과 단어-구두점 찾기는 부분적으로 회복 국면이 된다.

초기의 어떤 저자는 베르니케 실어증은 구두와 수용적인 문법적 실수를 유발한다고 강조했다(Head, 1926; Kleist, 1962; Pick, 1913). 여기에는 앞에서 기술했던 형태적인 착어적 오류들이 포함된다. 대명사, 조동사, 전치사, 그리고 다른 폐쇄 유목 단어들의 선택; 단어 순서를 포함한 실수들, 복잡한 문장 구조를 이해하는 데 있어서의 특별한 어려움. 이런 많은 실수들은 형태적, 또는 어휘적 착어증으로 설명될 수 있으며, 베르니케 실어증에서 통사적 처리 자체의 손상 정도는 여전히 불확실성을 가지고 있다(Shapiro, Gordon, Hack, & Killackey, 1993; Zurif, Swinney, Prather, Solomon, & Bushell, 1993).

단어와 음운 선택 그리고 순서와 관련된 붕괴와는 대조적으로, 발화 조음의 운동 통제는 베르니케 실어증에 있어서는 정상을 유지하고 있다. 그러나 최근의 청각 분석 연구들은 미묘하게 손상된 운동 통제와 연관된 것으로 보이는 임상적으로 지극히 미세한 이상을 확인했다. 예를 들어, 베르니케 실어증은 모음을 산출하는 동안, 모음 지속 기간과 포먼트(모음의 구성 소음) 빈도 위치에서 증가한 다양성을 보인다(Gandour et al., 1992; Ryalls, 1986).

베르니케 실어증의 처리 모형들

신경학에서 요즘 학생들에게 베르니케 실어증이 뇌에서 '이해 중추' (Bogen & Bogen, 1976) 손상을 반영한다는 관점을 가르치고 있지만, 이 모형은 여러 가지 이유로 수용할 수 없는 지나친 단순화이다. 첫째, 이해는 뇌에서 단일 처리가 아니라 오히려 감각 처리, 형태 재인, 좀 더 추상적인 단어 표상으로 감각 형태 맞추기 그리고 의미적, 통사적 정보의 인출 등을 포함한 사건들이 상호작용하는 복잡한 단계적 전달이다. 이해는 실서증만 나타나는 경우처럼, 순수 단어 손상이나 인쇄된 언어처럼 발화 소리만 붕괴될 수도 있다. 이해는 베르니케 실어증이나 연합 피질성 감각 실어증처럼 발화 산출과 함께 붕괴될 수도 있다. 이 같은 점을 고려할 때 뇌에 단일한 '이해' 단원(modular) 같은 것이 있다는 극단적인 경우는 사실로 받아들이기 어려운 것 같다.

이해와 베르니케 영역을 동일시하는 둘째 목적은 베르니케 실어증이 이해 붕괴에 덧붙여, 특히 착어적, 착서적 출력과 같은 다른 핵심적 구성 요소를 내포한다는 것이다. Wernicke는 단어 재인과 산출 모두에 필수적인 '단어-소리 상(images)' 을 위한 중심을 가정함으로써 이런 증상의 동시발병을 설명했다. 이런 상은 어휘에 각 단어의 소리가 저장된 기억이 있는 것으로 생각한다. 청각과 쓰인 입력 정보가 청각 단어 상에 함께 호응한다는 것은 흥미로운데, 이것은 결과적으로 이해에 관여하는 개념을 활성화한다. Wernicke의 원래 모형인 단일 이해 중심의 가정과는 멀기 때문이다. 따라서 단어의 소리에 대한 정보만 담고 있는 단어-소리 중심과 의미에 접속하는 후기 단계 간에 명확한 구별을 해야 한다. 발화와 쓰기의 산출은 개념 영역, 단어-소리 중심, 운동 발화 영역의 상호적인 호응에 달려 있다. 착어증과 착서증은 이 상호적인 연결이 붕괴된 결과이며, 따라서 단어-

소리 중심이나 이 세 중심 간의 연결 통로 중 어딘가의 병변으로 인한 결과라고 할 수 있다(Lichtheim, 1885; Wernicke, 1874, 1968).

Wernicke 이론의 상대적인 중요성에도 불구하고, 신경학자 세대에서 잊혀졌고, 다른 이론의 발달은 원래 Wernicke 이론 자체가 지나친 단순화라는 것을 분명히 했다. 과거 수십 년간, '정보-처리(information-processing)' 단원(modular)으로 인지를 설명하기 시작한 정상인과 실어증 환자에 대한 실험적 연구들은 언어 처리에 대해 좀 더 세분화된 관점에서 기여했다. 예를 들어, 최근의 재검토는 고전적인 베르니케 실어증 증후군은 9개의 구분된 언어-처리 단원 이상의 손상을 반영한 것이라고 결론지었다(Margolin, 1991). 이 언어 단원의 확산이 실어증을 공부하는 20세기와 21세기의 학생들에게 혼동을 주기에 충분했던 것처럼, 최근 십여 년간 신경 연결망 수준에서 언어 처리를 설명하기 위한 중대한 노력들 역시 나타나고 있다. 이 단원과 미시 구조적 접근법이 뇌에서 언어 처리에 대한 이해의 진전 이상 아무것도 아닌 것들만 양산해 낸 반면, 이 정보 중 어느 것도 임상적인 신경과학자의 교육 커리큘럼에서 방법론으로 채택되고 있다는 것을 발견할 수 없으며 언어 붕괴를 보이는 환자를 돌보기 위한 치료적 개입에도 효과를 나타내지 못했다. 이 장에서는 이해할 만한 방식으로 이런 정보를 요약해 보려는 시도를 할 것이고, 베르니케 실어증과 가장 밀접하게 관련되어 있는 언어 처리 체제를 강조할 것이다. 공간적 제한 때문에 특히 청각적 이해와 이 증후군의 착어적 구성 요소의 정의에 대해 자세히 논의할 것이다. 같은 원칙이 어느 정도는 쓰인 글(text)의 이해와 산출에 적용될 것이고, 실어증 읽기 손상에 대한 검토는 6장에서 제공할 것이다.

언어 처리 체제의 일반적인 구조

다음에 논의될 대부분의 사항들은 중심 언어 처리 체제의 기본적인 구조의 윤곽을 먼저 그린 뒤, 주요 구성 요소들을 정의함으로써 좀 더 명백하게 될 것이다([그림 9-2]). 중요한 것은 [그림 9-2]에서 각각 상자와 화살표로 상징화된 표상과 대응(mapping) 간의 구별이다. 표상(또는 부호화)은 기제에 의해 처리되는 정보에

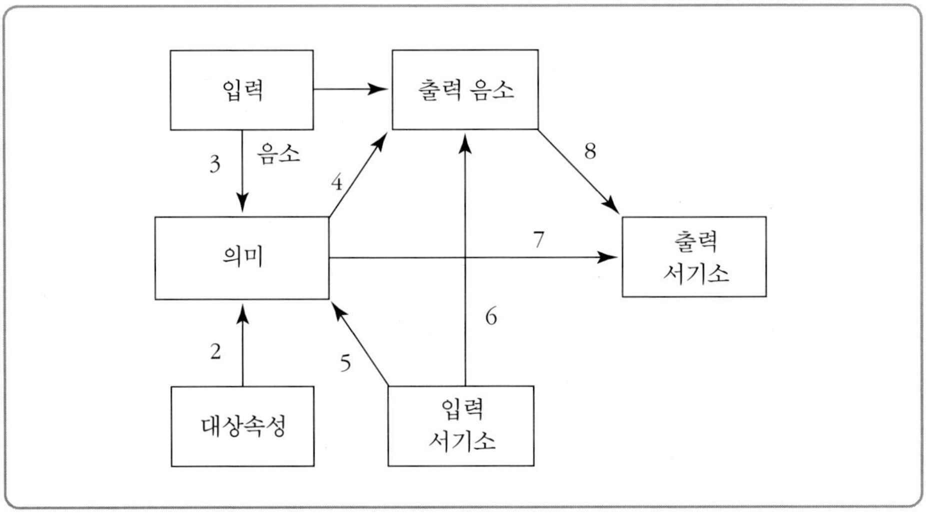

[그림 9-2] 언어 행동을 기술하기 위한 최소한의 핵심적 처리 과정에 대한 구조. 예를 들면, 말소리 이해는 경로 3을 필요로 한다. 말소리 반복은 경로 1; 명제적 말소리는 경로 4; 직면 명명하기는 경로 2와 경로 4; 읽기 이해는 경로 5; 소리 내어 읽기는 경로 6 또는 경로 5, 경로 4(또는 둘 다); 읽기와 받아쓰기는 경로 1, 경로 8 또는 경로 3과 경로 7(또는 둘 다) 등.

호응하는 신경 활동의 형태다. 예를 들어, [그림 9-2]에서 입력 음소 표상은 청각 체제로 제시된 모음과 자음 발화 소리의 지각에 수반되는 신경 활동의 형태와 일치하며, 입력 서기소 표상은 시각적 체제로 지각된 철자와 호응하며, 의미 표상은 개념의 기능적, 지각적 속성과 호응한다. 입력 표상은 더 낮은 감각 체제로부터 들어온 적절한 입력 정보에 의해 활성화되며, 활성화는 이웃한 표상 수준으로 통과한다. 대응은 한 단계에서의 표상이 인접 단계에서의 적절한 표상의 활성화를 생성하는 것으로, 예를 들면, 입력된 음소의 특별한 조합이 특별한 의미 표상을 활성화하여, 그 결과 발화된 단어의 이해를 유도하는 것이다.

그림에 포함된 표상 수준(상자)은 따라 하기, 이해, 명명하기와 같은 언어 활동의 설명을 시작하기 위해 필요한 최소의 집합이다. 이것들은 우리가 관심을 가지고 있지 않은 초기 감각과 후기 운동 처리 과정을 제외한 이 처리 과정을 위한 시작점과 종료점이다. 그러나 그림에서 중요한 것은 시작점과 종료점을 연결하는 대응(화살표)의 중요성을 손상시키지 않는 것인데, 이것은 종종 [그림 9-2]에서는 보이지 않는 매개적 표상 수준을 포함한 복잡한 처리 과정의 흐름을 가장 잘 보여 주고 있다. 예를 들어, 생성 언어학 분야는 그림에서 통로 4와 관련이 있고(출력 음소에 대한 의미론), 실제로 모형의 다른 모든 부분이 배제됐다. 문장 구성(syntax) 체제뿐 아니라 단어와 음소 선택까지 포함하는 이 연결짓기(mapping)는 언어 행동에 깔려 있는 경로의 수많은 복잡한 유형을 설명하고 있다.

연결짓기는 경험의 결과로 습득된다. 비록 이것이 많은 경로들이 다른 것들과 동시에 발달한다고 제시한 불완전한 접근이지만, [그림 9-2]에 있는 수들은 이 경로들의 습득에서 발달 순서를 가리킨다고 제안한다. 입력 음소로부터 출력 음소로의 체제는 간단한 음소를 따라 하는 영아들의 능력으로 나타나는 초기 습득이다. 아이들이 대상을 경험할 때, 이것들은 특별한 물리적, 정서적, 맥락적 현상과 연결될 때, 경로 2는 경로 1과 동시에 발달한다. 경로 3과 4는 대상에 대한 지시어로 사용된 단어를 들음으로 발생하며, 구어 단어를 이해하는 능력을 반영하며, 이 단어들의 개념을 언급하기 위해 사용한다. 경로 5와 6은 읽기 이해와 소리 내어 읽기가 가능하도록 읽기 위해 학습할 때 발달한다. 경로 6은 비록 읽기 이해에 확실하게 필수적인 것은 아니지만, 아마도 서기소와 음소 간에 유사-규칙 호응 때문에 발달하며, '소리 출력' 하기와 소리 내어 읽기를 강조한 방법을 가르침으로 인해 고무될 수 있다. 마지막으로 경로 7과 8은 개념들(예: 명제적으로 쓰기)은 음소(받아쓰기 할 때)가 쓰인 글씨 형태로 변환되도록 한다.

이런 연결짓기(mapping) 처리에서 역할을 하는 것으로 드러난 매개 부호의 중요한 한 분류는 전체-단어 또는 어휘적 표상이다. 예를 들어, 입력 음소에서 의미로의 경로는 입력 음소 수준에서, 매개하는 '음소적 입력 어휘'가 적절한 표상으로부터 나온 입력 정보의 결과로 활성화되고, 활성을 보내는, 달리 말하면 의미 수준으로, 전체-단어 표상을 구성하는 것으로 생각된다.

그런 전체-단어 표상은 단어-소리 상이라는 Wernicke의 개념과 매우 밀접하게 일치한다. Wernicke의 모형에서, 단어-소리 상의 같은 중심에는 [그림 9-2]에 표시된 경로 1, 3, 4, 5, 6, 7이 관여한다. 우리가 살펴보겠지만, 최근의 신경언어학 연구들은 적어도 이 경로의 부분적인 구별에 대한 증거들을 제공한다. 이 증거의 결과로, 3번 경로를 매개하는 음소적인 입력 어휘, 4번 경로를 매개하는 음운적 출력 어휘, 5번 경로를 매개하는 철자 입력 어휘, 그리고 7번 경로를 매개하는 철자 출력 어휘로 분리되어 있다는 생각이 전성기를 맞이했다.

정확하게 이런 경로들이 실제로 어떻게 수행되는지는 언어 처리의 고전적인 Wernicke-Lichtheim 모형도 전혀 설명하지 못하며, 상자와 화살표로만 구성된 최근의 많은 단원(modular) 모형도 결코 설명하지 못하는 또 다른 문제이다. 예를 들어, 음운과 개념처럼 너무나 상이한 요소들 간에 어떻게 전달이 이루어질 수 있을까? 이 문제의 뿌리는 단어의 소리와 그것의 의미(예: cat, cot, coat, cut 등 의미에 있어서는 다르고 그럼에도 불구하고 소리가 너무도 유사한 단어들) 간에 규칙적인 관계가 없다는 사실이다. 음운과 의미 간 체제는 근본적으로 임의적이다. 음운과 의미를 연결하는 단어 표상 어휘집은 이렇게 매우 다른 종류의 정보들 간에 매개해 주는 무언가가 필요하다는 우리의 직관을 반영하고 있다. 지난 20년에 걸쳐, 세부적으로 탐색해 온 이 같은 체제(경로)들의 외현적인 신경망 시연은 이런 유형의 임의적 체제는 입력과 출력 수준 간에 매개(혹은 은닉된) 표상적 수준을 추가함으로써만이 수행될 수 있다는 설명으로 이러한 직관을 지지하고 있다. 우리가 살펴보겠지만, 매개적 표상 수준에 대한 언급은 실어증의 병리생리학과 fMRI 연구에서 관찰된 활성의 본질 이해에 있어서 핵심이다.

[그림 9-3]은 임의적이며 유사-규칙적인 대응을 지지하는 매개된 표상 단계들을 포함하고 있는 좀 더 실제에 가까운 언어-처리 구조를 보여 준다. 이 그림은 이런 매개 표상과 인지신경심리학의 '어휘집' 간의 유사성을 명백히 보여 준다. 이런 비교가 시사하는 것은 전체-단어 표상으로 이루어진 어휘집을 가정하는 모형들은 매개 표상에 근거한 보다 일반적 구조의 가능한 구현이 될 수 있다는 것이다. 전체-단어 모형과는 대조적으로, 서기소-의미와 서기소-음소의 대응을 구현한 신경망의 시연에서 매개 표상이 단어에 대응하지 않는 것을 보여 주었으며(Hinton & Shallice, 1991; Plaut, McClelland, Seidenberg, & Patterson, 1996; Seidenber & McClelland, 1989), 이런 결과는 언어 처리에서 전체-단어 부호화에 대한 이론적 필요성의 명분을 약화시킨다(Besner, Twilley, McCann, & Seergobin, 1990;

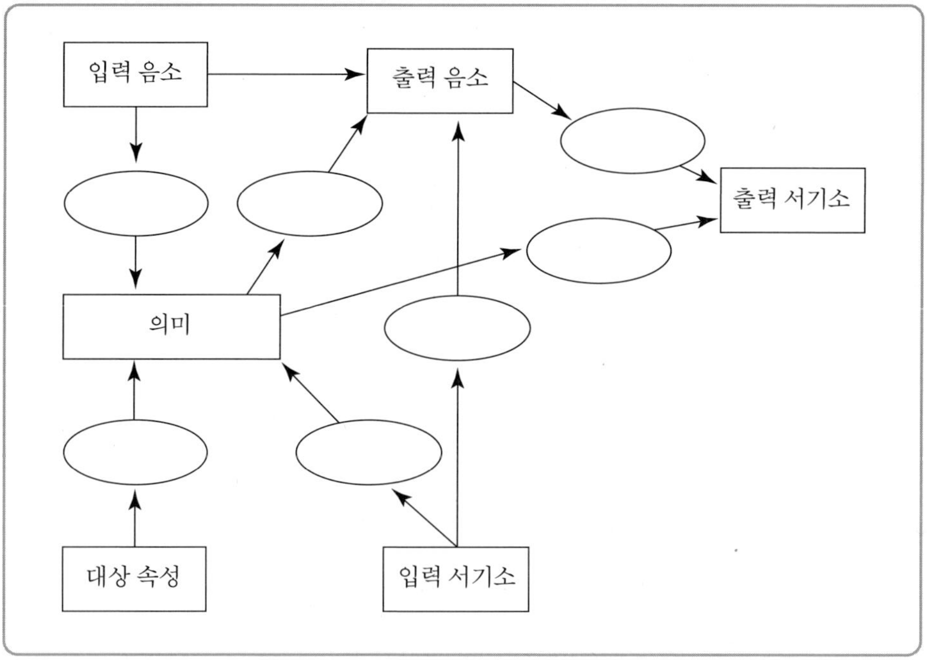

[그림 9-3] 매개 표상 수준(타원)을 가진 언어-처리 구조. 한 방향 화살표는 언어 과제를 하는 동안, 정보 확산에 있어서 전형적인 방향을 나타낸다. 그러나 한 수준에서, 이 연결들은 아마도 연결된 표상 수준 간에 지속적인 상호작용을 허용하는 양방향이다.

Coltheart, Curtis, Atkins, & Haller, 1993; Seidenber & McClelland, 1990). 이렇게 언어 처리 구조에 대한 설명을 간단히 마치고, 베르니케 실어증에 있어서 청각적 이해와 말하기 장애들의 근간을 구성하는 처리 손상에 대한 논의로 넘어가겠다.

청각적 이해의 붕괴

발화된 단어의 이해는 청각 체제에 달려 있기 때문에, 베르니케 실어증에서 말하기 이해 손상은 청각 처리의 이상에 근거하고 있다고 할 수 있다. 예를 들어, 말하기 이해 손상을 이론화한 Luria는 유사한 말소리들 간에 미묘한 차이를 구별하지 못하는 것을 반영하였다(Luria, 1966; Luria & Hutton, 1977). 비록 말소리에서 청각적 현상에 대한 논의는 이 장의 범위를 넘어서는 것이지만, 이 점을 설명하기 위해 몇 개의 예를 제공한다(흥미 있는 독자를 위해, 임상적 신경과학에서 중요하지만 상대적으로 무시되어 온 탁월한 리뷰를 언급한다. Klatt, 1989; Liberman, Cooper, Shankweiler, & Studdert-Kennedy, 1967; Oden & Massaro, 1978; Stevens & Blumstein, 1981).

말하기는 성대 떨림(모음으로 예시되는)에 의해 산출되는 주기적인 소리와 입술, 치아, 입천장(예: /s/ 그리고 /f/와 같은 소리로 예시되는)처럼 협착 지점에서 기류에 의해 산출되는 비주기적 비음 모두를 포함한다. 동시에 어떤 지점에서 청각적 주파수 스펙트럼(높거나 낮은 주파수의 상대적인 소리)에 걸쳐 에너지의 분산은 성대(예: 혀의 위치, 입술 모양, 연구개의 위치 등)의 모양에 달려 있는데, 이것은 특정 주파수를 증폭하거나 약화시키는 공명을 만들어 낸다. 강조된 주파수를 형성음(formant)이라고 한다. 모음은 이들 3~4개의 가장 낮은 주파수 위치에 근거하여 구별되는데, 이것은 전형적으로 300~4000Hz 범위에 있는 주파수를 차지한다. 형성음이 빠르게 위치를 바꾸는 /b/와 /d/ 같은 자음을 산출할 때는 성대 모양의 빠른 변화를 통해 산출한다. 이것은 형성음 전이라고 불린다.

자음들 간에 구별을 위한 한 가지 단서는 이러한 전이의 움직임 방향(예: 위, 아래 또는 똑바로 등)이다. /p/와 /t/는 어떤 자음에서는 아주 짧은 소음이 성대 떨림에 앞서 갑자기 발생한다. 따라서 /b/와 /p/ 모두 입술을 열어서 발음하며, 매우 유사한 형성음 전이를 가지는데, 이것은 음성 발생 시간이라 부르는 이 주기적인 비동시성 발생에 근거하여 크게 구별된다. /d/와 /b/ 또는 /b/와 /p/를 구별하는 것처럼 음소적 단서를 탐지하는 능력의 부재는 심각한 이해의 붕괴를 일으키는 예를 들어, bay를 day로 또는 bye를 pie로 잘못 해석하도록 할 수 있다. 말하기에서 음소적 사건은 빠르게 발생하기 때문에, 다른 연구자들은 근원적인 문제에 있어서, 음소 순서를 구별하는 능력의 장애(예: cast를 cats로 또는 task를 tax로 듣는) 또는 형성음 전이와 목소리 발생에서의 차이 같은 빠른 역동성이 손상된 지각에 이르게 한다는 청각 체제에서의 빠른 처리 과정을 제안했다(Brookshire, 1972; Efron, 1963; Tallal & Newcombe, 1978; Tallal & Piercy, 1973).

베르니케 실어증에서 청각 처리 손상이 말소리 이해 문제를 일으킨다는 가설은 여러 가지 방식으로 검정되었다. 어떤 과제는 외현적 확인이나 말소리 명명하기를 포함하고 있다. 예를 들어 피험자들은 단어나 비단어(예: ba)를 듣고 음소적으로 유사한 항목들(예: BA, DA, PA)을 포함하고 있는 배열에서 알맞은 시각적 단어나 비단어를 반드시 선택해야 한다. 베르니케 실어증을 가진 환자들은 그런 검사들에서 수행이 저조하다(Basso, Casati, & Vignolo, 1977; Blumstein, Cooper, Zurif, & Caramazza, 1977; Blumstein, Tartter, Nigro, & Statlender, 1984; Goldblum & Albert, 1972; Reidl & Studdert-Kennedy, 1985). 그러나 이런 유형의 과제는 2개의 구별된 처리 과정의 통합을 요구한다는 것이 결정적으로 중요한 것이다. 확인 과제는 청각적 처리 과정을 요구할 뿐 아니라 청각적 지각을 다른 것, 동일하지 않은 자극들(시각적 형태)과 맞추는 능력 역시 필요로 한다.

이 요소들을 찾아내기 위한 노력으로, 연구자들은 이런 다른 감각 양식들의 연합을 필요로 하지 않는 감각 구분 패러다임(paradigm)을 사용해 왔다. 이 유형의 전형적인 한 실험에서, 피험자들은 두 소리를 들은 후, 그 소리들이 같은지 다른지에 대해서만 결정해야 한다. 이런 구분 과제에서의 결손은 베르니케 실어증 환자가 정상적 범위 내에서 수행하는 확인 과제에서보다 훨씬 덜 드러난다(Blumstein, Baker, & Goodglass, 1977; Blumstein, et al., 1984; Reidl & Studdert-Kennedy, 1985). 이 두 패러다임(paradigm)으로 검사를 수행한 많은 환자들이 확인 과제에서 손상을 보였지만, 구별 과제에서는 발견되지 않았다. 이것은 이 손상들이 본질적으로 독립적이라는 것을 나타내는 것이다. 이런 과제 수행의 손상과 언어 이해의 측정 간에 필연적으로 일치가 나타나는 것이 아니라는 게 가장 중요하다. 심각한 이해 붕괴와 정상적인 구별 과제 수행을 보여 주는 환자들을 발견했고, 확실히 확인과 구별 과제에서 손상을 보이지만 상대적으로 정상적인 이해를 보여 주는 다른 환자들도 발견되었다(Basso et al., 1977; Blumstein et al., 1977; Blumstein et al., 1984; Jauhiainen & Nuutila, 1977; Miceli, Gainotti, Caltagirone, & Masullo, 1980).

베르니케 실어증 환자들이 외현적으로 음소를 확인할 수 없을 때조차, 종종 음소 구별 과제를 정상적으로 수행하는 것은 그들의 말하기 이해 손상이 청각 처리 손상만으로 인한 것 같지 않다는 사실을 제안한다. 오히려 이런 연구에서 분명해진 손상은 연합된 언어적 표상에 접속하기 위해 청각 정보를 사용하는 능력의 부재를 반영한다. 적절하게 말소리를 지각하는 베르니케 실어증 환자는 전형적으로 쓰인 형태, 적절한 그림이나 의미처럼 연합된 정보를 인출할 수 없다. 유창성 실어증을 가진 환자에게 있어서, 감각과 연합 처리 간에 유사한 단절은 말소리 아닌 청각 자극을 사용한 Faglioni 등에 의해 설명되었다(Faglioni, Spinnler, & Vignolo, 1969). 그들은 나아가 이해 손상이 청각 지각으로부터 독립적이라고 설명하였다. 이 연구에서 좌반구 병변을 가진 환자들은 2개의 무의미한 소리(예: 동물, 기계소음 등이 아닌)를 구별하는 능력은 온전했으나, 의미 있는 소리(예: 동물 소음, 기계소음 등) 구별이 요구되는 과제에서는 손상을 보였다. 이 나중 과제에서의 손상은 Token Test에 의해 측정되는 말소리 이해 손상과 의미 있게 상관이 있었다.

최근 연구는 베르니케 실어증에서 말소리 자극과 연합된 정보를 인출할 때, 이러한 어려움을 탐색했다. 이 문제는 다음의 세 가지 방식 중 하나로 설명할 수 있다. (1) 정보 활성화에 손상이 있을 때, (2) 정보 자체의 상실이나 왜곡으로 인해, (3) 일단 활성화된 정보의 활용에 손상이 있을 때. 이런 가능한 시나리오들은 상호배타적이지 않으며, 사실 세 가지 모두를 지지하는 증거다. 이런 손상의 다양한 조합이 환자들에게서 발생하고 있음을 제안하는 증거도 있다. 이런 증거들에 대한 평가에 착수하기 전에, 뇌 안에서 정보가 어떻게 단어와 연합되는지, 그리고 개념은 어떻게 조직되고 표상되는지에 대한 최근의 생각을 간단히 훑어보는 것이 유용할 것이다.

우리는 삶을 통해 다양한 맥락에서 단어를 설명한 결과로 내적으로 단어에 대해 정보를 저장한다. 이 정보는 단어의 의미(의미나, 철자 그리고 모양, 언어적 그리고 비언어적)를 수집해서 제공한다. 단어 의미에 대한 연구는 의미론(semantics)이라고 말하며, 단어 의미를 저장하고, 인출하고, 수집해서 사용하는 처리를 의미적 처리(semantic processes)라고 한다. Wernicke가 대상의 감각 기억을 연결하여 단어 의미에 대해 단순한 표명을 한 이래로 수많은 이론적 · 실험적 연구가 이런 처리의 개념을 확장시켜 왔다. 감각 요인에 덧붙여, 재인은 대상, 학습과 관련된 의미 처리, 그리고 개념적 범주의 인출, 그리고 다른 범주 간의 위계적 관계에 연관되어 있다는 것이 가장 주의를 두어야 할 점이다.

간단한 예를 들어 보면, 우리는 다리 위에 있는 거의 정사각형 받침대, 그리고 받침대의 한쪽 끝에 판자를 세운 어떤 길이의 다리가 4개인 대상이 의자(chair)라고 불린다는 것을 시각-청각적 연합에 의해 학습한다. 우리는 의자가 무생물이고, 움직이지 않으며, 무게를 지탱할 수 있다는 것 등을 다른 유형의 감각 요소들을 통해 학습한다. 우리는 의자의 기능을 그것이 사용되는 것을 봄으로써, 그리고 우리 자신들이 사용함으로써 알 수 있다. 이런 간단한 구조적, 기능적 요소들을 가지고 있는 모든 대상들은 의자로 범주화되기 때문에, 의자의 개념은 기본-수준 개념이 된다(Rosch, Mervis, Gray, Johnson, & Boyes-Braem, 1976).

그러나 단어 의자에 대한 이 직접적인 감각 인상의 연합에 덧붙여, 우리는 의자가 무생물이며, 종종 나무로 되어 있기도 하고, 사람들이 만드는 것이라는 사실처럼 의자의 추상적인 요소들도 학습한다. 단어 간에 위계적 관계의 형성 결과로, 우리는 이 정보를 사용하여, 같은 감각적, 기능적 또는 추상적 요소의 어떤 부분을 공유하는 다른 대상에 대해 다양한 정도로 의자와 연합하여 학습한다. 이 관계에 대한 지시어(reference)는 유사한 요소들을 가진 대상을 포함하고 있는 상위 범주를 형성할 수 있다. 예를 들어, 그것은 만들어진 것이며, 가정에서 유용하며, 여기저기로 움직일 수 있으며, 또한 기계적인 게 아니라는 지식에 근거하여, 의자는 가구라는 상위 개념의 구성원이 된다. 이 범주의 다른 구성원들(예: 탁자, 책상, 장의자 등)은 특별한 감각적, 기능적 요소라는 용어로 의자와는 다르다.

마지막으로, 일상생활에서, 좀 더 큰 사회적 맥락에서 의자를 어떻게 사용하는지의 결과에 따라 수많은 단어들이 의자와 연결된다. 이것들은 의자의 기능적 연합이다. 예를 들어 어디서, 전형적으로 의자를 어떻게 사용하는지에 관한 사실은 의자와 집, 의자와 휴식, 의자와 독서 간에 기능적 연합을 만든다. 사회와 의자에 관한 사실은 의자와 사형집행, 의자와 위원회, 의자와 이발소 간에 기능적 연합을 만든다. 인간 뇌에 저장된 이런 관계의 절대적인 수와 복잡성들은 깜짝 놀랄 지경이며, 그것들은 언어의 이해와 형성에 결정적인 근거가 된다.

어떤 연구들은 의미 표상의 망을 바꾸거나 베르니케 실어증에서 손상되어 활성화된다는 것을 제안했다. 이 연구의 대부분에서 환자들에게 단어나 그림 간에 관계성의 정도를 판단하도록 요청하였다. Zurif 등(Zurif, Caramazza, Myerson, & Galvin, 1974)의 실험에서, 예를 들어, 대부분이 베르니케 실어증을 보이는 경미한 유창성 실어증 환자에게 'go' 'best' 'together' 이 세 단어를 보여 주고 이들 중 2개를 고르라고 요구한다. 비유창성 실어증 환자와 정상적인 통제 집단과 달리, 유창성 실어증 환자들은 가장 넓은 범주(human vs nonhuman)의 구별만 유지하고 있는, 매우 저조하게 정의하는 범주 도식(schema)을 보여 준다.

Goodglass와 Baker(1976)는 여러 개의 단어를 구두로 제시한 이후 그림을 피험자들에게 제시했다. 각 단어에 대해, 피험자들은 이 단어가 그림과 관련이 있는지 가리켜야 했다. 단어-그림 관련 검사 유형들은 확인(예: ORANGE와 오렌지 그림), 감각 요소(예: JUICY와 오렌지 그림), 기능(예: EAT와 오렌지 그림), 상위범주(예: FRUIT과 오렌지 그림), 기본-수준 이웃(예: APPLE과 오렌지 그림), 그리고 연합된 기능(예: BREAKFAST와 오렌지 그림). 예상했던 것처럼, 베르니케 실어증 환자들은 정상적인 통제 집단과 이해에 문제가 없는 실어증 환자들에 비해 상대적으로 저조한 수행을 나타냈다. 그러나 이 양적 차이에 덧붙여, 질적 차이도 발견할 수 있다. 베르니케 실어증 환자들이 다른 것과 관련해서 보다 좀 더 쉽게 이런 유형을 재인할 수 있었던 반면 (반응에 대해 확신에 찬) 이해에 문제가 없는 실어증 환자들은 상대적으로 기본-수준 이웃과 관련된 재인에 어려움을 보였다. 다른 환자들과 달리, 베르니케 실어증 환자들은 기능 관련 재인을 특히 어려워했다. 이 과제의 수행 결과를 같은 그림에 대해 명명하기 수행과 비교하였을 때, 환자들은 그 항목의 이름을 말할 수 없을 때는 그 항목과 관계성 판단에 더 어려움을 가진다는 것이 발견되었다. 이런 수행 양상은 다른 연구들에서도 많이 반복되었다(Chenery, Ingram, & Murdoch, 1990; McCleary, 1988; McCleary & Hirst, 1986).

많은 연구들은 특히 최상위-기본 수준 관계의 통합에 초점을 두었다. Grossman (1980, 1981)은 실어증 환자들에게 최상위 범주(예: 가구)를 주고 그 범주의 기본-수준의 구성원을 생성하도록 하는 과제를 사용했다. 반응은 항목이 그 범주의 전형적인, 또는 중요한 구성원(탁자는 가구 범주의 중요한 구성원인 반면, 램프는 좀 더 부수적인 구성원이다.)인지를 나타내는 공식화된 전형성 비율을 사용하여 측정하였다(Rosch et al., 1976). 비유창성 실어증 환자들은 높은 전형성 비율의 본보기들을 생성한 반면, 유창성 실어증 환자들은 좀 더 주변적인 항목들을 생성했고, 때로는 범주 경계를 어기기도 했다. Grober 등(Grober, Perecman, Kellar, & Brown, 1980)은 Goodglass와 Baker(1976)가 사용했던 것과 같은 그림-단어 관련성 판단을 사용하여 최상위 범주 경계의 통합을 측정하였다. 표적 범주에 대한 관련성 정도를 조작하였고, 그 결과 단어 항목들은 그 범주의 중심구성원, 부수적 구성원, 의미적으로 관련된 비구성원(예: 가구 범주에 대해서 창문), 그리고 의미적으로 관련이 없는 비구성원(가구 범주에 대해서 말)을 포함하고 있다. 순행성 실어증 환자들은 부수적인 구성원과 의미적으로 관련된 비구성원들을 정확하게 분류했는데, 이것은 범주 경계가 온전하다는 것을 의미한다. 반면 베르니케 실어증 환자들은 종종 이 항목들을 잘못 분류했는데, 이것은 범주 경계 근처가 손상된 구분을 보여주는 것이다. 묘사된 대상이 위계적인 최상위 범주(예: 가축, 짐승, 동물, 생물)의 구성원인지 아닌지 환자가 판단해야 하는 과제를 사용했던 Kudo(1987) 역시 유사한 결론에 도달했다. 실어증 환자들은 비정상적으로 분산된 범주 도식을 보였는데, 거기에는 범주들과 의미적으로 관련된 비구성원(예: 그들은 가축에 기린을 포함시켰다.)이 자주 포함되었다.

이런 증거에도 불구하고 다른 연구자들은 이런 발견이 필수적으로 의미 체제 자체의 구조적 체계에 손상이 있다는 것을 의미하는 것인지 의문을 제기한다. 반대 주장은 단어 재인 과제를 수행하는 동안 의미적 점화 효과를 측정한 연구들을 근거로 하고 있다. 정상적인 참여자들은 만약 자극이 단어(어휘 판단 과제)이고, 의미적으로 관련된 단어가 자극에 선행하면, 결정에 시간이 덜 걸린다(Meyer & Schvaneveldt, 1971). 선행한 단어 또는 점화는 두 단어가 공유한 의미적 정보를 활성화한다고 생각된다. 그 결과 두 번째 단어의 재인 역치가 더 낮아지게 하는 활성화의 부분적 확산이 일어난다(Collins & Loftus, 1975; Neely, 1977). Milberg와 동료들은 베르니케 실어증 환자들이 보여 준 의미적 점화 효과는 정상적인 사람들과 거의 같다고 설명하였다(Blumstein, Milberg, & Shrier, 1982; Milberg &

Blumstein, 1981; Milberg, Blumstein, & Dworetzky, 1987; Milberg, Blumstein, Saffran, Hourihan, & Brown, 1995). 이 기본적인 결과들은 여러 연구자들에 의해 반복되었다(Chenery et al., 1990; Hagoort, 1993). 같은 환자들에게 단어 쌍을 제시하고 단어들이 의미적으로 연결되어 있는지 외현적으로 판단하도록 했을 때, 그들은 외현적으로 의미 판단 과제를 사용한 다른 연구들에서 관찰되었던 것과 같은 손상을 나타냈다(Blumstein et al., 1982; Chenery et al., 1990). 환자들은 단어 쌍에 대해서는 정상적인 의미 점화를 보였지만, 그 점화 효과에 기저하는 의미적 관계를 외현적으로 구분하라고 요구했을 때는 손상을 보였다. 이 발견들은 수많은 연구자들이 저장된 의미적 표상의 망은 베르니케 실어증 환자들에게 있어서 상당히 보존되어 있으며, 언어 이해에 기저하는 결손과 이 환자들이 보여 준 명명하기 손상은 이 정보를 외현적으로 인출하고 조작하는 능력의 손실과 일치한다고 결론을 내리도록 하였다.

그러나 의미 점화의 유지가 반드시 의미적 표상이 온전하다는 것을 나타내는 것은 아니다. 지난 2세기는 손상된 의미 체제 내에서조차 의미 점화가 유지된 현상을 설명할 수 있는 의미 정보 인출에 대한 신경망 모형의 발달을 목도한 시기였다. 이 모형에 대한 충분한 설명은 이 장의 관점을 넘어서는 것이므로 독자들에게 여러 탁월한 리뷰를 소개한다(Hinton, McClelland, & Rumelhart, 1986; Hinton & Shallice, 1991; McClelland & Rumelhart, 1986). 이 모형에서, 단어의 지각적 속성들(예: 글자 모양, 음소)과 단어와 연합된 의미 속성들은 상호연결된 망 속에서 수많은 단위들로 표상된다. 연결들은 같은 수준의 단위들 간(예: 다른 음소들 간의 표상)에, 다른 수준들 간에 있다. 이 연결들은 흥분성 또는 억제성이며, 각 연결의 강도는 가중치로 정의된다. 실세계 경험을 통해, 연결망은 연결 가중치의 점진적인 적응을 통해 적절한 의미적 속성을 가지고, 철자나 음소의 결합을 연결하는 것을 학습한다.

그런 모형에서는, 연결망이 같은 단위들과 연결 가중치를 사용한 수많은 의미 속성들을 통해 수많은 다른 단어들과 정확하게 연결하는 것을 학습할 수 있기 때문에, 단어에 대한 지식은 분산되어 있다고 말한다. 이것이 전적으로 다른 의미적 속성들을 활성화하는 cat과 cot 같은 비슷한 단어들과 매우 유사한 의미적 속성들을 활성화하는 cot과 bed 같은 매우 다른 단어들, 그리고 매우 유사한 의미를 가진 단어들 간에 상당한 행동적 구별을 가능하도록 해 주는 이 흥분성과 억제성 가중치를 정확하게 조절한다. 이 망들은 범주와 전형(패턴 생성), 단어 빈도, 재인 과제에서 맥락 효과 그리고 의미적 점화의 자동적 구축을 포함하여 인간 의미 체제가 보여 주는 수많은 특징적인 현상들을 드러낸다(Becker, Moscovitch, Behrmann, & Joordens, 1997; Masson, 1995; McClelland & Rumelhart, 1986; Moss, Hare, Day, & Tyler, 1994). 단위나 연결의 무선적 제거나 연결 가중치에서 무선적 변화로 인해 손상이 생길 때, 그런 망들은 다른 항목들에서 정확한 수행과 부정확한 수행의 혼합(기능을 완전히 상실한다기보다), 그리고 수행에서 점차적인 감소는 손상 영역에 달려 있고, 음소적 의미적 착어증, 그리고 의미적 인출 손상은 아마도 범주 특수성을 포함한 신경증 환자들이 보여 주는 특징적인 현상들을 드러낸다(Farah & McClelland, 1991; Hinton & Shallice, 1991; Mcrae, de, Sa, & Seidenberg, 1997; Plaut & Shallice, 1993).

그런 연결망에 손상을 입은 후 어떻게 의미적 점화가 유지되는지에 대한 직관적인 느낌을 얻기 위해, Plaut와 Shallice(1993)가 검정한 모형 중의 하나와 비슷한 [그림 9-4]에서 도식적 예를 고려해 보자. 작은 상자는 망에 있는 개별 속성 단위들을 나타낸다. 그런 단위들은 개별 뉴런과 정확하게 같은 것은 아니다. 오히려 각 단위는 상호연결된 단위들 그 자체를 구성하고 있는 더 작은 단원(modular)을 표상한 것으로 생각할 수 있다. 따라서 속성들 간에, 그리고 개별 뉴런들 간에 일대일 관계(예: '다리가 4개다.' 와 같은)를 의미하지는 않는다. 좌측 세로의 단위들은 cat의 철자 C, A, T처럼 단어 이름의 속성들을 부호화하는 음소나 의미 단위들을 나타낸다. 우측 세로의 단위들은 '쥐를 먹는다.' '다리가 4개다.' 와 같은 이 단어와 연합된 의미적 속성을 나타낸다. 가운데 있는 세로의 단위들은 지각적 단위와 의미적 단위에 표상된 패턴들 간에 임의적인 연결짓기를 학습하기 위한 충분한 계산력을 연결망에 제공하는 매개 단위들을 나타낸다. 단위들 간의 선은 흥분성 연결을 나타낸다(같은 수준의 단위들 간에 연결을 보여 주는 것이 아니라, 목적을

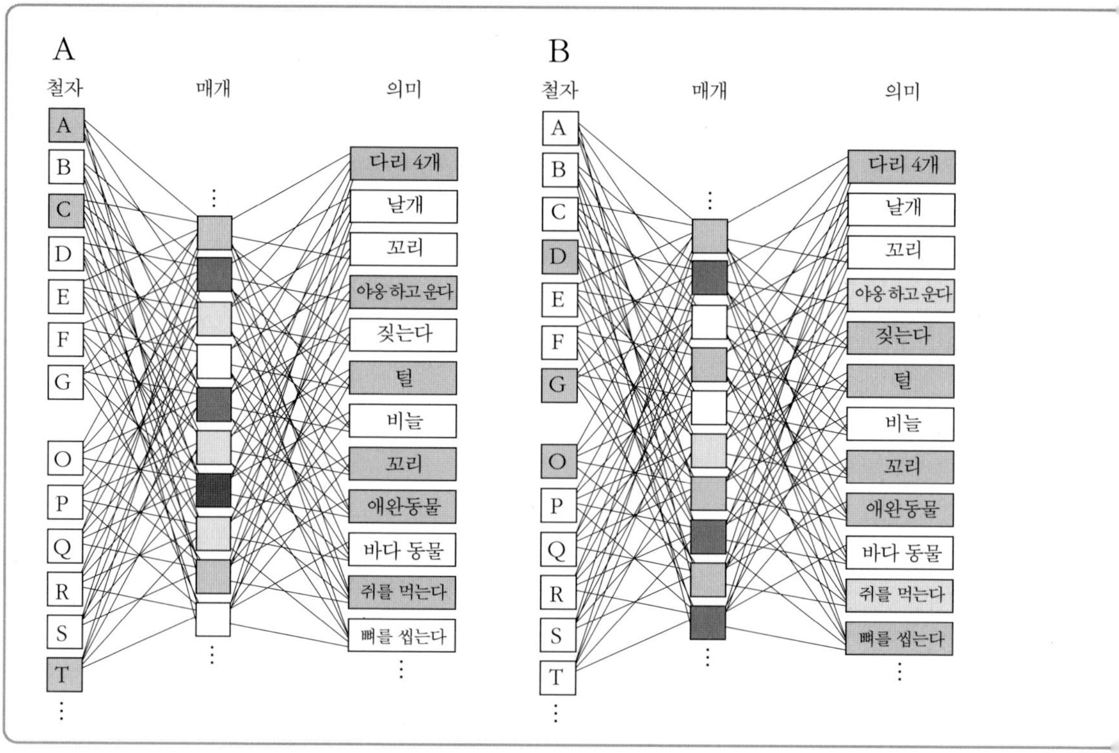

[그림 9-4] 의미 점화와 구조적 손상 효과를 설명하고 있는 입력 철자에서 의미로 가는 경로의 도식적 표상의 일부분([그림 9-2]에 있는 경로 5). 그림은 명료성의 이유로 매우 단순화되어 있는데, 철자 층은 낱자 위치에 대한 표상이 없다. 가능한 연결의 절반 이하의 선만 그어져 있다. 주어진 연결 강도에 대한 표상이 없다. 의미 단위 전체 집합의 매우 작은 부분만 보여 주고 있다. (A) 철자 층에 cat의 제시는 적절한 철자의 음영에 의해 좌측 세로에 나타냈고, 각 층 간 연결 강도의 집합에 의해 결정되는 매개 단위와 의미적 단위에 있는 활성화 양상을 생성하며, 이것은 cat에 대한 경험과 낱자 cat 순서를 통해 조정된다. (B) 의미 점화 실험에서, 만약 개의 제시가 빠르게 이어지면, 개에 대한 적절한 의미 단위들의 활성화는 cat에 의해 활성화된 이 단위들의 남겨진 활성화와 개와 고양이의 공유된 활성화(다리 4개, 털과 꼬리가 있고, 애완동물)에 의해 촉진되며, 고양이에 대한 특별한 이 속성들(야옹 하고 운다, 쥐를 먹는다)의 활성화는 소멸된다. (C) 연결망 부분의 손상은 여기서는 여러 중재 단위들과 그 연결의 제거를 나타내며, 부적절한 단위의 활성화(짖는다, 비늘), 또는 적절한 단위들(털)의 활성화 실패로 인해, 의미 단위로의 활성화 입력 양상이 붕괴된다. 의미 단위의 부정확한 양상의 활성화는 의미 과제 수행을 방해하지만, 개에 대한 의미적 점화는 공유된 의미 단위들(다리 4개, 꼬리가 있고, 애완동물)이 충분히 활성화를 유지하기 때문에, 여전히 가능하다. 의미 점화는 만약 부정확한 활성화가 공유된 속성들(짖는다)을 잘못 결정하였다면 그런 경우에는 아마도 두드러질 것이다.

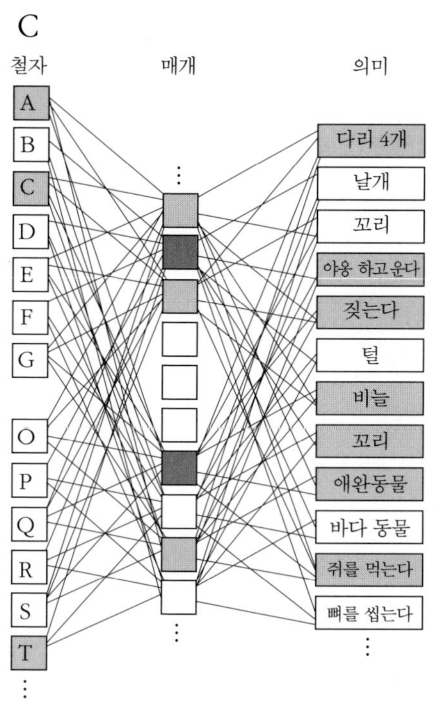

드러내기 위한 것이다).

모든 연결들에 대한 가중치의 점진적인 적응 훈련을 충분히 완수한 이후, 좌측 지각적 층(layer)에 단어 패턴의 출현(예: CAT)은 연합된 정확한 의미적 패턴의 활성화라는 결과를 낳는다([그림 9-4A]). 의미적 점화는 점화된 단어([그림 9-4B])와 부분적으로 겹쳐고 의미적으로 연결된 단어(예: DOG)라는 사실에 기인하며, 점화된 단어로부터 남겨진 활성화 때문에, 이 두 번째 패턴은 좀 더 쉽게 활성화될 것이다.

어떤 위치에 있는 망의 손상은 지각적, 의미적 패턴([그림 9-4C]) 간 연결짓기의 정확성을 상실하는 결과를 낳는다. 입력 단어들은 표적 패턴과 유사한 의미적 패턴을 활성화하지만, 누락이나 부적절한 단위들을 포함한다. 이 부정확성의 결과, 단어들은 부정확한 의미적 정보와 연합되며 최상위 범주에 부정확하게 연결된다. 범주 경계와 전형성 자체는 정의를 상실하고 피험자들은 의미적 연결성을 판단하기 위해 필요한 정확한 정보를 잃게 된다. 그러나 활성화된 의미적 패턴은 부분적으로 표적 패턴과 유사하고, 각 패턴 안에 포함된 의미적 단위들이 너무도 많기 때문에, 의미적 점화는 의미 패턴 간에 부분적으로 겹치는 것에만 의존하여 유지될 수도 있다.

베르니케 실어증 환자에 대한 연구의 수많은 다른 관찰들은 이런 설명과 일치한다. Goodglass와 Baker(1976), 그리고 Chenery 등(1990)은 정상인과 실어증 환자들이 수행한 관련성 판단 과제에서 이런 현상 중 하나를 설명했다. 두 단어들이 관련되어 있는지 결정하도록 했을 때, 정상인과 이해력이 좋은 실어증 환자들은 단어들이 대상-최상위 수준(예: 고양이, 동물), 또는 대상-속성(예: 고양이, 털로 덮인)처럼 다른 방식으로 연합되었을 때보다, 두 단어가 같은 최상위 수준의 기본-수준 이웃(예: 고양이, 개)이었을 때, 반응이 더 느렸고, 오류가 더 많았다. 그와 대조적으로, 베르니케 실어증 환자들은 역설적으로 기본-수준 이웃 관계에 대해 상대적인 어려움을 보이지 않았다. 이 어려움은 다른 기본-수준 이웃에 의해 활성화된 의미적 패턴 구별을 상실한 것으로 설명될 수 있다. 정상적 상태에서, 고양이와 개 같은 기본-수준 이웃들은 매우 높은 정도의 중복을 활성하지만, 의미적 단위들 간에 구별할 만한 패턴이다. 예를 들어, 고양이가 제시되었을 때, 개의 의미적 단위들의 활성을 억압하는 억제성 연결은 여기에 관련해서 특히 중요하며 정상적 피험자들이 '고양이가 낯선 사람들에게 어르렁거리는가?' 와 같은 질문에 대답할 때 적절하게 반응하도록 해 준다. 관련성 판단 과제를 수행하는 동안, 고양이-개와 같은 단어 쌍에 확실하게 반응할 때, 피험자들은 기본-수준 이웃들 간에 이런 억제를 반드시 극복해야 한다. 손상된 상태에서는, 이런 구별들은 혼란을 보이며, 같은 범주의 기본-수준 이웃에 대한 의미적 단위 활성의 패턴은 좀 더 비슷하게 된다. 그 결과, 기본-수준 이웃 간에 억제가 덜하며, 이 연결망에 손상을 입은 피험자들은 정상적인 상태에서보다, 역설적으로 그런 이웃들 간의 관계를 좀 더 정확하고 빠르게 알아차린다.

Milberg 등은 비단어를 사용한 의미 점화 연구에서 다른 흥미로운 현상을 설명했다(Milberg, Blumstein, & Dworetzky, 1988b). 이전 의미 점화 연구에서, 피험자들에게 자극 쌍(이 경우, 청각 자극)을 제시하고, 단어 쌍의 두 번째 자극에 대해 어휘 판단 과제를 수행하도록 했다. 쌍에서 첫 번째 자극의 시작 음성이 의미적으로 관련된 단어들(DOG 앞에 CAT), 하나의 음성적 속성(DOG 앞에 GAT)에 의해 의미적 점화가 달라지는 비단어, 또는 2개의 음성적 속성(DOG 앞에 WAT)에 의해 의미적 점화가 달라지는 비단어 중 점화 유발을 조작하였다. 기저선 조건은 무관련 점화를 사용하였다(DOG 앞에 NURSE). 왜곡되지 않은 실재-단어 점화에 의해서만 점화 효과를 보여 주는 비유창성 실어증 환자와 달리, 유창성 실어증 환자들은 무관련 단어 기저선 조건에 비례하여 모든 음성적으로 왜곡된 비단어 조건에 대해 점화 효과를 보여 주었다.

이 결과들은 유창성 실어증 환자들의 경우, 비단어들은 음성적으로 유사한 실재 단어와 연합된 의미 패턴을 좀 더 쉽게 활성화한다는 것을 제안한다. 이 현상을 이해하기 위해서, 정상적인 의미 연결망에서는 CAT과 COT 같은 음성적으로 유사한 단어들을 정확하게 구분할 수 있으며, 의미 단위에서 각 활성화의 적절한 패턴과 연결할 수 있다는 것을 회상하라. CAT과 COT에 대한 음성적 입력이 유사하기 때문에, 의미 단위 집합의 초기 활성은 상대적으로 CAT과 COT([그림 9-5])이 제시된 이후 유사하게 나타남에도 불구하고 이 기능을 잘 완수한다. 안정적 상태로 점차 정착되어 가는 의미 단위들이 CAT과 COT에 대해 매우 달라지도록 하는 연결망 내의 단위들 상호 간에 최근 상호작용으로 인해, CAT과 COT의 분리가 가능하다([그림 9-4A]). 이런 식으로 행동하는 신경망들은 끌개 신경망(attractor network)으로 알려져 있으며, 이 단위들을 향해 점차 안정된 패턴들([그림 9-5]에 있는 검은 점)은 끌개 상태가 된다. CAT과 COT처럼 지각적으로 비슷한 단어들이 점차 다른 끌개 상태를 향해 나아가는 것처럼, 이 단어들과 지각적으로 유사한 비단어들은 단어의 의미적 패턴에 대한 부분적 활성으로 인해, 이 단어들에 대한 끌개 상태를 향해 이동한다([그림 9-5]). 정상적 피험자에 있어서, 이 현상은 비단어와 그 단어가 연합된 끌개 상태와의 지각적 유사성 정도에 달려 있다. 음성적 속성들이 더 많은 다른 비단어들은 끌개 상태를 향한 이동이 덜 한 것 같다(Milberg, Blumstein, & Dworetzky, 1988a). 연결망이 손상된 후, 기존의 끌개 상태가 우세한(끌개 분지[attractor basin]라 불리는) 의미 공간 영역은 왜곡되고 덜 예리하게 정의된다(Hinton & Shallice, 1991). 단어와 비단어에 의해 제거된 활성화 패턴의 결과로 인해, 이 단어들의 의미 점화가 강화되고, 그 결과 음성적으로 유사한 단어들의 끌개 상태를 향해 더 이동하는 것 같다([그림 9-5B]). 따라서 이런 손상의 일반적 효과는 단어와 음성적으로 연결된(또는 철자모양과 연관된) 비단어들 간의 구분을 손상되게 한다. 느슨해진 음소-의미 연결짓기는 음소 범주화를 수행하는 동안, 지각적 경계의 손상에 대해 일반적인 어휘 효과를 나타내지 않는 베르니케 실어증 환자들을 관찰한 Blumstein 등(1988a)에 의해 설명되었다(Blumstein, Burton,

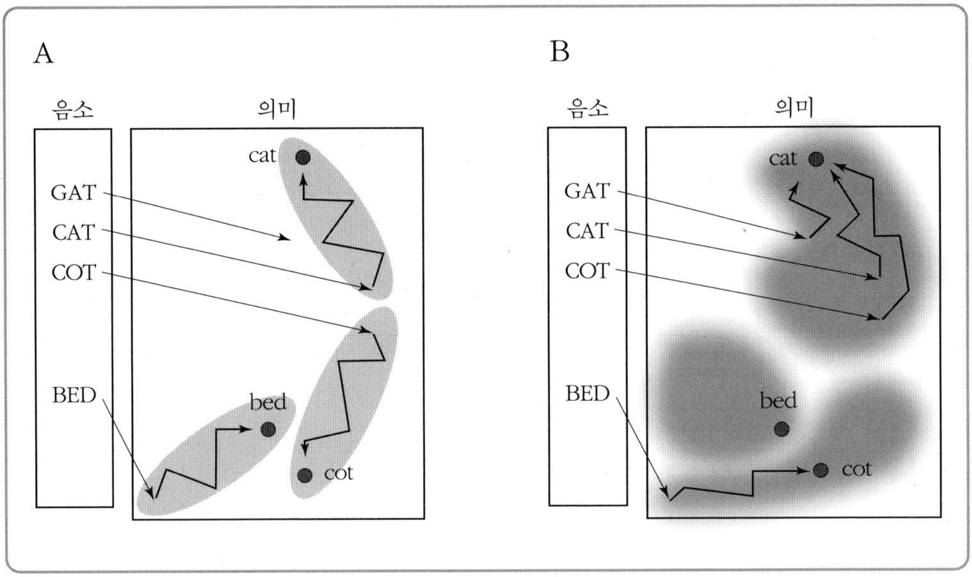

[그림 9-5] 음소-의미(철자-의미) 연결하기에서 끌개 상태의 역할. 각 그림의 좌측에 있는 상자는 구두 단어나 비단어 입력을 나타낸다. 우측에 있는 더 큰 상자는 의미 공간을 나타낸다. 이 의미 공간에 있는 점들은 여러 의미 단위들(활성화 상태)의 활성화 양상을 나타낸다. 3개의 각 상태들은 검은 점들로 나타냈고, 개념 cat, cot와 bed와 호응한다. 그것은 기존의 입력과 이어진 변화를 제시하였을 때, 연결망이 끌개 상태로 안정된 것으로, 선과 화살표는 이 의미망의 초기 상태를 보여 준다. 음영 부분들은 각 끌개 상태에 대한 끌개 분지(attractor basin)다. 끌개 분지 내로 떨어진 활성화 상태를 처음으로 유발한 입력은 실제로 그 분지에 대한 끌개 상태에 실제로 도달할 것이다. (A) 정상적인 상태에서, 끌개 역동들은 의미 공간에서 실제로는 매우 다른 상태를 활성화하는 비슷한 초기 활성 상태를 유발하는 cat과 cot 같은 비슷한 입력들을 허용한다. 반대로 cat과 cot 같은 비슷한 입력들은 의미 공간에서 상대적으로 비슷한 상태에 결코 도달하지 않을 것이다. (B) 연결망의 손상은 끌개 분지의 왜곡과 정의의 상실을 유발한다. 그 결과, 기존 입력 단어로 인한 의미 상태들은 부정확한(음소적으로 또는 의미적으로 관련된) 끌개(cot cat, bedcat)를 향해 끌리게 되며, 끌개 상태는 비단어 입력으로 좀 더 쉽게 도달할 것이다(Hinton & Shallice, 1991을 근거로).

Baum, Waldstein, & Katz, 1994).

요약하면, 베르니케 실어증 환자들에게 있어서 말소리 이해 붕괴는 음소 지각 붕괴로 잘 설명되지 않았다. [그림 9-3]에 나타나 있는 입력 음소 표상은 대부분 온전하다. 그에 반해, 베르니케 실어증 환자들이 지각된 음소와 연합된 시각적 형태 또는 의미와 연결짓기의 장애로 설명했던 것처럼, 입력 음소에서 의미 또는 의미적 표상(혹은 둘 다)으로 가는 경로에 손상이 있다. 다각도의 증거들은 범주 경계의 손상, 기본-수준 이웃들 간에 구분의 상실, 의미적 관련성 판단 장애, 그리고 단어와 유사한 비단어로 인한 의미적 표상의 비정상적인 활성 때문에 의미 표상이 부정확하게 활성화된다고 제안한다. 비록 베르니케 실어증에서 의미적 표상이 온전하다고 해석될 수 있는 의미적 점화가 유지된다고 하더라도, 대안적 설명은 점화가 단지 단어 쌍 간에 의미적 활성화의 부분적인 겹침을 반영할 뿐이며, 이 활성화가 명확하거나 정확하다고 보기는 어렵다.

착어증

앞에서 설명했던 것처럼, 베르니케 실어증은 단어 내에 있는 소리 요소(음소 착어증), 단어의 어간이나 접사(형태적 착어증) 같은 문법적 단위들, 그리고 전체 단어(어휘적 착어증)를 포함하여, 다양한 발화 출력 오류를 생성한다. "실어증 환자에게 있어서 착어증은 건강한 사람들이 피로 상태나 주의가 분산된 상태에서, 스스로 발견할 수 있는 단어의 부정확한 사용이나 왜곡과 다르지 않다."는 Freud의 주장까지(Freud, 1891, 1953, p. 13), 실어증 환자들이 유발하는 발화 실수는 정상적인 화자들이 유발하는 것과 많은 속성들을 공유하는 것으로 알려져 왔다(Blumstein, 1973; Buckingham, 1980; Dell et al., 1997; Garrett, 1984; Schwartz, Saffran, Bloch, & Dell, 1994). 최근에, 정상적인 '말실수(slips of tongue)'에 대한 연구들로부터 나온 많은 설명과 이론적 모형들을 실어증으로 발생한 발화 오류 분석에 생성적으로 응용하였다. 이 연구들로부터 나온 중요한 발견들뿐 아니라, 유창성 실어증에 의해 드러난 기본적인 착어 증상에 대해 많은 것을 설명한 계산주의 모형에 대해서도 간략히 언급할 것이다.

착어 오류들이 완전히 무선적이지 않다는 것은 분명하다. 음소 수준에서 작동하는 일반적인 규칙의 한 가지 예는 맥락적 오류의 빈번한 발생이다. 음소 오류들은 가까운 다른 음소들에게서 영향을 받는다. 여기에는 기대가 포함되는데, 나중 소리는 앞의 발화(예: park bench → bark bench)를 반복한다. 보속에서는 앞의 소리는 나중 발화(예: beef noodle → beef needle)를 반복한다. 교체에서는 두 소리가 자리를 바꾼다(예: big deal → dig beal). 맥락적 오류는 정상적인 말실수에서 음소 오류의 주요 유형이며(Nooteboom, 1969), 발화되어야 할 각 음소의 선택에서 발화 생성 체제는 앞의 음소와 뒤의 음소에 부분적으로 영향을 받는다. 관련된 발견에 따르면 이런 방식으로 상호작용하는 음소들은 서로 유사해지는 경향들이 있다. 만약 음소들이 비슷한 음성적 속성들을 공유하고 있다면, 그것들이 각 음절('big deal' 내에 있는 /b/와 /d/는 둘 다 음절 시작 음소이다.) 내에서 같은 위치에 적용될 때, 다른 음소와 좀 더 바뀌는 것 같다(/b/와 /d/는 같은 방식의 발음적 속성을 공유한다.)(Blumstein, 1973; Lecour & Rouillon, 1976; MacKay, 1970; Shattuck-Hufnagel & Klatt, 1979; Stemberger, 1982). 따라서 음소를 선별하는 체제는 특히 음소들이 표적 음소와 쉽게 혼동된다면, 주변의 다른 음소에 영향을 받는 것으로 보인다.

유사한 맥락의 현상들이 다의어 구에 있는 단어에서 관찰된다. 따라서 실어증의 발화와 정상적 발화 둘 다, 맥락적 단어 기대(예: The sun is in the sky → The sky is in the sun), 보속(예: The boy is reaching for the cookies → The boy is reaching for the boy), 교체(예: writing a letter to my mother → writing a mother to my letter)가 발생한다(Dell & Reich, 1981; Fromkin, 1971; Garrett, 1975; Lecour & Rouillon, 1976). 음소 오류, 단어 치환에서 보이는 비슷한 혼동 효과가 의미적 문법적 부분의 유사성 효과를 보인다. 정상적인, 그리고 실어증 화자들 모두, 치환된 단어들은 표적 단어에 의미적으로 좀 더 관련되어 있고(Buckingham & Rekart, 1979; Dell & Reich, 1981; Fay & Cutler, 1977; Fromkin, 1971; Garrett, 1975), 표적 단어와 같은 문법적 분류(예: 명사, 동사, 형용사 등)에서 우연 수준 이상으로 그런 결과를 나타내는 것 같다(Fay & Cutler, 1977; Gagnon, Schwartz, Martin, Dell, & Saffran, 1997; Garrett, 1975). 따라서 단어를 선택하기 위해 사용되는 기제는 계획된 발화에서 가까운 다른 단어에 의해 영향을 받는 것으로 나타난다. 특히 표적 단어와 같은 문법적 분류에 있는 것들이며, 표적 단어의 '의미적 이웃'에 의해서도 가능하다.

음소와 단어 수준 치환을 포함한 이 예들이 유창성 착어증에서 관찰되는 모든 오류 패턴을 다 포착한다는 의미는 아니다. 특히 이론적으로 흥미로운 것은 단어와 음소 정보 간에 상호작용을 나타내는 오류들이다. 이것의 한 예는 의도된 표적 단어(예: horse → house)에 음소적으로는 유사하지만 의미적으로는 유사하지 않은 실제-단어 오류인 형식적 착어증이다. 비록 형식적 착어증이 실제 단어이지만, 그것들이 음소나 단어 수준 오류를 나타내는지에 대한 의문은 여러 가지 이유로 논쟁이 있다. 첫째, 이 오류들은 대부분의 환자들에게 공통적인 것이 아니다. 둘째, 형식적 착어증을 유발하는 환자들 역시 표적 단어와 음소적으로 연관된 비단어(신조어)를 말한다. 이 자료들은 일반적으로 형식적 착어증이 실제 단어가 되는 결과가 우연 수준으로 발생하는 음소-수준 오류를 나타낸다는 증거로 받아들여지고 있다(Buckingham, 1980; Butterworth, 1979; Ellis, Miller, & Sin, 1983; Lecour & Rouillon, 1976; Nickels & Howard, 1995).

그와 대조적으로, 여러 연구자들은 최근에 어떤 실어증의 경우, 형식적 착어증의 발생이 우연 수준보다 더 크다는 증거를 제시했다. 의도한 표적 단어와 소리가 유사한 오류를 범할 때, 어떤 환자들은 우연 수준에서 예측되는 것보다 더 높은 비율로 실제 단어들(비단어들과 반대로)을 산출하는 것으로 나타났다(Best, 1996; Blanken, 1990; Gagnon et al., 1997; Martin, Dell, Saffran, schwartz, 1994). 정상적인 말실수 연구에서 관찰되었던 같은 현상은 대체로 비단어 오류에 비해서 단어 오류 비율이 우연 수준보다 더 높은 것으로 나타났다(Baars, Motley, & MacKay, 1975; Dell & Reich, 1981). 만약 이 오류들이 실제로 단어가 되는 결과인 음소 오류보다 부정확한 단어 선택을 나타낸다면, 우리는 의도된 표적 단어와 같은 문법적 단어 분류가 되는 오류를 기대할 수 있다. 이 사례에 대한 증거가 제시되었다(Dell et al., 1997; Fay & Cutler, 1977; Gagnon et al., 1997). 단어 수준 선택에서 생성 기제는 음소에서 단어 수준 표상까지 가능한 피드백을 통해, 단어의 소리 정보에 의해 부분적으로 제약을 받기 때문에 이러한 발견들은 중요하다.

발화 생성을 하는 동안, 음소와 단어 정보 간의 상호작용에 대한 다른 증거는 실제-단어 오류 반응은 의도된 표적 단어(예: skirt → shirt)와 음소적 · 의미적으로 모두 연관되어 있는 혼합 착어증의 관찰에서 나온 것이다. 이런 오류들이 실어증 환자들이 범한 전체 오류의 작은 비율만 구성하고 있지만, 이 비율이 우연의 일치로 설명할 수 있을 만큼 충분히 작은 비율인지는 다시 이슈가 된다. 정상과 유창성 실어증 피험자 모두에 대한 연구들은 혼합 오류의 발생은 우연 수준 이상으로 유의미하게 더 크다는 것을 보여 준다(Dell & Reich, 1981; Dell et al., 1997; Harley, 1984; Martin, Gagnon, schwartz, Dell, & Saffran, 1996). 형식적 착어증을 가지고 있을 때는, 혼합 착어증에서 기대되는 수준보다 발생 확률이 더 높다는 것은 표적 단어와 음소적 유사성은 단어 오류 선택을 어떤 식으로든 강화한다는 것을 제안한다. 혼합 착어증의 사례에서 표적 단어와 오류 단어 간의 음소적 유사성은 의미적 유사성과 관련된 행동이다.

정상인의 말실수와 실어증적 착어 증상—맥락 효과, 유사성 효과, 그리고 음소-단어 상호작용—에서 관찰된 수많은 기본적인 오류들은 단어 선택과 음소 선택은 시간상 부분적으로 중첩되며, 상호활성화 확산 기제를 통해 서로 영향을 미치는 신경 연결망의 자연스러운 산물로 볼 수 있다. 이런 종류의 모형은 Dell과 동료들(Dell, 1986; Dell & O' Seaghdha, 1992 Dell et al., 1997), 그리고 다른 연구자들(Harley, 1984; Roelofs, 1992; Stemberger, 1985)이 제안하였다. [그림 9-6]은 이런 연결망의 가설적 특성을 단순화한 그림으로 보여 준다. 이 모형의 중요한 출발점은 발화 생성에는 때로는 부분적으로 중첩되는 정보 접속의 구별된 2개의 처리 또는 상태가 포함된다는 것이다. 이것의 첫째는, 화자가 표현하기 원하는 추상적 개념(의미 표상)으로부터 개념을 표현하는 단어나 단어 순서의 연속으로 변환하는 것이다. 이 과정을 어휘 접속이라 부른다. 뇌에서 표상의 유형을 언급하는 '어휘(lemma)' 는 단어와 유사하지만 다른 중요한 차이를 가지고 있다. 단어의 어휘 표상은 그것의 통사적 역할(예: 명사, 동사 등등)에 대한 정보를 담고 있으며, 그 어휘는 단어의 소리, 음소적 표상에 대한 정보를 담고 있지 않은 단어보다 좀 더 추상적인 요소들이다(Dell, 1986; Dell & O' Seaghdha, 1992; Kempen & Huijbers, 1983; Levelt et al., 1991). 이런 의미에서, 어휘는 단어-소리 상(image)에 대한 Wernicke의 언급—청각 형태로 저장된 단어 기억의 한 종류—과는 다르며, 음운 단어 형태로 구성되어 있는 최근의 많은 언어 처리 모형에서 발견되는 음운 어휘집과도

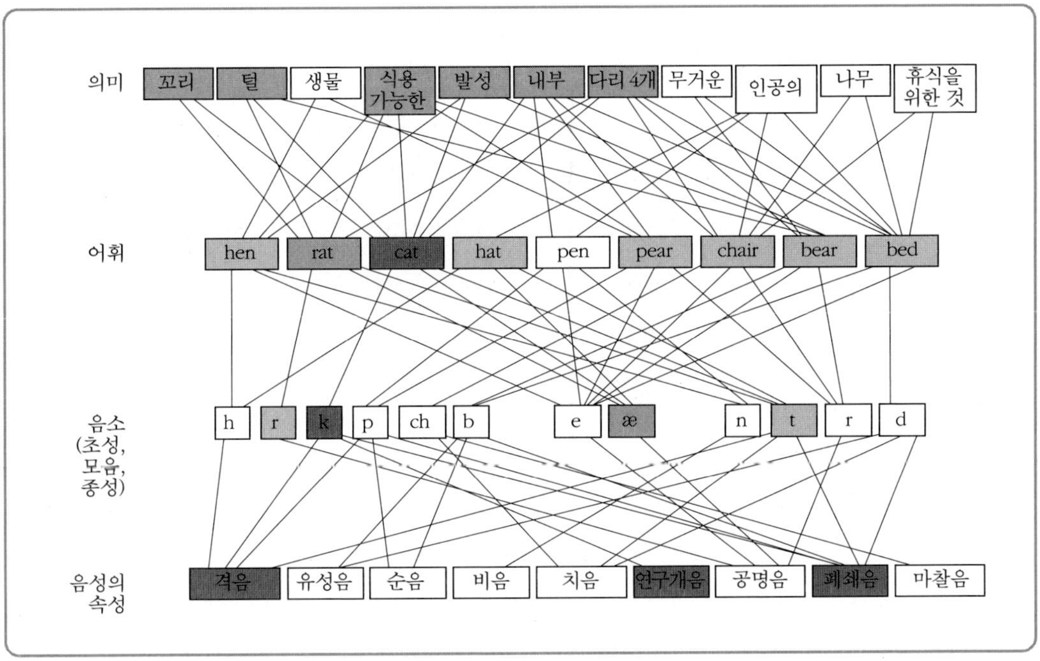

[그림 9-6] 발화 생성 활성화 확산 모형의 상호적인 도식적 표상. 연결망은 cat을 생성하는 시간 동안, 한 순간을 보여 준다. 의미적 단위의 집합들은 표적 어휘(lemma)의 활성화뿐 아니라, 의미적으로 연결된 여러 가지 단어들(rat, bear)을 생성한다. 위치-특수(초성-onset, 모음-vowel, 종성-coda) 음소들은 단어 수준에서 음소 수준으로 활성화 확산의 결과로 활성화된다. /k/와 연합된 음소적 속성 노드(기식음, 연구개음, 폐쇄음)의 활성화가 증가된 결과, 망은 초성 /k/ 를 바로 선택한다. 의미 수준으로부터의 입력이 없음에도 불구하고, /[æ]/와 /t/에 대한 음소 단위들로부터의 피드백으로 인해, 단어 hat의 활성화가 약해지는 것을 주목하라. 이 피드백은 형식적(예: 의미적으로는 무관하지만, 음소적으로 관련 있는) 착어적 오류의 주요한 원천이 되는 것으로 드러난다. 의미적, 음소적 수준으로부터의 결합된 입력으로 인해, 혼합된(의미적 + 음성적) 오류와 같은 것이 증가하기 때문에, 단어 rat 역시 음소-수준 피드백을 받으며, hat보다는 좀 더 강하게 활성화된다. 마지막으로, 음소적 속성 노드, 기식음과 폐쇄음의 활성화는 표적 음소와 유사한 음소를 포함하고 있는 신별 오류가 증가한, 이 속성들을 공유하는 /t/와 같은 음소 노드로부터 피드백이 이루어진다.

다르다(Allport & Funnell, 1981; Morton & Patterson, 1980). 2단계 모형의 둘째 단계에서, 단어의 소리는 음운 접속이라는 처리 과정, 즉 어휘를 정리된 음소의 연결로 전환하는 계산을 한다.

[그림 9-6]에서 도식적으로 보여 준 것처럼, 연결망 구성 노드들은 의미적, 어휘적, 음소, 철자 속성 수준으로 구성되어 있다. 각 수준은 분산된 방식으로, 개

념, 단어, 그리고 음소에 대한 정보의 개별 원천을 표상하고 있는 수많은 노드를 포함하고 있다. 연결 수준에서 노드들 간의 연결은 경험의 결과로 오랜 시간에 걸쳐 학습된 개념, 단어, 음소, 그리고 철자의 속성들 간의 관계를 표상하고 있다. 이 모형의 핵심적인 속성은 연결된 수준들 간의 연결은 상호적이며, 상향과 하향 모든 방향으로 흐르는 활성을 허용한다는 것이다. 이런 유형의 다른 모형들은, 연결망에 있는 각 노드들의 활성 상태는 그때, 구체적인 위치에 있는 노드로 입력되는 모든 정보들의 가중치의 합 더하기 소멸 기간에 의해 수정된 바로 직전 시간 지점에서의 활성화 수준을 계산한다.

$$A_i(t) = A_i(t-1) \times (1-d) + \sum_j a_j(t-1) \times w_{ij} + noise$$

$A_i(t)$는 현재 시간 t 단계에서 i 노드의 활성이고, $A_i(t-1)$은 바로 직전 시간 지점에서의 활성을 나타내며, d는 소멸 매개변수이고, $a_j(t-1)$은 노드 i로 입력 정보를 보내는 노드 j의 직전 시간 지점에서의 활성이고, w_{ij}는 보내는 노드 j와 받아들이는 노드 i 간의 연결 강도 또는 가중치다.

이 모형에서 발화 생성은 주체가 표현하기를 원하는 개념을 표상하고 있는 의미 노드의 활성화로 시작된다. 비록 의미 정보를 부호화하고 있는 특별한 형태는 이 모형에서는 어쩌면 중요한 것이 아닐 수도 있지만, 의미 노드들은 일반적으로 단어를 집합적으로 정의하는 물리적, 기능적, 또는 연합적 특징들(예: 털이 있다.)의 표상으로 볼 수 있다. 그러면 활성 의미 노드들은 그것들과 연결되어 있는 모든 어휘 노드로 활성을 보낸다. 주어진 의미 노드는 의미적 속성을 공유하는 모든 어휘와 연결되어 있다는 것이 중요한 점이다. 따라서 주어진 의미 노드의 활성화는 연결된 모든 어휘를 어느 정도 수준으로 활성화하는 결과를 가져온다. 달리 말하면, 어휘 노드는 연결된 모든 음소 노드로 활성을 보내고, 이 음소 노드들은 그것들과 연결된 모든 음운 속성 노드로 활성을 보낸다. 층(layers) 간의 상호연결 때문에, 활성은 또한 어휘로부터 의미 수준으로, 음소에서 어휘 수준으로, 음운 속성에서 음소 수준으로 확산될 수 있다.

유사한 효과들—표적 단어와 의미적으로 유사한 단어 오류(의미 착어증), 표적 음소와 유사한 음소 오류—은 이미 이런 모형에 의해 설명되었다. 의미 노드들은 그것과 연결된 모든 어휘로 활성을 보내기 때문에, 표적 단어와 매우 유사한 어휘는 거의 표적 단어 자체처럼 활성화될 것이다. 예를 들어 의자와 소파는 많은 의미적 속성들을 공유하고 있기 때문에, 의자에 대한 의미 표상의 활성은 의자와 소파 (그리고 관련된 많은 다른 항목들) 모두의 어휘를 필수적으로 활성화될 것이다.

정상적인 조건에서, 연결망은 의미적인 이웃들(어휘 노드들 간에 억제성 연결 모형을 추가하는 것은 또한 이 이웃들의 활성화를 억제하는 것을 돕는다.)보다 약간 더 높은 활성화를 근거로 정확한 어휘를 선택할 수 있게 되지만, 노드나 연결에 부분적인 손상으로 기제에 첨가된 노이즈(잡음)는 정확성이 제대로 발휘되지 못하도록 해서, 결과적으로 의미적 본질에서 어휘 선별 오류를 쉽게 일으킬 수 있다.

음소 유사성 효과는 유사한 기제에 의해 발생하지만 음운 속성 수준으로부터의 피드백으로 인해 발생하는 것이다. 음운 속성들은 속성을 공유하는 모든 음소와 상호연결되어 있기 때문에, 음소 노드로 인한 음운 속성 집합들의 활성화는 이런 속성들을 공유하고 있는 다른 음소 노드의 상호적인 활성화를 유발할 것이다. 덧붙여 기제에 노이즈가 추가되면, 이 음소적 이웃들 중 하나가 때로는 표적 단어보다 좀 더 활성화되며 결과적으로 유사성에 근거한 음소 선택 오류가 발생할 것이다.

상호작용 효과들—형식적 착어증과 혼합된 의미-음소적 오류—은 또한 이 모형의 자연스러운 결과이나. 형식적 착어증의 우연 수준 이상의 발생은 표적 단어와 음소적으로 유사한 오류들이 실제 단어를 형성할 기회보다 좀 더 많다는 것을 의미한다. 연결망에서 이 현상은 음소에서 어휘 수준으로의 피드백으로 설명되었다. 표적 어휘(예: train)가 활성화되면, 이것은 표적 어휘(예: /t/, /r/, /e/, 그리고 /n/)와 연결된 이 음소 노드의 활성화를 유발한다. 상호적인 연결은 이 음소 노드들이 그것들과 연결된, 특히 표적 어휘(예: crane과 trait)와 여러 가지 음소들을 공유하고 있는 어휘 노드의 유의미한 활성을 유발하는 모든 다른 어휘들로 피드백하는 것을 허용한다. 만약 선택되면, 그런 어휘는 음소의 활성화 수준을 증가시킬 것이고, 그것이 선택될 가망성 역시 증가할 것이다. 비록 작지만 이러한 효과들은 무선적으로 비단어(예: prain)를 생성하는 것보다 오히려 표적 어휘와 음소적 이웃을 생성할 가능성을 증가시킨다.

어휘 수준에 영향을 미치는 의미적, 음소적 결합으로 인한 오류들만 제외하고, 혼합 오류들도 유사하게 설명될 수 있다. 공유된 의미적 속성들은 표적 어휘와 의미적 이웃의 활성화 결과인 반면, 공유된 음소들은 음소적 이웃의 활성화로 인한 것이다. 이런 영향들은 표적 단어의 혼합된 의미적, 음소적 이웃의 가능성을 함께 증가시키고, 만약 어떤 것이 존재한다면(예: plane), 어휘 수준에서 선택될 것이다.

맥락적 오류들(기대, 보속, 치환)은 그때 서로 근처에 있는 단어가 대체로 포함되기 때문에, 이 현상에 대한 설명은 이 모형들이 여러 가지 단어 발화를 어떻게 조종하는지 살펴볼 필요가 있다. 완벽한 설명은 이 관점을 넘어서는 것이지만, 중요한 점은 여러 가지 단어 순서 내에 있는 단어는 더 커다란 범위에서 병렬적으로 선택된다는 것이다. 활성화가 어휘와 이 단어열에서 첫째 단어와 연관된 음소 노드들로 축적될 때, 또한 활성화는 두 번째 단어와 관련 있는 노드들을 축적하기 시작한다. 최대 수준에 도달한 후, 활성은 기본 수준으로 돌아가기 위한 소멸에 시간이 걸린다. 따라서 이어지는 단어에 대한 노드들을 선택해야 할 바로 그때, 앞의 단어에 대한 노드들에 남겨진 활성화가 있다. 더구나 어휘 수준에서 선택은 음소 수준에서 선택보다 더 초기에 발생하기 때문에, 이어지는 단어에 대한 어휘 수준에서의 활성화는 때로 선행한 단어에 대한 음소 수준에서의 활성화와 동시적으로 발생한다. 때로는 이런 상당한 시간적 중첩이, 실제로는 선행한 또는 이어지는 단어에 대한 표적 어휘나 음소인 어휘 또는 음소 노드들의 선택을 형성하며, 결과적으로 맥락적 오류를 낳는다.

특히, 기대는 나중 단어로부터의 음소나 어휘 선택에 기인하기 때문에, 표적 음소나 어휘보다 더 활성화되는 것이 우연적으로 발생한다. 보속은 이전에 나온 음소나 어휘의 선택에 기인하기 때문에, 표적 음소나 어휘보다 더 활성화되는 것이 우연적으로 발생한다. 치환은 선택된 이후, 노드의 활성을 일시적으로 억제하는 기제를 반영한다고 믿어 왔다. 예를 들어, 어휘 cat을 음소적으로 전환하는 동안, 연결망은 이것이 선택되고 난 후, 음소 /k/ 노드의 활성 수준을 일시적으로 억제하거나 억압한다. 비록 이것을 유발하는 기제가 명백하지는 않지만, 음소 /k/가 이어지는 음소 위치에 다시 선택되는 것을 막기 위해, 어떤 종류의 억압이 필수적으로 나타난다. 따라서 치환은 기대 오류가 이어지는 단어로부터 너무 성급하게 음소를 선택할 때 발생하며, 이 음소 노드는 일시적으로 억압된다. 기대 오류로 인해 선택되지 않은 표적 음소는 이전에 선택되었으나 지금은 억압된 음소보다 더 높은 활성에 도달해야 하며, 결과적으로 치환이 일어난다.

만약 어떤 가정들을 수락할 수 있다면, 유창성 실어증으로 인한 착어적 오류의 다른 양상들은 또한 이 모형으로 설명할 수 있다. 예를 들어, 앞에서 언급한 것처럼, 맥락적 음소 오류들은 각각의 음절에서(예: 초성, 모음, 또는 마지막 위치) 같은 위치에 적용되는 음소 쌍들을 보통 포함한다. 이것은 음소 노드들이 위치 특수적이라는 가정으로 설명될 수 있다. 따라서 'spy fled' 'fly sped' 로의 치환은 가능하지만, 첫 번째 단어의/sp/ 표적 음소는 초성 음소로 특히 망에 표상되어 있기 때문에, 'spy fled' 'dye flesp' 로의 치환은 그리 많지 않은 것 같다. 어휘 수준에서, 맥락적 오류들은 같은 문법적 범주 간에 거의 항상 일어난다는 비슷한 현상이 관찰된다. 예를 들어, 'writing a mother to my letter' 처럼 2개의 명사를 포함한 치환은 가능한 반면, 'writing a my to letter mother' 처럼 소유 대명사에 대한 명사의 치환은 그리 많지 않은 것 같다. 문법적 범주의 이런 보속은 어휘들은 문법적 범주에 대한 정보를 내포하고 있으며, 그것은 발화에서 어떤 주어진 위치에 대한 선택의 후보인 어휘 집합을 제한한다는 가정으로부터 나온 것이다.

망에서 어떤 종류의 '손상' 이 착어적 오류들을 증가시키도록 하며, 다른 종류의 손상들은 어떤 다른 오류 패턴들을 유발하는가? 그런 손상들은 실제 뇌손상의 차원에서 어떤 의미를 가지는가? 이 질문들은 곧 설명될 것이지만, 서두의 보고들은 흥미로운 것이다(Dell et al., 1997; Hillis, Boatman, Hart, & Gordon, 1999; Martin et al., 1994; Schwartz et al., 1994). Martin 등(1994)은 연결망의 소멸 매개변수의 증가로 그들의 환자들이 보이는 착어적 오류를 모형화한 아이디어를 제안했다. 이것은 활성화 수준을 전반적으로 약화시키는 효과를 유발하며, 특히 기존의 활성 패턴을 유지하는 연결망의 능력을 약화시킨다. 의미 노드로부터 직접적인 입력 정보에 의한 선택 처리 과정 동안, 초기에 활성화된 표적 어휘와 그것의 의미적 이웃들은 어휘 선택 전에 비정상적으로 커다란 활성화 소멸을 경험한다. 그에 반해, 본래 음소 노드(예: 음소적 이웃들과 표적 단어의 혼합된 음소적-의미적 이웃들)로부터의 피드백에 의해 나중 단계에 활성화된 어휘들은 소멸에 영향을 받는 시간이 적으며 그래서 결국 어휘 선별의 시간에 표적을 상대적으로 좀 더 활성화한다. 이 결과는 형식적 착어와 혼합 착어의 발생이 다른 유형들보다 상대적으로 증가하게 한다. 이 병변의 범주는 표상적 손상으로 불린다. 어휘, 음소, 그리고 음운 속성들을 표상하고 있는 연결망 자체가 활성을 유지하는 데 어려움을 보이며, 인출되어야 할 정보의 패턴들을 신뢰성 있게 표상하지 못한다. 또한 비슷한 종류의 손상이 노드를 무선적으로 제거한 비율에 의해, 활성가(activation value)에 대한 추가적인 무선적 잡음(noise)에 의해 모형화될 수 있다.

전도성 손상이라 불리는 질적으로 다른 손상은 노드들 간 연결 가중치의 감소에서 기인한다(Dell et al., 1997). 이것은 상호활성을 감소시켜 연결 수준들 간의 전후 활성 확산을 손상시킨다. 결과적으로, 어휘 수준에서 선택은 형식적 착어와 혼합 착어가 더 낮게 발생되도록 하는 음소-어휘 피드백에 의해 유도되는 것이 적어지고, 음소 수준에서의 선택은 어휘 입력 정보에 지배를 덜 받는다. 그 결과 비단어와 무관련 오류들이 상대적으로 더 높은 비율로 발생하게 된다.

병변의 두 유형 때문에, 조작된 매개변수(소멸이나 연결성)로서 전반적인 정확 반응률과 비단어의 증가인 오류율은 정상적인 수준에서 더 멀리 이동한다. 이것은 표상적 통합이나 연결에서의 손상이 연결망을 통한 활성의 적절한 확산을 방해할 만큼 심각하다면, 음소 선별에 더 커다란 영향을 주는 무선적 잡음(noise)이 될 것이라는 사실을 반영한 것이다. 단어보다 비단어가 좀 더 많다는 것은 음소의 무선적 결합으로 발생할 수 있기 때문에, 선택의 무선성의 증가는 비단어 비율의 증가를 필연적으로 유발한다. 모형의 이 본질적인 결과는 착어증의 심각성과 많은 연구들로부터 관찰된 비단어 실수의 비율 간의 일반적인 상관과 일치하는 것이다(Butterworth, 1979; Dell et al., 1997; Kertesz & Benson, 1970; Kohn & Smith, 1994; Moerman, Corluy, & Meersman, 1983).

Dell 등(1997)은 그림-명명하기 과제를 하는 동안, 21명의 유창성 실어증 환자들(베르니케 실어증 7명, 전도 실어증 5명, 건망성 실어증 8명, 연합 피질 감각성 실어증 1명)이 유발한 착어적 오류들의 패턴을 개별적으로 모형화하기 위해, 이 두 종류의 병변들을 사용했다. 각 시행에서 그려진 대상들과 연합된 의미적 속성 집합들을 활성화함으로써, 연결망에 의해 선택된 음소열들을 기록해서 모형에서 명명하기를 시연하였다. 환자들과 연결망에 의해 유발된 실수들을 의미적, 형식적, 혼합의 무관련 단어와 비단어로 범주화하였다. 소멸과 연결 가중치 매개변수들은 환자에 의해 유발된 실수 패턴과 연결망에 의해 유발된 실수 패턴 간에 각 환자에게 가장 잘 맞는 것을 얻을 때까지 바뀐다. 좋은 맞춤을 얻고, 소멸 매개변수나 연결 가중치 매개변수 중 어느 것이 가장 영향을 미치는지에 따라, 환자들을 구별된 집단으로 분류하였다.

표상적 손상을 가진 환자들(소멸 비율 매개변수가 증가한)은 상대적으로 형식적, 혼합 오류를 좀 더 나타낸 반면, 전도성 병변을 가진 환자들(연결 가중치 매개변수가 감소된)은 비단어와 무관련 단어 오류를 상대적으로 더 많이 보여 주었다. 특히 흥미로운 것은 소멸 손상 집단이 생성해 내는 형식적 착어증은 연결 손상 집단이 생성해 내는 형식적 오류보다 명사(표적 문법적 범주)가 되는 경우가 더 많다는 발견이다. 이것은 모형이 예측하는 것처럼 소멸 집단이 생성하는 형식적 오류들은 어휘 선택 오류를 범하기가 좀 더 쉬운 반면, 연결 손상 집단이 생성하는 오류들은 실제 단어를 형성하기 위해 우연히 발생하는 음소 수준에서 선택 오류의 결과로 나타나기가 좀 더 쉬운 것 같다.

Dell 등(1997)에 의해 시연된 중요한 패턴은 소멸 비율과 연결 가중치 매개변수에 대한 '병변' 을 전반적으로 예를 들자면, 연결망 각 층에서 모든 노드에 단일하게 만드는 것 같다. 결과적으로 시연은 예를 들어, 어휘와 음소 수준 간에 연결에 좀 더 편재화되어 영향을 미치는 병변을 모형화하려는 시도 등은 하지 않는다. 이런 단순화에도 불구하고, 5명의 전도성 실어증 환자들은 모두 전도 병변을 사용하여 가장 잘 모형화된 반면, 베르니케와 건망성 실어증 집단들은 표상적 그리고 전도성 유형 모두를 포함하였다. 주의를 끄는 결론은 전도성 증후군인데, 이들의 형식적, 그리고 혼합 오류에 상대적으로 비단어 발생이 높은 속성은 어휘와 음소 수준 간에 연결이 약화된 전도성 결손을 나타낸다는 것이다.

Dell 등(1997)의 결과에서 다른 흥미로운 패턴은 건망성 실어증 환자들이 때로 모형에서 예측한 것보다 더 낮은 비단어 오류의 발생과 명명하기 결함의 심각성에 근거하여 기대되는 것보다 더 낮은 발생을 보여 준다는 것이다. 대신에 이 환자들은 예측했던 것보다 더 많은 의미적 오류를 유발하는 경향을 보여 주었다. 다른 환자들은 명명하기 과제에서, 비단어나 다른 음소적 오류 없이, 대부분 의미 오류를 유발하는 것으로 보고되었다(Caramazza & Hillis, 1990; Hillis & Caramazza, 1995). 이런 패턴은 전반적인 병변에 근거하여 설명하기 어렵지만, 의미적 수준에 국한된 표상적 병변이나 의미적 수준과 어휘적 수준 간의 연결에 영향을 주는 전도성 병변을 사용하여 설명할 수 있다.

원래의 베르니케 모형에서는 단어-소리 상이 단어의 이해와 산출 모두에서 역할을 한다고 생각한 것이 핵심이었다. 따라서 주목할 만한 산출 모형에서 연결의 상호적, 쌍방향적 본질은 의미에서 음소로 또는 음소에서 의미로 각각 양방향으로 흐르는 정보를 용납하는 것으로 기술했다는 것이다. 이해와 산출 기제의 중첩 범위, 특히 음소와 의미 간 전이에 관한 학자들 간의 논쟁은 계속되고 있다. 언어의 심리학적 모형들은 때로 음소적 형태의 한 종류로 개별 단어들의 표상을 저장하는 '음운 어휘집' 을 포함한 독립적인 처리 단원들을 적용한다. 이론의 초기 버전은 입력(이해)과 출력(산출) 과제 모두에 사용되는 단일의 음운 어휘집을 가정했었다(Allport & Funnell, 1981). 그러나 어떤 실어증 환자들은 현저하게 분리된 입력과 출력 능력을 가지고 있음이 명백하다. 예를 들어, 전도성 실어증은 모든 발화 출력 과제에서 잦은 음소 착어증을 보이는 반면, 발화 이해는 온전한 것이 특징이다(〈표 9-1〉). 이것은 발화 경로 어떤 부분에 제한된 병변이 있지만, 입력 경로는 온전하다는 것을 나타내는 것이다. 그에 반해, 전형적으로 순수 단어 손상을 보이는 환자들은 자발적인 발화와 명명하기 과제에서 최소한의 착어증만 보이는데(반복은 입력 손상으로 인해 순수 단어 결손에서는 착어적이다. 〈표 9-1〉을 볼 것), 이것은 상대적으로 발화 경로가 온전하다는 것을 나타낸다. 환자들과 정상적인 피험자들로부터 나온 다양한 증거들은 일반적으로 발화 지각과 산출 처리 간에 어느 정도의 독립성을 지지하고 있다(Allport, MacKay, & Prinz, 1987; Allport, 1984; Kirschner & Webb, 1982; Nickels & Howard, 1995).

이것과 다른 관찰들은 분리된 입력과 출력 음운 어휘집, 예를 들면 의미적으로 음소와 연결된 구별된 입력과 출력 경로가 있다고 제안하기에 이르렀다(Allport, 1984; Caramazza, 1988; Monsell, 1987; Morton & Patterson, 1980). 신경 연결망 시연으로부터 나온 예비적인 자료 역시 이 논제를 지지한다. 예를 들어, Dell 등(1997)은 명명하기(출력) 과제 수행에서 도출된 모형 매개변수를 사용한 입력과 출력을 포함하고 있는 반복 과제에서 환자들의 수행 수준을 예측할 수 없었다. 만약 입력과 출력 모두가 같은(손상된) 연결망을 사용한다면, 반복 점수는 일관되게 예측하는 것보다 더 나아야 하지만, 반복 수행은 분리된, 온전한 발화 지각 체제를 가정함으로써 더 잘 설명되었다.

체제가 분리되었다는 주장에 대한 주요한 반대 의견은 그 주장이 함의하는 음운 어휘집의 불필요한 중복성이다. 어휘집은 아마도 전체 저장된 단어에 대한 구조적, 문법적 정보를 포함하고 있는 거대한 데이터베이스이며, 따라서 이런 중복은 신경 능력을 비효과적으로 사용하는 것으로 보이게 한다. 그러나 [그림 9-6]에 있는 모형은 음운 어휘집을 포함하고 있지 않다. 그 장소는 상호연결된 어휘, 음소, 그리고 음소적 속성 수준이다. 이런 정렬은 입력과 출력 발화 경로 간 연결의 거대한 집합이 가능하도록 해 주며, 그것들 중 어떤 것은 단어-수준 정보의 중복을 피할 것이다. 예를 들어, 경로들은 공통 어휘 수준만 공유하거나, 또는 공동 어휘와 음소 수준은 공유하지만, 분리된 음소 속성 수준을 사용한다. 발화 지각 또는 산출 증후군만 따로 나타내는 환자들에 대한 좀 더 신중한 연구들은 입력과 출력 발화 경로 간에 관계를 좀 더 명백하게 정의할 필요가 있을 것이다.

구두와 쓰인 언어의 단절 손상

대부분의 베르니케 실어증 환자들은 청각적 이해와 발화에서 읽기와 쓰기 손상이 병렬적으로 관찰됨에도 불구하고, 많은 경우 청각 양식과 시각 양식 과제 수행에서 다른 능력을 나타냈다. 베르니케 실어증은 고전적으로 두 양식 모두 손상을 입은 것(Goodglass & Kaplan, 1972)으로 생각하였기 때문에, 그런 환자들은 증상의 정의와 그 기저가 되는 분류 도식을 왜곡하게 된다. 예를 들면, 많은 환자들이 순수 단어 손상의 변형(Alexander & Benson, 1993; Metz-Lutz & Dahl, 1984)으로 쉽사리 분류되는 만큼이나, 빈번히 구두 언어에 비해 쓰인 언어 이해가 탁월한 '비전형적인 베르니케 실어증' 을 가진 것으로 기술된다(Caramazza, Berndt, & Basili, 1983; Ellis et al., 1983; Heilman, Rothi, Campanella, & Wolfson, 1979; Hier & Mohr, 1977; Kirschner et al., 1981; Marshall, Rappaport, & Garcia-Bunuel, 1985; Sevush, Roeltgen, Campanella, & Heilman, 1983). 한편, 이 환자들은 신조어적 착어증, 건망성 실어증, 또는 비전형적인 순수 단어 손상인 경도의 읽기 이해 손상과 같은 실어증적 징후를 드러낸다. 비슷하게, 어떤 연구자들은 상대적으로 청각적 이해는 온전하면서 심각한 읽기와 쓰기 붕괴를 동시에 보이는 환자들을 비전형적인 베르니케 실어증 사례로 생각했지만(Kirschner & Webb, 1982), 또 다른 연구자들은 '전도성 실어증을 동반한 실독증과 실서증' 을 가진 것으로 생각했다(Selens & Niccum, 1983). 이 환자들이 전통적인 실어증 명명법 내에서 어떻게 범주화되었느냐와 상관없이, 그들의 손상 패턴들은 언어 지각과 산출 기제가 자극이나 반응의 양식에 따라 어떻게 조직되어 있는지에 대한 추가적인 정보를 제공한다.

구두 언어 처리에 비해 탁월한 쓰인 언어 처리 능력을 가진 환자들은 음소와 의미적 표상 간에 음소 기제나 경로에 손상을 입었다는 것으로 설명될 수 있다([그림 9-7]에서 손상 A). 이런 손상은 언어 이해뿐 아니라, 발화 소리의 재인(반복과 받아쓰기)에 의존하는 과제와 언어 산출(예: 자발적 발화, 소리 내어 읽기, 대상 명명하기, 그리고 반복)을 포함하고 있는 과제를 붕괴시킨다. 시각적 입력에서 의미로 가는 경로가 온전하기 때문에, 그런 환자들의 쓰인 단어 이해, 쓰인 단어와 그림 맞추기, 쓰인 자극들을 사용하여 대상 명명하기 능력은 온전하다(Caramazza et al., 1983; Ellis et al., 1983; Heilman et al., 1979; Hier & Mohr, 1977; Hillis et al., 1999; Howard & Franklin, 1987; Ingles, Mate-Kole, & Connolly, 1996; Kirschner et al.,

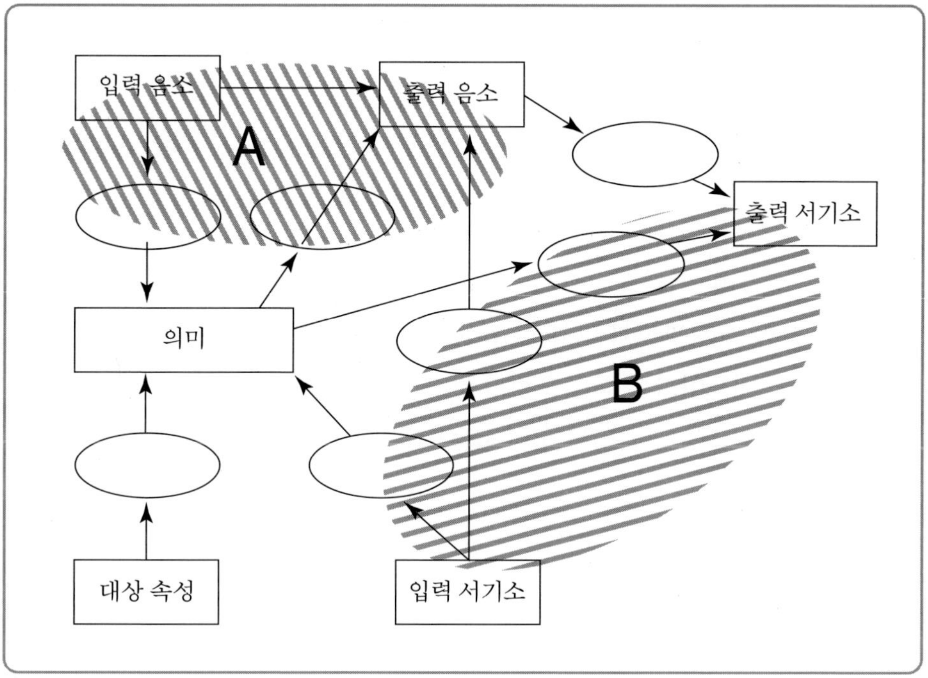

[그림 9-7] 양식-특수 언어 손상에 바탕이 되는 이론적인 손상 영역. 영역 A 손상은 입력과 출력 음소가 포함된 과제, 청각적 단어 이해, 반복, 명제적 발화, 명명하기, 소리 내어 읽기, 받아쓰기 과제들이 손상된다. 영역 B 손상은 입력과 출력 철자를 포함한 과제, 읽기 이해와 명제적 쓰기, 쓰인 단어 명명하기, 소리 내어 읽기, 받아쓰기 등의 과제들이 손상된다.

1981; Marshall et al., 1985; Semenza, Cipolotti, & Denes, 1992; Sevush et al., 1983). 청각적 이해가 심각하게 손상되고 착어적 발화를 함에도 불구하고 이 환자들이 보여 주는 쓰인 언어 명명하기 유지는 단어-소리 상이 쓰기에 핵심이라는 베르니케의 신념에 의하면 이상한 것이 분명하다.

이 환자들에게 있어서 발화 이해의 오류들은 단어나 단어 의미보다는 음소의 문제라는 것을 반영한다고 볼 수 있다. 예를 들어, 받아쓰기를 할 때, 환자들은 음소 오류를 범하며(예: 그들은 cat을 들은 후 cap을 쓴다.), 그림과 구두 단어 맞추기에서 그들은 표적 단어와 소리가 비슷한 이름을 가진 틀린 항목을 선택한다. 이런 오류들은 입력 음소 기제나 음소와 의미 수준 간 경로의 손상으로 인한 것이라 할 수 있다. Hillis 등(1999)에 의해 자세하게 연구된 환자는 받아쓰기와 단어-그림 맞추기 과제에서는 이런 오류를 범하지만, 같은-다른 판단 과제에서 cap과 cat처럼 유사한 소리가 나는 구두 단어들을 상당히 구별할 수 있었다. 이 패턴은 환자가 구성 음소를 분석할 수 있고, 다른 순서와 음소의 순서를 비교할 수 있지만, 음소에서 의미 수준으로 정확하게 전 이하는 것이 불가능했던 것 같다.

비슷하게, 이 환자들의 발화 산출 오류는 음소 착어증, 신조어, 그리고 형식적 착어증을 포함하여, 저빈도 의미나 혼합 오류를 나타내는 음소 유형이 압도적이다. Hillis 등(1999)은 Dell의 발화 산출 연결망의 활성화 확산 손상으로 자신들의 환자가 범하는 신조어적 발화를 모형화했다. Dell 등(1997)이 사용했던 전반적 손상과 달리, Hillis 등(1999)은 어휘(매개물)와 출력 음소 수준 간의 연결에 영향을 미치는 국지적 전도 손상을 가정했다. 대상 명명하기 과제를 하는 동안, 환자가 범한 것과 같은 전반적 오류율을 유발하기 위해 충분히 어휘-음소 연결 강도가 낮아졌을 때, 모형 연결망은 높은 비율의 음소적으로 관련된 비단어들(환자 53%, 모형 52.5%), 좀 더 적은 형식적 오류들(환자 6%, 모형 6.5%), 저빈도의 의미적 또는 혼합 오류(환자 3%, 모형 2.7%)가 포함된 놀라운 정확성으로 환자의 오류 패턴을 재생한다. 이런 결과는 이 환자에게 있어서 구두 언어 처리를 능가하는 탁월한 쓰인 언어 처리의 원인이 되는 손상된 처리 위치에 대한 증거를 제공할 뿐 아니라, 국지직 전이 손상이 손상의 위치에 따라 특별한 오류 패턴를 유발할 수 있다는 개념을 제공한다.

베르니케 실어증의 청각적 다양성을 보이는 환자들은 발화 출력이 손상된 범위에 있어서 매우 다양하다. 대부분 환자들은 심각한 착어적 발화(Caramazza et al., 1983; Ellis et al., 1983; Hier & Mohr, 1977; Hillis et al., 1999; Ingles et al., 1996; Kirschner et al., 1981; Marshall et al., 1985)를 하지만, 다른 환자들은 상대적으로 소리 내어 읽기에서 오류가 매우 적다(Heilman et al., 1979; Howard & Franklin, 1987; Semenza et al., 1992; Sevush et al., 1983). 심각한 착어증 환자들 간에 소리 내어 읽기는 일반적으로 자발적인 발화나 대상 명명하기보다 착어가 덜하다 (Caramazza et al., 1983; Ellis et al., 1983; Hillis et al., 1999).

어떤 환자들은 청각적 이해가 심각하게 붕괴되었음에도 불구하고, 상대적으로 소리 내어 읽기는 온전하다는 것을 보여 준 사실은 여기서 제시한 모형에서 기술했던 것처럼, 적어도 부분적으로는 입력과 출력 음소 기제가 독립적으로 존재한다는 증거를 제공한다. 이 관찰은 또한 손상된 것으로 추측했던 의미에서—음소로의 출력 경로를 우회하는 철자에서—음소 전이의 직접 기제에 대한 증거를 제공한다. 이런 패턴을 보이는 환자들은 소리 내어 읽기에서 음소에서-철자로의 경로를 사용하기 때문에, 우리는 의미 경로의 입력에 좀 더 의존하는 예외적 단어에 대한 수행이 상대적으로 더 저조하며, 비단어 읽기가 더 나을 것이라고 기대할 수 있다(이 책에서 6장을 볼 것). 쓰인 언어 처리보다 더 뛰어난 구두 언어 처리를 보이는 환자들이 또한 보고된 적이 있다(Déjerine, 1891; Kirschner & Webb, 1982). 입력과 출력 철자 수준이나 그들의 연결에 영향을 받은 손상된 처리 과정은 앞에서 논의했던 구두 언어 손상과 직접적으로 유사한 읽기 이해와 쓰인 출력의 양식-특수 손상을 유발한다. 그러나 그것들은 손상은 아니지만, 발화 출력이나 말소리 이해에도 영향을 미친다. 아마도 그것은 청각-구두 이해에서의 손상은 베르니케 실어증의 필수적 동반이 없는 것으로 생각할 수 있기 때문에, 상대적으로 이런 읽기만의 그리고 쓰기만의 손상을 보이는 환자들은 일반적으로 시각적 변인에 대한 베르니케 실어증이라기보다는 '실서증을 동반한 실독증' 을 가진 것으로 언급되었었다(Benson & Geschwind, 1969; Déjerine, 1891; Goodglass & Kaplan, 1972; Nielsen, 1946).

구두와 쓰인 언어 처리 간의 이런 구분은 또한 언어 이해와 산출 기제의 신경해부학적 구조에 관한 중요한 실마리를 제공한다. 예를 들어, 그들은 입력과 출력 음소 기제들이 입력과 출력 철자 기제와 해부학적으로 분리되어 있다고 주장한다. 입력과 출력 음소 기제가 함께 작동하는 것으로 보이지만, 출력이 상대적으로 온전한 것 같다는 관찰은 이런 기제가 뇌에서 서로 밀접한 거리에 있지만 전적으로 중첩되는 것은 아니라고 제안한다. 몇 명의 환자들이 보이는 읽기와 쓰기 붕괴가 있는 착어적 발화 출력과 온전한 말소리 이해(Kirschner & Webb, 1982)의 동시 발생은 말소리 입력과 철자 기제 간의 거리보다 말소리 출력과 철자 기제 간의 해부학적 거리가 더 가깝다는 것을 제안한다. 베르니케 실어증에서 손상 편재화에 관한 이 자료와 다른 자료들은 다음 부분에 나와 있다.

베르니케 실어증의 신경해부학적 상관

베르니케 실어증은 한 세기를 지나는 동안 잘 알려졌고 신경학자들과 신경심리학자들에게 대단한 흥미를 자아내는 주제였다. 그래서 이 증후군과 관련된 손상 상관 문헌들이 광범위하다는 것은 놀라운 게 아니다. 감각 실어증의 신경해부학적 근간은 19세기 후반과 20세기 초의 Wernicke의 뒤를 이은 Lichtheim, Bonhoefer, Liepmann, Heilbronner, Pick, Pötzl, Henschen, Goldstein, Kleist를 포함하여 많은 독일 신경학자들의 핵심적인 이슈였다. 당시 그 주제에 관한 자료를 제시한 프랑스 신경학자들은 Charcot, Pitres, Déjerine, Marie 등 다수였다. 영국에서 초기에 기여한 학자들은 Bastian, Mills, Bramwell, Head, Wilson, Nielson 등이었다. 21세기 나머지 절반의 시기에는, Penfield, Russell, Hécaen, Luria, Goodglass, Benson, Naeser, Kertesz, Selnes, Warrington, Damasio와 많은 다른 학자들이 중요한 발견들을 보고했다. 이 정보에 관해 작은 부분만 자세하게 리뷰를 해도 이 장의 범위를 훌쩍 넘어선다. 여기서 우리의 목표는 제안되었던 몇몇 신경해부학적 모형의 기원을 그려내고, 그들의 실제 자료에 관해서 아주 짧게 평가하는 것이다.

베르니케 실어증 환자들은 내측 측두엽과 두정엽에 손상이 있기 때문에, 이 영역에 대한 해부학적 리뷰는 논의를 위해 유용한 출발점이 될 것이다([그림 9-8]). 손상에는 이 피질의 측면 볼록한 표층에 있는 뇌 조직이 포함되며, 복측이나 내측 표층은 거의 포함되지 않는다. 손상 영역은 전형적으로 후부 외측 구(lateral sylvian fissure) 피질 안이나 주변이 포함되는데, 후부 외측 구 주변부라고 일반적인 위치를 기술했던 곳에서 발생한다고 보았다. 이 예측된 위치는 대부분의 사례에서 손상이 혈관 폐쇄에 기인한다는 사실과 내측 대뇌 혈관의 더 아래쪽으로 나뉘는 영역에 영향을 주는 혈관 공급은 모든 환자들에 걸쳐 비슷한 양상을 보여 준다는 사실로부터 나온 결과이다(Mohr, Gautier, & Hier, 1992).

이 혈관 영역 내에 있는 측두엽 구조들은 상측두 회(BA 41, 42, 22), 내측두 회

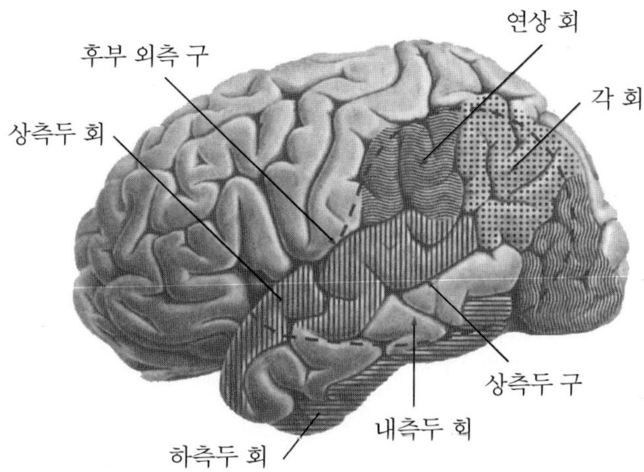

[그림 9-8] 측면 측두엽과 두정엽의 전반적인 해부. 회는 다음과 같은 것을 가리킨다. 상측두 회=수직 선; 내측두 회=표시 안 됨; 하측두 회=수평 선; 각 회=점들; 연상 회=수평 곡선; 측면 후두엽=수직 곡선. 내측 뇌 대동맥의 더 아래쪽 분할의 대략적인 혈관 영역은 사선으로 나타냈다.

(BA 21, 37), 그리고 하측두 구(ITG; BA 20, 37)의 다양한(일반적으로 작은) 비율이 포함된다. 이 혈관 영역 내에 있는 두정엽 구조들은 각 회(BA 39)와 다양한 비율의 연상 회(BA 40)가 포함된다. 덧붙여, 대부분 병변은 항상 섬(insula: 외측 구의 기저부에 묻혀 있는 피질)의 후부 세 번째가 손상되며, 측면 후두엽의 후부 영역까지 확장되기도 한다([그림 9-8]).

이 거대한 혈관 영역의 밀접한 기원은 인간과 비인간 영장류의 연구들이 청각 체제 피질 영역을 포함하고 있다는 것을 보여 준 STG의 후 절반이다. 인간 STG 상 표층은 'Heschl' s gyrus(헤슬의 회)' 라고 불리는 뇌 회 전측으로 향하는 작은 부분과 HG 뒤, 후, 상측두 면이나 측두 대 상판을 포함하고 있다. 복측 STG의 내-후 영역 구조들과 내측 슬상체로부터 청각 투사를 받으며, 일차 청각 피질을 표상하는 것으로 믿어 왔던 외측 구(sylvian fissure)에 묻혀 있는 구조에 위치하고 있다(Galaburda & Sanides, 1980; Liègeois-Chauvel, Musolino, & Chauvel, 1991; Mesulam & Pandya, 1973; Rademacher, Caviness, Steinmetz, & Galaburda, 1993).

비인간 영장류의 해부학적 연결에 대한 연구와 STG에서 뉴런의 활동 단위들은 이 일차 영역들이 상 표층의 좀 더 측면과 STG의 바깥 표층에 위치한 피질 연합 영역으로 청각 정보를 전달한다고 제안한다(Galaburda & Pandya, 1983; Kaas & Hackett, 1998; Morel, Garraghty, & Kaas, 1993; Rauschecker, 1998). 이 상당한 연구에 근거하여, STG의 상, 측면 표층은 단일 양식 청각 피질을 포함하고(Baylis, Rolls, & Leonard, 1987; Creutzfeld, Ojemann, & Lettich, 1989; Galaburda & Sanides, 1980; Kaas & Hackett, 1998; Leinonen, Hyvärinen, & Sovijärvi, 1980; Rauschecker, 1998) 있는 반면, 상측두 구와 미측-복측 구조들(MTG, ITG, AG)은 청각, 시각, 체성감각 원천으로부터 입력 정보를 받아들이는 다중 양식을 포함하고 있다(Baylis et al., 1987; Desimone & Gross, 1979; Hikosawa, Iwai, Saito, & Tanaka, 1988; Jones & Powell, 1970; Seltzer & Pandya, 1978, 1994). 그러나 비인간 영장류 자료에 근거하여 인간에서의 기능을 추론한 미측, 복측 STG와 STS 영역은 종을 초월한 구조적 유사성의 부재로 인해 위험한 예측이다. 특히 STG, MTG 그리고 AG는 베르니케 실어증을 가진 환자들이 자주 손상을 보인다. 비록 그 범위는 아직 구분되지 않았음에도 불구하고, STG의 후두정엽 영역을 둘러싼 피질과 일치하는 AG, 그리고 BA 39로 대략 설정할 수 있을 것이다. SMG(BA 40)는 하측 두정엽과 외측구(sylvian fissure)의 두정엽 주변부 내에 있는 AG 바로 앞에 놓여 있다. 좀 더 앞쪽으로부터 혈류가 공급되기 때문에, 비록 그 앞쪽은 더러 괜찮은 것으로 드러나지만 베르니케 실어증의 경우 SMG가 자주 손상을 보인다.

Wernicke가 감각 실어증 증후군을 STG 병변(Wernicke, 1874, 1881)으로 인한 것이라고 언급할 필요는 거의 없었지만, 이런 관점의 배후에 있는 실제 동기는 확실하게 밝혀져 있지 않다. Wernicke 사례들의 자료는 보다 적은 편이다. 전체 환자 10명 중, 3명만 청각적 이해의 붕괴와 착어적 발화(읽기 이해는 언급되지 않은)를 보여 줄 뿐이었다. 이들 중 2명, Rother와 Funke의 사체 부검을 실시하였다. 이 두 사례에서, STG를 넘어서서, 환자 Rother(사체부검에서, 임상적으로 진전된 치매의 신호를 나타냈고, 대뇌 위축이 분산되어 있다는 것을 나타냈던)에게 손상된 것으로 나타난 후부 MTG와 AG(첫째, 둘째 측두 뇌 회의 접합으로 설명되었던), 그리고

Finke의 사례에 나타났던 하측 전두엽, SMG, AG, MTG, 그리고 하측 측두엽 영역에 이르는 커다란 좌반구 손상이 나타났다.

이 커다란 손상 영역에서 STG 구성 요소를 강조할 때, Wernicke는 외측 구(sylvian fissure)의 공통 영역에 이르는 것으로 피질하 청각 경로를 기술했었던 그의 멘토 Theodor Meynert의 관점에 부분적으로 영향을 받았다. 그러나 발화 기능(처음 점화되는 회-gyrus)을 지원하는 단일 회(gyrus)의 더 낮은 지류로서 STG에 대한 Wernicke의 개념은 좀 더 중요한데, 거기에는 외측 구(sylvian fissure)를 순환하며, 하측 전두엽에 있는 브로카 영역이 포함된다. 운동 기능에 전두엽을, 감각 기능에 측두엽을 포함시킨 Meynert의 관점에서 추론한 Wernicke는 STG가 브로카 운동 발화 영역의 감각 중추가 되는 것으로 가정했다.

비록 이어진 연구자들은 Wernicke의 모형에 강하게 영향을 받았지만, 베르니케 실어증의 정확한 병변 상관에 관한 관점들은 매우 다양하다(Bogen & Bogen, 1976). 1888년 초기까지 Charcot와 그의 학생 Marie는 베르니케 실어증과 관련된 영역으로 좌측 AG와 MTG를 포함시켰다(Marie, 1971). 후에 Marie는 SMG도 포함시켰다(Marie & Foix, 1917). 1889년 감각 실어증 50사례를 재검토한 Starr는 사후부검 상관으로 그들 중 27명이 베르니케 실어증을 가졌다는 문헌을 출판하였다(Starr, 1889). 이 환자들 중 어느 누구도 STG에만 제한된 병변을 가지고 있지 않았고, Starr는 '이 사례에서 병변은 측두엽, 두정엽, 그리고 후두엽 뇌 회들이 포함된 넓은 영역이었다' 고 결론지었다(Starr, 1889, p. 87). Henschen, Nielsen, 그리고 Goldstein과 다른 연구자들이 비슷한 관점으로 설명되었다(Goldstein, 1948; Henschen, 1920-1922; Nielsen, 1946).

이 주제에 관한 근대적 사고의 대부분이 베르니케 실어증에서 좌측 STG의 역할을 강조하는 Wernicke, Liepmann, Pick, Kleist, 그리고 다른 학자들을 따르는 Geschwind의 연구에 영향을 받았다(Geschwind, 1971). Geschwind와 그의 학생들은 배측 STG에 Heschl's gyrus로 향하는 후부 피질인 측두 평면(planum temporale) 크기의 좌우 비대칭에 주의를 기울였다. 이 피질 영역은 오른손잡이인 경우 대략 좌측이 더 컸다(Geschwind & Levitsky, 1968; Steinmetz, Volkmann,

Jäncke, & Freund, 1991; Wada, Clarke, & Hamm, 1975). 최근 연구들은 이 비대칭이 우반구에서 각이 두정엽을 향해 좀 더 앞쪽으로 향하여 있는 후부 외측 구(sylvian fissure) 모양에서 반구 간 차이로 인함이라는 것을 명백히 밝혔다(Binder, Frost, Hammeke, Rao, & Cox, 1996; Rubens, Mahowald, & Hutton, 1976; Steinmetz et al., 1990; Westbury, Zatorre, & Evans, 1999). Geschwind와 다른 연구자들은 이 비대칭을 언어 기능에 있어서 후부 측두엽(PT), STG의 후부 절반의 핵심적인 역할을 확증하는 것으로 해석했고(Foundas, Leonard, Gilmore, Fennell, & Heilman, 1994; Galaburda, LeMay, Kemper, & Geschwind, 1978; Witelson & Kigar, 1992), 이 영역에서의 병변이 베르니케 실어증의 원인이라고 주장했다. 따라서 20세기 후반의 많은 교재들과 리뷰 논문들은 베르니케 영역과 후부 STG를 동일시하였다(Benson, 1979; Geschwind, 1971; Mayeux & Kandel, 1985; Mesulam, 1990).

컴퓨터 단층 촬영(CT)을 사용한 뇌영상 기법과 핵자기공명 영상법의 도래는 더 많은 피험자들(samples)과 체계적이고, 표준화된 실험 계획(protocol)을 가지고 실어증 영역을 연구할 수 있도록 해 주었다(Caplan, Gow, & Makris, 1995; Damasio, 1981; Damasio, 1989; Damasio & Damasio, 1989; Kertesz, Harlock, & Coates, 1979; Kertesz, Lau, & Polk, 1993; Naeser, Hayward, Laughlin, & Zatz, 1981; Selnes, Niccum, Knopman, & Rubens, 1984). 이 연구들 대부분의 목적은 사례들의 대다수에 걸쳐 공통적으로 손상된 뇌영역을 확인하는 것이었다. 여기에는 전형적으로 표준화된 뇌 모형에 병변 영역을 그리거나 추적하는 것, 개별 사례들 간에 중복되는 병변의 영역을 발견하는 것이 수반된다. 이 연구들 중 여러 개가 베르니케 실어증에 있어서 좌측 후부 STG 또는 STG와 MTG(Damasio, 1981; Kertesz et al., 1979)가 중복되는 일치 영역이라는 것을 보여 주었으며, 이것은 Wernicke의 원래 모형과 Geschwind와 동료들에 의해 재확인한 것을 상당히 지지하는 것으로 나타났다.

혈류 공급의 패턴에서 개별 사례들 간에 중복을 강조하는 병변 중복 기술이 가진 잠재적인 문제점은 그것이 실제로 인지 손상과 관련이 있는지 없는지 의문이라는 것이다. 이미 주목했던 것처럼, 베르니케 실어증은 내측 대뇌 혈관의 더 낮은 쪽 지류들의 혈관 폐색으로 인한 것이다. 이 혈관계의 가장 근접한 혈관은 지류들이 후측, 그리고 배측으로 향하고 있는 후부 외측 구(sylvian fissure), PT와 후부 STG 근처에 놓여 있다. 그러나 이 지류들이 공급하는 영역은 상당히 다양한데, 어떤 경우에는 [그림 9-8]에서 보여 준 전측 두정엽이나 복측 측두엽 영역의 많거나 적은 부분을 포함하고 있다. 이 다양성 때문에, 그리고 다른 혈관으로부터 발생한 역행성 혈류가 좀 더 멀리 떨어진 혈관들로부터 공급되는 영역들의 다양한 보존을 공통적으로 유발하기 때문에, 대동맥과 가장 근처의 지류들(예: STG, PT)로부터 공급을 받은 영역들은 가장 일치를 보이는 손상 부분이 되는 것 같다(Mohr et al., 1992). 따라서 최대로 겹치는 부분은 혈관 해부적 패턴에 의해 대부분 결정되며, 이 영역은 베르니케 실어증을 불러일으키는 손상에서 필수적인 것이 아니다([그림 9-9]).

Wernicke와 다른 연구자들에 의한 STG에 대한 기존의 핵심적 역할에 대한 평가는 실제로 베르니케 실어증을 유발하는 것으로 좌측 STG만의 손상을 확인한

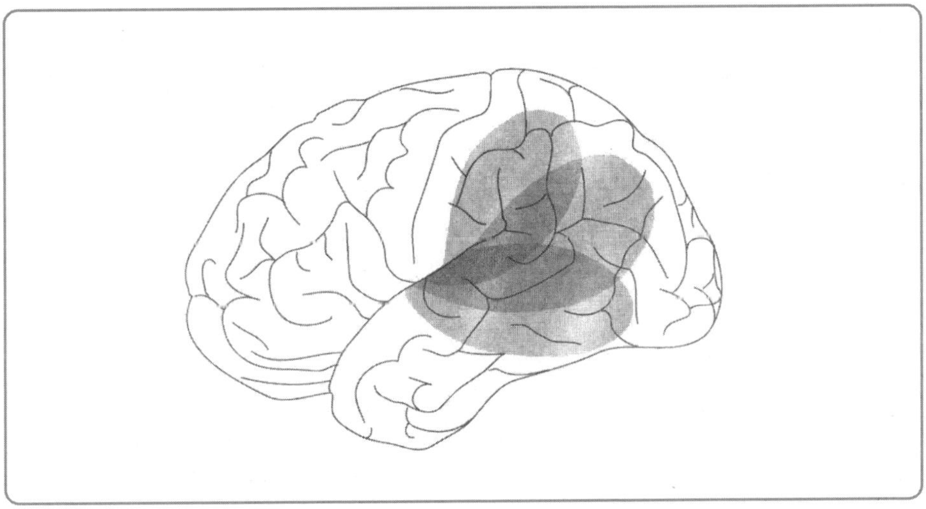

[그림 9-9] 병변 중복(어두운 그림자 부분)의 전형적인 패턴을 설명하기 위한 내측 대뇌 혈관 영역의 아래쪽 영역에서 세 가지의 가상적인 허혈성 병변에 대한 그림. 혈관계는 후부 STG로 덮어 쓰인 대동맥으로부터 발생하기 때문에, 이 영역이 가장 일치되게 손상된 것으로 나타난다. 한편 베르니케 실어증은 공통의 중복 영역 밖에 있는 내측 측두엽, 각 회, 연상 회를 포함한 좀 더 분산된 체제의 손상으로 인한 것이다.

것인지는 상당한 의문이 있다. Henschen은 아마도 이 예측을 진지하게 처음으로 검정했고 반대 증거를 제공한 학자였다(Henschen, 1920-1922). 문헌에서 측두엽 손상으로 보고된 109사례의 부검에 대한 그의 꼼꼼한 검토에서, 19사례에서 좌측 STG 손상을 확인했다. 이 환자들 중 어느 누구도 베르니케 실어증 증후군은 없었다. 5명은 청각적 이해가 어느 정도 수준으로 붕괴되었다고 보고되었지만, 읽기 이해와 쓰기는 모두 온전했다. Henschen은 이 패턴은 언어 이해 중추로서 Wernicke의 STG 모형과는 일치하지 않는다고 지적하고, STG는 구두 말소리 지각에 관여한다고 결론지었다.

나중에 어떤 연구자들은 좌측 후 STG가 위축된 병변은 베르니케 실어증을 유발한다고 비슷하게 주장했지만(Foix, 1928; Mohr et al., 1992), 여러 다른 연구자들은 전형적으로 STG, MTG, SMG 그리고 AG가 포함된 커다란 병변을 강조했다(Damasio, 1989; Henschen, 1920-1922; Starr, 1889). Nielsen(1938)은 후 STG 부상만으로 베르니케 실어증이라고 알려진 여러 사례들을 검토했다. 그러나 대부분 MTG와 하두정엽으로 확실하게 확장된 병변을 가지고 있었기 때문이며, 여러 사례들이 대부분 혈종 덩어리로부터 눌리는 효과 때문에 상대적으로 비편재화된 신경 장애를 유발한다고 알려진 혈종으로 유발된 것 같았다.

아마도 가장 잘 알려진 사례는 Kleist의 환자 Papp인데, 그는 청각적 이해의 손상과 착어증을 보였다(Kleist, 1962). 불행하게도 읽기 이해는 검정하지 못했다. 사후 부검에서 병변은 후부 MTG가 최소한으로만 포함된 좌측 후 STG에 집중되어 있었다. 또한 불행하게도 좌반구 STG 병변과 결합해서, 우반구에 커다란 외측 주변 구 병변이 있었는데, 양측 STG 병변이 유발한 순수 단어 결손으로 그 사례를 설명했다. 그러나 Kleist는 실어증 발병 이후 좌반구에 나타나는 것과 상당히 연관이 있는 우반구 병변의 중요성을 묵살했다.

원래의 Wernicke 모형을 지지하는 증거가 거의 없는 것과는 달리, 완전히 정상적인 청각적 이해와 쓰인 것에 대한 이해를 보이는 좌측 STG 병변만의 수많은 사례들이 기술되었다(Basso, Lecours, Moraschini, & Vanier, 1985; Benson et al., 1973; Boller, 1973; Damasio & Damasio, 1980; Henschen, 1920-1922; Hoeft, 1957;

Kleist, 1962; Liepmann & Pappenheim, 1914; Stengel, 1933). 이들 대부분이 Heschl's gyrus, PT, 후측면 STG, 그리고 백질 아래를 포함하고 있는 확장된 병변을 가졌다. 이들 중 많은 환자들이 발화, 반복, 명명하기를 수행하는 동안 전도성 실어증 증후군과 착어증과 일치하는 증후군(우선적으로 음소 오류를 보이는)을 나타냈다. 다양한 정도의 건망증, 한편으로 정상적인 청각적 이해와 읽기 이해를 포함한 다른 언어 기능들은 정상적이다. Kleist의 환자들은 사후 부검으로 꼼꼼하고 자세하게 다루었기 때문에, 매우 분명한 사례들이다(Kleist, 1962). 좌측 후 STG(특히 PT)가 청각적 이해에 핵심적이라고 믿었던 Kleist는 비록 셋 중 둘이 오른손잡이였지만, 이 환자들의 유지된 이해를 우측 STG에서 이해 기능을 한다는 증거로 보았다. 비록 이 설명은 우반구 손상 후에 실어증 손상이 희귀하다는 기존의 생각과 완전히 다른 것처럼 보이고(Faglia, Rottoli, & Vignolo, 1990; Gloning, Gloning, Haub, & Quatember, 1969), 최근 뇌영상 연구들은 우반구 언어 우세성이 건강한 오른손잡이 사람들에게서 매우 드물다(Pujol, Deus, Losilla, & Capdevila, 1999; Springer et al., 1999)는 것을 보여 주었음에도 불구하고, 다른 연구자들 역시 이 견해를 반복했다(Boller, 1973). 대신에 이 문제를 확인한 Benson 등(1973)은 좌반구 후 STG 경색을 가진 그들의 환자들이 "구두 언어의 이해는 항상 높은 수준이라는 사실에도 불구하고" "우반구가 베르니케 영역이 파괴된 후에 빠르게 이해 기능을 담당할 수 있다."고 가정했다(Benson et al., 1973, pp. 344-345).

그러니 Kleist의 환자에 대한 김도는 다른, 좀 더 간단한 설명을 제안한다. Kleist가 제공했던 부검 모양과 간단한 임상적 기술은 환자의 이해 손상이 STG를 넘어서, 복측으로 MTG나 뒤쪽으로 AG까지 확장된 병변으로 증가하는 경향이 있다는 것을 분명하게 해 주었다. 이어진 CT 상관 연구들은 청각적 이해에 있어서, MTG와 AG의 결정적인 역할에 대한 다른 증거를 제공했다. 이 연구에서 연구자들은 선별적인 뇌영역에서 손상의 정도를 평가했고 회복의 패턴으로 이 정보를 연관시켰다.

여러 연구들이 청각적 이해의 저조한 회복과 MTG, AG 또는 둘 다의 더 커다란 손상 간에 일치를 보여 주었다(Dronkers, Redfern, & Ludy, 1995; Kertesz et al.,

1993; Naeser et al., 1987; Selnes et al., 1983). 전체 경색 크기는 회복의 정도와 초기 심각성 모두를 예측할 수 있게 해 주었다(Kertesz et al., 1993; Naeser et al., 1987; Selnes et al., 1983; Selnes et al., 1984). 이 발견의 한 가지 해석은 STG에 의해 원래 수행되었던 기능을 이웃 영역들로 대체함으로써 재구조 처리 과정을 가진다는 것이다(Kertesz et al., 1993). 한편 Dronkers 등(1995)은 비록 STG가 상대적으로 온전해도, MTG에 집중된 병변을 가진 환자들은 손상이 더 오래 지속된다는 증거를 제시했다. 이것은 이해에서 MTG는 이차적인 역할이 아니라 우선적인 역할을 한다는 것을 암시하는 것이다.

STG만의 손상으로 인한 이해 손상을 가진 환자로 보고된 사례가 없다는 것을 기초로, 이 자료의 경제적인 설명은 MTG와 STG 주변의 다른 영역들이 STG 자체보다 청각적 이해에서 더 중요한 역할을 하며 초기 심각성과 회복의 정도는 이웃한 영역에서 극심한 기능 장애의 범위로 설명할 수 있다는 것이다. 일반적으로, 자료는 STG에 집중된 병변은 이해 붕괴가 없거나 곧 향상되는 일시적 손상을 유발하는 경향이 있는 반면, MTG와 AG 병변은 STG가 포함되든, 그렇지 않든 좀 더 영구적인 손상을 유발하는 경향이 있다고 제안한다.

이 모형을 지지하는 추가적인 증거는 MTG와 좌반구 측두엽의 좀 더 복측 영역들이 의미 표상에 접속하고 저장하는 데 결정적인 역할을 한다는 것이다. 예를 들어, 음소 착어증 없이, 구두와 쓰인 언어 이해의 손상으로 특징지을 수 있는 연합 피질성 감각 실어증 증후군은 방추 회와 ITG를 포함한 복측, 복측면 측두 병변, 그리고 후부 MTG와 측두-후두 연합을 포함하고 있는 후 돌출부위 병변과 일관된 연합을 보인다(Alexander, Hiltbrunner, & Fischer, 1989; Damasio, 1989; Kertesz, Sheppard, & MacKenzie, 1982; Rapcsak & Rubens, 1994).

많은 실어증 환자들(건망성 실어증이나 연합 피질성 감각 실어증의 고전적 증후군과 잘 맞는 사람들의 대부분)은 이제 상대적으로 특별한 대상 범주가 위축되는 이해나 명명하기 손상을 보이는 것으로 기술할 수 있게 되었다(Forde & Humphrey, 1999). 그런 환자들은 무생물보다 생물에 더 많은 오류를 범하며, 도구에 비해 동물에 더 많은 오류를 범하고, 다른 대상들보다 과일과 채소에 더 많은 오류를 범한다. 손상의 이런 범주-특수적 본질은 의미 표상 수준의 손상과 거의 모든 사례들이 STG 밖의 좌반구 측두엽 영역을 포함한 병변과 연합되어 있다고 제안한다. 아마도 최초의 사례는 Nielsen의 환자였던 C.H.C. 였는데, 그는 좌측 MTG와 ITG의 국부적인 손상 이후 청각적 이해가 심각하게 손상되었다(Nielsen, 1946). C.H.C.는 현저한 기억 상실증이었지만 무생물 대상보다 훨씬 더 많은 생물을 알아차리고 명명할 수 있었다. 비슷한 사례들이 좌측 MTG나 ITG의 국부적인 뇌출혈(Hart & Gordon, 1990; Hillis & Caramazza, 1991)이나 하복측 측두엽 손상을 일으키는 포진성 뇌염과 연합되어 나타난다(Laiacona, Capitani, & Barbarotto, 1997; Silveri & Gainotti, 1988; Sirigu, Duhamel, & Poncet, 1991; Warrington & Shallice, 1984).

의미 처리에 있어서 좌측 MTG의 중요성에 대한 다른 증거는 후 외측 구 병변(2명의 베르니케 실어증, 6명의 일반적 실어증)으로 이해 손상을 보이는 8명의 실어증 환자에 대해 연구를 했던 Chertkow와 동료들(Chertkow, Bub, Deaudon, & Whitehead, 1997)에 의해 보고되었다. 환자들 중 5명이 검사 재료가 전적으로 그림으로만 구성되었을 때도 연합된 연결짓기 과제에서 이해 손상을 나타냈다. 이것은 의미 정보 저장의 손상이라고 설명했다. 이 환자들에게서, 다른 세 환자들보다 복측으로 더 확장된 병변은 내측과 후 MTG에서 가장 커다란 영역이 중복되었다.

마지막으로, 우선적으로 의미 착어증을 보이는 실어증 환자들에 대한 여러 연구들은 이들이 복측 측두 영역, 특히 후 MTG와 ITG에 세한된 병변을 가지고 있다는 것을 보여 주었다(Cappa, Cavallotti, & Vignolo, 1981; Gainotti, Silveri, & Villa, 1986). 우선적으로 음소 착어증을 범하는 환자들은 후 STG, 섬(insula), 또는 하측두 병변을 가지고 있다(Benson et al., 1973; Cappa et al., 1981; Damasio & Damasio, 1980; Palumbo, Alexander, & Naeser, 1992). 음소 착어증과 의미 착어증의 연합된 영역 간에 배측-복측 분리가 전기적 간섭 시연 연구에서 관찰되었다(Ojemann, 1983).

어떤 저자들은 단어 이해에서 좌측 MTG의 중요성을 논의했다. 특히 1909년 Pick(Pick, 1909)이 보고한 사례와 나중에 Nielsen과 다른 연구자들(Henschen,

1920-1922; Hickok & Poeppel, 2000; Nielsen, 1946)의 인용은 반대되는 증거로 사용됐다. 사후 부검에서 환자는 양쪽 측두엽 회백질에 낭종이 있었고, 양측 MTG의 내측 많은 부분과 후 MTG의 백질, STG 영역, 그리고 각 회의 작은 부분을 포함한 좌측에 영향을 미치는 양반구 뇌출혈의 흔적이 있었다. 환자의 말하는 능력이란 '분리된 무의미(disconnected nonsense)'와 일치하는 착어적이고, 무의미한 것들이며, 쓰기를 전혀 할 수 없었음에도 불구하고, 그는 확실하게 구두 단어를 이해할 수 있었다. 비록 이것이 피질 병변과 관련된 예측할 수 없는 결손을 유발하는 것으로 알려져 있는 피질하 혈종에 대한 지식과 환자가 뇌졸중 발병 후 상당한 회복이 일어날 시기인 3주가 될 때까지 검사를 받지 않았다는 사실로 인해 완화되었지만, 이 사례는 약간의 부적인 증거를 제공한다.

같은 기간 동안, 좌측 MTG 피질 병변이 있는 환자의 단일 사례에 대한 여러 가지 사례들은 심각한 이해의 손상을 보여 준다(Henschen, 1920-1922). 예를 들어, Hammond의 환자는 좌측 MTG의 중간 지점을 포함한 곳에 국지적 병변의 결과로 구두나 쓰인 글에 대한 이해를 완전히 상실했다(Hammond, 1900). 후 MTG와 ITG 병변 이후 심각한 이해 손상이 진행된 Nielsen의 환자 C.H.C.는 이미 언급했었다(Nielsen, 1946). 비록 MTG로 제한된 국소 빈혈이 혈관 공급의 해부학적 특성으로 인해 드물긴 하지만, 현대의 연구들은 여러 사례들을 보여 주고 있다(Chertkow et al., 1997; Dronkers et al., 1995; Hart & Gordon, 1990). 이 환자들은 동일하게 구두와 쓰인 단어 이해에서 손상을 나타냈다.

만약 STG와 PT가 언어 이해에서 우선적인 역할을 하지 않는다면, 이 영역에 대한 손상은 대부분 베르니케 실어증의 착어적 요소를 분명히 유발한다. 앞에서 논의했던 것처럼, SMG와 후 섬(insula) 영역처럼 후 외측 주변 구 가까운 영역의 병변 또한 베르니케 실어증에서 빈번히 손상되는 것처럼(Benson et al., 1973; Damasio & Damasio, 1980; Palumbo et al., 1992), 후 STG만의 병변은 빈번히 음소 착어증과 연합된다는 것이 관찰되어 왔다(Benson et al., 1973; Damasio & Damasio, 1980; Kleist, 1962; Liepmann & Pappenheim, 1914). 이 기능적-해부학적 상관은 후부 STG에 대한 전기 자극 시연을 하는 동안, 음소 착어증과 다른 발화 오류의 출현을 설명한 피질 시연 연구에 의해 잘 설명되었다(Anderson et al., 1999; Quigg & Fountain, 1999).

따라서 후부 STG(PT를 포함해서), SMG, 그리고 후부 섬(insula)은 연결된 음소 순서의 선택과 산출에서 결정적인 역할을 한다는 것이 확실하다. 출력 음소의 선택에 덧붙여, 이 복잡한 과정은 출력 음소로부터 성도의 움직임을 유도하는 조음 부호, 감각 피드백 기제와 산출되어야 할 음소의 순서를 유지하기 위한 단기기억 기제로의 연결짓기를 요구한다(Caplan & Waters, 1992).

이 광범위한 재료들을 요약하자면, STG 그리고/또는 PT 병변이 베르니케 실어증의 전형적인 심각하고 다면적인 이해 붕괴를 유발한다는 증거는 거의 없는 것 같다. 그러나 그런 병변들은 착어적 산출, 특히 음소 착어증을 통상적으로 유발한다. STG 병변만의 효과와는 달리 복측 측두엽 영역에 병변과 각 회의 병변은 이해에 심각한 손상을 유발한다. 상대적으로 후 STG 병변을 가진 환자와 STG를 넘어선 병변을 가진 환자들에게서 관찰되는 음소 착어증과 이해 손상 간의 명백한 이중 분리(double association)는 베르니케 증후군의 이 두 가지 구성 요소들은 필수적으로 기능적 연결, 해부학적 연결을 가지고 있지 않다는 강한 증거가 된다. 여기서 개발된 모형에 따르면, 베르니케 실어증과 그것의 공병률은 베르니케 실어증의 전형적인 병변이 STG를 포함하지만, 단어 이해에 결정적인 STG의 복측과 후부를 둘러싼 영역으로 퍼져나간다는 사실에 기인한다.

전에 논의했었던 것처럼, 유창성 실어증을 가진 환자들은 구두와 쓰인 단어 이해에서 항상 동등한 손상을 입는 것은 아니다. 이것은 음소 입력과 철자 입력의 결과로 활성되는 의미 표상들 간에 매우 다른 경로가 있다고 예측하게 하는 것이다. 가용한 해부학적 자료들은 상대적으로 더 낮은 구두 이해와 더 나은 읽기 이해를 보이는 환자들은 좌측 측두엽 병변을 가진 것이 특징이라고 할 수 있다(Hier & Mohr, 1977; Hillis et al., 1999; Ingles et al., 1996; Kirschner et al., 1981; Roeltgen, Sevush, & Heilman, 1983). 병변이 단측일 때, 거의 항상 2개의 양상을 포함하고 있는 손상, 예를 들면, 구두 이해와 쓰인 이해 간에 차이는 확실하다기보다는 상대적이다. 읽기 이해의 상대적인 보존은 병변이 STG와 MTG만(Kirschner et al.,

1981) 포함되거나, 측두엽의 전측을 포함한 배측 측두엽으로 제한되어 있을 때, 가장 두드러지는 것 같다.

좌반구 후 외측 구에 작은 국소 출혈 이후, 말소리 이해 손상과 음소 착어증을 나타내는 Hillis 등의 환자는 읽기 이해(단어-그림 맞추기, 동의어 맞추기로 평가했을 때)가 완전히 정상적인 극단적인 예다. 그러나 이 환자는 반측면 전 외측 구 영역에 뇌 연화증을 보였고, 이전의 뇌수막 절제술의 결과, 그리고 순수 단어 손상 증후군을 유발하는 양측 상측두엽 손상의 결과처럼 구두 이해 손상을 보였다(Barrett, 1910; Buchman, Garron, Trost-Cardamone, Wichter, & Schwartz, 1986; Goldstein, 1974; Henschen, 1918-1919; Tanaka, Yamadori, & Mori, 1987). 최근에 비슷한 두 사례가 잘 설명되었다. 그 둘은 말소리 이해의 심각한 붕괴, 음소 착어증을 보였으나 읽기 이해는 보존되었다. MTG와 좀 더 복측 측두 영역은 온전한 반면, 양측 외측 주변 구 병변을 가지고 있었다(Marshall et al., 1985; Semenza et al., 1992). Semenza 등의 환자는 초기 좌측만의 손상은 이해나 산출의 손상을 유발하지 않았고, 우측의 뇌 병변 이후에는 언어 결손을 보였다는 것이 눈에 띈다. 이 세 환자들만 독특한 게 결코 아니다. 양측 상측두 영역으로부터 순수 단어맹이라고 보고된 사례들의 많은 경우가 다양한 정도의 음소 착어증, 때로는 경도의 기억 상실증을 가지고 있다(Buchman et al., 1986; Goldstein, 1974).

따라서 쓰인 언어와 구두 언어 모두 유지된 이해에 있어서 구별된 두 가지 증후군이 나타난다. 다면적 손상과 상대적으로 유지되고 있는 읽기 이해를 보이는 환자들에게 있어서, 병변은 단측이며, 좌측 측두엽에 있는 다양한 영역들에 영향을 미친다. 이 병변은 입력 음소 표상으로부터 음소-의미 경로에 상대적으로 덜 중요한 의미로 이르는 경로 일부를 손상시켰다. 읽기 이해가 완전하게 남아 있는 환자들에 있어서, 양측으로 STG에 영향을 입은 병변은 음소 경로에만 영향을 받는다. 나중 증후군에서, 읽기 이해의 완전한 보존은 기능적 손상이 입력 음소 수준이나 중재 수준으로의 연결과 같은 음소-의미 경로로 상대적으로 초기 단계에 있다는 것을 제안한다(Hillis et al., 1999). 이 해부학적 자료들은 이 초기 구성 요소가 양반구 STG에 구축되며, 반대로 중재 단계나 의미 수준으로의 연결과 같은 음소-의미 경로의 나중 구성 요소들은 좀 더 단측으로 표상되는 것 같으며 부분적으로 철자에서 의미 경로와 중복되는 것 같다고 제안한다.

베르니케 실어증의 이런 청각적 다양성을 가진 환자들은 쓰기에 비해 상대적으로 말소리 산출이 더 크게 손상된다(Hier & Mohr, 1977; Hillis et al., 1999; Kirschner et al., 1981; Marshall et al., 1985; Roeltgen et al., 1983; Semenza et al., 1992). 앞에서 인용한 연구들에서 일관된 것은, 혼합 말소리 오류들은 측두엽의 배측-복측 축을 따라 병변 위치에 달려 있다는 것이다. 복측 측두엽 영역이 포함된 병변은 음소 오류가 거의 없는 공허한 말소리를 산출(Hier & Mohr, 1977)하는 반면, 확실한 STG나, STG, SMG가 포함된 측두엽 병변은 유창한 신조어를 보이는 현저한 음소 착어증을 유발한다(Hillis et al., 1999; Semenza et al., 1992). 명명하기 오류들은 더 커다란 병변에서는 우선적으로 생략(새로운 단어를 산출해내지 못하는 장애)을 범하고, STG나 SMG 손상 사례에서는, 음소 착어증이나 신조어가 나타난다. 읽기 이해와 유사하게, 이 환자들의 쓰기 수행은 손상되지만, 만약 손상이 크다면, 말하기보다는 상대적으로 더 낫다(Hillis et al., 1999; Marshall et al., 1985; Semenza et al., 1992). 이 자료들은 입력 경로처럼 음소와 철자 산출 경로들도 어느 정도는 기능적으로 해부학적으로 독립적이라는 것을 나타낸다. 특히 음소 출력 경로는 철자 출력 경로의 많은 부분이 포함되지 않는 것으로 보이는 좌측 STG와 SMG에 강하게 연합되어 있다. 비록 좌측 측두엽의 커다란 병변이 두 가지 패턴의 손상을 유발하지만, 쓰기 산출은 말소리 산출보다 상대적으로 측두엽에 덜 의존적이다.

반대의 증후군은 상대적으로 손상된 읽기 이해와 말소리 이해에 비해 쓰기를 포함하고 있다. 이에 대한 증거는 초기 실어증 연구뿐 아니라(Déjerine, 1892; Henschen, 1918-1919; Nielsen, 1946), 이 증후군이 각 회를 포함하여 후두정엽이나 두정측두-후두 연합에 위치한다는 좀 더 최근 연구에서 찾아볼 수 있다. 이런 사례들은 음소 입력 경로로부터 상대적으로 독립적인 철자 입력뿐 아니라 말소리 산출 기제로부터 쓰기 경로의 상대적인 독립을 설명한다.

각 회 가까운 곳에 있는 병변으로 인한 말소리 이해 결손을 가진 환자의 사례들

(Chertkow et al., 1997; Henschen, 1920-1922)이 있고, 이 영역에 병변이 있는 어떤 환자들은 왜 상대적으로 말소리 이해가 유지되는지에 대해서는 아직 분명하게 밝혀지지 않고 있다는 것을 주목할 필요가 있다. 손상 초점이 후두정엽 쪽으로 이동할 때, 말소리 이해는 좀 더 보존되는 것 같으며, 사례들마다 다양성은 이 영역의 기능적 해부학에 있어서, 개인적인 다양성을 반영하는 것 같다. Kirschner와 Webb(1982)이 설명한 환자들은 여기에 관해 어떤 중재를 제공하는데, 그들은 초기에 말소리 이해 결손을 보이다가 나중에는 분명하게 읽기 이해와 쓰기 손상이 우세하게 되어 버린 증상을 보였다. 이 환자들은 또한 말소리에서 지속적인 착어적 오류를 보였을 뿐 아니라 명명하기에서도 어려움을 보였는데, Kirschner와 Webb(1982)은 이들을 '실서증을 가진 실독증' 보다는 베르니케 실어증의 비전형적인 사례로 분류하려고 시도했다.

여기서 개발된 모형의 주요 관점으로부터, Kirschner과 Webb(1982)이 기술했던 환자들의 착어적 말소리는 세 사례 중 둘에게 나타났던(세 번째 환자는 뇌영상 촬영을 못했다.) 후 STG 그리고/또는 SMG의 손상 때문인 것 같다. 따라서 이 환자들의 실독증, 실서증, 착어적 말소리의 동시발병은 읽기를 하는 동안 활성화되는 철자-의미 경로에서, 쓰기를 하는 동안 활성화되는 의미-철자 경로에서 STG와 SMG에 있는 출력 음소 경로 모두에 핵심적인 것으로 나타나는 각 회의 해부학적 근접성을 반영하는 것 같다. 실서증에 대한 좀 더 세밀한 연구들은 음소-철자 경로에 손상과 특별하게 관련된 쓰기 손상을 나타내고 있는 환자들에 의해 밝혀졌다. 음소적 실서증이라고 알려진 이 증후군은 특히 실제 단어에 비해 비단어(예: slithy)를 쓰거나 철자에 어려움을 겪는 것이 특징이다. 비단어의 철자는 이 항목들이 의미 수준에 표상을 가지고 있지 않기 때문에, 특히 출력 음소로부터 출력 철자로의 직접적인 전이에 달려 있다고 생각된다. 반대로 실제 단어의 철자는 음소-철자 경로나 덜 직접적인 음소-의미 경로, 그리고 의미-철자 경로가 수반될 수 있다.

음소 실서증을 유발할 수 있는 한 가지 기능적 병변은 음소 착어증을 동시 발병시킬 수 있는 것으로 예상되는 출력 음소 수준에 손상이 있을 수 있다. 이 예측은 음소적 실서증을 가진 대부분의 환자들이 후 SMG 손상과 종종 후 STG 손상이 수반되며 심각하게 착어증이 있다는 것을 보여 준 병변 자료들에 의해 지지되고 있다(Alexander, Friedman, Loverso, & Fischer, 1992; Roeltgen et al., 1983). 그러나 음소에서-철자 연결짓기 처리 과정은 아마도 중재 표상적 수준뿐 아니라 쓰기 처리 과정이 펼쳐지는 동안, 음소열과 철자열 모두가 가용하도록 유지하는 단기기억 체제를 포함하고 있는 매우 복잡한 것이다. 이것이 불분명하게 제시되었을 때, 처리 과정이나 처리의 결합들은 음소적 실서증을 유발하는 후 외측 주변구 병변에 의해 분명히 손상된다.

[그림 9-10]은 측면 돌출 측두엽과/또는 두정엽 병변을 가진 환자들에게서 관찰된 기능적 해부학적 상관들을 요약하고 있다. 그런 상관들은 자연적으로 발생하는 병변에서 대단한 다양성이 나타나고, 종종 자료의 불완전한 해부학적 그리고/또는 행동적 기술 때문에, 그리고 기능적 구조에서 개인차에 근거한 다양성 때문에 단지 대략적으로 될 수밖에 없다. 임상적인 신호 역시 초기 부상으로부터 시간

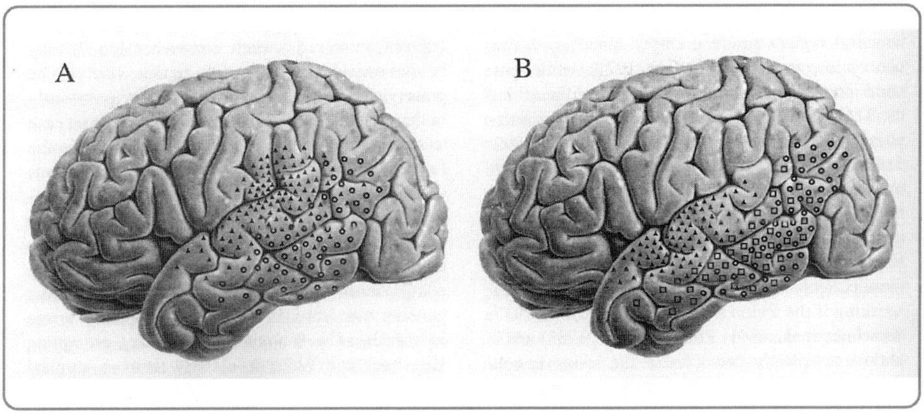

[그림 9-10] 유창성 실어증에서 병변-결손 상관의 요약. 그림들은 대략적일 뿐이며, 공론화된 대규모 자료 전체에 대한 저자의 해석을 나타낼 뿐이다. (A) 착어증의 양상. 손상된 영역에서 삼각형 표시 영역은 음소 오류를 유발하며, 동그라미 표시 영역들은 단어의 오류와 연관되어 있다. (B) 이해 결손들. 양반구 병변에 있는 삼각형들이 가리키는 영역들은 읽기 이해 손상 없이 청각적 언어 이해 결손을 유발하며, 동그라미는 읽기 이해 손상과 연관된 영역들을 가리킨다. 청각적 어휘와 읽기 영역들은 후부 측두엽과 많이 겹치며, 전측두엽과 후두정엽 영역을 어느 정도로 분리한다.

경과에 따라 엄청나게 많이 달라진다. 예를 들어, 베르니케 실어증에서 관찰되는 혼합된 음소적, 단어적 착어증은 시간이 경과함에 따라 어떤 범위로 진행되며, 따라서 그림의 A 부분은 일반적인 윤곽 이상의 아무것도 아니다. 베르니케 실어증과 연관된 증후군들에 관한 기능적인 해부학에 관한 자료들은 정상적인 언어 처리에 대한 기능성 뇌영상 연구들로부터 도출되는데, 다음 부분에 요약되어 있다.

기능성 뇌영상 연구들

이전 부분에서 명확히 한 것처럼, 병변 위치 연구들은 마음에 대한 두 가지 일반적인 목적을 가지고 수행되었다. 이들 중 첫째는, 좀 더 신중한 것이다. 임상적 증후군들을 유발하는 병변을 기술하기 위한 것이다. 다른 실어증처럼 베르니케 실어증 역시 손상이 이런 증후군을 어떻게 유발하는지에 대한 이론적인 배경에 대한 언급 없이, 하나의 증후군—다른 것들을 함께 유발하는 경향이 있는 손상들의 집합—으로 단순히 볼 수 있다. 예를 들어, 이런 분류를 따르는 연구들은 증후군과 연관된 평균적인 병변 특징들을 정의하고, 평균으로부터의 변산성이 증후군 내의 변산성과 어떻게 연결이 되는지에 초점을 두고 있다. 둘째 목적은 병변 역역을 포함하고 있는 각 뇌영역의 기능적 역할을 기술하는 데 기초가 되는 처리 모형의 형식과 검토를 포함하고 있다. 이런 모형들은 자신들의 입장에서 흥미롭고 좀 더 중요한, 이 증후군에 대한 더 깊은 이해에 이르도록 해 주고 새롭게 설명된 환자의 병변 위치에 대한 예측을 가능하게 해 주며, 이 증후군에서 이런 다양성을 유발하는 요소들과 회복 과정의 방식과 시간에 흥미와 관심이 있다.

비록 병변 연구로부터 기초적인 뇌 처리 과정에 관해 더 많은 것을 배웠음에도 불구하고, 이 접근은 또한 중요한 한계들이 있다. 병변의 전반적 크기와 정확한 위치는 개별 사례마다 상당히 다양하며, 이런 병변 다양성들은 행동적 결손과 관련이 있을 수도 있고 그렇지 않을 수도 있다. 앞에서 주목했던 것처럼, 개별 사례들 간에 병변 중첩 영역의 결과, 혈관 공급이 공통적으로 온전한 속성들은 이들이 공유하고 있는 속성들과는 독립적이다. 결손의 탐지는 방법과 검사 시기, 그리고 연구자들의 우선적 목적들에 의해 다양하다. 마지막으로, 분산된 처리 연결망에 있는 하위 체제의 손상은 행동의 광범위한 종합을 추론할 수 있고 그로 인해 손상된 영역으로 이들 행동을 잘못 귀인하여 더 많은 영역을 추론하게 한다.

정상인의 뇌를 사용한 기능성 뇌영상 연구는 신경해부학적으로 유도된 처리 모형들의 개발에 유용한 보완 정보를 제공한다. 병변 기술들과 달리 이 연구법들은 연결망에 완전하고 온전한 그림을 제공한다. 실험적으로 조작된 특성을 지닌 이 과제를 수행하는 동안 조작으로 정확하게 활성화되는 영역들의 촬영과 기록은 처리가 각 뇌영역에서 수행하는 것을 추론할 수 있게 해 준다. 병변 연구로부터 획득한 정보와 이 정보를 통합함으로써, 좀 더 완전하고 외현적인 이론이 특별한 영역에서의 손상이나 손상된 영역의 결합이 어떻게 특별한 손상을 일으키는지에 대한 설명을 도출하게 할 것이라는 희망을 갖게 된다. 이 부분에 대해서 베르니케 실어증과 관련된 설명으로 적절한 발화와 언어 처리에 관한 PET와 fMRI 연구들을 간략히 제시할 것이다. 가능한 병변-결손 상관 연구로부터의 정보와 이 자료를 비교하고 대조할 것이다.

말소리 지각

많은 PET와 fMRI 연구들은 말소리 처리의 신경적 근거에 초점을 두고 있다. 그런 연구들에서는 대부분 말소리가 없는 경우와 달리 말소리가 제시되는 동안 일관되게 확실히 양측 STG가 발화되는지 비교하기 위해 뇌활성 상태를 측정한다 (Binder et al., 2000; Binder et al., 1994b; Dhankhar et al., 1997; Fiez, Raichle, Balota, Tallal, & Petersen, 1996a; Fiez et al., 1995; Hirano et al., 1997; Howard et al., 1992; Jäncke, Shah, Posse, Grosse-Ryuken, & Müller-Gärtner, 1998; Mazoyer et al., 1993; O' Leary et al., 1996; Petersen, Fox, Posner, Mintun, & Raichle, 1988; Wise et al., 1991). 이 실험에서 사용한 자극에는 음절, 단일 단어들, 유사단어들, 전도된 말소리, 외국어 단어들, 그리고 문장들이 포함되어 있다. 활성된 영역들은

Heschl's gyrus, PT, 배측 STG, HG의 전측(측두 극면, 배측 측두 대), 측면 STG와 상측두 구를 포함한다. 이 결과들은 말소리 이해를 STG와 연결지어 온 오랜 전통적인 견해와 잘 들어맞는 것이며 많은 연구자들은 이 실험들이 베르니케 영역의 활성을 나타낸다고 간단히 생각했다.

이런 결과를 해석할 때, 말소리는 매우 복잡하고, 음소적 신호에는 미묘한 차이가 있으며, 음소나 단어 재인에 우선적으로 반드시 분석되어야 할 동시적이고 순차적인 청각적 양식의 다양성을 담고 있다는 것을 가끔 잊어버린다(Klatt, 1989; Liberman et al., 1967; Oden & Massaro, 1978; Stevens & Blumstein, 1981). 이 청각적 작동은 와우각(cochlea)에 의해 수행되는 잘 알려진 스펙트럼 분석과 일차 청각 피질의 음위 구조를 반영할 뿐 아니라, 통계적 스펙트럼 모양의 분석과 스펙트럼 모양새가 시간에 따라 변하는 것, 그리고 시간상 비동시성의 분석(이해 붕괴 부분을 볼 것) 역시 포함된다. 비록 그런 신경 활동이 이런 연구에서 관찰되는 STG의 많은 부분들을 설명할 수 있음에도 불구하고, 이 음소적 속성의 분석을 위해 요구되는 상당한 신경적 활동이 때로는 말소리 지각에 대한 신경영상 연구에서 간과될 가능성이 있다. 그런 전음소 청각 분석들은 일차 청각 수준과 단어 재인 수준 간에 중요한, 그리고 지각적으로 구별된 처리 수준을 구성하는 것 같다는 사실이 매우 중요하다. 이런 종류의 제안들은 1918년 Henschen에 의해 명백히게 되었다고 그 시초를 둘 수 있다. 비록 그가 그것에 대해 대부분 신뢰를 얻지 못하였지만.

이런 순수한 이론적 관심에 덧붙여 STG 활성 그 자체의 결과인 양상들은 적어도 어느 정도의 활성을 위한 전언어적, 청각적 근간을 제안한다. 예를 들어, 언어 기능들은 대부분의 사람들에게 있어서, 좌반구에 편재화된 것으로 믿어 왔지만, 말소리에 의한 STG 활성은 양반구에서 발생한다. 많은 연구자들이 좌반구 STG와 우반구 STG 활성의 정도에서 비대칭성이 없는 것으로 보고하였다(Fiez et al., 1995; Hirano et al., 1997; Howard et al., 1992; Jäncke, et al., 1998; O'Leary et al., 1996; Warburton et al., 1996; Wise et al., 1991). 다른 연구자들은 비록 비대칭의 정도는 적지만, 좌측이 좀 더 강하게 활성화되는 것을 발견했다(Binder et al.,

2000; Mazoyer et al., 1993). 많은 연구들은 단지 수동적인 듣기만을 검정했는데, 그것은 언어 기제를 완전히 보증한다고 기대하기 어려우며 따라서 좌측으로 치우침이 없다고 설명할 수 있다. 그러나 여러 연구에서 추가된 언어 과제는 수동적인 듣기보다 더 커다란 비대칭성을 유발하지 못했다(Fiez et al., 1995; Grady et al., 1997; Wise et al., 1991).

양측, 대칭적인 활성화의 일관된 발견은 양측성으로 일어난다고 기대되는 일반적인 청각 처리에 근거한 설명과 일치한다. 이 견해와 일치하는 다른 관찰은 STG 활성 정도가 예를 들면 시간 단위 당 제시된 소리의 수 같은 청각적 정보의 제시 양과 밀접하게 관련이 있으며(Binder et al., 1994a; Dhankhar et al., 1997; Mummery, Ashburner, Scott, & Wise, 1999; Price et al., 1992; Price et al., 1996b; Wise et al., 1991), 순수한 시각적 자극(예: 소리 내지 않고 단어 읽기), 즉 말이 없는 언어 과제를 하는 동안에는 일반적으로 무시할 만큼 사소한 차이를 보인다(Howard et al., 1992; Petersen et al., 1988; Price et al., 1994; Rumsey et al., 1997).

마지막으로 해부학적 연구(Flechsig, 1908; Galaburda & Pandya, 1983; Jones & Burton, 1976; Kaas & Hackett, 1998; Mesulam & Pandya, 1973; Rademacher et al., 1993; von Economo & Horn, 1930)와 인간과 비인간 영장류들의 전기생리학적 자료들(Baylis et al., 1987; Creutzfeld et al., 1989; Leinonen et al., 1980; Liègeois-Chauvel et al., 1991; Merzenich & Brugge, 1973; Morel et al., 1993; Rauschecker, 1998)은 STG, 특히 배측(HG와 PT)과 구 측년의 대부분이 단일 양식, 청각적 처리 과정에 간여한다는 생각과 일치하고 있다. 이 관찰들은 말소리의 청각적 제시가 복잡한 청각적 정보 처리를 유발하는 동안, 관찰된 STG 활성의 대부분이 언어적(음소적, 어휘적 또는 의미적) 처리의 개입보다 이 자극의 처리에서 나타난다고 제안한다.

STG 활성에 대한 초기 청각 처리의 기여를 직접적으로 평가하려는 노력으로, 여러 연구 집단들은 잡음과 음색(tone)처럼 좀 더 단순하고 말소리가 아닌 소리와 말소리로 활성화되는 STG 활성을 비교하였다. 이 실험들에는 수동적 듣기와 능동적, 표적 탐지 과제 모두가 포함되었다. 일관된 발견은 말소리와 말소리 아닌 소리들이 아주 비슷한 정도로 양반구에서 HG와 PT를 포함한 배측 STG 활성화를 유발한다는 것이었다(Belin, Zatorre, Lafaille, Ahad, & Pike, 2000; Binder et al., 2000; Binder et al., 1997; Binder et al., 1996; Démonet et al., 1992; Mummery et al., 1999; Zatorre, Evans, Meyer, & Gjedde, 1992). 실제로 여러 연구에서, 음색(tone)은 특히 능동적 판단 과제들을 수행할 때, 말소리보다 더 강한 PT 활성화를 유발했다(Binder et al., 1997; Binder et al., 1996; Démonet et al., 1992). 이 자료들은 배측 STG(HG와 PT)에서 신경 활동은 언어 정보 처리보다는 음소적 정보를 좀 더 처리하는 것 같다는 생각을 강하게 지지한다. PT 영역이 구조화되지 않은 소음보다 주파수-조절된 음색에 더 강하게 반응한다는 것을 보여 준 음소적 복잡성에 대한 최근의 fMRI 연구로부터 이 영역이 일시적으로 조직된 음소적 패턴의 분석에서 중요한 역할을 한다는 확증적인 지지가 나왔다(Binder et al., 2000).

배측 STG에 대한 이런 발견과는 달리, 전측 STG와 상측두 구 내에 있는 좀 더 복측 영역들은 말소리([그림 9-11])를 선호해서 활성화되는 것으로 나타난다. 비록 양측이지만, 이 활성은 미세한 정도로 좌측으로 편재화됨을 보여 준다(Binder et al., 2000; Binder et al., 1997; Mummery et al., 1999; Zatorre et al., 1992). 상대적으로 '말소리 영역'의 전측 그리고 복측 위치는 발화 이해의 핵심으로 PT와 후 STG를 강조했던 전통적인 모형의 지지자들을 놀라게 했다. 따라서 이 전통적인 모형과는 반대로, 기능성 뇌영상 자료들은 말소리 재인을 가능케 해 주는 일차에서 이차 청각 피질로의 투사가 후부 경로보다는 전복측 경로라고 생각했다. 원숭이에 대한 최근의 해부학적 연구들은 청각 체제 내에서 하나는 앞쪽으로 향하고 아마도 복잡한 소리들을 재인하도록 지원하는 것이고, 다른 하나는 뒤쪽으로 향하고 아마도 소리 위치를 포함하고 있는 2개의 구분된 투사 경로를 보여 준 이 모형에 대한 지지를 제공하였다(Romanski et al., 1999). 또한 이 말소리를 처리하는 STS 위치는 배측 STG는 온전한 반면, 양측 STS를 포함한 병변이 있는 순수 단어 결손으로 이전에 설명되었던 여러 사례들을 잘 설명해 준다(Barrett, 1910; Henschen, 1918-1919).

그러나 이 말소리 영역이 수행하는 처리의 본질은 여전히 불확실한 것으로 남

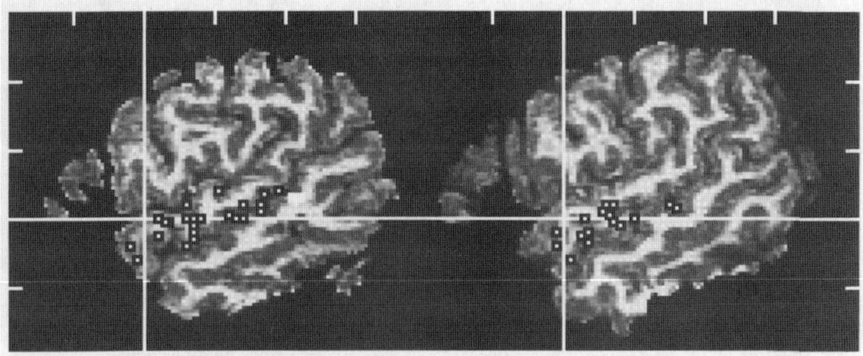

[그림 9-11] 말소리가 아닌 것(음색이나 잡음)보다 말소리에 더 강한 발화와 연합되어 있는 뇌영역들에 대한 5개의 뇌영상 연구들(Binder, Frost, Hammeke, Bellgowan, Springer, Kaufman, & Possing, 2000; Binder, Frost, Hammeke, Cox, Rao, & Prieto, 1997; Démonet et al., 1992; Mummery, Ashburner, Scott, & Wise, 1999; Zatorre, Evans, Meyer, & Gjedde, 1992). **네모는 표준 정위 공간에서 활성화 정점을 나타낸다. 표준 정위 경위에서 전-후(y) 축과 상-하(z) 축은 20mm 간격에서 두꺼운 표시로 표시했다. 좌와 우의 모든 정점들은 일반적인 좌우 구분 선 $x = \pm 55$에서 약해진다.**

아 있다. 말 소리가 음색이나 잡음보다 이 영역을 더 활성화한다는 것이 이 활성화가 언어 처리와 관련되어 있다는 것을 필수적으로 의미하는 것은 아니다. 이 연구에서 사용했던 음색과 잡음 자극은 말소리 자극보다 음소적 기준점에서 복잡성이 그리 적은 것이 아니기 때문에, 그것은 말소리에 대해 증가된 발화는 단순히 청각적 양식 분석의 좀 더 복잡한 수준을 나타낼 뿐이다. 이것은 소리가 단어나 비단어인지와 무관하게 말소리에 대해 STS에서 더 강한 발화가 관찰된다는 사실을 과소평가한 것이다(Binder et al., 2000; Démonet et al., 1992). 사실, 이 영역에서의 발화는 말소리와 전도된 말소리에 대해 다르지 않다(Binder et al., 2000; Dehaene et al., 1997; Hirano et al., 1997; Perani et al., 1996; Price et al., 1996b). Scott 등은 말소리와 반대로 스펙트럼으로 회전된 말소리로 이 이슈에 대해 설명했다(Scott, Blank, Rosen, & Wise, 2000). 따라서 주파수 영역에서 전도된 말소리를 유발했던 뒤의 것은 그것의 음소적 복잡성은 유지되지만 제공된 원래 음소 대부분이 난해하게 된다(Blesser, 1972). 결과는 말소리 영역 내에서 좀 더 하위 분류가 되는 것으로 보인다는 것을 드러낸다. 측면 STG, 일차 청각 피질로 향하는 전측에서, 정상적 말소리에서와 같은 스펙트럼에서 회전된 말소리에 강한 반응을 보이는 것은 이것이 청각적 수준에서 처리된다는 것을 제안하는 것이다. 실제로 STS에서, 스펙트럼에서 회전된 말소리보다 말소리에 더 강하게 나타나는 반응들은 음소 재인과 관련된 신경 활동을 제안하는 것이다.

이 발견들은 STG와 STS 내에 위치하고 있는 적어도 세 가지 단계로 구성된 말소리 지각과 관련된 위계적인 처리 경로들의 존재를 나타내는 것이다. 청각 피질에 관한 해부학적, 신경생리적 연구에 따르면, 가장 초기 단계는 일차 피질과 상대적으로 단순한 주파수와 밀도 정보에 반응하는 PT를 포함한 상측두 면 띠(belt)에 위치한 감각 처리기가 포함된다(Galaburda & Pandya, 1983; Mendelson & Cynader, 1985; Merzenich & Brugge, 1973; Morel et al., 1993; Phillips & Irvine, 1981; Rauschecker, Tian, Pons, & Mishkin, 1997). 조금 더 앞쪽 배측면으로, STG의 배측 표층에 있는 영역들은 스펙트럼 정점과 역동적 스펙트럼 그리고 밀도 조절과 같은 좀 더 복잡하고 결합된 음소적 현상에 반응한다(Rauschecker, 1998; Rauschecker et al., 1997; Tian, Reser, Durham, Kustov, & Rauschecker, 2001). 실제로 STS 내에 있는 피질 영역들은 여전히 이해할 수 있는 음소들에 대해 선택적으로 반응하는 것으로 나타난다(Scott et al., 2000). 이 처리 흐름의 전측, 복측 경로는 이미 알려져 있다.

그러나 베르니케 영역에 대한 전통적인 견해와 이 모형을 비교할 때, 아마도 가장 현저하게 다른 것은 단어나 단어의 의미에 대한 접속을 포함하고 있는 처리 단계가 아예 없다는 것이다. 모든 처리 과정들은 단어의 이해보다는 특히 말소리 재인에 관련하여 상당히 멀리까지 논의하고 있다는 뜻이다. 따라서 이 모형은 STG 와/또는 STS 양쪽 병변을 가진 순수 단어 손상 환자들에 대한 신경언어학적 기술과 상당히 일치한다. 이 환자들은 말소리 음소 지각이 붕괴되었지만, 단어의 의미를 이해하는 것(시각적으로 제시된 단어를 가지고 평가할 때)이나 말소리 산출을 하는 동안 단어에 접속하는 것에는 어려움을 나타내지 않는다.

단어-형태 처리

앞의 [그림 9-2]에서 도식 형태로 설명했던 것에 의하면, 듣거나 본 단어의 이해에는 음소나 철자와 같은 단일 양식 감각 표상으로부터 의미적 표상으로의 연결짓기가 필요하다. 이 장 전체를 통한 요점에서 논의하고 [그림 9-3]에서 설명했던 것처럼, 이 연결짓기의 자의적이고 비선형적인 본질은 음소나 철자의 결합을 표상하는 처리 수준의 중재가 필요하다고 제안한다. 이 결합적인 표상을 가정하는 이론들은 가능한 한 '음운 어휘집' 과 '철자 어휘집' 으로 그것들을 영역화함으로써, 전체 단어에 상당하는 것으로 기술한다.

다른 이론에서 중재 수준들은 단어와 표상 단위들 간에 일대일 관계가 없는 분산된 방식으로 음소와 철자의 결합을 표상한다. 이 이론적 입장의 공통점은 중재 수준들이 음소나 철자 정보로부터 의미로 연결짓기가 가능하게 해 주고, 중재 수준들이 단어의(음소적 또는 철자의) 구조에 유지된 정보를 표상한다는 생각이다. 신경적 표현, '단어-형태 처리' 는 이런 보편성을 포착하고 그래서 처리의 중재 수준이라 언급하는 것을 사용할 수 있을 것이다.

많은 기능성 뇌영상 연구들은 말소리 자극이나 인쇄된 자극을 사용하여 단어-형태 처리 과정을 설명했다. 여기서 요약된 연구들은 단어나 유사단어 자극으로 인한 뇌 활성화와 단어와 유사하지 않은 자극으로 인한 뇌 활성화를 비교하였다. 이 자료들의 해석을 복잡하게 하는 한 가지 이유는 자극이 단어와 유사함의 정도가 매우 다양하며(예: 글사 결합의 빈도나 철자나 음소적 이웃들의 수, 이웃들의 빈도, 그리고 발음 가능성 등의 반영), 많은 뇌영상 연구들은 이 핵심적인 변인들에 대해 측정이 명백하게 일치하지 않는다. 그러나 대부분의 경우, 이 연구들에서의 대조 조건은 단어 형태 자극을 가진 것, 또는 단어 형태 없는 것 간에 분명한 구분을 만들어 내기 위해 극단적으로 다른 자극들을 포함하고 있다.

이런 실험들을 복잡하게 만드는 또 다른 이유는 단어-형태 정보의 활성화는 의미적 정보의 활성화, 특히 자극으로 실제 단어들을 사용했을 때, 그리고 피험자들이 단어의 의미 처리를 하도록 고무되었을 때, 나타난다. 이런 오염을 피하기 위해, 연구에서는 다음과 같은 논의에 초점을 둔다. (1) 단어-형태 조건에서 사용한 자극들은 단어와 유사하지만 실제 단어는 아니거나(유사단어였다.), 의미적 처리의 요구는 단어-형태 일치였고, 기저수준 과제들이었다.

음소적 단어-형태 연구들에서, 일반적인 대조는 구두 단어와 전이된 단어들(예: 반대 방향으로 이루어진 구두 단어 기록하기)이다. 비록 반대 방향으로 전이된 단어들이 의미 있는 단어로 알아차릴 수 있는 것은 아니었지만, 피험자가 그런 자극을 듣고 음소를 믿을 만하게 보고했고, 특별한 음소 순서를 들은 피험자 전체에 걸쳐, 상당한 정도의 일치성이 있었기 때문에, 이런 조작은 음소적 구조를 완전히 제거하지 못했다(Binder et al., 2000). 실제로, 여러 연구들은 단어나 전이된 단어들 간에 뇌 활성화에서 차이를 발견하지 못했다(Binder et al., 2000; Hirano et al., 1997).

그러나 다른 연구자들은 단어를 선호하는 활성화 차이를 관찰했다(Howard et al., 1992; Perani et al., 1996; Price et al., 1996b). 이 단어와 전이된 말소리 대조 간에 관찰된 정점 활성화의 초점은 말소리와 말소리 아닌 것의 대조와 연합된 앞에서 기술했던 STG, STS와 구별되어 다르게 나타났다. [그림 9-12]에서 보여 주는 것처럼 단어와 전이된 말소리의 정점 활성화는 내측두엽과 후부 하측두 구 영역과 결합되어 있는 반면, 상측두 청각 피질과는 구별되어 나타났다. STG, STS에서 관찰된 말소리 활성화와 달리, 이 영역에서의 활성화는 좌반구로 강하게 편재되어 나타난다.

철자 단어-형태 연구에서, 단어나 유사단어(예: tweal처럼 단어처럼 보이고, 발음할 수 있는 비단어)와 자음 낱자열(연속적인 자음낱자) 간의 일반적인 대조이다(Bavelier et al., 1997; Herbster, Mintun, Nebes, & Becker, 1997; Howard et al., 1992; Indefrey et al., 1997; Petersen, Fox, Snyder, & Raichle, 1990; Price et al., 1994; Price, Wise, & Frackowiak, 1996c; Small et al., 1996; Tagamets, Novick, Chalmers, & Friedman, 2000). 자음 낱자열(예: mpfjc)은 두 가지 점에서 단어와 유사한 자극과 달랐다. 첫째, 그것들은 언어에서 발생하지 않거나, 매우 낮은 빈도로 발생하는 낱자 결합(예: mpfjc에서 초성위치에 mp가 오거나, 종성 위치에 jc가 오는

것)이 포함되는 경향이 있다. 따라서 이런 자극은 친숙한 철자 구조가 아니며, 아마도 철자 단어-형태 수준에서 아주 약한 활성화만 유발하는 것 같다. 둘째, 영어에서 자음 낱자열은 전형적으로 발음할 수 없으며(자음 간에 모호한 모음(schwa)소리를 애써 삽입한 경우를 제외하고), 따라서 음소적 단어 형태와 출력 음소 표상의 약한 정도의 활성화만 유발할 것이다. 물론 이 두 가지 요인들은 어느 정도 풀리기 힘들게 얽혀서 연결되어 있다. 철자와 음소 간의 유사-규칙 관계 때문에, 철자의 구조가 어느 정도로 증가하는 것은 증가된 발음 가능성에 이르도록 하는 음소적 구조 역시 어느 정도로 증가하도록 하는 경향이 있다.

[그림 9-12]에서 보여 주는 것처럼, 자음 낱자열로 철자가 단어와 비슷하게 만든 자극으로 대조를 시킨 이 연구의 정점 활성화 초점은 후부 MTG, 후부 STS, 그리고 후부 ITG에 결집되는 경향이 있다(Bavelier et al., 1997; Herbster et al., 1997; Howard et al., 1992; Indefrey et al., 1997; Price et al., 1994; Price et al., 1996c; Small et al., 1996; Tagamets et al., 2000). 이 연구에서 실제 단어를 사용한 단어-형태 자극이든, 무의미한 유사단어를 사용한 단어-형태 자극이든, 비슷한 활성화 정점이 관찰되었다는 것은 처리 수준이나 확인된 수준들이 실제로 전의미적(presemantic)이라는 말에 신뢰를 더하는 발견이다.

이 결과의 놀라운 특징 한 가지는 구두 단어-형태 연구와 인쇄된 단어-형태 연구에서 확인된 영역들 간에 상당한 중첩이 있다는 것이다([그림 9-12]). 이것은 입력 음소와 의미 연결 짓기를 사용하는 음소적 단어-형태 기제와, 입력 철자와 의미 연결짓기를 사용하는 철자 단어-형태 기제는 후부 MTG와 ITG에서 무분석으로 중복된다. 이 중복에 대한 다른 가능한 설명은 구두 단어 형태 조건과 인쇄된 단어-형태 조건 모두 출력 음소의 표상을 활성화한다는 것이다. 이 표상들은 말소리 듣기의 반복이나 철자 자극을 소리 내어 읽기를 요구하는 과제에서 외현적으로 활성화되지만, 또한 음소적 구조를 가진 자극을 뇌에 제시할 때마다 자동적으로 활성화되는 것 같다(Macleod, 1991; Van Orden, 1987). 따라서 [그림 9-12]에 나타난 어느 정도의 중복은 출력 음소 표상이나 출력 음소에 이르도록 하는 중재 수준의 활성화 때문이라 할 수 있다.

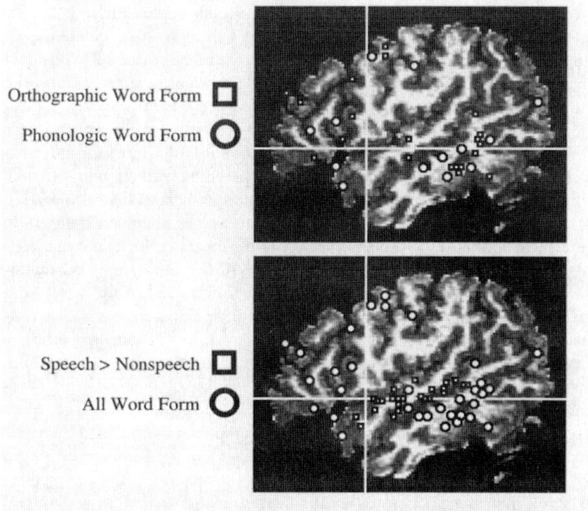

[그림 9-12] 단어-형태 처리 과정과 연합된 활성화 면의 대부분이 좌반구에서 발견되었다. 위의 그림은 7개의 단어 형태 실험에서 나온 좌반구 활성화 정점을 보여 준다(Perani, Dehaene, Grassi, Cohen, Cappa, Dupoux, Fazio, & Mehler, 1996; Price, Wise, Warburton et al., 1996; Price et al., 1994; Price, Wise, & Frackowiak, 1996; Tagamets, Novick, Chalmers & Friedman, 2000). 아래 그림은 말소리 지각 영역들(네모)로부터 이 단어-형태 활성화 초점(원)의 분리를 설명한다. 말소리 지각 영역들은 우반구에서도 발견된다([그림 9-11]을 볼 것).

의미 처리

의미 처리는 세상에 대한 지식을 저장하고 인출하고 사용하는 것에 관한 것이며, 이런 도처에서 일어나는 행동의 핵심 요소는 명명하기, 언어 이해와 형성, 문제해결, 계획, 그리고 사고다. 여기서 우리의 초점은 단어 의미 이해하기를 포함하고 있는 과제들이다. 이제 분명하게 할 것은, 단어의 의미를 이해하는 것은 다양한 표상적 상태와 비선형적 전이가 요구되는 복잡한 처리라는 것이다. 다음의 재검토는 의미 표상을 활성화하는 이 처리 과정 순서에서 마지막 상태를 분리해 내려고 시도했던 기능성 뇌영상 연구들의 요약이다(Binder et al., 1999; Chee,

O' Craven, Bergida, Rosen, & Savoy, 1999; Démonet et al., 1992; Mummery, Patterson, Hodges, & Price, 1998; Poldrack et al., 1999; Price, Moore, Humphreys, & Wise, 1997; Pugh et al., 1996). 이 연구에서 사용했던 의미 과제들은 단어에 대한 의미-기반 판단을 하도록 요구했다. 이 과제들에는 그 단어가 특별한 범주의 개념을 표상하고 있는지 결정하기(예: 생물인지 무생물인지, 외국어인지 모국어인지, 추상적인 것인지 구체적인 것인지 등), 두 단어가 의미적으로 관련되어 있는지 결정하기, 또는 두 단어 중 어느 것이 제3의 단어에 의미적으로 더 밀접한지 결정하기 등을 포함하고 있다.

그런 과제를 하는 동안, 의미 접속과 관련된 뇌활성의 확인은 좀 전에 검토했던 말소리 지각과 단어-형태 실험에서 사용했던 같은 종류의 빼셈 전략을 요구한다. 의미 접속이 필요한 과제를 위해, 적절한 통제 조건은 의미 정보의 활성화 없이(또는 낮은 활성), 동일한 감각의 음소나 철자, 그리고 단어-형태 처리가 일어난다.

두 유형의 실험 설계들이 사용되었다. 첫째, 통제 자극들은 유사단어(구두나 인쇄된)이고, 통제 과제는 유사단어의 음소적 구조(단어 형태)에 대한 판단이 포함된다. 이 통제 과제에는 유사단어가 표적 음소를 포함하고 있는지(Binder et al., 1999; Démonet et al., 1992) 쓰인 두 유사단어 각운이 같은지(Pugh et al., 1996), 쓰인 유사단어가 2개의 음절로 되어 있는지(Poldrack et al., 1999) 결정하기가 포함되어 있다. 단어와 유사단어들은 낮은 수준 감각과 단어-형태 속성에 연결되어 있기 때문에, 조건들 간에 활성화 수준에 있어서의 차이는 의미 처리와 관련이 있는 것 같다. 이 연구들에서 활성화된 영역들(예: 어떤 활성이든 그것들은 통제 조건보다 의미 조건에 더 크게 활성화된다.)은 활성화 정점을 보고했던 이 연구들에 대한 [그림 9-13]에서 보여 주고 있다. 이 영역들에는 좌반구 각 회, 상측 전두 회, 하측 전두 회, 방추 회, 해마 주변부, 그리고 후대상 회가 포함된다.

실험의 두 번째 유형도 통제 과제가 유사단어보다 단어의 음소적 구조에 대한 판단을 포함하고 있다는 것만 제외하고 비슷하다. 이 설계는 아주 엄선해서 구성된 유사단어도 구조에 있어서 유사단어가 실제 단어처럼 되지 않기 때문에, 단어-형태 처리보다 더 엄격한 통제를 제공한다. 실제 단어의 제시에서만 접속할 수 있는 전체-단어 표상으로 되어 있다는 생각을 이론가들이 하고 있기 때문에, 통제 자극으로 실제 단어를 사용하는 것은 어휘(의미에 반대로서) 처리 때문에 활성화되는 활성을 감산하기 위하여 필수적이다. 이 설계의 잠재적인 불리함은 통제 조건에서 실제 단어의 사용은 비록 수행되어야 할 과제가 의미적인 게 아닐 때조차, 어느 정도의 의미 정보를 자동적으로 활성하게 되는 결과를 낳을 가능성이다(Binder & Price, 2001). 이 모든 연구에서 통제 과제는 단어가 특정한 수의 음절을 포함하고 있는지 판단하도록 피험자들에게 요구한다(Chee et al., 1999; Mummery et al., 1998; Poldrack et al., 1999; Price et al., 1997).

[그림 9-13]에서 보여 주는 것처럼, 이런 연구에서 활성화들은 유사 통제 자극을 사용한 실험에서 관찰된 활성화들과 거의 동일하며, 좌반구의 각 회, 상측 전두 회, 하측 전두 회, 복측 측두엽, MTG, ITG 그리고 후대상 피질이 포함된다. 이 연구들 중 2개에만 전두엽이 영상화됐다는 것을 주목해야 한다(Demb et al., 1995; Poldrack et al., 1999).

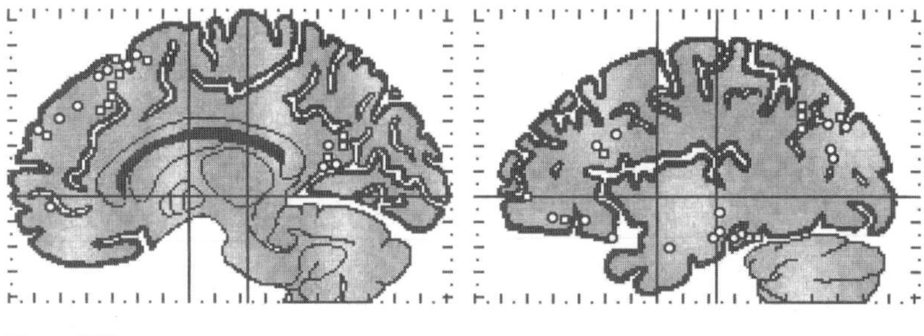

[그림 9-13] 의미 처리에 대한 7개의 뇌영상 연구들에서 보여 준 음소적 과제보다 의미 과제에서 더 강한 활성화를 유발하는 활성화 정점(Binder, Frost, Hammeke, Bellgowan, Rao, & Cox, 1999; Chee, O'Craven, Bergida, Rosen, & Savoy, 1999; Démonet et al., 1992; Mummery, Patterson, Hodges, & Price, 1998; Poldrack et al., 1999; Price, Moore, Humphrey, & Wise, 1997). 사각형은 음소적 과제에서 유사단어를 사용한 실험을 나타낸다. 원으로 표시된 위치는 음소적 과제에서 단어를 사용한 실험들이다.

비록 완벽하게 일치하는 건 아니지만, 이 결과들은 특히 의미 정보를 활성화 하고 인출하는 동안 사용되는 좌반구 뇌영역의 분산된 여러 영역들을 나타내고 있다. 좀 더 일치된 동일한 영역 중의 하나는 (영상화된 5개의 연구들 중 4개) 각 회다 (BA 39). BA 39는 다른 비인간 영장류에 비해 상대적으로 인간에게 있어서 크게 확장된, 계통발생학적으로 볼 때 가장 최근의 뇌영역이다(Geschwind, 1965). 그것은 감각 경험과 단어 의미의 가장 추상적인 표상을 저장하거나 처리하기를 포함하고 있는 다중 양식 수렴 영역의 후보로 추론할 수 있는 좀 더 합리적인 영역 중의 하나로 만들어 주는 시각적, 청각적, 그리고 체성감각 중추들 간에 전략적으로 위치하고 있다.

이 의미 연구들에서 빈번히 확인된 다른 영역들은 상측 전두 회와 전두 구에 있는 배측 전전두엽(7개의 연구에서 7개 모두), 방추 구와 해마 주변 구에 있는 복측 전두엽(5개 연구에서 4개), 아래쪽 전두 구(5개 연구에서 3개), 그리고 복측 전설부(5개 연구에서 3개) 연합이 포함된다. 이 영역들은 베르니케 실어증에서 손상되는 영역 밖에 있는 영역이기 때문에 여기서는 더 논의하지 않았다(여기서의 논의와 관련된 결과를 위해, Binder & Price, 2001을 보라).

몇몇 연구에서, 활성화 초점들로 좌측 MTG, ITG가 관찰되었는데(Chee et al., 1999; Mummery et al., 1998; Price et al., 1997), 이것은 복측 측두엽 영역의 이 하위 부분이 단어-형태 처리에 덧붙여 의미 수준 처리도 지원하는 것 같다고 제안하는 것이다. 여러 기능성 뇌영상 연구들은 피험자가 다른 범주에 있는 대상들과 도구 범주에 있는 대상들을 비교할 때, 피험자가 명사를 생성하기 위해 관련된 동사를 생성할 때, 확인되는 후부 MTG의 강화된 활성화를 설명하고 있다(Martin, 2001). 시각적 운동 처리 영역(인간의 MT 영역)과 이 활성화 면들의 유사성은 후부 MTG가 특히 조작 가능한 대상과 동사에 대한 돌출 의미 속성들인 시각적 움직임과 관련된 의미적 표상을 저장하는 것 같다는 관점에 이르도록 했다(Martin, 2001).

음운 산출

여기에 대해 논의했던 뇌영상 연구들은 구두와 쓰인 교재의 이해 처리에 사용되는 경로인 구두나 시각적 단어 입력으로부터 의미로의 전이에 관심을 가졌다. 베르니케 실어증에서 손상되는 또 다른 언어 처리인 말소리 산출은 기능성 뇌영상 연구에서 약간의 관심을 둔 주제였다. 앞에서 논의했던 것처럼, 정렬된 음소 선별의 손상으로 인한 음소 착어증은 후부 STG, STS, 후부 섬(insula), 또는 복측 연상 회가 손상된 후부 외측 주변 구 병변의 지표다. 이 상관에 근거하여, 합리적인 예측은 이 영역들이 출력 음소를 활성화하지 않는 조건과 관련된 출력 음소 선택에 사용되는 과제 조건하에서 출력을 보여 줄 것이라는 것이다.

이 질문에 대한 정보의 한 가지 원천은 이미 설명했었다. 발음할 수 없는 낱자열과 발음할 수 있는 낱자열을 대조한 연구들. [그림 9-12]에서 보았던 것처럼, 이 연구에서 활성화 정점들은 좌반구 후 MTG, ITG에서 발견되지만 좌반구 후 STS 역시 포함된다. 사실, 어떤 연구들은 특히 좌반구 후 STS의 강한 효과를 보여 주기도 했다(Bavelier et al., 1997; Howard et al., 1992; Indefrey et al., 1997; Price et al., 1994; Small et al., 1996). 그러나 앞에서 주목했던 것처럼, 이 연구에서 사용되었던 발음할 수 있는 항목들과 발음할 수 없는 항목들 또한 철자 차원에 따라 달라지기 때문에, 좌반구 후 STS 활성화가 특히 출력 음소의 처리에 기여한다고 보기는 어렵다. 그러나 청각적 단어-형태 비교로부터의 발견은 이런 해석에 간접적인 지지를 제공한다. 구두 단어와 단어의 전도된 형태를 대조했던 이 연구들은 좌반구 MTG, ITG의 활성화를 보여 주었지만, 일반적으로 후 STS에서의 다른 활성화를 보여 주지는 못했다. 만약 정상적인 그리고 전도된 말소리 입력이 어느 정도의 출력 음소 활성화(이 자극에서 고립된 음소들은 이것들이 단어 형태가 아닐 때조차 지각될 수 있었다.)를 유발할 수 있다면, 이 자극들 간에 대조는 출력 음소 체제의 활성화를 보여 준다고 기대하기 어렵다.

출력 음소 처리에서 좌반구 후 STS가 특별한 역할을 한다는 다른 증거는 Wise 등(2001)의 연구로부터 나온 것이다. 이 저자들은 실험에서 좌반구 후 STS의 공통적인 활성화를 보고했다. 이 중 첫째는 수동적 단어 듣기를 수동적 단일 억양의 잡음(말소리의 진폭 등고를 사용한 진폭 억양인 백색 잡음)을 수동적으로 듣기와 대조한 것이다. 단어에 의해 선택적으로 활성화된 영역들은 좌반구 전측 STS, 양반구 전측 STG가 포함되는데 이것은 다른 말소리-말소리 아닌 것 비교와 일치한다([그림 9-11]을 볼 것). 좌반구에서 이 활성화는 후 STS를 포함하고 있는 뒤쪽으로 확산된다. 두 번째 실험에서, 좌반구 후 STS 활성화는 휴지 상태와 관련된 돌출 단어 생성 과제(예: '단서 단어와 관련된 가능한 한 많은 단어를 생각해 보기')를 하는 동안 관찰되었다. 이 대조에 포함된 다른 측두-두정 영역들은 좌반구와 연합된 후 STG, 후 MTG, 그리고 연상 회이다. 이 결과들은 휴지 기간과 대조해서 단어 생성 기간 동안, 후 STG 그리고/또는 STS 활성화를 보여 주었던 다른 연구들과 일치하는 것이다(Fiez et al., 1996a; Hickok et al., 2000). 마지막 그리고 가장 엄격했던 실험에서, 피험자들은 단서 단어의 제시 비율에 따라 다양하게 단어를 소리 내거나 조용하게 생성했다. 분석은 들은 단어와 내적으로 생성한 단어의 결합 비율과 상관이 있는 활성화 수준에서 뇌영역에 대해 탐색했다. 좌반구 후 STS만 그런 상관을 보여 주었다.

출력 음소의 선택은 성도(성대)의 움직임이나, 조음이나 발성 없이 '내적 발화'의 형태로 명시적인 말소리 산출에 도달했다. 만약 출력 음소가 좌반구 후 STS에서 표상된다면, 명시적인 말소리 산출은 아래쪽 전두엽에 위치한 뇌영역과 말소리 조음 기제 간에 공유 영역을 반드시 포함해야 한다. 음소 착어증에 대한 병변 연구들은 이 공유 영역이 후 STS와 아래쪽 전두엽, 예를 들면 좌반구 후 STG, 연상 회와 후부 섬(insula) 간에 놓인 피질과 피질하 경로 내에 있다고 제안한다. 이 공유 영역은 또한 성대의 움직임과 위치에 관련된 역동적인 피드백을 제공하는 연합, 하두정엽으로부터의 자기수용감각과 다른 체성감각 입력을 포함하고 있는 것 같다(Luria, 1966). 좀 더 긴 발화를 위해서는 발화되어야 할 음소 순서를 단기 기억에서 기록한 것을 유지하는 것이 필수적이며, 이 정보는 발성이 이루어지는 동안 진행에서 사라지지 않아야 한다(Caplan & Waters, 1992). 이 '음운 버퍼'는 특히 내적 발화와 명시적인 발성 없이 지연된 기간 동안, 음소의 순서를 의식적으로 유지해야만 하는 과제와 관련되어 있다.

이 음소에서 발성으로의 경로에 관해서는 수렴된 가용한 자료가 거의 없음에도 불구하고, 몇몇 뇌영상 결과들이 이를 제안하고 있다. Paus 등(Paus, Perry, Zatorre, Worsley, & Evans, 1996)은 피험자에게 다양한 비율로 2음절을 반복적으로 되뇌게 했다. 청각적 입력은 말소리 지각을 차폐하는 지속적인 백색 소음을 제시함으로써 모든 조건에 걸쳐 일정하게 유지했다. 연구자들은 말소리 조음의 비율과 상관이 있는 활성화 수준에서 뇌영역을 탐색하였다. 이 양상이 보여 준 한 영역은 좌반구 측두 대상판에 있는 작은 초점이다. 좌반구 중심 전 회의 활성화와 더불어 말소리 산출과 관련된 운동 영역 역시 다양한 비율로 활성화된다는 것이 발견되었다. 저자들은 피드백, 피드포워드 기제가 상호작용할 가능성이 있는 좌반구 측두 대상판과 좌반구 전운동 영역이 함께 말소리 산출 동안 기능한다고 제안했다.

Wise 등(2001) 역시 청각적 입력과 독립적으로 말소리 산출을 하는 동안 활성화되는 뇌영역을 탐색했다. 그들은 피험자들에게 자극으로 구(예: buy Bobby a poppy)를 제시하고 다음과 같이 요구했다. (1) 구를 큰 소리로 반복하라. (2) 입술을 움직여 구를 입모양으로 말하고 소리는 내지 말라. (3) 원래 음절을 음절 '우(uh)'로 대신해서 소리 내라. 따라서 산출의 구성 요소인 횡경막, 성도, 성문을 움직이고 입술이나 혀 조음기관 없이. (4) 움직임이나 소리 없이 반복적으로 구를 내적으로 발음하라. 저자들은 내적인 발성 조건과 명시적인 운동 산출이 포함된 모든 조건인 앞의 세 조건을 대조했다. Paus 등에 의한 비슷한 연구에서 활성화된 영역에는 좌반구 복측 운동 피질과 좌반구 후 외측 구(좌표 −42, −40, +20)에 작은 초점이 포함되었다. 이 초점은 측두 대상판, 연상 회, 후부 섬(insula)의 결합인 대부분 외측 구 후부와 내측면이다. 출력 음소의 표상을 포함하고 있다고 우리가 제안했었던 좌반구 후 STS는 이 연구에서는 확인되지 않았다. 연구의 결과는 이 실험의 네 조건 모두(내적 발성을 포함해서) 출력 음소 부호화를 활성화할 것이라는 예측과 일치했다는 것에 주목할 필요가 있다.

이 주제에 대한 세 번째 연구는 소리 내지 않고 그림을 명명하는 과제를 수행하는 동안 후부 STG 활성을 검정했던 Hickok 등(2000)이 실시했다. 그림 명명하기에 대한 많은 다른 연구들은 아마도 과제가 조음 없이 내적 발화를 포함하고 있기 때문에(Smith et al., 1996), 통제 과제를 명시된 조음이 내포된 것을 사용했기 때문에(Murtha, Chertkow, Beauregard, & Evans, 1999; Price, Moore, Humphreys, Frackowiak, & Friston, 1996; Zelkowicz, Herbster, Nebes, Mintun, & Becker, 1998), 이 영역의 활성화를 나타내지 않았다. Hickok 등(2000)의 연구에서, 피험자들에게 조용히 그러나 명시된 조음 움직임을 하며 그림을 명명하라고 요구한 반면, 기저수준 과제—의미 없는 상(images)을 수동적으로 보기—에서는 외현적 또는 명시적 말소리를 요구하지 않았다. 두 활성화 초점들을 좌반구 측두 대상판에서 확인하였다. Paus 등(1996), Wise 등(2001), 그리고 Hickok 등(2000)은 함께 좌반구 측두 대상판과 연결 영역들(SMG, 후부 섬), 좌반구 전운동과 복측 운동 영역이 특히 말소리 산출(운동 움직임 없이 내적 발화 동안은 아니고)에 관련해서 활성화된다고 제안했다. 비록 특별한 처리 과정을 이 영역에서 수행하는지에 대해서는 아직 명료하게 밝혀지지 않았지만, 출력 음소와 운동 계획을 연결짓는 역할과 일치하는 발견이다.

마지막으로 복측 연상 회가 음운 정보의 단기기억 저장에 중요한 역할을 한다는 여러 증거들이 있다. 단기기억을 요구하지 않는 과제들과 비교했을 때, 이 영역은 피험자가 기억에 낱자열을 유지할 때 양반구 활성화를 나타냈다(Paulesu, Frith, & Frackowiak, 1993). 다른 연구에서, 좌반구 복측 연상 회는 단어의 의미 판단 과제를 할 때보다 여러 음절의 비단어(예: /redozabu/)의 음소 탐지 과제를 수행하는 동안 좀 더 활성화되었다(Démonet, Price, Wise, & Frackowiak, 1994a). 만약 음소 과제가 의미 과제보다 음소 순서 유지에 단기기억 부하를 더 많이 필요로 한다면, 이 발견은 좌반구 연상 회에 대한 단기기억의 역할과 일치한다. 그러나 이 가설을 검정했던 여러 다른 연구들은 단기기억에서 언어적 유지 과제를 수행하는 동안 복측 연상 피질의 활성화를 발견하지 못했다(Fiez et al., 1996b; Jonides et al., 1998).

복측 연상 회가 음소열을 유지하는 것만큼 강하게 음색(tone) 열을 유지하는데도 발화된다는 다른 증거가 제시되었다(Binder et al., 1997; Démonet et al., 1992; Démonet, Price, Wise, & Frackowiak, 1994b). 연상 회는 좀 더 작은 구성 요소로 된 자극과 이 요소들을 자극으로 분석해야 하는 것을 과제에 더 민감하게 간여하는 것 같다. 이런 분석은 이해와 산출 과제를 수행하는 동안, 긴 발화와 친숙하지 않은 발화(비단어나 빈도가 낮은 단어들)의 단기기억 저장을 촉진하는 것 같다고 제안한다.

결론과 미래 방향

베르니케 실어증은 주요한 행동적 특성으로 말소리 이해의 손상, 읽기 이해의 손상, 단어 인출 손상, 음소와 단어 모두에 있어서 선택 오류로 인한 착어적 발화, 그리고 착서증이 포함된 다각적인 증상이다. 착어와 착서 오류들은 일반적으로 명제적인 발화, 쓰기, 읽기, 명명하기, 반복하기, 받아쓰기 등 모든 출력 과제에서 관찰된다. 말소리 발음과 말소리 음조처럼 음소와 철자 지각은 일반적으로 온전하다. 이 유형의 프로파일에 다양성이 발생한다. 이해와 산출의 손상은 구두 언어와 쓰인 언어에 다르게 영향을 미치는 것 같다. 착어 오류는 음소나 말소리에 가장 두드러지게 나타난다. 읽기와 쓰기 손상은 우선적으로 비단어와 예외단어에 영향을 미친다.

베르니케 실어증 환자들은 음소(두 음소가 동일한지 다른지 알아차리기 위해)를 구별하는 능력은 유지되는데, 이것은 말소리 지각에 대한 감각 지각 기제가 대부분 온전하다는 것을 나타낸다(Blumstein, 1994). 기능성 뇌영상 연구들은 중뇌와 전측 STG, STS([그림 9-11])에 이런 말소리 지각 기제가 있다고 분명히 하였는데, 이 영역은 종종 베르니케 실어증 환자들에게 나타나는 손상 영역이기 때문에, 이 사실은 상당히 역설적으로 보인다. 이 지각 기제는 양반구 뇌에 있으며, 손상되지 않은 우측 STG, STS가 이 과제를 수행하기에 충분하다고 보이기 때문에, 베르니케 실어증 환자들이 음소를 구분하는 능력을 유지하고 있다고 보는 것은 불가피

한 결론이다. 이 모형은 양반구 STG, STS가 말소리에 반응한다는 기능성 뇌영상 자료들, 그리고 순수 단어 손상에 대한 손상 연구 문헌들과 일치한다. 상대적으로 말소리 지각에만 한정된 손상을 특징으로 하는 이 증후군에서, 원인이 되는 병변은 대부분 양측 STG나 STS가 포함된다. 이 모형은 또한 경동맥 내 경련 억제 연구로부터 나온 증거와도 일치한다. 좌반구에 이상 감각증이 나타나는 동안, 우반구만 독립적으로 정확하게 음소 구분을 수행할 수 있다는 것을 이 연구 결과에서 보여 주었다(Boatman et al., 1998). 비록 초기 말소리 지각 기제가 양반구에서 작동한다고는 하지만, 이것이 양반구가 똑같이 기능한다는 것을 반드시 뜻하지는 않는다. 기능적인 뇌영상 연구들은 말소리 지각 과제를 수행하는 동안, STG의 활성에 있어서 비대칭 정도가 다양하다는 것을 보여 주었지만(Binder et al., 2000; Démonet et al., 1992; Mazoyer et al., 1993; Mummery et al., 1999; Scott et al., 2000; Zatorre et al., 1992), 이 비대칭에 대한 완전한 설명은 아직 더 많은 연구를 기다리고 있다.

이 감각 지각적 기제와는 달리, 베르니케 실어증에 있어서의 말소리 이해 손상은 음소와 관련된 의미 표상에 접속할 수 있는 능력을 상실했다는 것을 의미한다. 예를 들어, 베르니케 실어증 환자들은 쓰인 단어의 음소와 관련된 손상과 구두 단어의 의미와 연관된 손상을 나타낼 수 있다. 그런 손상을 유발할 수 있는 손상이 있는 처리 영역은 입력 음소로부터 의미와 연결지어 주는 음소적인 단어-형태 표상을 중재하는 것과 의미 표상 자체의 손상 또는 그 둘 다를 포함할 수 있다.

어떤 연구자들은 베르니케 실어증에서 의미적인 표상이 온전하다고 주장하는 반면, 다른 증거들은 의미에서도 붕괴가 있다고 나타낸다. 기능성 뇌영상 자료들은 좌측 MTG와 추부 ITG가 음소적 단어-형태 처리 영역을 하는 곳이라고 제안한다. 이 해부학적 모형은 두 가지 면에서 손상 자료들과 상당히 일치한다. 첫째, 단측 손상으로는 일반적으로 전도성 실어증을 유발하지만 단어 이해 손상을 일으키는 것으로는 보이지 않는 좌측 STG를 확인했다. 둘째, 좌측 STG를 넘어서서 MTG까지 널리 퍼진 병변들은 그런 손상을 일으키며, 단어 이해 결손의 심각성과 장기적 회복은 MTG 손상 정도에 달려 있는 것으로 나타난다. 기능성 뇌영상 연구들과 병변 연구들은 좌반구 배측 측두엽(방추 회, 해마 주변부, ITG, 그리고 후부 MTG)과 좌반구 각 회는 의미 표상의 처리와 저장에 간여하는 분산된 체제에 있는 노드들이라고 지적한다. 베르니케 실어증에서 병변들은 공통적으로 좌측 각 회와 후부 MTG를 내포하고 있는데, 이것은 적어도 어떤 환자들의 경우에 있어서는 의미적 수준의 붕괴를 설명해 준다.

따라서 여기서 제안된 모형은 베르니케 실어증의 말소리 이해 붕괴를 좌측 각 회와 배측 측두엽에 있는 의미 표상과 전측 STS에 있는 입력 음소 표상을 연결해 주는 처리 경로를 붕괴시키는 좌반구 MTG와 후부 ITG에 위치한 음소적인 단어-형태 처리기의 손상으로 설명한다([그림 9-11]~[9-13]). 좌반구 각 회의 손상은 이해에 있어서 궁극적으로 의존하는 의미적 표상의 분산된 체제가 부분적으로 손상을 입는 문제를 일으키는 의심할 바 없는 원인이다.

이 모형은 읽기 이해 손상도 비슷한 방식으로 설명한다. 기능성 뇌영상 연구들은 좌측 후부 MTG와 ITG는 입력 철자 부호들(후부 복측 측두엽에서 처리되는)과 좌측 각 회와 좀 더 전측 복측 측두엽 영역에 있는 의미 표상을 연결하는 철자 단어-형태 처리에서 역시 역할을 한다. 따라서 베르니케 실어증에서 읽기 이해의 붕괴는 좌측 후부 MTG에 있는 철자 단어-형태 기제와 좌측 각 회에 있는 의미적 표상이 결합된 손상으로 인한 것이다.

좌측 각 회만의 손상은 말소리 이해보다는 읽기 이해에 대해 좀 더 심각한 손상을 유발하는데(실서증을 동반한 실독증), 이것은 최근에 가용한 기능성 뇌영상 자료에 근거하여 설명하기에는 어려움이 있다. 한 가지 가능한 설명은 철자 단어-형태 기제는 각 회로 우선적인 투사를 하는 반면, 음소적 단어형태 기제는 각 회와 복측 측두엽 의미 영역으로 좀 더 넓게 투사한다. 그 결과 읽기 이해는 말소리 이해보다 각 회의 통합에 좀 더 의존적이게 된다. 좌반구의 내측 그리고 전측두엽만의 병변은 읽기 이해보다는 좀 더 심각한 말소리 이해의 손상을 유발한다. 이러한 양상은 입력 음소에서 의미로의 투사 경로는 MTG 앞쪽에서 구축되며, 상대적으로 ITG는 입력 철자-의미 투사 경로를 구축하는 것 같다고 제안한다. 이 결론들은 상대적으로 적은 병변 자료에 근거하고 있기 때문에 잠정적인 것으로 간주해야 할 것이다.

이 체제들 간에 기능 및 해부학적 중복을 명확하게 하기 위해서 뇌영상이나 음소-의미와 철자-의미 과제들을 매우 조심스럽게 대응시킨 병변 상관 연구법을 사용한 후속 연구들이 요구된다. 의미 체제 자체의 내적 구조에 대한 이해의 향상은 최근의 기능성 뇌영상, 병변 상관, 그리고 계산주의 모형화 기술을 사용한 연구자들에 의해 수행되었다. 대단한 이 연구의 한 분야는 측두엽과 두정엽 손상을 가진 환자들에게서 나타나는 이해 손상의 다양한 양상을 이해할 수 있게 해 주었다.

착어증은 의미 부호로부터 출력 음소로의 연결짓기가 붕괴되었음을 나타낸다. 베르니케 실어증 환자들은 단어-음소 수준의 혼합 오류를 범하고 말소리 산출의 상호연결망 모형은 그런 혼합된 실수 유형이 일반적으로 예측된다고 제안하였다(Dell et al., 1997). 그러나 고립된 후부 외측 주변 구 손상은 음소 오류만을 유발하는 반면, 복측 측두 영역의 손상은 압도적으로 의미 오류를 유발한다. 이것은 단어와 음소 선택 오류가 구별된 기능적 해부학적 기반을 가지고 있음을 제안하는 것이다. 한 가지 제안은 출력 음소 수준에서 확인된 손상은 상대적으로 음소 오류들을 유발한다는 것이다(Hillis et al., 1999). 반대로 의미 수준에서 확인된 병변은 우선적으로 단어 선택을 붕괴시키는 반면 음소 선별은 온전하다는 것이다. 병변 자료들에서 인용한 것과 같이 이 진술은 출력 음소 표상들은 후부 외측 주변 구 피질(STS와 STG)에서 처리되는 반면, 의미 표상들은 복측 측두엽 영역에 위치한다고 제안한 유용한 기능성 뇌영상 자료들과 일치하는 결과이다.

다양한 표상과 전이 손상의 연합으로 그런 차이적 증후군들을 모형화한 초기의 성공은 이 접근법의 광범위한 적용을 지지하고 있다. 특히 전반적인 손상보다 국지적 손상을 사용하여 단지 몇 명의 환자들에게만 시도되었을 뿐인 오류 양상 모형화는 이전에 알려지지 않았던 정확성 수준에서 착어증에 대한 기능적, 생물학적으로 그럴듯한 진술을 제공하였다.

철자와 쓰기에 포함되는 처리들은 기능성 뇌영상으로 그럭저럭 연구되어 왔고, 그 해부학적 근거에 관련해서는 오히려 추측으로 남겨져 있다고 생각된다. 착어증이 없는 착서증은 후부 그리고 배측 두정엽 손상과 관련되어 있지만, 쓰기 붕괴는 다른 두정엽 영역과 측두엽 영역에 다양한 손상이 관찰된다. 음소-철자 전이(음소적 난필증)를 포함하고 있는 쓰기 손상들은 연상 회 손상과 밀접하게 관련되어 있다. 음소의 운동 산출처럼 철자의 실제 운동 산출은 출력 철자, 순차적인 운동, 감각 피드백 그리고 단기기억 기제의 협응을 필요로 하는 복잡한 처리 과정이다. 이 경로 중 어떤 것에는 하두정엽이 포함되며, 베르니케 실어증에서도 이 손상이 나타나는 것으로 잘 알려져 있는데, 많은 경우에서 쓰기 붕괴를 일으키는 것 같다.

여기서 제시한 설명에 따르면, 베르니케 실어증은 소리-단어 상의 손상이나 이해 영역 손상이라는 단순한 단일 붕괴와는 거리가 멀다. 오히려 증상의 여러 요소들은 의미로부터 어디까지의 전이적 처리가 붕괴되는가 하는 것이 핵심적 손상을 반영하는 반면, 음소 착어증 요소는 음소 선택과 음소에서 발음으로 연결짓기를 포함하는 좀 더 부수적인 손상을 반영하는 것 같다. 이런 구별은 연합 피질성 감각 실어증과 전도성 실어증의 후부 실어증 증후군과 연관되어 있다는 생각을 좀 더 분명하게 해 주었다. 최근의 모형에 따르면, 전자는 단어 의미를 포함한 처리 과정이 붕괴된 단어-형태나 의미 수준의 손상에 기인한 것이지만, 음소 선택과 산출을 포함한 처리들은 온전하다. 반대로 전도성 실어증은 음소 출력 경로 손상에 기인하며, 단어-형태와 의미 처리는 온전하다. 베르니케 실어증은 단순하게 보면, 이런 증후군의 결합과 일치하고 어휘-의미 출력 체제와 음소 출력 체제 모두를 포함하고 있는 더 커다란 병변의 결과라고 볼 수 있다.

참 I 고 I 문 I 헌

Ackley, D. H., Hinton, G. E., & Sejnowski, T. J. (1985). A learning algorithm for Boltzmann machines. *Cognitive Science*, *9*, 147-169.

Alajouanine, T. (1956). Verbal realization in aphasia. *Brain*, *79*, 1-28.

Alexander, M. P., & Benson, D. E. (1993). The aphasias and related disturbances. In R. J. Joynt (Ed.), *Clinical neurology* (pp. 1-58). Philadelphia: J. B. Lipincott.

Alexander, M. P., Friedman, R. B., Loverso, F., & Fischer, R. S. (1992). Lesion localization of phonological agraphia. *Brain and Language, 43*, 83–95.

Alexander, M. P., Hiltbrunner, B., & Fischer, R. S. (1989). Distributed anatomy of transcortical sensory aphasia. *Archives of Neurology 46*, 885–892.

Allport, A., MacKay, D. G., & Prinz, W. (1987). *Language perception and production: Relationships between listening, speaking, reading and writing*. London: Academic Press.

Allport, D. A. (1984). Speech production and comprehension: One lexicon or two. In W. Prinz & A. E Sanders (Eds.), *Cognition and motor processes* (pp. 209–228). Berlin: Springer–Verlag.

Allport, D. A., & Funnell, E. (1981). Components of the mental lexicon. *Philosophical Transactions of the Royal Society of London, Ser. B, 295*, 379–410.

Anderson, J. M., Gilmore, R., Roper, S., Crosson, B., Bauer, R. M., Nadeau, S., et al., (1999). Conduction aphasia and the arcuate fasciculus: A reexamination of the Wernicke–Geschwind model. *Brain and Language, 70*, 1–12.

Baars, B. J., Motley, M. T., & MacKay, D. G. (1975). Output editing for lexical status from artificially elicited slips of the tongue. *Journal of Verbal Learning and Verbal Behavior, 14*, 382–391.

Barrett, A. M. (1910). A case of pure word–deafness with autopsy. *Journal of Nervous and Mental Disease, 37*(2), 73–92.

Basso, A., Casati, G., & Vignolo, L. A. (1977). Phonemic identification defect in aphasia. *Cortex, 13*, 85–95.

Basso, A., Lecours, A. R., Moraschini, S., & Vanier, M. (1985). Anatomoclinical correlations of the aphasia as defined through computerized tomography: Exceptions. *Brain and Language, 26*, 201–229.

Basso, A., Taborelli, A., & Vignolo, L. A. (1978). Dissociated disorders of speaking and writing in aphasia. *Journal of Neurology, Neurosurgery, and Psychiatry, 41*, 556–563.

Bavelier, D., Corina, D., Jezzard, P., Padmanabhan, S., Clark, V. P., Kurd, A., Prinster, A., Braun, A., Lalwani, A., Rauschecker, J. P., Turner, R., & Neville, H. (1997). Sentence reading: A functional MRI study at 4 tesla. *Journal of Cognitive Neuroscience, 9*, 664–686.

Baylis, G. C., Rolls, E. T., & Leonard, C. M. (1987). Functional subdivisions of the temporal lobe neocortex. *Journal of Neuroscience, 7,* 330–342.

Becker, S., Moscovitch, M., Behrmann, M., & Joordens, S. (1997). Long-term semantic priming: A computational account and empirical evidence. *Journal of Experimental Psychology: Learning, Memory, and Cognition, 23,* 1059–1082.

Belin, P., Zatorre, R. J., Lafaille, P., Ahad, P., & Pike, B. (2000). Voice-selective areas in human auditory cortex. *Nature, 403,* 309–312.

Benson, D. F. (1979). *Aphasia, alexia and agraphia.* New York: Churchill Livingstone.

Benson, D. F., & Geschwind, N. (1969). The alexias. In P. J. Vinken & G. W. Bruyn (Eds.), *Handbook of clinical neurology* (pp. 112–140). Amsterdam: North-Holland.

Benson, D. F., Sheremata, W. A., Bouchard, R., Segarra, J. M., Price, D., & Geschwind, N. (1973). Conduction aphasia. A clinicopathological study. *Archives of Neurology, 28,* 339–346.

Besner, D., Twilley, L., McCann, R. S., & Seergobin, K. (1990). On the association between connectionism and data: Are a few words necessary? *Psychological Review, 97,* 432–446.

Best, W. (1996). When racquets are baskets but baskets are biscuits, where do the words come from? A single-case study of formal paraphasic errors in aphasia. *Cognitive Neuropsychology, 13,* 443–480.

Binder, J. R., Frost, J. A., Hammeke, T. A., Bellgowan, P. S. F., Rao, S. M., & Cox, R. W. (1999). Conceptual processing during the conscious resting state: A functional MRI study. *Journal of Cognitive Neuroscience, 11*(1), 80–93.

Binder, J. R., Frost, J. A., Hammeke, T. A., Rao, S. M, & Cox, R. W. (1996). Function of the left planum temporale in auditory and linguistic processing. *Brain, 119,* 1239–1247.

Binder, J. R., Frost, J. A., Hammeke, T. A., Cox, R. W., Rao, S. M., & Prieto, T. (1997). Human brain language areas identified by functional MRI. *Journal of Neuroscience, 17*(1), 353–362.

Binder, J. R., Frost, J. A., Hammeke, T. A., Bellgowan, P. S. F., Springer, J. A., Kaufman, J. N., & Possing, E. T. (2000). Human temporal lobe activation by speech and nonspeech sounds. *Cerebral Cortex, 10,* 512–528.

Binder, J. R., & Price, C. J. (2001). Functional imaging of language. In R. Cabeza & A. Kingstone (Eds.), *Handbook of functional neuroimaging of cognition* (pp. 187–

251). Cambridge, MA: MIT Press.

Binder, J. R., Rao, S. M., Hammeke, T. A., Frost, J. A., Bandettini, P. A., & Hyde, J. S. (1994a). Effects of stimulus rate on signal response during functional magnetic resonance imaging of auditory cortex. *Cognitive Brain Research, 2*, 31-38.

Binder, J. R., Rao, S. M., Hammeke, T. A., Yetkin, Y. Z., Jesmanowicz, A., Bandettini, P. A., Wong, E. C., Estkowski, L. D., Goldstein, M. D., Haughton, V. M., & Hyde, J. S. (1994b). Functional magnetic resonance imaging of human auditory cortex. *Annals of Neurology, 35*, 662-672.

Blanken, G. (1990). Formal paraphasias: A single case study. *Brain and Language, 38*, 534-554.

Blesser, B. (1972). Speech perception under conditions of spectral transformation: I. Phonetic characteristics. *Journal of Speech and Hearing Research, 15*, 5-41.

Blumstein, S. E. (1973). *A phonological investigation of aphasic speech.* The Hague: Mouton.

Blumstein, S. E. (1994). Impairments of speech production and perception in aphasia. *Philosophical Transactions of the Royal Society of London, Ser. B, 346*, 29-36.

Blumstein, S. E., Baker, E., & Goodglass, H. (1977). Phonological factors in auditory comprehension in aphasia. *Neuropsychologia, 15*, 19-30.

Blumstein, S. E., Burton, M., Baum, S., Waldstein, R., & Katz, D. (1994). The role of lexical status on the phonetic categorization of speech in aphasia. *Brain and Language, 46*, 181-197.

Blumstein, S. E., Cooper, W. E., Zurif, E., & Caramazza, A. (1977). The perception and production of voice-onset time in aphasia. *Neuropsychologia, 15*, 371-383.

Blumstein, S. E., Milberg, W., & Shrier, R. (1982). Semantic processing in aphasia: Evidence from an auditory lexical decision task. *Brain and Language, 17*, 301-315.

Blumstein, S. E., Tartter, V. C., Nigro, G., & Statlender, S. (1984). Acoustic cues for the perception of place of articulation in aphasia. *Brain and Language, 22*, 128-149.

Boatman, D., Hart, J., Lesser, R. P., Honeycutt, N., Anderson, N. B., Miglioretti, D., & Gordon, B. (1998). Right hemisphere speech perception revealed by amobarbital injection and electrical interference. *Neurology, 51*, 458-464.

Bogen, J. E., & Bogen, G. M. (1976). Wernicke' s region—where is it? *Annals of the New York Academy of Science, 290*, 834-843.

Boller, F. (1973). Destruction of Wernicke's area without language disturbance. A fresh look at crossed aphasia. *Neuropsychologia, 11*, 243-246.

Brookshire, R. H. (1972). Visual and auditory sequencing by aphasic subjects. *Journal of Communication Disorders, 5*, 259-269.

Buchman, A. S., Garron, D. C., Trost-Cardamone, J. E., Wichter, M. D., & Schwartz, D. (1986). Word deafness: One hundred years later. *Journal of Neurology, Neurosurgery, and Psychiatry, 49*, 489-499.

Buckingham, H. W. (1980). On correlating aphasic errors with slips-of-the-tongue. *Applied Psycholinguistics, 1*, 199-220.

Buckingham, H. W., & Kertesz, A. (1976). *Neologisticjargon aphasia*. Amsterdam: Swets & Zeitlinger.

Buckingham, H. W., & Rekart, D. M. (1979). Semantic paraphasia. *Journal of Communication Disorders, 12*, 197-209.

Butterworth, B. (1979). Hesitation and the production of verbal paraphasias and neologisms in jargon aphasia. *Brain and Language, 8*, 133-161.

Caplan, D., Gow, D., & Makris, N. (1995). Analysis of lesions by MM in stroke patients with acoustic-phonetic processing deficits. *Neurology, 45*, 293-298.

Caplan, D., & Waters, G. (1992). Issues arising regarding the nature and consequences of reproduction conduction aphasia. In S. E. Kohn (Ed.), *Conductionaphasia* (pp. 117-149). Hillsdale, NJ: Lawrence Erlbaum Associates.

Cappa, S., Cavallotti, G., & Vignolo, L. A. (1981). Phonemic and lexical errors in fluent aphasia: Correlation with lesion site. *Neuropsychologia, 19*, 171-177.

Caramazza, A. (1988). Some aspects of language processing revealed through the analysis of acquired aphasia: The lexical system. *Annual Review of Neuroscience, 11*, 395-421.

Caramazza, A., Berndt, R. S., & Basili, A. G. (1983). The selective impairment of phonological processing: A case study. *Brain and Language, 18*, 128-174.

Caramazza, A., & Hillis, A. E. (1990). Where do semantic errors come from? *Cortex, 26*, 95-122.

Chee, M. W. L., O'Craven, K. M., Bergida, R., Rosen, B. R., & Savoy, R. L. (1999). Auditory and visual word processing with fMRI. *Human Brain Mapping, 7*, 15-28.

Chenery, H. J., Ingram, J. C. L., & Murdoch, B. E. (1990). Automatic and volitional semantic processing in aphasia. *Brain and Language, 38*, 215-232.

Chertkow, H., Bub, D., Deaudon, C., & Whitehead, V. (1997). On the status of object concepts in aphasia. *Brain and Language, 58*, 203–232.

Collins, A. M., & Loftus, E. (1975). A spreading-activation theory of semantic processing. *Psychological Review, 82*, 407–428.

Coltheart, M., Curtis, B., Atkins, P., & Haller, M. (1993). Models of reading aloud: Dual-route and parallel-distributed-processing approaches. *Psychological Review, 100*, 589–608.

Creutzfeld, O., Ojemann, G., & Lettich, E. (1989). Neuronal activity in the human lateral temporal lobe. I. Responses to speech. *Experimental Brain Research, 77*, 451–475.

Damasio, H. (1981). Cerebral localization of the aphasias. In M. T. Sarno (Ed.), *Acquired aphasia* (pp. 27–50). Orlando, FL: Academic Press.

Damasio, H. (1989). Neuroimaging contributions to the understanding of aphasia. In E Boller & J. Grafman (Eds.), *Handbook of neuropsychology* (pp. 3–46). Amsterdam–Elsevier.

Damasio, H., & Damasio, A. R. (1980). The anatomical basis of conduction aphasia. *Brain, 103*, 337–350.

Damasio, H., & Damasio, A. R. (1989). *Lesion analysis in neuropsychology*. New York: Oxford University Press.

Dehaene, S., Dupoux, E., Mehler, J., Cohen, L., Paulesu, E., Perani, D., van de Moortele, P.-F., Lehéricy, S., & LeBihan, D. (1997). Anatomical variability in the cortical representation of first and second language. *Neuroreport, 8*, 3809–3815.

Déjerine, J. (1891). Sur un cas de cécité verbal avec agraphie, suivi d' autopsie. *Comptes Rendus des Séances de la Société de Biologie, 3*, 197–201.

Déjerine, J. (1892). Contribution à l'étude anatomo-pathologique et clinique des différentes variétés de cécité verbale. *Comptes Rendus des Séances de la Société de Biologie, 44*, 61–90.

Dell, G. S. (1986). A spreading-activation theory of retrieval in sentence production. *Psychological Review, 93*(3), 283–321.

Dell, G. S., & O' Seaghdha, P. G. (1992). Stages of lexical access in language production. *Cognition, 42*, 287–314.

Dell, G. S., & Reich, P. A. (1981). Stages in sentence production: An analysis of speech error data. *Journal of Verbal Learning and Verbal Behavior, 20*, 611–629.

Dell, G. S., Schwartz, M. F., Martin, N., Saffran, E. M., & Gagnon, D. A. (1997). Lexical access in aphasic and non-aphasic speakers. *Psychological Review, 104*(4), 801-838.

Demb, J. B., Desmond, J. E., Wagner, A. D., Vaidya, C. J., Glover, G. H., & Gabrieli, J. D. E. (1995). Semantic encoding and retrieval in the left inferior prefrontal cortex: A functional MRI study of task difficulty and process specificity. *Journal of Neuroscience, 15*, 5870-5878.

Démonet, J.-F., Chollet, F., Ramsay, S., Cardebat, D., Nespoulous, J.-L., Wise, R., Rascol, A., & Frackowiak, R. (1992). The anatomy of phonological and semantic processing in normal subjects. *Brain, 115*, 1753-1768.

Démonet, J.-F., Price, C., Wise, R., & Frackowiak, R. S. J. (1994a). Differential activation of right and left posterior sylvian regions by semantic and phonological tasks: A positron emission tomography study in normal human subjects. *NeuroscienceLetters, 182*, 25-28.

Démonet, J.-F., Price, C. J., Wise, R., & Frackowiak, R. S. J. (1994b). A PET study of cognitive strategies in normal subjects during language tasks: Influence of phonetic ambiguity and sequence processing on phoneme monitoring. *Brain, 117*, 671-682.

Desimone, R., & Gross, C. G. (1979). Visual areas in the temporal cortex of the macaque. *Brain Research, 178*, 363-380.

Dhankhar, A., Wexler, B. E., Fulbright, R. K., Halwes, T., Blamire, A. M., & Shulman, R. G. (1997). Functional magnetic resonance imaging assessment of the human brain auditory cortex response to increasing word presentation rates. *Journal of Neurophysiology, 77*, 476-483.

Dronkers, N. F., Redfern, B. B., & Ludy, C. A. (1995). Lesion localization in chronic Wernicke' s aphasia. *Brain and Language, 51*, 62-65.

Duvernoy, H. (1991). *The human brain. Surface, three-dimensional sectional anatomy, and MRI.* Vienna/New York: Springer-Verlag.

Efron, R. (1963). Temporal perception, aphasia, and déjàvu. *Brain, 86*, 403-424.

Ellis, A. W., Miller, D., & Sin, G. (1983). Wernicke' s aphasia and normal language processing: A case study in cognitive neuropsychology. *Cognition, 15*, 111-144.

Faglia, L., Rottoli, M. R., & Vignolo, L. A. (1990). Aphasia due to lesions confined to the right hemisphere in right-handed patients: A review of the literature including the

Italian cases. *Italian Journal of Neurological Sciences, 11*, 131-144.

Faglioni, P., Spinnler, H., & Vignolo, L. A. (1969). Contrasting behavior of right and left hemisphere-damaged patients on a discriminative and a semantic task of auditory recognition. *Cortex, 5*, 366-389.

Farah, M. J., & McClelland, J. L. (1991). A computational model of semantic memory impairment: Modality specificity and emergent category specificity. *Journal of Experimental Psychology: General, 120*, 339-357.

Fay, D., & Cutler, A. (1977). Malapropisms and the structure of the mental lexicon. *Linguistic Inquiry, 8*, 505-520.

Fiez, J. A., Raichle, M. E., Balota, D. A., Tallal, P., & Petersen, S. E. (1996a). PET activation of posterior temporal regions during auditory word presentation and verb generation. *Cerebral Cortex, 6*, 1-10.

Fiez, J. A., Raichle, M. E., Miezin, F. M., Petersen, S. E., Tallal, P., & Katz, W. E (1995). PET studies of auditory and phonological processing: Effects of stimulus characteristics and task demands. *Journal of Cognitive Neuroscience, 7*, 357-375.

Fiez, J. A., Raife, E. A., Balota, D. A., Schwarz, J. P., Raichle, M. E., & Petersen, S. E. (1996b). A positron emission tomography study of short-term maintenance of verbal information. *Journal of Neuroscience, 16*, 808-822.

Flechsig, P. (1908). Bemerkungen caber die horsphäre des menschlichen gehirns. *Neurologische Zentralblatte, 27*, 2-7.

Foix, C. (1928). Aphasies. In G. H. Roger, E Widal, & P. J. Teissier (Eds.), *Nouveautriétedemedecine*. Paris: Masson.

Forde, E. M. E., & Humphreys, G. W. (1999). Category-specific recognition impairments: A review of important case studies and influential theories. *Aphasiology, 13*, 169-193.

Foundas, A. L., Leonard, C. M., Gilmore, R., Fennell, E., & Heilman, K. M. (1994). Planum temporale asymmetry and language dominance. *Neuropsychologia, 32*, 1225-1231.

Freud, S. (1891/1953). *Onaphasia: Acriticalstudy* (E. Stengel, Trans.). Madison, CT: International Universities Press.

Fromkin, V. A. (1971). The nonanomolous nature of anomolous utterances. *Language, 47*, 27-52.

Gagnon, D. A., Schwartz, M. F., Martin, N., Dell, G. S., & Saffran, E. M. (1997). The origins of formal paraphasias in aphasics' picture naming. *Brain and Language*,

59, 450–472.

Gainotti, G., Silveri, M. C., & Villa, G. (1986). Anomia with and without lexical comprehension disorders. *Brain and Language, 29*, 18–33.

Galaburda, A., & Sanides, F. (1980). Cytoarchitectonic organization of the human auditory cortex. *Journal of Comparative Neurology, 190*, 597–610.

Galaburda, A. M., LeMay, M., Kemper, T., & Geschwind, N. (1978). Right-left asymmetries in the brain. Structural differences between the hemispheres may underlie cerebral dominance. *Science, 199*, 852–856.

Galaburda, A. M., & Pandya, D. N. (1983). The intrinsic architectonic and connectional organization of the superior temporal region of the rhesus monkey. *Journal of Comparative Neurology, 221*, 169–184.

Gandour, J., Ponglorpisit, S., Khunadorn, F., Dechongkit, S., Boongird, P., & Boonklam, R. (1992). Timing characteristics of speech after brain damage: Vowel length in Thai. *Brain and Language, 42*, 337–345.

Garrett, M. E. (1975). The analysis of sentence production. In G. H. Bower (Ed.), *The psychology of learning and motivation* (pp. 133–177). New York: Academic Press.

Garrett, M. E. (1984). The organization of processing structure of language production: Application to aphasic speech. In D. Caplan, A. Lecours, & A. Smith (Eds.), *Biological perspectives on language*. Cambridge, MA: MIT Press.

Garrett, M. F. (1992). Disorders of lexical selection. *Cognition, 42*, 143–180.

Geschwind, N. (1965). Disconnection syndromes in animals and man. *Brain, 88*, 237–294, 585–644.

Geschwind, N. (1971). Aphasia. *New England Journal of Medicine, 284*, 654–656.

Geschwind, N., & Levitsky, W. (1968). Human brain: Left-right asymmetries in temporal speech region. *Science, 161*, 186–187.

Gloning, I., Gloning, K., Haub, G., & Quatember, R. (1969). Comparison of verbal behavior in right-handed and non right-handed patients with anatomically verified lesion of one hemisphere. *Cortex, 5*, 41–52.

Goldblum, M. C., & Albert, M. (1972). Phonemic discrimination in sensory aphasia. *International Journal of Mental Health, 1*, 25–29.

Goldstein, K. (1948). *Language and language disturbances*. New York: Grune & Stratton.

Goldstein, M. (1974). Auditory agnosia for speech ("pure word deafness"): A historical review with current implications. *Brain and Language, 1*, 195-204.

Goodglass, H., & Baker, E. (1976). Semantic field, naming, and auditory comprehension in aphasia. *Brain and Language, 3*, 359-374.

Goodglass, H., & Kaplan, E. (1972). *The assessment of aphasia and related disorders.* Philadelphia: Lea and Febiger.

Grady, C. L., Van Meter, J. W., Maisog, J. M., Pietrini, P., Krasuski, J., & Rauschecker, J. P. (1997). Attention-related modulation of activity in primary and secondary auditory cortex. *Neuroreport, 8*, 2511-2516.

Grober, E., Perecman, E., Kellar, L., & Brown, J. (1980). Lexical knowledge in anterior and posterior aphasia. *Brain and Language, 10*, 318-330.

Grossman, M. (1980). The aphasics' identification of a superordinate's referents with basic object level and subordinate level terms. *Cortex, 16*, 459-469.

Grossman, M. (1981). A bird is a bird is a bird: Making reference within and without superordinate categories. *Brain and Language, 12*, 313-331.

Hagoort, P. (1993). Impairments of lexical-semantic processing in aphasia: Evidence from the processing of lexical ambiguities. *Brain and Language, 45*, 189-232.

Hammond, W. (1900). *Medical Record, 58*, 1011-1015.

Harley, T. A. (1984). A critique of top-down independent level models of speech production: Evidence from non-plan-internal speech errors. *Cognitive Science, 8*, 191-219.

Hart, J., & Gordon, B. (1990). Delineation of single-word semantic comprehension deficits in aphasia, with anatomic correlation. *Annals of Neurology, 27*, 226-231.

Head, H. (1926). *Aphasia and kindred disorders of speech.* New York: Macmillan.

Hécaen, H., & Albert, M. L. (1978). *Human neuropsychology.* New York: Wiley.

Heilman, K. M., Rothi, L., Campanella, D., & Wolfson, S. (1979). Wernicke's and global aphasia without alexia. *Archives of Neurology, 36*, 129-133.

Henschen, S. E. (1918-1919). On the hearing sphere. *Acta Oto-laryngologica, 1*, 423-486.

Henschen, S. E. (1920-1922). *Klinische and anatomische Beitrage zur Pathologie des Gehirns* (Vols. V-VII). Stockholm: Nordiska Bokhandeln.

Herbster, A. N., Mintun, M. A., Nebes, R. D., & Becker, J. T. (1997). Regional cerebral blood flow during word and nonword reading. *Human Brain Mapping, 5*, 84-92.

Hickok, G., Erhard, P., Kassubek, J., Helms-Tillery, A. K., Naeve-Velguth, S., Strupp, J.

P., Strick, P. L., & Ugurbil, K. (2000). A functional magnetic resonance imaging study of the role of left posterior superior temporal gyrus in speech production: Implications for the explanation of conduction aphasia. *Neuroscience Letters, 287,* 156-160.

Hickok, G., & Poeppel, D. (2000). Towards a functional neuroanatomy of speech perception. *Trends in Cognitive Sciences, 4,* 131-138.

Hier, D. B., & Mohr, J. P. (1977). Incongruous oral and written naming. *Brain and Language, 4,* 115-126.

Hikosawa, K., Iwai, E., Saito, H.-A., & Tanaka, K. (1988). Polysensory properties of neurons in the anterior bank of the caudal superior temporal sulcus of the macaque monkey. *Journal of Neurophysiology, 60,* 1615-1637.

Hillis, A. E., Boatman, D. B., Hart, J., & Gordon, B. (1999). Making sense out of jargon. A neurolinguistic and computational account of jargon aphasia. *Neurology, 53,* 1813-1824.

Hillis, A. E., & Caramazza, A. (1991). Category-specific naming and comprehension impairment: A double dissociation. *Brain, 114,* 2081-2094.

Hillis, A. E., & Caramazza, A. (1995). Representation of grammatical categories of words in the brain. *Journal of Cognitive Neuroscience, 7,* 396-407.

Hinton, G. E., McClelland, J. L., & Rumelhart, D. E. (1986). Distributed representations. In D. E. Rumelhart & J. L. McClelland (Eds.), *Parallel distributed processing: Explorations in the microstructure of cognition* (pp. 77-109). Cambridge, MA: MIT Press.

Hinton, G. E., & Shallice, T. (1991). Lesioning an attractor network: Investigations of acquired dyslexia. *Psychological Review, 98*(1), 74-95.

Hirano, S., Naito, Y., Okazawa, H., Kojima, H., Honjo, I., Ishizu, K., Yenokura, Y., Nagahama, Y., Fukuyama, H., & Konishi, J. (1997). Cortical activation by monaural speech sound stimulation demonstrated by positron emission tomography. *Experimental Brain Research, 113,* 75-80.

Hoeft, H. (1957). Klinisch-anatomischer Beitrag zur Kenntnis der Nachsprechaphasie (Leitungsaphasie). *DeutscheZeitschriftNervenheilk, 175,* 560-594.

Hornik, S., Stinchcombe, M., & White, H. (1989). Multi-layer feedforward networks are universal approximators. *Neural Networks, 2,* 359-366.

Howard, D., & Franklin, S. (1987). Three ways for understanding written words, and their use in two contrasting cases of surface dyslexia. In D. G. MacKay, A. Allport, W. Prinz, & E. Scheerer (Eds.), *Languageperceptionandproduction* (chap. 16). Orlando, FL: AcademicPress.

Howard, D., Patterson, K., Wise, R., Brown, W. D., Friston, K., Weiner, C., & Frackowiak, R. (1992). The cortical localization of the lexicons. *Brain, 115*, 1769-1782.

Indefrey, P., Kleinschmidt, A., Merboldt, K.-D., Krüger, G., Brown, C., Hagoort, P., & Frahm, J. (1997). Equivalent responses to lexical and nonlexical visual stimuli in occipital cortex: A functional magnetic resonance imaging study. *Neuroimage, 5*, 78-81.

Ingles, J. L., Mate-Kole, C. C., & Connolly, J. F. (1996). Evidence for multiple routes of speech production in a case of fluent aphasia. *Cortex, 32*, 199-219.

Jäncke, L., Shah, N. J., Posse, S., Grosse-Ryuken, M., & Müller-Gärtner, H.-W. (1998). Intensity coding of audi-tory stimuli: An fMRI study. *Neuropsychologia, 36*(9), 875-883.

Jauhiainen, T., & Nuutila, A. (1977). Auditory perception of speech and speech sounds in recent and recovered aphasia. *Brain and Language, 4*, 572-579.

Jones, E. G., & Burton, H. (1976). Areal differences in the laminar distribution of thalamic afferents in cortical fields of the insular, parietal and temporal regions of primates. *Journal of Comparative Neurology, 168*, 197-247.

Jones, E. G, & Powell, T. S. P. (1970). An anatomical study of converging sensory pathways within the cerebral cortex of the monkey. *Brain, 93*, 793-820.

Jonides, J., Schumacher, E., Smith, E., Koeppe, R., Awh, E., Reuter-Lorenz, P. A., Marshuetz, C., & Willis, C. R. (1998). The role of the parietal cortex in verbal working memory. *Journal of Neuroscience, 18*, 5026-5034.

Kaas, J. H., & Hackett, T. A. (1998). Subdivisions of auditory cortex and levels of processing in primates. *Audiology Neuro-Otology, 3*, 73-85.

Kempen, G., & Huijbers, P. (1983). The lexicalization process in sentence production and naming: Indirect election of words. *Cognition, 14*, 185-209.

Kertesz, A., & Benson, D. F. (1970). Neologistic jargon. A clinicopathological study. *Cortex, 6*, 362-386.

Kertesz, A., Harlock, W., & Coates, R. (1979). Computer tomographic localization, lesion size, and prognosis in aphasia and nonverbal impairment. *Brain and Language, 8*, 34-50.

Kertesz, A., Lau, W. K., & Polk, M. (1993). The structural determinants of recovery in Wernicke' s aphasia. *Brain and Language, 44*, 153–164.

Kertesz, A., Sheppard, A., & MacKenzie, R. (1982). Localization in transcortical sensory aphasia. *Archives of Neurology, 39*, 475–478.

Kinsbourne, M., & Warrington, E. K. (1963). Jargon aphasia. *Neuropsychologia, 1*, 27–37.

Kirschner, H. S., & Webb, W. G. (1982). Alexia and agraphia in Wernicke' s aphasia. *Journal of Neurology, Neurosurgery, and Psychiatry, 45*, 719–724.

Kirschner, H. S., Webb, W. G., & Duncan, G. W. (1981). Word deafness in Wernicke' s aphasia. *Journal of Neurology, Neurosurgery, and Psychiatry, 44*, 197–201.

Klatt, D. H. (1989). Review of selected models of speech perception. In W. D. Marslen-Wilson (Eds.), *Lexical representation and process* (pp. 169–226). Cambridge, MA: MIT Press.

Kleist, K. (1962). *Sensory aphasia and amusia.* London: Pergamon Press.

Kohn, S. E., & Smith, K. L. (1994). Evolution of impaired access to the phonological lexicon. *Journal of Neurolinguistics, 8*, 267–288.

Kudo, T. (1987). Aphasics' appreciation of hierarchical semantic categories. *Brain and Language, 30*, 33–51.

Ladefoged, P., & Maddieson, I. (1996). *The sounds of the world s languages.* Oxford: Blackwell.

Laiacona, M., Capitani, E., & Barbarotto, R. (1997). Semantic category dissociations: A longitudinal study of two cases. *Cortex, 33*, 441–461.

Lebrun, Y. (1987). Anosognosia in aphasics. *Cortex, 23*, 251–263.

Lecour, A. R., & Rouillon, F. (1976). Neurolinguistic analysis of jargonaphasia and jargonagraphia. In H. Whitaker & H. Whitaker (Eds.), *Studies in neurolinguistics.* New York: Academic Press.

Leinonen, L., Hyvärinen, J., & Sovijärvi, A. R. A. (1980). Functional properties of neurons in the temporo-parietal association cortex of awake monkey. *Experimental Brain Research, 39*, 203–215.

Levelt, W. J. M., Schriefers, H., Vorberg, D., Meyer, A. S., Pechmann, T., & Havinga, J. (1991). The time course of lexical access in speech production: A study of picture naming. *Psychological Review, 98*, 122–142.

Liberman, A. M., Cooper, F. S., Shankweiler, D. P., & Studdert-Kennedy, M. (1967). Perception of the speech code. *Psychological Review, 74*, 431–461.

Lichtheim, L. (1885). On aphasia. *Brain, 7*, 433-484.

Liègeois-Chauvel, C., Musolino, A., & Chauvel, P. (1991). Localization of the primary auditory area in man. *Brain, 114*, 139-153.

Liepmann, H., & Pappenheim, M. (1914). fiber einem FALL von sogenannter LEITUNGSAPHASIE mit anatomischer BEFUND. *Zeitschrift für Gesamte des Neurologie and Psychiatrie, 27*, 1-41.

Luria, A. R. (1966). *Higher cortical functions in man* (B. Haigh, trans.). New York: Basic Books and Plenum.

Luria, A. R., & Hutton, A. (1977). A modern assessment of the basic forms of aphasia. *Brain and Language, 4*, 129-151.

MacKay, D. G. (1970). Spoonerisms: The structure of errors in the serial order of speech. *Neuropsychologia, 8*, 323-350.

Macleod, C. M. (1991). Half a century of research on the Stroop effect: An integrative review. *Psychological Bulletin, 109*, 163-203.

Maher, L. M., Gonzalez Rothi, L. J., & Heilman, K. M. (1994). Lack of error awareness in an aphasic patient with relatively preserved auditory comprehension. *Brain and Language, 46*, 402-418.

Margolin, D. (1991). Cognitive neuropsychology: Resolving enigmas about Wernicke' s aphasia and other higher cortical disorders. *Archives of Neurology, 48*, 751-765.

Marie, P. (1971). On aphasia in general and agraphia in particular according to the teaching of Professor Charcot. Reprinted from Le Progres Medical, Series 2, 1888, 7: 81-84. In *Pierre Marie' s Paperson Speech Disorders*. New York: Hafner.

Marie, P., & Foix, C. (1917). Les aphasies de guerre. *Revue Neurologique, 24*, 53-87.

Marshall, R. C., Rappaport, B. Z., & Garcia-Bunuel, L. (1985). Self-monitoring behavior in a case of severe auditory agnosia with aphasia. *Brain and Language, 24*, 297-313.

Martin, A. (2001). Functional imaging of semantic memory. In R. Cabeza & A. Kingstone (Eds.), *Handbook of functional neuroimaging of cognition* (pp. 153-186). Cambridge, MA: MIT Press.

Martin, N., Dell, G. S., Saffran, E. M., & Schwartz, M. F. (1994). Origins of paraphasias in deep dysphasia: Testing the consequences of a decay impairment to an interactive spreading activation model of lexical retrieval. *Brain and Language, 47*, 609-660.

Martin, N., Gagnon, D. A., Schwartz, M. F., Dell, G. S., & Saffran, E. M. (1996). Phonological facilitation of semantic errors in normal and aphasic speakers.

Language and Cognitive Processes, 11, 257–282.

Masson, M. E. J. (1995). A distributed model of semantic priming. *Journal of Experimental Psychology: Learning, Memory, and Cognition, 21*, 3–23.

Mayeux, R., & Kandel, E. R. (1985). Natural language, disorders of language, and other localizable disorders of cognitive function. In E. R. Kandel & J. Schwartz (Eds.), *Principles of neural science* (pp. 688–703). New York: Elsevier.

Mazoyer, B. M., Tzourio, N., Frak, V., Syrota, A., Murayama, N., Levrier, O., Salmon, G., Dehaene, S., Cohen, L., & Mehler, J. (1993). The cortical representation of speech. *Journal of Cognitive Neuroscience, 5*, 467–479.

McCleary, C. (1988). The semantic organization and classification of fourteen words by aphasic patients. *Brain and Language, 34*, 183–202.

McCleary, C., & Hirst, W. (1986). Semantic classification in aphasia: A study of basic, superordinate, and function relations. *Brain and Language, 27*, 199–209.

McClelland, J. L., & Rumelhart, D. E. (1986). A distributed model of human learning and memory. In J. L. McClelland & D. E. Rumelhart (Eds.), *Parallel distributed processing: Vol. 2: Psychological and biological models* (pp. 170–215). Cambridge, MA: MIT Press.

McRae, K., de Sa, V. R., & Seidenberg, M. S. (1997). On the nature and scope of featural representations of word meaning. *Journal of Experimental Psychology: General, 126*, 99–130.

Mendelson, J. R., & Cynader, M. S. (1985). Sensitivity of cat primary auditory cortex (AI) to the direction and rate of frequency modulation. *Brain Research, 327*, 331–335.

Merzenich, M. M., & Brugge, J. F. (1973). Representation of the cochlear partition on the superior temporal plane of the macaque monkey. *Brain Research, 60*, 315–333.

Mesulam, M. M. (1990). Large-scale neurocognitive networks and distributed processing for attention, language, and memory. *Annals of Neurology, 28*, 597–613.

Mesulam, M.-M., & Pandya, D. N. (1973). The projections of the medial geniculate complex within the Sylvian fissure of the rhesus monkey. *Brain Research, 60*, 315–333.

Metz-Lutz, M.-N., & Dahl, E. (1984). Analysis of word comprehension in a case of pure word deafness. *Brain and Language, 23*, 13–25.

Meyer, D. E., & Schvaneveldt, R. W. (1971). Facilitation in recognizing pairs of words: Evidence of a dependence between retrieval operations. *Journal of Experimental*

Psychology, 90, 227–234.

Miceli, G., Gainotti, G., Caltagirone, C., & Masullo, C. (1980). Some aspects of phonological impairment in aphasia. *Brain and Language, 11*, 159–169.

Milberg, W., & Blumstein, S. E. (1981). Lexical decision and aphasia: Evidence for semantic processing. *Brain and Language, 14*, 371–385.

Milberg, W., Blumstein, S. E., & Dworetzky, B. (1987). Processing of lexical ambiguities in aphasia. *Brain and Language, 31*, 138–150.

Milberg, W., Blumstein, S. E., & Dworetzky, B. (1988a). Phonological factors in lexical access: Evidence from an auditory lexical decision task. *Bulletin of the Psychonomic Society, 26*, 305–308.

Milberg, W., Blumstein, S. E., & Dworetzky, B. (1988b). Phonological processing and lexical access in aphasia. *Brain and Language, 34*, 279–293.

Milberg, W., Blumstein, S. E., Saffran, J., Hourihan, J., & Brown, T. (1995). Semantic facilitation in aphasia: Effects of time and expectancy. *Journal of Cognitive Neuroscience, 7*, 33–50.

Minsky, M., & Papert, S. A. (1969). *Perceptrons: An introduction to computational geometry*. Cambridge, MA: MIT Press.

Mitchum, C. C., Ritgert, B. A., Sandson, J., & Berndt, R. (1990). The use of response analysis in confrontation naming. *Aphasiology, 4*, 261–280.

Moerman, C., Corluy, R., & Meersman, W. (1983). Exploring the aphasiac' s naming disturbances: A new approach using the neighbourhood limited classification method. *Cortex, 19*, 529–543.

Mohr, J. P., Gautier, J. C., & Hier, D. B. (1992). Middle cerebral artery disease. In H. J. M. Barnett, J. P. Mohr, B. M. Stein, & E M. Yatsu (Eds.), *Stroke. Pathophysiology, diagnosis, and management* (pp. 361–417). New York: Churchill Livingstone.

Monsell, S. (1987). On the relation between lexical input and output pathways for speech. In A. Allport, D. G. MacKay, & W. Prinz (Eds.), *Language perception and production: Relationships between listening, speaking, reading, and writing* (pp. 273–311). London: Academic Press.

Morel, A., Garraghty, P. E., & Kaas, J. H. (1993). Tonotopic organization, architectonic fields, and connections of auditory cortex in macaque monkeys. *Journal of Comparative Neurology, 335*, 437–459.

Morton, J., & Patterson, K. (1980). A new attempt at an interpretation, or, an attempt at a new interpretation. In M. Coltheart, K. Patterson, & J. C. Marshall (Eds.), *Deep dyslexia* (pp. 91–118). London: Routledge & Kegan Paul.

Moss, H. E., Hare, M. L., Day, P., & Tyler, L. K. (1994). A distributed memory model of the associative boost in semantic priming. *Connection Science, 6*, 413–427.

Mummery, C. J., Ashburner, J., Scott, S. K., & Wise, R. J. S. (1999). Functional neuroimaging of speech perception in six normal and two aphasic subjects. *Journal of the Acoustical Society of America, 106*, 449–457.

Mummery, C. J., Patterson, K., Hodges, J. R., & Price, C. J. (1998). Functional neuroanatomy of the semantic system: Divisible by what? *Journal of Cognitive Neuroscience, 10*, 766–777.

Murtha, S., Chertkow, H., Beauregard, M., & Evans, A. (1999). The neural substrate of picture naming. *Journal of Cognitive Neuroscience, 11*, 399–423.

Naeser, M., Hayward, R. W., Laughlin, S. A., & Zatz, L. M. (1981). Quantitative CT scan studies of aphasia. I. Infarct size and CT numbers. *Brain and Language, 12*, 140–164.

Naeser, M. A., Gaddie, A., Palumbo, C. L., & Stiassny-Eder, D. (1990). Late recovery of auditory comprehension in global aphasia. Improved recovery observed with sub-cortical temporal isthmus lesion vs Wernicke' s cortical area lesion. *Archives of Neurology, 47*, 425–432.

Naeser, M. A., Helm-Estabrooks, N., Haas, G., Auerbach, S., & Srinivasan, M. (1987). Relationship between lesion extent in 'Wernicke' s area' on computed tomographic scan and predicting recovery of comprehension in Wernicke' s aphasia. *Archives of Neurology, 44*, 73–82.

Neely, J. H. (1977). Semantic priming over retrieval from lexical memory: Roles of inhibitionless spreading activation and limited-capacity attention. *Journal of Experimental Psychology: General, 106*, 226–254.

Nickels, L., & Howard, D. (1995). Phonological errors in aphasic naming: Comprehension, monitoring and lexicality. *Cortex, 31*, 209–237.

Nielsen, J. M. (1938). The unsolved problems in aphasia. II. Alexia resulting from a temporal lesion. *Bulletin of the Los Angeles Neurological Society, 4*, 168–175.

Nielsen, J. M. (1946). *Agnosia, apraxia, aphasia. Theirvalue in cerebral localization.* New York: Paul B. Hoeber.

Nooteboom, S. G. (1969). The tongue slips into patterns. In A. G. Sciarone, A. J. van.

Essen, & A. A. Van Raad (Eds.), *Leyden studies in linguistics and phonetics* (pp. 114-132). The Hague: Mouton.

Oden, G. C., & Massaro, D. W. (1978). Integration of featural information in speech perception. *Psychological Review, 85*, 172-191.

Ojemann, G. A. (1983). Brain organization for language from the perspective of electrical stimulation mapping. *Behavioral and Brain Sciences, 2*, 189-230.

O' Leary, D. S., Andreasen, N. C., Hurtig, R. R., Hichwa, R. D., Watkins, G. L., Boles-Ponto, L. L., Rogers, M., & Kirchner, P. T. (1996). A positron emission tomography study of binaurally and dichotically presented stimuli: Effects of level of language and directed attention. *Brainand Language, 53*, 20-39.

Ono, M., Kubik, S., & Abernathey, C. D. (1990). *Atlas of the cerebral sulci*. Stuttgart: Georg Thieme Verlag.

Palumbo, C. L., Alexander, M. P., & Naeser, M. A. (1992). CT scan lesion sites associated with conduction aphasia. In S. E. Kohn (Ed.), *Conductionaphasia* (pp. 51-75). Hillsdale, NJ: Lawrence Erlbaum Associates.

Paulesu, E., Frith, C. D., & Frackowiak, R. S. J. (1993). The neural correlates of the verbal component of working memory. *Nature, 362*, 342-345.

Paus, T., Perry, D. W., Zatorre, R. J., Worsley, K. J., & Evans, A. C. (1996). Modulation of cerebral blood flow in the human auditory cortex during speech: Role of motor-to-sensory discharges. *European Journal of Neuroscience, 8*, 2236-2246.

Perani, D., Dehaene, S., Grassi, F., Cohen, L., Cappa, S. F., Dupoux, E., Fazio, F., & Mehler, J. (1996). Brain processing of native and foreign languages. *Neuroreport, 7*, 2439-2444.

Petersen, S. E., Fox, P. T., Posner, M. I., Mintun, M., & Raichle, M. E. (1988). Positron emission tomographic studies of the cortical anatomy of single-word processing. *Nature, 331*, 585-589.

Petersen, S. E., Fox, P. T., Snyder, A. Z., & Raichle, M. E. (1990). Activation of extrastriate and frontal cortical areas by visual words and word-like stimuli. *Science, 249*, 1041-1044.

Phillips, D. P., & Irvine, D. R. F. (1981). Responses of single neurons in physiologically defined primary auditory cortex (AI) of the cat: Frequency tuning and responses to intensity. *Journal of Neurophysiology, 45*, 48-58.

Pick, A. (1909). *UberdasSprachverständnis*. Leipzig: Barth.

Pick, A. (1913). *Die agrammatischen Sprachstörungen*. Berlin: Springer.

Pick, A. (1931). *Aphasia*. Berlin: Springer.

Plaut, D. C., McClelland, J. L., Seidenberg, M. S., & Patterson, K. (1996). Understanding normal and impaired word reading: Computational principles in quasi-regular domains. *Psychological Review, 103*, 45–115.

Plaut, D. C., & Shallice, T. (1993). Deep dyslexia: A case study of connectionist neuropsychology. *Cognitive Neuropsychology, 10*, 377–500.

Poldrack, R. A., Wagner, A. D., Prull, M. W., Desmond, J. E., Glover, G. H., & Gabrieli, J. D. E. (1999). Functional specialization for semantic and phonological processing in the left inferior prefrontal cortex. *Neuroimage, 10*, 15–35.

Price, C. J., Moore, C. J., Humphreys, G. W., Frackowiak, R. S. J., & Friston, K. J. (1996a). The neural regions sustaining object recognition and naming. *Proceedings of the Royal Society of London, Ser. B, 263*, 1501–1507.

Price, C. J., Moore, C. J., Humphreys, G. W., & Wise, R. J. S. (1997). Segregating semantic from phonological processes during reading. *Journal of Cognitive Neuroscience, 9*, 727–733.

Price, C. J., Wise, R. S. J., & Frackowiak, R. S. J. (1996c). Demonstrating the implicit processing of visually presented words and pseudowords. *Cerebral Cortex, 6*, 62–70.

Price, C. J., Wise, R. S. J., Ramsay, S., Friston, K., Howard, D., Patterson, K., & Frackowiak, R. S. J. (1992). Regional response differences within the human auditory cortex when listening to words. *Neuroscience Letters, 146*, 179–182.

Price, C. J., Wise, R. J. S., Warburton, E. A., Moore, C. J., Howard, D., Patterson, K., Frackowiak, R. S. J., & Friston, K. J. (1996b). Hearing and saying. The functional neuro-anatomy of auditory word processing. *Brain, 119*, 919–931.

Price, C. J., Wise, R. J. S., Watson, J. D. G., Patterson, K., Howard, D., & Frackowiak, R. S. J. (1994). Brain activity during reading. The effects of exposure duration and task. *Brain, 117*, 1255–1269.

Pugh, K. R., Shaywitz, B. A., Shaywitz, S. E., Constable, R. T., Skudlarski, P., Fulbright, R. K., Bronen, R. A., Shankweiler, D. P., Katz, L., Fletcher, J. M., & Gore, J. C. (1996). Cerebral organization of component processes in reading. *Brain, 119*, 1221–1238.

Pujol, J., Deus, J., Losilla, J. M., & Capdevila, A. (1999). Cerebral lateralization of language in normal left-handed people studied by functional MRI. *Neurology, 52*, 1038–

1043.

Quigg, M., & Fountain, N. B. (1999). Conduction aphasia elicited by stimulation of the left posterior superior temporal gyms. *Journal of Neurology, Neurosurgery and Psychiatry*, *66*, 393-396.

Rademacher, J., Caviness, V. S., Steinmetz, H., & Galaburda, A. M. (1993). Topographical variation of the human primary cortices: Implications for neuroimaging, brain mapping and neurobiology. *Cerebral Cortex*, *3*, 313-329.

Rapcsak, S. Z., & Rubens, A. B. (1994). Localization of lesions in transcortical aphasia. In A. Kertesz (Eds.), *Localization and neuroimaging in neuropsychology* (pp. 297-329). San Diego: Academic Press.

Rauschecker, J. P. (1998). Parallel processing in the auditory cortex of primates. *Audiology and Neuro-Otology*, *3*, 86-103.

Rauschecker, J. P., Tian, B., Pons, T., & Mishkin, M. (1997). Serial and parallel processing in rhesus monkey auditory cortex. *Journal of Comparative Neurology*, *382*, 89-103.

Reidl, K., & Studdert-Kennedy, M. (1985). Extending formant transitions may not improve aphasics' perception of stop consonant place of articulation. *Brain and Language*, *24*, 223-232.

Roelofs, A. (1992). A spreading-activation theory of lemma retrieval in speaking. *Cognition*, *42*, 107-142.

Roeltgen, D. P., Sevush, S., & Heilman, K. M. (1983). Phonological agraphia: Writing by the lexical-semantic route. *Neurology*, *33*, 755-765.

Romanski, L. M., Tian, B., Fritz, J., Mishkin, M., Goldman-Rakic, P. S., & Rauschecker, J. P. (1999). Dual streams of auditory afferents target multiple domains in the primate prefrontal cortex. *Nature Neuroscience*, *2*, 1131-1136.

Rosch, E., Mervis, C. B., Gray, W. D., Johnson, D. M., & Boyes-Braem, D. (1976). Basic objects in natural categories. *Cognitive Psychology*, *8*, 382-439.

Rubens, A. B., Mahowald, M. W., & Hutton, J. T. (1976). Asymmetry of the lateral (sylvian) fissures in man. *Neurology*, *26*, 620-624.

Rumelhart, D. E., McClelland, J. L., & The PDP Research Group (1986). *Parallel distributed processing, Vol 1: Foundations*. Cambridge, MA: MIT Press.

Rumsey, J. M., Horwitz, B., Donohue, B. C., Nace, K., Maisog, J. M., & Andreason, P. (1997). Phonological and orthographic components of word recognition. A PET-rCBF study. *Brain, 120*, 739-759.

Ryalls, J. (1986). An acoustic study of vowel production in aphasia. *Brain and Language, 29*, 48-67.

Schwartz, M. F., Saffran, E. M., Bloch, D. E., & Dell, G. S. (1994). Disordered speech production in aphasic and normal speakers. *Brain and Language, 47*, 52-88.

Scott, S. K., Blank, C., Rosen, S., & Wise, R. J. S. (2000). Identification of a pathway for intelligible speech in the left temporal lobe. *Brain, 123*, 2400-2406.

Seidenberg, M. S., & McClelland, J. L. (1989). A distributed, developmental model of word recognition and naming. *Psychological Review, 96*, 523-568.

Seidenberg, M. S., & McClelland, J. L. (1990). More words but still no lexicon: Reply to Besner et al. (1990). *Psychological Review, 97*, 447-452.

Selnes, O. A., Knopman, D. S., Niccum, N., Rubens, A. B., & Larson, D. (1983). Computed tomographic scan correlates of auditory comprehension deficits in aphasia: A prospective recovery study. *Annals of Neurology, 13*, 558-566.

Selnes, O. A., & Niccum, N. (1983). Alexia and agraphia in Wernicke' s aphasia. *Journal of Neurology, Neurosurgery and Psychiatry, 46*, 462-463.

Selnes, O. A., Niccum, N., Knopman, D. S., & Rubens, A. B. (1984). Recovery of single word comprehension: CT-scan correlates. *Brain and Language, 21*, 72-84.

Seltzer, B., & Pandya, D. N. (1978). Afferent cortical con-nections and architectonics of the superior temporal sulcus and surrounding cortex in the rhesus monkey. *Brain Research, 149*, 1-24.

Seltzer, B., & Pandya, D. N. (1994). Parietal, temporal, and occipital projections to cortex of the superior temporal sulcus in the rhesus monkey: A retrograde tracer study. *Journal of Comparative Neurology, 343*, 445-463.

Semenza, C., Cipolotti, L., & Denes, G. (1992). Reading aloud in jargon aphasia: An unusual dissociation in speech input. *Journal of Neurology, Neurosurgery and Psychiatry, 55*, 205-208.

Sevush, S., Roeltgen, D. P., Campanella, D. J., & Heilman, K. M. (1983). Preserved oral reading in Wernicke' s aphasia. *Neurology, 33*, 916-920.

Shapiro, L. P., Gordon, B., Hack, N., & Killackey, J. (1993). Verb-argument structure processing in complex sentences in Broca' s and Wernicke' s aphasia. *Brain and Language, 45*, 423-447.

Shattuck-Hufnagel, S., & Klatt, D. (1979). The limited use of distinctive features and markedness in speech production: Evidence from speech error data. *Journal of Verbal Learning and Verbal Behavior, 18*, 41–55.

Silveri, C. M., & Gainotti, G. (1988). Interaction between vision and language in category-specific semantic impairment. *Cognitive Neuropsychology, 5*, 677–709.

Sirigu, A., Duhamel, J.-R., & Poncet, M. (1991). The role of sensorimotor experience in object recognition. *Brain, 114*, 2555–2573.

Small, S. L., Noll, D. C., Perfetti, C. A., Hlustik, R, Wellington, R., & Schneider, W. (1996). Localizing the lexicon for reading aloud: Replication of a PET study using fMRI. *Neuroreport, 7*, 961–965.

Smith, C. D., Andersen, A. H., Chen, Q., Blonder, L. X., Kirsch, J. E., & Avison, M. J. (1996). Cortical activation in confrontation naming. *Neuroreport, 7*, 781–785.

Springer, J. A., Binder, J. R., Hammeke, T. A., Swanson, S. J., Frost, J. A., Bellgowan, P. S. F., Brewer, C. C., Perry, H. M., Morris, G. L., & Mueller, W. M. (1999). Language dominance in neurologically normal and epilepsy subjects: A functional MRI study. *Brain, 122*, 2033–2045.

Starr, M. A. (1889). The pathology of sensory aphasia, with an analysis of fifty cases in which Broca' s centre was not diseased. *Brain, 12*, 82–101.

Steinmetz, H., Rademacher, J., Jäncke, L., Huang, Y., Thron, A., & Zilles, K. (1990). Total surface of tem-poroparietal intrasylvian cortex: Diverging left-right asymmetries. *Brain and Language, 39*, 357–372.

Steinmetz, H., Volkmann, J., Jäncke, L., & Freund, H.-J. (1991). Anatomical left-right asymmetry of language-related temporal cortex is different in left-and right-handers. *Annals of Neurology, 29*, 315–319.

Stemberger, J. P. (1982). The nature of segments in the lexicon: Evidence from speech errors. *Lingua, 56*, 235–259.

Stemberger, J. P. (1985). An interactive activation model of language production. In A. W. Ellis (Ed.), *Progress in the psychology of language* (pp. 143–186). Hillsdale, NJ: Lawrence Erlbaum Associates.

Stengel, E. (1933). Zur LEHRE von der LEITUNGSAPHASIE. *Zeitschrift für Gesamte des Neurologie und Psychiatrie, 149*, 266–291.

Stevens, K. N., & Blumstein, S. E. (1981). The search for invariant acoustic correlates of phonetic features. In P. D. Eimas & J. L. Miller (Eds.), *Perspectives on the study of speech* (pp. 1–38). Hillsdale, NJ: Lawrence Erlbaum Associates.

Tagamets, M.-A., Novick, J. M., Chalmers, M. L., & Friedman, R. B. (2000). A parametric approach to ortho-graphic processing in the brain: An fMRI study. *Journal of Cognitive Neuroscience, 12*, 281-297.

Tallal, P., & Newcombe, E. (1978). Impairment of audi-tory perception and language comprehension in dysphasia. *Brain and Language, 5*, 13-24.

Tallal, P., & Piercy, M. (1973). Defects of non-verbal audi-tory perception in children with developmental aphasia. *Nature, 241*, 468-469.

Tanaka, Y., Yamadori, A., & Mori, E. (1987). Pure word deafness following bilateral lesions: a psychophysical analysis. *Brain, 110*, 381-403.

Tian, B., Reser, D., Durham, A., Kustov, A., & Rauschecker, J. P. (2001). Functional specialization in the rhesus monkey auditory cortex. *Science, 292*, 290-293.

Van Orden, G. C. (1987). A ROWS is a ROSE: Spelling, sound, and reading. *Memory and Cognition, 15*, 181-198.

von Economo, C., & Horn, L. (1930). Über Windungsrelief, Mahe und Rindenarchitektonik der Supratemporalfläche, ihre individuellen und ihre seitenun-terscheide. *Zeitschrift für Neurologie und Psychiatrie, 130*, 678-757.

Wada, J. A., Clarke, R., & Hamm, A. (1975). Cerebral hemispheric asymmetry in humans. *Archives of Neurology, 32*, 239-246.

Warburton, E., Wise, R. J. S., Price, C. J., Weiner, C., Hadar, U., Ramsay, S., & Frackowiak, R. S. J. (1996). Noun and verb retrieval by normal subjects. Studies with PET. *Brain, 119*, 159-179.

Warrington, E. K., & Shallice, T. (1984). Category specific semantic impairments. *Brain, 107*, 829-854.

Wernicke, C. (1874/1968). *Der aphasische SYMPTO-MENKOMPLEX. Breslau: Cohn & Weigert.* Reprinted in English in *Boston Studies in the Philosophy of Science* (Vol. IV, pp. 34-97). Dordrecht, Netherlands: Kluwer Academic Publishers.

Wernicke, C. (1881). *Lehrbuch der GEHIRNKRANK-HEITEN.* Kassel, Germany: Theodore Fischer.

Westbury, C. F., Zatorre, R. J., & Evans, A. C. (1999). Quantifying variability in the planum temporale: A probability map. *Cerebral Cortex, 9*, 392-405.

Wise, R. S. J., Chollet, F., Hadar, U., Friston, K., Hoffner, E., & Frackowiak, R. S. J. (1991). Distribution of cortical neural networks involved in word comprehension and word retrieval. *Brain, 114*, 1803-1817.

Wise, R. S. J., Scott, S. K., Blank, S. C., Mummery, C. J., Murphy, K., & Warburton, E. A. (2001). Separate neural subsystems within "Wernicke' s area." *Brain, 124,* 83-95.

Witelson, S. F., & Kigar, D. L. (1992). Sylvian fissure mor-phology and asymmetry in men and women: Bilateral dif-ferences in relation to handedness in men. *Journal of Comparative Neurology, 323,* 326-340.

Zatorre, R. J., Evans, A. C., Meyer, E., & Gjedde, A. (1992). Lateralization of phonetic and pitch discrimination in speech processing. *Science, 256,* 846-849.

Zelkowicz, B. J., Herbster, A. N., Nebes, R. D., Mintun, M. A., & Becker, J. T. (1998). An examination of regional cerebral blood flow during object naming tasks. *Journal of the International Neuropsychological Society, 4,* 160-166.

Zurif, E., Caramazza, A., Myerson, R., & Galvin, J. (1974). Semantic feature representations for normal and aphasic language. *Brain and Language, 1,* 167-187.

Zurif, E., Swinney, D., Prather, P., Solomon, J., & Bushell, C. (1993). An on-line analysis of syntactic processing in Broca' s and Wernicke' s aphasia. *Brain and Language, 45,* 448-464.

chapter 10

운동 실행증: 운동 통제 장애

* Scott Grafton

운동 실행증은 감각 손상이나 쇠약 없이, 이전에 학습한 움직임들을 수행할 수 있는 능력을 상실하는 것으로 목적 지향적인 운동 행위가 붕괴되는 것이다(Leiguarda & Marsden, 2000). 그러나 이 증상에서도 지각, 주의, 조절, 동기, 그리고 이해는 놀라울 만큼 온전히 유지된다. 따라서 이것은 상위 수준에서의 움직임 표상의 장애를 의미한다. 임상적 발현에서는 상당한 변산성을 보인다. 환자들은 사지나 입과 얼굴로 수행해야 할 행동을 시행하는 능력에서 선택적으로 손상을 보일 수 있다. 운동 실행증 환자들은 모방 행동이나 구두로 내린 지시 혹은 이 둘 모두에서 움직임을 수행하지 못한다. 운동 실행증은 몸짓, 행동 묘사, 순차적인 움직임과 같은 좀 더 복잡한 움직임의 손상과 연관되어 있다. 대상에 반응하는 행동을 제대로 수행하지 못하거나 대상을 정확하게 취급하지 못하기도 한다. 운동 오류들은 적절한 움직임을 수행하지 못하는 장애로부터 복잡한 움직임을 수행할 때 나타나는 가벼운 어색함까지 그 심각성이 매우 다양하다. 손 뻗기, 가리키기, 잡기와 같은 손 운동에서 나타나는 부정확성은 쉽게 관찰되며, 시각 실조증과 시각적으로 유도되는 운동과 관련된 장애들과 중요한 연관을 형성한다.

운동 실행증에서 발견되는 특이한 임상적 특징들은 운동 능력이 신경계 내에서 어떻게 표상되느냐에 대한 많은 근본 이론들을 제안하게 하였다. 이 장에서는 이러한 역사적으로 중요한 견해들을 최근의 해부학, 운동 물리학, 병변 연구와 뇌영상 연구 등의 광범위한 관점에서 검토하였다.

사례 보고

정부 관료인 48세의 Mr. T.는 급성 혼돈과 일관성이 결여된 언어 이해 장애와 감소된 언어적 출력 증상을 보이는 복합적인 형태의 실어증을 보였다 (Rothi & Heilman, 1996). 뇌신경은 온전했고, 반신불수, 감각 상실, 운동 실행증 또는 보행 장애의 증거도 발견되지 않았다. 환자는 지시에 따라 오른손을 사용할 수 있었지만, 오른팔을 사용하는 움직임을 실시하라는 거의 모든 지시를 제대로 실행하지 못했다. 오른팔을 사용하려고 시도할 때 아주 이상하고 왜곡된 움직임을 만들어 냈다. 그는 오른팔을 사용하여 울리는 벨 가리키기, 글로 제시된 지시에 반응하기, 검사자가 수행하는 동작 흉내 내기, 오른쪽 귀가 간지러울 때 긁기, 명명된 대상들을 가리키기 행동을 수행하지 못했다. 놀랍게도 "일어서서 창 쪽으로 걸어가세요."와 같은 명령은 어려움 없이 수행했다. 더구나 왼팔을 사용해야 할 때, 팔로 수행하는 모든 동작을 할 수 있었다. 이런 사실은 그의 이해력이 보존되고 있음을 나타낸다. 읽기 능력과 글 쓰는 능력(왼손을 사용하였을 때)은 보존되어 있었다.

좀 더 정밀하게 오른손의 결함을 검사했을 때, 환자가 손을 뻗어 대상을 잡을 때 체계적인 실수를 범하는 것을 발견하였다. 여러 물체들이 제시되었을 때, 환자는 일관되게 표적에 근접한 대상을 움켜잡았다. 뻗기와 잡기는 방해물이 없을 때 향상되었다. 환자는 또한 양손 협응 불가와 일치하는 신호를 보였다. 왼손으로 물병을 잡고 오른손에 잡고 있는 유리잔에 물을 부으라고 요구했을 때, 왼손이 유리잔을 채우기 전에, 오른손과 유리잔을 입으로 가져갔다. 환자는 오른손으로 실수를 하더라도, 사람들이 그의 실수를 알려 주지 않을 경우, 거의 당황하지 않았다. 하지만 실수를 인식하였을 때는 매우 무안해 했다.

이것은 1900년대 Liepmann에 의해 기술된 환자의 개요이기 때문에, 이 사례 보고는 대단히 중요하다(Liepmann, 1977). 이 사례에 대한 그의 해석에서, Liepmann은 운동 실행증에 대한 현재 우리의 이해에 지속적으로 적용되는 새로운 개념을 제안했다. 첫째, 그는 자신이 '감각 실행증' 이라고 부르는 '상징 이해 실조증' 또는 '실인증' , 즉 이해력의 손상을 이 증상에서 배제하였다. 대신에 그는 자신이 '운동 실행증' 이라고 부른 운동 교신 통제의 붕괴를 제안했다. 환자가 자신의 오른손 실수에 대한 관심의 결여에 근거하여 Liepmann은 운동 계획과 기계적으로 실수를 실시간 탐지하고 교정하는 것 사이의 관련성을 제안하였다. Liepmann이 발견한 주의가 산만할 때 뺀기에서 나타나는 체계적인 실수는 운동 표상의 장애와 운동 주의 결손이 연결되었다는 초기 증거를 제공하였다.

운동 실행증에 대한 입원 검사들

복합적인 운동 장애 환자를 검사할 때 겪는 첫 번째 어려움은 이해력에 손상이 없다는 것을 확립하는 것이다(Rothi, Raymer, & Heilman, 1997). 실어증 증상을 검정하기 위해서 환자에게 구두로 내린 지시를 반복하게 하고 설명하라고 요구함으로써 판단할 수 있다. 비유창성 실어증 환자일 경우, 간단한 '예' '아니요' 질문만으로도 이해력 보존 여부를 확인할 수 있다.

운동 실행증에 대한 임상적 검사들은 '위를 보세요.' '눈을 감으세요.' 와 같은 간단한 구두 지시로 시작한다. '일어서세요.' '돌아보세요.' 와 같이 신체 전체를 움직이게 하는 지시들은 공존할 수 있는 이해력 손상의 심각성 정도뿐 아니라,

(머리 회전과 같은) 축 방향 운동 통제의 결손을 밝혀내는 데 유용하다. 손상들은 마디마디로 분산되어 나타날 수 있기 때문에, 사지, 얼굴 근육, 축 방향 신체 움직임을 분리해서 검사하는 것이 유용하다. 이러한 동일한 신체 분절에 걸쳐 친숙한 움직임이나 동작의 흉내를 내게 하여 검사할 수 있다. 의미 없는 동작의 흉내 내기 또한 검사할 수 있다. 실어증을 수반하고 있지만 정상적인 수행 능력이 보존된 환자들은 자세한 구두 지시를 따르는 데 어려움을 겪지만 검사자를 흉내 낼 수 있다.

다음, 환자에게 대상을 조작하게 하는 '타동사적(transitive)' (목적어, 즉 대상을 요구하는) 움직임을 수행하라고 요구할 수 있다. 지시에는 '머리를 어떻게 빗는지 보여 주세요.' '촛불을 어떻게 불어서 끄나요?' '공을 던지는 시늉을 해 보세요.' 같은 것이 있다. '안녕이라고 손을 흔들어 보세요.' 같은 지시로 '자동사적(intransitive)' (목적어, 즉 대상을 요구하지 않는) 움직임을 검사한다. 환자들은 움직임보다 비규칙적인 움직임, 부적절하지 않은 신체 부위의 사용, 보속, 언어적 반복 등에 대해서도 검사받게 된다. 환자들로 하여금 도구를 잡는 동작 만들기보다는 도구처럼 손 모양을 만들게끔 할 수도 있다. 사지 움직임에서 공간적 실수는 보편적일 수 있지만, 비디오를 이용한 운동 분석을 실시하지 않을 경우 관찰하기 어렵다(Poizner et al., 1995).

만약 환자가 동작 만들기나 동작 취하기에 손상을 보인다면, 다른 자극을 제시하여 움직임을 유도하는 시도는 공존하는 심약 상태, 협응 능력 부족 또는 운동마비 등을 배제하기 위해 유용한 기술이 될 수 있다. 타동사적 행동에서, 가장 강력한 자극은 도구 자체다. 예를 들어 환자들은 빗을 잡고 있지 않을 경우, 머리를 어떻게 빗는지 보여 주지 못할지도 모른다. 타동사적 표상의 또 다른 흥미로운 검사는 도구 선택이다. 어떤 환자들은 과제를 완수하기 위해 적절한 도구(예: 못을 박는 망치)를 선택하는 데 손상을 보일 수 있다. 여기에 관련해서는, 만약 실행증적 손상이 하나의 감각 양식을 통해 제공된다는 단서 특수화가 되어 있는지를 명확히 하는 것이 유용하다. 예를 들어, 시각적으로 유도된 뻗기나 잡기의 손상인 시각 실조증은 하나의 감각 양식(시각)에 제한된 실행증의 한 형태로 생각될 수 있다(Perenin & Vighetto, 1988; Pisella et al., 2000). 좀 더 정밀한 검사에서, 이 환자들은 움직임이 시각적으로 제시된 대상들로 향할 때만 손상을 드러낸다. 다른 감각 양식(예: 촉각으로)을 통해 항목들을 구분할 때는 그들의 수행이 확실하게 향상된다.

실행증의 임상적 발견의 범주화

실행증은 많은 다른 도식으로 범주화되어 왔다. Liepmann뿐 아니라 Geschwind는 관련된 신체 부위들로부터 시작할 것을 강조했다(Geschwind & Damasio, 1985; Liepmann, 1920). 사지나 얼굴 근육으로부터 시작하는 이 범주화 추정법은 운동 표상과 반응 선택에 관해서는 불분명하다. 이 접근법은 지난 십 수 년에 걸쳐 덜 강조되어 왔다. 그 대안으로 DeRenzi와 Luchelli(1988) 그리고 Rothi, Raymer와 Heilman(1997)이 제안한 접근법이 있다. 우선 임상 증상에 근거한 실행증은 크게 생성과 개념화의 두 영역으로 나누어진다. 다음 절에서 보여줄 이 접근법은 인간 행동, 뇌영상 그리고 인간이 아닌 영장류 실험과 실행증을 연결하는 데 특히 유용한 것으로 나타났다.

생성 영역

'생성 영역' 은 환자가 단순 운동을 산출하는 능력을 말한다. 이 영역은 다른 유형의 운동으로 더 세분화될 수 있다. 자동사적 움직임은 비표상적, 신체-중심 행동(예: '위를 봐라.' '이를 보여 주세요.')과 표상적 움직임(예: '안녕이라고 손을 흔들어 보세요.')으로 구성된다. 타동사적 움직임은 대상의 사용과 연결되어 있다(예: '칼을 사용해라.' '붓을 사용해라.'). 이런 운동들은 구두, 시각, 촉각 조건하에서 실제의 물체를 사용하여 검사할 수 있다. 의미 있는 움직임, 의미 없는 움직임, 연쇄된 동작과 몸짓들을 포함한 움직임 흉내 내기가 이 영역에 포함된다.

개념화 영역

개념화 영역은 행동, 도구 사용과 관련된 상위 인지 손상을 말한다. 손상들은 순차적인 과제(예: 도구와 못을 사용해서 벽에 그림을 걸어라), 도구 선택 과제(예: 반만 끝낸 일에 대해 적절한 도구 선택하기, 만약 최선의 도구가 없을 때 과제를 끝내기 위해 다른 도구 고르기), 그리고 몸짓 재인 과제들(예: 검사자에 의해 수행된 의미 있는 동작들 명명하기)에서 관찰될 수 있다. 실어증 환자들일 경우, 명명 능력을 몸짓과 관련된 대상을 맞추는 그림 카드나 도구를 사용하여 비언어적으로 검사할 수 있다.

실행증의 임상적 분류

관념 및 개념 실행증

개념 체제의 손상이 타동사적 움직임 수행에서 실수를 유발시킨다는 점에 대해서 대부분 동의한다(Heilman, Maher, Greenwald, & Rothi, 1997). 환자에게 머리를 빗는 동작을 하라고 지시할 경우, 환자는 면도하는 동작이나 이 닦는 동작을 취하곤 한다. 부연하면, 한 행동에 잘못된 도구가 연결되어 있는 것이다. 주어진 대상이나 구두로 지시를 내렸을 때 잘못된 도구를 선택할 수도 있다. 이런 경우, 환자는 도구 명명 능력에서는 손상을 갖고 있지 않다. 일반적인 도구 지식의 상실로 인하여, 첫 번째 대상이 생각나지 않을 경우, 차선의 선택이 제대로 되지 않을 수 있다. 선택 실수에 덧붙여, 도구와 대상 간에 행동을 수행할 때, 순차적인 실수가 발생할 수 있다. 순차적인 실수들은 일상적인 활동의 수행에 있어서 특히 방해 가 된다.

개념 실행증과 구별되는 관념 실행증의 형태가 존재하는지에 대해서는 논란이 있다. Pick, Liepmann, 그리고 다른 연구자들은 하나 이상의 대상을 가지고 연속적인 행동을 수행하는 능력의 부재를 일컫는 데 '개념 실행증' 이란 표현을 사용했다(Leiguarda & Starkstein, 1998). 컵에 물을 붓지 못하는 Liepmann의 환자 Mr. T.는 훌륭한 예다. 다른 연구자들은 하나의 도구를 적절하게 사용하는 능력의 손상 아니면 하나의 도구를 적절하게 선택하는 능력의 손상이라고 주장했다. 이와 같은 손상은 도구와 관련된 정확한 행동을 기억하지 못하기 때문에 발생할 수 있으며, 그 결과 개념 실행증과의 구별을 어렵게 한다.

Ochipa는 관념 실행증은 목표에 도달하는 행동들의 순차화 실패이며, 개념 실행증은 도구-행동 지식의 상실이라고 주장했다(Ochipa, Rothi, & Heilman, 1989). 따라서 순수한 '관념 실행증' 환자는 대상을 인식할 수 있고 명명할 수는 있지만, 사진이나 영화에서 틀린 순서로 행동들이 나열되었을 경우 알아차리지 못한다. 개념 실행증과 관념 실행증을 이렇게 정교하게 구별하였지만, 문제는 순차적인 실수를 보이는 많은 환자들이 매우 면밀하게 검사했을 때, 도구-행동이나, 단일 대상 사용에서 실수를 한다는 것이다(Leiguarda & Marsden, 2000).

관념 실행증

관념 실행증은 몸짓 운동의 시간, 순서, 공간적 구성 계획 능력에서의 장애다(Rothi, Raymer, & Heilman, 1997). 실수의 양상은 대상에 대한 불규칙적인 속도, 순서, 강도, 그리고 방향과 같이 본질적으로 시간과 공간적인 경향이 있다(Clark et al., 1994; Poizner, Mack, Verfaellie, Rothi, Heilman, 1990b). 부적절한 사지 자세와 신체의 일부를 대상으로 사용하는 것이 동상적으로 관찰된다(Poizner et al., 1995). 비록 움직임 자체는 틀리더라도, 의도된 행동의 목적은 일반적으로 인식할 수 있다. 타동사적 몸짓을 수행할 때 행동은 더 악화되지만, 실물을 제공하거나 검사자를 흉내 내는 것을 허락할 경우 행동 수행은 향상된다(Rothi & Heilman, 1996).

단순한 조준 운동을 수행하는 관념 운동 실행증 환자의 동작 분석에서, 이 환자들은 반응을 할 때 운동의 시공간적인 속성들이 결합되지 않고 분리된 것으로 나타난다(Haaland, Harrington, & Knight, 1999). 조준 실수는 미묘하지만, 자신의 움직이는 손이나 표적을 가릴 경우 두드러지게 표출되며, 이런 사실은 자기-중심(egocentric) 정보와 환경-중심(allocentric) 정보를 연결하는 신경 표상이 붕괴되었다는 것을 시사한다.

뇌량 실행증

뇌량의 팽대와 본체의 절단은 다양한 실행증 징후를 유발시킨다(Graff-Radford, Welsh, & Godersky, 1987; Watson & Heilman, 1983). 고전적 검사는 환자에게 왼손으로 뜻을 나타내는 손짓을 만들게 하는 지시를 내리는 것이다. 구두로 제시한 지시 단어들로부터 나타나는 손상의 기본적인 발견은 일단 좌뇌에서 해석된 구두 명령은 좌뇌에서 운동 계획으로 바뀐다는 Geschwind의 명확한 설명과 일치한다(Goldenberg, Wimmer, Holzner, & Wessely, 1985). 뇌량 환자에게 있어서, 이 정보는 우뇌가 접속할 수 없다. 만약 지시를 우뇌의 접속이 가능한 시각이나 촉각 단서 같은 양식들로 제공하면 수행 능력은 보존된다. 이런 사례들에 의하면, 모두는 아니지만 몇몇 환자들은 왼손에 대상을 주거나 흉내 내기를 하는 동안 정상적으로 수행 능력을 보이기도 한다.

교련이 절개된(분리-뇌) 환자에 대한 연구들은 잡기에 필요한 거리 통제는 반응하는 손의 대측 뇌에서 전적으로 실행된다고 제안한다(Gazzaniga, Bogen, & Sperry, 1967; Milner & Kolb, 1985). 그러나 이러한 인간 연구들은 운동 통제가 비대칭적으로 좌반구를 선호한다는 점 또한 지적하고 있다. 예를 들어 Gazzaniga 등(1967)은 환자들이 손동작을 제시한 뒤 모방하게 하였을 때, 반응하는 손의 대측 반구에 자극을 제시하였을 때 정확하게 흉내 냈다고 보고했다. 가장 정확한 반응은 자극을 좌반구에 제시하고, 반응을 우세한 오른손으로 수행하였을 때 발생했다. 자극을 좌반구에 제시하였을 때, 동측 왼손을 사용한 수행은 어느 정도 손상되었다. 그러나 현저한 통합 운동 장애는 자극을 우반구에 제시하고 반응을 동측 오른손으로 행할 때 나타났다.

교련이 절개된 환자들에게 (팔의 윗부분과 어깨만을 통제하는 과제로) 손가락으로 표적을 가리키라고 요구했을 때 다른 반응 양상이 나타났다. 이런 조건하에서, 환자들은 자극받은 반구의 동측 손으로도 잘 수행했다. 표적이 좌반구에 제시되었을 때, 왼손으로 매우 정확하게 뻗기를 수행했다. 표적이 우반구에 제시되었을 때, 오른팔로 수행한 뻗기도 어느 정도 정확했다. 그러나 상충되는 정보가 좌우반구에 동시에 제시되어 뻗기의 정확성을 방해하기 때문에, 오른팔을 우반구가 독점적으로 통제하는 것이 아니라는 사실 또한 확실하였다.

우측 전두엽 병변이 있는 오른손잡이 환자들이 때로 좌반구 전두엽 손상과 연관된 실행증적 행동을 보인다는 것은 주목할 만한 가치가 있다. '교차 실행증' 이라고 불리는 이 장애 증상은 우세 손과 숙련된 손동작(Haaland & Flaherty, 1984; Marchetti & Della Sala, 1997; Raymer et al., 1999)과 얼굴(Mani & Levine, 1988)을 포함하는 체제의 대뇌 조직화에 있어서 개인차가 있을지 모른다는 가능성을 시사한다.

이유는 분명하지 않지만, 뇌출혈이나 다른 병리의 이차적 증상으로 뇌량 병변이 발생한 환자들은 고질적인 간질로 인하여 이 구조를 수술로 절단한 사람들보다 훨씬 더 많은 실행증 증상을 나타내는 것 같다(Hines, Chiu, McAdams, Bentler, & Lipcamon, 1992; Leiguarda, Starkstein, & Berthier, 1989). 비록 수술 얼마 후 나타나지만, 완전한 뇌량 절제 또는 후부 뇌량 절제 후 실행증적 행동이 지속적으로 나타나는 것은 드물며, 앞서 논의했던 것처럼, 단서들을 한쪽 반구에 제한적으로 제시한 조건하에서 환자를 검사했을 때만 분명하게 나타난다. 이런 차이가 인접한 회백질 병변의 수술 외적인 요인으로 발생하는 것인지, 아니면 뇌출혈 이후 부분적으로 보존된 섬유 경로가 완전한 단절의 경우와는 달리 이 구조를 불안정하게 하는지를 규명하기 위해서는 추후 연구가 필요하다.

양식-특수 혹은 해리 실행증

양식-특수 손상은 실행증에서 하나의 고립된 형태로서 환자들은 움직이라는 지시가 모든 양식이 아닌 하나의 양식으로 제시되었을 때 실수를 유발한다

(DeRenzi, Faglioni, & Sorgato, 1982; Rothi et al., 1997). 따라서 언어적-동작 실수만 고립되어 나타나는 뇌량 실행증 증후군은 양식-특수 실행증의 한 형태로 생각할 수 있다. 시각 실조증에서 시각적으로 유도된 움직임 능력의 손상은 양식-특수 실행증의 다른 예이다(Perenin & Vighetto, 1988). 다른 형태들도 있다. 예를 들어, 눈에 보이는 대상에 대한 관념 실행증 환자들은 구두로 내린 지시에는 반응하여 몸짓으로 흉내 낼 수 있다(Rothi, Heilman, & Watson, 1985). 아마도 이런 형태의 증상들은 시각-운동 경로의 병변으로 발생하는 것 같다. 촉각에만 제한된 손상을 보이는 실행증 환자들도 있다(DeRenzi et al., 1982). 마지막으로 다른 조건하에서는 행할 수 있지만 흉내 내기나 몸짓을 취하는 능력이 손상된 환자도 종종 있다(Rothi, Mack, & Heilman, 1986). 그중 어떤 환자들은 몸짓이 의미가 없을 경우 손상이 특히 더 심각하게 나타나기도 한다.

사지-동작 실행증

Kleist에 의해 정의된 사지-동작 실행증의 특징은 개별 손가락 움직임을 요구하는 과제를 수행하지 못하는 것이다(Kleist, 1907). 그는 손가락 놀림의 상실을 강조해서 이것을 '신경자극성 실행증'이라고 불렀다. 임상적인 신호는 매듭짓기나 가위 사용하기 같은 과제 수행에서 나타난다. 손가락 놀림 능력의 상실은 추체로(pyramidal) 병변이나 일차 운동 피질 병변을 포함하여 많은 뇌 병변에서 공통적으로 나타나는 증상이기 때문에, 이 실행증은 논쟁의 대상이 되어 왔다.

검사를 통해 사지 실행증이 의심될 경우, 관념 운동 실행증일 가능성도 종종 있다. 손놀림을 우세 손과 연관지어 고려하면 이 실행증을 판별하는 것이 용이해진다(Denes, Mantovan, Gallana, & Cappelletti, 1998). 정상적인 운동 기능을 가진 환자에게 WADA 검사를 실시하였을 때, 좌뇌가 각 손의 손가락 정교함을 촉진하는 반면, 우뇌는 단지 왼손만 촉진시킨다는 사실이 발견되었다(Heilman, Meador, & Loring, 2000).

실행증의 병리생리학적 특질

이론적 맥락

Finkelnburg와 상징 이해 실조증

1800년대 후반 Finkelnburg는 실행증의 기능에 근거한 영향력 있는 관점을 제시했다(Liepmann 재인용, 1908). Finkelnburg는 운동 실행증이 학습된 신호를 전달하는 능력을 상실한 상징 이해 실조증의 특별한 형태라고 생각했다. 실행증의 경우에, 그것은 발화된 말이 상징적으로 다른 사건과 대상을 나타내는 데 반해 손동작이 상징이 된다. 1920년대, Henry Head는 행동만으로 고립된 실행에 있어서 익숙한 상태를 표현하지 않을 경우, 상징적 조직화를 요구한다는 것을 강조했다(Head, 1926). 실행증을 이렇게 상징 이해 실조증으로 해석하는 시도의 근본적인 취약성은 지시에 따라 요구된 손동작을 수행하는 데 어려움을 겪는 환자들이 일반적으로 간단한 흉내 내기에도 어려움을 겪는다는 것이다. 특히 의미 없는 동작의 흉내 내기는 필수적으로 상징적인 내용을 요구하지 않는다.

Liepmann

행동 신경학에서 주목할 만한 학문적 업적 중 하나는, 1900년부터 1908년까지 발표한 논문에서 Liepmann이 내린 실행증 증후군에 대한 정확한 재정의라고 할 수 있다(Liepmann, 1900/1977, 1908a, b, 1905/1980, 1920; 1988; Liepmann & Maas, 1907). 비록 Steinthal이 1871년에 이미 사지 운동 장애 증상들의 분류 방식을 제안했고, Finkelnburg가 실행증과 상징 이해 실조증이 관련이 있다는 이론을 제시했지만, 실행증의 모든 임상적인 다양성을 수용할 수 있는 일관성 있는 기능적 모형은 Liepmann이 처음 제시하였다.

Liepmann은 행동을 운동 공식으로 조직화할 것을 제안하였다. 공식은 운동을 시공간적으로 기술하는 방식을 제공한다. 그는 좌뇌 손상에 의한 실행증은 더 빈번히 나타남을 확인하였고, 이 시공간적 공식이 좌반구 내에 반드시 표상되어 있어야 한다고 추론하였다. 나아가 그는 왼손으로 수행해야 할 움직임을 위해, 우측 운동 피질로 이 공식을 전달하는 데 뇌량이 결정적 역할을 할 것이란 대담한 추론을 제시했다. 그는 실행증을 세 범주로 나누었다. 관념 실행증은 운동을 생성하기 위한 정확한 시공간 공식의 인출이나 적절한 활성화의 붕괴로 정의했다. 환자가 특정 운동의 '관념'을 생성할 수 없는 것이 결정적인 속성이다. 두 번째 범주는 관념 운동 실행증이다. 이 경우, 운동을 생성하는 공식은 정상적이지만 그것을 실행하는 부위와 단절되었다. 따라서 환자는 무엇을 해야 하는지 알지만 어떻게 하는지를 모른다. 사지-운동 실행증은 운동을 실제 수행하는 뇌영역 내에서의 붕괴로 간주할 수 있다. 적절한 근육들 간의 협응이 조직화되지 않은 상태로 행동을 수행한다. Liepmann은 또한 뇌량 병변으로 인해 실행증이 나타난 환자를 처음 밝혔다. 그는 국소 피질 병변으로 발생하는 기능적 손상과 두 피질 영역을 단절시키는 백질 병변, 즉 단절 증후군을 구분했다.

Liepmann의 실행증 범주화는 널리 활용되고 있다. 이 접근의 약점이라면 순수 사지-운동 실행증을 척수 피질 경로 병변으로 발생하는 순수 운동 손상과 구별하는 것이 용이하지 않다는 것이다. 이 두 증상 모두 사지 움직임이 어둔하게 나타난다.

Geschwind

Liepmann의 연구들은 일차 세계 대전 이후 독일 외부에서는 거의 알려지지 않고 있었다. Geschwind는 Liepmann의 연구를 재발견하였으며, 실행증을 하나의 독립된 임상 증후군으로 알리기 위해 노력했다. Wernicke의 영향과 단절 증후군의 논리에 대한 확신을 가진 Geschwind는 사지 운동을 언어 처리와 관련해서 범주화해야 한다고 주장했다(Geschwind, 1965; Geschwind & Damasio, 1985). 운동이나 몸짓에 대한 구두로 내린 지시는 반드시 먼저 언어 영역 수용기, 특히 좌반구 후측두엽 언어 영역 내에서 해독되어야 한다. 일단 이해되고 나면, 지시는 동측 좌반구 전운동 영역으로 전달된다. 이 단계에서의 단절은 행동의 인출을 손상시키지만, 내부에서 시작되어 다른 경로를 통해 운동 명령 영역이나 외부의 자극에 의해 촉진되는 운동에 대한 운동 통제는 보존된다. 왼손 움직임은 명령이 우선 우측 운동 연합 영역을 지나고, 그러고 나서 우측 운동 피질로 전달된다. Geschwind는 좌뇌 피질 병변이 실행증 유발에 가장 보편적인 원인이 되고 있다는 추가적 증거를 제시했다. 그는 또한 뇌량의 전측 영역이 반구 간에 움직임 표상 전달에 가장 중요한 역할을 한다고 제안했다.

Geschwind는 사지, 축, 얼굴 근육 등을 포함한 신체 분절에 근거한 실행증의 범주화를 강조했다. 어떤 점에서, 그의 연구는 Finckelnburg에 의해 제안된 상징 이해 실조증 이론의 개괄이며, 형대에서 명백하게 상징적이지 않은 실행증 증후군을 설명하지 못하는 동일한 제한점을 가지고 있다. 또한 그의 주장을 반박하는 증거는 구두 명령에 근거한 전통적인 실행증 검사들과 무의미한 동작의 흉내를 요구하는 검사들 간에 강한 상관을 보여 준 Kimura와 Archibald(1974)에 의해 보고된 여러 임상적 사례들이다. 달리 말하면, Geschwind의 실행증 정의는 이 장애가 임상적으로 다양한 양상으로 나타나는 점에 비해 지나치게 제한적이며, 운동 계획과 그것의 실행이 의식적인 언어 조작과 무관하게 나타날 수 있다는 점을 적절하게 설명하지 못한다.

Heilman과 Rothi

Heilman과 Rothi는 공동 연구와 각자의 단독 연구를 통해 실행증 증후군과 이 증후군의 다양한 임상적 양상을 규명하는 임상 연구를 연속적으로 실시해 왔다(Rothi et al., 1997). 그들은 좌측 하두정엽이, 운동 보조 영역과 외측 전운동 영역과 같이, 운동 계획의 '상부 경로'로서 운동 계획에 핵심이라는 것을 보여 주어 Geschwind의 모형에 해부학적 명확성을 추가로 제공하였다. 그들은 관념 운동 실행증과 관념 실행증을 분리시켰으며, 실행증이 좌반구 병변으로 발생한다는 것을 확인했다. 보다 최근 연구에서, Heilman과 동료들은 사지-운동 실행증에 대한 임상적 특성들을 보다 분명히 했다(Heilman et al., 2000). 그들은 실행증 환자의 일부는 단절(또는 양식-특수) 증후군으로 분리될 수 있다는 가능성에 대한 보다 강력한 증거들을 제시했다. 양식-특수 실행증 환자들은 한 가지 양식으로 내려진 지시를 따라 운동을 수행할 수 없지만, 다른 형태에는 반응할 수 있다. 이런 결과는 구두로 제시된 지시를 따르는 것에 대한 손상을 제외하고 논리적 대안을 허용하는 Geschwind의 접근 방식을 일반화하는 것이다. Rothi 역시 운동 영역으로 입력 정보를 제공하는 언어적, 대상-기반, 그리고 동작 경로를 구분한 사지 실행증의 인지신경심리학적 모형을 제안했다(Rothi, Ochipa, & Heilman, 1991).

Roy와 Square 모형

도구나 대상을 사용하기 위해서 얼마나 많은 지식이 필요한가? 1985년 Roy와 Square는 개념 및 생성 체제에 근거한 행동 형성을 위한 인지신경심리학적 모형을 제안했다(Roy & Square, 1985). 개념 체제 내에서, 그들은 동작 수행과 관련된 세 가지 유형의 지식—도구나 대상과 관계없는 행동에 대한 지식, 행동과 기능에 연관된 대상이나 도구에 대한 지식, 그리고 행동의 순서에 대한 지식—을 제안했다. 반대로 생성 체제는 행동을 생성하고 움직임에 대한 실시간 통제에 필요한 감각-운동 회로를 표상한다. 개념 체제의 붕괴는 관념 실행증의 다양한 형태 중 하나로 이르게 하는 반면, 생성 체제의 붕괴는 개념 운동 실행증으로 진행될 수 있다.

병변 국지화(위치화)

피질 병변

실행증은 좌반구 병변으로 발생하는 사례들이 좀 더 일반적이고 증상 또한 보다 심각하다. 동작 흉내 내기 또한 우뇌 병변보다 더 큰 손상이 나타날 개연성이 더 크다(DeRenzi, Motti, & Nichelli, 1980). 좌뇌 병변은 실행증 외에도 간단하고 반복적인 운동 계획하기나 시간 조율 같은 다른 많은 운동 손상을 유발시킨다. 실행증이 함께 나타날 때, 일반적으로 손의 위치를 3개 이상으로 연속적으로 연결시키는 행동과 같은 상이한 동작들을 연결시키는 행동을 사전 계획하는 데 있어서 추가적인 문제가 발생한다(Harrington & Haaland, 1992).

좌반구 내에서, 비록 이런 일반화에는 종종 예외가 있지만, 병변의 위치와 실행증의 유형 간에 대응 관계를 대략 추정할 수 있다. 일반적으로, 두정내 구 영역에서 후두정엽 병변들은 시각적으로 유도된 움직임의 붕괴 다시 말해, 시각 실조증과 연결되어 있다(Perenin & Vighetto, 1988). 두정엽 병변들은 또한 관념 운동 및 관념 실행증과 밀접하게 연합되어 있다. 병변들은 상두정 소엽보다 하두정 소엽에 좀 더 빈번한 경향이 있다. 두정엽은 특히 동작의 재인에 중요한 역할을 한다. 그러나 동작 재인의 손상은 많은 다른 구조들로 확장된 병변과 종종 연합된다. 일차 운동 피질에 가까운 전운동 피질 내의 전두엽 병변은 시지-동작 실행증과 연합되어 있다. 전두엽의 손상이나 절제는 또한 긴 손동작 연쇄 학습과 자발적인 동작의 구성에 손상을 일으킨다(Canavan et al., 1989; Jason, 1985a). 단순 동작이나 연쇄적인 동작 흉내 내기는 두정엽 병변으로 손상되는 경우보다 경미한 전두엽 병변으로 손상되는 경우가 많다(Jason, 1985b; Kolb & Milner, 1981).

엄격한 정의를 따를 경우 실행증 환자들은 부전마비나 편측마비가 없다. 반대로 피질이나 피질하 뇌출혈의 이차적인 증상으로 발생하는 부전마비에서 관념 운동 실행증이 나타나지 않을 수 있다는 증거가 있다. 최근 행동 연구들은, 모든 부전마비 환자들이 직접 실행할 수 없는 움직임을 개념 수준에서 정확히 표상할 수 없지는 않다고 보고하였다. 대뇌 혈관 사고로 인한 부전마비 발생 후 곧 검사했을 때, 다양한 운동 구조(전두엽, 내섬유막, 기저 핵)들에 국소적 병변을 가진 환자들은 다양한 방향에서 나타나는 물체들을 어떻게 잡을지 선택할 때, 마비된 사지의 생체역학적 제약들을 정확하게 표상하는 능력을 유지하고 있는 것으로 나타났다(Johnson, 2000). 후속 연구는 심지어 이런 내적 신체 운동 표상들이 마비 발병 이후에도 수년 동안 유지된다는 것을 보여 주었다. 관념 운동 실행증 환자와 같이, 두정엽 손상으로 인한 부전마비 환자들은 이런 과제에 상당한 어려움을 보인다.

피질하 병변

실조증 환자들에게 있어서 거대한 반구상의 병변이 기저 핵, 시상 또는 심층 백질로 확장되는 것이 흔히 발견된다(Leiguarda와 Marsden[2000]의 검토 참조). 반면에, 실어증 증상이 배제된 실행증의 경우 기저 핵이나 시상에 제한된 병변으로 발생하는 사례는 매우 드물다. 따라서 기저 핵이 실행증에 어떤 기능을 하는지에 대해서는 아직 규명되지 않고 있다.

실행증의 실험적 연구

행동 연구들

실행증은 운동 표상의 내적 요소들의 결함으로 발생한다. 이러한 운동 표상의 본질을 좀 더 자세히 기술하려는 시도의 일환으로 두정엽 병변 환자들을 대상으로 한 행동 실험들이 점차적으로 확대되고 있다. 그 한 예로 분명한 사실은 두정엽 손상이, 의도하거나 실행하고 있는 운동에 대한 적절한 운동 감각적 지시(reference)를 생성하지 못하거나 아니면 운동 유출(outflow)을 감시하지 못하기 때문에, 운동을 심적으로 시연하는 데 상당한 어려움을 유발시킨다는 것이다. 정확한 운동 명령 복사(efference copy) 없이 차후의 운동 감각 정보와 운동 목표들을 비교하는 것은 어렵다(Sirigu et al., 1996). 운동 실행증의 임상적 특징 몇 개를 설명하는 운동 표상을 이해하기 위한 상이한 접근법들을 다음 절에서 논의할 것이다.

왜곡된 좌표

두정엽이 다른 좌표에 표상된 정보를 통합하는 데 핵심적 역할을 한다는 관점은 이제 폭넓게 받아들여지고 있다(Goodale & Haffenden, 1998). 이 좌표들은 망막, 머리, 사지, 또는 다른 신체 위치에 설정되어 좌표계로서 작용할 수 있다. 두정엽의 단일 뉴런들이 이런 좌표에 근거하여 발화한다는 많은 예들이 있다. 이 뉴런들은 다시 자기-중심(egocentric) 혹은 환경-중심(allocentric)으로 간단히 구분될 수 있다. 여기서 영장류 운동 피질 뉴런들의 공간 표상 또한 신체-중심이나 환경-중심으로 구분되기도 한다(Snyder, Grieve, Brotchie, & Andersen, 1998).

상이한 좌표를 통합하는 체제의 붕괴는 다양한 임상적 손상을 유발시킬 수 있다(Goodale & Haffenden, 1998). 전형적인 예는 시각 실조증으로, 시각 정보가 사지 움직임을 인도하는 데 사용되지 못한다. 좀 더 미묘한 손상들도 관찰된다. Binkofski와 동료들은 거울에 반사된 대상을 보면서 그 대상을 가리키지 못하는 일연의 환자들을 보고했다(Binkofski, Buccino, Dohle, Seitz, & Freund, 1999a). 심각한 상태일 경우 '거울 실인증' 이라고 불리는 증상으로, 이 환자들은 실제 표적의 위치를 보여 주더라도, 거울에 반사된 물체의 상을 향해 반복해서 손을 뻗는다. 좀 약화된 상태에서는 '거울 실조증' 이라 불리는데, 이 환자들은 대상의 방향으로 손을 뻗지만, 뻗기와 잡기에서 실수가 증가하며, 이런 점으로 미루어 볼 때, 시각 정보가 신체-중심 좌표로 적절하게 전환되지 못하는 것으로 추정된다.

실시간 실수 교정

상이한 좌표를 통합하는 데 덧붙여, 두정엽은 외부 세계와 관련하여 신체의 현재 상태에 대한 내적 표상을 지속적으로 유지하는 데 핵심적인 역할을 한다(Wolpert, Goodbody, & Husain, 1998a). 이 정보는 운동 명령 복사와 감각 피드백에 근거하여 동적으로 운동 오류 신호를 생성하는 데 사용된다(Desmurget & Grafton, 2000). 양측 두정엽 손상을 입은 환자들은 움직이는 표적을 향해 손을 뻗을 때 발생하는 오류를 실시간으로 교정하지 못한다. 유사하게, 움직이는 표적을 향해 손 뻗기를 시작하는 정상 피험자의 두정엽에 제시된 경두개 자기 자극(TMS)은 뻗는 움직임을 갱신하는 능력을 차단하였다(Desmurget et al., 1999). 놀랍게도 고정된 표적을 향한 뻗기는 정상이었다. 이러한 실수들은 시각 실조증에서 관찰되는 확연한 뻗기나 잡기의 실수보다 포착하기가 어렵다(Jeannerod, Decety, & Michel, 1994).

왜곡된 신체 도식

동작 구성하기를 포함한 성공적인 목표-지향적 행동은 자신과 신체 도식(schema)의 정확한 표상에 근거한다. 두정엽 손상을 입은 실행증 환자 세 명에 대한 흥미로운 연구에서 Sirigu와 동료들은 신체 도식(schema)이 보기 드물게 붕괴된 것을 발견했다(Sirigu, Daprati, Pradat-Diehl, Franck, & Jeannerod, 1999). 환자들은 비디오 모니터를 통해 장갑 낀 손움직임을 관찰했다. 그 손은 자신의 손이거나 아니면 다른 방에서 동시에 동일한 움직임을 수행하는 검사자의 손이었다. 피험자들은 자신들이 수행한 움직임이 검사자가 수행한 움직임과 달랐을 때 자신들의 손을 쉽게 구별할 수 있었다. 그러나 움직임이 같았을 때, 정상인들은 쉽게 구별하는 이 과제에서 환자들은 자신의 손과 검사자의 손을 구별하지 못했다. 이런 발견은 실행증 환자들에 있어서 신체 확인 능력이 미묘하지만 복잡하게 붕괴되며, 아울러 움직임 수행 중 외적 피드백과 내적 피드백을 비교하는 능력을 상실했다는 것을 보여 준다.

운동 주의

Rushworth와 동료들은 이미 잘 알려진 우측 두정엽의 역할을 암묵적 주의를 확장시킨 관념 운동 실행증의 모형을 세안했다(Rushworth, 2001). 그들은 보조 운동 주의 체제가 좌반구에 있으며, 관념 운동 실행증 환자들은 연쇄적으로 수행하는 움직임에서 한 움직임에서 다음 움직임으로 운동 관련 주의의 초점을 이동하지 못한다고 주장한다(Rushworth, Nixon, Renowden, Wade, & Passingham, 1997c). 좌측 두정엽 손상 환자들은, 사전 단서로 경고를 제공할 경우, 통제군들과 동일하게 움직임에 주의를 줄 수 있었다. 그러나 사전 단서가 틀렸을 경우 한 움직임에서 다른 움직임으로 운동 주의의 초점을 이동시키는 데 손상을 보였다.

다른 임상적 연구 결과들 또한 이 운동 주의 모형과 일치한다. 놀라운 예는 Carey 등이 보고한 자력과(?) 같은 뻗기 오류 증후군이다(Carey, Coleman, & Sala, 1997). 양반구 후두정엽이 퇴행된 이 환자는 자신의 주변 시야에 있는 표적에 손을 뻗어 보라고 요구했을 때, '노예처럼' 중심와 응시점으로 곧바로 손을 뻗었다.

자신이 원하는 주변시야 표적과는 무관하게, 손이 뻗는 장소는 자신이 보고 있는 곳으로 결정되었다. 이 문제는 운동 주의를 응시점으로부터 거둬들이는 능력을 상실한 것으로 고려할 수 있다.

일시적인 운동 표상

행동이 어떻게 구성되는지를 이해하는 데 있어서 복합적인 문제는 운동 표상이 기본적으로 의미적이고 의식적인 단계와 암묵적이고 매우 자동적인 단계의 두 단계로 진행된다는 점이다(Rossetti, 1998). Rossetti는 눈과 손 움직임 통제는 항상 의식적인 통제와 병립할 수 없는 자동적인 속성을 나타낸다고 주장했다. 의식적인 개입은 짧은 운동 표상을 오염시키거나 번복시킬 수 있지만, 표상과 통제 사이에 상호영향은 유발하지 않는다. 즉각적인 행동은 지연된 행동과 같은 신경 기제에 의해 조절되지 않는다. 환자들은 운동 행동을 생성하기 위해 사용된 감각 정보를 의식적으로 지각하거나 기술할 수는 없지만, 자연 상태에서 행동의 수행은 정상적이다.

Goodale과 동료들이 보고한 환자 D.F.는 놀라운 예다(Goodale, Milner, Jakobson, & Carey, 1991). 이 환자는 양측 후두-두정 피질에 발생한 병변으로 인한 부차적인 손상으로 심각한 시각 실인증이 나타났다. 그녀는 지각 검사에서 물체의 형태나 놓인 방향을 지각할 수 없었다. 그러나 방향과 표적 위치에 대한 유사한 지식을 요구하는 기술인 손 방향을 적절하게 설정하여 구멍으로 봉투를 넣게 하는 과제는 쉽게 수행할 수 있었다. 실행증 환자들은 명확한 지시하에서 검사할 때, 유사한 기능의 손상을 보이지만, 도구와 같은 자극을 제공할 경우 수행 능력은 극적으로 향상된다.

동물을 대상으로 실시한 사지-움직임 계획 연구

비인간 영장류에서 정확하게 실행증에 대응하는 행동적 증상은 없다. 그 대신 운동의 선택, 가리키기, 뻗기와 잡기를 포함한 다양한 물건 잡기 운동에 관여하는 피질과 피질하 체제들의 역할에 초점을 두었다(Wise & Desimone, 1988). 이 연구들은 두정엽과 전두엽 간에 피질 간 연결 구조들을 자세히 검색하였으며, 피질의 국소적 영역에 있는 뉴런들의 전기생리학적으로 규명된 기능적 특성을 확인하였다. 일반적으로, 비인간 영장류 연구들은 시각적 대상에 대한 뻗기와 잡기를 관여하는 감각 정보에서 운동 수행으로의 전환은 두정엽과 전두엽의 특정 영역들을 상호연결하는 2개의 특별한 하부 체제에 의해 이루어진다는 것을 보여 주었다(Jeannerod, Arbib, Rizzolatti, & Sakata, 1995).

환경 속 공간에서 표적을 향한 뻗기는 배측 두정엽, 두정내 구, 전운동 피질을 경유하는 배측 경로가 관여한다(Mountcastle, Lynch, Georgopoulos, Sakata, & Acuna, 1975). 이 영역들은 직접 연결되어 있으며(Cavada & Goldman-Rakic, 1989), 자기수용감각이나 시각 정보에 의해서 표적을 향하여 사지를 움직이게 하는 운동 명령을 생성하는 데 핵심적인 것으로 보인다. 두 번째 경로는 하두정엽과 전측 두정내 구와 복측 전운동 피질을 경유한다(Luppino, Murata, Govoni, & Matelli, 1999). 이 복측 경로의 기능은 후속적으로 잡기를 계획하는 데 사용되는 물체의 특성을 결정하는 것과 좀 더 밀접하게 관련되어 있다. 이 두 경로들은 일반적인 물체 잡기에서 관찰할 수 있는 뻗기와 잡기 사이의 밀접한 협응과 통제를 가능하게 하기 위해 정보를 반드시 공유해야 한다.

배측 경로는 기능적으로 보다 더 세분될 수 있다. 측면 두정내 피질과 인접한 하두정엽 또는 후두엽과 두정엽을 연결하는 백질에서의 병변은 시각적으로 제시된 표적을 향한 뻗기에서 오류를 유발시킨다(Haaxma & Kuypers, 1974; Rushworth, Nixon, & Passingham, 1997a). 내측두 구와 근접한 상두정 소엽을 포함한 좀 더 많은 배측 병변들은 어둠 속에서 표적을 향하여 손을 뻗을 때 실수를 유발시킨다. 이 영역들은 공간 위치에 근거하여 사지를 표상하고 운동 출력(출력 복사하기)과 자기감각수용 정보를 연결하는 것으로 보인다(Rushworth, Nixon, & Passingham, 1997b). 운동 중 추출한 단일 세포 기록 연구 결과들은 내측 두정내 영역에 있는 뉴런이 손 움직임의 방향에 의해 조절되는 반면, 측면 두정내 영역에 있는 세포들은 시각이나 운동 출력과는 독립된 움직임의 예측 표상을 부호화한다는 것을 밝혀냈다(Eskandar & Assad, 1999). 그런 예측 신호는 시각 운동 전환에서 핵심적인 구성 요소가 된다.

두정엽 병변은 지시 단서에 근거한 뻗기 움직임의 선택을 손상시키지 않는다. 반대로 배측 전운동 피질 손상들은 지시 단서와 뻗기 움직임 간에 새로운 연합의 학습, 즉 감각-운동 연합의 협응을 손상시킨다(Wise & Kurata, 1989). 배측 전운동 피질 내에 있는 세포들은 표적 정보를 운동 명령으로 전환하는 능력과 일치하는 복잡한 특성을 보인다(Shen & Alexander, 1997).

후두정엽은 행동의 상이한 유형의 움직임을 계획하는 영역으로 나누어질 수 있기 때문에, 각 영역은 그 영역에 해당하는 움직임에 가장 적절한 좌표와 연관하여 요구된 움직임을 부호화한다는 주장이 제기되고 있다(Colby, 1998). 예를 들어, 배측 경로의 더 뒤쪽 후두정엽 내에서, 표적을 향하여 손을 뻗기 위한 감각 운동 전환을 눈-중심 좌표에 의거해서 생성하는 '두정엽 뻗기 영역' 에 대한 전기생리학적인 증거가 점점 증가하고 있다(Batista, Buneo, Snyder, & Andersen, 1999). 눈-중심 좌표와 신체-중심 좌표 모두를 보여 주는 추가적인 영역들은 측면 두정내 피질에서 발견되었다. 환경-중심 좌표에 대한 증거는 하두정 소엽 내에서 발견되었다(Snyder et al., 1998).

복측 경로로 살펴보면, 대상 지향적인 행동 처리의 핵심 영역은 전측 두정내 구(AIP)로 여겨진다. 대상 파악에 핵심인 역할을 하는 영역으로 하측두엽 내에 다른 영역들이 있다. 대상 파악하기에 핵심적인 것으로 보이는 하측두엽과 달리, AIP는 대상의 속성들을 잡기 운동에 중요한 요인들과 연결시키는 데 결정적인 역할을 하는 것으로 간수된다(Sakata, Taira, Kusunoki, Murata, & Tanaka, 1997). AIP는 대상의 3차원적 속성에 관한 양안 정보를 받아들인다. AIP에서 잡기 계획하기는 AIP와 교차적으로 연결되어 있는 복측 전운동 피질과 보조를 맞추어 진행된다. AIP는 물체를 잡을 때 필수적인 특정한 손 모양 상태(Taira et al., 1990)나 표적 물체의 3차원적 특징(Murata, Gallese, Luppino, Kaseda, & Sakata, 2000)을 부호화하는 '조작' 세포의 여러 소집단을 포함하고 있다.

복측 전운동 영역 내의 구조적으로 연결된 세포들은 시각 및 촉각으로 유도된 잡기 움직임의 준비 및 실행에 관여하는 것으로 여겨진다(Rizzolatti et al., 1990).

이 영역의 전형적인 세포들은 좌표계를 눈, 머리, 또는 신체부위에 고정시키고 있는 것으로 보인다(Graziano, Hu, & Gross, 1997b). 이 영역에 소재하는 많은 세포들은 동물의 얼굴이나 팔을 근접시켰을 때 보이는 대상에 반응한다. 이 뉴런들은 어두운 곳에서도 발화하며, 이런 사실은 대상의 영속성을 의미한다(Graziano, Hu, & Gross, 1997a). 따라서 이 영역은 신체를 대상에 연결시키는 감각 운동 전환에 이바지하는 것으로 보인다.

사지-운동 계획하기의 기능성 뇌영상 연구들

최근의 기능성 뇌영상 연구들은 다양한 실행증 조건에 관여하는 구조들에 대한 이해의 증진에 기여했다. 현재 이런 기술들을 활용하여 실행증 행동에 관련된 기제를 직접 탐구한 연구들은 거의 없다. 그 대신 연구는 건강한 성인들의 운동 제작과 개념화에 관여하는 기제들의 매핑에 주로 집중하고 있다. 이런 연구 결과들은 이런 기능들과 관여하는 영역의 분산된 연결망에 대한 통찰력을 제공하며, 따라서 실행증 환자에게 나타나는 국소적인 뇌손상의 영향과 그로 인한 행동적 장애들을 해석할 수 있게 해 주는 넓은 의미의 맥락을 제공한다. 인간 운동 행동에 대한 뇌영상 연구는 자료 수집 과정 동안 머리 위치를 일정하게 유지해야 하는 점과 영상 기계들이 제한된 공간에 위치한다는 두 가지 제약으로 제한받고 있다. 이런 이유들로 인해 연구자들은 상대적으로 움직임 범위가 작은 운동들에 초점을 맞추고 있다.

운동 산출 영역

단순 운동 앞서 논의했듯이, 실행증 진단에서 핵심적인 요소는 다양한 주변 또는 중심 구조들의 손상으로부터 발생할 수 있는 뚜렷한 쇠약 증상으로 인한 장애들을 배제하는 것이다. 이 조건을 충족시키더라도, 실행증 환자들은 단순 운동의 산출에 전반적인 어려움을 드러낸다. 지난 20년 동안 팔을 이용한 단순 한손 및 양손 움직임에 대한 기능성 뇌영상 연구가 수없이 쏟아졌다. 이 연구들은 일차 운동 영역(M1), 운동 보조 영역(SMA), 전운동 영역(PMA)을 포함하는 피질의 운동 체제 내에 있는 다양한 구조들에서 체성감각적으로 조직화된 다중 표상의 존재를 지지하는 결과를 보여 주었다(Grafton, Woods, & Mazziotta, 1993). 이 연구들의 전형적인 결과는 단순 손가락 움직임이 대측 M1과 동측 소뇌, SMA, S1을 활성화한다는 것이다(Grafton, Mazziotta, Woods, & Phelps, 1992). 이 연구에서 중요한 변인은 움직임이 외부 감각 자극(예: 청각, 시각, 보조 단서 등)에 대응하여 생성됐는가 아니면 피험자에 의해 내적으로 생성되었는가(Jahanshahi et al., 1995)이다. 이 구별은 어떤 실행증 환자들은 자발적인 움직임을 시작하는 데 어려움을 보이지만 기침할 때 입을 가리는 것과 같이 자극에 의해 유발된 반응을 수행하는 데는 어려움을 나타내지 않는 공통된 임상적 관찰에 근거하였다.

자동사적 행동 자동사적 운동과 타동사적 운동 간의 이중 분리(double dissociation)는 이 두 유형의 행동이 인간 뇌 내에서, 상대적으로 독립적인 하위 체제에서 표상되어야 한다는 것을 시사한다. 지금까지 하나의 기능성 뇌영상 연구에서 이 두 유형의 행동을 직접 비교하려는 시도는 없었다. 그러나 상당한 관심이 무의미하거나 유의미한 자동사적 운동의 표상에 주어져 왔다. 가장 어린 시기에 발달하며 가장 흔하게 나타나는 동작 중의 하나는 환경 속에서 위치를 가리키는 것이다. 시각적으로 제시된 표적을 가리키는 움직임에 대한 연구들은 대측 운동 영역, 전운동 그리고 복측 보조 운동 영역들과 대상 회, 상두정엽, 배측 시각 피질을 포함한 피질과 피질하 구조의 광범위하게 분산된 체제들이 자동사적 행동에 관여한다는 것을 보여 주었다(Grafton, Fagg, Woods, & Arbib, 1996b). 이 영역의 여러 부분들은 상징적인 단서에 반응하여 만들어진 동작이나 흉내 낸 동작의 산출에도 기여한다.

Iacoboni와 동료들은 최근에 시각 단서에 대한 반응이거나 아니면 다른 사람이 손동작을 취하는 것을 관찰한 후, 또는 상관없이 손가락 움직임이 만들어질 때 활성화되는 신경망 영역을 확인했다(Iacoboni et al., 1999). 더 나아가, 두 영역—전두엽의 판개 영역과 우반구 문측, 상두정엽—은 특히 관찰한 모델의 행동에 반응해서 움직임을 시작할 때 활성화가 증가하는 것으로 나타났다. 이러한 발견은 행동을 지각할 때, 같은 행동을 생성하는 뇌 기제를 자동적으로 활성화한다는 동작 취하기에 대한 관점을 지지하는 것으로 해석될 수 있다. 이 직접 대응 또는 공통 부호화 가설(common coding hypothesis: CCH)은 원숭이를 이용한 단일 세포 기록에서 밝혀진 복측 전운동 피질 내의 특정 세포들이 동일한 손 움직임을 관찰할 때나 생성해 낼 때 모두 반응한다는 연구 결과에 기원하고 있다(Gallese, Fadiga, Fogassi, & Rizzolatti, 1996; Rizzolatti & Fadiga, 1998; Rizzolatti, Fadiga, Gallese, & Fogassi, 1996a).

공통 부호화 가설(CCH)이 인간 뇌의 여러 영역에서 유지되고 있을 것으로 믿을 만한 근거들이 최근 보고되고 있다. 움직임을 관찰할 때, 그 움직임에 상응하는 움직임을 수행할 때 관여하는 근육들에서 근전계(EMG)의 변화가 발생한다는 보고들이 얼마 전부터 알려져 왔다(Berger & Hadley, 1975). 이 현상은 움직임 지각과 연관된 일차 운동 피질의 활동 변화로 나타나는 것으로 여겨진다. 사실 피험자의 손 근육으로부터 기록한 운동-활동 전위에서 움직임 관찰은 전위를 유도하기 위해 필요한 운동 피질의 흥분 역치를 선택적으로 저하시키는 것으로 나타난다(Fadiga, Fogassi, Pavesi, & Rizzolatti, 1995).

타동사적 행동 최근의 PET 연구들(Binkofski et al., 1999b; Binkofski et al., 1998; Grafton et al., 1996b)과 국소화된 뇌 병변의 효과에 대한 연구들(Sirigu et al., 1996)은 감각-운동 전환이 인간에게 있어서 상동의 두정-전두 회로에 의해 수행된다고 시사한다.

개념 영역

자동사적 행동 CCH가 타당할 경우 동작 관찰에 근거한 방법을 통해 운동 제작 하부 기제에 속하는 많은 구조들을 검정해 보는 것이 가능해진다. 동작 연구에서 자료 수집 과정 동안 피험자의 움직임으로부터 발생하는 문제점들을 회피할 수 있게 해 주는 이유로 인하여 대다수 기능성 뇌영상 연구들은 이 접근 방법을 택하고 있다. 이 연구들에서는 움직임을 명시적으로 생성하지 않기 때문에, 이 연구들은 개념적 영역에 속한다. 이 연구에서 손동작 지각(Grafton, Arbib, Fadiga, & Rizzolatti, 1996a; Rizzolatti et al., 1996b)과 무의미한 몸짓들의 지각(Decety & Grezes, 1999; Grezes, Costes, & Decety, 1999)에 의해 활성화되는 전두엽과 두정엽의 신경망 영역들을 발견해 냈다. 일차 운동 피질과 체성감각 피질을 포함한 배측 뇌 구조의 많은 부분들은 또한 관찰자가 상응하는 행동들을 생성해 낼 때도 관여한다(Rizzolatti et al., 1996b). 더 나아가, 과제에 드는 노력의 정도가 동작을 관찰하는 동안 활성화되는 구조를 결정하는 데 중요한 역할을 하는 것으로 보인다. 좀 더 정확히 말하면, 기억의 부호화와 관련된 전전두 구조들은 피험자가 수행하고지 하는 의도하에서 동작을 관찰할 때 작용하는 반면, 동작을 흉내 내려는 의도는 운동 계획과 생성에 관여하는 영역들을 활성화시킨다(Grezes et al., 1999). 종합하면, 이 결과들은 자동사적 행동들을 생성해 내는 데 어려움을 보이는 실행증 환자들은 같은 행동을 지각하는 데도 어려움을 느낄지도 모른다는 흥미로운 가능성을 제기한다.

새로운 동작들을 처음으로 인식하였을 때, 동작 표상 체제는 상당한 경험-의존적인 가소성을 보인다. 특히, 친숙성이 증가하는 것에 비례해서 두정엽의 활성화 정도는 감소하는 반면, 각 회를 포함한 전두엽 영역에서는 활성화가 증가된다(Decety et al., 1997; Grezes et al., 1999).

의미 있는 동작들 미국 수화(ASL)는 의미 전달을 위해서 정적인 손모양, 손동작과 공간 위치를 활용하는 손짓에 기반을 둔 언어 체제다(Bellugi, Poizner, & Klima, 1989; Poizner, Bellugi, & Klima, 1990a). 무의미한 손짓을 지각하는 것이 뇌의 배측 표면 영역의 신경망을 활성화하는 반면, 수화 신호 전문가의 ASL 지각은 좌측 측두엽의 고전적 언어 영역과 그 주변부에 위치하는 더 복측 영역과 일차 운동 피질이 관여한다(Neville et al., 1998; Soderfeldt et al., 1997). 달리 말하면, ASL을 습득하는 과정에서 손짓의 신경 표상이 경험에 의해 언어값 습득과 관련하여 광범위하게 재조직화된 것으로 여겨진다. 현재 전문성과 관련된 손짓의 표상에서 발생하는 이 전이를 관찰한 뇌영상 연구는 아직 없다.

타동사적 행동 앞에서 언급했듯이, 실행증 환자들은 종종 적절한 도구나 기구를 제공했을 때 행동을 만들어 보이지만, 흉내 내 보라는 요구에서는 하지 못한다(Sirigu et al., 1995). 비록 도구를 사용하는 흉내 내기는 직접 조사되지는 않았지만, 도구와 도구 사용에 관한 표상을 탐색한 많은 뇌영상 연구들은 많이 있다.

도구의 표상 상이한 범주의 대상(예: 동물, 얼굴, 건물 등)들이 측두엽 복측 표면에 분리된 양식(module)으로 표상되어 있는지에 대한 의문은 많은 뇌영상 연구 문헌에서 논의되고 있다(Farah & Aguirre, 1999). 이 중 실행증 이해에 적절한 것은 좌측 전운동 배측(PMd) 피질이 다른 비도구적 대상과는 반대로, 움켜쥘 수 있는 친숙한 도구(망치 등) 명명하기(Martin, Wiggs, Ungerleider, & Haxby, 1996)나 수동적인 관찰(Martin et al., 1996) 동안 활성화된다는 것이다. 이런 결과는 도구 범주에 속하는 물체들의 기억 표상이 본질적으로 시각과 운동에 근거하고 있다는 증거로 해석되어 왔다.

앞에서 언급하였듯이, PMd 피질은 시각적으로 유도된 뻗기에 관여하는 두정-전두 신경망의 일부이다. 이 연구는 이 회로의 손상이 대상을 향한 행동뿐 아니라 도구의 지각 또한 손상시킨다고 제안한다. 사실 임상 관찰들은 관념 운동 실행증 환자들이 특정 과제 해결에 요구되는 적절한 도구를 선택하는 데 어려움을 보인다고 지적한다.

도구 사용의 표상 앞선 타동사적 행동에 관한 논의에서, 뻗기와 잡기를 위한 지각 정보의 운동 계획으로의 전환, 즉 감각-운동 전환에 전두엽과 두정엽의 이중 분리 신경망이 관여한다는 증거들을 살펴보았다(Jeannerod et al., 1995). 신체와 주변 환경에 대한 잠재적인 행동의 결과를 기대하는 것과 이 예측들을 사용하여 특별한 움직임을 선택하는 데 관여하는 기제들에 대한 이해는 아직 제대로 이루어지지 않고 있다. 운동 통제의 계산 모형 연구들은 운동-감각 전환을 각각 전향 진행 내적 모형(forward internal model)과 후향 역행 내적 모형(inverse internal model)을 실행하는 체제를 이용하여 해결한다(Wolpert et al., 1998b).

운동-감각 전환에 관여하는 기제를 연구하기 위한 한 접근법은 심적으로 시연된 행동이나 운동 심상을 활용하는 방법이다. 기능성 뇌영상 연구들은 움직임을 상상할 때 실제 움직임을 만들 때 활성화되는 동일한 뇌영역의 많은 부분들이 활성화된다는 것을 보여 주었다(Jeannerod et al., 1995; Johnson, 2000). 운동 심상 과제들은 피험자에게 움직임을 수행할 때 발생하는 감각 피드백의 부재 속에서 행동을 계획할 것을 요구한다. 그런 과제들을 정확하게 수행하기 위해, 피험자들은 심적으로 수행하는 행동에서 예상되는 감각 정보 상태에 대한 정확한 내적 표상을 반드시 구축해야 한다. Johnson 등(Jeannerod, 1995; Johnson, 2000)은 최근 연구에서 (다양한 방향으로 제시된) 손잡이를 위로부터 움켜쥐는 것이 자연스러운지를 결정할 때 활성화되는 영역을 검사하였다. 이 연구의 결과는 손동작을 하는 동안 감각-운동 전환에 관여하는 두정엽과 전두엽이 상상한 잡기 선택에도 관여할 것이라는 가설의 예측과 일치했다. 특히 잡기 선택은 앞에서 논의했던 원숭이의 '뻗기' 회로에 상응한다고 믿어지는 두정엽과 전두엽에서 현저한 변화를 유발했다. 왼손과 오른손을 사용하여 손잡이를 어떻게 가장 잘 잡을 것인지를 결정할 때 PMd 피질의 양측 모두가 활성화되었다. 이 영역은 인간과 원숭이를 이용한 뻗기(Grafton et al., 1996b)와 움직임 선택(Grafton, Fagg, & Arbib, 1998)에 대한 연구(Kalaska & Crammond, 1992, 1995; Kurata & Hoffman, 1994)에서 발견한 영역과 일치하며, PMd의 미측 피질이 조건 운동의 준비와 선택에 관여한다는 주장을 지지한다(Grafton et al., 1998).

잡기 선택은 또한 상부(superior parietal lobule: SPL) 및 하부 두정 소엽(inferior parietal lobule: IPL) 내의 여러 영역들을 활성화시킨다. PMd 피질에서 관찰된 양반구 효과와는 반대로, 두정엽 내의 활성화는 잡기 결정에 근거가 되는 손에 부분적으로 의존한다. 왼손으로 잡을 것을 선택할 경우 두정내 구를 따라 후측 그리고 내측 영역에 위치한 IPL의 대측 영역을 활성화한다. 인간에게 있어서 이 영역들은 원숭이의 잡기 영역인 후측 두정내 영역(anterior intraparietal area: AIP)과 뻗기 영역인 내측 두정내 영역(medial intraparietal area: MIP)에 각각 기능적으로 상응한다. 오른손에 근거한 결정은 또한 두정내 구 피질을 따라 내측에 위치한 대측

IPL 영역을 포함한다. 이곳은 또한 기능적으로 MIP에 해당되는 곳이다. 이 해석과 일치하는 결과로, 원숭이 MIP 내의 세포 반응은 앞으로 행하자고 하는 행동이 대측 손을 포함할 때 활성화가 가장 증가한다(Colby & Duhamel, 1991). 종합하면, 이런 발견들에 근거하여 IPL이 의도하는 반응기와 관련된 내적 운동 표상의 계산에 관련하고 있다고 추측할 수 있다(Wise, Boussaoud, Johnson, & Caminiti, 1997).

양손을 이용한 잡기 결정에는 우측 SPL 영역이 공통으로 활성화한다. SPL이 원숭이에게 있어서 PMd 피질로 가는 두정 입력 정보의 주요한 원천일 뿐 아니라 상위 수준의 자기수용감각에도 관여한다는 것은 잘 알려져 있다(Lacquaniti, Guigon, Bianchi, Ferraina, & Caminiti, 1995; Mountcastle et al., 1975). 인간에게 있어서 SPL이 심상 잡기 선택에 관여한다는 것은 손가락, 손, 팔 움직임의 표상뿐 아니라(Grafton et al., 1992; Deiber et al., 1998), 심적 회전과 같은 상위 수준의 공간 인지 처리(Alivisatos & Petrides, 1997; Bonda, Petrides, Frey, & Evans, 1995), 그리고 손동작 흉내 내기(Iacoboni et al., 1999)에도 관여한다는 증거와 일치한다.

앞에서 언급했던 것처럼, SPL에 병변이 있는 환자들은 일괄적으로 시각 실조증이라고 알려진 시각으로 유도된 뻗기와 눈 움직임에 어려움을 보인다(Perenin & Vighetto, 1988). 우반구 손상으로 인한 시각 실조증 환자들은 대측 병변의 반구 시야장으로 양손으로 뻗기를 양손으로 시도할 때 어려움을 보인다는 것은 잡기 선택에서 SPL의 활성화가 우측으로 편재화된 것과 일치되는 결과이다. 그와 대조적으로, 좌뇌 병변은 대측 오른손에만 영향을 미친다(DeRenzi & Luchelli, 1988; Goodale, 1991). 종합하면, 이 연구 결과들은 우측 SPL이 양손으로 행동을 계획할 때 필수적인 자기-중심 공간 정보 처리를 위해 특수화되었다는 것을 시사한다.

결론과 미래 방향

명확히 식별된 피질계의 기능과 관련된 실행증의 이해에는 아직 많은 공백이 있다. 이 문제의 핵심에는 실행증과 행동 지향적인 지각 처리 간 관계의 정확한 정립에 있다. 이런 처리 과정에는 손짓 재인, 도구 표상 및 의도의 지각이 포함된다. 명확한 측정을 통한 행동 지향적인 처리의 행동에 근거한 검정이 일반적으로 암묵적으로 수행되는 조작들을 적절하게 포착할 것인지는 분명하지 않다(Rossetti, 1998).

움직임을 규명하려는 실험적 시도들을 혼란시키는 것은 기능성 뇌영상 연구를 실시하는 실험 공간이 허용되는 행동을 심각하게 제한한다는 점이다. 허용 가능한 과제의 인위성은 행동 지각에 근거한 뇌 연결짓기 연구의 해석을 손상시킬 수 있다. 예를 들어, 운동 시연은 심적 운동이나 가상 현실과 같은 수단으로 운동 계획하기에 관여하는 뇌 구조를 연결하는 데 보편적으로 사용되고 있다. 이런 시연된 처리와 실제 행동을 계획할 때의 실제 지각 간의 관계는 아직 잘 알려지지 않았다.

영아기 동안 동작의 발달은 아주 넓은 의미로만 이해되어 왔다. 성인들의 과학습되었으며 많이 연습된 움직임과 뻗기, 잡기, 예상하기와 같은 원시적인 운동 행위들의 초기 발현과 연관짓는 것이 이 문제의 핵심을 이룬다. 어린아이들은 흉내내기를 통해 학습하는 엄청난 능력을 가지고 있다. 아동기 운동 학습과 성인들의 기술 습득은 어떻게 연관되어 있을까?

이와 병행하여, 비인간 영장류에서 발견된 거울 체제가 인간의 운동 통제와 학습에 있어서 어떤 역할을 하는지는 아직 추정 단계에 있다. 비록 거울 체제를 모방학습의 기본적인 기반으로 간주하는 것은 매력적인 생각이긴 하지만, 이 가설은 인간에게는 아직 검정되지 않았다. 이 문제의 핵심은 비인간 영장류 피질과 인간의 피질, 특히 두정엽 간의 현저한 해부학적 차이를 푸는 것이다. 이 해부학적 차이는 원숭이로부터 도출된 신경 발화 특징에 대한 연구 결과를 인간에게 일반화하는 것을 제한한다. 유사하게, 기능성 뇌영상 기술들은 실행증과 관련된 운동 처리에 관여하고 있는 추정된 피질 영역을 확인하였지만, 그렇다고 하여 그 구조들에게 기능적 인과성을 부여하기에는 아직 확실하지 않다. 마지막으로, 실행증 환자들에게 나타나는 심각하게 왜곡된 행동과 주의 간의 복잡한 상호작용을 이해하기 위해서는 보다 많은 연구가 필요하다.

참 | 고 | 문 | 헌

Alivisatos, B., & Petrides, M. (1997). Functional activation of the human brain during mental rotation. *Neuropsychologia, 35*, 111-118.

Batista, A. P., Buneo, C. A., Snyder, L. H., & Andersen, R. A. (1999). Reach plans in eye-centered coordinates. *Science, 285*, 257-260.

Bellugi, U., Poizner, H., & Klima, E. S. (1989). Language, modality and the brain. *Trends in Neuroscience, 12*, 380-388.

Berger, S. M., & Hadley, S. W. (1975). Some effects of a model's performance on an observer's electromyographic activity. *American Journal of Psychology, 88*, 263-276.

Binkofski, F., Buccino, G., Dohle, C., Seitz, R. J., & Freund, H.-J. (1999a). Mirror agnosia and mirror ataxia constitue different parietal lobe disorders. *Annals of Neurology, 46*, 51-61.

Binkofski, F., Buccino, G., Posse, S., Seitz, R. J., Rizzolatti, G., & Freund, H. (1999b). A frontoparietal circuit for object manipulation in man: Evidence from an fMRI study. *European Journal of Neuroscience, 11*, 3276-3286.

Binkofski, F., Dohle, C., Posse, S., Stephan, K. M., Hefter, H., Seitz, R. J., & Freund, H. J. (1998). Human anterior intraparietal area subserves prehension: A combined lesion and functional MRI activation study. *Neurology, 50*, 1253-1259.

Bonda, E., Petrides, M., Frey, S., & Evans, A. (1995). Neural correlates of mental transformations of the body-in-space. *Proceedings of the National Academy of Sciences, U.S.A., 92*, 11180-11184.

Canavan, A. G., Passingham, R. E., Marsden, C. D., Quinn, N., Wyke, M., & Polkey, C. E. (1989). Sequencing ability in parkinsonians, patients with frontal lobe lesions and patients who have undergone unilateral temporal lobectomies. *Neuropsychologia, 27*, 787-798.

Carey, D. R., Coleman, R. J., & Sala, S. D. (1997). Magnetic misreaching. *Cortex, 33*, 639-652.

Cavada, C., & Goldman-Rakic, P. S. (1989). Posterior parietal cortex in rhesus monkey: H Evidence for segregated corticocortical networks linking sensory and limbic areas with the frontal lobe. *Journal of Comparative Neurology, 287*, 422-445.

Clark, M. A., Merians, A. S., Kothari, A., Poizner, H., Macauley, B., Gonzalez Rothi, L. J., & Heilman, K. M. (1994). Spatial planning deficits in limb apraxia. *Brain, 117*, 1093-1106.

Colby, C. L. (1998). Action-oriented spatial reference frames in cortex. *Neuron, 20*, 15-30.

Colby, C. L., & Duhamel, J. R. (1991). Heterogeneity of extrastriate visual areas and multiple parietal areas in the macaque monkey. *Neuropsychologia, 29*, 517-537.

Decety, J., & Grezes, J. (1999). Neural mechanisms subserving the perception of human actions. *Trends in Cognition Science, 3*, 172-178.

Decety, J., Grezes, J., Costes, N., Perani, D., Jeannerod, M., Procyk, E., Grassi, F., & Fazio, F. (1997). Brain activity during observation of actions. Influence of action content and subject' s strategy. *Brain, 120*, 1763-1777.

Deiber, M. P., Ibanez, V., Honda, M., Sadato, N., Raman, R., & Hallett, M. (1998). Cerebral processes related to visuomotor imagery and generation of simple finger movements studied with positron emission tomography. *Neuroimage, 7*, 73-85.

Denes, G., Mantovan, M. C., Gallana, A., & Cappelletti, J. Y. (1998). Limb-kinetic apraxia. *Movement Disorders, 13*, 468-476.

DeRenzi, E., Faglioni, P., & Sorgato, P. (1982). Modality-specific and supramodal mechanisms of apraxia. *Brain, 105*, 301-312.

DeRenzi, E., & Luchelli, R. (1988). Ideational apraxia. *Brain, 111*, 1173-1185.

DeRenzi, E., Motti, F., & Nichelli, P. (1980). Imitating gestures. A quantitative approach to ideomotor apraxia. *Archives of Neurology, 37*, 6-10.

Desmurget, M., Epstein, C. M., Turner, R. S., Prablanc, C., Alexander, G. E., & Grafton, S. T. (1999). Role of the posterior parietal cortex in updating reaching movements to a visual target. *Nature Neuroscience, 2*, 563-567.

Desmurget, M., & Grafton, S. T. (2000). Forward model-ing allows feedback control for fast reaching movements. *Trends in Cognition Science, 4*, 423-431.

Eskandar, E. N., & Assad, J. A. (1999). Dissociation of visual, motor and predictive signals in parietal cortex during visual guidance. *Nature Neuroscience, 2*, 88-93.

Fadiga, L., Fogassi, L., Pavesi, G., & Rizzolatti, G. (1995). Motor facilitation during action observation: A magnetic stimulation study. *Journal of Neurophysiology, 73*, 2608-2611.

Farah, M. J., & Aguirre, G. K. (1999). Imaging visual recognition: PET and fMRI studies of the functional anatomy of human visual recognition. *Trends in Cognition Sciences, 3*, 179-186.

Gallese, V., Fadiga, L., Fogassi, L., & Rizzolatti, G. (1996). Action recognition in the premotor cortex. *Brain, 119*, 593-609.

Gazzaniga, M. S., Bogen, J. E., & Sperry, R. W. (1967). Dyspraxia following division of the cerebral commissures. *Archives of Neurology, 16*, 606–612.

Geschwind, N. (1965). Disconnexion syndromes in animals and man. I. *Brain, 88*, 237–294.

Geschwind, N., & Damasio, A. R. (1985). Apraxia. In V. J. Vinken, G. W. Brun & H. L. Klawans (Eds.), *Handbook of clinical neurology Vol. 1. Clinical neuropsychology* (pp. 423–432). Amsterdam: Elsevier. pp. 423–432.

Goldenberg, G., Wilmmer, A., Holzner, F., & Wessely, P. (1985). Apraxia of the left limbs in a case of callosal disconnection: The contribution of medial frontal lobe damage. *Cortex, 21*, 135–148.

Goodale, M. A. (1991). Factors affecting higher-order movements without vision of the limb. *Experimental Brain Research, 62*(2), 303–311.

Goodale, M. A., & Haffenden, A. (1998). Frames of reference for perception and action in the human visual system. *Neuroscience & Behavioral Reviews, 22*, 161–172.

Goodale, M. A., Milner, A. D., Jakobson, L. S., & Carey, D. P. (1991). A neurological dissociation between perceiving objects and grasping them. *Nature, 349*, 154–156.

Graff-Radford, N. R., Welsh, K., & Godersky, J. (1987). Callosal apraxia. *Neurology, 37*, 100–105.

Grafton, S. T., Arbib, M. A., Fadiga, L., & Rizzolatti, G. (1996a). Localisation of grasp representations in humans by positron emission tomography. 2. Observation compared with imagination. *Experimental Brain Research, 112*, 103–111.

Grafton, S. T., Fagg, A. H., & Arbib, M. A. (1998). Dorsal premotor cortex and conditional movement selection: A PET functional mapping study. *Journal of Neurophysiology, 79*, 1092–1097.

Grafton, S. T., Fagg, A. H., Woods, R. P., & Arbib, M. A. (1996b). Functional anatomy of pointing and grasping in humans. *Cerebral Cortex, 6*, 226–237.

Grafton, S. T., Mazziotta, J. C., Woods, R. R, & Phelps, M. E. (1992). Human functional anatomy of visually guided finger movements. *Brain, 115*, 565–587.

Grafton, S. T., Woods, R. P., & Mazziotta, J. C. (1993). Within-arm somatotopy in human motor areas determined by positron emission tomography imaging of cerebral blood flow. *Experimental Brain Research, 95*, 172–176.

Graziano, M. S., Hu, X. T., & Gross, C. G. (1997a). Coding the locations of objects in the dark. *Science, 277*, 239–241.

Graziano, M. S., Hu, X. T., & Gross, C. G. (1997b). Visuospatial properties of ventral premotor cortex. *Journal of Neurophysiology, 77*, 2268–2292.

Grezes, J., Costes, N., & Decety, J. (1999). The effects of learning and intention on the neural network involved in the perception of meaningless actions. *Brain, 122,* 1875-1887.

Haaland, K. Y., & Flaherty, D. (1984). The different types of limb apraxia errors made by patients with left vs. right hemisphere damage. *Brain Cognition, 3,* 370-384.

Haaland, K. Y., Harrington, D. L., & Knight, R. T. (1999). Spatial deficits in ideomotor limb apraxia. A kinematic analysis of aiming movements. *Brain, 122,* 1169-1182.

Haaxma, R., & Kuypers, H. (1974). Role of occipito-frontal cortico-cortical connections in visual guidance of relatively independent hand and finger movements in rhesus monkeys. *Brain Research, 71,* 361-366.

Harrington, D. L., & Haaland, K. Y. (1992). Motor sequencing with left hemisphere damage. Are some cognitive deficits specific to limb apraxia? *Brain, 115,* 857-874.

Head, H. (1926). *Aphasia and kindred disorders of speech.* Cambridge: Cambridge University Press.

Heilman, K. M., Maher, L. M., Greenwald, M. L., & Rothi, L. J. (1997). Conceptual apraxia from lateralized lesions. *Neurology, 49,* 457-464.

Heilman, K. M., Meador, K. J., & Loring, D. W. (2000). Hemispheric asymmetries of limb-kinetic apraxia. *Neurology, 55,* 523-526.

Hines, M., Chiu, L., McAdams, L. A., Bentler, P. M., & Lipcamon, J. (1992). Cognition and the corpus callosum: Verbal fluency, visuospatial ability, and language lateralization related to midsagittal surface areas of callosal subregions. *Behavioral Neuroscience, 106*(1), 3-14.

Iacoboni, M., Woods, R. P., Brass, M., Bekkering, H., Mazziotta, J. C., & Rizzolatti, G. (1999). Cortical mechanisms of human imitation. *Science, 286,* 2526-2528.

Jahanshahi, M., Jenkins, I. H., Brown, R. G., Marsden, C. D., Passingham, R. E., & Brooks, D. J. (1995). Self-initiated versus externally triggered movements. I. An investigation using measurement of regional cerebral blood flow with PET and movement-related potentials in normal and Parkinson' s disease subjects. *Brain, 118,* 913-933.

Jason, G. W. (1985a). Gesture fluency after focal cortical lesions. *Neuropsychologia, 23,* 463-481.

Jason, G. W. (1985b). Manual sequence learning after focal cortical lesions. *Neuropsychologia, 23,* 483-496.

Jeannerod, M. (1995). Mental imagery in the motor context. *Neuropsychologia, 33*, 1419–1432.

Jeannerod, M., Arbib, M. A., Rizzolatti, G., & Sakata, H. (1995). Grasping objects: The cortical mechanisms of visuomotor transformation. *Trends in Neuroscience, 18*, 314–320.

Jeannerod, M., Decety, J., & Michel, F. (1994). Impairment of grasping movements following a bilateral posterior parietal lesion. *Neuropsychologia, 32*, 369–380.

Johnson, S. H. (2000). Imagining the impossible: Intact motor representations in hemiplegics. *Neuroreport, 11*, 729–732.

Kalaska, J. F., & Crammond, D. J. (1992). Cerebral cortical mechanisms of reaching movements. *Science, 255*, 1517–1523.

Kalaska, J. F., & Crammond, D. J. (1995). Deciding not to GO: Neuronal correlates of response selection in a GO/NOGO task in primate premotor and parietal cortex. *Cerebral Cortex, 5*, 410–428.

Kimura, D., & Archibald, Y. (1974). Motor function of the left hemisphere. *Brain, 97*, 337–350.

Kleist, K. (1907). Kortikale (innervatorische) apraxie. *Jahrbuch fair Psychiatrie und Neurologie, 28*, 46–112.

Kolb, B., & Milner, B. (1981). Performance of complex arm and facial movements after focal brain lesions. *Neuropsychologia, 19*, 491–503.

Kurata, K., & Hoffman, D. S. (1994). Differential effects of muscimol microinjection into dorsal and ventral aspects of the premotor cortex of monkeys. *Journal of Neurophysiology, 71*, 1151–1164.

Lacquaniti, F., Guigon, E., Bianchi, L., Ferraina, S., & Caminiti, R. (1995). Representing spatial information for limb movement: Role of area 5 in the monkey. *Cerebral Cortex, 5*, 391–409.

Leiguarda, R. C., & Marsden, C. D. (2000). Limb apraxias. Higher-order disorders of sensorimotor integration. *Brain, 123*, 860–879.

Leiguarda, R., Starkstein, S., & Berthier, M. (1989). Anterior callosal haemorrhage. A partial interhemispheric disconnection syndrome. *Brain, 112*, 1019–1037.

Leiguarda, R. C., & Starkstein, S. E. (1998). Apraxia in the syndromes of Pick complex. In A. Kertesz & D. G. Munoz (Eds.), *Pick's disease and Pick complex* (pp. 129–143). New York: Wiley-Liss.

Liepmann, H. (1900/1977). The syndrome of apraxia (motor asymboly) based on a case of unilateral apraxia. (Translated by W. H. O. Bohne, K. Liepmann, & D. A. Rottenberg from Monatschrift für Psychiatrie und Neurologie 1900, 8, 15-44). In D. A. Rottenberg & F. H. Hochberg (Eds.), *Neurological classics in modern translation.* New York: Hafner.

Liepmann, H. (1905/1980). The left hemisphere and action. (Translation from *Münchener Medizinische Wochenschriff 1905*, 48-49. Translations from Liepmann' s essays on apraxia. Research Bulletin 506, Department of Psychology, University of Western Ontario, London, Ontario.

Liepmann, H. (1908a). *Die linke hemisphere und das handeln* (The left hemisphere and handedness). Berlin: Karger.

Liepmann, H. (1908b). *Drei aufsatze aus dem apraxiege-biet.* Berlin: Karger.

Liepmann, H. (1920). Apraxie. *Ergebnisse der Gesamtem Medizin, 1*, 516-543.

Liepmann, H., & Maas, O. (1907). Eie fall von linksseiti-iger agraphie und apraxie bie rechtsseitiger lahmung. *Mschr Psychiatry Neurology, 10*, 214-227.

Liepmann, H. (1988) Apraxia. In Brown, J. W. (Ed.), *Agnosia and Aproxia: Selected papers of Liepmann, Lunge and Potzl* (pp. 3-43). Hillsdale, NJ.: Lawrence Erlbaum Associates.

Luppino, G., Murata, A., Govoni, P., & Matelli, M. (1999). Largely segregated parietofrontal connections linking rostral intraparietal cortex (areas AlP and VIP) and the ventral premotor cortex (areas F5 and F4). *Experimental Brain Research, 128*, 181-187.

Mani, R. B., & Levine, D. N. (1988). Crossed buccofacial apraxia. *Archives of Neurology, 45*, 581-584.

Marchetti, C., & Della Sala, S. (1997). On crossed apraxia. Description of a right-handed apraxic patient with right supplementary motor area damage. *Cortex, 33*, 341-354.

Martin, A., Haxby, J. V., Lalonde, F. M., Wiggs, C. L., & Ungerleider, L. G. (1995). Discrete cortical regions associated with knowledge of color and knowledge of action. *Science, 270*, 102-105.

Martin, A., Wiggs, C. L., Ungerleider, L. G., & Haxby, J. V. (1996). Neural correlates of category-specific knowledge. *Nature, 379*, 649-652.

Milner, B., & Kolb, B. (1985). Performance of complex arm movements and facial-movement sequences after cerebral commissurotomy. *Neuropsychologia, 23*, 791-799.

Mountcastle, V. B., Lynch, J. C., Georgopoulos, A., Sakata, H., & Acuna, C. (1975). Posterior parietal association cortex of the monkey: Command functions for operations within extrapersonal space. *Journal of Neurophysiology, 38*, 871–908.

Murata, A., Gallese, V., Luppino, G., Kaseda, M., & Sakata, H. (2000). Selectivity for the shape, size, and orientation of objects for grasping in neurons of monkey parietal area AIP. *Journal of Neurophysiology, 83*, 2580–2601.

Neville, H. J., Bavelier, D., Corina, D., Rauschecker, J., Karni, A., Lalwani, A., Braun, A., Clark, V., Jezzard, P., & Turner, R. (1998). Cerebral organization for language in deaf and hearing subjects: Biological constraints and effects of experience. *Proceeding of the National Academy of Sciences U.S.A., 95*, 922–929.

Ochipa, C., Rothi, L. J., & Heilman, K. M. (1989). Ideational apraxia: A deficit in tool selection and use. *Annals of Neurology, 25*, 190–193.

Perenin, M. T., & Vighetto, A. (1988). Optic ataxia: A specific disruption in visuomotor mechanisms. I. Different aspects of the deficit in reaching for objects. *Brain, 111*, 643–674.

Pisella, L., Grea, H., Tilikete, C., Vighetto, A., Desmurget, M., Rode, G., Boisson, D., & Rossetti, Y. (2000). An 'automatic pilot' for the hand in human posterior parietal cortex: Toward reinterpreting optic ataxia. *Nature Neuroscience, 3*, 729–736.

Poizner, H., Bellugi, U., & Klima, E. S. (1990a). Biological foundations of language: Clues from sign language. *Annual Review of Neuroscience, 13*, 283–307.

Poizner, H., Clark, M. A., Merians, A. S., Macauley, B., Gonzalez Rothi, L. J., & Heilman, K. M. (1995). Joint coordination deficits in limb apraxia. *Brain, 118*, 227–242.

Poizner, H., Mack, L., Verfaellie, M., Rothi, L. J., & Heilman, K. M. (1990b). Three-dimensional computer-graphic analysis of apraxia. *Neural representations of learned movement. Brain, 113*, 85–101.

Raymer, A. M., Merians, A. S., Adair, J. C., Schwartz, R. L., Williamson, D. J., Rothi, L. J., Poizner, H., & Heilman, K. M. (1999). Crossed apraxia: Implications for handedness. *Cortex, 35*, 183–199.

Rizzolatti, G., & Fadiga, L. (1998). Grasping objects and grasping action meanings: The dual role of monkey rostroventral premotor cortex (area F5). *Novartis Foundation Symposia, 218*, 81–95.

Rizzolatti, G., Fadiga, L., Gallese, V., & Fogassi, L. (1996a). Premotor cortex and recognition of motor actions. *Cognitive Brain Research, 3*, 131–141.

Rizzolatti, G., Fadiga, L., Matelli, M., Bettinardi, V., Paulesu, E., Perani, D., & Fazio, F. (1996b). Localization of grasp representations in humans by PET: 1. Observation versus execution. *Experimental Brain Research*, *111*, 246–252.

Rizzolatti, G., Gentilucci, M., Camarda, R. M., Gallese, V., Luppino, G., Matelli, M., & Fogassi, L. (1990). Neurons related to reaching-grasping arm movements in the rostral part of area 6 (area 6a beta). *Experimental Brain Research*, *82*, 337–350.

Rossetti, Y. (1998). Implicit short-lived motor representations of space in brain damaged and healthy subjects. *Consciousness and Cognition*, *7*, 520–558.

Rothi, L. J. G., & Heilman, K. M. (1996). Liepmann(1900and 1905): A definition of apraxia and a model of praxis. In C. Code, C.-W. Wallesch, Y. Joanett, & A. R. Lecours (Eds.), *Classic cases in neuropsychology* (pp. 111–122). East Sussex, UK: Psychology Press.

Rothi, L. J. G., Heilman, K. M., & Watson, R. T. (1985). Pantomime comprehension and ideomotor apraxia. *Journal of Neurology, Neurosurgery and Psychiatry*, *48*, 207–210.

Rothi, L. J. G., Mack, L., & Heilman, K. M. (1986). Pantomime agnosia. *Journal of Neurology Neurosurgery and Psychiatry*, *49*, 451–454.

Rothi, L. J. G., Ochipa, C., & Heilman, K. M. (1991). A cognitive neuropsychological model of limb praxis. *Cognitive Neuropsychology*, *8*, 443–458.

Rothi, L. J. G., Raymer, A. M., & Heilman, K. M. (1997). Limb praxis assessment. In L. J. G. Rothi and K. M. Heilman (Eds), *Apraxis: The Neuropsychology of Action* (pp. 61–73). East Sussex, UK: Psychology Press.

Roy, E. A., & Square, P. A. (1985). Common considerations in the study of limb, verbal, and oral apraxia. In E. A. Roy (Ed.), *Neuropsychological studies of apraxia and related disorders* (pp. 111–161). Amsterdam: North-Holland.

Rushworth, M. F. (2001). The attentional role of the left parietal cortex: The distinct lateralization and localization of motor attention in the human brain. *Journal of Cognitive Neuroscience*, *13*, 698–710.

Rushworth, M. F., Nixon, P. D., & Passingham, R. E. (1997a). Parietal cortex and movement. I. Movement selection and reaching. *Experimental Brain Research*, *117*, 292–310.

Rushworth, M. F., Nixon, P. D., & Passingham, R. E. (1997b). Parietal cortex and movement. II. Spatial representation. *Experimental Brain Research*, *117*, 311–323.

Rushworth, M. F., Nixon, P. D., Renowden, S., Wade, D. T., & Passingham, R. E. (1997c). The left parietal cortex and motor attention. *Neuropsychologia*, *35*, 1261–1273.

Sakata, H., Taira, M., Kusunoki, M., Murata, A., & Tanaka, Y. (1997). The TINS Lecture. The parietal association cortex in depth perception and visual control of hand action. *Trends in Neuroscience, 20*, 350–357.

Shen, L., & Alexander, G. E. (1997). Preferential representation of instructed target location versus limb trajectory in dorsal premotor area. *Journal Neurophysiology, 77*, 1195–1212.

Sirigu, A., Cohen, L., Duhamel, J. R., Pillon, B., Dubois, B., & Agid, Y. (1995). A selective impairment of hand posture for object utilization in apraxia. *Cortex, 31*, 41–55.

Sirigu, A., Daprati, E., Pradat-Diehl, P., Franck, N., & Jeannerod, M. (1999). Perception of self-generated movement following left parietal lesion. *Brain, 122*, 1867–1874.

Sirigu, A., Duhamel, J. R., Cohen, L., Pillon, B., Dubois, B., & Agid, Y. (1996). The mental representation of hand movements after parietal cortex damage. *Science, 273*, 1564–1568.

Snyder, L. H., Grieve, K. L., Brotchie, P., & Andersen, R. A. (1998). Separate body-and world-referenced representations of visual space in parietal cortex. *Nature, 394*, 887–891.

Soderfeldt, B., Ingvar, M., Ronnberg, J., Eriksson, L., Serrander, M., & Stone-Elander, S. (1997). Signed and spoken language perception studied by positron emission tomography. *Neurology, 49*, 82–87.

Taira, M., Mine, S., Georgopoulos, A. P., Murata, A., & Sakata, H. (1990). Parietal cortex neurons of the monkey related to the visual guidance of hand movement. *Experimental Brain Research, 83*, 29–36.

Watson, R. T., & Heilman, K. M. (1983). Callosal apraxia. *Brain, 106*, 391–403.

Wise, S. P., Boussaoud, D., Johnson, P. B., & Caminiti, R. (1997). Premotor and parietal cortex: Corticocortical connectivity and combinatorial computations. *Annual Review of Neuroscience, 20*, 25–42.

Wise, S. P., & Desimone, R. (1988). Behavioral neurophysiology: Insights into seeing and grasping. *Science, 242*, 736–741.

Wise, S. P., & Kurata, K. (1989). Set-related activity in the premotor cortex of rhesus monkeys: Effect of triggering cues and relatively long delay intervals. *Somatosensory Motor Research, 6*, 455–476.

Wolpert, D. M., Goodbody, S. J., & Husain, M. (1998a). Maintaining internal representations: The role of the human superior parietal lobe. *NatureNeuroscience, 1*, 529–533.

Wolpert, D. M., Miall, R. C., & Kawato, M. (1998b). Internal models in the cerebellum. *Trends in Cognitive Science, 2*, 338–347.

chapter 11

외측 전전두엽 증후군: 집행 통제 장애

* Robert T. Knight & Mark D' Esposito

신경심리학적, 전기생리학적, 기능성 뇌영상 연구들은 집행 기능의 목표 지향적 행동 통제에서 외측 전전두엽(prefrontal cortex: PFC)이 핵심적인 역할을 한다는 증거를 제공한다(Fuster, 1997). PFC는 거의 모든 피질과 피질하 구조들과 광대하게 상호연결되어 다양한 인지 처리들을 감시하고, 조작하는 것이 가능한 신경해부학적으로 독특한 위치를 차지한다. 예를 들어 기능성 뇌영상 연구에 대한 메타 분석(Duncan & Owen, 2000)에 의하면 현저하게 다양한 인지 과제들에 있어서 외측 PFC의 공통 영역이 활성화되는 것으로 드러났다. 이 과제들에 있어서 PFC의 활성화는 배측, 복측 PFC(BA 9, 44, 45, 그리고 46) 영역을 포함한 내측 그리고 하측 전두 구의 연결에서 외측 PFC의 후부 영역에 집중되어 있다(Rajkowska & Goldman-Rakic, 1995a, b)([그림 11-1]). 따라서 인간에게 있어서 언어 피질을 제외한 외측 PFC 손상은 광범위한 행동 및 인지 결손을 낳는다(Luria, 1966; Stuss & Benson, 1986; Damasio & Anderson, 1993; Mesulam, 1998). 간단히 말하자면, 외측 PFC 병변을 가진 환자들은 주의의 집중 및 유지, 새로운 문제 해결 생성하기

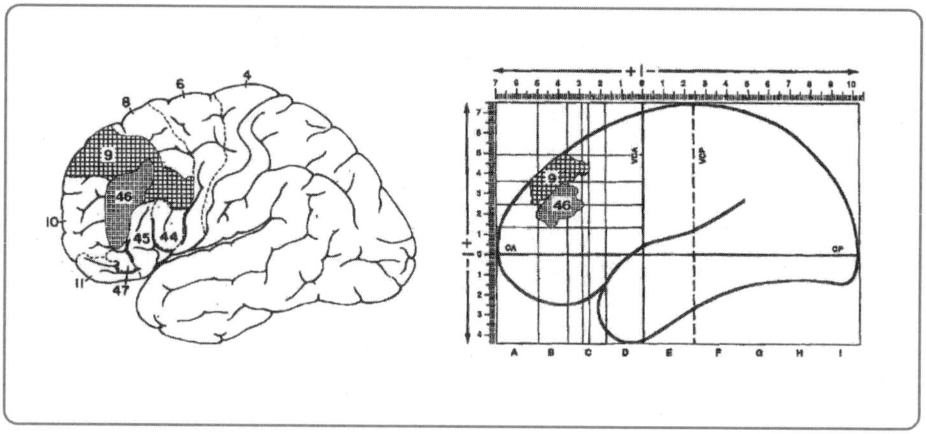

[그림 11-1] 인간에게 있어서 외측 전전두엽의 9, 46에 대한 Brodmann의 고전적인, 그리고 좀 더 최근의 세포 핵 구조 해부 정의. Rajkowska와 Goldman-Rakic(1995a, b)은 Talairach 조화 기제를 보여 주었고, 5명의 피험자로부터 수렴된 이 영역의 중복이 나타났다.

에서 사고의 유창성과 유연성, 적응적이고 목표-지향적인 행동의 계획 및 조절과 같은 광범위한 인지 처리를 포괄하는 용어, 즉 집행 기능에 손상을 보인다.

외측 PFC와는 대조적으로 안와 전두엽 손상은 많은 인지적인 기술을 보존하지만, 사회적 행동의 모든 양상에 심각한 영향을 끼친다(Stone, Baron-Cohen, & Knight, 1998; Bechera, Damasio, Tranel, & Anderson, 1998). 안와 전두엽 환자는, 외측 PFC 손상 환자들이 대체로 결핍을 보이는 광범위한 과제의 인지 처리 능력에서는 정상적이지만, 종종 충동적이고 과잉 행동적이며, 적절한 사회적 기술이 결여되어 있다. 어떤 경우에는 행동 증상들이 너무 심각해서, 안와 전두엽 손상 결과로 발생하는 인격 특성을 기술하기 위해 후천적인 반사회적 성격이란 용어를 사용한다(Saver & Damasio, 1991). 그러나 진짜 반사회적 성격 장애자들과는 달리, 안와 전두엽 환자들은 전형적으로 자신들의 부적절한 행동에 대해 양심의 가책을 느낀다. 심각한 사회적·정서적 기능 장애는 양측 안와 전두엽 손상 후 전형적으로 관찰된다.

인지에서 외측 PFC의 역할에 대한 동물과 인간으로부터 추출한 전기생리학적, 기능성 뇌영상 연구 자료는 병변에 대해서 상당한 수렴된 결과들을 보여 주고 있다. 전기생리학적 자료는 인지 처리에 있어서 PFC의 시간적 조절에 대한 중요한 정보를 제공한다. 이 자료들은 억제와 흥분 처리 모두 관여한다는 증거를 포함하여 다양한 인지 처리에 관여하는 PFC의 공간적 특성을 보여 주는 기능성 뇌영상 연구 결과들에 의해 보완되었다. 마지막으로 국소 PFC 손상 환자들을 대상으로 실시한 신경심리학적 자료들은 정상 인구 집단으로부터 추출한 전기생리학적 및 기능성 뇌영상 연구 결과를 확인시켜 주는 행동적 증거로 활용된다. 우리의 관점에서 인간 뇌의 생리 기능을 측정하는 강력하고 새로운 기술과 고전적 신경심리학적 접근의 융합을 통해 가장 완전한 이해를 구축할 수 있을 것이다.

인지와 행동에 있어서 PFC의 역할에 대한 철저한 개관과 연구 결과의 종합은 이 장의 영역을 넘어선다. 우리는 외측 PFC와 특히 집행 기능 통제에 있어서 이 영역의 역할에 초점을 둘 것이다. 외측 PFC가 손상된 전형적인 환자를 기술하는 것으로 시작해서, 이 증후군에 대한 임상적 기술이 뒤따를 것인데, 이것은 사례 보고에서 기술한 것처럼, 여러 환자들을 관찰함으로써 수집되었다. 외측 PFC에 기인한 인지 기능의 범위를 간단히 훑어본 이후, 우리는 목표-지향적 행동의 집행 기능 통제에서 외측 PFC가 결정적인 역할을 한다는 것을 지지하는 신경심리학 연구, 전기생리학적 연구, 기능성 뇌영상 연구로부터 나온 실험적 증거를 제시할 것이다.

사례 보고

31세 남성 변호사인 환자 W.R.은 가족들이 보기에 삶에서 중요한 사건들에 흥미를 잃어버린 것 같았기 때문에 신경과에 오게 되었다. 병원에서 왜 그가 병원에 왔는지 물었을 때, 환자는 '자아를 잃어버렸다.' 고 대답했다. 그의 어려움은 4년 전, 로스쿨 마지막 학년의 중간고사를 위해 공부하는 동안, 밤을 새고, 엄청난 양의 커피를 마신 후 강직성-경련성 간질이 일어났을 때 시작되었다. 당시에 EEG, CT, PET를 포함한 광범위한 신경학적 평가를 실시했으나 모두 손상이 눈에 띄지 않았다. 수면 박탈에 의해 악화된 일반적인 간질 장애의 진단을 받았고, 환자는 다일렌틴(간질치료제)을 처방받았다.

어디에서 변호사로 일해야 할지 결정하지 못했기 때문에, W.R.은 로스쿨을 졸업했지만 실습에 참여하지 않았다. 다음 해까지 그는 플로리다에서 테니스 강사로 일했다. 그리고 여성과 2년간의 관계를 갑자기 끊고, 역시 변호사인 그의 형 근처에 살기 위해 캘리포니아로 떠났다. 그의 형은 그가 계획한 활동을 실행하는데, 우유부단하고 꾸물거린다고 보고했고, 그 후 그는 점차적으로 가족과 친구로부터 고립되어 갔다. 가족들은 이 문제를 '중년기 위기' 로 규정했다. 신경학적 상담을 받기 4개월 전, 그의 어머니가 죽었다. 장례식에서, 가족들은 그의 어머니의 죽음이 가까워진 시간에, 그가 어머니의 죽음에 대해 슬픔을 표현하지 않았다는 것을 알아챘다. 가족들은 이 환자를 재평가하기로 결정했다.

평가에서, W.R.은 활발했지만, 상황에 대해서는 무관심했다. 일반적인 신경학적 검사에서는 눈에 띄는 게 없었다. 경도의 입술을 내미는 반사가 나타났다. W.R.은 Luria 손-순서 과제에서 집요하게 반복되는 실수와 무작위의 실수 모두를 나타냈다. 그의 자유연상은 5분 지연에서 3개 중 2개의 단어였다. 그는 또한 의미적 단서를 가지고 세 번째 단어를 회상할 수 있었다. 어머니의 죽음에 대해 물었을 때, W.R.은 어머니의 죽음이나 자신의 현재 문제 모두에 대해 어떤 강한 정서를 느끼지 못한다고 단언했다. 환자의 형은 어머니의 죽음과 장례식 주간에 W.R.이 정서적으로 "그것을 잃어버렸다." 라고 언급했다. 이 지적에 대해 W.R.은 즉시 "그리고 나는 그것을 잃어버리지 않으려고 노력하지 않는다." 고 불쑥 말참견을 했다. 어머니의 죽음에 관해 그는 "나는 슬픔을 느끼지 않는다. 난 그것이 나쁜 것인지 좋은 것인지 모른다." 고 말했다. 이 말들은 강한 어조이지만, 익살스러운 방식으로 표현되었다.

W.R.에게 성격적 변화에 대해 질문했다. 그는 자신이 알아챈 변화를 기술하기 위해 몇 분 동안 노력했지만 어떤 것도 확인하지 못했다. "내적인 본성에서 나는 명백하게 그것을 볼 수 없다." 그는 주의가 산만했고 집요하게 반복했

고, 빈번히 테니스에 대한 이전 논의로 되돌아갔고, 그의 기억에 대한 질문에 반응할 때, '노란색이 마음으로 온다.' 와 같은 구를 반복했다. 과거나 미래에 대해 물었을 때, 그의 반응은 도식적이거나 틀에 박힌 것이었다. 그는 미래에 대한 계획이 없었고, 미래 지향적 행동을 시작하지 못했고, "그것은 내게 큰 문제가 아니고 결코 근심거리도 아니다." 라고 말했고, 그는 법 공부를 결코 시작하지 않았다.

ACT 촬영은 좌반구 외측 PFC의 교모 세포종이 뇌량을 통해 우반구 외측 전두엽 쪽으로 자라고 있는 것을 보여 주었다. 이 진단의 심각한 본질에 대한 논의 후에도, W.R.은 여전히 무관심했다. 가족들은 상황의 중대함에 스트레스를 받았고 상당한 불안과 슬픔을 보였다. 그들의 슬픔이 W.R.의 태도에서 완화되었다는 것을 그들이 알아챘다는 것은 흥미로웠다.

요약하면, W.R.은 심각한 전두엽 종양에도 불구하고, 분명히 활달한 사람으로 남았다. 그러나 그가 사회 구성원으로서 완전하게 기능하도록 하는 데 필수적인 활동들을 수행할 수는 없었다. 그의 행동은 자신의 최근 환경에 의해 완전하게 제약을 받았다. 그의 익살은 순간의 사회적 상황에 대한 반응이었고, 그의 최근 진단의 커다란 맥락에 의해 영향을 받지 않았다. 그는 외현적인 기억과 기억 원천 감시(source monitoring)에 어려움을 가진 것으로 나타났다. 그는 기억에 대한 질문에서 거의 확신을 갖지 못했고, 내적인 정신 표상으로부터 빈번한 간섭에 의해 곤란을 겪었다. 그는 산만해졌고, 운동과 인지 영역에서 집요한 실수가 보편적인 것이 되었다. 그의 행동에서 현저한 특성은 반사실조건 표현의 완전한 부재다. 특히 W.R.은 자신의 현재 행동적인 상황에 대해 어떠한 설명도 추론하지 못하고, 반사실조건문 정서가 아닌 것은 표현했다. 그는 슬픔이나 후회를 느낄 수 있는 것 같지 않았고, 정서의 부재에 대해 그의 형이 관심을 가지고 그에게 알려 주었지만, 이런 것들에 대해 그는 걱정하지도 않았다. 이 환자의 증상들은 실제로 인간 인지의 모든 특성에 있어서 외측 PFC의 역할을 밝히는 것이다.

외측 PFC 손상을 가진 환자에 대한 임상적 기술

인간 행동의 발달은 인간에게 있어서 신피질 층의 35%까지를 차지하는 PFC의 전반적인 진화와 병행되어 왔다. 그와 대조적으로, 인간에 가까운 고등동물인 고릴라(Fuster, 1997)의 PFC는 피질 층의 약 10~12% 정도만 차지한다. 외측 PFC가 행동과 인지의 수많은 측면에 관여하기 때문에 전전두엽 증후군으로 특징짓기에는 어떤 면에서는 어려울 수도 있다. 뇌졸중, 종양, 외상 또는 퇴행성 장애로 인한 PFC 손상에서는 창의성이나 심적 유연성에서의 손상처럼 미묘한 행동적 변화만이 가시적인 증상으로 나타나므로 진단을 내리는 것이 상당히 어렵다. 환자는 주의를 기울이는 데 어려움을 느끼거나, 기억이 명료하지 않다고 호소한다. 퇴행성 질병 환자들에 있어서 PFC 손상과 관련된 증상들은 환자가 심적 유연성이나 의사결정을 필요로 하는 직업을 가졌을 경우에만 임상적으로 확실하게 된다. 그러나 만약 환자가 일반적인 직업이나 생활양식을 가진 경우라면, PFC 손상은 진단이 이루어지기 전에 상당히 진행될 수 있다. 실제로 많은 PFC 종양들은 초기 진단에서 이미 심각한 수준에 도달해 있다.

단측 PFC 병변이 진행되거나 양측 병변으로 발달될 때, 현저한 행동 및 인지적 이상은 변함없이 명백해진다. 양측 PFC 손상의 말기 상태에는 집요한 보속 증상을 유발시켜, 환자는 과거나 미래로 이동이 불가능하며 현재에 고착돼 버린다. 이런 결손으로 인해서 자신의 행동에서 자신감이 저하된다. PFC 손상 환자들은 심지어 자신의 행동이 옳을 경우에도 타당한지 확신하지 못한다.

재미있는 사실은 광범위한 전두엽 손상이 표준화된 지능 검사나 다른 신경심리학적 검사로 측정하는 지능에는 거의 영향을 미치지 않지만, 실제 생활에서 환자들의 우둔한 행동 양상과는 극단적으로 대조된다는 점이다(Shallice & Burgess, 1991). 이런 사실은 실험실에서 설계한 신경심리학적 검사들이 실생활에서 성공으로 이어지는 능력들을 제대로 포착하지 못하고 있다는 것을 확인시킨다. 예를 들어, 실생활에서 행하는 행동들은 시간 처리(예: 작업기어)를 까다히게 요구할 뿐 아니라, 선천적(예: 충동, 본능적 행동)이거나 후천적(예: 교육, 사회화)인 정보에 근거한 핵심 가치 체계는 신경심리학적인 과제에서 제시되는 대부분의 인공적인 문제의 해결에는 아마 필요하지 않은 것 같다(Damasio & Anderson, 1993). 하지만, 병상에서는 실시하기는 어렵지만 그래도 집행 기능 검사들은 외측 PFC 손상으로 전형적으로 발생하는 다양한 능력에서의 장애 유형을 포착하는 것으로 여겨진다. 다음은 이 손상에 대한 간략한 개관이다.

변화하는 상황에 반응하는 행동 수정 능력 손상

이 유형의 장애는 전두엽 손상을 가진 환자가 Wisconsin 카드 분류 검사(Wisconsin Card Sorting Test: WCST)를 수행할 때 발견될 수 있다. 이 검사에서 카드 판은 다양한 자극의 차원(색깔, 모양, 수)에 따라 반드시 하나만 선택하도록 환자에게 한 번에 1개씩 제시된다. 판에 있는 각 카드는 네 가지 색깔(빨강, 파랑, 노랑, 녹색) 중의 하나이고, 4개의 같은 모양(별, 삼각형, 십자가, 원) 중 하나를 포함하고 있다. 환자에게 반응이 옳은지 틀린지 각 반응 후 알려 주며, 다음 반응이 무엇일지에 대해서는 이 정보로부터만(검사자가 카드 선택 원칙을 제공하지 않는다.) 추론해야 한다. 10개를 정확히 선택한 후, 선택 원칙은 경고 없이 바뀐다.

이 검사를 하는 동안 전두엽 손상 환자들은 일반적으로 검사의 규칙을 반복할 수 있지만 그것을 따를 수 없거나 틀린 수행에 대한 지식을 자신들의 행동을 바꾸는 데 사용하지 못한다(Milner, 1963; Eslinger & Damasio, 1985). 전전두엽 손상 환자들에게 있어서 최근 발견들은 이 환자들이 무선적 실수와 집요한 반복적 실수 모두 나타내는 것으로 보고하고 있다(Barcelo & Knight, 2002). 전통적으로 반복적인 실수, 즉 보속 현상은 이전에 반응했던 패턴의 억제에 실패했기 때문이라 생각되며, WCST에서 이런 반복적 실수들은 또한 새로운 반응을 선택하기 위한 주의 이동의 실패 때문으로 볼 수 있다. 무선적 실수는 환자가 정확하게 선택했을 때 그리고 검사자로부터 어떤 단서도 없이, 새로운 다른 범주로 바꿀 때 발생한다. 이것은 현재의 목적을 유지하는 데 일시적인 실패로 보일 수 있다.

조직화, 계획, 문제해결에 필수적인 연쇄 행동 조절 능력 손상

PFC 손상 환자들은 종종 주어진 과제의 기본 조작에는 어려움이 없지만, 그럼에도 불구하고 수행이 저조하다. 예를 들어, 여러 단계를 거쳐야 하는 복잡한 수학적 문제를 해결할 때, 이 환자는 초기 단계에서 충동적으로 반응을 하지만, 문제해결에 요구되는 구성 단계들을 연결하여 실행하지 못한다(Stuss & Benson, 1984). 그러나 복잡한 과제에 요구되는 수학적 조작을 하나하나(예: 더하기, 빼기) 분리하여 수행하는 능력은 정상이다. '콩 통조림의 가격은 통조림 2개에 31센트이다. 통조림 1 다스의 가격은 얼마인가?' 라는 문제에서 31을 6배 곱하는 직접적인 계산 과제는 쉽게 수행할 수 있음에도 불구하고, 이 문제 전체를 해결하는 것은 PFC 병변 환자들에게는 거의 불가능하다(Stuss & Benson, 1984).

반응 억제 능력의 손상

반응을 억제하지 못하는 것은 'Stroop paradigm' (스트룹 과제)으로 측정할 수 있다(Stroop, 1935). 다른 색깔로 인쇄된 색깔(예: 푸른색 잉크로 인쇄된 'red' [붉은색])을 명명하는 것이, 색깔 배열과 일치하는(예: 푸른색 잉크로 인쇄된 'blue' [푸른색]) 색깔을 명명하는 것보다 더 오래 걸린다는 관찰에 근거하고 있다. 이 현상은 전두엽 병변 환자에게서 보다 두드러지게 나타난다(Perret, 1974). PFC 병변 환자와 관련된 모방 현상은 모방하라고 지시를 하지 않았을 경우, 나아가 이 모방이 상당한 개인적인 방해를 수반할 때조차도, 검사자의 동작을 모방하는 경향이 있다는 것이다. 환자에게 그렇게 하라고 요구하지 않았을지라도, 그것이 맥락에 부적절할지라도, 단순히 대상을 보았다는 것이 그 대상을 사용하게끔 충동한다. 예를 들어, 이미 자신이 안경을 착용하고 있을지라도, 안경을 본 환자들은 그것을 착용하게 된다. 이 증상들은 '환경 의존성 증후군' 이라고 불려 왔다.

전두엽은 환경으로부터 거리를 두게끔 촉진하는 반면, 두정엽은 환경으로 접근하도록 고무시킨다고 추정돼 왔다. 따라서 전두엽의 억제 능력 상실은 두정엽의 과다 활동을 유발시킬 수도 있다. PFC가 없다면, 우리는 환경으로부터 자율적이지 않을 수도 있다. 주어진 자극이 맥락과 무관하게 예정된 반응을 자동으로 불러내기 때문이다(Lhermitte, 1986; Lhermitte, Pillon, & Serdaru, 1986).

보속(집요한 반복)

보속은 특별한 행동의 비정상적인 반복이라고 정의된다. 이것은 운동 행동, 언어화, 선택하기 검사, 그림 그리기나 쓰기 등의 광범위한 과제에서 전두엽 손상 이후 나타날 수 있다.

자기-감시 능력 손상

외측 PFC 손상 환자들은 자신들의 행동을 감시할 수 없다. '행동 시연(simulation behavior)'과 '현실 점검(reality check)'이라 부르는 자기-감시는 외측 PFC 손상 이후 결손을 보이는 것으로 나타난다(Knight & Grabowecky, 2000). 시연은 실제 상황의 내적 모형을 생성하는 과정을 일컫는다. 이 모형들은 정확한 과거나 대안적 과거, 현재 또는 미래를 표상할 수 있으며, 환경과 다른 사람, 그리고 자신의 모형을 포함한다. 시연 과정은 정상인을 대상으로 광범위하게 연구되어 왔다(Kahneman & Miller, 1986; Tversky & Kahneman, 1983). 어떤 상황에서 판단과 결정은 내적으로 생성된 대안의 집합에 대한 평가의 결과로 발생한다.

시연 행동의 한 가지 중요한 유형은 반사실적 시나리오를 형성할 수 있는 능력이다. 반사실적 시나리오는 자신이 경험했던 현실의 대안을 나타낸다. 반사실적 표현들은 일상생활에서 자주 발생하며(예: 사람들은 '만약 내가 마리나라 대신에 화이트소스를 곁들인 파스타를 주문했더라면 이 얼룩이 덜했을 텐데.' 라고 생각한다.), 후회나 슬픔이 내포된 상황에서 매우 일반적이다(예: 마음이 심란해진 부모들은 '만약 내가 아들에게 자동차 열쇠를 주지 않았다면 그 사고는 일어나지 않았을 텐데.' 라고 말할 것이다).

Kahneman과 Miller(1986)에 따르면, 모든 사건들은 반사실적 대안과 비교된다. 반사실적 조건문은 일어난 것과 일어날 수 있었던 것의 비교로 구성된다. 이런 시연이 없다면, 같은 실수를 반복하는 것을 피하기 어려울 것이다. 임상적 관찰은 외측 PFC 손상 환자들은 반사실문을 생성하는 능력과 평가하는 능력에 손상을 입는다고 주장한다.

'현실 점검' 이란 표현은 사람들이 현재에 관심을 가질 때 '현실 검사' 라 불리고, 과거에 관심을 가질 때 '현실 감시' 라 불리는 외부의 세계를 감시하는 특성을 말한다. 현실 점검은 내적으로 생성된 대안적 현실과 현재의 현실 간의 차이에 대한 각성과 자신이 구축했던 반사실적 대안을 직면하면서 실제 과거를 유지하는 것을 포함한다. 기억은 세상에서 경험했던 사건과 내적으로 구성된 시연을 통해 경험한 사건 모두에 의해서 형성된다. 이 두 유형의 기억은 현실 점검 동안 효과적으로 사용하기 위해서 달리 취급되어야 한다. 그렇다면 현실의 내적 모형을 현실의 내적 시연으로부터 구분시키는 단서는 무엇인가?

Johnson과 Raye(1981)는 실제 사건의 기억과 내적으로 생성된 사건의 기억을 구별하는 정상인의 능력을 연구했다. 실제 사건에 대한 기억은 더 세밀하며, 시공간적 맥락 정보를 좀 더 가진 경향이 있었던 반면, 내적으로 형성된 기억들은 구체성이 결여된 추상적이고 도식적인 경향이 있었다. 이 두 유형의 기억을 표상하는 세포들이 겹치는 이유로, 비슷한 내적인 사건과 실제 사건의 혼동을 유발한다. 임상 관찰에 따르면 그런 혼동이 PFC 병변 환자들에게 있어서는 좀 더 보편적이며, 그 결과 정확한 현실 점검과 감시에 필수적인 처리 과정에 장애가 나타난다.

모든 외측 PFC 손상 환자들이 여기서 기술한 장애 증상들을 보이는 것은 아니라는 것을 명심하는 것이 중요하다. 외측 PFC 병변에 이어지는 임상적 증후군은 이질적이며 환자들이 보이는 임상 신호들은 대부분 범위, 위치 그리고 병변의 좌우 차이를 반영하게 된다. 그럼에도 불구하고, 이 환자들에게서 관찰된 무수한 인지 및 행동적 붕괴는 특성이 분명하며, 그런 임상적 기술들은 인지에서 전두엽의 역할을 이해하는 데 근간을 형성하였다. 다음 부분에서 우리는 국소 PFC 손상 환자들에 대한 연구로부터 나온 실험 신경심리학적 연구들을 살펴볼 것이다.

국소 전두엽 병변 환자들을 대상으로 한 신경심리학적 연구들

작업기억

작업기억은 환경에서 접속할 수 없는 정보의 단기 저장고이며, 이러한 정보를 나중에 활용하기 위해 계속 유지시키는 과정들의 총체적인 연합을 일컫는 계속해서 진화하는 개념이다. 이것은 인지에서 매우 중요한 체제이며 추론하기, 언어 이해, 계획하기, 그리고 공간 처리와 같은 다른 많은 인지 기능을 수행하는 과정에서 필수적인 것으로 간주된다. 초기의 동물 연구들은 작업기억에서 외측 PFC의 역할에 대한 중요한 증거를 제공하였다(Fuster, 1997을 검토해 보라). 예를 들어 깨어 있는 원숭이를 대상으로 실시한 전기생리학적 연구들은 작업기억을 연구하기 위해 지연-반응 과제를 사용하였다. 이 과제에서, 원숭이는 짧은 지연 기간 동안 자극을 반드시 '마음' 에 보존하거나 왕성하게 유지해야만 한다. 그런 과제를 수행할 때, 원숭이가 운동 반응을 하기 전 기억 속에서 정보를 유지하고 있는 지연-반응 과제의 지연 기간 동안, 외측 PFC 내의 뉴런들은 지속적으로 발화한다(Funahashi, Bruce, & Goldman-Rakic, 1989; Fuster & Alexander, 1971). 단기간에 걸쳐 정보를 왕성하게 유지하는 데 있어서 필수적인 이 영역은 외측 PFC 병변이 이 과제에 대한 수행을 손상시킨다는 것을 원숭이 연구를 통해 명확하게 하였다(Bauer & Fuster, 1976; Funahashi, Bruce, & Goldman-Rakic, 1993).

국소 PFC 병변 환자들을 대상으로 지연 반응 과제를 실시한 몇몇 연구들이 있다(예: Chao & Knight, 1995, 1998; Muller, Machado, & Knight, 2002). 이 연구들에 대한 최근 개관에서, 우리는 PFC 병변 환자의 어떤 집단은 지연 과제에 손상을 보일 수 있으며, 이런 손상들은 환자가 지연 기간 동안, 분산이 포함된 지연 과제를 수행할 때 더욱 심해지는 경향이 있다는 것을 발견했다(D' Esposito & Postle, 1999). 이 발견은 정보 처리 요구에서 이 조작의 영향을 반영한 것으로 이해되었다. 분산의 부재 시 지연 과제의 수행을 지지하기에 충분한 반복 처리는 지연 기간 동안 제시된 분산이 간섭이나 주의를 요구할 경우, 다른 PFC에 의해 지지되는 처리들의 중재를 요구하게 된다. 이들 PFC에 의해 지지되는 처리들에는 우세 반응의 억제(Diamond, 1988), 행동적으로 부적절한 자극(Chao & Knight, 1995), 자극 간이나 과제의 다른 구성 요소들 간의 주의 이동(Rogers & Monsell, 1995), 소음 속 정보의 유지나 재활성화(Johnson, 1992), 경쟁적 반응들 중의 선택(Thompson-Schill et al., 1997) 등 집행 기능 통제 처리들이다. 집행 통제 처리의 이런 종류들은 기능성 뇌영상 연구(D' Esposito et al., 1995; D' Esposito, Postle, Ballard, & Lease, 1999)와 국소 외측 PFC 병변 환자 연구(Muller et al., 2002) 모두에서 외측 PFC 기능과 연결되어 있다.

일화 기억

PFC 손상 환자들은 일화 기억에 장애가 나타난다. 이 장애는 내측두엽 손상과는 확연히 구별된다. Hécaen과 Albert(1978)는 전두엽 기억 손상에 대한 수많은 문헌들을 요약했고 기억에서 손상은 주의력 감소와 집행 기능의 저하로 인한 비효율성 때문에 발생한다고 결론지었다. PFC 병변 환자들은 다중 시행 항목 학습 과제에서 일관성 있게 장애 증상을 나타내는데(Janowsky, Shimamura, Kritchevsky, & Squire, 1989a; Janowsky, Shimamura, & Squire, 1989b), 특히 회상 과제로 측정할 경우에는 실패하지만 재인 과제로 측정할 경우 일반적으로 정상적인 수행을 한다. 이런 결과는 수동적으로 기능하는 저장은 정상이지만, 전략과 노력을 필요로 하는 인출 기능이 손상된 것으로 해석되었다(Shimamura, Janowsky, & Squire, 1991).

이 연구에 있어서 가장 큰 문제점은 PFC 내의 다른 영역에서 발생한 병변들을 구별하지 못했다는 것이다. 기억에서의 역할이 완전히 다른 영역들, 즉 아주 특수하고 제한된 병변—내측두엽—을 가진 집단과 아주 이질적인 병변(배측, 안와, 축, 위쪽 내측) 영역을 가진 집단들을 비교했다. 전두엽의 손상 위치가 기억에 미치는 영향은 완전히 다르다(Stuss et al., 1994). 좌반구 배외측 PFC 손상 환자들은 특히 항목 학습에서 손상을 나타내며, 이 손상은 언어 유창성과 명명하기 과제로 측정하는 어휘 의미 능력에서의 손상과 높게 관련되어 있다. 우측 PFC 손상 환자들은 회상 과제에서 특히 보속 실수를 하는 경향이 있다. 모든 전두엽 환자들은 학습을 향상시키는 전략을 적용하는 데 손상을 보인다.

PFC 손상 환자들은 또한 기억에서 특별한 손상을 보인다. 그들은 특정 항목들을 기억할 수는 있지만, 그 항목들을 학습한 맥락, 즉 항목들을 습득한 시간 순서를 제대로 회상하지 못한다(Shimamura, Janowsky, & Squire, 1990). 마지막으로, 이 환자들은 메타 기억(metamemory), 즉 자신이 기억하는 것과 자신들의 기억 기능이 얼마나 좋은지에 대한 자신의 지식을 판단하는 능력이 손상되었다(Janowsky et al., 1989b). 요약하면, PFC 손상 환자들은 정보의 부호화와 인출을 촉진시키는 계획하기, 조직화 및 학습과 기억의 다른 전략적 측면에 관여하는 처리 과정에 손상이 있다(Shimamura et al., 1991). 이렇게 전략 능력에서의 결함이 전두엽 병변에서 나타나는 특징이다.

억제 통제

억제 통제 실패로 인한 분산이 원숭이의 지연 반응 과제 수행에서 나타나는 결손의 핵심 요소로 작용한다는 사실은 오래 동안 알려져 왔다(Malmo, 1942; Brutkowski, 1965; Bartus & Levere, 1977). 예를 들어 정상적인 동물의 경우에 대체로 수행에 손상을 주는 실험실의 전등 끄기, 혹은 약한 진정제 투여하기 등의 조치는 PFC가 손상된 동물에게 오히려 지연 과제의 수행을 향상시키는 결과를 초래한다. 이런 증거에도 불구하고, PFC 손상 환자들을 대상으로 추출된 자료는 거의 없다. 현존하는 자료는 초기 감각 정보의 억제 실패뿐 아니라 상위 인지 처리 과정에서의 억제 문제에 초점을 맞추고 있다.

감각 영역에서, 부적절한 정보를 억제하는 능력의 장애는 인간과 동물 모두에서 주의 지속, 표적 탐지 및 표본 대응 과제 수행에서 어려움을 유발시킨다(Woods & Knight, 1986; Richer et al., 1993; Chao & Knight, 1995, 1998). 과제에 부적절한 감각 정보의 전달은 측면 PFC 병변 환자의 수행을 불균형적으로 감소시킨다. 예를 들어, 음색 대응 지연 과제 실시 중, 짧은 고주파수 '삐' 소리의 제시는 PFC 병변 환자의 수행을 현저하게 감소시킨다. 요약하면, 관련이 없는 감각 정보를 여과하지 못하기 때문에 측면 PFC 병변 환자는 시끄러운 환경에서 제대로 기능을 못한다.

인지 영역에서, 과거에 학습한 재료의 억제를 요구하는 인지 과제에서의 손상 역시 측면 PFC 병변 환자에게서 관찰된다(Shimamura, Jurica, Mangels, Gershberg, & Knight, 1995; Mangels, Gershberg, Shimamura, & Knight, 1996). 과제에 적절하지 않은 과거에 학습한 정보는 수행을 방해한다. 예를 들어, 기억 과제에서 사용한 이전 자극 목록에 있던 단어들이 이어진 단어 목록의 회상 시 부적절하게 회상되기도 한다. 요약하면, PFC 병변 환자는 심적 칠판을 깨끗이 지우지 못하기 때문에 이전에 학습했던 재료들의 신경 표상들이 계속해서 유지된다. 이전의 틀린 반응을 억제하지 못하기 때문에, PFC 병변 환자들은 WCST(Wisconsin Card Sorting Test)나 스트룹 과제 등 광범위한 신경심리학적 과제에서 저조한 수행을 보인다(Shimamura, Gershberg, Jurica, Mangels, & Knight, 1992). 흥미롭게도 억제 실패가 운동 통제 영역까지 확장된다는 증거들도 있다. 예를 들어, 측면 PFC 손상이 과제에 적절하지 않은 공간 위치로 향하는 반사적 눈 움직임의 억제 능력을 손상시킨다(Guitton, Buchtel, & Douglas, 1985).

새로운 것 처리

외부의 감각 사건이나 내적 사고, 그리고 새로운 행동을 생성하는 능력의 경로에서 새로운 것을 탐지하는 능력은 새로운 학습, 창의성, 환경적인 변화에 대한 유연한 적응에 있어서 핵심적인 것이다. 예를 들어, 행동전기생리학적 자료들은 새로운 사건이 친숙한 것보다 더 잘 기억된다는 것을 보여 주었다(Von Restorff, 1933; Karis, Fabiani, & Donchin, 1984). 실제로 과학에서 예술에 이르는 광범위한 분야에서 창의적인 행동은 공통적으로 새로움의 정도와 직접적으로 연관된 것으로 정의되어 왔다.

측면 PFC 병변이 있는 환자들은 새로운 문제를 해결하고, 새로운 행동을 수행하는 데 어려움을 겪으며, 새로운 사건에 대한 흥미가 매우 줄어든다. 심각한 PFC 손상은 새롭게 출현한 자극으로 향하는 데 손상을 보인다(Godfrey, & Rousseaux, 1997; Dias, Robbins, & Roberts, 1997; Goldberg, Podell, & Lovell, 1994; Daffner et al., 2000a; Daffner et al., 2000b; Daffner et al., 2000c). 정상인을 대상으로 한 연구들은 새로운 항목들이 약 300~500ms 진폭에서 전측 두피에 걸쳐 최고조가 되는 후정 사건관련전위(late-positive ERP) 정점을 생성한다는 것을 보여주었다. 이 새로움 ERP는 지향성 반응의 핵심 표시로 고려할 수 있다(Sokolov, 1963; Courchesne, Hillyard, & Galambos, 1975; Knight, 1984; Yamaguchi & Knight, 1991; Bahramali et al., 1997; Escera, Alho, Winkler, & Naatanen, 1998). 임상 관찰에 따르면, PFC 손상은 청각(Knight, 1984; Knight & Scabini, 1998), 시각(Knight, 1997), 체성감각(Yamaguchi & Knight, 1991, 1992) 양식에서 예기치 않았던 새로운 자극에 대한 두피전기생리학적 반응을 현저하게 감소시킨다. 또한 원숭이의 단일 세포 기록 자료는 새로움에 대한 전전두엽 편향을 확인해 주었다(Rainer & Miller, 2000). 마지막으로 정상인을 대상으로 한 기능성 뇌영상 연구 결과 역시 새로운 사건에 반응하는 것과 새로운 문제를 해결하는 것에 있어서 PFC가 결정적인 역할을 하는 것으로 나타난다(Duncan & Owen, 2000의 리뷰를 볼 것).

물론 새로움은 사건의 감각 매개변수와 그것이 발생한 맥락 모두를 고려해야 하는 정의하기 힘든 개념이다. 예를 들어, 시각적으로 차원분열도형(fractal)이 예기치 않게 발생할 경우는 새로운 체계가 관여하는 전형적인 예다. 반대로 시각적 차원분열도형들이 연속해서 나타난 후, 갑자기 사과 그림이 나타나면, 이것 역시 새로운 체계를 활성화할 수 있다. 첫 번째 경우에서는 차원분열도형의 시각적 복잡성이 새로운 반응을 유발시키는 원인이 되지만, 두 번째 상황에서는 반복된 차원분열도형의 국지적 맥락에서 사과 그림의 삽입으로 인하여 훼손되고, 그 결과 새로움 신경망을 작동시키게 된다.

감각 매개변수와 국지적 맥락은 새로움에 대한 전기생리학적 및 행동적 반응에 강력한 영향을 미친다(Comerchero & Polich, 1998, 1999; Katayama & Polich,

1998). 측면 PFC 손상 환자를 대상으로 일련의 통계 학습 실험을 실시하여 추출한 자료에 의하면, 국지적 맥락의 평가가 측면 PFC에 의존하는 것으로 나타난다. 한 실험에서, 새로운 자극의 제시가 행동 반응을 요구(100% 조건)하는 표적이 다음에 나타난다는 것을 예측하게 하였다. 다른 실험에서는, 새로운 자극을 표적과 무선적으로 쌍을 지었고, 시행의 20%에서만 새로운 자극이 표적이 나타나기 전에 나타났다(20% 조건). 피험자들은 새로운 자극-표적 쌍의 규칙에 대한 정보를 알지 못했고, 실험을 하는 동안 이 국지적 맥락을 추출해야만 했다. 통제 집단은 두 실험 구획 동안에 이 통계 규칙을 학습했으며, 새로운 자극에 대해서 자신들의 행동 뿐 아니라 전기생리학적 반응 또한 달라졌다.

100% 새로운 자극-표적 조건에서, 반응 시간이 더 빨랐으며, 뇌의 ERP 새로움 반응은 약화되었다. 반대로 20% 새로운 자극-표적 쌍 조건에서, 반응 시간은 새로운 자극이 표적에 선행했을 때 더 느렸으며, 모든 새로운 사건에 대해 확실한 ERP 반응이 기록되었다. 이런 결과의 양상은 새로운 사건이 100% 조건에서는 경보 자극으로 사용되었으며, 20% 조건에서는 방해 자극으로 사용되었다는 설명과 잘 맞아떨어진다. 정상인들과 달리 PFC 환자들은 이 실험의 국지적 맥락을 효과적으로 사용하지 못하여, 시행의 12 구획이 지난 후에조차 통계적 규칙을 추출하여 적용하지 못했다(Barcelo & Knight, 2000).

집행 기능 통제에 대한 실험적 연구들

임상 전문가들에 의해 관찰되었으며 외측 PFC 손상 환자들을 대상으로 한 신경심리실험 연구에서 발견된 다양한 스펙트럼의 손상 양상은 인지 처리를 위해 결정적으로 기여하는 신경망의 억제 및 흥분 조절의 어려움으로부터 발생하는 것으로 간주된다. 이 절에서는 정상인과 국소 전두엽 손상 환자들을 대상으로 한 전기생리학 및 기능성 뇌영상 연구와 동물 연구로부터 추출한 증거를 이 개념에 대한 증거로 제시한다.

억제성 통제

PFC의 피질하(Edinger, Siegel, & Troiano, 1975) 및 피질 영역에 대한 억제 통제는 다양한 포유동물을 대상으로 실시한 연구들에서 보고되었다(Alexander, Newman, & Symmes, 1976; Skinner & Yingling, 1977; Yingling & Skinner, 1977). Galambos(1956)는 뇌간 올리브와우 섬유다발에 대한 기술에서 포유류에 있는 억제성 청각 경로에 대한 생리학적 증거를 처음 제시했다. 올리브와우 섬유다발은 뇌간에 있는 올리브 모양 세포 핵에서 속귀에 있는 와우각(달팽이관)으로 감각 정보를 투사한다. 이 섬유다발을 자극할 경우, 청각 신경에서의 유발 반응의 감소로 측정되는 와우각에서 뇌간 와우관 세포 핵으로의 감각 정보 전달의 억제를 발생시킨다. 이 경로는 청각 체제 내에서 초기 감각 억제 역할을 한다. 인간의 와우관이나 뇌간 단계에서 감각 정보를 여과한다는 가설은 대부분의 실험실에서 주의와 연관된 조작을 실시하였을 때 뇌간에서 청각에 의해서 반응이 유발되는지에 대한 증거를 발견하지 못한 관계로 논쟁 중에 있다(Wood & Hillyard, 1978; Woldorff & Hillyard, 1991).

1970년대 연구는 고양이에게 있어서 일차 피질 영역으로의 감각 흐름을 조절하는 다중 양식 전전두엽-시상 억제 체제에 대한 증거를 보고했다. 냉각(극저온 차단)에 의한 고양이 PFC의 가역성 억압은 모든 감각 양식에 있어서 일차 피질에서 기록된 유발 반응의 진폭을 증가시켰다(Skinner & Yingling, 1977; Yingling & Skinner, 1977). 반대로, 감각 중계 핵을 둘러싼 시상 영역(세포 핵 망상체 시상)에 대한 자극은 일차 감각 피질에서 양식-특수 억제 활동을 발생시켰다. 이 효과는 모든 감각 양식에서도 관찰되었다.

이 자료들은 시상 중계 핵을 통한 감각 전달을 조절하는 전전두엽 억제 경로에 대한 첫 생리학적 증거다. 이 전전두엽-시상 억제 체제는 감각 처리의 초기 단계에서 부적절한 입력 정보에 대한 양식-특수 억제 기제로 작용한다. 앞에서 언급했듯이. 이 체제는, 비록 이러한 구조들 간에 해부학적 투사의 정확한 경로는 잘 이해되지 않고 있지만, 세포 핵 망상체 시상으로 가는 흥분성 외측 PFC 투사에 의해 조절된다. 세포 핵 망상체 시상은 다시 억제성 GABA 투사를 감각 중계 핵으로 전달하여, 감각 정보에 대한 선택적인 억제를 제공하는 신경 기저를 제공한다(Guillery et al., 1998).

인간에게 있어서는 PFC가 다른 피질 및 피질하 영역에 대한 통제력을 행사한다는 증거도 있다. 예를 들어, 국소 PFC 손상 환자에 대한 ERP 연구는 일차 청각 및 체성감각-유발 반응이 강화된다는 것을 보여 주었는데(Knight, Scabini, & Woods,

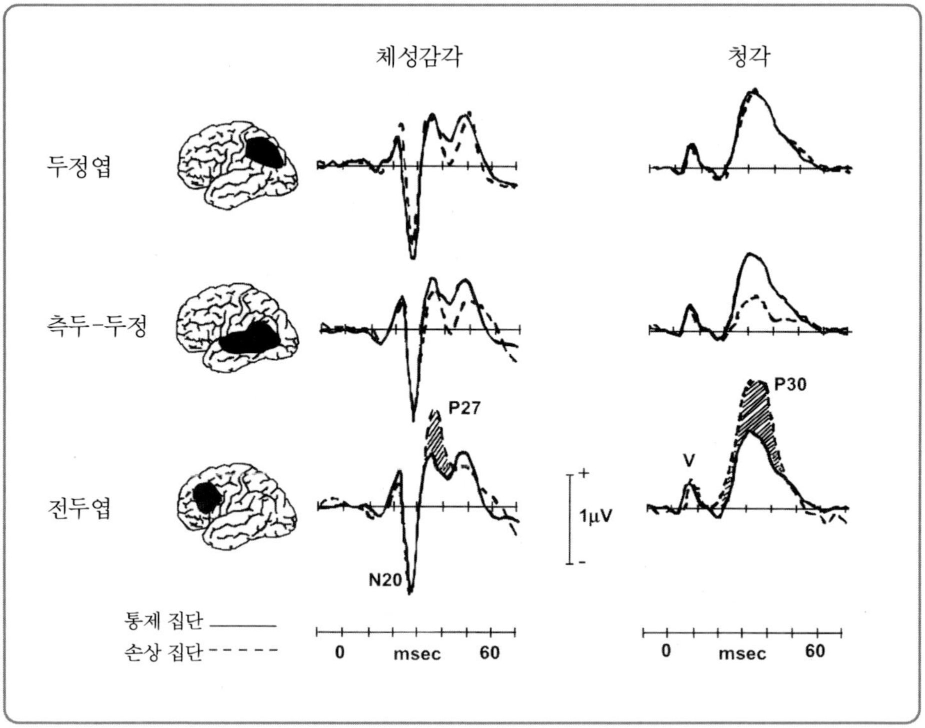

[그림 11-2] 억제 조절. 일차 청각 피질과 체성감각 유발 전위는 통제 집단(굵은 선), 외측 전전두엽(top, n=8), 측두-두정 연결(중간, n=13)이나 배측 전전두엽(아래, n=13)에 국지적인 손상을 가진 환자들(실선)을 나타낸다. 각 환자 집단에서, 손상 중심의 재구성은 좌측에서 보여 주고 있다. 체성감각 자극에 대한 외측 두정엽 손상(일차 체성감각 피질은 온전한)은 N20이나 초기의 척추 전위에는 효과가 없다. 그러나 PFC 손상은 P27 반응(음영 부분)의 진폭에서 선택적인 증가를 보인다. 청각적 자극에 대해, 일차 청각 피질로 확장된 측두-두정 연결은 P30 반응이 줄어든 반면, 외측 두정엽 손상(일차 청각 영역은 온전한)은 P30 반응에 효과가 없었다. PFC 손상은 정상적인 뇌간 전위를 보이지만, P30 피질 반응(음영 부분)을 강화한다.

1989; Yamaguchi & Knight, 1990; Chao & Knight, 1998), 이런 결과는 일차 피질 영역으로 유입되는 감각 흐름의 탈억제 현상을 시사한다. 일련의 실험에서, 과제에 부적절한 청각과 체성감각 자극들(예: 한쪽 귀에만 들려주는 시계 소리, 정중 동맥에 가하는 짧은 전기 충격)을 외측 PFC, 측두-두정 연합 영역, 또는 외측 두정엽에 유사한 크기의 병변을 가진 환자들에게 제시했다. 일차 청각 피질(Kraus, Ozdamar, & Stein, 1982)과 체성감각 피질(Leuders, Laser, Harn, Dinner, & Klem, 1983)로부터 유발된 반응을 이 환자들과 연령-대응 통제군으로부터 기록하였다([그림 11-2]).

측두-두정 영역에서 일차 청각 피질이나 체성감각 피질의 손상은 이 일차 피질 영역에서 생성되는 초기 잠복(20~40ms) 유발 반응을 감소시켰다. 일자 감각 영역과 공유하는 외측 두정엽에서의 후기 연합 피질 손상은 초기 감각 전위에 효과가 없었고, 뇌손상을 입은 통제 집단에만 나타났다. 외측 PFC 손상은 일차 청각- 및 체성감각-유발 반응 모두에서 진폭을 강화시키는 결과를 낳았다(Knight et al., 1989; Yamaguchi & Knight, 1990; Chao & Knight, 1998). 척추와 뇌간 전위는 외측 PFC 손상으로부터 영향을 받지 않았는데, 이런 결과는 진폭의 강화가 전전두엽-시상이나 전전두엽-감각 피질 기제의 이상에 기인한 것임을 시사한다. 이 결과들은 1970년대 Yingling과 Skinner(1977)의 PFC 의존 감각 차단기의 고양이 모형에서 보고한 발견과 일치한다.

앞에서 언급한 것처럼, 외측 PFC 환자들은 억제성 통제를 요구하는 과제에서 결손을 보인다. 이울러, 여러 기능성 뇌영상 연구들은 외측 PFC 기능과 억제 통제 간에 연결을 보여 주었다(Konishi, Nakajima, Uchida, Sekihara, & Miyashita, 1998; Garavan, Ross, & Stein, 1999; D' Esposito, Postle, Jonides, & Smith, 1999). 그러나 억제 통제에서 외측 PFC가 관여한다는 행동 및 뇌영상 증거들은 PFC로부터 억제 신호가 초기 감각 피질을 향하거나, 감각 흐름의 억제 통제 망에 기인하는 GABA 세포 핵 망상체 시상으로 가는 흥분성 PFC 입력 정보를 향한다는 가설에 대한 직접적인 증거를 제공하지 않는다. 그와 대조적으로, 앞서 기술한 ERP와 환자를 결합한 연구들은 억제 통제의 시간적 역학 관계를 측정할 수 있으며, 인간에게 있어서 PFC가 초기 감각 전달에서 순수한 억제 통제를 제공한다는 강력한 증거를 제공한다.

흥분성 통제

주의는 무수한 시공간적으로 근접한 환경에서 발생하는 사건들 중 선택을 가능하게 한다. 주의는 거의 모든 인지 능력에서 중요한 역할을 한다. 앞 절에서 논의했던 부적절한 자극에 대한 억제 외에도, 인간들은 대부분의 인지 과제를 수행하기 위해 분산된 뇌영역에서 반드시 신경 활동을 흥분시키고 그리고 유지해야 한다.

Desimone(1998)은 시각 세계의 다양한 양상들을 처리하는 데 관여하는 뉴런들이 상호 억제적이라는 시각적 주의의 편향된 경쟁 모형을 제안했다. 이 관점에서는, 선택된 시각 뉴런으로 (아마도 PFC나 하두정엽으로부터) 보내지는 흥분성 신호는 주변의 과제와는 관련 없는 시각 뉴런들을 억제하게 되며, 그 결과 주의가 더 집중하게 된다. 예를 들어, 시각 주의는 주의가 주어진 대상에 대한 V4 뉴런들의 발화를 증가시키지만, 주변의 주의가 주어지지 않은 대상에 대한 발화는 억제한다(Luck, Chelazzi, Hillyard, & Desimone, 1997).

이 모형이 감각 조율의 어떤 측면을 설명하는 반면, 대상의 표상(예: 형태, 색깔, 재질을 포함하여)은 피질에 분산된 표상으로 저장되어 있기 때문에, 대상-기반 주의 같은 개념들은 충분히 설명하지 못한다. 뉴런 수준에서 모형이 완전히 구현되기 위해서는 여러 피질 영역에서의 광범위한 억제가 요구된다. 예를 들어, 어떤 사람이 야구공에 주의를 둔다면, 모든 둥근 물체에 대한 신경 표상들은 억제되어야 한다. 이렇게 한다는 것은 엄청난 에너지 소비뿐 아니라 모든 둥근 물체들을 병렬적으로 추적해서 연결해야 하는 복잡한 기제의 개입을 필요로 한다. 그럼에도 불구하고, PFC가 후부 연합 피질 영역을 하향적으로 조절한다는 생각은 PFC가 목표-지향적 행동을 유도하는 중요한 기제일 것이란 생각 때문이다.

이 모형의 특정 양식에 대한 증거는 인간으로부터 추출된 자료들이 제공한다. 한쪽 귀, 시야장의 특정 영역 또는 숫자에 대한 선택적 주의는 관여한 감각 정보의 경로로 전달되는 모든 자극에 대한 감각-유발 전위의 진폭을 증가시킨다(Hillyard, Hink, Schwent, & Picton, 1973). 이것은 주의가 확실히 초기 감각 피질에서 신경 활동을 조절한다는 증거로 볼 수 있다(Woldorff et al., 1993; Grady et al., 1997; Somers, Dale, Seiffert, & Tootell, 1999; Steinmetz et al., 2000). 시각 주의는 위계적으로 배열된 뇌 구조로부터 하향하는 투사 경로를 통해 선조 외 피질 뉴런의 흥분 조절에 관여한다(Hillyard & Anllo-Vento, 1998). 원숭이에 있어서 단일-세포 기록(Fuster, Brodner, & Kroger, 2000; Funahashi et al., 1993; Rainer, Asaad, & Miller, 1998a, b), 인간(Knight, 1997; Nielsen-Bohlman & Knight, 1999; Knight, Staines, Swick, & Chao, 1999; Barcelo, Suwazono, & Knight, 2000)과 원숭이(Rossi, Rotter, Desimone, & Ungerleider, 1999) 병변 연구들, 그리고 혈류 자료(McIntosh, Grady, Ungerleider, Haxby, Rapoport, & Horwitz, 1994; Kastner, Pinsk, de Weerd, Desimone, & Ungerleider, 1999; Corbetta, 1998; Hopfinger, Buonocore, & Mangun, 2000)는 시각 주의를 기울이는 동안 선조 외 피질의 통제와 PFC를 연결지었다.

기능성 뇌영상 연구들은 시각 주의 과제를 수행하는 동안, PFC와 두정엽 모두가 활성화되는 것을 보고했다. 예를 들어, Hopfinger와 동료들은 단서가 주어진 공간 주의를 연구하기 위하여 사건관련 기능성 자기공명영상(fMRI)을 사용했다(Hopfinger et al., 2000). 이 저자들은 시각 표적에 선행하여 제시된 주의 단서는 상전두엽, 하두정엽 그리고 상측두엽을 활성화시킨다고 보고했다. 하지만 현재 제한된 시간 해상도로 인해, 시각 주의의 fMRI 연구는 PFC에서 하향 처리 신호가 유래하는지를 확인시켜 주지는 못하고 있다. 그에 반해, 원숭이를 대상으로 한 단일 세포 기록 연구들과 뒤에서 간단히 논의할 인간들을 대상으로 한 병변과 ERP 연구들은 기능성 뇌영상 연구에서 나타난 PFC 활성화가 대부분 시각 처리에서 하향-처리의 영향을 반영한다는 증거를 제공한다.

시각 경로 활성의 조절은 인간을 대상으로 한 ERP 연구에서 광범위하게 검사되었다. 정상인에게 있어서 주의가 주어진 시각 자극은 독특한 ERP 신호를 유발한다. 예를 들어, 가장 두드러진 선조 외 피질에서의 ERP는 약 125ms에서 정점에 달하는 P1 요소와 170~200ms 정도에 정점에 달하는 N1 요소다. 주의는 주의를 둔 경로에 있는 모든 자극들에 대해 이러한 초기 선조 외 피질의 ERP 요소들을 확실하게 강화한다(Heinze et al., 1994; Mangun, 1995; Martinez et al., 1999; Woldorff et al., 1997). 이 초기 인간 ERP 요소들은 원숭이의 선조 외 피질 뉴런들의 증가한 발화와도 연결되며(Luck et al., 1997), 이런 결과들은 인간과 동물 연구 사이의 강한 유사성을 의미한다.

외측 PFC에 손상을 입은 환자들에 대한 ERP 연구로부터 인간의 외측 PFC가 3개의 독특한 기제를 통해 주의에 의존하는 선조 외 피질의 뉴런들의 활동을 조절한다는 증거들이 축적되고 있다. 이 기제들은 (1) 선조 외 피질의 주의-의존 강화; (2) 주의를 주거나 주지 않은 감각 입력 정보들을 포함한 모든 감각 정보에 대한 긴장성(tonic) 흥분이 동측 후부 영역에 미치는 영향; (3) 모든 과제에 적절한 자극에 대한 위상성(phasic) 흥분의 동측 후부 영역에 미치는 영향의 세 가지로 이루어진다. 이러한 ERP 연구들에서, 단측 PFC 손상(BA 9와 46에 집중) 환자들이 일련의 시각 주의 과제들을 수행했다. 실험에서는 직각 삼각형으로 구성된 비표적 자극들이 양측 시야장(안와로부터 4도)에 빠르게 제시되었다. 거의 드물게 표적들이 제시되었으며(모든 자극 중 10%), 역삼각형으로 구성되어 각 시야장에 무선적으로 제시되었다. 한 실험에서, 환자들과 연령 대응 통제 집단에게 어느 시야장에서든 표적이 나타날 때마다 단추를 누르라고 지시했다(Barcelo et al., 2000). 또 다른 실험에서는, 피험자들에게 단 하나의 시야장에만 주의를 할당하라고 지시했다(Yago & Knight, 2000).

이 두 실험으로부터 흥미로운 형태의 결과가 도출되었다. 첫째, 두 실험은 외측 PFC가 동측 선조 외 피질에 긴장성 흥분 영향을 가하는 것을 보여 주었다. 특히 시각 ERP P1 요소는 병변 대측 시야장에 제시된 모든 자극에 대한 진폭을 현저하게 감소시켰다. 중요한 사실은 병변 대측 시야장에 시각 자극(주의를 둔 그리고 두지 않은 표적과 비표적)이 제시될 경우 선조 외 피질에서 발생하는 감소된 P1 전위가 손상된 PFC의 동측에서 발견되며, 이런 사실은 긴장성 영향이 주의와는 독립적이라는 것이다. 이런 긴장성 요소는 선조 외 피질 활동에 대한 조절의 영향으로 간주할 수 있다.

앞에서 언급했던 것처럼, 주의가 정상인들의 선조 외 피질 ERP의 진폭을 증가시키며, 그 효과가 자극의 제시 이후 100ms 정도에 발생한다는 사실은 잘 알려져 있다. 둘째, 실험(하나의 시야장에만 주의 할당하기)은 전전두 피질-선조 외 피질 간 상호작용의 시간적 역동성에 대한 증거를 제공했다. 사실 PFC 환자들에 있어서 주의가 선조 외 피질에 미치는 영향은 정보 처리의 첫 200ms에서는 정상이지만, 200ms 이후에는 심각하게 붕괴되었다(Yago & Knight, 2000). 이 발견은 다른 피질 영역들이 첫 200ms 동안 선조 외 피질의 주의-의존 조절을 담당한다고 제안한다. 뇌영상과 임상적 연구에 근거하여 유추해 볼 때, 이 영향에 대한 후보 구조는 하두정엽이다. 하두정엽이 주의 초기의 반사적인 요소를 담당하는 반면, PFC는 두정엽에서 선조 외 피질로 신호가 전달된 이후 시작되는 좀 더 통제적이고, 지속적인 시각 주의를 담당한다는 추측은 그럴듯하다.

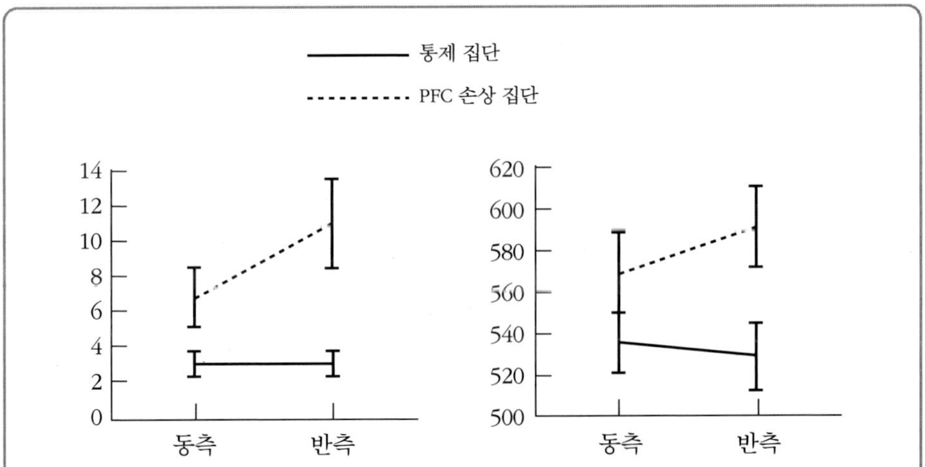

[그림 11-3] 시각적 주의의 손상과 PFC 손상. 환자 집단과 통제 집단의 놓침 비율(좌측)과 반응 시간(우측)은 표적 제시의 시야장 기능으로 제시되었다. Contra는 환자들에 대한 반측 시야장, 통제 집단에 대한 우측 시야장; Ipsi는 환자들에 대한 동측 시야장, 통제 집단에 대한 좌측 시야장(Barcelo, Suwazono, & Knight, 2000). 놓침은 표적 제시 이후 300~800ms 사이에 반응하는 데 실패한 것으로 정의했다. 집단 간, 그리고 시야장 간의 상호작용은 두 측정 모두 유의미했다. 세로 막대는 평균의 표준오차를 나타낸다.

이 실험들로부터의 관찰되는 세 번째 발견은 주의 과제를 수행하는 동안 과제에 적절한 사건을 탐지했을 때, 외측 PFC가 선조 외 피질로 하향 신호를 보낸다는 것이다. 두 유형의 자극, 즉 과제에 부적절한 자극의 탐지와 행동적 반응을 요구하는 자극이 주의를 둔 경로에 전형적으로 제시된다. 과제에 부적절한 자극과 적절한 자극 모두의 진폭이 주의를 둔 경로에서 강화된다. 앞에서 논의했던 것처럼, PFC는 이 경로-특수 주의 강화의 조절을 담당한다. 주의를 둔 경로에서, 적절한 표적 사건이 탐지되었을 때, 경로-특수 강화에 추가해서 독특한 전기생리학적 사건이 생성된다. 이 하향 신호는 정확한 탐지 이후, 약 200ms에 시작하며, 후속되는 500ms 동안 지속된 뒤, 경로-특수 ERP 주의 강화 신호와 겹쳐진다(Suwazono, Machado, & Knight, 2000). 외측 PFC 손상은 하향 신호를 현저하게 감소시키며, 자극 탐지 능력의 손상으로 가시화된다(Barcelo et al., 2000)([그림 11-3]).

이와 같은 인간에 있어서 PFC에서 선조 외 피질로의 하향적인 주의 조절에서 시간의 매개변수들은 자극을 제시 후 140ms에 자극 탐지와 연관된 강화된 전전두엽 활성화를 보이는 원숭이의 단일 세포 기록 결과들(Rainer et al., 1998a, b)과 표적 탐지 후 180~300ms에 하측두엽 뉴런들의 상부에서 내려온 신호에 의한 활성화를 보여 주는 다른 연구 결과들(Tomita, Ohbayashi, Nakahara, Hasegawa, & Miyashita, 1999)과 일치한다. 예를 들어, Rainer와 동료들(1998a, b)은 시각에 의한 표적의 탐지는 뇌구 감각 핵에서 단일 세포 단위에서의 증가된 활동과 연관이 있다는 증거를 제시했고, Tomita와 동료들(1999)은 뇌구 감각 핵이 선조 외 피질로 하향하는 신호를 제공함을 나타내는 추가적인 증거를 원숭이 연구에서 발견하였다. 이 저자들은 시각 입력 정보의 부재 시 PFC의 단일 세포 단위의 활동이 강화된 하측두엽 활동과 상관되어 있다는 것을 보여 주었다. PFC에서 하측두엽으로의 연결회로의 붕괴는 병변 대측 시야장에 심각한 수행 손상을 낳는다.

반구 내 신경 활동에 있어서 PFC의 조절 역할은 다른 감각 양식에도 적용된다. 예를 들어, 청각 연합 피질에서 신경 활동의 감소는 PFC 손상 이후, 인간의 언어, 주의 및 지연 과제 수행에서 관찰되었다(Knight, Hillyard, Woods, & Neville, 1981; Swick & Knight, 1998; Swick, 1998; Chao & Knight, 1998). 한 연구에서, PFC 환자

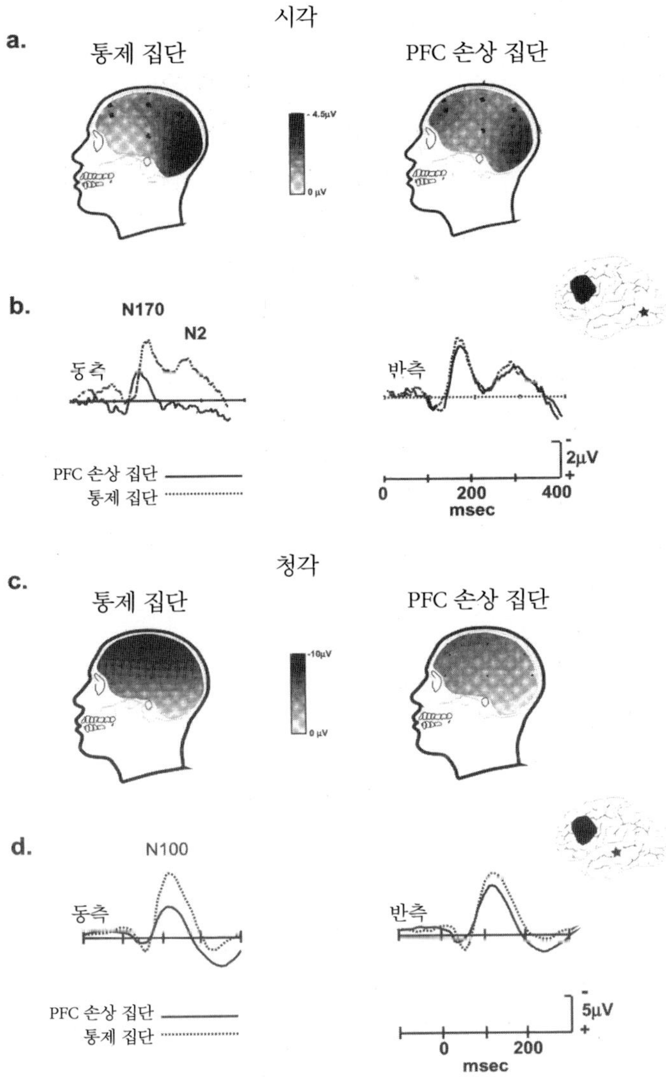

[그림 11-4] 흥분성 조절. 통제 집단 피험자와 PFC 환자의 위치 표시는 시각적 표적에 의해 생성된 N70, 청각 표적에 의해 생성된 N100의 두피 전압 분산을 나타낸다. 뇌에서 어두운 부분은 손상이 중복되는 영역을 나타내는 반면, 별표는 N100과 N170에 대해 추정된 생성자 위치를 가리킨다. 시각적 과제에서, N170의 선조 외 피질 중심은 PFC 손상에서 동측으로 감소되었다. 유사하게 청각적 과제에서, N100의 외측 측두엽 중심은 PFC 손상에서 동측으로 감소되었다.

들을 대상으로 지연 대응 표본 과제를 청각으로 실시했다. 피험자들은 단서(S1)와 이어지는 표적(S2)의 소리가 동일한 것인지를 보고해야 했다. S1과 S2 자극은 둘 다 모두 상측두 면에 있는 청각 연합 피질에서 뉴런의 활동을 측정하였을 때 두드러진 N100 ERP 반응을 생성시킨다(Woods, 1990). PFC 병변은 손상의 동측 반구 전반적으로 S1과 S2 자극에 반응하여 생성되는 N100 요소를 현저하게 줄어들도록 하였다(Chao & Knight, 1998). 흥분성 조절의 실패는 청각 양식과 시각 양식 모두에서 쉽게 관찰되었다(Knight 1997; Chao & Knight, 1998)([그림 11-4]).

원숭이들의 해부 구조에 대한 연구들은 이러한 PFC에서 후 연합 영역으로의 신경망 형성에 대한 제안을 지지한다. 예를 들어, 전전두엽 45, 8 영역에서 하측두 영역 TE와 TEO로의 투사는 원숭이 연구에서 밝혀졌는데(Webster, Bachevalier, & Ungerleider, 1994), 이것은 외측 PFC가 시각 처리를 촉진시킬 수 있는 글루타민 경로의 가능성을 제공한다. 비슷하게, 흥분성 PFC에서 청각 피질 회로를 보조할 수 있는 상측두 면으로 연결되는 PFC 투사가 이미 잘 설명되어 있다(Alexander et al., 1976).

반구 간 협응 기제들은 잘 알려져 있지 않은 반면, fMRI 연구에 의해 판명된 광범위한 인지 과제의 수행 기간 동안, 양측 PFC가 관여한다는 명백한 증거가 있다(D' Esposito, Aguirre, Zarahn, & Ballard, 1998의 개관 참조). 또한 원숭이의 시각 처리에서 양측 PFC가 관여한다는 증거가 보고되었다. 예를 들어, PFC 병변은 원숭이(Tomita et al., 1999; Rossi et al., 1999)와 인간(Nielsen-Bohlman & Knight, 1999; Barcelo et al., 2000)에 있어서 대측 시야장에서의 정보 처리를 손상시킨다. 그러나 PFC가 손상된 원숭이의 뇌량을 절단할 경우 병변 대측 시야장에서의 손상된 시각 처리를 극단적으로 악화시킨다(Rossi et al., 1999). 이런 발견은 원숭이들이 당면한 과제를 해결하기 위해, 시각 정보를 온전한 대뇌로 이전시키고 있다는 강력한 증거로 간주될 수 있다.

우리의 견해는 거의 모든 과제가 분산된 신경 활동의 억제성과 흥분성 병렬식으로 통제되며, 이런 통제가 PFC에 의해 조절된다고 보고 있다. 그러나 앞 2개 절에서 제시된 연구 발견들은 중요한 개념적 이슈를 제기한다. 왜 외측 PFC는 분산된 인지 체제들을 통제하기 위해 억제성과 흥분성의 병렬식으로 실행하는가? 신경계는 신경축 전체에서 억제와 흥분이 상호배치되어 있다. 척추에서의 반사 기능, 대뇌의 출력, 기저 핵의 움직임을 통제하는 신경망을 예로 들 수 있다. 따라서 집행 기능 통제가 억제와 흥분을 사용하여 인지 처리를 통제하는 것은 놀랄 일이 아니다. 그런 흥분과 억제의 병렬 통제는 PFC에서 시상으로의 차단기 신경망뿐 아니라 특정 피질 영역으로의 직접적인 흥분성 PFC 입력 정보를 포함하는 대규모 신경 통제를 포괄할 개연성이 높다. 억제를 통한 국소 피질의 주의의 조율은, Desimone와 동료들(1998)이 제안한 것처럼, 국소 억제성 뉴런들을 활성화하는 긴 흥분성 PFC 투사에 의해서 이루어질 수 있다. 설치류 연구는 장거리 흥분성 PFC 투사가 GABA-면역 반응 뉴런들에서 종결된다는 증거를 제시하며, 이런 발견은 PFC에 의존하는 억제 조절 신경 구조에 대한 개연성을 제시한다.

결론과 미래 방향

집행 기능 통제에서 PFC의 역할은 인지신경과학에서 핵심적인 주제가 되어 왔다. 사실 인간에게 있어서 거대한 확장된 PFC를 고려할 때, 이 뇌영역의 기능 설명은 정상인 그리고 질병을 앓는 사람 모두에게 있어서 인간 인지를 이해하기 위한 근본적인 주제가 될 것이다. 여러 영역에서 진보가 이루어졌다. 인지심리학은 고전적 신경심리학적 접근에 반가운 내용을 첨가했고, 행동 분석의 여러 새로운 영역들은 PFC 기능에 대한 우리의 이해를 도왔다. 사회 인지와 의사 결정이나 현실 감시와 같은 행동 연구들로 시도된 새로운 접근법들은 PFC 기능에 대한 이해에 폭넓고 생태학적으로 타당한 접근 방법들을 제공하였다.

점차 주목을 받고 있는 영역 중의 하나는 행동 맥락에서의 평가와 구현에 대한 PFC의 기여다(Barcelo & Knight, 2000). 맥락이란 현재의 환경이 현재 행동에 미치는 영향을 일컫는다. 맥락이라는 용어는 인지과학 문헌에서 광범위하게 사용되며, 확률, 학습, 사회 규제, 그리고 새로운 것 탐지를 포함한 다양한 영역에 적용되어 왔다. 예를 들어, 사회적 영역에서, 어떤 한 상황에서의 행동은, 같은 행동이 다른 상황에서는 아주 반대되는 결과를 낳을 수 있는 반면, 매우 적절한 것이 될 수도 있다. 인간은 새로운 상황에 대한 적절한 맥락으로 사용하기 위해 이전 경험을 끌어들일 수 있다. 맥락 의존적 매개변수를 행동에 적용하는 데 있어서 PFC의 역할에 대한 연구는 심적 유연성에 있어서 PFC의 역할을 이해하는 데 결정적인 것으로 나타날 수 있다. 심적 유연성이란 과제의 요구에 따라 빠르게 행동을 바꿀 수 있는 능력을 의미한다. PFC가 행동에서 이런 유연성을 지지하기 위한 기반을 제공한다는 생각은 PFC 뉴런들이 전통적인 관점에서 제안된 것보다 더 가소적이라고 제안한 원숭이에 대상으로 실시한 단일 세포 연구의 최근 발견과 일치하는 것이다(Rainer et al., 1998a, b; Rainer & Miller, 2000; Miller, 1999).

이런 집행 기능 처리가 뉴런 수준에서 어떻게 구현되는지 결정하는 것은 아마도 PFC 기능을 이해하기 위한 가장 큰 도전이 될 것이다. 억제와 흥분 처리의 병렬적 발현이 PFC 기능을 이해하기 위한 유용한 구성체가 될 것이라는 생각은 단일 세포 기록, 병변, ERP, 그리고 기능성 뇌영상 연구 결과들의 지지를 받고 있다. 이런 실험적 접근들의 융합을 통한 진전은 PFC에 의존하는 집행 기능 통제의 시공간적 양상에 대한 새로운 통찰을 제공할 것이다. PFC 기능에 대한 신경약물학의 고려 또한 전전두엽 기능의 완전 이해에 필수적일 것이다.

마지막으로 국소 단일 세포 단계와 체제 상호작용 단계 모두에서 신경 부호의 본질에 대한 지식은 PFC 기능의 완전한 이해에 핵심적으로 작용한다. PFC의 하위 영역에 있는 단일 세포들은 다른 뇌영역과 상호작용하는 데 필수적인 신호를 어떻게 생성해 내는가? 억제에 관여하는 뉴런들이 흥분에 기여하는 뉴런들과 상호연결되어 있는가? PFC로부터 다른 신경 영역으로 보내는 신호 출력 정보의 본질은 무엇인가? 감마 진동처럼 이 신경 활동은 일관성 있는 격발인가? 이런 질문들은 제기되어야 할 시작에 불가하지만, PFC 집행 기능을 어떻게 구현하는지에 대한 커다란 통찰을 제공할 것이다.

참 | 고 | 문 | 헌

Alexander, G. E., Newman, J. D., & Symmes, D. (1976). Convergence of prefrontal and acoustic inputs upon neurons in the superior temporal gyms of the awake squirrel monkey. *Brain Research, 116*, 334-338.

Bahramali, H., Gordon, E., Lim, C. L., Li, W., Lagapoulus, J., Rennie, C., & Meares, R. A. (1997). Evoked related potentials with and without an orienting reflex. *Neuroreport, 8*, 2665-2669.

Barcelo, F., & Knight, R. T. (2000). Prefrontal lesions alter context dependent value of novel stimuli during visual attention. *Society of Neuroscience Abstracts, 26*, 2233.

Barcelo, F., & Knight, R. T. (2002). Both random and perseverative errors underlie WCST deficits in prefrontal patients. *Neuropsychologia, 40*, 349-356.

Barcelo, F., Suwazono, S., & Knight, R. T. (2000). Pre-frontal modulation of visual processing in humans. *Nature Neuroscience, 3*, 399-403.

Bartus, R. T., & Levere, T. E. (1977). Frontal decortication in Rhesus monkeys: A test of the interference hypothesis. *Brain Research, 119*, 233-248.

Bauer, R. H., & Fuster, J. M. (1976). Delayed-matching and delayed-response deficit from cooling dorsolateral prefrontal cortex in monkeys. *Journal of Comparative and Physiological Psychology, 90*, 293-302.

Bechera, A., Damasio, H., Tranel, D., & Anderson, S. W. (1998). Dissociation of working memory from decision making within the human prefrontal cortex. *Journal of Neuroscience, 18*, 428-437.

Brodmann, K. (1909). *Vergleichende lokalisationlehre der grosshirnrinde in ihren prinzipoen dargestellt auf grund des zellenbaues* (p. 324). Leipsig: J. A. Barth.

Brutkowski, S. (1965). Functions of prefrontal cortex in animals. *Physiolological Review, 45*, 721-746.

Búchel, C., & Friston, K. J. (1997). Modulation of connectivity in visual pathways by attention: Cortical interactions evaluated with structural equation modeling and fMRI. *Cerebral Cortex, 7*, 768-778.

Carr, D. B., & Sesack, S. R. (1998). Callosal terminals in the rat prefrontal cortex: Synaptic targets and association with GABA-immunoreactive structures. *Synapse, 29*, 193-205.

Chao, L. L., & Knight, R. T. (1995). Human prefrontal lesions increase distractibility to irrelevant sensory. *Neuro-Report, 6*, 1605–1610.

Chao, L. L., & Knight, R. T. (1998). Contribution of human prefrontal cortex to delay performance. *Journal of Cognitive Neuroscience, 10*, 167–177.

Chawla, D., Rees, G., & Friston, K. J. (1999). The physiological basis of attentional modulation in extrastriate visual areas. *Nature Neuroscience, 2*, 671–676.

Comerchero, M. D., & Polich, J. (1998). P3a, perceptual distinctiveness, and stimulus modality. *Cognitive Brain Research, 7*, 41–48.

Comerchero, M. D., & Polich, J. (1999). P3a and P3b from typical auditory and visual stimuli. *Clinical Neurophysiology, 110*, 24–30.

Corbetta, M. (1998). Frontoparietal cortical networks for directing attention and the eye to visual locations: Identical, independent, or overlapping neural systems? *Proceedings of the National Academy of Sciences U.S.A., 95*, 831–838.

Courchesne, E., Hillyard, S. A., & Galambos, R. (1975). Stimulus novelty, task relevance, and the visual evoked potential in man. *Electroencephalography and Clinical Neurophysiology, 39*, 131–143.

Daffner, K. R., Mesulam, M. M., Holcomb, P. J., Calvo, V., Acar, D., Chabrerie, A., Kikinis, R., Jolesz, E. A., Rentz, D. M., & Scinto, L. E. (2000a). Disruption of attention to novel events after frontal lobe injury in humans. *Journal of Neurology, Neurosurgery and Psychiatry, 68*, 18–24.

Daffner, K. R, Mesulam, M. M., Scinto, L. F., Acar, D., Calvo, V., Faust, R., Chabrerie, A., Kennedy, B., & Holcomb, P. (2000b). The central role of the prefrontal cortex in directing attention to novel events. *Brain, 123*, 927–939.

Daffner, K. R., Mesulam, M. M., Scinto, L. F., Calvo, V., West, W. C., & Holcomb, P. (2000c). The influence of stimulus deviance on electrophysiologic and behavioral response to novel events. *Journal of Cognitive Neuroscience, 12*, 393–406.

Damasio, A. S., & Anderson, S. W. (1993). The frontal lobes. In K. M. Heilman, & E. Valenstein (Eds.), *Clinical neuropsychology* (3rd ed., pp. 409–460). New York: Oxford University Press.

Desimone, R. (1998). Visual attention mediated by biased competition in extrastriate cortex. *Philosophical Transactions of the Royal Society of London, Ser. B, 353*, 1245–1255.

D' Esposito, M., Aguirre, G. K., Zarahn, E., & Ballard, D. (1998). Functional MRI studies of spatial and non-spatial working memory. *Cognitive Brain Research, 7*, 1–13.

D' Esposito, M., Detre, J. A., Alsop, D. C., Shin, R. K., Atlas, S., & Grossman, M. (1995). The neural basis of the central executive system of working memory. *Nature, 378*, 279-281.

D' Esposito, M., & Postle, B. R. (1999). The dependence of span and delayed-response performance on prefrontal cortex. *Neuropsychologia, 37*, 1303-1315.

D' Esposito, M., Postle, B. R., Ballard, D., & Lease, J. (1999). Maintenance versus manipulation of information held in working memory: An event-related fMRI study. *Brain & Cognition, 41*, 66-86.

D' Esposito, M., Postle, B. R., Jonides, J., & Smith, E. E. (1999). The neural substrate and temporal dynamics of interference effects in working memory as revealed by event-related functional MRI. *Proceedings of the National Academy of Sciences U.S.A., 96*, 7514-7519.

Diamond, A. (1988). Differences between adult and infant cognition: Is the crucial variable presence or absence of language? In L. Weiskrantz (Ed.), *Thought without language* (pp. 337-370). Oxford: Oxford University Press.

Dias, R., Robbins, T. W., & Roberts, A. C. (1997). Dissociable forms of inhibitory control within prefrontal cortex with an analog of the Wisconsin Card Sort Test: Restriction to novel situations and independence from "on-line" processing. *Journal of Neuroscience, 17*, 9285-9297.

Duncan, J., & Owen, A. M. (2000). Common regions of the human frontal lobe recruited by diverse cognitive demands. *Trends in Neuroscience, 10*, 475-483.

Edinger, H. M., Siegel, A., & Troiano, R. (1975). Effect of stimulation of prefrontal cortex and amygdala on diencephalic neurons. *Brain Research, 97*, 17-31.

Escera, C., Alho, K., Winkler, I., & Naatanen, R. (1998). Neural mechanisms of involuntary attention to acoustic novelty and change. *Journal of Cognitive Neuroscience, 10*, 590-604.

Eslinger, P. J., & Damasio, A. R. (1985). Severe disturbance of higher cognition after bilateral frontal lobe ablation: Patient EVR. *Neurology, 35*, 1731-1741.

Funahashi, S., Bruce, C. J., & Goldman-Rakic, P. S. (1989). Mnemonic coding of visual space in the monkey' s dorsolateral prefrontal cortex. *Journal of Neurophysiology, 61*, 331-349.

Funahashi, S., Bruce, C. J., & Goldman-Rakic, P. S. (1993). Dorsolateral prefrontal lesions and oculomotor delayed-response performance: Evidence for mnemonic "scotomas." *Journal of Neuroscience, 13*, 1479–1497.

Fuster, J. M. (1997). *The prefrontal cortex: Anatomy, physiology, and neuropsychology of the frontal lobes* (3rd ed.). New York: Raven Press.

Fuster, J. M., & Alexander, G. E. (1971). Neuron activity related to short-term memory. *Science, 173*, 652–654.

Fuster, J. M., Brodner, M., & Kroger, J. K. (2000). Cross-modal and cross-temporal associations in neurons of frontal cortex. *Nature, 405*, 37–351.

Galambos, R. (1956). Suppression of auditory nerve activity by stimulation of efferent fibers to the cochlea. *Journal of Neurophysiology, 19*, 424–437.

Garavan, H., Ross, T. J., & Stein, E. A. (1999). Right hemispheric dominance of inhibitory control: An event-related functional MRI study. *Proceedings of the Natural Academy of Sciences U.S.A., 96*, 8301–8306.

Godfrey, O., & Rousseaux, M. (1997). Novel decision making in patients with prefrontal or posterior brain damage. *Neurology, 49*, 695–701.

Goldberg, E., Podell, K., & Lovell, M. (1994). Lateralization of frontal lobe functions and cognitive novelty. *Journal of Neuropsychiatry and Clinical Neuroscience, 6*, 371–378.

Grady, C. L., Van Meter, J. W., Maisog, J. M., Pietrini, P., Krasuski, J., & Rauschecker, J. P. (1997). Attention-related modulation of activity in primary and secondary auditory cortex. *Neuroreport, 8*, 2511–2516.

Guillery, R. W., Feig, S. L., & Lozsadi, D. A. (1998). Paying attention to the thalamic reticular nucleus. *Trends in Neuroscience, 21*, 28–32.

Guitton, D., Buchtel, H. A., & Douglas, R. M. (1985). Frontal lobe lesions in man cause difficulties in suppressing reflexive glances and in generating goal-directed saccades. *Experimental Brain Research, 58*, 455–472.

Hécaen, H., & Albert, M. L. (1978). *Human Neuropsychology*. New York: John Wiley and Sons.

Heinze, H. J., Mangun, G. R., Burchert, W., Hinrichs, H., Scholz, M., Munte, T. F., Gos, A., Scherg, M., Johannes, S., Hundeshagen, H., Gazzaniga, M. S., & Hillyard, S. A. (1994). Combined spatial and temporal imaging of brain activity during visual selective attention in humans. *Nature, 372*, 543–546.

Hillyard, S. A., & Anllo-Vento, L. (1998). Event-related brain potentials in the study of visual selective attention. *Proceedings of the National Academy of Sciences U.S.A., 95*, 781–787.

Hillyard, S. A., Hink, R. F., Schwent, U. L., & Picton, T. W. (1973). Electrical signs of selective attention in the human brain. *Science, 182*, 177-180.

Hopfinger, J. P., Buonocore, M. H., & Mangun, G. R. (2000). The neural mechanisms of top-down attentional control. *Nature Neuroscience, 3*, 284-291.

Janowsky, J. S., Shimamura, A. P., Kritchevsky, M., & Squire, L. R. (1989a). Cognitive impairment following frontal lobe damage and its relevance to human amnesia. *Behavioral Neuroscience, 103*, 548-560.

Janowsky, J. S., Shimamura, A. P., & Squire, L. R. (1989b). Memory and metamemory: Comparisons between patients with frontal lobe lesions and amnesic patients. *Psychobiology, 17*, 3-11.

Johnson, M. K. (1992). MEM: Mechanisms of recollection. *Journal of Cognitive Neuroscience, 4*, 268-280.

Johnson, M. K., & Raye, C. L. (1981). Reality monitoring. *Psychological Review, 88*, 67-85.

Kahneman, D., & Miller, D. T. (1986). Norm theory: Comparing reality to its alternatives. *Psychological Review, 93*, 136-153.

Karis, D., Fabiani, M., & Donchin, E. (1984). "P300" and memory: Individual differences in the Von Restorff effect. *Cognitive Psychology, 16*, 177-216.

Kastner, S., Pinsk, M. A., de Weerd, P., Desimone, R., & Ungerleider, L. G. (1999). Increased activity in human visual cortex during directed attention in the absence of visual stimulation. *Neuron, 22*, 751-761.

Katayama, J., & Polich, J. (1998). Stimulus context determines P3a and P3b. *Psychophysiology, 35*, 23-33.

Knight, R. T. (1984). Decreased response to novel stimuli after prefrontal lesions in man. *Electroencephalography. Clinical Neurophysiology, 59*, 9-20.

Knight, R. T. (1997). Distributed cortical network for visual attention. *Journal of Cognitive Neuroscience, 9*, 75-91.

Knight, R. T., & Grabowecky, M. (2000). Prefrontal cortex, time and consciousness. In M. Gazzaniga (Ed.), *The new cognitive neurosciences* (pp. 1319-1339). Cambridge, MA: MIT Press.

Knight, R. T., & Scabini, D. (1998). Anatomic bases of event-related potentials and their relationship to novelty detection in humans. *Journal of Clinical Neurophysiology, 15*, 3-13.

Knight, R. T., Scabini, D., & Woods, D. L. (1989). Prefrontal cortex gating of auditory transmission in humans. *Brain Research, 504*, 338–342.

Knight, R. T., Staines, W. R., Swick, D., & Chao, L. L. (1999). Prefrontal cortex regulates inhibition and excita-tion in distributed neural networks. *Acta Psychologia, 101*, 159–178.

Knight, R. T., Hillyard, S. A., Woods, D. L., & Neville, H. J. (1981). The effects of frontal cortex lesions on event-related potentials during auditory selective attention. *Electroencephalography Clinical Neurophysiology, 52*, 571–582.

Konishi, S., Nakajima, K., Uchida, I., Sekihara, K., & Miyashita, Y. (1998). No-go dominant brain activity in human inferior prefrontal cortex revealed by functional magnetic resonance imaging. *European Journal of Neuroscience, 10*, 1209–1213.

Kraus, N., Ozdamar, O., & Stein, L. (1982). Auditory middle latency responses (MLRs) in patients with cortical lesions. *Electroencephalography and Clinical Neurophysiology, 54*, 275–287.

Leuders, H., Leser, R. P., Harn, J., Dinner, D. S., & Klem, D. (1983). Cortical somatosensory evoked potentials in response to hand stimulation. *Journal of Neurosurgery, 58*, 885–894.

Lhermitte, F. (1986). Human autonomy and the frontal lobes. Part II: Patient behavior in complex and social situations: The "environmental dependency syndrome." *Annals of Neurology, 19*, 335–343.

Lhermitte, F., Pillon, B., & Serdaru, M. (1986). Human anatomy and the frontal lobes. Part I: Imitation and utilization behavior: A neuropsychological study of 75 patients. *Annals of Neurology, 19*, 326–334.

Luck, S. J., Chelazzi, L., Hillyard, S. A., & Desimone, R. (1997). Neural mechanisms of spatial selective attention in areas V1, V2, and V4 of macaque visual cortex. *Journal of Neurophysiology, 77*, 24–42.

Luria, A. R. (1966). *Higher cortical functions in man*. New York: Basic Books.

Malmo, R. R. (1942). Interference factors in delayed response in monkeys after removal of frontal lobes. *Journal of Neurophysiology, 5*, 295–308.

Mangels, J., Gershberg, F. B., Shimamura, A., & Knight, R. T. (1996). Impaired retrieval from remote memory in patients with frontal lobe damage. *Neuropsychology, 10*, 32–41.

Mangun, G. R. (1995). Neural mechanisms of visual selective attention. *Psychophysiology, 32*, 4–18.

Martinez, A., Anllo-Vento, L., Sereno, M. I., Frank, L. R., Buxton, R. B., Dubowitz, D. J., Wong, E. C., Hinrichs, H., Heinze, H. J., & Hillyard, S. A. (1999). Involvement of striate and extrastriate visual cortical areas in spatial attention. *Nature Neuroscience, 2*, 364-369.

McIntosh, A. R., Grady, C. L., Ungerleider, L. G., Haxby, J. U., Rapoport, S. I., & Horwitz, B. (1994). Network analysis of cortical visual pathways mapped with PET. *Journal of Neuroscience, 14*, 655-666.

Mesulam, M. M. (1998). From sensation to cognition. *Brain, 121*, 1013-1052.

Miller, E. K. (1999). The prefrontal cortex: Complex neural properties for complex behavior. *Neuron, 22*, 15-17.

Milner, B. (1963). Effects of different brain regions on card sorting. *Archives of Neurology, 9*, 90-100.

Muller, N. G., Machado, L., & Knight, R. T. (2002). Contributions of subregions of prefrontal cortex to working memory: Evidence from brain lesions in humans. *Journal of Cognitive Neuroscience, 14*(5), 673-686.

Nielsen-Bohlman, L., & Knight, R. T. (1999). Prefrontal cortical involvement in visual working memory. *Cognitive Brain Research, 8*, 299-310.

Perret, E. (1974). The left frontal lobe of man and the suppression of habitual responses in verbal categorical behaviour. *Neuropsychologia, 12*, 323-330.

Rainer, G., Asaad, W. F., & Miller, E. K. (1998a). Memory fields of neurons in the primate prefrontal cortex. *Proceedings of the National Academy of Sciences U.S.A., 95*, 15008-15013.

Rainer, G., Asaad, W. F., & Miller, E. K. (1998b). Selective representation of relevant information by neurons in the primate prefrontal cortex. *Nature, 393*, 577-579.

Rainer, G., & Miller, E. K. (2000). Effects of visual experience on the representation of objects in the prefrontal cortex. *Neuron, 27*, 179-189.

Rajkowska, G., & Goldman-Rakic, P. S. (1995a). Cytoar-chitechtonic definition of prefrontal areas in the normal human cortex: I. Remapping of areas 9 and 46 using quantitative criteria. *Cerebral Cortex, 5*, 307-322.

Rajkowska, G., & Goldman-Rakic, P. S. (1995b). Cytoar-chitechtonic definition of prefrontal areas in the normal human cortex: H. Variability in locations of areas 9 and 46 and relationship to the Talairach coordinate system. *Cerebral Cortex, 5*, 323-337.

Rees, G., Frackowiak, R., & Frith, C. (1997). Two modulatory effects of attention that mediate object categorization in human cortex. *Science, 275*, 835-838.

Richer, F., Decary, A., Lapierre, M., Rouleau, I., Bouvier, G., & Saint-Hilaire, J. (1993). Target detection deficits in frontal lobectomy. *Brain and Cognition, 21*, 203-211.

Rogers, R. D., & Monsell, S. (1995). Costs of a predictable switch between simple cognitive tasks. *Journal of Experimental Psychology: General, 124*, 207-231.

Rossi, A. F., Rotter, P. S., Desimone, R., & Ungerleider, L. G. (1999). Prefrontal lesions produce impairments in feature-cued attention. *Society for Neuroscience Abstracts, 29*, 2.

Saver, J. L., & Damasio, A. R. (1991). Preserved access and processing of social knowledge in a patient with acquired sociopathy due to ventromedial frontal damage. *Neuropsychologia, 29*, 1241-1249.

Shallice, T., & Burgess, P. W. (1991). Deficits in strategy application following frontal lobe damage in man. *Brain, 114*, 727-741.

Shimamura, A. P., Gershberg, F. B., Jurica, P. J., Mangels, J. A., & Knight, R. T. (1992). Intact implicit memory in patients with focal frontal lobe lesions. *Neuropsychologia, 30*, 931-937.

Shimamura, A. P., Janowsky, J. S., & Squire, L. R. (1990). Memory for the temporal order of events in patients with frontal lobe lesions and amnesic patients. *Neuropsychologia, 28*, 803-813.

Shimamura, A. P., Janowsky, J. S., & Squire, L. S. (1991). What is the role of frontal lobe damage in memory disorders? In H. Levin, H. Eisenberg, & A. Benton (Eds.), *Frontal lobe function and dysfunction*. New York: Oxford University Press.

Shimamura, A. P., Jurica, P. J., Mangels, J. A., Gershberg, F. B., & Knight, R. T. (1995). Susceptibility to memory interference effects following frontal lobe damage: Findings from tests of paired-associate learning. *Journal of Cognitive Neuroscience, 7*, 144-152.

Skinner, J. E., & Yingling, C. D. (1977). Central gating mechanisms that regulate event-related potentials and behavior. In J. E. Desmedt (Ed.), *Progress in clinical neurophysiology* (Vol. 1, pp. 30-69). Basel: S. Karger.

Sokolov, E. N. (1963). Higher nervous functions: The orienting reflex. *Annual Review of Physiology, 25*, 545-580.

Somers, D. C., Dale, A. M., Seiffert, A. E., & Tootell, R. B. (1999). Functional MRI reveals spatially specific attentional modulation in human primary visual cortex.

Proceedings of the National Academy of Sciences U.S.A., *96*, 1663–1668.

Steinmetz, P. N., Roy, A., Fitzgerald, P. J., Hsiao, S. S., Johnson, K. O., & Niebur, E. (2000). Attention modulates synchronized neuronal firing in primate somatosensory cortex. *Nature*, *404*, 187–189.

Stone, V. E., Baron-Cohen, S., & Knight, R. T. (1998). Does frontal lobe damage produce theory of mind impairment? *Journal of Cognitive Neuroscience*, *10*, 640–656.

Stroop, J. R. (1935). Studies of interference in serial verbal reactions. *Journal of Experimental Psychology*, *18*, 643–662.

Stuss, D. T., Alexander, M. P., Palumbo, C. L., Buckle, L., Sayer, L., & Pogue, J. (1994). Organizational strategies of patients with unilateral or bilateral frontal lobe injury in word list learning tasks. *Neuropsychology*, *8*, 355–373.

Stuss, D. T., & Benson, D. E. (1984). Neuropsychological studies of the frontal lobes. *Psychological Bulletin*, *95*, 3–28.

Stuss, D. T., & Benson, D. F. (1986). *The frontal lobes*. New York: Raven Press.

Suwazono, S., Machado, L., & Knight, R. T. (2000). Predictive value of novel stimuli modifies visual event-related potentials and behavior. *Clinical Neurophysiology*, *111*, 29–39.

Swick, D. (1998). Effects of prefrontal lesions on lexical processing and repetition priming: An ERP study. *Cognitive Brain Research*, 7(2), 143–157.

Swick, D., & Knight, R. T. (1998). Lesion studies of pre-frontal cortex and attention. In R. Parasuraman (Ed.), *The attentive brain*. Cambridge, MA: MIT Press.

Thompson-Schill, S. L., D' Esposito, M., Aguirre, G. K., & Farah, M. J. (1997). Role of left inferior prefrontal cortex in retrieval of semantic knowledge: a reevaluation. *Proceedings of the Natural Academy of Sciences U.S.A.*, *94*, 14792–14797.

Tomita, H., Ohbayashi, M., Nakahara, K., Hasegawa, I., & Miyashita, Y. (1999). Top-down signal from prefrontal cortex in executive control of memory retrieval. *Nature*, *401*, 699–703.

Tversky, A., & Kahneman, D. (1983). Extensional versus intuitive reasoning: The conjunction fallacy in probability judgement. *Psychological Review*, *90*, 293–315.

Von Restorff, H. (1933). Uber die wirkung von bereischs-bildungen im spurenfeld. *Psychlogische Forschung*, *18*, 299–342.

Webster, M. J., Bachevalier, J., & Ungerleider, L. G. (1994). Connections of inferior temporal areas TEO and TE with parietal and frontal cortex in macaque monkeys.

Cerebral Cortex, 5, 470–483.

Woldorff, M. G., Gallen, C. C., Hampson, S. A., Hillyard, S. A., Pantev, C., Soble, D., & Bloom, E. F. (1993). Modulation of early sensory processing in human auditory cortex during auditory selective attention. *Proceedings of the National Academy of Sciences U.S.A., 90*, 8722–8726.

Woldorff, M. G., & Hillyard, S. A. (1991). Modulation of early auditory processing during selective listening to rapidly presented tones. *Electroencephalography and Clinical Neurophysiology, 79*, 170–191.

Woldorff, M. G., Fox, P. T., Matzke, M., Lancaster, J. L., Veeraswamy, S., Zamarripa, F., Seabolt, M., Glass, T., Gao, J. H., Martin, C. C., & Jerabek, P. (1997). Retinotopic organization of early visual spatial attention: Effects as revealed by PET and ERP data. *Human Brain Mapping, 5*, 280–286.

Woods, D. L. (1990). The physiological basis of selective attention: Implications of event-related potential studies. In J. Rohrbaugh, J. R. Johnson, & R. Parasurman (Eds.), *Event-related brain potentials* (pp. 178–210). New York: Oxford University Press.

Woods, D. L., & Hillyard, S. A. (1978). Attention at the cocktail party: Brainstem evoked responses reveal no peripheral gating. In D. A. Otto (Ed.), *Multidisciplinary perspectives in event-related brain potential research* (pp. 230–233). Washington, DC: U. S. Government Printing Office.

Woods, D. L., & Knight, R. T. (1986). Electrophysiological evidence of increased distractibility after dorsolateral prefrontal lesions. *Neurology, 36*, 212–216.

Yago, E., & Knight, R. T. (2000). Tonic and phasic pre-frontal modulation of extrastriate processing during visual attention. *Society for Neuroscience Abstracts, 26*, 22–32.

Yamaguchi, S., & Knight, R. T. (1990). Gating of somatosensory inputs by human prefrontal cortex. *Brain Research, 521*, 281–288.

Yamaguchi, S., & Knight, R. T. (1991). Anterior and posterior association cortex contributions to the somatosensory P300. *Journal of Neuroscience, 11*, 2039–2054.

Yamaguchi, S., & Knight, R. T. (1992). Effects of temporal-parietal lesions on the somatosensory P3 to lower limb stimulation. *Electroencephalography and Clinical Neurophysiology, 84*, 139–148.

Yingling, C. D., & Skinner, J. E. (1977). Gating of thalamic input to cerebral cortex by nucleus reticularis thalami In J. E. Desmedt (Ed.), *Progress in Clinical Neurophysiology* (Vol. I, pp. 70–96). Basel: S. Kargar.

찾아보기

[인 명]

[내 용]

편저자 소개

Mark D' Esposito(University of California, Berkeley)

공저자 소개

Anjan Chatterjee(University of Pennsylvania)
Robert Rafal(University of Wales)
Michael S. Mega(University of California, Los Angeles)
John R. Hodges(MRC Cognition and Brain Sciences Unit)
Geoffrey K. Aguirre(University of Pennsylvania)
H. Branch Coslett(University of Pennsylvania)
Darren R. Gitelman(Northwestern University Medical School)
Michael P. Alexander(Harvard University)
Jeffrey R. Binder(Medical College of Wisconsin)
Scott Grafton(Dartmouth College)
Robert T. Knight(University of California, Berkeley)

역자 소개

김남균

University of Connecticut 대학원 언어학과 석사
University of Connecticut 대학원 실험심리학 박사
전 University of Connecticut 심리학과 객원교수
　William Paterson University(미국 뉴저지 주) 심리학과 교수
　University of Leicester(영국) 심리학과 교수
현 계명대학교 심리학과 교수

김지애

계명대학교 대학원 심리학과 실험 및 인지 전공 박사과정 수료
현 마음과 마음 정신의학과 부설 Win-edu 학습클리닉 센터 소장

인지신경과학의 신경학적 기저

Neurological Foundations of Cognitive Neuroscience

2013년 9월 5일 1판 1쇄 인쇄
2013년 9월 12일 1판 1쇄 발행

엮은이 • Mark D' Esposito
옮긴이 • 김남균 · 김지애
펴낸이 • 김진환
펴낸곳 • (주) 학지사
121-837 서울특별시 마포구 서교동 352-29 마인드월드빌딩 5층
대표전화 • 02)330-5114 팩스 • 02)324-2345
등록번호 • 제313-2006-000265호

홈페이지 • http://www.hakjisa.co.kr
커뮤니티 • http://cafe.naver.com/hakjisa

ISBN 978-89-997-0210-5 93180

정가 22,000원

역자와의 협약으로 인지는 생략합니다.
파본은 구입처에서 교환해 드립니다.

이 책을 무단으로 전재하거나 복제할 경우 저작권법에 따라 처벌을 받게 됩니다.

인터넷 학술논문 원문 서비스 **뉴논문** www.newnonmun.com

이 도서의 국립중앙도서관 출판시도서목록(CIP)은 서지정보유통지원시스템 홈페이지(http://seoji.nl.go.kr)와 국가자료공동목록시스템(http://www.nl.go.kr/kolisnet)에서 이용하실 수 있습니다.
(CIP제어번호: CIP2013016086)